KB272031

미셸 푸코
_
말과 사물
_
강의

미셸 푸코 『말과 사물』 강의

초판 1쇄 발행 2026년 4월 23일

—

지은이 조광제

펴낸이 이병은

책임편집 정조연   **책임디자인** 양혜진

기획 김명희 · 박준성   **마케팅** 최성수 · 배근호

펴낸곳 세창출판사

신고번호 제1990-000013호   주소 03736 서울특별시 서대문구 경기대로 58 경기빌딩 602호

전화 02-723-8660   팩스 02-720-4579   이메일 edit@sechangpub.co.kr   홈페이지 http://www.sechangpub.co.kr

블로그 blog.naver.com/scpc1992   페이스북 fb.me/Sechangofficial   인스타그램 @sechang_official

—

ISBN 979-11-6684-490-4 93160

미셸 푸코 말과 사물 강의

MICHEL FOUCAULT

LES MOTS ET LES CHOSES

UNE ARCHÉOLOGIE DES SCIENCES HUMAINES

조광제 **지음**

세창출판사

강의 책을 내면서

　21세기도 사반세기가 지나고 있다. 지식의 존재와 그에 따른 시대적인 위상이 급변하고 있다. 빅데이터와 딥러닝을 기반으로 하는, 이른바 '거대 언어모델'의 AI가 급부상하면서 바야흐로 기계의 지식 능력이 인간의 지식 능력을 능가하는 쪽으로 치닫고 있기 때문이다. 그동안 역사를 통해 지식의 과제와 형태 및 방법은 크게 변해 왔다. 지식이 지닌 존재 방식의 변화는 곧 당대의 인간 삶의 변화를 반영할 뿐만 아니라 그 변화를 촉구한다.

　인간 삶은 기본적으로 생명을 유지하되 가능하면 그 생명을 새롭게 그리고 다양하게 전개하고자 노력하는 가운데 이루어진다. 그리하여 생산을 위한 노동 방식의 개선, 표현을 위한 언어와 이미지의 개선을 기한다. 그리고 생산과 표현을 규정하는 사회정치적인 제도의 개선을 수반한다. 이러한 인간 삶의 과정에서 지식이 배태되고 성숙하면서 역으로 지식이 인간 삶의 과정을 일정하게 규정하는 것이다.

　이러한 인간 삶과 지식 사이의 상호 작용의 관계가 어떻게 이루어지는가를 미셸 푸코라고 하는 걸출한 사상사가 내지는 철학자가 1966년에 『말과 사물』을 써서 출간했다. 그는 이 책을 통해 '역사적 선험' 또는 '에피스테메'라고 하는 그 나름의 개념을 개발했다. 그리고 이를 통해 16세기에서 20세기에 이르는 동안, 특히 생명과 노동 및 언어를 중심으로 한 서양에서의 사유 방식과 그에 따른 각 부문의 지식 체계가 어떻게 다른 방식으로 근본적으로 전환했는가를, 이른바 '고고학적인' 방식으로 종횡무진 온갖 관련 자료들을 들추어내어 입증해 냈다. 신묘할 정도로 놀라운 거대한 작업이다. 만약 인터넷의 대대적인 확산과 AI의 전 세계적인 급부상이 이루어지는 오늘날에 그가 살았다면, 과연 그의 '지식의 고고학'을 어떻게 적용해 새로운 지식학을 펼칠지 궁금하다.

미셸 푸코가 얼마나 어떻게 깊고 폭넓게 인문 사회학적 또는 역사적 사유를 독창적으로 펼쳐 인류의 지성적·실천적 삶에 크게 기여했는가는 널리 알려져 있다. 또한 그의 숱한 저술 중에서 『말과 사물』이 그의 사상의 출발이자 중심이라는 사실 또한 널리 알려져 있다. 하지만, 국내에서도 그렇고 국제적으로도 이 책을 샅샅이 읽고 거기에 새겨진 미셸 푸코의 심오하면서도 거대한 사유의 궤적을 밝혀낸 경우는 드물다. 이번 『말과 사물』에 대한 강의를 통해 이러한 지성적인 공백을 최대한 깜냥껏 메워 보고자 한다.

본 『말과 사물』에 대한 강의를 위해 국내에 이미 출간된 번역서들을 참고하되 강의의 문맥마다 수없이 인용할 수밖에 없는 본문들을 강의자가 전적으로 새롭게 번역했다. 그리고 그 인용된 본문의 내용을 가능하면 최대한 적실하게 이해할 수 있도록 강의자의 깜냥을 최대한 동원하여 해설했다. 당연하지만, 이러한 강의자의 인용과 해설이 가장 모범적이라고 할 수 없다. 때로는 관련 교양과 지식의 부족으로 단편적이거나 표면적일 수도 있을 것이고, 때로는 강의자의 일방적인 관점에 따라 과잉된 해석이 가미되었을 수도 있을 것이다. 하지만, 가능한 한 원저자인 미셸 푸코의 의중을 파악하여 따르고자 했고, 본문을 이해하는 데 도움이 될 법한 관련 지식의 데이터를 동원함으로써 수강자들의 이해를 돕고자 했다.

고백건대, 『말과 사물』이 다루고 있는 내용이 워낙 폭이 넓고 심오한 탓에, 그동안 몇 번씩이나 읽었지만 그 세세한 내용은 물론이고 전반적인 내용을 아직 정확하게 파악하지 못하고 있다. 심지어 그 내용이 워낙 광범위한 탓에, 강의자가 본 강의를 통해 제시한 내용들조차 제대로 기억하지 못하고 있다. 더군다나 이 강의는 2011년 1월 13일부터 2012년 5월 17일까지 〈철학아카데미〉에서 6학기 ―한 학기는 1회 2시간씩 대체로 8회― 에 걸쳐 진행했으니, 그동안 벌써 13년의 세월이 흘렀다. 이 자리를 빌려 무엇보다 그때 수강에 참여한 분들께 감사하다는 말씀을 드리지 않을 수 없다. 물론, 이번에 책을 꾸리면서 몇 번씩이나 편집과 교정을 거쳤고 그 과정에서 강의 내용 전체를 반복해서 읽었긴 했다. 이 대목에서 이 책의 출간을 허락하신 〈세창출판사〉의 이방원 사장님과 무엇보다 지독할 정도로 꼼꼼하기 이를 데 없는 지적을 해 준 탁월한 편집자인 정조연 선생께 특별히 고맙다는 마음을 전한다.

지식 활동이란 기본적으로 대화이고, 그 대화를 통해 주어지는 깨달음의 기쁨을 통해 지식 활동을 끝없이, 심지어 죽을 때까지 이어 가는 것이다. 아무쪼록 위대하지만 너무나 세세하고 난해한 책인 『말과 사물』에 대해 이루어진 이 강의를 통해 미셸 푸코의 사유와 강의자의 사유 그리고 독자의 사유 사이에서 이루어질 많은 지적 대화에서 기쁨을 얻기를 바란다.

그리고 마지막으로 본 강의가 이루어진 〈철학아카데미〉의 활동뿐만 아니라 강의자 내지는 저자의 연구 활동을 위해 물심양면으로 도움을 주신 〈메가스터디〉 그룹의 손주은 회장께 특별히 감사하다는 말을 전한다. 아울러 불충한 가장인 강의자 내지는 저자를 위해 언제나 심정적으로 그리고 실질적으로 든든하게 뒷받침해 준 아내 이미숙 화백에게 고맙다는 마음을 전한다.

2026년 3월 어느 날. 일산 하늘마을에서

조광제

차례

일러두기

· 이 책은 철학아카데미에서 진행된 6학기의 『말과 사물』 읽기 강의를 바탕으로 저술되었다.

· 푸코가 언급하고 있는 인물들의 경우, 독자의 이해를 돕기 위해 부록으로 이들에 대한 설명을
  실었다.

1학기

1강

서론, 고고학적 사유

반갑습니다.

오늘부터 푸코의 『말과 사물』과 싸워 보기로 합시다.

푸코Michel Foucault(1926-1984)는 동성애자였습니다.[1] 성 정체성은 존재의 결핍과 충만이라는 문제 발생의 원천이죠. 이러한 성 정체성에 있어서, 푸코는 대다수와 다른 이른바 성 소수자였던 셈인데, 이는 그의 철학적 사유에도 반영된다고 할 수 있습니다.

그의 불세출의 대표작인 『말과 사물, 인간 과학의 고고학*Les mots et les choses, une archéologie des sciences humaines*』(Gallimard, 1966. 이하 『말과 사물』로 약칭)은 《르몽드》지에서 20세기를 대표하는 최고의 문학 작품 세 편을 꼽으면서 프루스트의 『스완의 집 쪽으로』, 그리고 사르트르의 『집안의 천치』와 나란히 놓았던 책입니다. 이와 같은 지위에 오른 책을 한번 제대로 읽어 보

---

[1] 푸코의 생애에 관해서는 에리봉(Didier Eribon)이 쓴 『미셸 푸코』(박정자 옮김, 시각과 언어, 1995)를 읽어 보기를 바란다.

자는 것이 이번 강의의 의도라고 할 수 있겠습니다.

이번 강의는 2009년부터 2010년까지 2년에 걸친 사르트르의 『존재와 무』에 대한 강해에 이은 것입니다.[2] 가능하면 2011년, 늦어도 여름학기까지 해서 이 책, 즉 『말과 사물』에 대한 강해를 끝냈으면 합니다. 원전의 전체 쪽수가 398쪽인데, 만약 24회에 걸쳐 강의한다면 1회에 평균 16-20쪽 정도의 분량을 소화해 내야 할 겁니다.[3]

오늘은 그 첫 시간입니다. 뭔가 각오를 새롭게 다지지 않으면 안 될 것 같은 중압감이 다가오는 것은 사실입니다. 가장 큰 문제는 강사 본인이 이 책을 아직 면밀히 읽지 않았다는 겁니다. 함께 읽어 가면서 과연 푸코는 이 책을 통해 어떤 내용을 전하고자 겨냥하고 있으며, 이를 달성하기 위해 어떤 방식의 사유를 펼쳐 나가는가를 가능하면 깊이 있게 천착해 보고자 합니다.

오늘 맨 먼저 다루고자 하는 것은 책의 서론préface입니다. 가장 유명하다는 제1장 '시녀들les suivantes'을 다루고자 했으나, 여러 여건상 다음 시간으로 미루어야 할 것 같습니다.

1. 서론

1) 텍스트적 소통의 한계, 사유 불가능성

이 책의 첫 문장은 이렇게 시작합니다.

---

2   이 강의는 2013년 그린비출판사를 통해 『존재의 충만, 간극의 현존 1』과 『존재의 충만, 간극의 현존 2』로 분책해 출판되었다. 두 권 합쳐서 총 1,456쪽의 분량이다.

3   강의를 시작할 때는 이렇게 24회에 걸쳐 강의를 진행하리라 예상했지만, 실제로는 41회에 걸친 강의로 마감되었다.

이 책은 보르헤스Borges의 한 텍스트에서 탄생의 지점을 갖는다. [말하자면] 그 텍스트를 읽었을 때 사유 ―우리들의 사유, 즉 우리 시대와 우리의 지형地形, géographie4이 갖는 사유― 의 모든 친숙성을 뒤흔들어 놓는 그 웃음에서 이 책은 탄생한다. (7, 11)5

출발부터 예사롭지 않습니다. 보르헤스Jorge Luis Borges(1899-1986)는 아르헨티나가 낳은 시인이자 소설가로서 그 누구도 따라갈 수 없는 비유와 상징을 최대한 환상적으로 구사한 불세출의 인물이 아니겠습니까. 아니나 다를까, 푸코는 지적한 보르헤스의 텍스트가 인용하고 있는 '어떤 중국의 백과사전'을 재인용해서 거기에 나타난 기묘한 동물 분류법을 열거합니다. 그런 뒤, 이렇게 말합니다.

이와 같은 분류법에 대해 경탄하면서 단번에 도달하는 것, 그러니까 우화를 통해서 또 다른 사유가 갖는 이국적인 매력으로서 우리에게 다가오는 것, 그것은 우리의 사유가 갖는 한계, 즉 그런 것을 사유한다는 것이 아예 불가능하다는 것impossibilité nue de penser cela이다.
그렇다면, 왜 그렇게 사유한다는 것이 불가능한가, 그리고 문제가 되는 이 불가능성은 어떤 종류의 불가능성인가? (7, 11)

여기서 푸코가 말하는 '우리의 사유'는 분명 당시 서구인들의 사유 체계를 말할 겁니다. 그러니까 푸코는 '사유 불가능성'이라는 개념을 통해 그

---

4   이렇게 원어를 괄호 속에 병기하는 건 대략 두 가지 경우이다. 하나는 번역어의 애매함을 보충하기 위한 경우이고, 다른 하나는 중요한 용어 내지는 개념일 경우이다.

5   앞의 숫자는 원문의 쪽수를, 뒤의 숫자는 국역본의 쪽수를 나타낸다. 원문은 *Les mots et les choses, une archéologie des sciences humaines*(Gallimard, 1966)이고, 국역본은 『말과 사물』(이광래 옮김, 민음사, 1987)이다. 책의 원문에서 인용된 내용들은 모두 필자가 다시 번역한 것이다. 앞으로 있을 모든 인용문에 대해서도 마찬가지다.

가 속한 당시 서구인들의 사유가 드러내 보이는 체계적인 한계를 지적하고 있습니다. 그런데 보르헤스가 '중국의 백과사전'을 거론하면서 서구인들과는 전혀 다른 분류법을 제시했고, 자신은 이에 경탄한다는 푸코의 말을 들으면서 순간적으로 아전인수의 생각을 하게 됩니다. '푸코가 말하는 '사유 불가능성'은 중국의 영향권 아래 있었던 우리 한반도인들이 지녔던 전통적인 사유 체계와 어떤 관계에 있을까?' 하는 생각이 불쑥 솟아오르는 겁니다. 그러면서 '우리는 저 중국식 분류법을 쉽게 이해할 수 있지 않을까?' 하고서 생각하게 됩니다.

아무튼 푸코는, 보르헤스가 열거하고 있는 중국인들의 기묘한 동물 분류법을 세세하게 분석하면서 어떻게 해서 그 기괴함이 성립하는가에 의문을 표한 뒤, 동물들을 기이하게 조우遭遇, rencontre시킴으로써 그 기괴함이 성립한다고 말합니다. 그 기괴함의 예로 초현실주의의 선구로 알려진 시인 로트레아몽Comte de Lautréamont(1846-1870)이 말한 저 유명한 문구인 '수술대 위에서의 우산과 재봉틀의 조우'를 강조한 뒤, 이렇게 말합니다.

> 그 반대로, 보르헤스가 열거하면서 흘러넘치도록 하는 기괴함(괴물성 monstruosité)은 조우들이 이루어지는 공통된 공간이 그 자체로 파괴된 채 발견된다는 데서 성립한다. 불가능한 것은 사물들 사이의 인접 관계 voisinage가 아니다. 불가능한 것은 사물들이 인접할 수 있는 장소 자체le site lui-même다. (8, 13)

인식적인 사유는 기본적으로 분류에서 출발합니다. 분류는 분류하고자 하는 대상들의 특성들을 고려해 그것들을 일정한 집합적인 범주들로 나누는 거죠. 푸코가 말하는 "인접 관계"는 같은 범주에 들어 있음을 말합니다. 그런데 푸코는 그런 인접 관계가 성립할 수 있는 "장소 자체"를 강조하면서, 거기에 들어설 수 없을 때 "사유 불가능성"이 성립한다고 말합니다. 이렇게 되면, 장소가 분류와 그에 따른 인식적 사유를 결정하는 토대가 됩니다. 굳이 일컫자면, 그동안 별달리 들어 보지 못한 '장소 인식론' 내지는 '장소 철학'의 실마리를 제공하고 있다고 할 수 있습니다.

그런데 문제는 보르헤스가 소개하고 있는 중국인들의 동물 분류법이 작동하는 장소가 어떤 것인가를 파악할 수 없다는 겁니다. 그러니까, 어떤 텍스트에 접근해서 그 의미의 발생과 효과를 제대로 사유하기 위해서는 먼저 그 텍스트가 작동하고 있는 '사유의 장소'에 진입할 수 있어야 하는데, 사유 불가능성의 근본 원인은 그러한 '사유의 장소'에 진입하지 못하기 때문이라는 겁니다. 이 '장소'는 구조주의적인 사유에서 가장 중요한 개념이 아닌가 생각됩니다. 그리고 이 개념은 얼마 있지 않아 푸코의 철학적 사유에서 가장 잘 알려진 '에피스테메^{認識場, épistémè}'와 연결될 겁니다.

앞서 보았듯, 푸코는 자신의 이 '거대한' 『말과 사물』이라는 책이 보르헤스의 텍스트가 선사하는 "웃음^{rire}"에서 탄생했다고 합니다. 기묘한 이야기죠. 소크라테스나 아리스토텔레스는 철학이 놀람에서 시작된다고 했습니다. 그런데 푸코는 어느 하나의 텍스트가 주는 웃음에서 자신의 책, 즉 자신의 특정한 사유가 생겨났다고 말합니다. 과연 그 웃음의 정체가 무엇인지 궁금합니다. 푸코는 이렇게 말하죠.

> 보르헤스의 이 텍스트는 한동안 나를 웃게 했는데, 그것은 이 텍스트를 읽는 데 극복하기 어려운 어떤 거북함이 없어서가 아니다. 아마도 텍스트를 읽고 난 뒤, 무례함이라든지 흔쾌하지 않은 일을 당했을 때 느끼는 혼란보다 더 심한 혼란이 있는 것은 아닌가 하는 의혹이 일었기 때문일 것이다. 이 혼란은, 가능한 질서들을 갖춘 수없이 많은 단편을 어떤 법칙이나 기하학도 없이 불규칙 변화를 일삼는 차원에서 빛나도록 하는 혼란일 것이다. (9, 14)

보르헤스를 읽을 때 웃게 만드는 거북스러움은 그것에 대한 언어 langage가 파괴된 사람들이 느끼는 근본적인 당혹감에서 의심할 바 없이 드러난다. 그들은 장소와 이름 간의 '공통지대'le 'commun'를 상실해 버린 것이다. 실소失所, atopie, 실어失語, aphasie. (10, 15)

푸코는 언어와 그 언어가 통용되는 장소 사이에 어떤 공통지대가 있다는 것을 강조하고 있습니다. 독자가 하나의 낯선 텍스트가 전제하고 있는 이 공통지대를 상실해 버리면 그 텍스트를 읽으면서 거북스러워하고 당혹해한다는 겁니다. 어쩌면 당연한 이야기라 해야 하지 않겠습니까.

"장소와 이름 간의 공통지대", 즉 '장소와 언어 간의 공통지대'가 워낙 중요합니다. 여기에서 우리는 나름으로 '언어 장소론topological theory of language'이라는 말을 떠올려 제시하게 됩니다. 그러면서 비트겐슈타인의 '언어 용도 이론use theory of language'을 함께 떠올리게 되죠. 언어, 즉 이름이 어느 특정한 대상을 지시하기 때문에 그 의미를 띠는 것이 아니라, 그 이름이 어떻게 사용되는가에 따라 의미를 띤다는 게 비트겐슈타인의 언어 용도 이론입니다. 그런데 푸코는 언어, 즉 이름이 사용되는 장소가 어떠하냐에 따라 의미를 달리한다고 말하고 있습니다. 꼭 그렇다고 할 수는 없지만, 비트겐슈타인보다 한 단계 더 내려가 말의 정체를 사유하고 있다고 할 겁니다.[6]

---

[6] 이는 비트겐슈타인이 쓴 『철학적 탐구』(이영철 옮김, 서광사, 1994)에 등장하는 "언어 놀이(language game)"라는 그의 독특한 발상과 연결되어 있다. 그는 "이름을 가지고 이미 뭔가를 할 수 있는 사람만이 유의미하게 이름을 물을 수 있다"(37쪽)라고 말한다. 그런데 비트겐슈타인은 "그 설명은 그 자리가 이미 준비된 경우에만 그에게 그 사용을 가르쳐준다고 말할 것이다. 그리고 여기서 그 자리가 준비되어 있다는 것은, … 이미 어떤 하나의 놀이에 통달해 있음에 의한 것이다"(36-37쪽)라고 말한다. 비트겐슈타인이 이미 자리, 즉 장소에 관한 이야기를 한 것이다. 문제는 '언어가 작동하는 장소를 이른바 위상학적으로 어떻게 지정하고 배치하는가' 하는 것이다. 비트겐슈타인이 예로 드는 것처럼 장기에서의 왕 말의 '왕(王)'이 의미하는 것을 설명하기 위한 장소 설정도 있고, 푸코처럼 시대적인 인식의 유사성 또는 공통

2) '에피스테메'의 개념 구축, 역사적인 선험

그런데 분류한다는 것은 유사성과 차이를 염두에 둔 것이 아닐 수 없습니다. 그리고 이러한 유사성과 차이를 체계적으로 가능케 하는 것이 바로 "언어와 장소 간의 공통지대"일 겁니다. 이에 관련해서 푸코는 이렇게 말합니다.

> 하나의 '요소들의 체계système des éléments' —분절들segments의 정의. 유사성들ressemblances과 차이들, 이 분절들에 영향을 미칠 수 있는 변이의 유형들, 그리고 마지막으로 위로는 차이가 아래로는 상사相似, similitude가 놓여 있을 역치 등이 그 위에서 나타날 수 있는바 분절들의 정의—는 가장 단순한 질서를 확립하는 데에 불가피하다. 질서ordre, 그것은 사물들의 내적인 법칙으로서 사물들 속에서 주어지는 것, 즉 사물들이 모종의 방식으로 서로를 마주 대할 때 따르지 않으면 안 되는 비밀스러운 그물임과 동시에, 어떤 시선과 어떤 주의注意와 어떤 언어로 된 격자를 관통함으로써만 존립하는 것이다. 그리고 질서가 침묵 속에서 언표됨의d'être énoncé 순간을 기다리면서 이미 거기에 있는 것으로서 심층에서 자신을 명시하는 것은 오로지 이 격자의 하얀 칸막이들 내에서다.
>
> 한 문화의 근본 규약들codes —그 문화의 언어, 지각적인 도식, 교환, 기술들, 가치들, 그리고 그 실천들의 서열을 지배하는 규약들— 은 각자에게 그 규약들이 상대하게 될, 그리고 그 속에서 자신을 발견하게 될 경험적인 질서들을 처음부터 결정한다. (11, 17)

성을 설명하기 위한 장소 설정, 즉 '에피스테메'의 규정도 있다. 이에 장소들은 포섭, 부분 겹침, 중첩, 이탈 등 위상학적인 복잡성을 바탕으로 한 구조를 형성하게 될 것이다.

"요소들의 체계", "질서", "문화의 근본 규약들" 등의 개념들이 눈에 확 들어옵니다. 요소들의 체계는 유사성과 상사성[7] 그리고 차이 등을 구분해서 배열하는 이른바 인식론적인 판면에서 본 근본 토대라 할 겁니다. 그리고 질서는 사물들이 서로 관계를 맺으면서 따르지 않으면 안 되는 그물로서의 법칙으로서 이른바 존재론적인 판면에서의 근본 토대라 할 테죠. 또한 문화의 근본 규약들은 특별히 한 사회를 사는 인간들이 삶을 영위할 때 그 속에서 이미 늘 작동하고 있는 경험적인 질서를 결정하는, 이른바 사회 역사적인 판면에서의 근본 토대일 겁니다. 이 개념들이 지시하는 공통된 내용은 그 속에 주체로서는 도무지 어찌할 수 없는 근원적인 얼개들이 작동하고 있다는 점입니다.

따라서 어떤 방식으로 학문의 작업을 할지라도, 이들을 맨 먼저 밝히고자 노력하지 않으면 안 된다는 겁니다. 그래서 푸코는 자신의 작업 역시 바로 이러한 차원에서 이루어지는 것임을 다음과 같이 말합니다.

> 모든 문화에 있어서, 정돈자인 규약들이라 부를 수 있을 것의 활용과 질서에 대한 반성들 사이에는 질서와 그 존재 양식들에 대한 순전한 nue 경험이 있다.
>
> 이 책을 통한 연구에서 분석하고자 하는 것이 바로 이러한 경험이다. 16세기 이후 우리 문화의 한복판에서 그런 경험을 통해 예감될 수 있었던 것은 무엇인가를 드러내는 것이 관건이다. 말하자면, 말해진 그대로의 언어, 지각되고 수집되었던 그대로의 자연물들, 실행되었던 그대로의 교환들 등이 어떤 방식으로 시대를 거슬러 재조립되는가를 드러내는 것이 관건이다. … 또한 질서의 어떤 양상들이 어떻게 인정되

---

7   꼭 그렇다고 할 수는 없지만 대체로 유사성은 원본과 복사본이 있을 때, 복사본이 원본을 닮았다고 하는 종류의 닮음이고, 상사성은 말 그대로 어느 것이 원본이라는 전제 없이 서로 닮았다고 하는 종류의 닮음이다.

고 정립되고 공간과 시간에 연루되었으며, 그럼으로써 어떻게 그것들이 문법과 문헌학에서, 자연사와 생물학에서 부의 연구와 정치경제학에서 전개된바 인식들에 대해 적극적인 주춧돌 역할을 하게 되었는가를 드러내는 것이 관건이다. 다들 알겠지만, 이러한 분석은 관념들이나 과학들의 역사를 들추어내는 것이 아니다. 이러한 분석은 인식들과 이론들이 무엇에 바탕을 두고서 가능했는가, 지식이 어떤 질서의 공간에 따라 구성되는가, 어떤 역사적 선험ª priori historique을 근거로 해서, 그리고 어떤 실증성의 요인 속에서 관념들이 나타날 수 있었으며, 과학들이 구성될 수 있었고, 또 철학들을 통해 경험들이 반성될 수 있었으며, 합리성들이 형성되었지만 곧 해체되고 소멸해 버리게 되었는가 등을 재발견하고자 애쓰는 연구이다. 그러므로 … 명백하게 드러내고자 하는 것은 인식론적인 장champ épistémologique, 즉 에피스테메épistémè다. 합리적인 가치나 객관적인 형식들로 회송되는se référant 모든 기준을 벗어나 고찰되는 인식들이 이 에피스테메에 그 실증성의 뿌리를 내리고 있다. 그렇게 해서 이 인식들이 점점 완성을 기하는 과정으로서의 역사가 아니라 그 인식들이 가능하게 되는 조건들이 펼쳐지는 역사라 할 수 있는 그 하나의 역사가 이 에피스테메에서 드러난다. … 문제가 되는 것은 전통적인 어의語義에서의 역사가 아니라, 하나의 '고고학archéologie'이다. (12-13, 18-19)

"역사적 선험a priori historique"이라는 개념이 워낙 중요합니다. 앞에서 말한 "요소들의 체계", "질서", "문화의 근본 규약들" 등을 압축해서 나타내고 있기 때문이죠. 이는 칸트가 말한 인식론적인 선험, 즉 감성과 지성의 선험적 형식들과 한껏 대비됩니다. 경험적이건 과학적이건 또는 철학적이건 간에 일체의 인식 작업이 사회 역사적으로 바탕에서부터 전제하지 않으면 안 되는, 그럼으로써 그 인식 작업들을 근본에서부터 규정하고 있는 것이 바로 역사적인 선험입니다. 칸트의 경우, '역사적인 선험'이란 말은 형용모순입니다. 칸트는 선험을 역사적인 발생과 무관하게 인간의 타고난 보편적인 인식 형식으로 보기 때문이죠.

이러한 푸코의 인식론적인 작업은 그야말로 역사학적이라 할 수도 있을 것인데, 그 바탕인 이 '역사적 선험'이라는 개념은 한때 그의 스승이기도 했던 메를로퐁티Maurice Merleau-Ponty(1908-1961)가 제시한 "실질적 선험a priori matériel" 또는 "운동-감각적 선험a priori sensori-moteur"과 상당 정도 닮았습니다. 메를로퐁티는 개인의 경험과 행동 사이의 상호규정적인 역동적 관계를 제시한 데 반해, 여기 푸코는 해당 시대의 학문 예술적인 인식론적인 사유와 실제의 형성을 발생적 차원에서 치고 들어가 그 바탕으로서 '역사적 선험'을 제시한 것이 크게 다르다 할 겁니다. 한편 푸코의 '역사적 선험'이라는 표현은 후설Edmund Husserl(1859-1938)이 말한 "초월론적 역사성transzendentale Geschichte"과 닮았긴 하나, 후설의 이 개념은 각자의 자아에 적용되는 것이기 때문에 오히려 메를로퐁티의 '실질적 선험'에 근사하게 연결되지, 푸코의 '역사적 선험'과는 다른 것임을 염두에 둘 필요가 있습니다.

아무튼 푸코는 이 '역사적인 선험'을 곧바로 "인식론적인 장"이라고 하면서 이를 다시 압축해서 저 유명한 "에피스테메"라고 말하고 있습니다. 그리고 이 에피스테메를 바탕으로 해서 모든 인식이 그때그때 자리를 잡아 실증성을 발휘하게 되는 역사가 전개된다는 것이고, 이 역사를 들추어내는 것이 푸코 자신의 그 유명한 "고고학"이라는 겁니다. 그러니까 이 책 『말과 사물』은 '에피스테메의 역사'를 들추어내는 고고학적인 작업인 것이고, 이 책의 부제로 "인간 과학의 고고학"이라는 말을 붙인 건 그 때문이죠.

3) 고고학적 사유에 대한 개관

그렇다면 푸코가 말하는 고고학적인 작업은 앞으로 어떻게 구체적으로 전개될까요? 이에 관해 푸코는 이 서론에서 개괄적으로 말하고 있습니다. 그는 우선 에피스테메의 불연속을 제시합니다. 이렇게 말하죠.

> 이 고고학적인 탐구는 서양 문화의 에피스테메에 있어서 거대한 두 불연속을 드러냈다. 하나는 (17세기의 한복판을 향한) 고전주의 시대^{âge} classique를 여는 불연속이고, 다른 하나는 19세기 초엽에 우리의 근대성^{modernité}의 문지방을 나타내는 불연속이다. 오늘날 우리의 사유 토대가 되는 질서는 고전주의 시대의 질서와 동일한 존재 양식을 띠지 않는다. (13, 19)

여기에서 푸코가 말하는 에피스테메의 두 불연속은 시대를 가름하는 근본적인 경계를 나타냅니다. '에피스테메의 불연속'이란 개념은 푸코의 인식론에서 대단히 중요합니다. 푸코는 합리성이 순조롭게 발전해 온 연속적인 과정을 전혀 확인할 수 없음을 들추어냅니다. 린네^{Carl von Linné}(1707-1778)의 생물 분류법이 아직 유효하고, 콩디야크^{Étienne Bonnot de Condillac}(1715-1780)의 가치론이 19세기 한계효용학파와 케인스의 경제학 등에 영향을 미친다거나, 17세기 포르-루아얄^{Port-Royal}의 일반 문법[8]의 내용들이 아직 힘을 발휘하는 것같이 여겨진다고 할지라도, 거기에서 엿보이는 연속성은 일종의 준-연속성^{quasi-continuité}으로서 그저 표면적인 결

---

8   포르-루아얄은 얀센주의의 중심이자 17세기 프랑스의 문학 활동의 중심이었던 시토수도회 수녀들의 수도원이다. 얀센주의자였던 앙투안 아르노(Antoine Arnauld. 1612-1694. 프랑스의 신학자이자 철학자)와 클로드 랑슬로(Claude Lancelot. 1615-1695, 얀센주의의 수도승인 문법학자)가 『포르-루아얄 일반 문법』(1660)을 공동 집필했고, 이 책에 짝을 맞추어 앙투안 아르노와 피에르 니콜(Pierre Nicole, 1625-1695. 프랑스 신학자·문법학자)이 『포르-루아얄의 논리학』(1662)을 공동 집필했다.

과에 불과하다고 푸코는 말합니다. 그런 다음, 그는 18세기 말과 19세기 초에 실증성의 체계에 있어서 대대적인 변화가 일어났음을 힘주어 말합니다. 그러면서 이렇게 말하죠. 핵심 대목이라 길게 인용합니다.

무엇보다 분명한 것은 고고학이 지식의 일반 공간espace général du savoir, 그 일반 공간의 편성configurations, 그 일반 공간에서 나타나는 사물들의 존재 양식 등에 의존함으로써 동시성simultanéité의 체계들을 규정하고, 그렇게 해서 새로운 실증성의 역치(문지방seuil)를 가늠해 내는 데 필요 충분한 일련의 변환들을 규정한다는 것이다.

그럼으로써 [고고학적인] 분석은 고전주의 시대에 오랫동안, 재현再現, représentation[9]의 이론과 언어, 자연 질서, 부와 가치에 관련된 이론들 사이에 존립했던 정합성cohérence을 드러낼 수 있었다. 19세기로부터 완전히 변한 것은 바로 이러한 편성이다. 가능한 모든 질서의 일반적인 기초로서의 재현 이론은 사라진다. 사물들에 대한 자발적인 표表이자 일차적인 격자로서 재현과 존재들 간의 필수 불가결한 중계소 역할을 하던 언어 또한 사라진다. [그 대신] 심오한 역사성이 사물들의 중심을 관통하여 사물들을 고립시켜 사물들을 그 고유한 정합성 속에서 정의하는가 하면, 사물들에 시간의 연속성에 의해 암시되는 질서의 형태들을 부과한다. 생산에 관한 연구가 교환과 화폐에 대한 분석을 대신한다. 그런가 하면, 유기체에 관한 연구가 분류법적인 성격들에 대한 탐구보다 상위에 올라선다. 특히 언어는 그 특권적인 지위를 상실하고, 그 두터운 과거와 일치하는 역사의 한 형상形狀, figure이 된다. 그러나 사물들이 그들 스스로에게로 말려들어 가면서 그들에게서만 그

---

9   'représentation'은 강의할 당시인 2011년에는 주로 '표상'으로 새겼으나, 오늘날 대체로 '재현'으로 새기면서 일반화되고 있어 '재현'으로 새기고자 한다.

들이 알려질 수 있는 지성의 원칙이 되고자 요구함으로써, 그리고 사물들이 재현의 공간을 포기함으로써, 이제 서구적 지식의 장에서 처음으로 인간이 등장한다. 이상하게 들리겠지만, 분명 인간은 … 사물들의 질서에 있어서 갈라진 하나의 틈에 불과하다. 다시 말하자면, 어떻든 인간은 최근 그가 지식에서 획득한 새로운 배치disposition에 의해 그려지는 하나의 편성une configuration에 불과하다. 이로부터 새로운 인간성들humanismes에 대한 모든 망상이 태어나고, 인간에 대한 일반적이고 반#실증적이며 반#철학적인 반성으로 이해되는 모든 손쉬운 '인간학'들이 탄생한다. 그러나 인간이 최근의 창안일 따름이고, 두 세기도 채 지나지 않은 형상形狀일 따름이며, 우리의 지식 속에 단순한 주름에 불과하다는 것, 그리고 인간은 지식이 새로운 형태를 발견하게 되자마자 사라지게 될 거라는 것, 이를 생각하면 위로가 되고 상당히 안심된다. (14-15, 20-21)

17세기에 열렸던 고전주의 시대에 있어서 지식의 일반 공간은 '재현'이었다는 이야기입니다. 그리고 이 재현이라는 일반 공간에서 어떤 일들이 벌어지는가를 분석해 낸 재현 이론의 귀결들을 당시의 언어 이론, 자연 질서에 관한 이론, 부와 가치에 관한 이론들에 적용함으로써 고전주의 시대 지식 전체의 정합적인 질서를 찾아낼 수 있었다는 겁니다. 특히 재현과 재현되는 사물들 사이의 중계 역할을 하던 언어가 사라진다는 것을 특별히 지적하고 있습니다. 특정한 언어가 사라지면, 특정한 사유가 사라집니다.

그런데 이러한 지식의 일반 공간으로서의 재현과 재현에 관한 이론이 사라지면서 새로운 시대, 이른바 근대가 시작된다는 겁니다. 재현의 틀을 벗어남으로써 사물들이 그 자체의 고립된 영역으로 돌아가게 되고, 언어 역시 보편적인 힘을 상실한 채 하나의 역사적인 구성물로서 취급된다는 거죠. 가장 중요한 것은 그런 가운데 이제 서구의 지식 역사에서 처음으로 인간이 등장한다는 겁니다. 그러면서 인간을 창안된 것이라고 말하는 대목이 자못 심중합니다. 때때로 우리는 데카르트의 철학을 설명하면서 그가 주체를 발명했다고 하는데, 그래서 신 대신에 인간이 창조되었다고 하는데, 푸코는 인간이 창안되어 발명된 시기를 19세기 초로 늦추어 잡고 있습니다.

인간이 탄생했다는 것은 어떤 의미를 지니는 걸까요? 게다가 사물의 질서에서 벌어진 하나의 틈에 불과한 인간이 탄생했다는 것은 어떤 의미를 지니는 걸까요? 생산에 관한 연구 대신에 교환과 화폐에 대한 분석이 자리를 잡았다는 것과 연결해서 추정해 볼 수 있을 것 같습니다. 생산은 물질적인 사물들이 변형되는바 실재의réel 영역에서의 일입니다. 그러나 교환과 화폐는 실재réalité를 가상으로 바꾸어 내는 가상의 영역에서의 일이죠. 교환과 화폐가 생산을 지배한다면, 가상이 실재를 잡아먹는 꼴입니다. 틈으로서의 인간이 탄생했다는 것은 그러한 부재로서의 틈이 실재로서의 사물을 지배하게 된다는 것을 의미하는 것이 아니겠습니까. 사르트르Jean-Paul Sartre(1905-1980)는 인간의 중심을 대자對自, le pour-soi로서의 의식으로 보면서 그 대자를 무無, néant 또는 공空, le vide(텅 빈 것)으로 보았습니다. 뭔가 일맥상통하는 구조가 엿보이는 것 같지 않으십니까.

그런데 푸코는 이러한 인간의 탄생에 대해 다소 역겨움을 느끼고 있는 것 같습니다. "인간성들을 둘러싼 망상"이라든가 "손쉬운 인간학들"이 생겨나 기승을 부리는 데 대해 상당히 기분 나쁘게 이야기하고 있지 않겠습니까. 그러면서 인간이 사라질 것에 대해 위로니, 안심이니 하는 말을 하고 있지 않겠습니까. 여기에서 가장 흥미로운 것은 인간이 사라질 것에 대한 푸코의 기대입니다. 아니나 다를까, 그는 이 책 전체의 마지막에서 이렇게 말합니다. 많이 알려진 문구 중 하나죠.

우리의 사유 고고학이 최근에 잘 보여 주고 있듯이 인간은 하나의 창안물이다. 어쩌면 인간은 그 종말이 가까이 와 있는 존재일 것이다. 만약 그 배치들이 나타날 때처럼 사라지게 된다면, [그러니까] 만약에 우리로서는 기껏해야 그 가능성을 예감할 뿐인, 그러나 아직 현재로서는 그 형식과 그 약속을 알지 못하는 어떤 사건에 의해, 18세기를 마감할 즈음 고전주의적 사유의 토양이 그랬던 것처럼, 그 배치들이 흔들려 무너진다면, 그때 우리는 인간이, 마치 해변에 모래로 새긴 얼굴이 [파도에 씻겨] 지워지는 것처럼, 지워질 것이라 장담할 수 있을 것이다. (398, 440)

‘인간의 죽음’은 현대 기호학의 대가인 롤랑 바르트Roland Barthes(1915-1980)가 말한 ‘저자의 죽음’과 맞물리면서 ‘주체의 죽음’이라고 하는 구조주의적인 사유를 대표하는 핵심 개념이 됩니다. 그러고 보면, 현재로서는 기껏해야 그 가능성을 예감할 뿐이라고는 하지만, 인간에 대해 그 종말이 가까이 와 있다고 하는 데서 알 수 있듯이, ‘푸코가 이 책을 쓰면서 어쩌면 그런 인간의 종말 내지는 죽음을 앞당기고자 하는 것 아닌가’ 하고서 생각할 수도 있죠.

그런데 서론의 끝부분에서 푸코는 ‘동일자’와 ‘타자’ 이야기를 덧붙이고 있습니다. 푸코는 『말과 사물』을 발간하고 6년 뒤, 1972년에 『고전주의 시대의 광기의 역사Histoire de la folie à l'âge classique』를 출판하게 되는데, 『말과 사물』의 서론에서는 『말과 사물』이 이 책을 쓰고자 기획한 것에 대한 반향임을 지적하고 있습니다. 그러면서 이렇게 말하죠.

광기의 역사는 타자l'Autre의 역사일 것이다. ― 즉 한 문화에 있어서 내부적이면서 동시에 낯선, 그러므로 (그 내부적인 위험을 내쫓기 위해) 배제되어야 하되, (그 타이성他異性, altérité을 약화시키기 위해) 감금함으로써 배제되어

야 하는 타자의 역사일 것이다. 그런가 하면, 사물들의 질서의 역사는
동일자le Même의 역사일 것이다. — 즉 한 문화에 있어서 산포해 있으면
서 동시에 명백한, 그러므로 표식들marques에 의해 분별되어야 하고 그
정체성들에 근거해 소집되어야 하는 동일자의 역사일 것이다. (15, 22)

다들 알다시피, '동일자와 타자'는 현대 철학에서 대단히 중요한 이슈입
니다. 그런데 푸코는 그 정확한 의미를 알기 위해서는 고전주의 시대를
고고학적으로 파헤쳐 들어가지 않으면 안 된다고 합니다. 특히 의학적인
지식을 구성하는 형식들을 탐구해야만 타자에 대한 한계 경험을 고고학
적으로 분석할 수 있다고 말하죠. 그러면서 이를 통해 우리를 고전주의적
인 사유로부터 떨어뜨려 놓고 우리의 근대성을 구성하는 역치가 무엇인
가를 밝힐 수 있다고 말합니다.

그런 다음, 이 역치 위에서 처음으로 인간이라 불리는, 그리고 인간 과
학에 고유한 공간을 열어젖히는 기묘한 지식의 형상이 등장한다고 말합
니다.

4) 정돈과 예감

푸코가 말하는 고고학적 사유를 이해하는 데 가장 중요한 말은 "역사적
선험"이 아닐까 생각합니다. 그가 "인식론적인 장"이라고 하는 그 유명한
"에피스테메"는 바로 이 "역사적 선험"을 일컫는 것이기 때문이죠.

흔히 철학적 사유라고 하면 반성적 사유를 지칭합니다. 다만, 이때 반
성은 구체적인 역사를 염두에 둔 것은 전혀 아닙니다. 설사 헤겔G. W. F.
Hegel(1770-1831)이 정신현상학을 전개하면서 실제 전개되었던 시대들의
변환을 참고로 하여 정신의 발달사를 다루었다고 할지라도, 그 정신의 발
달은 정신 자체에 구비된 본질적인 가능성에 입각한 것이었습니다. 그 외
에 데카르트라든지 칸트라든지 후설이라든지 하는 이른바 초월론적 철

학transzendentale Philosophie을 전개한 인물들에게서 볼 수 있었던 철학적 사유는 더욱 그러합니다.

푸코는 이 책에서 이러한 전통적인 의미의 철학적 사유를 공개적으로 비판하지는 않지만, 그가 제시한바 '역사적 선험'에 입각한 고고학적 사유는 그야말로 전대미문의 철학적 사유라 하지 않을 수 없습니다. 그의 고고학적 사유에서 역사적 선험의 내용이 미리 전제되는 것은 결코 아닙니다. 오히려 그는 고고학적 사유를 통해 귀납적으로 그러한 역사적 선험을 발견해 내고자 하고, 그렇게 해서 발견된 역사적 선험을 통해 해당 역사적 선험이 뒷받침하는 시대에서 전개되었던 지식의 형태들을 일관되게 연역적으로 설명하는 겁니다. 이를 위해 온갖 시시콜콜해 보이는 숨겨진 문헌들의 먼지를 털어 내고 백일하에 드러내어 그 가치를 해명해 보이는 푸코의 작업이야말로 전혀 새로운 인문·사회과학, 즉 인간 과학의 길을 엽니다. 그의 모든 후속 저서는 한결같이 그러합니다.

푸코의 이러한 고고학적인 사유는 나중에 권력 문제를 중심으로 펼쳐지는 계보학적인 사유와 직결됩니다. 이러한 푸코 특유의 고고학적인 사유는 오늘날 우리가 당연하다고 여기면서 합법화하고 있는 일체의 사물관계나 인간관계의 축들을 비판적으로 분석·검토해서 심지어 폐기할 수 있는, 권력 비판을 위한 실천 철학의 무기를 우리 손에 쥐어 주기 때문입니다.

한껏 기대하면서 다음 시간부터 본격적으로 본론으로 치고 들어갈 참입니다. 다음 시간에 강의할 것은 제1장 '시녀들'입니다.

벨라스케스의 〈시녀들〉, 재현의 재현

1. 실마리

『말과 사물』은 제1부에서 그가 '고전주의 시대'라 이르는 16, 17세기에서 에피스테메로 작동한 '재현再現, représentation'이 어떻게 다방면으로 나타나는가를 다루고, 제2부에서 18세기 말부터 19세기에 이르는 '근대'의 에피스테메로 작동한 '인간의 탄생'을 다룹니다. 오늘 다루고자 하는 제1장 '시녀들les suivantes'은 『말과 사물』의 본론을 여는 첫 글이라는 데서도 의미가 크지만, 사실은 제1부를 관통하면서 이끄는 '재현'의 문제를 가장 실감나게 드러내고 있다는 점에서 더욱 중요합니다.

이 글은 두 절로 되어 있습니다. 첫 절에서는 그림 〈시녀들〉에서 나타나는 여러 종류의 가시성 또는 비가시성의 구도를 분석해 드러냅니다. 그리고 두 번째 절에서는 그림 〈시녀들〉에서 찾을 수 있는 재현의 구도와 형상들을 추출합니다.

〈시녀들Las Meninas〉은 스페인 화가 벨라스케스Diego Rodríguez de Silva y Velázquez(1599-1660)의 대표작입니다. 벨라스케스는 독일 태생의 벨기에

벨라스케스, 〈시녀들Las Meninas〉, 3.18m x 2.76m, 1656년작

화가인 루벤스Peter Paul Rubens(1577-1640)와 네덜란드의 화가인 렘브란트Rembrandt Harmenszoon van Rijn(1606-1669)와 더불어 바로크 시대의 세 거장으로 불리죠. 푸코는 『말과 사물』을 발간하고 2년 뒤인 1968년에 『이것은 파이프가 아니다Ceci n'est pas une pipe』라는 소책자를 발간했습니다. 이 책을 통해 벨기에 출신의 천재적인 초현실주의 화가 마그리트René François Ghislain Magritte(1898-1967)가 그린 동명의 그림을 분석합니다. 그 핵심은 말과 이미지와 사물의 관계였죠. 그런가 하면, 비록 그의 생전에 발간하지는 못했지만, 1970년에 그는 튀니지에서 모더니즘 회화를 일군 첫 선구자로 불리는 화가 마네Édouard Manet(1832-1883)의 회화를 분석하는 특강을 했는데, 이 특강의 녹취록을 바탕으로 2004년에 『마네의 회화Le Peinture de Manet』라는 제목의 책이 출간되기도 했습니다. 그만큼 푸코는 회화에 큰 관심을 두고 있었습니다. 참고할 일이죠.

그림 〈시녀들〉을 분석할 때, 기본적으로 염두에 두어야 할 것은 보이는 것과 보이지 않는 것이 이중적으로 연결되어 나타난다는 점입니다. 우선 보이는 그림과 보이지 않는 그림이 있습니다. 보이는 그림은 관람자인 우리가 보고 있는 그림 〈시녀들〉 자체이고, 보이지 않는 그림은 관람자인 우리에게 화폭의 뒷면만을 보이는, 그림 〈시녀들〉 속 화가가 그리고 있는 그림입니다. 마찬가지로 보이는 화가와 보이지 않는 화가가 있습니다. 보이는 화가는 그림을 그리다 말고 이쪽을 바라보고 있는 그림 〈시녀들〉 속의 화가이고, 보이지 않는 화가는 그림 〈시녀들〉을 그린 벨라스케스죠.

이 둘을 결합해서 보면, 보이는 그림을 그리는 화가는 보이지 않는 화가이고, 보이지 않는 그림을 그리는 화가는 보이는 화가입니다. '보임'과 '보이지 않음'이 묘하게 X자형으로 엇갈리면서 긴밀하게 관계를 맺고 있는 셈이죠. 보이는 화가를 보이지 않는 화가인 벨라스케스가 자신이 작업을 하는 장면을 그린 자화상이라고 여기게 되면, 이러한 이중적인 관계는 더욱 긴밀하게 됩니다.

푸코는 이런 점을 염두에 두면서, 다음과 같은 '보임'과 '보이지 않음'의 구도를 찾아내고 있습니다. 이를 우리는 메를로퐁티와 푸코의 개념에 따라 '가시성의 구도la structure de la visibilité'로 부르기로 합니다. 푸코가 『말과 사물』을 출간하기 2년 전인 1964년에 그의 스승인 메를로퐁티의 유고 저작인 『보이는 것과 보이지 않는 것Le visible et l'invisible』이 출간되었습니다.

메를로퐁티는 보이는 것은 보이지 않는 것과 대립하는 것이 아니며, 보이는 것과 보는 자는 서로 환위되면서 역동적인 통일성을 이룬다고 봅니다. 그러면서 이러한 일이 가능한 존재론적인 바탕으로서 '가시성la Visibilité'을 제시하죠. 다만, 유의해야 할 것은 메를로퐁티는 가시성을 대문자로 시작하는 표기법을 쓰는 데 반해, 푸코는 가시성visibilité을 소문자로 쓰면서 비가시성invisibilité과 대조해서 쓰고 있다는 점입니다. 그러니까 우리가 지금 '가시성의 구도'라고 하는 것은 일단 지칭의 편의상 그런 것으로 이해해 주기를 바랍니다.

2. 여러 가시성의 구도들

푸코는 첫 번째 절에서 〈시녀들〉에서 읽어 낼 수 있는 여러 가시성의 구도들을 차례로 검토하고 있습니다.

1) 그림 속 화가에 나타난 가시성의 구도

우선 푸코는 그림 속 화가의 행동을 중심으로 가시성의 구도를 분석합니다. 이 화가가 지금은 모델을 보기 위해 관람자인 우리에게 잠시 보이고 있지만, 다시 그림을 그리게 되면 관람자인 우리에게서 보이지 않게 될 거라는 겁니다. 푸코는 이렇게 말하죠.

지금 우리는 잠시 멈추고 있는 그를 볼 수 있다. 그는 왔다 갔다 함의 정중앙에 위치에 있다. 그의 어슴푸레한 전신과 그의 밝은 얼굴은 보이는 것le visible과 보이지 않는 것l'invisible의 경계에 위치해 있다. 왜냐하면, 우리를 벗어나 있는 저 화폭을 벗어남으로써 그는 우리들의 시야에 등장하지만, 그가 오른쪽으로 한 발짝 옮겨 우리의 시선에서 벗어나 있는 동안 그는 그가 그리고 있는 화폭의 정면에 위치해 있을 것이기 때문이다. … 마치 화가는, 그가 재현되고 있는représenté 그림에서 보일 수 없음과 동시에 그가 무언가를 재현하기 위해 바쁘게 일하고 있어 [자신이 그리는] 그림을 볼 수도 없기라도 한 것처럼. 그는 양립 불가능한 이 두 가시성visibilités의 문지방(임계지점)을 지배하고 있다. (19-20, 25-26)

'재현'과 '가시성'이라는 두 용어가 대단히 중요한 것 같습니다. 화가가 우리에게 보이면 그는 그림을 볼 수 없고, 그가 그림을 볼 수 있으면 그는 우리에게 보일 수 없는데, 그것이 그림을 그리기 위해 왔다 갔다 하는 화가의 동작에 따라 결정된다는 겁니다.

그런데 이 두 가시성이 성립하는 판면이 워낙 다릅니다. 하나는 그림 〈시녀들〉의 내부 관계에서 성립하는 가시성이고, 다른 하나는 그 외부와의 관계에서 성립하는 가시성이죠. 말하자면, 재현 공간 내부에서의 재현의 관계, 즉 재현에 대한 재현과 재현 공간과 재현 공간의 바깥과의 재현의 관계를 유의해야 하는 겁니다.

2) 화가와 관람자인 우리 사이의 가시성의 구도

이러한 묘한 이중적인 구도를, 푸코는 〈시녀들〉 속의 화가와 〈시녀들〉을 바라보는 관람자인 우리의 관계에서 찾아내고 있습니다. 이번에는 비가시성입니다.

화가는 보이지 않는 한 지점을 응시하고 있다. 그러나 관람자들인 우리는 그 지점을 쉽게 지정할 수 있다. 왜냐하면 그 지점이란 바로 우리 자신들, 즉 우리의 몸, 우리의 얼굴, 우리의 눈이기 때문이다. 그러므로 화가가 주시하고 있는 광경은 이중적으로 비가시적이다. 한편으로 그 광경은 그림 〈시녀들〉의 공간에서 재현되지 않고, 다른 한편으로 그 광경은 바로 맹목적盲目的인 지점에, 즉 우리가 바라볼 때 우리의 시선이 우리 자신을 벗어나는 일이 벌어지는바 본질상 그 숨겨진 지점에 위치해 있기 때문이다. 그러나 이 비가시성이 〈시녀들〉 자체에서 그 감각적인 등가물을 지니고 있고 그 봉인된 형상形狀, figure을 지니고 있으니, 우리가 우리의 시선 아래 저기에서 이 비가시성을 어찌 보지 않을 수 있을 것인가? (20, 26)

이거 보통 복잡한 문제가 아닙니다. 예컨대 아무도 이 그림을 보지 않고 있다면, 그림 속 화가의 시선은 과연 어디를 향하고 있을까요? 이를 상상하려면, 상상 속에서나마 우리는 그 화가의 시선을 보아야 하고, 그 화가의 시선은 우리를 보게 됩니다. 그러니 우선 푸코가 말하는 것을 인정하지 않을 수 없습니다.

거울을 보게 되면, 거울 속의 내가 나를 뚫어지게 쳐다봅니다. 거울이야말로 재현의 대표적인 장치가 아닙니까.[10] 푸코는 그림을 보는 것을 거

---

10   참고로 지금 우리가 쓰고 있는 너무나 뚜렷하게 반영하는 주석 박막 평면거울은 약 15세기 이탈리아에서 '크리스털 거울'이라는 이름으로 발명되었다. 워낙 값이 비싸 비밀스럽게 극소수에게 공급되다가 17세기에 이르러서는 귀족들 사이에 상당히 유행했다. 특히 루이 14세가 '거울의 방'을 만든 데서 알 수 있듯이 17세기, 그러니까 벨라스케스가 이 그림을 그릴 당시 거울을 마련한다는 것은 일종의 부에 대한 상징이었다. 17-18세기를 일컬어 재현을 에피스테메로 한 시대라고 하는 것은 어쩌면 거울을 바탕으로 한 시대라고 해도 크게 틀리지는 않을 것이다. 데카르트가 "나는 생각한다. 그러므로 나는 존재한다"라고 한 것은 반성, 즉 반영의 구도에 따른 것이지만, 이 역시 거울의 구도에 따른 것이라 할 수 있다. 심지어 그 이전에 크리스털 거울이 발명되어 쓰이지 않았더라면 데카르트의 사유가 이루어지지 않았을 거라

울을 보는 것처럼 여기는 걸까요? 그렇다면, 그림 속의 화가는 곧 그림을 바라보는 우리가 됩니다. 엄밀하게 말하면, 우리라기보다 우리와 마찬가지로 이 그림을 그리는 화가로서 그림의 관람자라 할 수 있는 벨라스케스 본인이 될 겁니다. 그렇다면, 우리는 벨라스케스를 대신해서 지금 당장 이 화가를 보고 있는 셈이죠.

아무튼 푸코는 화가가 우리 자신을 바라보고 있다고 하면서도 그 '우리 자신'이란 그림 〈시녀들〉에 나타나지 않을 뿐만 아니라, 보면서 보이는 상태를 벗어난 시선이 작동하는바 본질상 숨겨진 지점이기에 이중적으로 비가시적이라고 말하고 있습니다. 그렇다면, '본질상 숨겨진 지점'은 도대체 어디일까요?

푸코는, 그림 속 화가가 바라보고 있는 지점이 무엇인가를 그가 그리고 있는 그림을 보면 알 수 있을 테지만 그가 그리고 있는 그림은 보이지 않는다는 점을 강조하면서, 우리가 볼 수 있는 저 그림의 배면이 화가가 바라보고 있는 '깊이 있는 비가시성invisibilité en profondeur'을 되살리고 있다고 말합니다. 그리고 그 '깊이 있는 비가시성'이 바로 우리 자신이 존재하는 공간이자 우리 자신인 공간이라고 말하죠. 이 '깊이 있는 비가시성'의 공간이 바로 '본질상 숨겨진 지점'이라는 겁니다.

그런 뒤, 푸코는 화가의 눈으로부터 화가가 바라보고 있는 이 '숨겨진 지점'에 이르는 하나의 강력한 선이 나타나 있다고 말합니다. 그리고 이 선은 실재의 그림 〈시녀들〉을 거쳐서 화가를 바라보고 있는 우리의 지점에까지 분명하게 연결되는데, 그럼으로써 그림의 재현으로 우리를 결합한다고 말합니다. 이에 대해 우리로서는 재현의 안(그림 속 화가)과 바깥(관람자인 우리)이 재현을 통해 연결된다고 말할 수 있을 겁니다.

고 말할 수 있다.

3) 화가와 모델 그리고 화폭 간의 가시성의 구도

그런데 과연 재현의 안과 바깥 두 지점만 있을까요? 그렇지 않습니다. 벨라스케스의 그림 〈시녀들〉이 갖는 기묘한 회화적 힘은 방금 말한 재현의 안과 바깥과는 다른 두 종류의 안과 바깥, 즉 '재현 내부에서 이루어지는' 재현의 안과 바깥을 구현해 낸 것이라 할 수 있습니다. 그중 하나는 그림 〈시녀들〉에서 그림 속 화가가 바라보고 있는 그림 바깥의 모델이 비가시적인 형태로 주어져 있다는 데서 성립하고, 다른 하나는 그림 〈시녀들〉 속의 화폭에서 그 모델이 재현되고 있을 것이라는 데서 성립합니다. 마치 거울과 거울을 맞대면 무한 개의 상들이 나타나는 것과 비슷한 꼴이죠.

그런데 푸코는 이런 정황을 직접 제시하지 않고 "잠정적인 삼각형"이라는 구도를 제시하면서 다음과 같이 말합니다.

화가의 시선이 우리를 맞아들이지만, 우리는 그 화가의 시선에 의해 쫓겨난다. 즉 우리는 언제나 우리보다 앞서서 거기에 있는 것, 즉 모델 자체에 의해 대체된다. ⋯ 수직으로 서 있는 화폭을 가로지르는 [화가의] 시선의 중립적인 접힘선sillon에서 주체와 대상, 관람자와 모델은 서로의 역할을 끝없이 바꾼다. ⋯ 우리는 화폭의 이면만을 보기 때문에, 우리가 누구인지 그리고 우리가 무엇을 하고 있는지 모른다. 우리는 보이는 것일까, 아니면 우리는 보고 있는 것일까? 화가는, 내용과 형식, 얼굴과 정체성이 시시각각 계속 변화하고 있는 장소를 현행적으로actuellement 바라보고 있다. 그러나 주시하면서 움직이지 않는 그의 두 눈은 이와는 다른 한 방향을 지시한다. 그의 두 눈은 이미 수시로 이 방향을 따라 움직였고 분명히 곧 이 방향을 되잡을 것이다. 이 방향은 움직이지 않고 있는 화폭으로의 방향이다. 이 화폭 위에는 결코 지워지지 않을 하나의 초상이 그려지고 있고, 아마도 오래전부터, 그리고 언제까지나 그려지고 있을 것이다. 그리하여 주권을 행사하는 화가의 시선은 하나의 잠정적인 삼각형un triangle virtuel을 지휘하는데, 그 꼭대기에는 —유일하게 보이는 점인— 미술가의 두 눈이 있고, 아래의 한 꼭짓점에는 보이지 않는 모델이 자리하고 있으며, 아래의 다른 한 꼭짓점에는 돌아서 있는 화폭 위에 아마도 스케치되어 있을 형상이 있다. (20-21, 27)

그다지 어려운 내용은 아닙니다. 화가의 시선이 우리를 본다고 하지만 실제로는 우리를 보는 것이 아니라 우리와 같은 위치에 있는 모델, 즉 스페인 국왕 부부를 보는 거죠. 그리고 화가는 그 모델의 모습을 화폭 위에 그리는 중입니다. 흥미로운 것은 화가가 아직도, 그러니까 그림 〈시녀들〉이 없어지지 않는 한, 영원히 그렇게 그리고 있다는 사실입니다.

이와 관련해서 푸코는 '한 잠정적인 삼각형'이라는 이름을 붙이면서 다음과 같은 가시성의 구도를 뽑아내고 있습니다.

4) 빛다발과 화폭과 관람자인 우리 사이의 가시성의 구도

그림의 오른쪽 끝을 보면 푸코가 창이라고 하지만 그 정체를 정확하게 알 수 없는 열린 공간이 있고 거기에서부터 밝은 빛이 들어와 방 전체로 스며들고 있습니다. 이 빛 때문에 그림 속에 그려져 있는 공주와 그 시녀들, 화가, 그리고 화폭을 지탱하는 틀의 (우리가 보기에) 오른쪽이 전부 밝게 빛나죠. 이와 관련해서 푸코는 이렇게 말하고 있습니다.

오른쪽에서 왼쪽으로 방을 가로지르면서 폭넓은 황금색 빛다발이 관람자를 화가에게로 데려가고 그와 동시에 모델을 화폭으로 데려간다. 그 황금색 빛다발은 화가를 밝게 비춤으로써 화가가 관람자에게 보이게끔 하고, 화폭으로 옮겨진 모델의 이미지가 가두어진 채 있을 수수께끼와 같은 화폭의 틀을 모델이 보기에 황금선들인 양 빛나게 한다. … 오른쪽으로부터, 보이지 않는 창문에 의해 모든 재현을 보이게끔 하는 순수한 빛다발이 흘러나온다. 그리고 왼쪽으로부터는 하나의 표면[즉 화폭의 형생]이 펼쳐지는데, 이 표면은 너무 잘 보이는 이면에 의해 스스로가 담고 있는 재현을 은폐한다. 빛은 장면을 흠뻑 적시면서 인물들과 관람자들을 싸잡아 화가의 시선과 마주하고 있고 화가의 붓이 그들을 재현하고자 하는 장소로 데려간다. 그러나 이 장소는 우리에게서 벗어나 있다. 우리는 화가에 의해 바라보이는 우리를 바라본다. 우리가 바라보는 우리는 우리가 화가를 보게끔 하는 바로 그 빛에 의해 화가의 눈에 보이는 것으로 된다. 우리가 거울을 보듯이 화가의 손에 의해 전사轉寫되고 있는 우리를 보러 갔을 때, 그 순간 우리는 [거울과 같은] 그 화폭의 면에 대해 뜻하지 않게 광택 없는 그 이면만을 볼 수 있을 것이다. 그 이면은 한 심리une psyché의 다른 면이리라. (21-22, 28-29)

그림에서 조명의 방향이나 정도, 그에 따른 조명의 역할을 잘 설명하고 있습니다. 렘브란트의 그림들에서 잘 드러나듯이, 회화의 조형적인 요인 중에서 조명은 대단히 중요합니다. 회화 면에 묘사된 모든 조형의 존재를 결정할 정도로 전반적인 분위기를 내는 것이 조명이기 때문이죠.

그런데 푸코는 오른쪽 창을 통해 들어오는 빛다발과 왼쪽에서부터 전개되어 나가는 사물들, 특히 화폭을 대비시키고 있습니다. 말하자면 빛과 사물 또는 사물의 표면을 대비시키고 있죠. 빛이 재현의 장소, 즉 화폭의 표면으로 관람자인 우리를 데려가 그곳에서 거울을 보듯이 우리 자신을 볼 수 있을 것처럼 만든다는 겁니다. 그러나 그 장소는 우리에게서 차단되어 은폐되어 있고, 그래서 은폐된 그곳에 전사, 즉 반사된 우리를 보았을 때, 그 모습은 오히려 불투명하기 짝이 없는 이면, 말하자면 심리의 다른 면, 즉 심리의 이면을 볼 뿐이라고 말합니다. 무슨 뜻일까요? 벨라스케스가 이 그림에서 빛에 따른 밝음과 구도에 의한 은폐를 기묘하게 겹쳐 놓음으로써 재현이란 것이 한편으로는 드러내면서 다른 한편으로는 감추는 역할을 한다는 것을 말하고 있는 걸까요? 정확하게 판단할 길이 없습니다.

5) 그림 속 거울과 그림의 나머지 형상들 및 모델 간의 가시성의 구도

이어서 푸코는 이제 이 그림 〈시녀들〉에 대해 가장 잘 알려진 그림 속 방의 뒷벽에 걸려 있는 거울의 존재를 분석합니다. 방의 뒷벽에는 모두 네 개의 그림이 그려져 있습니다. 세 개는 희미해서 무슨 내용인지 알 수 없는 데 반해, 아래의 오른쪽 그림만큼은 남녀의 두 실루엣이 제법 식별할 수 있을 정도로 비교적 명확하게 그려져 있습니다. 이 그림은 다름 아니라 거울입니다. 그런데 그림 속 화가를 포함한 그 어떤 인물들도 이 거울을 보고 있지 않습니다. 엄격하게 말하면, 이 거울을 보는 자는 관람자입니다. 이 거울 속에 이중화되어 나타난 모델들, 즉 국왕 부부도 이 거울을 보지 않는다고 할 수 있기 때문입니다. 이를 염두에 두면서 일단 푸코의 이야기를 들어 보죠.

> 그림이 재현하고 있는 모든 재현[즉 뒷벽의 그림들] 중에서 이 거울만이 유일하게 가시적이다. 그러나 아무도 이 거울을 보지 않는다. … [아무도 보고 있지 않기에] 섭섭해하는 이 빛나는 작은 사각형인 거울은 가시성일 뿐이다. 그러나 [그림 속의] 그 어떤 시선도 이를 사로잡을 수 없고, 이를 현행적인 것으로 만들 수 없으며, 그 광경으로부터 갑자기 무르익는 그 과실을 즐길 수 없다. (23, 30)

거울이 홀로 가시적인 것으로서 모델에 대한 재현을 일삼고 있다는 것,

그리고 이 거울에서의 재현을 그림 속의 그 어떤 인물도 보지 못하고 있
다는 것을 말함으로써 푸코는 무엇을 말하고자 하는 걸까요? 특별한 대
답은 없습니다. 우리로서는 푸코가 재현의 구도 속에서 삶을 영위할 때,
그 삶을 사는 사람들이 그들 자신이 재현의 구도 속에서 살고 있다는 것
을 인식하지 못한다는 것을 말하고자 한 것으로 추정합니다. 이는 다음과
같은 푸코의 말에 의해 그 의미가 더욱 심중해집니다.

> 이 거울은 가시적인 대상들 주변을 맴도는 대신, 재현의 장 전체를 관
> 통한다. 그러면서 거울이 재현의 장 속에서 붙들 수 있었던 것을 무시
> 한다. 그러고는 이 거울은 모든 시선[을 벗어나 그 바깥에 머무는 것에
> 가시성을 복구시켜 준다. (23, 31)

재현의 장치인 거울이 재현의 장 전체를 관통한다는 사실, 그리고 그런
거울이 재현의 장 속에 속한 모든 걸 무시한다는 사실은 재현 자체가 보
편적이고 포괄적인, 이른바 에피스테메로서 작동한다는 것을 말하는 것
이 아닐 수 없습니다.

그런데 거울이 모든 시선을 벗어나 그 바깥에 있기에 비가시적이라고
할 수밖에 없다는 사실에 대해, 그 사실이 가시성을 복구시켜 준다는 언
명은 그림 자체에서 보면 이해하기에 그다지 어려운 것은 아닙니다. 말하
자면 그림 이쪽의 보이지 않는 곳에 있는 모델들을 비춤으로써 그들을 보
이게 한다는 비교적 단순한 이야기이기 때문입니다. 그러나 그 함축하는
바를 생각해 보면 의미심장합니다. 이는 곧 재현이라는 게 반드시 가시적
인 실재들만을 재현하는 것이 아니라 비가시적인 것들, 예컨대 정신적인
것이라거나 추상적인 형식들마저 재현한다는 것을 뜻하기 때문이죠.

그런데 푸코는 아직 이런 의미 부여를 하지 않습니다. 그 대신 이 그림
에서 거울이 하는 핵심적인 역할을 이렇게 묘사하죠.

방의 저 깊은 곳에서 모든 사람으로부터 무시당한 채, 뜻밖에 배치된 이 거울은 화가(작업 중인 화가에 대해 객관적으로 재현된 실재 속에서의 화가)가 바라보고 있는 형상들뿐만 아니라 (선들과 색채들을 통해 [이 〈시녀들〉 자체의] 화폭 위에 놓여 있는 물질적인 실재성을 띤) 화가를 바라보고 있는 형상들을 빛나게 한다. 이 두 형상은 같은 정도로 접근 불가능하다. 그러나 그 방식은 다르다. 첫 번째는 이 그림에 고유한 구성의 결과에 따라 접근 불가능한 것이고, 두 번째는 모든 그림 일반의 현존 자체를 지배하는 법칙에 따라 접근 불가능한 것이다. … 거울은 그림 속에 재현된 공간과 그 공간이 지닌 재현의 본성을 동시에 건드리는바 가시성의 환위 *métathèse*를 보장한다. 말하자면, 거울은 그림에 있어서 어쩔 수 없이 두 방식으로 비가시적인 것을 화폭의 중심에서부터 보게 한다. (24, 31-32)

그야말로 까다로운 분석입니다. 이 대목을 잘 이해하기 위해서는 먼저 여기에서 괄호 속에 넣어 설명하고 있는 두 화가를 잘 구분해야 합니다. 말하자면, 후자의 화가는 선과 색으로 그려진 '〈시녀들〉'이라는 그림 위의' 화가이고, 전자의 화가는 선과 색으로 그려졌지만, 그 그려짐을 벗어나 작업하고 있는 '그림 속의' 화가입니다. 거울이 그림 속의 화가가 바라보고 있는 형상들을 빛나게 한다는 것은 그 형상이 '그림 속 이쪽에' 있는 모델들이기에 당연히 그들을 비춰 줌으로써 빛나게 하는 거죠. 파악하기 어려운 건 그려진 '그림 위의' 화가를 바라보고 있는 형상들이 도대체 누구인가 하는 겁니다. 그것은 일반적으로 보아 관람자들이 아닐 수 없습니다. 그렇다면, 거울이 관람자들을 빛나게 한다는 거죠. 모델이건 관람자건 보이지 않기는 마찬가지입니다. 다만, 모델은 이 그림이 워낙 특이한 구도적인 배치를 했기 때문에 보이지 않는 것이고, 관람자들이란 모든 그림에서 본래 다 보이지 않기 마련이기에 보이지 않는 것이라는[11] 점에서 보이지 않는 방식이 다른 겁니다. 그런데 거울이 모델과 관람자 모두를 가시성으로 빛나게 한다는 거죠. 그러니까 거울은 재현 안의 공간과 재현 바깥의 공간을 화폭의 중심에서 중첩시키고 그럼으로써 서로 환위되도록 하는 역할을 한다는 겁니다.

거울에 대해 이렇게 말함으로써 푸코는 무엇을 말하고자 하는 걸까요? 그가 개략적으로 대답하고 있는 것 같긴 한데, 우리 나름으로 정돈해 보자면 이렇습니다. 우선 벨라스케스가 〈시녀들〉에서 거울의 이 기묘한 역할을 구현함으로써 재현의 본성을 드러내고 있다는 겁니다. 말하자면, 재현은 재현되는 바깥의 실재 공간과 재현된 재현 공간이 정확하게 구분되지 않고 위치를 서로 바꾸면서 서로 혼입되도록 한다는 거죠. 다시 말하자면, 재현이 지배할 때 재현의 안팎을 구분한다는 것은 불가능할 정도로 재현의 위력이 강하고, 이에 재현을 당시의 에피스테메라 할 수 있다는 겁니다.

우리로서는 푸코가 앞서 정돈해 보인 여러 가시성의 구도들을 분석해 보임으로써 드러내고자 한 것 역시 바로 이러한 내용이라 여길 수밖에 없습니다.

3. 그림에 나타난 재현의 구도들

이제 두 번째 절입니다. 이 절에서는 굳이 말하자면 〈시녀들〉에서 찾을 수 있는 재현의 구도들을 다룹니다.

푸코는 이 절을 이 그림에 얽힌 역사적인 정황을 약설하는 것으로 시

---

11   미켈란젤로 피스톨레토(Michelangelo Pistoleto, 1933-)라는 이탈리아 화가는 〈베트남〉(1962-
      1965)이라는 작품에서 거울처럼 광택 나는 스테인리스 스틸 자체를 화폭으로 사용함으로써
      관람자들이 그 그림 속에 나타나도록 한다. 푸코가 말하는 모든 그림의 법칙을 깨는 경우이
      다. 인터넷을 검색해 찾아보기를 바란다.

작합니다. 화가는 벨라스케스이고, 그가 이 그림을 그린 곳은 그의 화실이거나 아니면 에스퀴리알 살롱이며, 중앙의 어린 왕녀는 그녀의 부모를 보러 온 마르가리타 공주이고, 그림 뒤편의 문을 열고 서 있는 사람은 국왕 펠리페 4세의 궁정 하인인 니예토이며, 그 바로 앞 그림의 중간쯤에 서 있는 중년의 남녀는 역시 궁신(宮臣)인데 각각 이름을 알 수 없는 호위병과 도나 마르셀라 데 울도아이고, 마르가리타 공주 앞에 무릎 꿇고 앉아 붉은 컵을 바치는 인물은 도나 마리아 아구스티나 사르미엔토 데 소토마요르이며, 맨 앞줄 오른쪽에 서 있는 난쟁이는 마리 바르볼라이고 개에 발을 올리고 있는 어린이는 이탈리아 출신의 광대 니콜라스 페르투사토로 확인된다고 말하고 있습니다. 그리고 모델인 인물은 스페인 국왕 펠리페 4세와 왕비인 마리아나라는 거죠.

그런 뒤, 이런 고유명사를 지적한 것을 기화로, 언어와 회화가 서로 환원 불가능하다는 사실, 즉 보는 것을 말하고자 해 본들 소용 없고 언명되고 있는 것을 보려고 해 본들 소용 없다는 사실을 지적합니다. 그러면서다만 고유명사만큼은 말하는 공간에서부터 바라보는 공간으로 나아가는 이동을 허용한다는 사실을 지적하면서도, 언어와 가시적인 것 간의 양립 불가능성을 염두에 둔다면 그림을 보고자 할 때 짐짓 고유명사를 지우고서 그 반영을 탐문해야 한다고 말합니다.

이런저런 이야기를 한 뒤, 푸코는 이제 본격적으로 그림에 나타나 있는 형상들과 나타나 있지 않지만 반영되고 있는 형상들 사이의 관계를 자세하게 분석하기 시작합니다. 그러면서 그 형상들이 의도하지는 않지만, 벨라스케스가 그 형상들을 교묘하고 정교하게 배치해 놓음으로써 형상들 사이에 이루어지는 비밀스러운 관계의 선들을 분석해 드러냅니다. 그림으로써 벨라스케스의 이 그림이 얼마나 대단한 그림인가를 드러냅니다.

이를 드러내는 푸코의 분석은 때로는 뾰족한 송곳처럼 때로는 날카로운 면도날처럼 예리하고 정확합니다. 우리로서는 여러 형편상 우리 나름의 분석을 가미하면서 그 내용의 핵심을 따내어 정돈할 수밖에 없습니다.

그림을 보면, 왼쪽에는 화폭이 뒷면을 드러내고 있고, 오른쪽에는 창이 있어 빛이 쏟아져 들어오며, 뒤쪽에는 여러 희미한 그림들과 함께 거울이 있고, 그 옆에 열린 문으로 한 남자가 서 있습니다. 그리고 앞줄 중앙에는 공주가 있고 공주 주위에 시녀들과 난쟁이가 있으며 개에 발을 올리고 있는 어린이가 있죠. 그리고 오른쪽 중간쯤에 남녀 궁신이 있습니다. 그리고 위에서부터 물질적 그림의 3분의 1 정도의 면적에 천장이 원근법적으로 뒤로 밀려나면서 펼쳐지고, 그 오른쪽의 원근법적인 사선을 끼고서 그림들이 좁다랗게 세로로 세워져 있는 벽이 연이어지면서 빛이 들어오는 창으로 연결되어 있습니다. 가장 묘한 것은 거울에 반영을 남기고 있는 그림 이쪽의 보이지 않는, 그러나 화가가 가장 뚜렷하게 쳐다보고 있고, 공주가 약간 비끼듯 쳐다보고 있으며, 저 뒤 문을 열고 선 남자가 애매하게 쳐다보고 있는 왕과 왕비가 있다는 겁니다. 이 왕과 왕비가 어디를 보고 있는가는 정확하게 알 수 없습니다.

구도를 보면, 공주는 물질적 그림 좌우의 중심을 차지하고 있고, 물질적 그림의 아래에서 3분의 1 지점에 공주의 머리꼭지가 놓여 있습니다. 물질적 그림의 거리로 보아, 왼쪽 화폭의 좌우 너비는 오른쪽 벽의 좌우 너비의 반쯤 되죠. 그 대신 중앙의 공주를 제외하면 오른쪽에 포진한 인물은 5-6명이고 왼쪽에 포진한 인물은 화가와 시녀 한 명뿐이어서 전체적으로 보아 좌우 양쪽의 무게가 균형을 이루고 있습니다.

그리고 인물들의 시선은 다 제각각입니다. 화가는 그림 이쪽의 모델이 있다고 여겨지는 곳을 뚫어지게 쳐다보고 있고, 공주는 약간 왼쪽을 쳐다보고 있으며, 공주의 왼쪽 시녀는 공주를 쳐다보고 있고, 공주 오른쪽의 키 큰 시녀는 이쪽 왼쪽과 중앙의 중간 바닥 어디쯤을 쳐다보고 있으며, 난쟁이는 그보다 약간 오른쪽 위를 쳐다보고 있고, 어린이는 개의 목덜미 근처를 쳐다보고 있으며, 뒤의 여자 궁신은 오른쪽 벽면 아래쪽을 쳐다보고 있고, 그 옆의 궁신은 왼쪽 화폭의 아래 끝 지점 정도를 쳐다보고 있으며, 저 뒤 문을 열고 선 인물은 공주의 뒷머리 근처 어딘가를 쳐다보고 있습니다. 그야말로 제각각의 시선들이 난무하고 있는 셈이죠.

이를 염두에 두면서 우선 화폭과 창의 관계를 보자면, 서로 대립하면서 서로의 힘을 강화하고 있습니다. 그럼으로써 그림 이쪽 바깥을 포함한 그림 전체가 놓일 수 있는 공간을 양쪽에서 함께 구성하고 있죠(25, 33 참조).

그다음 창과 거울의 관계를 보자면, 창은 오른쪽에서 왼쪽으로 빛을 흘려보냄으로써 좌우 수평적으로 광경 전체를 아우르고 있습니다. 그런데 거울은 기습하듯이 이 좌우 수평면을 수직으로 가로질러 그림 이쪽의 보이지 않는 모델과 직결되는 선을 형성함으로써 모델을 가시적으로 끌어들이고 있습니다(26, 33 참조).

그림 뒤쪽의 열린 문과 거울의 관계 또한 놓칠 수 없습니다. 거울과 나란히 배치된 문은 거울과 거의 같은 폭으로 열려 있는데, 문은 뒤쪽 바깥을 안으로 끌어들입니다. 이는 거울이 그림 이쪽을 그림 안으로 끌어들이는 것과 대비됩니다. 아울러 문 앞에 들어오려는지 나가려는지 알 수 없는 자세를 취하고 서 있는 인물은 거울 속의 희미한 이미지에 비해 훨씬 강한 실재감으로 거울에 비친 이미지를 압도합니다(26, 34 참조).

이제 앞쪽으로 나와서 진정한 중심이라고 할 수 있는 화가의 시선에서부터 그 앞 화폭의 뒷면 위로 갔다가, 그 오른쪽으로 해서 거울과 함께 걸린 그림들을 보고, 오른쪽 벽에 걸려 있는 좁다랗게 보이는 그림들을 앞으로 오면서 본 뒤, 급기야 오른쪽 앞쪽 끝의 빛이 흘러드는 창을 봅니다. 그리고 빛이 흘러드는 방향을 따라 인물들을 거쳐 화가의 손과 팔레트에 이르게 됩니다. 이 와형渦形을 통해 재현의 원환 전체가 열립니다. 그러나 이 재현의 내용적인 원환이 풀리면서 그림의 기본 틀과 빛을 보게 되는데, 그 빛은 화면을 거쳐 결국 화가의 이마와 광대뼈 두 눈과 시선에 다다르죠. 그래서 와형은 이 빛에 의해 닫혀 있으면서도 차라리 열리게 됩니다(27, 35 참조).

그림에서 인물들은 보기에 따라서 두 형상을 구성합니다. 하나는 큰 X 자형입니다. X의 왼쪽 위 끝에는 화가의 시선이 있고 오른쪽 위 끝에는 궁신의 시선이 있습니다. 그리고 왼쪽 아래 끝에는 화폭을 떠받치는 이젤의 발이 있고, 오른쪽 아래 끝에는 개의 등을 밟고 있는 소녀의 신발이 있습니다. 그리고 X자의 중앙에는 공주의 시선이 있죠. 다른 하나는 큰 곡선입니다. 곡선의 양 끝은 왼쪽의 화가와 오른쪽의 궁신에 의해 결정되고, 곡선의 꺼진 부분은 공주의 얼굴과 공주를 바라보는 시녀의 시선과 일치합니다. 이 곡선은 그림의 한가운데서 거울의 위치를 싸안으면서 동시에 내주는 일종의 수반水盤을 형성하죠. 이에 거울과 공주라는 두 개의 중심이 형성되고, 그에 따라 관람자의 주의가 오락가락하게 됩니다. 두 중심을 앞뒤의 깊이로 보자면, 그 높이에 있어서 공주와 거울은 일치합니다. 여기에서 불가피하게 앞뒤로 이어지는 선이 형성됩니다. 거울에서 공주까지의 긴 선과 공주에서 그림 이쪽 끝의 짧은 선이 이어지면서 두 방향으로 뻗치는 화살표처럼 되죠. 따라서 이 선은 그림의 현장을 앞뒤로 정확하게 뻗쳐 똑바로 보면 하나의 점을 형성할 겁니다(28-29, 36-37 참조).

이제 거울에 비친 인물들이 놓인, 또는 서 있는 장소의 문제가 남아 있습니다. 이 문제는 즉시 이중화되는데, 거울에 반영된 얼굴은 거울을 바라보고 있는 인물이고, 그림의 모든 인물이 바라보고 있는 인물 또한 그 모든 인물을 바라보고 있는 인물입니다. 결국은 그림 전체가 그 나름 하나의 장면이 되고, 그 장면을 바라보고 있는 또 다른 장면을 바라보고 있는 거죠. 이는 바라보면서 바라보이는 거울이 드러내는 순전한 상호성인데, 그 두 계기는 결국 그림의 두 앵글로 압축됩니다. 보는 쪽의 앵글은 왼쪽의 돌려세워진 화폭이고, 보이는 쪽의 앵글은 오른쪽의 그저 보이기만 할 뿐인 개입니다(29, 37 참조).

공주가 그림의 중심 주제라 할 수 있지만, 국왕 부부도 그림의 중심 주제입니다. 당시 역사적인 정황을 벗어나 이 그림 자체에서 국왕 부부가 중심 주제가 되는 것은 모델의 시선과 관람자의 시선과 화가 벨라스케스의 시선이 정확하게 일직선으로 겹치기 때문입니다. 바라보는 시선의 기능을 하는 이 삼중적인 일치점은 대단히 중요한데, 그것은 이 일치점이 바로 그림 외부에서부터 재현을 가능케 하는 실재의 출발점이 되기 때문입니다. 그런데 이 삼중적인 시선의 기능은 그림 속에 고스란히 재연되고 있습니다. 왼쪽에는 팔레트를 쥐고 있는 화가(이 그림의 작가의 자화상)가 있고, 오른쪽에는 문을 열고 들어와 있는 방문객(관람자의 입장)이 있으며, 중앙의 거울에는 왕과 왕비(인내를 발휘하고 있는 모델)가 있습니다(30, 38-39 참조). 이처럼 푸코가 〈시녀들〉을 분석해 내는 이 대목은 〈시녀들〉을 재현을 중심으로 분석한 위 내용들을 총괄하고 있다 할 겁니다. '벨라스케스·모델인 왕과 왕비·관람자'는 실재의 영역에 속하고, '그림 속의 화가·거울의 영상·문을 열고 선 방문객'은 재현의 영역에 속합니다. 그러니까 재현의 영역이 실재의 영역에 속한 구조와 그에 따른 관계마저 완벽하게 재현해 낸다는 것을 전체적으로 드러내는 거죠.

　이런 정도로 재현의 구도들을 분석한 뒤, 푸코는 마지막으로 재현에 관해서 가장 중요한 역할을 한다고 할 수 있는바 거울의 반영이 자아내는 효과와 그것에 대한 벨라스케스의 재현 방식을 분석합니다. 이 대목에 대해서는 인용이 필요합니다.

　　반영reflet은 소박하게 어둠 속에서 모든 사람이 가장 중요하게 바라보는 것을 드러낸다. 반영은 마술에 의한 것처럼 [그림 속의] 각자의 시선에 결핍된 것을 복구해 준다. 화가의 시선에는 그림의 저 깊은 곳에서 자신의 재현된 분신을 투사해 베끼고 있는 모델을 복구해 준다. 왕의 시선에는 그가 있는 곳에서는 지각할 수 없는 화폭의 [앞] 사면斜面에서 완성되는 그의 초상을 복구해 준다. 관람자의 시선에는 가택침입에 의

한 것인 양 자신이 그 자리를 차지하고 있는 장면의 실재 중심을 복구해 준다. 그러나 거울의 이러한 아량은 틀림없이 가장된 것이다. 분명 거울은 그것이 드러내는 것 이상으로 감추고 있기 때문이다. 말하자면 왕과 왕비가 차지하고 있는 자리는 또한 [화가인] 미술가가 차지하고 있는 자리이자 관람자가 차지하고 있는 자리이다. 그러니까 거울의 속에서는 지나가는 [관람자]의 익명의 얼굴과 벨라스케스의 얼굴이 나타날 수도 있기 —나타나야 할 것이기— 때문이다. 이 반영의 기능은 그림으로서는 은근히 낯선 것, 즉 그림을 만들고 있는 [벨라스케스의] 시선과 그림이 전개되고 있는 [관람자의] 시선을 그림의 내부로 유인하는 것이기도 하기에 그러하다. 그러나 그림에서 볼 때 낯선 이 두 시선은 그림의 오른쪽과 왼쪽에 주어져 있기에, 미술가와 방문자는 거울 속에 기거할 수가 없다. 그야말로 이는 국왕이 그림에 나타나지 않는 한에서 거울 속에 나타난다는 식이다. (30, 39)

이 대목이 중요한 이유는 무엇일까요? 푸코가 이를 특별히 맨 마지막 대목에서 정돈하듯이 제시하는 까닭은 무엇일까요? 우리로서는 이렇게 말할 수밖에 없습니다. 즉 푸코는 이를 통해 벨라스케스가 거울을 재현의 장치로 삼음으로써 일구어 내고 있는 기묘한 효과, 즉 재현이 재현의 결핍을 메우는 효과, 그러니까 재현이 재현에 불과하다는 것을 알려 주면서도 재현이 실재를 끌어당겨 자신의 결핍을 메운다는 것을 알려 주는 효과를 기가 막히게 보여 준다는 거죠. 이는 곧바로 이어지는 다음과 같은 푸코의 말에서 상당 정도 확인됩니다.

화가의 시선, 그의 팔레트와 멈추어 선 그의 손에서부터 완성된 그림들에 이르기까지, 작업실의 주변을 주파하는 그 거대한 소용돌이에서 재현이 태어나고 완성되면서 다시 새롭게 빛 속에서 해체된다. 그 원환은 완벽하다. 그 반면, 그림의 깊이를 관통하는 선들은 불완전하다. 그 선들 모두 궤적의 한 부분을 결여해 있기 때문이다. 그 공백은 왕의 부재에 기인한다. 이 부재야말로 화가인 [벨라스케스]의 기교다. (30-31, 39)

재현이란 것이 그림 속에 나타나는 재현적인 현전과 그림 안이자 그림 바깥인 실재적인 부재를 결합하는 것임을 벨라스케스가 기교를 발휘해 제시하고 있다는 겁니다. 그런데 푸코는, 그렇지만 모든 재현에 있어서 본질이라 할 수 있는, 보는 자와 보이는 것의 비가시성은 어쩔 수 없다는 점을 지적하면서 이 역시 벨라스케스의 기교를 통해 드러나고 있다고 말합니다.

그러나 이 [벨라스케스의] 기교는 그 자체 직접적인 공석空席, 즉 그림을 구성하는 화가와 그림을 보고 있는 관람자의 공석을 감추면서 지시한다. 그것은 틀림없이, 모든 재현에서 소위 명시된 본질이라 할 수 있는 바, 보이는 것의 깊은 비가시성이 보는 자의 비가시성과 결속되어 있기 때문이다. ─ 거울들, 반영들, 모방들, 초상들 등 그 어떤 것에도 그러하다. … 그 자체 광경으로 주어지는 재현이라 할지라도 결단코 여분 없이 현전할 수는 없다. (31, 39-40)

어쩌면 당연한 이야기입니다. 우리가 실제 광경을 지각한다고 할지라도 거기에서 보이는 것들에는 항상 보이지 않는 부분들, 즉 그 배면이나 지평들이 있기 마련이고, 보는 자에게도 항상 보이지 않는 부분들, 즉 심리-육체적인 바탕이나 그에 따른 지평들이 있기 마련이죠. 모든 재현은 항상 보는 자와 보이는 것 모두의 비가시성을 바탕으로 해서만 가능한 겁니다. 푸코가 이를 명시적인 본질이라고 말하는 건 이 때문입니다. 그러니 재현에 있어서 이러한 본질적인 비가시성을 벨라스케스가 자신과 관람자의 공석을 간접적으로 그려 내는 기교를 통해 감추면서 또한 드러내고 있으니 대단하다고 말합니다. 벨라스케스도 대단하지만, 이를 분석해 내는 푸코 역시 그에 못지않게 대단합니다.

마침내 푸코는 이제까지의 벨라스케스의 그림 〈시녀들〉에 대한 분석을 정돈하듯이 이렇게 말합니다.

> 벨라스케스의 이 그림에는 고전적 재현에 대한 재현이라 할 수 있는 바 고전적 재현이 열고 있는 공간에 대한 정의가 들어 있다고 할 것이다. 고전적 재현의 공간은 그 모든 요소와 그 모든 이미지를 통해, 재현 스스로 자신에게 제공하는 시선들, 재현 자체를 가시적이게끔 하는 얼굴들, 재현 자체를 태어나게 하는 동작들 등을 저 자신에게서 재현하고자 한다. 그러나 거기, 재현이 전체를 끌어들여 펼쳐 놓는 그 확산cette dispersion 속에, 본질적인 공空이 있어서 모든 곳으로부터 어쩔 수 없이 지목되고 있다. 말하자면 재현의 기초 역할을 하는 게 필연적으로 사라진다는 점, 즉 재현 공간이 닮고자 하는 자이자 재현이 유사resmblance에 불과하다고 여기는 자가 필연적으로 사라진다는 점이 어쩔 수 없이 지목되고 있다. ―동일자인― 그 주체 자체가 생략된 것이다. 결국에 가서 재현을 얽어매고 있는 이 관계로부터 자유로운 재현만이 순수 재현pure représentation으로서 주어질 수 있는 것이다. (31, 40)

푸코는 벨라스케스의 〈시녀들〉이 재현을 가능케 하는 요인들을 재현하려 하기 때문에, 고전적 재현에 대한 재현이라 말할 수 있다고 말하고 있습니다. 그러나 앞서 말한 것처럼 이 고전적 재현에는 재현되는 주체가 생략되어 있습니다. 이는 고전적 재현에서 재현이 말 그대로 유사에 따른 재현일 뿐임을 알지 못하고 있었다는 것을 말하는 것으로 해석됩니다.

마지막에 덧붙이고 있는 '순수 재현'이 문제인데, 이에 관해서는 아무런 설명도 없기에 우리로서 추정할 뿐입니다. 예컨대 관념론적인 재현의 경우, 자신을 스스로 재현하는 것이기에 바깥이 처음부터 없으니 순수 재현이라고 할 수 있을 것이고, 그림으로 치면 20세기 들어서면서 나온 추상 회화가 그런 순수 재현의 예라 할 수 있을 겁니다.

결국에는 재현, 재현되는 재현 외부의 주체, 둘 사이의 유사성 등이 고전적 재현의 핵심 사항들로 자리매김하는 셈이죠. 앞으로는 일단 이를 바탕으로 푸코가 어떻게 고전 시대의 에피스테메가 재현임을 입증해 내는가를 살펴보게 될 겁니다.

세계의 산문 1.
16세기 에피스테메, 유사성과 그 기호

1. 들어가면서

이제 제2장 '세계의 산문散文, la prose du monde'을 살펴보죠. 이 장은 다섯 개의 절로 되어 있습니다. 제1절 '네 개의 상사들les quatre similitudes', 제2절 '서명들les signatures', 제3절 '세계의 한계들les limites du monde', 제4절 '사물들의 글쓰기l'écriture des choses', 제5절 '언어의 존재'가 그것들입니다. 오늘은 제1절과 제2절을 다루고, 다음 시간에 제3절에서 제5절을 다루게 될 겁니다.

서론에서 푸코는 에피스테메, 즉 인식론적인 장을 말했습니다. 그러면서 17-18세기의 에피스테메로서 '재현'을, 19세기 근대의 에피스테메로서 '인간의 탄생'을, 그리고 곧 다가올 시대의 에피스테메로서 '인간의 삭제'를 말했죠. 그런데 이 '세계의 산문' 장에서는 16세기의 에피스테메를 다루면서 그것이 '유사성ressemblance'임을 제시합니다. 그는 제3절을 시작하는 대목에서 이렇게 말하죠.

아주 일반적으로 묘사하긴 했지만, 이제까지 묘사한 것이 바로 16세기의 에피스테메*épistémè*이다. 그 편성configuration에서 일정한 귀결들을 도출할 수 있다. (45, 56)

제1절과 제2절을 기술하면서 푸코는 에피스테메라는 말을 한 번도 하지 않았습니다. 그저 유사성과 그와 관련된 기호를 다루었을 뿐이죠. 그런데 바로 그것이 16세기의 에피스테메에 관한 것이라고 말합니다. 제3절에서는 그 귀결들을 다루겠다는 겁니다. 그러니까 오늘 우리가 다루고자 하는 16세기 문헌들에 나타난 유사성의 지배력과 그에 관련된 서명들 내지는 기호들이 갖는 본성에 관한 이야기가 바로 16세기의 에피스테메, 즉 16세기의 지식의 틀에 관한 겁니다.

2. 16세기의 세계관

푸코는 16세기의 문헌들에 들어 있는 내용들을 예시의 자료로 삼아 유사성이 그 지식의 틀로 작동했다는 것을 보이고자 합니다. 그러면서 이 절의 첫 문단에서 이렇게 말합니다.

16세기 말까지 유사성은 서양 문화의 지식savoir에 있어서 건축가적인 역할을 수행했다. 텍스트들에 대한 대부분의 주석과 해석을 이끈 것이 바로 이 유사성이다. 상징들의 활동을 조직한 것도, 가시적이거나 비가시적인 사물들에 대한 인식을 가능케 한 것도, 사물들을 재현하는 기술을 인도한 것도 바로 유사성이었다. (32, 41)

말하자면 16세기 말까지는 유사성이 일체의 인식 활동을 관통하면서 지배했다는 이야기입니다. 도대체 유사성이 무엇이며 또 그 힘의 발휘가 어느 정도로 강력했기에 이런 말을 하는가 하는 의구심이 일지 않을 수 없습니다.

유사성이란 닮았다는 것인데, 16세기 말까지 사람들은 왜 그토록 닮음에 관심을 가졌을까요? 닮음이란 한쪽이 다른 한쪽에, 또는 서로 간에 뭔가 특징적인 성격이나 구조를 반복하는 것이라 할 수 있습니다. 그런데 닮음에서 완전한 동일성이 전제되어서는 안 됩니다. 서로 나름의 차이를 가지고 있을 것입니다. 갑자기 들뢰즈Gilles Deleuze(1925-1995)가 말하는 '차이와 반복'이 떠오릅니다. 그런데 들뢰즈는 "반복과 유사성에는 본성상의 차이가 있다. 심지어 그 차이는 극단적이다"[12]라고 말하고 있기에, 들뢰즈가 말하는 반복을 이해하는 데에 함부로 유사성과 반복을 연결 짓고자 해서는 안 될 겁니다. 다만, 들뢰즈가 이렇게 경계조의 말을 한다는 것 자체가 그 자신도 비록 대립한다고 할지라도 유사성과 반복의 관련이 깊다는 것을 인정하고 있다는 것이기에 염두에 둘 필요는 있는 셈이죠.

아닌 게 아니라 닮음, 즉 유사성은 인식하는 데 있어서 대단히 중요합니다. 우리는 유사성을 바탕으로 해서 분류를 하기 때문이죠. 생겨 먹은 외양의 유사성이든, 발휘되는 기능의 유사성이든, 또는 내적인 본성의 유사성이든 간에, 도대체 유사성을 바탕으로 하지 않고서는 그 어떤 인식 활동도 할 수 없다고 해도 과언이 아닐 정도입니다.

그런데 '본질적인 유사성'이라는 말을 하게 되면, 이야기가 다소 달라집니다. '본질적인 유사성'은 '본질적인 동일성'으로의 경향을 보이면서 갑자기 일반성에 따른 과학적인 법칙으로 나아가게 되고, 이때 과학은 그야말로 법칙적인 것으로서 이른바 기계적인 인과성으로 연결되기 때문입니다. 그러니까 '본질적인 유사성'은 '본질적인 동일성'에 비해 덜 철저한

---

12 Gilles Deleuze, *Différence et Répétition*, Presses universitaires de France, 1968, p. 7(국역본: 『차이와 반복』, 김상환 옮김, 민음사, 2004, 25쪽).

것 같은 인상을 남깁니다. 그렇게 되면 유사성 자체가 인식에 대해 갖는 위력은 추락하고 말죠. 그저 사물들에 접근하기 위한 하나의 실마리 정도에 불과하게 됩니다.

16세기까지의 문헌들을 통해 푸코가 발견하고 제시하고자 하는 유사성은 결코 동일성을 염두에 둔 것이 아닙니다. 동일성이 사물들 사이의 전 우주적인 일관성과 매끈함을 주조해 내는 개념이라면, 푸코가 드러내고 있는 유사성은 사물들 사이의 틈과 홈을 전제로 해서 세계 전체를 출렁대는 울림의 장으로 존재하게끔 하는 거죠. 일단 제2절의 마지막 대목을 읽어 보기로 합시다.

> 사물들의 본성, 사물들의 공존, 사물들을 묶어 소통하게 하는 결연 enchaînement 등은 사물들이 갖는 유사성과 다르지 않다. 이 유사성은 처음부터 끝까지 세계를 두루 섭렵하는 기호들의 그물 속에서만 나타난다. '자연'은 기호학과 해석학이 중첩되는 얇은 두께 속에서 파악된다. 이 중첩은 유사성들 사이의 경미한 간극이 없이는 이루어질 수 없다. 그런 한에서만, 자연은 신비하고 베일에 가려져 있고, 심심찮게 인식을 벗어나면서도 그 인식에 자신을 제공한다. 그런 까닭에, 틀grille은 명료하지 않다. 틀의 투명함은 처음 주어질 때부터 혼잡하다. 점차 밝혀질 수밖에 없는 어두운 공간이 나타나는 것이다. '자연'이 있는 곳은 바로 그곳 어두운 공간이고, 인식하고자 노력해야 하는 것도 바로 그 어두운 공간이다. … 문자표기graphisme를 형성하는 상사相似들similitudes 과 담론을 형성하는 상사들 간에 '패인 홈cran'이 있기에, 거기에서 앎과 앎을 향한 그 무한한 노력은 그 나름의 공간을 얻는다. 앎과 앎을 향한 그 무한한 노력은 일정하지 않은 지그재그 걸음으로 닮은 것le semblable으로부터 시작해서 그 닮은 것과 닮은 것을 향한 길로 나아감으로써 그 거리cette distance를 파헤칠 수밖에 없는 것이다. (45, 56)

우리가 아직 다루지 않은 앞의 많은 이야기를 전제로 한 것이기에 당장 그 전모를 이해하기는 쉽지 않습니다. 지그재그식으로 보일지 모르지만, 이 인용문을 이해하기 위해서는 우선 푸코가 기호학과 해석학에 대해 나름의 정의를 내리고 있는 대목을 참고해야 할 것 같습니다.

> 기호들이 말하도록 하고 기호들의 의미를 발견하도록 하는 인식들과 기교들의 전체를 해석학이라 하자. 그리고 기호들이 어디에 있는가를 식별토록 하고 기호들을 그렇게 기호들로서 설립하는 것이 무엇인가를 정의토록 하며 기호들의 연결과 기호들의 결연 법칙들을 알도록 하는 인식들과 기교들의 전체를 기호학이라 부르자. (44, 55)

해석학은 의미를 중심으로 한 기호의 작동에 집중하고, 기호학은 기호 자체의 성립과 기호들 사이의 연결 법칙에 집중한다는 이야기입니다. 해석학과 기호학에 관한 푸코의 이 구분을 염두에 둘 필요가 있겠습니다. 그런데 유사성에 따라 자연을 이해하고자 할 때, 그 자연은 이러한 해석학과 기호학이 적절히 중첩되는 그 두께에서 파악된다고 말하고 있습니다. 이는 세계 속 사물들에 서명된 표식들 자체가 기호로 작동하면서 그 표식들 자체가 이미 일정한 방향으로 의미에 대한 해석을 암암리에 강요하고 있다는 것을 뜻합니다. 푸코는 그 의미 해석의 일정한 방향을 지시하는 것이 유사성이라고 말하죠. 이를 푸코는 이렇게 요약하고 있습니다.

> 16세기는 상사similitude의 형식 속에 기호학과 해석학을 중첩했다. 의미를 찾는 것은 서로 유사한 것들을 밝게 드러내는 것이고, 기호들의 법칙을 찾는 것은 유사한 사물들을 발견하는 것이다. 존재들에 대한 문법grammaire des êtres은 존재들의 주석이다. 존재들이 말하는 언어는

존재들을 묶는 통사統辭, syntaxe를 말할 뿐이다. (44, 55-56)

그러니까 문제가 되는 저 앞의 인용문에서 푸코가 말하는 'graphisme'는 단순히 표식이거나 기호에 불과한 것이 아니라, 그것들을 해석할 수 있는 일종의 문법 내지는 통사라 할 수 있는 내용을 지칭한다고 볼 수 있습니다. 그래서 불한사전에 기재되어 있는 것을 그대로 받아들여 '문자표기'라고 번역하게 된 거죠.

세계 내지 자연에는 유사성을 인지할 수 있는 표식들(기호들)이 넘쳐나고, 동시에 그 기호들(표식들)을 해독할 수 있는 실마리도 함께 주어져 있다는 겁니다. 그래서 기호학과 해석학이 중첩되어 있다고 하는 거죠. 요컨대 16세기 사람들은 유사성에 바탕을 두지 않고서는 도대체 자연을 인식할 수 없었던 셈입니다.

그런데 서로 유사한 것들 사이에는 근본적으로 간극이 없을 수 없습니다. 그런 점에서 유사성은 동일성과 다른 거죠. 이 간극 때문에 유사성에 따라 주어지는 자연은 근본적으로 어두운 공간 속에서 나타나고, 그런 만큼 자연은 신비하고 베일에 가려진 것으로 주어집니다. 자연을 안팎으로 관류하는 이 어두운 공간은 결코 그저 어둡기만 한 것은 아니고, 이미 늘 유사성의 전반적인 연결을 알리는 표식들과 기호들로 넘쳐납니다. 그러니까 이 어두운 공간이야말로 인식의 대상이라 할 수 있습니다. 오늘날 기계적 인과성의 일반 법칙들에 따라 파악되는 자연과는 근본적으로 그 성격을 달리하는 거죠.

말하자면, 어두운 공간 속에서 유사성의 얼굴들을 내밀고 있는 자연 자체에 그러한 유사성을 처음부터 가능케 하는 표식들과 기호들이 넘쳐나고 있는 셈입니다. 이에 관련해서 푸코는 이렇게 말합니다.

서명signature이 없는 유사성은 없다. 닮음의 세계는 표식된marqué 세계로서만 존재할 수 있다. … 상사들에 대한 지식은 이러한 서명들의 발굴과 그 해독에 근거해서 이루어진다. (41, 52)

세계의 얼굴은 문장紋章들blasons과 문자들caractères과 암호들, 그리고 애매한 낱말들로, 말하자면 터너Turner가 말한 것처럼 '상형문자들'로 뒤덮여 있다. 그리고 직접적인 유사성들의 공간은 펼쳐진 거대한 책이 된다. 이 책은 곳곳에 문자표기들을 구비하고 있고, 그래서 그 페이지를 따라 서로 교차하며 때때로 반복되기도 하는 기묘한 형상形狀들을 보게 된다. … 거대하고 고요한 거울, 이 거울을 바탕으로 해서 사물들이 비치고 서로의 이미지들을 가리키면서 주고받는다. 이 거울은 실제로 말들paroles의 중얼거림으로 넘쳐난다. (42, 52-53)

근대 과학의 아버지로 불리는 만큼 분명 17세기 사람이라고 해야 하는 갈릴레이Galileo Galilei(1564-1642)는 '자연은 기하학으로 된 책'이라고 했습니다. 이는 지금 푸코가 여기에서 말하는 16세기의 자연관, 즉 자연에는 상형문자와 문자표기들로 넘쳐나고 유사성의 말들이 중얼거림으로 넘쳐난다고 여기는 것을 원용한 것이라 할 수 있습니다. 다만, 16세기 사람들은 자연을 해독해야 할 어두운 공간으로 제시한 데 반해, 갈릴레이는 자연이 한 치의 빈틈도 없는 기하학으로 된 책이기에 동일성을 바탕으로 정확하게 계산해 낼 수 있다고 여긴 것이 다릅니다. 여기에서 우리는 16세기를 넘어서 17세기로 돌입하면서 세계관에서 엄청난 변화가 일어났다는 것을 감지하게 됩니다.

다시 16세기 상황으로 돌아가 봅시다. 사물의 판면에서 보면, 유사성을 알리는 온갖 표식 내지는 기호들과 그 해독을 가능케 하는 지침들이 암암리에 넘쳐납니다. 그러나 이를 인식해서 말로 기술함으로써 담론을 형성하는 쪽에서 보면, 낱말 내지는 언어들 사이의 유사성이 작동할 겁니다.

사물의 판면과 담론의 판면 사이에는 '패인 홈'이 있을 수밖에 없다. 그러니까 푸코가 저 앞의 원문 45쪽의 인용문에서 사물과 담론 사이에 '패인 홈'이 있다고 말한 건 이 때문입니다. 그리고 이 패인 홈 때문에 앎을 향해 무한한 노력이 이루어진다고 말하면서 동시에 그 앎의 노력이 지그재그식으로 다변화될 수밖에 없다고 말한 거죠. 말하자면, 16세기의 앎의 방식은 오늘날 우리와는 달리 엄밀한 논리적 일관성을 유지하고자 하는 것과는 근본적으로 거리가 있는 것입니다.

3. 네 가지 상사

그렇다면 푸코가 말하는 유사성은 구체적으로 어떤 걸까요? 이에 대해 푸코는 16세기 문헌들을 검토해서 대략 네 가지 상사, 적합convenientia, convenance, 경쟁aemulatio, émulation, 유비analogie, analogie, 공감symphatie을 듭니다.

1) 적합

첫 번째로 드는 상사의 형식은 적합convenance입니다. 이에 관해 푸코는 이렇게 말합니다.

실제로는 적합이라는 말로써 상사보다는 장소들의 인접voisinage이 더 강하게 지시되면서 드러난다. 서로 근접해 있고 서로 병립해 있는 사물들은 [서로] '적합한' 것들이다. … 인접은 사물들 사이의 외적인 관계가 아니라, 애매하긴 하지만 [사물들 사이에] 적어도 유사 관계parenté(인척 관계)가 있다는 기호이다. 이 접촉에서 교환이 이루어지고 교환에 의해 새로운 유사성들, 말하자면 하나의 공동 체제un régime commun가 부과된다. 그럼으로써 인접에 대한 암묵적 이유인 상사에, 근접해 있음의 가시적인 결과인 유사성이 중첩된다. (33, 42)

함께 있는 것들은 그저 함께 있는 것이 아니라, 서로에게 적합하기에 그렇게 함께 있다는 설명입니다. 적합하다는 것만으로는 유사하다고 말할 수 없는데, 사물들이 인접해 있음으로써 서로 운동을 주고받고, 능동적이거나 수동적인 영향을 주고받으며, 속성들을 주고받는 대대적인 교환이 일어나 하나의 공동 체제를 형성하는 유사성이 생겨난다는 겁니다.

그 바탕으로 "장소들의 인접"을 제시합니다. 푸코는 16세기의 문헌들을 뒤적여 이에 관한 예를 지적합니다. 그 핵심은 장소와 상사가 뒤얽힌다는 거죠. 예컨대 그 문헌들은 영혼과 육체가 함께 있음으로써 서로 유사한 관계를 맺게 되고, 죄가 들어와 육체의 운동을 영혼이 받아들이게 된다고 말한다거나, 조개껍데기 위에 이끼가 끼듯이, 사슴의 뿔, 인간의 머리카락이나 수염 등을 통해 동물의 속성과 식물의 속성이 혼입되어 서로 유사하게 됨을 말한다고 합니다.

결국에는 장소들의 인접이 하나의 공동 체제를 형성하게 된다고 생각했다는 것인데, 이 점이 강조됩니다. 그것은 적합이 세계를 해석하는 근본 지침이 되기 때문이죠. 푸코는 이렇게 말합니다.

세계는 사물들의 보편적인 '적합'이다. 말하자면, 물에는 자연에 의해 생산된 땅 위의 동물들이나 인간들에 의해 생산된 대상들의 수만큼 물고기들이 있다. … 물속과 땅의 표면에는 하늘에 있는 존재들과 상응하는 그 수만큼의 존재들이 있다. … 그래서 유사성과 공간의 결연에 따라, 닮은 것을 가까이 있게 하고 가까이 있는 것들을 닮게 만드는 이 적합의 힘에 따라, 세계는 그 스스로와 사슬을 형성한다. (33-34, 43)

만물들이 세계라고 하는 같은 공간 속에 있다는 것은 서로 적합하기 때문이고, 이 적합에 따라 인접해 있는 사물들 사이뿐만 아니라, 세계 내의 색다른 공간들 사이에, 예컨대 물과 땅, 또는 지구와 천구 사이에 유사성이 지배하게 된다고 여기는 겁니다. 푸코는 1584년에 포르타Giambattista della Porta(1540-1615)라는 인물이 쓴 『자연의 마술Magie naturelle』이라는 책의 내용을 인용하고 있습니다. 실감을 더하기 위해 그대로 옮기면 이렇습니다.

> 생장의 측면에서 보면, 식물은 야생 동물들에 적합하다. 그리고 감정에 따라 보면, 야생 동물은 인간에 적합하다. 이 인간은 그 지성에 의해 나머지 별들과 일치된다. 이러한 연결은 정확하게 이루어지기 때문에 제1 원인으로부터 최하 수준의 비천한 사물들에 이르기까지 상호 연속적인 연결로써 팽팽하게 당겨진 하나의 밧줄인 양 나타난다. 지고한 덕은 이런 방식으로 자신의 빛들을 방사해서 우리가 그 끝 지점을 만지기만 해도 그 끝 지점이 나머지를 떨어 울리게 하고 움직이도록 하는 데 이른다. (34, 43-44)

참으로 기이한 발상이 아닐 수 없습니다. 무엇이든 간에 사물들을 가능하면 그 고유한 특성에 따라 본질적으로 분별되는 것으로 보고, 그 존재 원리에 따라 종種들을 뚜렷하게 다른 것으로 인식하려는 오늘날의 과학적인 인식 방식과는 사뭇 다르기 때문입니다. 푸코는 이러한 사고가 주로 16세기까지 작동했다고 말하죠. 16세기의 지식인들이 세계를 얼마만큼 서로 내밀하게 연결된 것으로 보았는가를 여실히 느끼게 됩니다. 중요한 점은 그렇다고 해서 이러한 사유 방식이 무조건 잘못이라고 여겨서는 안 된다는 점입니다. 인식 틀, 즉 에피스테메가 다르면, 서로 옳고 그름을 함부로 예단할 수 없기 때문입니다.

2) 경쟁

  푸코가 두 번째로 제시하는 상사의 형식은 경쟁émulation입니다. 적합이 공간적인 인접이 계속 확산함으로써 세계 전체를 아우르는 것과는 달리 경쟁은 공간적인 거리와 상관없이 일종의 거울 관계와 같은 방식으로 유사성을 주고받는 겁니다. 푸코는 이렇게 말합니다.

> 이 경쟁 관계에 의해 사물들은 우주의 이 끝에서 저 끝까지 결연이나 인접함이 없이 서로를 모방할 수 있다. 경쟁 관계는 거울의 이중화를 수행하는데, 이로써 세계는 그 나름의 거리를 폐기한다. 이로써 세계는 각각의 사물에 주어져 있는 장소를 이겨 낸다. (34-35, 44)

이에 관해 푸코가 들고 있는 예를 보죠.

> 인간의 얼굴은 멀리 떨어진 하늘의 경쟁자이다. 인간의 지성이 불완전하게나마 신의 지혜를 반영하는 것과 꼭 마찬가지로, 한정된 밝음을 지닌 인간의 두 눈은 하늘에서 해와 달이 뿜어내는 거대한 밝음을 반영한다. 입은 비너스다. 왜냐하면 입에 의해 사랑의 입맞춤과 말을 전하기 때문이다. 코는 주피터의 홀과 머큐리의 지팡이에 대한 미소한 이미지를 준다. (34, 44)

  우리는 이제 경쟁 관계가 대략 어떤 것인지를 눈치채게 됩니다. 그리고 '신화적 사고가 이러한 경쟁의 관계를 활용한 것이 아닐까' 하고 생각하게 되죠. 그런데 왜 이런 이른바 이미지적인 유사 관계에 대해 경쟁이라는 말을 붙이는 걸까요?

  이를 이해하기 위해서는 우선 푸코가 서로 경쟁하면서 유사성을 띠는 두 항 간에 어느 것이 원본이고 어느 것이 그야말로 모사본인가를 말하는 것은 당시 사람들도 불가능하다고 여겼음을 지적한 것을 염두에 두어야 합니다. 그것은 일란성 쌍둥이 중 어느 쪽이 원본이라고 말하는 것이 불가능한 것과 마찬가지입니다. 그래서 이 둘 사이에는 경쟁, 즉 투쟁적인 대립이 있다는 거죠.

> 그러나 경쟁은 두 형상들을 대립시킨다. 그러면서 경쟁은 서로 대면하여 서로를 반영하는 이 두 형상들을 타성적인 채로 놓아두지 않는다. 결국에는 한 형상은 더 약해지고 자신의 수동적인 거울을 통해 반영되는 다른 형상으로부터 강한 영향을 받게 된다. (35, 44)

예컨대 별들은 지상의 초목들에 대해 지배적입니다. 별들은 천상의 초목들이긴 하나, 지상에 존재하는 초목들의 모태가 된다는 겁니다. 어두운 지상은 별들이 넘쳐나는 창공의 거울이 되지만, 거울 관계에 있어서 지배/피지배의 경쟁 관계가 있어 지상이 천상에 대해 수동적이라는 거죠. 그렇다고 이 경쟁이 완전히 끝나 마무리된 것은 아닙니다. 푸코는 이렇게 말합니다.

> 그러나 또한 그 싸움이 끝난 것은 아니다. 그 평온한 거울은 '격노한 두 명의 전사'의 이미지를 반영하기에 이른다. 그래서 상사는 한 형식의 다른 형식에 대한 전투가 된다. ─ 차라리 물질의 무게 또는 장소에 따른 거리에 의해 스스로부터 분리된 동일한 하나의 형식 내의 전투라 해야 할 것이다. 파라셀수스의 인간은 창공처럼 '별들로 뒤덮인 성좌를 이루고 있다.' … '그의 내면적인 하늘은 자율적일 수 있고 자신에게서만 안식을 취한다. 다만, 그의 지식이기도 한 그의 지혜에 의해 그는 세계의 질서와 닮게 되고, 그럼으로써 자신의 내면적인 창공 속에서 [실제의] 볼 수 있는 별들이 반짝이는 하늘을 움직이게 해야 한다. 이제

이 거울의 지혜는 그 지혜가 놓여 있었던 세계를 거꾸로 감싸게 될 것이다. 그 거대한 원환은 하늘 깊숙한 곳까지, 그리고 그 너머까지 둘러치게 될 것이다. 인간은 자신이 자기 자신의 내부에서 별들을 거머쥐고 있으며, 그래서 창공과 창공이 지닌 모든 위력을 갖추고 있다는 것을 깨닫게 될 것이다.' (35-36, 45-46)

푸코는 여기서 파라셀수스가 한 말을 인용하고 있습니다. 이를 통해 상사를 왜 우위를 다투는 경쟁이라고 하는가에 대해 알게 됩니다. 파라셀수스에 따르면, 처음에는 하늘을 닮았던 인간 정신이 하늘을 닮은 그 힘을 이용해서 이제 거꾸로 하늘 전체와 그 너머까지 장악하면서 위력을 발휘하게 됩니다. 푸코는 대표적인 신비주의자로 불리는 파라셀수스의 인간론이 어떻게 경쟁의 상사를 바탕으로 해서 전개되는가를 보여 주고 있는 셈입니다.

푸코는 적합이 공간적인 인접에 의한 연쇄적인 연결이라는 형상을 띤다면, 이 경쟁은 오히려 반영하면서 경쟁하는 동심원적인 원환이라는 형상을 띤다고 말합니다. 세계라고 하는 원환 속에 있는 인간이 원환을 형성하면서 오히려 그 원환을 통해 다시 세계라고 하는 원환을 감싸는 경쟁적인 동심원이 경쟁 형식의 상사로서 작동한다는 겁니다.

3) 유비

푸코는 이제 세 번째 형식의 상사로서 유비analogie를 듭니다. 유비는 오래전부터 많은 사람에게 익숙한 것이고 암암리에 수사학을 익히고 있는 우리에게도 그렇죠. 그런데 푸코는 유비를 적합과 경쟁이 중첩된 거라고 말합니다. 그 자체로 벌써 어렵습니다. 그의 말을 들어 보죠.

이 유비에서 적합과 경쟁은 중첩된다. 경쟁으로서 유비는 공간을 가로

지르는 유사성들의 놀라운 대립을 보장한다. 그러나 적합으로서 유비
는 조절, 연결, 절합jointure을 말한다. 유비의 위력은 막대하다. 왜냐하
면 유비가 다루는 상사들은 사물 자체들의 가시적이고 대량적인 상사
들이 아니라, 더 미세한 관계를 띤 유사성들이기 때문이다. 그래서 느
슨하게 된 유비는 동일한 한 지점에서 출발하여 무한히 많은 수의 유
사 관계들을 거느리기 때문이다. (36, 46)

정확하게 이해할 수 있는 내용은 아닌 것 같습니다. 다만 유비가 적합
과 경쟁을 아우르는 방식으로 이루어지기 때문에 그 적용 범위가 막대하
다고 생각하기는 쉽죠. 적합은 장소들의 인접에 따른 것이지만, 하늘과
땅의 관계에서 알 수 있듯이 경쟁은 거리와 상관없이 얼마든지 확대해 나
가기 때문입니다. 중요한 점은 유비가 미세한 관계를 지닌 유사성들을 다
룬다는 겁니다. 푸코가 드는 예를 따라가 봅시다.

예를 들면 별들과 별들이 반짝이는 곳인 하늘과의 관계는, 초목과 땅
의 관계에서, 생물들과 생물들이 서식하는 지구와의 관계에서, 광물
이나 다이아몬드와 그것이 묻혀 있는 바위들과의 관계에서, 감각기관
들과 그것들이 활성화하는 얼굴과의 관계에서, 피부의 점들과 그것들
이 비밀스럽게 드러내는 몸과의 관계 따위에서 다시 잘 발견된다. …
식물과 동물 간의 오래된 유비, 식물은 머리를 바닥에 두고 있는 동물
이라는 것, 그 입 ―또는 뿌리들― 을 땅속에 처박고 있는 동물이라는
것. (36, 46)

유비 관계가 어떤 것인가를 여실히 드러내고 있습니다. 여기에서 관계
를 맺고 있는 두 항의 계열들은 별과 하늘과 마찬가지로 공간적으로 인
접해 있습니다. 그러니 이는 적합의 상사라 할 수 있을 겁니다. 그리고 그

적합의 상사들은 다시 공간과는 상관없이 멀리까지 거울 관계처럼 반영되어 나타나죠. 이는 경쟁의 상사입니다. 이 둘이 중첩된 것이 유비의 상사인 겁니다. 이런 방식으로 유비 관계를 확대해 나갈라치면 도대체 포섭되지 않은 관계가 없을 정도로 그 범위가 전 우주의 미세한 관계들로 확장될 겁니다. 특히 이 유비는 상상력이 어떻게 발휘되는가를, 그리고 그 문학적 표현이 어떻게 이루어지는가를 여실히 드러내죠. 그런데 16세기까지의 인물들은 이러한 유비 관계를 실제로 이루어지는 것으로 보아 인식 활동을 했다는 것이니, 놀라울 따름입니다.

푸코는 이 유비 관계에서 아주 중요한 점을 지적하고 있습니다. 그것은 전 우주적인 유비 관계에서 특이점이 하나 있는데, 그것이 바로 인간이라는 사실입니다.

> 유비에 의해 세계의 모든 형상은 서로 가까이 다가갈 수 있게 된다. 그런데 유비에 의해 모든 방향으로 종횡으로 주파되는 이 공간에서 특권적인 하나의 지점이 있다. 이 지점에서 각각의 유비는 받침점 하나를 발견하게 될 것인데, 이 지점은 그러한 유비들로 포화 상태를 이루고 있다. 이 지점을 통과하면서 그 [유비의] 관계들은 변경되지 않고 역전된다. 이 지점은 바로 인간이다. 인간은 동물들과 식물들, 땅과 광물들 및 종유석과 뇌우들과도 그러하지만, 하늘과 비례 관계를 맺고 있다. (37, 47)

앞의 인용문에서 잘 제시하고 있는 것처럼, 인간 바깥의 사태들 사이에는 유비의 관계들이 있습니다. 유비 관계라는 건 관계를 맺는 것들 사이에서 비례를 찾을 수 있다는 겁니다. 그런데 모든 유비 관계의 비례를 인간에게서 찾을 수 있다는 거죠. 예컨대 인간과 하늘의 비례 관계를 보자면, 인간의 얼굴과 인간의 몸 간의 관계는 하늘의 표면과 에테르가 맺는 관계와 비례 관계에 있습니다. 그리고 별들이 정해진 길을 따라 움직이는 것처럼 혈액이 혈관을 따라 돌고, 일곱 개의 혹성이 있는 것처럼 인간의 얼굴에 일곱 개의 구멍이 있다는 식의 비례 관계를 찾을 수 있다는 겁니다. 그리고 인간과 땅의 비례 관계를 보자면, 인간의 살은 흙이고 인간의 뼈는 바위입니다. 그리고 인간의 일곱 개 주요 기관은 땅속에 묻혀 있는 중요한 금속들이라는 식으로 비례 관계를 맺는다는 거죠. 그런가 하면 인간의 골격과 새의 골격 간에도 비례 관계가 있다는 겁니다. 그뿐만 아니라, 구름이 모이는 것은 배가 불러오는 것이고, 천둥이 터져 나오는 것은 방광이 부풀어 터지는 것이며, 번갯불이 번쩍 하는 것은 눈빛이 무섭게 발휘되는 것이라는 이야기입니다. 그래서 푸코는 이렇게 말합니다.

> 유비들의 공간은 근본적으로 방사放射, rayonnement의 공간이다. 인간은 이 공간에 의해 모든 곳으로부터 둘러싸여 있다. 그런데 거꾸로 바로 이 인간은 그가 세계로부터 받아들인 유사성들을 퍼뜨린다. 인간은 비례들의 거대한 핵이다. 말하자면 관계들이 지탱되고 새롭게 반영되어 나오는 중심이다. (38, 48)

그다지 이해하기 어려운 내용은 아닙니다. 인간의 구조와 형상들이 하늘과 땅 그리고 거기에 존재하는 것들의 구조와 형성들로 방사되어 나가고, 그래서 인간이 유비가 이루어지는 공간에서 그 중심이자 핵이라는 겁니다. 인간을 포함한 만물을 대우주라 하고, 인간을 소우주라고 하는 것은 바로 이러한 유비 관계들의 중심으로서의 인간을 염두에 둘 때 가장 잘 이해될 수 있을 겁니다. 경쟁의 상사를 논의하면서 제시했던 '파라셀수스의 인간'과 무관하지 않은 것으로 보입니다.

4-1) 공감

　　마지막으로 푸코가 제시하는 상사의 형식은 공감sympathie입니다. 크게
보면 공감에 속하면서도 공감과 대립하는 반감antipathie을 함께 논하고 있
기에 둘로 나누어 살피고자 합니다. 푸코가 제시하는 공감에 관한 여러
규정을 한꺼번에 나열해 보기로 하죠.

> 　　공감은 세계의 깊은 곳들에서 자유롭게 작동한다. 공감은 한순간에 가
> 장 광활한 공간들을 주파한다. (38, 48)

> 　　공감은 공간들을 주파하는 것만으로 만족하지 않는다. 공감은 세계 안
> 에서 사물들의 운동을 요청하고 가장 멀리서 이루어지는 관계들을 일
> 으킨다. 공감은 운동성mobilité의 원리다. 공감은 무거운 것들을 토양의
> 무거움으로 끌어내리고, 가벼운 것들을 무게가 없는 에테르로 향하게
> 하고, 뿌리들을 물을 향해 밀어내고, 해바라기를 태양이 움직이는 곡
> 선에 따라 선회하도록 한다. (38, 49)

> 　　공감은, 너무나 강력하고 너무나 억압적이어서 닮음의 형식 중 하나
> 임에 만족하지 못하는 동일자le Même의 요청이다. 공감은 사물들을 **닮
> 게 만들고**, 사물들을 서로 동일하게identiques 하며, 사물들을 녹여 그 개
> 별성들을 상실하게 만들고, 그럼으로써 사물들을 그 전의 상태에 대해
> 낯설게 만든다. 공감은 변형시킨다. (39, 49)

　　간단히 말하면, 운동이 일어나는 곳에서는 항상 공감이 작동한다고 해
도 될 것 같습니다. 결국 말하자면, 세계 내의 사물들이 갖는 성질들 사이
에 이루어지는 관계에 따라 공감이 일어난다는 거죠. 그리고 공감에 따라
사물들이 다른 것들로 변형된다는 겁니다. 흔히 우리가 정서적인 판면에

서 말하는 공감과는 그 범위와 격이 다릅니다.

푸코가 들고 있는 예에 따르면, 불은 뜨겁고 가벼우며 그렇기에 공기 속으로 올라가고 그러면서 끊임없이 불길은 공기를 향해 일어서게 되는데, 이때 불은 땅에 속하게 만들었던 건조함을 상실하고, 불 자신을 물이나 공기와 결합하는 습함을 획득하게 됩니다. 그래서 불은 가벼운 수증기나 푸른 연기와 구름이 되어 사라지면서 결국 공기가 되죠. 마치 동양의 오행 사상에서 말하는 상극의 관계를 뒤집어 말하는 것 같기도 합니다. 오행 사상에서는 물이 불을 끈다는 점에서 물과 불이 상극이라고 말합니다. 그런데 여기에서는 불이 습함을 획득해서 미세한 물을 머금은 수증기가 되고 연기가 되며 구름이 된다고 말하고 있기 때문입니다.

아무튼 이를 주도하는 관계가 공감입니다. 말하자면, 세계 내에서 일어나는 모든 변화와 운동을 가능케 하는 것이 공감이고, 그 모든 변화와 운동의 바탕에는 하나를 이루고자 하는 동일자의 요청이 깔려 있으며, 따라서 공감은 근본적으로 동일자를 향한 강력한 힘입니다. 오행 사상에서 상극은 결국 전체가 태극을 중심으로 조화를 이루는 데 작동하는 하나의 계기일 뿐임을 연상케 합니다.

4-2) 반감

푸코는 공감이 지닌 모든 것을 녹여 동일하게 만들고자 하는 이러한 위력을 마치 쌍둥이처럼 제지하는 것으로 반감^{antipathie}을 제시합니다. 그러면서 이렇게 말하죠.

> 반감은 사물들의 고립을 유지하고 동화^{同化, assimilation}를 방해한다. 말하자면, 반감은 각각의 종들을 그 고집스러운 차이와 현재의 자신을 보존하고자 하는 성향 속에 가둔다. '식물들이 서로 증오한다는 것은 잘 알려져 있다. 올리브나무와 포도나무는 양배추를 증오한다고들 말

한다. 오이는 올리브나무를 피한다. … 인도의 쥐는 악어의 천적이다.
왜냐하면 자연이 쥐에게 악어의 원수가 되도록 했기 때문이다. …' 사
물들과 동물들 그리고 세계의 모든 형상은 이러한 반감의 활동에 따라
흩어지고 서로에게 유인되어 싸우게 되며 한쪽에 대해서는 살육자가
되고 다른 쪽에 대해서는 피살자가 된다. 그럼으로써 그것들은 현재의
자신들로 머무는 것이다. (39, 49-50)

천적에 관한 이야기는 늘 들어서 익숙하지만, "식물들이 서로 증오한다"
라는 말은 다소 생소합니다. 하지만, 식물을 키워 본 사람들은 이를 실감
하죠. 서로 상극인 식물들이 있어서 같은 밭에 키워서는 안 되는 겁니다.

흥미로운 점은 16세기까지의 사람들이 이러한 반감의 관계를 우주 전
체의 존재 원리 중 하나로 여겼다는 점입니다. 이는 고대 그리스의 자연
철학자인 엠페도클레스Empedocles(기원전 444년경에 활약)가 흙, 물, 공기, 불이
라는 4원소를 제시하고 이들 간의 사랑과 미움에 의해 만물들이 생겨나
고 변화한다고 말한 것과 매우 유사합니다. 그들은 적어도 공감과 반감
에 있어서만큼은 엠페도클레스에 입각한 전통에 따라 사유를 했음에 틀
림없습니다. 이는 푸코가 인용하고 있는 당시의 문헌에 의해서도 드러납
니다.

4-3) 공감과 반감의 영속적인 균형

중요한 점은 공감에 의해 일체의 것들이 서로 동화되어 하나로 돌아가
고자 하는 데 반해, 반감에 의해 일체의 것들이 서로 싸우면서 자신의 개
별성을 유지하고자 한다는 겁니다. 그런데 푸코는 16세기까지의 인물들
의 사유를 받아들이듯 이 둘의 항구적인 균형에 의해 현재의 세계가 유지
된다고 말합니다.

사물들의 동일성, 사물들이 다른 것들과 닮을 수 있고 서로에게 다가갈 수 있다는 사실, 하지만 닮음에 먹히지 않고 그들 나름의 특이성을 유지할 수 있다는 것, 이에 해답을 주는 것은 바로 공감과 반감의 영속적인 균형이다. 이 균형을 통해 사물들이 성장하고 발달하며 서로 섞이고 소멸하며 죽는데도, 자신들을 재발견해 나가는 것이 어떻게 해서 이루어지는가가 설명된다. (39-40, 50)

이 정도쯤 되면 공감과 반감이야말로 앞의 모든 상사의 형식을 아우르는 근본 원리가 아닐 수 없습니다. 결국 푸코는 이렇게 말합니다.

공감-반감이라는 쌍이 지닌 주권, 그리고 이 쌍이 예시하는 운동과 분산은 모든 형식의 유사성들을 일으키는 원인이 된다. 따라서 앞의 세 가지 상사는 다시 파악되고 설명된다. 세계의 전 부피, 적합의 모든 인접, 경쟁의 모든 반향, 유비의 모든 연결은, 모든 사물을 끊임없이 접근하게 하면서 동시에 끊임없이 거리를 유지하게 하는 이 공감과 반감의 공간에 의해 지탱되고 유지되며 이중화된다. 공감과 반감의 이 활동에 따라 세계는 동일하게 유지된다. 즉 유사물들ressemblaces은 그것들 자신이면서 동시에 서로 닮는 것이다. [이때] 동일한 것은 동일한 것으로 남아 자기에게 폐쇄된다. (40, 51)

공감과 반감, 전체적인 동일성과 개별적인 독립성, 두 가지가 동시에 작동합니다. 끊임없이 서로를 닮으려고 하면서 또 끊임없이 자신들을 유지하고자 하죠. 이는 전혀 서로 모순이 아닙니다. 오히려 절묘한 균형이죠. 그 전체적인 절묘한 이중배리의 균형을 통해 세계가 이렇게 유지되는 겁니다. 존재하는 사물들이 서로를 긍정하면서 동시에 부정하지 않고서는 우리가 보고 만나는 이러한 질서 잡힌 운동이 성립할 수 없는 거죠.

4. 유사성의 기호들

이같이 푸코는 네 가지 형식의 상사들, 즉 유사성들을 점검한 뒤 과연 이러한 유사성들을 드러내는 각각의 표식들 내지는 서명 또는 기호들이 어떻게 작동하고 그것들이 어떻게 해독 내지는 해석되는가를 문제 삼습니다. 그것이 이 장의 제2절이죠. 그런데 이에 관해서는 순서를 바꾸어 저 앞의 '2. 16세기의 세계관'에서 상당 정도 다룬 셈입니다.

그러나 이해하기 쉽지 않은 대목들이 남아 있습니다. 그것은 위 네 가지 상사 간의 관계입니다. 푸코의 설명에 따르면, 위 네 가지 상사는 서로 영향을 미침으로써 각기 본래의 기본적인 정의를 벗어나 새롭게 정의될 수 있습니다. 별과 하늘의 관계가 눈과 얼굴의 관계와 유비적으로 유사하다고 할 때, 그 속에는 두 관계 사이에 경쟁에 의한 유사함이 들어 있는 것입니다. 그리고 이것들은 결국 공감이라든지 친화성이라든지 하는 것에 의거한 거죠. 서로 당김이 없이는 유비적일 수 없고, 경쟁도 불가능하기 때문입니다. 푸코는 이렇게 해서 상사들 간에 이중화의 체계가 있다고 말하고 이 이중화의 체계에 의해 상사들의 원환이 닫히게 된다고 말합니다(43, 54 참조).

그러면서 푸코는 이러한 유사성을 감지할 수 있도록 하는 서명이나 표식들에서 성립하는 기호들의 정체가 무엇인가를 묻습니다. 그러면서 결국 이렇게 말합니다.

의미하는 형식forme signante과 의미되는 형식forme signée은 유사물들이다. 그러나 한편으로만 그러하다. 16세기의 지식에서 유사성이 가장 보편적인 것이라고 말하는 것은 분명 이런 점에서이다. 16세기 지식에서 유사성은 가장 가시적인 것이자 동시에 가장 감추어진 것이기에 발견하기 위해 노력해야 했던 것이다. 유사성은 인식을 규정하는 것(상사들의 길을 따라서만 인식할 수 있었기 때문에)임과 동시에 그 인식의 내용을 풍부하게끔 보장하는 것(기호들을 끄집어 올려 그 기호들이 지시하는 것을 바라보자마자, 유사성 자체를 백일하에 드러내어 그 나름의 빛 속에서 빛나게 할 수 있었기에)이었다. (44, 55)

이는 유사성을 16세기 지식의 에피스테메라 할 수 있는 근거를 제시하는 대목인데, 그 내용이 이해하기에 만만찮습니다. 앞에서 세계 또는 자연의 존재 자체가 네 가지 상사, 특히 공감과 반감의 영속적인 균형에 의해 가능하다고 한 것으로 그 이유가 상당 정도 제시된 셈인데, 기호 문제를 끌어들인 것은 결국 인식이 기호들을 바탕으로 한 언어들을 통해 담론으로 되어야 하기 때문일 겁니다. 유사성을 바탕으로 '사물 → 기호 → 낱말'로 이어지는 사유의 과정이 예상되는 대목이죠.

세계의 산문 2.
사물과 언어

1. 16세기의 지식의 형태와 성격

지난 시간에 우리는 푸코가 16세기의 에피스테메로 제시하는 유사성이 무엇이며 그 유사성들이 어떻게 세계 내지는 자연에 기호로서 새겨져 있는가를 제시한 것을 보았습니다. 이제 제3절 '세계의 한계들'에서는 그 결과 어떤 일들이 벌어지는가를 살피게 됩니다. 그중에서 가장 먼저 '16세기의 지식의 형태와 성격'을 살펴봅시다.

1) 지식의 무한한 확장

지식의 요소들 사이에 유일하게 가능한 연결의 형식은 바로 첨가 addition다. 유사성(이 유사성은 제3의 역능이자 동시에 유일무이한 권력인데, 그것은 유사성이 표식과 내용에 동일한 방식으로 거주하기 때문이다)을 기호와 기호가 지시하는 것 사이의 연결 끈lien으로 정립함으로써, 16세기의 지식은 항상 동일한 사물la même chose만을 인식하되, 무한정한 도정道程을 통해

서조차 결코 도달하지 못하는 종착점에서만 인식하려 할 수밖에 없는 처지가 된다. (45, 57)

이처럼 세계 전체가 유사성의 시공간적인 그물 구조에 의해 끊임없이 유동하고 있다고 보는 것이 16세기 사람들의 공통된 인식 방식이었습니다. 그리하여 어느 하나의 지식이 단독적으로 존립할 수는 없고, 계속해서 다른 지식들을 첨가하지 않으면 안 되는 것으로 귀착됩니다. 그런가 하면, 세계는 유사성들을 나타내는 기호들(표식들)로 가득 차 있고, 그 기호들을 통해 지시되는 것으로 가득 차 있습니다. 다만, 기호들은 그 성격상 드러나는 것이고, 기호들에 의해 지시되는 것들은 그 성격상 은폐되어 있죠. 그래서 끊임없는 해독과 주석이 요구되었습니다. 앎이란 곧 유사성들을 나타내는 기호들의 발견이자 동시에 그 기호들에 대한 해독이었던 겁니다.

이에 16세기의 지식은 무한정한 앎의 도정을 요구하는 것일 수밖에 없었고, 따라서 결코 완결될 수 없는 것이었습니다. 말하자면, 세계는 그 자체로 무궁무진한 신비의 기록물écriture로 끝없이 남아돌 수밖에 없는 것이었죠.

이는 마치 들뢰즈가 '리좀' 개념을 동원하여 모든 사건이 연결망을 이루는 가운데 존재하는 것으로 본 것이나, 좀 더 올라가면 불교에서 말하는 연기설, 즉 어느 영역에서 하나의 사건이 일어나면 다른 모든 영역에서 변화가 일어난다고 보는 것과 대동소이합니다. 참으로 묘한 일이죠. 사유 방식이 마치 격세유전하듯이 유사하게 반복하는 겁니다.

2) 소우주 개념에 의한 지식의 한계 설정

그러나 이러한 세계에 대한 접근 자체를 불가능하다고 여기지는 않았습니다. 푸코는 이를 이 시대에 또 하나의 사유 범주였던 '소우주

microcosme'의 개념을 통해 분석합니다.

> 탐구에 있어서, 소우주의 범주catégorie du microcosme는 각각의 사물이 보다 거대한 척도에 따라 자신의 거울을 발견하고 자신이 지닌 대우주적인macrocosmique 확신을 발견하게 되리라는 것을 보증한다. 역으로 말하자면, 소우주의 범주는 가장 높은 천구들의 가시적인 질서가 땅의 가장 어두운 심연 속에 스스로를 반영하게 됨을 보장한다는 것이다. (46, 57)

라이프니츠의 모나드가 떠오릅니다. 라이프니츠에게서 우주를 형성하고 있는 하나하나는 모두 모나드입니다. 그 각각의 모나드는 나름대로 우주 전체를 반영하죠. 푸코에 따르면, 소우주라는 개념은 신플라톤주의의 전통을 따른 것인데, 중세를 거쳐 르네상스 초기에 재생된 겁니다. 그러던 것이 16세기에 이르러 결정적인 역할을 하게 되었다는 거죠. 그것은 물론 유사성이라고 하는 16세기의 에피스테메와 연결되었기 때문입니다. 소우주 개념에 따라 각각의 사물들이 저 높은 천구들에서부터 저 낮은 지상의 심연에 이르기까지 서로에 대해 거울이 되고, 그럼으로써 지식의 대상들이 형태에서는 시공간적으로 무한히 펼쳐져 있다고 할지라도 그 성격에 있어서는 일정하게 닫혀 있는 셈이 됩니다. 그래서 이렇게 이야기되죠.

소우주에서 대우주에 이르는 거리가 제아무리 막대하다 할지라도 무한하지는 않다. 다시 말해 그 중간에 거주하는 존재들은 제아무리 그 수가 많다고 할지라도 결국에는 셀 수 있는 것이다. 그 결과, 저 자신이 요구하는바 기호들의 놀이에 의해 항상 서로 의존할 수밖에 없는 상사들similitudes은 더 이상 무한히 달아나는 짓을 감행하지 않는다. 상사들은 서로를 지탱하고 강화하기 위해 완전히 닫힌 하나의 영역을 갖는다. 자연은 기호들과 유사성들의 놀이이다. 이 자연은 우주cosmos가 이중화되는 형상形狀에 따라 그 자신에게 갇힌다. (46, 57-58)

완전히 폐쇄된 큐브 속에 무지하게 많은 거울이 빼곡히 어지럽게 들어차 있는 구조를 생각해 볼 필요가 있습니다. 서로가 거울이 되어 서로를 비추기 때문에 그렇게 서로를 반영하는 빛들은 도대체 도망갈 길이 없는 겁니다. 자연을 유사성과 유사성의 기호들이 이루는 거울 놀이로 보는 한, 자연 자체는 그 나름으로 외부를 향해 뻥 뚫려 버린 것이 아니라, 그 나름으로 닫혀 있다는 이야기입니다. 이를 보장한 게 바로 '소우주'라는 사유 범주라는 거죠. 결국 이렇게 정돈됩니다.

끝이 없는 나선에 따라 기호들과 상상들이 서로 감겨드는 에피스테메 속에서, 다음과 같은 일이 있을 수밖에 없었다. 즉 소우주와 대우주의 관계들 속에서 지식이 보증되고 지식이 풀려나옴에 끝이 있다는 것이 보증되었다. (47, 58)

보증되었다고 해서 실현되는 것은 아닙니다. 소우주와 대우주의 관계는 무한정하기 때문이죠. 다만, 이러한 지식은 결국 마술과 박학으로 연결될 수밖에 없습니다. 따라서 16세기까지 지식은 신비로 연결될 수밖에 없었습니다.

3) 인식은 곧 해석

그러나 푸코에 따르면, 16세기의 지식은 ① 이성적인 지식, ② 마술의 실제에서 도출된 개념들, 그리고 ③ 고대로부터 내려오는 텍스트들을 통한 문화적인 전승 등 세 가지가 함께 혼합된 형태를 이루었다고 합니다.

그러면서 이렇게 이야기합니다.

> 마술magie과 박학博學, érudition에 비율을 강제한 것은 엄격함이다. 그 엄격함은 수용된 내용들에 관련된 것이 아니라 요구되는 형식들에 관련된 것이다. 세계는 해독되어야 할 기호들로 뒤덮여 있다. 그리고 이 기호들은 유사성과 친화성 들을 드러내는 것들로서, 그 자체 상사의 형식들이었을 뿐이다. 그러므로 인식함connaître은 곧 해석함interpréter으로 된다. 말하자면 인식함은 가시적인 표식에서부터, 표식을 통해 언명되면서도 표식이 없이는 침묵의 말로 머물러 있고 사물들 속에 잠들어 있는 것을 향해 나아가는 것이다. (47, 58-59)

푸코가 인용하고 있는 파라셀수스는 "너무나 광범위한 나머지 그 속에 있는 것을 인간의 시선으로부터 은폐된 채 있는 산은 없다. 산은 상응하는 기호들에 의해 인간에게 드러난다"(47, 59)라고 말합니다. 말하자면, 인식함이 곧 해석함이라고 할 때, 그 해석은 인간의 시선과 연결될 수밖에 없는 것으로 정위定位되죠. 이 해석은 물론 가시적인 표식들로서 드러나는 기호들에 대한 해석입니다. 그리고 푸코는 그 기호들에 대한 해석은 박학과 점술 그리고 이성적인 지식이 하나로 통일된 앎의 체제에 의한 것이라고 말합니다. 그 중심에 유사성 내지는 상사들이 있음은 말할 것도 없죠.

여기에서 중요한 것은 가시적인 표식들, 즉 기호들에 대해 작용을 가한다는 것은 곧 그 기호들에 의해 비밀스럽게 지시되는 것 자체에 작용을 가하는 것으로 여겼다는 겁니다. 말하자면, 기호를 다스릴 줄 알면 그 기호들이 지시하는 존재를 다스릴 줄 아는 것으로 되는 거죠. 이것이 바로 마술의 기초입니다. 그래서 파라셀수스는 "헬베티아와 알고이 또는 슈바벤의 뱀들이 어째서 그리스어 낱말들인 Osy, Osya, Osy 등을 이해하는지를 나에게 말해 달라. 그 뱀들이 어느 학교에서 그 낱말들을 배웠기에 그 낱말을 듣자마자 꼬리를 돌리면서 그 말을 더 이상 들으려 하지 않는가?
그 말을 듣자마자 뱀들은 그들의 본성과 정신에도 불구하고 움직이지 않
고 가만히 있으며 독으로 상처를 입히지도 않는다"(48, 59)라고 말합니다.
뱀에게서 볼 수 있는 표식들이 곧 낱말로 되고, 그 낱말을 사용함으로써
그 낱말이 기호로서 지시하고 있는 뱀들의 비밀을 다스릴 수 있다는 겁
니다.

　마술이 사물을 해석하는 인식 방식이라면, 박학은 고대로부터 전해 오
는 텍스트들에 담겨 있는 기호들에 대한 인식 방식이었습니다. 그 전제
는 현자들이 남겨 놓은 읽을 수 있는 낱말들과 신이 땅의 표면에 새겨 놓
은 가시적인 표식들 사이에 차이가 없다는 것이었죠. 이는 이렇게 요약됩
니다.

> 텍스트들에 대한 관계는 사물들에 대한 관계와 동일한 성격을 갖는다.
> 양쪽 모두가 드러내는 것은 기호들이다. 그러나 신은 우리의 지혜를
> 단련시키기 위해 자연에 그저 해독되어야 할 형상形狀들을 뿌려 놓은
> 데 반해, 고대인들은 우리가 수집하기만 하면 되는 해석들을 이미 제
> 시했다. (48, 60)

　마술과 박학의 공통점과 차이가 드러납니다. 마술은 신적인 표식들을
직접 해석하는 것이고, 박학은 고대의 현자들이 제시해 놓은 해석들을 수
집하는 거죠. 그 구체적인 방식은 이렇게 정돈됩니다.

> 점술Divinatio과 박학Eruditio은 동일한 하나의 해석학이다. 그러나 이 해
> 석학은 유사한 형상들에 따라 서로 다른 두 수준에서 발전한다. 하나
> 는 무언의 표식에서 사물 자체로 나아가는 방향이다(그리고 이는 자연을
> 말하게 한다). 다른 하나는 부동의 문자표기graphisme에서 명백한 말로 나

아가는 방향이다(이는 잠들어 있는 언어들에 생명을 다시 부여한다). (48-49, 60)

대단히 그럴듯합니다. 사물을 지배할 수 있으려면 사물을 읽어 낼 수 있어야 하고, 그렇게 사물을 읽어 낼 수 있으려면 이전에 뛰어난 사람들이 사물을 읽어 낸 내용들을 새롭게 읽어 내야 하죠. 사물도 그 자체로 신비한 기호들로 되어 있지만, 마찬가지로 고대 현자들의 텍스트들도 신비한 기호들(즉 문자표기들)로 되어 있습니다. 그리고 이 두 기호는 본질상 다른 것이 아니라는 겁니다. 그것은 이렇게 이야기됩니다.

> 고대인들의 담론이 영원한 진리에 거주한다는 건 기호들이 자연의 비밀들에 거주한다는 것과 같다(고대인의 담론은 말로써 해독되어야 할 표식이다). … 그러므로 그 표식들이 자연을 가로지르는 것이건, 아니면 도서관의 양피지들에 도열한 것이건 간에, 모든 표식의 진리는 어디서든 동일하다.
>
> 표식들과 낱말들 사이에는 어떤 차이도 없다. 한쪽을 관찰로 보고 다른 쪽을 수용되는 권위로 본다든가, 또는 한쪽은 검증할 수 있는 것으로 보고 다른 쪽을 전통으로 본다든가 하는 차이가 없다. 전적으로 동일한 작용, 즉 기호와 유사물 간의 작용이 있을 뿐이다. 그리하여 자연과 언사言事, le verbe가 무한히 중첩되면서 읽을 줄 아는 사람들에게 유일무이한 거대한 텍스트를 형성해 주는 것이다. (49, 61)

마술과 박학이 어떻게 하나로 엮이면서 동일한 하나의 해석학을 형성할 수밖에 없는가를 잘 말해 주고 있습니다. 책 속에 들어 있는 비의를 누가 먼저 읽어 내는가 하는 것은 '성배 찾기' 영화에서 흔히 볼 수 있습니다. 이렇게 되면, 결국 사물들에도 글들이 빼곡히 적혀 있는 셈이고, 책들에도 사물들의 신비가 빼곡히 들어 있는 셈입니다. 이에 이제 그야말로 이 모두를 아우르는 언어langage를 다루지 않을 수 없습니다.

2. 16세기에서의 언어

1) 계시로서의 사물적인 언어

　이런 논의를 한 뒤, 푸코는 16세기에서 통용되는 언어에 대한 개념이 오늘날 우리가 알고 있는 언어에 대한 개념과 얼마나 다른가를 보이고자 합니다.

> 16세기의 현실 언어le langage réel는 독립된 기호들의 집합이 아니다. … 그것은 오히려 불투명하고 신비하며 그 스스로에 닫혀 있는 것이고, 파편화되어 있으면서도 매 순간 수수께끼로 가득 찬 덩어리다. 그 덩어리는 도처에서 세계의 형상들에 가담되어 얽혀 있다. … 16세기의 야생적이고 역사적인 그 존재로 보자면, 언어는 하나의 임의의 체계un système arbitraire가 아니다. 언어는 세계 속에 배치되어 있고, 세계의 부분을 이룬다. 그 까닭은 사물들 자체가 하나의 언어로서 그 수수께끼를 숨기면서 드러내기 때문이며, 동시에 낱말들이 인간들에게 해독되어야 할 사물들로서 제시되기 때문이다. (49-50, 61)

　소쉬르의 언어 기호학에서 잘 드러나는 것처럼, 구조주의적인 언어학에 의하면, 언어는 자의적인 하나의 기표 연결의 체계일 뿐 그 자체 기표들이 지시하는 것들, 즉 기의와 본질적인 연결은 전혀 없습니다.

　16세기의 언어는 이와 같은 현대의 기호학적인 시선으로 본 언어와는 전혀 달랐다는 것이 푸코가 제시하고 있는 내용입니다. 앞서 이미 제시된 것과 마찬가지로, 사물들 자체가 수수께끼로서의 언어를 숨기면서 드러내고 있고, 동시에 낱말은 해독되어야 할 사물로서 취급되었기 때문에, 말과 사물 사이에서 계속 뫼비우스의 띠와 같은 순환이 이루어지는 것이고, 그런 순환을 염두에 둬야만 16세기의 언어 개념을 이해할 수 있다는 거죠. 이는 기호(기표)만의 독자적인 체계로서의 언어와 전혀 다릅니다. 사물은 근본적으로 지시되는, 이른바 기의의 영역에 해당하기 때문이죠. 굳이 기호학적으로 말하면, 기표와 기의가 구분할 수 없이 한데 결합해 있다고 본 것이 16세기의 언어에 대한 관점입니다. 다만, 상품이라거나 사물의 배치를 기호로 본 롤랑 바르트의 현대 기호학에 견주면서 그 마술적인 신비를 제거하고 보면, 16세기의 언어에 대한 관점과 기호학적인 관점이 상당 정도 일치한다고 할 겁니다. 결국 푸코는 "언어는 그 자체 자연의 한 사물로서 탐구되어야 한다"(50, 62)라고 말합니다. 그러면서 이렇게 말하죠.

> [16세기의] 언어가 언어인 것은 그것이 의미를 띠기 때문이 아니다. 여기에서 그 재현적인 내용은 별다른 역할을 하지 않는다. 재현적인 내용은 17세기와 18세기의 문법학자들에게 분석에 있어서 지도적인 실마리를 제공함으로써 비로소 중요성을 띠게 될 것이었다. … 16세기에서 문법 연구는 자연 탐구나 비교적秘教的인ésotériques 훈련과 동일한 인식론적인 배치에 근거를 두고 있다. … 언어는 자연의 가시적인 형상들과 비교적인 담론들의 비밀스러운 적합들 사이를 가로지른다. … 언어는 묻혀 있는 계시이자 동시에 조금씩 더욱 명료하게 되는 계시다. (50-51, 62)

16세기의 언어는 17-18세기에 이르러 중요성을 띠게 되는 언어의 재현 기능과는 근본적으로 무관하다는 겁니다. 여기에서 비교적인 담론언어는 앞에서 말한 박학과 연결되고, 자연의 가시적인 형상들은 마술과 연결됩니다. 그런데 언어가 이 둘 사이를 가로지르면서 양쪽을 끌어당겨 연결하면서 그 스스로 양쪽으로 퍼져 나가는 것으로 되죠. 그래서 한마디로 언어는 계시로 작동한다고 말합니다.

2) 신적인 근원 언어

이제 이를 바탕으로 푸코는 16세기 사람들이 생각했던 '근원 언어'의 문제를 제시합니다. 그것은 본래 언어가 사물과 근본적으로 유사하기 때문에 사물과 관련해서 볼 때 언어는 절대적으로 확실하고 투명한 기호였다는 겁니다.

이러한 근원 언어는 '신의 언어'이자 '아담의 언어'이고, 또 첫 번째 땅에 살았던 '동물들의 언어'였는데, 바벨탑 사건 이후 히브리어에는 그 흔적이 다소 남아 있으나 다른 언어들에서는 전혀 남아 있지 않게 되었다고 말합니다(51, 63 참조).

다만, 언어가 사물과 근본적으로 유사하지 않다고 해서 언어가 세계에서 분리된 것은 아니고, 다른 형태로 언어가 계시의 장소가 된다고 말합니다.

> 그러나 언어가 그것이 지칭하는 사물들과 더는 직접 닮지 않는다고 할지라도, 그렇다고 해서 언어가 세계에서 분리된 것은 아니다. 언어는 또 다른 형태로 계속해서 계시들의 장소가 되고 그와 동시에 진리가 현시되고 언명되는 공간의 부분을 이룬다. … 언어는 오히려 자신을 회복하여 급기야 참된 말에 귀를 기울이게 되는 세계의 형상이다. 신이 그의 교회의 언어인 라틴어가 지상의 모든 곳에 확장되기를 바랐던 이유가 바로 그것이다. (51, 63-64)

묘하게 됩니다. 교회의 언어인 라틴어가 근원 언어의 역할을 부수적으로 대신하게 된 거죠. 온 세계의 형상들이 회복되어 참된 말에 귀를 기울이게 된다는 표현도 묘합니다. 그렇다면, 참된 말에 귀를 기울이지 않는 세계의 형상은 없다는 걸까요? 그럴 것도 같습니다. 중세를 거치면서 세계의 표식들로서의 언어는 모두 다 신의 섭리와 은총을 나타내는 것이 됩니다. 그 압축이 라틴어라고 말하는 셈이죠. 유대-기독교적인 세계 속으로 잠입해 가지 않고서는 인정하기 힘든 이야기입니다.

그런데 푸코가 인용하고 있는 클로드 뒤레^{Claude Duret}(1570-1611. 식물애호가였던 재판관, 많은 저작을 남김)가 분석하고 있는 내용이 아주 흥미롭습니다. 언어에 따라 글을 써 나가는 방향이 다르다는 것이고, 그 방향들은 각기 천상의 구조와 운동 그리고 인간의 구조를 나타낸다는 겁니다.

히브리인, 가나안인, 사마리아인, 칼데아인, 시리아인, 이집트인, 카르타고인, 아랍인, 사라센인, 타타르인들은 모두 다 오른쪽에서 왼쪽으로 글을 쓰는데, 이는 제1의 하늘이 이루어지는 방향을 지시한다는 것, 그리스인, 조지아인, 마론파, 야곱파, 콥트 기독교도, 세르비아인, 포즈난인, 로마인들과 모든 유럽인은 왼쪽에서 오른쪽으로 글을 쓰는데, 이는 7개 혹성의 제2의 하늘의 운행을 지시하는 것, 인도인, 거란인, 중국인, 일본인은 위에서 아래로 글을 쓰는데, 이는 위의 머리에서부터 아래의 발로 이어지는 자연의 질서를 지시한다는 것, 그리고 멕시코인들은 아래에서 위로 쓰거나 아니면 나선 모양으로 쓰는데, 이는 태양의 길을 지시한다는 것 등입니다.

어찌 보면 다소 우습기도 한 억지에 가까운 것 같은데, 그처럼 글을 써 나가는 방향이 다른 것이 신기한 것만은 사실이고, 그 신기한 일을 그저 그런 거니 하고서 그냥 내버려두지 않고 이처럼 그 형태의 유사성에 따른 비밀을 해석해 내고자 하는 것이 기묘합니다. 아무튼 뒤레는 이 넷 또는 다섯 개의 방향의 글쓰기에 의해 십자가 형태와 하늘과 땅의 원형에 대한 비밀과 신비가 적절하게 표현된다고 말합니다. 이에 관해 푸코는 이렇게 정돈해서 말하죠.

> 언어들과 세계의 관계는 의미작용signification의 관계라기보다 유비 관
> 계다. 또는 차라리 언어들의 기호적인 가치와 언어들의 이중화의 기능
> 은 서로 중첩된다. 언어들은 하늘과 땅을 말하면서 그 하늘과 땅의 이
> 미지가 된다. 언어들은 그 구조물 속에서 가장 물질적인 십자가를 재
> 생산하면서 그 십자가의 도래 —이 십자가의 도래는 한편으로 성서
> Écriture와 신의 말씀Parole에 의해 확립된다— 를 알린다. (52, 64)

16세기의 언어들은 그 자체로 지시하고자 하는 것에 대한 이미지이자
술어적인 표현이었다는 겁니다. 간단히 말하면, 보여 주면서 말해 준다는
거죠. 특히 예수 재림을 말하는 것 같지만 무엇을 의미하는지 정확하게
알 수 없는 '십자가의 도래'에 대해 십자가가 언어적인 물질로서 작동하듯
이, 언어들이 물질적으로 나타난다는 겁니다.

3) 글쓰기의 절대적 특권

이 정도쯤 되면 글을 쓴다는 것은 대단한 일이 아닐 수 없습니다. 푸코
는 16세기 말에서 17세기 초에 나타난 백과사전적 기획을 분석하면서 그
때에는 오늘날처럼 알파벳 순서로 사전이 기획된 것(이는 17세기 후반에야 나
타난다고 함)이 아니라, 우주의 질서를 재구성하기 위해 공간상에 낱말들을
어떻게 줄 지우고 배치할 것인가를 고민했음을 지적합니다. 그러면서 그
귀결을 이렇게 말합니다.

> 어떤 방식으로로건 언어와 사물들은 서로에게 공통될 공간 속에서 교직
> 을 이루는데, 이때 글[쓰기](기록écriture)의 절대적인 특권이 전제된다.
> 이 특권은 르네상스 전체 기간을 지배했을 뿐 아니라 서양 문화의 거

대한 사건 중 하나였음에 틀림없다. 인쇄술, 동방 문헌들의 유럽으로의 도래, 낭독이나 공연을 위해 제작되지 않고 그것들에 의해 의거하지 않은 문학의 출현, 교회의 전통이나 권위에 앞서는 종교적 텍스트들에 대한 해석 등, 이 모든 일은 그 원인이나 결과에 상관없이 서양에서 글Écriture(또는 성서)이 지닌 근본적인 지위를 입증한다. 이제부터 언어는 글로 쓰임être écrit을 제1의 본성으로 갖는다. 목소리의 소리들은 언어에 대한 임시적이고 불안정한 번역에 지나지 않게 된다. 신이 세계 속에 배치해 놓은 것은 기록된 낱말들인 것이다. 말하자면, 아담이 짐승들에게 그 첫 이름들을 붙였을 때, 아담은 그저 가시적이면서도 침묵하고 있는 그 표식들을 읽었을 뿐이다. (53, 65-66)

언어에 있어서 글이 말보다 우선한다는 내용이 핵심인데, 이는 데리다 Jacques Derrida(1930-2004)가 취하는 근본 입장입니다. 데리다가 음성중심주의를 비판하면서 '근원 글쓰기archi-écriture' 또는 '근원 문자archi-gramme'를 제시한 것은 잘 알려져 있죠. 그런데 지금 푸코가 설명하고 있는 16세기의 상황에 비추어 보면, 데리다의 해체 철학은 16세기적인 사유 방식으로 현대의 사유 방식을 뒤엎는 것이라 할 수 있습니다. 16세기의 언어관이 재현의 구도에 따른 근현대의 언어관과 완전히 다르다는 점을 염두에 둘 때, 재현을 **힘주어** 공격하는 들뢰즈 역시 엇비슷한 사유의 경로를 밟고 있는 것 아닌가 하는 생각을 지울 수 없습니다. 특히 제2장 '세계의 산문'을 마치는 지점에서 푸코가 말하고 있는 다음의 언명을 고려하면 더욱 그러한 생각을 하게 됩니다.

19세기를 죽 거치면서 우리에까지 이르는 동안, ―횔덜린에서 말라르메를 거쳐 앙토냉 아르토에 이르기까지― 문학은 그 자율성 속에서 현존했고 다른 모든 언어로부터 깊이 단절되었는데, 이는 오로지 일종의 '반-담론contre-discours'을 형성함으로써, 그래서 언어가 갖는 재현적 représentative이거나 의미작용적인signifiante 기능에서부터 16세기 이후 망각된 그 야생의 존재être brut에로 다시 올라감으로써만 가능한 것이다. (58-59, 72)

들뢰즈는 잔혹극의 창시자인 아르토가 주조한 '기관들 없는 몸le corps sans organes'이라는 개념을 다루면서 아르토를 엄청나게 추켜세웁니다. 푸코가 말하는 근대와 달리 흔히 말하는 시대 구분에 따르면, 재현과 의미작용은 근현대를 주조해 온 에피스테메죠. 이를 바탕으로 해서 이루어진 근현대 철학을 비판하고자 하는 것이 들뢰즈나 데리다의 입장입니다. 그런데 그 사유의 실마리가 바로 푸코가 애써 고고학적으로 들추어낸 16세기의 에피스테메와 그에 따른 여러 귀결에 있었던 겁니다. 물론 사유의 실마리일 뿐, 그 구체적인 사유의 전개는 그들 각자의 독특하기 이를 데 없는 방식으로 이루어지죠.

그런데 특히 데리다가 말하는 '근원 글쓰기' 내지는 '근원 문자'의 착상은 푸코가 말하는 다음의 대목과 너무나 깊게 연결됩니다.

대홍수 이전이나 바벨탑 이전에 자연의 표식들 자체로 구성된 글[쓰기](기록écriture)이 있었다고 할 수 있을 것이다. 그 문자들caractères은 사물들에 직접 작용을 가하는 힘을 가졌을 것이고, 사물들을 유인하고 내치는 힘을 가졌을 것이며, 사물들의 속성들과 진실과 비밀을 조성하는 힘을 가졌을 것이다. 시원적인 방식의 자연적인 기록, 그중에서도 어떤 비교적인 지식, 그리고 특히 [히브리의 신비주의인] 카발라cabale가 그 흩어진 기억들을 보존하면서 오랫동안 잠들어 있는 힘들을 다시 거머쥐고자 한다. (54, 66)

하버마스가 데리다의 '근원 글쓰기' 내지는 '근원 문자'에 관련하여 히브리적인 사유에 젖어 있다는 점을 지적한 것[13]이 나름으로 타당성을 갖는다는 것을 여기에서 에둘러 이해할 수 있을 겁니다. 어쨌든 16세기에 확립된 말에 대한 글의 우위와 우선성은 대단했던 것 같습니다. 푸코가 인용하고 있는 뒤레와 비즈네르Blaise de Vigenère(1523-1596. 프랑스의 외교관으로서 암호해독자이자 연금술사)의 이야기와 푸코 자신의 이야기는 이렇습니다.

> 16세기의 비교秘敎, ésotérime는 글[쓰기]의 현상이지 말의 현상이 아니다. 어쨌든 말은 그 권능들을 박탈당한다. 비즈네르와 뒤레에 의하면, 말은 언어의 수동적인 지성으로서 언어의 여성적인 부분일 뿐이고, 글[쓰기]Écriture(또는 성서) 자체는 능동적인 지성으로서 언어의 '남성적인 원리'이다. 글[쓰기]만이 진리를 붙들고 있다.
>
> 이 같은 기록의 우위성primauté de l'écrit은 16세기의 지식에서 그 명백한 대립에도 불구하고 분리할 수 없는 두 형식의 쌍둥이적인 현전을 설명해 준다. 우선 중요한 형식은 보는 것과 읽는 것 사이, 관찰과 보고 사이에 구분이 없었다는 점이다. 그러므로 시선과 언어가 무한히 중첩되는 곳인 유일하고 매끈한 평면이 구성되었다는 것이다. 그리고 또한 그 반대로 중요한 형식은, 결코 어떤 할당된 종착점 없이 주석들을 면밀하게 조사함으로써 이중화되는 언어 전체를 직접 분해하게 되었다는 것이다. (54, 66-67)

보는 것과 읽는 것이 구분되지 않았다는 것인데, 오늘날에 이와 유사한 현상이 나타납니다. '영화 읽기', '그림 읽기', '사진 읽기' 등이 그러하죠. 보는 것이 읽는 것이고, 읽는 것이 곧 보는 겁니다. 그런데 이러한 오늘날

의 현상은 16세기의 말에 대한 글의 우위성으로 되돌아가는 게 아닌가 하는 느낌을 지니게 하죠. 그저 범주 뒤섞기만은 아닙니다. 흥미로운 사실이죠.

4) 지식의 본령으로 자리 잡는 해석

중요한 것은 글의 우위성이 확립되면서 글에 대한 글, 글에 대한 글에 대한 글 등으로 계속 이어지는 분해 작업입니다. 지식은 이제 그야말로 해석의 연쇄에 따른 것으로 자리를 잡게 되죠. 결국 이렇게 정돈됩니다.

> 그러므로 지식은, 언어를 언어에 관련시키는 데서, 낱말들과 사물들로 된 일관된 형태의 거대한 평면을 구성하는 데서, 모든 걸 말하게 하는 데서, 즉 모든 표식 너머에서 주석의 이차적인 담론이 태어나게 하는 데서 이루어진다. 지식의 본령propre du savoir은 보거나 증명하는 데 있지 않고 해석하는 데 있다. 성서에 대한 주석, 고대 문헌들에 대한 주석, 여행자들이 보고한 것에 대한 주석, 전설과 우화들에 대한 주석을 통해 지식이 성립한다. 누구든 이러한 담론들 각각에 대해 진리를 발설할 권리를 지녔음을 요구하지 않는다. 각각의 담론에 대해 요구할 수 있는 것은 오로지 그 진리에 대해 말할 수 있다는 가능성일 뿐이다. 언어는 그 자체 속에 증식增殖의 내적인 원리를 갖추고 있다. "사물들을 해석하는 것보다 해석들을 해석하는 일을 할 뿐이다. 그 어떤 다른 주제들에 관한 책들보다 책들에 관한 책들이 있을 뿐이다. 우리는 상호 해석을 할 뿐이다."[14] … 이는 16세기의 언어가 그 스스로와 유지했던 불가피한 관계에 대한 정의定義다. (55, 68)

---

[14]　Montaigne, *Essais*, liv. III, chap. xiii.

이제 16세기 막바지에 이르러 결국에는 사물에 대한 해석에 관한 관심, 즉 마술적인 관심은 뒤로 물러나고 박학에 대한 관심이 전면에 나서는 셈입니다. 그것은 글로 된 각종 문헌에 대한 해석과 그 해석에 대한 해석이 꼬리를 물면서 무한하게 지식이 증식되는 것을 일컫습니다.

그렇다면, 결국 지식의 이 무한 증식은 무엇을 향하고 있는 걸까요? 그냥 무작위로 계속 진행될 뿐일까요? 푸코는 그렇게 보지 않습니다. 그 모든 과정은 '시원적인 텍스트'를 바탕으로 해서, 그리고 그것을 향해서 이루어졌다고 말합니다.

> 정의상 주석의 목표는 결코 완성될 수 없다. 그러나 주석은 주석되고 있는 언어 속에 숨겨져 있는 수수께끼 같은 중얼거리는 부분에 전적으로 집중한다. 주석은 현존하는 담론들 아래에서 다른 담론, 그러니까 더 근본적이고 '가장 원초적인' 담론을 태어나게 한다. 주석은 이를 복원하는 것을 목표로 삼는다. 읽고 해독하는 언어 아래에 하나의 시원적 텍스트un Texte primitif의 주권主權이 흐르는 한에서만 주석이 성립한다. (56, 68-69)

신의 언어, 아담의 언어에 이어 이제 '시원적 텍스트'가 등장합니다. 해석, 해석에 대한 해석, 해석에 대한 해석에 대한 해석 등으로 계속 증식되어 나가는 16세기의 지식 전체에 있어서 그 바탕에, 그리고 그 중심에, 그리고 그 목표 지점에 전제되어 있었던 것은 바로 '시원적 텍스트'였습니다. 과연 이 시원적 텍스트의 정체는 무엇일까요?

아무튼 푸코는 16세기 막바지의 언어는 무한히 증식되는 해석의 연쇄와 이 시원적 텍스트 사이의 틈새에 놓여 있었다고 말합니다. 16세기 막바지의 언어는 해석에 대한 해석의 무한 증식의 굴레를 벗어나지 못하고 있던 셈이죠. 말하자면, 해석을 통해 사물을 풀이해 내는 마술로서의 언어가 현저히 약화한 셈입니다.

3. 언어의 존재

이런 논의를 거친 뒤, 푸코는 이 장 '세계의 산문'의 마지막 절인 '언어의 존재'를 통해 16세기부터 오늘에 이르기까지 언어의 존재가 어떻게 변이 과정을 겪는가를 간략하게 정돈해 보입니다. 이는 서양 세계에 있어서 기호들의 체계가 어떻게 변해 왔는가를 보이는 거죠.

스토아주의 이후 기호들의 체계는 3항 구조, 즉 기표와 기의 그리고 상황으로 되어 있었는데, 17세기부터 2항 구조, 즉 기표와 기의의 체계로 되었다는 것이 그 핵심입니다. 그러니까 르네상스의 시기에는 3항 구조였다는 이야긴데, 하지만 상당히 복잡했다고 합니다. 푸코는 이 시기에는 표식들의 형식적인 영역, 표식들에 의해 지시되는 내용, 그리고 표식들과 지시되는 사물들을 연결하는 상사들이 각 항이었다고 말하죠. 이는 앞에서 죽 이야기해 온 겁니다. 그런데 복잡하다는 것은 유사성이 기호들의 형식이자 동시에 기호들이 지시하는 내용이기 때문에 결국에는 세 항이 하나의 형상으로 녹아들기 때문이라고 말합니다.

이런 르네상스적인 '3항 일체'의 기호 체계가 16세기를 지나면서부터, 즉 17세기부터 2항 구조로 바뀐다고 말합니다. 그것은 17세기 사람들이 기호가 어떻게 해서 기호를 통해 의미하는 것에 연결되는가 하는 문제에 집중했기 때문이라고 하죠. 17-18세기의 고전주의 시대의 사람들은 이 문제를 재현을 통해 해결할 수 있다고 생각하게 되었고, 그 결과 16세기에 통용되던 언어와 세계의 공속共屬이 파기되며, 글쓰기의 우선성이 밀려나고, 보이는 것과 읽히는 것 간의 통일된 층이 소실되고 말았다고 합니다. 요컨대 말과 사물이 분리되고 말았다는 것이고, 이에 말과 사물 사이에 재현의 관계가 성립한다는 사실을 중시하게 되었다는 겁니다(58, 71 참조).

　푸코는 이에 따라 문화가 전격적으로 재편성된다고 말하면서, 그것에 대해 이렇게 말합니다.

> 고전주의 시대가 아마도 가장 중요한 그 첫발을 내디뎠다고 할 수 있는바 문화의 거대한 재편성이 생겨난다. 그것이 가장 중요한 까닭은 우리가 아직도 붙들려 있는 새로운 배치에 대한 책임이 그 문화의 재편성에 귀속하기 때문이다. 그뿐만 아니라, 그 문화의 재편성이 우리를 [16세기까지의] 문화로부터 분리했기 때문이다. [16세기까지의] 문화에서는 기호들의 의미작용signification이 현존하지 않았다. 의미작용이 유사한 것le Semblable의 주권 속에 흡수되어 있었기 때문이다. 그러나 [16세기까지의] 문화에서는 기호들의 존재가 수수께끼 같고 단조로우며 완강하고 시원적이었는데, 그런 기호들이 무한하게 퍼져 나가 빛나고 있었다. 고전주의 시대가 이룬 문화의 재편성은 이런 문화로부터 우리를 분리한 것이다. … 17-18세기에 재현이 기능을 발휘하면서, 언어의 고유한 현존, 세계 속에 새겨진바 언어가 지닌 사물적인 오래된 견고함이 소멸했다. 모든 언어가 담론으로서만 가치를 갖게 된 것이다. 언어의 기술은 '기호를 만드는' 방식이 되었다. 말하자면 언어의 기술은 어떤 사물을 기호로 나타냄과 동시에 그 사물의 주변에 기호들을 배치하는 방식이 되었다. 이름을 붙이는 기술이 되었고, 지시적인 동시에 장식적인 이중화를 통해 그 이름을 붙들고 그 이름을 가두며 그 이름을 감추고 다른 이름들로써 그 이름을 지칭하는 기술이 되었다. (58, 71-72)

　논의의 뉘앙스를 보자면, 푸코는 16세기까지의 문화에 대해 상당한 향수를 지닌 것 같습니다. 기호가 사물과 분리되어 독립함으로써 기호 자체가 지닌 무한히 빛나면서 확산해 나가는 그 신비감이 완전히 사라지고 만데 대해 상당한 안타까움을 표하는 걸로 보이기 때문입니다. 17-18세기 고전주의 시대에 이르러 기호들은 그저 사물에 대한 이름에 불과한 것이 되고 말았다는 게 핵심이죠. 말하자면, 언어의 지위가 추락한 겁니다.

그러면서 푸코는 17-18세기로부터 지금 우리에게까지 영향을 미치고 있는 언어의 재현적이고 의미작용적인 기능 때문에 16세기의 '야생적 존재'를 망각하게 되었다고 말합니다. 그리고 이를 되살려 복원하고자 하는 인물들이 앞서 말한 것처럼, 횔덜린이나 말라르메 그리고 아르토라고 말합니다. 그러면서 문학에 관한 연구의 태도를 고전주의 방식으로 가져가서는 안 된다고 역설합니다.

근대에서 문학은 언어의 의미작용적인 기능을 (확증하는 것이 아니라) 보충하는 것이다. 근대에서는 언어의 존재가 문학을 통해 서양 문화의 경계선들에서 ―그리고 그 중심에서― 새롭게 빛난다. 왜냐하면, 16세기 이후 언어는 서양 문화에 가장 낯선 것이었지만, 바로 그 16세기 이후 언어가 서양 문화가 발견한 것들의 중심에 있어 왔기 때문이다. 그 때문에 문학은 사유되어야만 하되 어떤 경우에도 의미작용의 이론théorie de la signification에 입각해서는 사유될 수 없을 것으로 나타난다. 의미된 것(기의le signifié)의 측면 ―문학이 말하려고 하는 것, 문학의 '이념들', 문학이 허용하는 것, 문학이 개입해 들어가는 것 등― 에서 분석하건, 의미하는 것(기표le signifiant)의 측면 ―언어학이나 정신분석에서 빌려 온 도식들의 도움을 받아― 에서 분석하건, 하등 중요하지 않다. 그건 하나의 에피소드에 불과하다. 어떤 측면에서 분석하건 간에, 사람들은 중요한 장소를 벗어난 데서 문학을 찾고 있다. 이 중요한 장소는 우리의 문화에 있어서 한 세기 반 동안 문학이 끊임없이 태어나

고 흔적을 남겼던 장소이다. (59, 72-73)

우선 이 대목에서 번역본이 완전히 오류를 범하고 있다는 것을 지적하고자 합니다. 푸코가 말하고자 하는 것은 19세기가 되기 전까지, 그러니까 17-18세기 서양 문화에서는 의미작용(기호화작용)의 구도에 따라 문학이 이루어졌고, 그 영향으로 지금도 기의나 기표에 맞추어 문학 분석을 하고 있는데, 모두 잘못되었다는 겁니다. 그리고 19세기를 거치고 20세기 중반에 이르기까지 앞서 말한바 16세기의 '야생의 존재'를 통해 새로운 문학이 나오기 시작했다는 거죠. 특기할 것은, 문학 해석에 있어서 그 이념적인 내용에 입각한 것뿐 아니라 언어학이나 정신분석의 틀들에 의존하는 것을 푸코가 강력하게 비판한다는 점입니다. 결국에는 16세기의 언어로 돌아가야 한다는 것으로 파악됩니다. 결국 이렇게 이야기되죠.

19세기에서부터 문학은 언어를 언어의 존재 속에서 다시 드러내기 시작했다. 그러나 르네상스 말기에 나타난 바 그대로의 언어는 아니다. 왜냐하면 담론의 무한한 운동에 기초를 제공하면서 한계를 지정했던, 원초적이고 절대적으로 최초인 말이 이제는 존재하지 않기 때문이다. 이제 언어는 출발점도, 종착점도, 약속도 없이 증식될 것이다. 문학 텍스트가 나날이 추적하는 것은 공허하지만 근본적인 이 [언에] 공간으로의 도정道程들이다. (59, 73)

16세기의 언어 공간에는 어떤 '시원적인 텍스트'가 있어 담론을 형성하고, 그 담론에 대한 담론을 형성하는 바탕이 되며 중심이 되고 목표가 되었습니다. 그런 가운데 언어가 지닌 야생적 존재를 드러낼 수 있었죠. 이제 19세기 이후 발달해 온, 푸코가 강력하다고 여기는 문학들은 '시원적인 텍스트'가 없는 상태에서 오로지 언어의 야생적 존재에 의거한 공간을 추적해 나간다는 겁니다. 그렇기에 공허할지 몰라도 워낙 근본적이라는 거죠.

이러한 푸코의 문학에 대한 관점은 언어와 사물의 삼투를 되살리고자 하는 것이고, 보이는 것과 읽히는 것 간의 공속을 되살리고자 하는 것이며, 요컨대 낱말들과 사물의 통일성을 되살리고자 하는 쪽으로 향해 있음에 틀림없어 보입니다. 과연 그런 문학은 어떤 것들이며, 그런 문학에 대한 푸코식 관점에서의 해석은 어떤 것인가가 자못 궁금해집니다.

다음 시간에는 돈키호테로 시작하는 제3장 '재현하기représenter'로 들어가게 됩니다.

재현하기 1.
돈키호테와 근대의 '질서'

이제 제1장 '시녀들', 제2장 '세계의 산문'에 이어 제3장 '재현하기'로 들어갑니다. 이 제3장은 제1절 '돈키호테', 제2절 '질서', 제3절 '기호의 재현', 제4절, '이중적 재현', 제5절 '유사성의 공상', 제6절 '보편학과 분류학'으로 되어 있습니다. 오늘은 제1절과 제2절을 살피고자 합니다.

1. 돈키호테의 모험

푸코는 16세기까지의 '유사성의 시대l'âge du semblable'가 끝나고 17세기부터 '재현의 시대l'âge de la représentation'가 시작되는 그 불연속의 이행을 적시하기 위해 흔히 근대를 여는 최고의 소설로 꼽히는, 세르반테스Miguel de Cervantes Saavedra(1547-1616)가 쓴 『돈키호테』(1부 1605년, 2부 1615년)의 주인공, 본명이 알론소 키하노인 돈키호테를 분석합니다.

1) 대략의 줄거리

이 소설의 원제는 『창의적인 귀족, 라만차의 돈키호테*El ingenioso hidalgo don Quijote de la Mancha*』입니다. 어릴 때 조금 읽은 기억이 나긴 하지만, 그 내용이 정확하게 기억나는 게 없어 급한 김에 인터넷을 찾아 대략 다시 정돈해 봅니다. 알론소 키하노는 원래 에스파냐의 라만차 지방 시골 마을의 늙은 귀족이었습니다. 이 귀족은 기사 모험 소설과 온갖 글들에 푹 빠져 결국 현실과 환상을 구분하지 못하고 미쳐 버리게 됩니다. 그래서 이 귀족은 자신 혼자의 생각으로 돈키호테 데 라만차라는 이름의 기사가 되죠. 그는 녹슨 갑옷과 볼품없는 말 로시난테를 훌륭한 갑옷과 명마로 착각하고, 심지어 이웃에 사는 농부의 딸 '알돈사 로렌소'에게 자기 나름대로 '둘시네아'라는 이름을 붙여 자신이 목숨을 바쳐 지켜야 하는 공주로 생각합니다. 돈키호테는 길을 가다 들른 여관을 성으로, 여관 주인을 성주로 생각하고 괴이한 난동을 부리는데, 그의 난동을 보다 못한 여관 주인이 그를 정식 기사로 임명해 주자 기뻐합니다. 이후 돈키호테는 고향으로 돌아오던 중 만난 상인들에게 상상 속의 인물인 둘시네아 공주가 이 세상에서 가장 아름답다는 사실을 인정하라고 강요하다 몰매를 맞고 쓰러지지만, 마침 지나가던 농부의 도움으로 집에 다시 돌아오죠. 돈키호테를 맞이한 사람들은 돈키호테를 제정신으로 돌아오게 만들어야 한다고 생각하고, 그의 행동이 모두 기사 소설 탓이라 생각한 끝에 책을 모두 태워 버립니다. 그러나 돈키호테는 어수룩한 농부인 산초 판사를 꾀어내 하인으로 삼고 다시 길을 떠나죠. 이후엔 풍차를 거인이 둔갑한 것으로 생각해 싸우려다 크게 다치는가 하면 수도사들을 공주를 납치해 가는 마법사라고 여겨 싸움을 벌이기도 합니다. 성인 줄 알고 들어간 여관에서 소란을 피우기도 하죠. 또 양들을 적군으로 생각해 마구 찌르다 양치기들에게 맞아 이가 부러지거나, 죄수를 돕다 오히려 얻어맞기도 합니다. 그러다 어느 날, 돈키호테는 깊은 산속에서 둘시네아 공주를 위해 고행을 작정하고, 공주에게 줄 편지를 산초 판사에게 전합니다. 편지를 갖고 가던 도중 산초는 이웃 사람인 이발사와 신부를 만나고, 사정을 들은 그들은 돈키호테를 다시 데려올 방법을 궁리합니다. 이후 이들은 결국 돈키호테와 산초 판사를 데리고 오는 데 성공하지만, 한 달이 채 되지 않아 둘은 다시 길을 떠나죠. 그들은 물레방아를 성으로 착각하고, 심지어 사자와 싸워 이기기도 합니다. 나중에 어떤 성주의 계획으로 그들은 진짜 성을 갖게 되지만, 그 성주의 부하들이 도적으로 변장하고 그들에게 덤비죠. 성주가 되고 싶어 따라온 산초 판사는 성주라는 자리의 위험성을 깨닫고 며칠 지나지 않아 다시 성주에게 자릴 넘깁니다. 돈키호테와 산초 판사는 다시 고향으로 돌아오고, 돈키호테는 죽기 전에 제정신을 찾아 비석에 자신의 이름을 적지 말란 유언을 남기죠.

2) 소설 『돈키호테』의 성격과 영향

세르반테스의 이 걸작이 지닌 기이한 글쓰기 특징은 메타픽션의 성격을 지닌 액자형의 픽션이라는 점에 있습니다. 제1부에서는 이야기 도중에 갑자기 저자가 개입하여 이 작품은 사실 자기가 어느 아랍인 작가의 책을 번역한 것에 불과하다고 주장합니다. 제2부에서는 아예 주인공들까지 합세하여 '『돈키호테』라는 소설'을 놓고 왈가왈부하는 대목이 나오죠. 제1부가 출간된 뒤 워낙 인기를 끌어 여러 가짜 『돈키호테』가 나도는 것을 둘러싸고서 이 책이 진짜라는 식의 이야기가 포함되어 있기도 합니다. 그런가 하면, 줄거리와 전혀 상관없는 일곱 개의 에피소드를 액자식으로 집어넣어 다른 사람들이 이야기하게 하고, 그 에피소드들을 돈키호테와 그의 충실한 부하 산초 판사가 듣기도 합니다. 650여 명의 등장인물에다 이런 기묘한 방식의 소설 형식을 취한 탓에 이 소설을 완독한다는 건 전혀 쉽지 않습니다.

하지만 소설 『돈키호테』의 영향은 대단했습니다. 미술과 음악 등에 중요한 소재가 되기도 했지만, 특기할 것은 세르반테스가 묘하게도 셰익스피어와 같은 해에 사망했는데, 이 두 위대한 작가에 의해 대립하는 두 인간 유형을 운위하게 되었다는 겁니다. 이는 러시아의 작가 이반 투르게네프(1818-1883. 공교롭게도 생몰 연도가 마르크스와 같음)가 〈햄릿과 돈키호테〉(1860)라는 유명한 강연에서 '햄릿형 인간'과 '돈키호테형 인간'을 구분한 데서 연유합니다. 그에 따르면, 뛰어난 판단력과 깊은 통찰력을 지니고 있으면서도 실천력이 없어 이 세상과 민중에 대해 전혀 기여하는 바가 없는 인간은 햄릿형 인간이고, 비록 미쳤다고 비난받더라도 정해진 목표를 향해 불굴의 의지를 지니고서 실천함으로써 세상과 민중에 기여하는 인물은 돈키호테형 인간입니다.

부연할 것은 에스파냐 사람의 기질을 집약한 인물로 평가되는 돈키호테는 또한 16세기의 전성기 이후 강대국의 지위에서 격하된 에스파냐의 상처 입은 자존심을 상징하게 되었다는 사실입니다. 특히 20세기 초에는 돈키호테 같은 불굴의 의지를 발휘해 새로이 도약하자고 역설하는 민족주의적 주장도 나왔죠. 스페인의 현대 철학자로 유명한 두 인물 중 미겔 데 우나무노Miguel de Unamuno(1864-1936)는 『생의 비극적 의미』(1913)에서 돈키호테를 가리켜 에스파냐의 구세주라고 격찬했고, 오르테가 이 가세트Ortega y Gasset(1883-1955)는 『돈키호테의 성찰』(1914)에서 풍차를 향해 돌진하는 돈키호테의 기개를 예찬하기도 했습니다.

돈키호테를 그린 가장 유명한 삽화로는 프랑스 화가 귀스타브 도레Paul Gustave Doré(1832-1883)가 그린 〈돈키호테 데 라만차Don Quixote de la Mancha〉(1863)를 들 수 있습니다.

"A world of disorderly notions, picked out of his books, crowded into his imagination."—*p.* 3.

2. 푸코의 돈키호테 해석

1) 돈키호테의 정체

돈키호테를 둘러싼 이런 정황을 염두에 두면서, 과연 푸코가 돈키호테라는 괴이한 인물이 인식의 역사에서 갖는 의미를 어떻게 보는가를 살펴보기로 합시다. 그는 우선 돈키호테가 기상천외한 인물이 아니라 유사성의 모든 표식 앞에서 많은 일을 수행하는 세심한 순례자라고 하면서 "그는 동일자le Même의 영웅이다"(60, 75)라고 말합니다. 그러면서 이렇게 말하죠.

> 그러나 돈키호테 그 자신은 기호들과 닮았다. 하나의 문자처럼 길게 야윈 문자표기인 양, 그는 책들의 틈을 뚫고 곧장 탈출해 나온다. 그의 존재 전체는 언어, 텍스트, 인쇄된 책장들, 이미 베껴 쓴 이야기일 뿐이다. 그는 서로 교차하는 낱말들로 만들어졌다. 말하자면, 그는 사물들의 유사성의 와중에서 세계 속을 방황하는 글écriture errant이다. (60, 75)

돈키호테는 기호로서의 언어 그 자체 또는 텍스트 자체, 그것도 다른 텍스트를 베껴 쓴 이야기 자체로서 그저 낱말들로 형성되어 있는 존재라고 하는 해석입니다. 말하자면, 돈키호테는 기호들에 대한 일종의 '의인화'를 실현함으로써 생겨난 인물이라는 거죠. 과연 푸코의 특이한 해석이 아닐 수 없습니다.

여기에서 돈키호테라는 인물이 텍스트를 베껴 쓴 이야기 자체라고 하는 점이 상당히 중요한데, 그것은 돈키호테가 기사 무훈담에 관련된 책들을 너무나 많이 읽은 나머지 정신이 이상해졌고, 그 책의 내용들을 있는 그대로 실현하고자 하는 데서 돈키호테의 존재가 성립하기 때문입니다. 그래서 푸코는 돈키호테가 읽은 책에 대해 이렇게 말합니다.

그 책은 그의 현존이라기보다 그의 사명devoir이다. 그는 그가 실로, 자신이 태어난 곳인 텍스트와 동일한 본성을 가진 자임을 보이기 위해, 무엇을 해야 하고 무엇을 말해야 하는지, 그리고 그 자신과 다른 사람들에게 어떤 기호들을 부여해야 하는지를 알기 위해 끊임없이 그 책을 참조해야 한다. (60, 75-76)

돈키호테는 오로지 자기가 읽은 기사 무훈담에 따라 거기에 나오는 주인공들의 생각과 행동에 전적으로 맞추어서 행동해야 한다고 생각하기 때문에 혹시라도 자신이 그와 어긋나서는 안 되므로 수시로 책을 참조해서 행동했다는 겁니다. 자신의 현실적인 현존을 책 속에 펼쳐진 기호들에 대한 분신으로 만들고자 한 셈이죠. 그래서 푸코는 이렇게 말합니다.

그의 무훈은, 사실상 돈키호테가 그가 그대로 베끼고 있는 모든 기호를 닮았다는 사실을 나타내는 기호들이 되는 셈이다. (60, 76)

돈키호테와 그의 무훈은 기호에 대한 기호라는 이야기입니다. 작가 세르반테스의 천재성이 작동한 결과이지만, 정말이지 기묘한 사태가 아닐 수 없습니다. 이 정도쯤 되면, 돈키호테가 세계를 보고 가치를 부여하는 방식은 일반인들과 전혀 다를 수밖에 없겠습니다.

돈키호테의 모험은 세계에 대한 하나의 해독일 것이다. 그러나 그것은 책들이 진실을 말하고 있음을 보여 주는 형상形狀들을 지상의 모든 표면에서 드러내기 위한 세심한 답사일 뿐이다. 그의 모험은 실제로 승리하는 데서 성립하는 것이 아니라, 현실을 기호로 변형시키는 데서 성립한다. 이 기호는, 언어 기호들이 사물들 자체와 잘 일치한다는 것을 보여 주는 그런 기호이다. 돈키호테는 책들을 증명하기 위해 세계

를 읽는다. 그래서 그가 제시하는 증거들은 오로지 유사성들의 번쩍거
림일 뿐이다. (61, 76)

돈키호테의 모험이 책들에 들어 있는 언어 기호들이 진실하다는 것을
증명하기 위해 세계를 무조건 그와 유사한 방식으로 변형시키는 방식으
로 해독해서 그에 따라 수행한 것임을 지적하고 있습니다. 말하자면 기호
의, 기호를 통한, 기호를 위한 모험인 셈이죠.

2) 『돈키호테』, 언어의 세계로부터의 독자성

결국에는 현실에 대한 기호의 우선성이 적나라하게 제시됩니다. 이렇
게 되면, 16세기까지 지탱되어 온 세계와 기호의 유사성은 뭔가 새로운
방향으로 변할 수밖에 없죠. 16세기까지는 어디까지나 기호보다 세계 내
지는 자연이 우선이었고, 세계가 해독되어야 할 기호이지, 기호 자체를
위해 세계가 존재하는 것은 아니었기 때문입니다.

『돈키호테』는 르네상스 세계에 대해 부정적인 것le négatif을 그린다. 글
쓰기는 세계의 산문이기를 그쳤다. 유사성들과 기호들은 그것들 간의
오래된 일치의 매듭을 풀어 버렸다. 상사들은 기만으로 드러나 환영幻
影과 정신착란으로 바뀐다. 그런데도 사물들은 고집스럽게 그 아이러
니한 동일성 속에 머물러 있다. 사물들은 있는 그대로일 뿐이다. 그런
가 하면, 낱말들은 자신을 채울 수 있는 내용이나 유사성도 없이 모험
으로 방황한다. 낱말들은 더 이상 사물들을 표시하지 않는다. 낱말들
은 먼지가 뒤덮인 채 책갈피 속에서 잠들어 있다. (61-62, 77)

말하자면 세르반테스가 르네상스 시대에 통용되던, 세계와 기호 간의
유사성이 얼마나 황당한 것인가를 비판적으로 드러내기 위해 『돈키호테』

를 썼다고 할 수 있다는 이야기입니다. 또 세르반테스가 그렇게 할 수밖에 없고 그렇게 해도 되는 새로운 시대가 도래했다는 이야기죠. 요컨대 말과 사물이 따로 놀기 시작한다는 것, 그래서 언어가 세계로부터 튀어나와 독자적인 영역을 구축한다는 걸 『돈키호테』가 잘 보여 주고 있다는 겁니다. 그래서 이렇게 이야기됩니다.

> 글écriture과 사물들choses은 더 이상 닮지 않는다. 그것들 사이에서, 돈키호테는 모험으로 방황한다. (62, 77)

이 정도 되면 적어도 사물들 내지는 세계에 대해 언어가 전혀 힘을 발휘하지 못할 것 같습니다. 하지만 푸코는 『돈키호테』의 메타적인 구성을 통해 언어가 새로운 방식으로 힘을 발휘한다는 것을 지적합니다. 『돈키호테』의 메타적인 구성은 제2부에서 돈키호테가 『돈키호테』의 제1부를 읽은 인물들을 만나게 되는데, 그 인물들이 돈키호테를 보고서 그가 그들이 읽었던 책의 주인공인 그 돈키호테임을 알아차리는 대목에서 여실히 드러납니다. 책 속의 책, 바로 액자형 소설 구성의 기법이죠. 말하자면 안팎이 연결되어 그 구분을 무색하게 하는 뫼비우스의 띠와 같은 형상입니다. 책 속에서 책 바깥으로 나와 있고, 책 바깥에서 책 안으로 들어가 있습니다. 책 속의 인물들이 그 책을 읽고, 책 속의 인물들이 자기가 읽은 책 속의 인물을 확인합니다. 이렇게 되면 언어들이 외부의 세계로 나가지 못하고 자기 완결성을 꾀하게 되죠.

이러한 전반적인 정황을 지적하면서 푸코는 돈키호테 스스로는 『돈키호테』를 읽지도 않고 읽어서도 안 된다고 하면서, 그 까닭을 "돈키호테는 『돈키호테』의 살과 뼈이기 때문이다"(62, 78)라고 말합니다. 정말 흥미로운 대목들이죠. 결국에는 이렇게 이야기됩니다.

돈키호테의 진리vérité는 낱말들과 세계의 관계 속에 있지 않고, 술어적인 표식들marques verbales이 그 자체들에서 그 자체들을 잇는 방식으로 자아내는 미세하면서도 항구적인 연관 속에 있다. 영웅서사시épopées의 기만적인 허구가 언어의 재현적인 권능pouvoir représentatif으로 되었다. 낱말들이 자신들이 갖는 기호들의 본성 속에 닫히게 된 것이다. (62, 73)

세계에 새겨진 표식들로서의 기호를 벗어나 오로지 술어적인 표식들로서의 언어 기호들이 등장했습니다. 표식들이 그들 자체를 재현하면서 그들 자체에 닫혀 있음으로써 언어 고유의 세계를 형성하게 되었다는 이야기입니다.

그런데 푸코는 이런 새로운 언어 상황을 염두에 두고서『돈키호테』가 왜 근대적인 작품 중 가장 앞서는 것인가를 이렇게 말합니다.

『돈키호테』는 근대 작품 중 첫 번째 작품이다. 그것은 이 작품을 통해 동일성들identités과 차이들différences에 입각한 잔인한 이성이 기호들과 상사들을 끝없이 우롱하는 것을 보기 때문이다. 달리 말하자면, 이 작품에서 언어가 그 오래된 사물들과의 유사 관계를 끊어 버리고, 고립된 주권 영역으로 들어가는 것을 보기 때문이다. 그 고립된 주권 영역에서 언어는 그 거친 존재로 오로지 문학으로 다시 드러날 수밖에 없는 노릇이기 때문이다. 또한 그런 가운데, 유사성은 유사성을 비이성déraison과 공상imagination으로 여기는 또 하나의 시대로 돌입하게 되기 때문이다. (62, 78)

여기서 푸코는 유사성의 시대에서 이성의 시대로 접어드는 과정에서『돈키호테』가 어떤 역할을 하고 있는가를 일목요연하게 보여 주고 있습니다. 유사성을 벗어난, 그야말로 근대적인 의미의 문학이 어떻게 탄생하고 있는가를 잘 지적해 주고 있죠. 언어 자체의 고립된 주권을 성취하게 된 것이 근대 문학의 탄생을 알리는 적극적인 신호탄이 된다는 겁니다. 아닌 게 아니라, 언어 자체의 세계에 잠입하여 그 세계의 오묘함을 풀어내는 메타성이야말로 근대 문학의 핵심 특징이죠. 우리는 여기에서 푸코가 근대 문학을 어떻게 정의하고자 하는지, 그 기초를 확인하게 됩니다.

3) 광인과 시인의 탄생

그런데 푸코는 이렇게 『돈키호테』가 상사들과 기호들 사이의 매듭이 절단되어 버렸음을 잘 보여 준다는 것을 지적하면서, 그에 따라 두 가지 종류의 경험이 생겨나고, 그에 따라 광인과 시인이라는 두 가지 인물 유형이 대조적으로 태어난다고 말합니다. 그러면서 그 각각에 대해 이렇게 말하죠.

> 광인le fou은 … 서양의 경험에서 야만적인 유사성들의 인간이 되었다. 이 인물은 바로크 시대의 소설이나 연극에서 묘사되는 인물이며, 19세기의 정신의학에 이르기까지 점차 제도화되는 인물이다. 그는 유비analogie에서 소외되었다. 그는 동일자le Même와 타자l'Autre의 뒤틀어진 놀이꾼le jouer이다. 그는 사물들을 그 사물들이 아닌 것으로서 파악한다. 그는 각기 단독적인 사람들을 다른 사람들로 파악한다. 말하자면 그는 친구들을 무시한 채 이방인으로 인지한다. 그는 가면을 벗기고 다른 가면을 덧씌운다. 그는 모든 가치와 모든 명제를 뒤집는다. 왜냐하면 그는 매 순간 기호들을 해독한다고 믿기 때문이다. 예컨대, 그에게는 금관이 왕을 만든다. 18세기 말까지 광인에 대해 가졌던 문화적인 인식에서, 광인은 그가 차이la Différence를 인식하지 않는 한에서만 차이 나는 자le Différent다. 그는 곳곳에서 유사한 것들과 유사들의

기호들만을 본다. 그에게서 모든 기호는 서로 닮아 있고, 유사한 모든 건 기호로서 가치를 갖는다. … 시인le poète은 명명되고 일상적으로 예견되는 차이들 아래에서 사물들에 매설된 유사 관계들과 흩어져 있는 사물들 사이의 상사들을 다시 발견한다. 시인은 확립된 기호들 아래에서, 그 기호들에도 불구하고, 낱말들이 사물들의 보편적인 유사성 속에서 빛나는 시대를 소환하는바 더욱 심오한 하나의 다른 담론, 즉 뭐라 말하기는 어렵지만, 자신의 언어 속에서 동일자의 주권la Souveraineté du Même이 기호들의 분별을 말소한다는 담론에 응한다. (63, 78-79)

다른 여느 대목도 그러하지만, 특히 광인과 시인을 소개하고 구분하는 여기 이 인용문은 숨겨 놓은 내용이 많아 잘 해석해야 합니다.

푸코는 광기에 집요한 관심을 보이며 그를 바탕으로 독특한 담론의 영역을 두드러지게 드러냈습니다. 그가 1961년에 박사 논문으로 제출했고 1972년에 펴낸, 『말과 사물』보다 200쪽이나 더 많은 아주 두툼한 책 『고전주의 시대 광기의 역사Histoire de la folie à l'âge classigue』(Gallimard, 1972. 국역본: 이규현 옮김, 나남출판, 2020)가 그 결정판이죠. 이 책에서 그는 "고전주의 시대, 즉 17-18세기에 이루어졌던 광기의 규정, 광기를 둘러싼 감금의 관행들, 광기의 치료법 등을 통해서 결국 고전주의 시대의 '권력'을"[15] 드러냅니다. 이는 그가 몸을 파고드는 권력의 정체를 폭로한 그야말로 계보학적인 책으로 1975년에 출간한 또 다른 역저인 『감시와 처벌, 감옥의 탄생Surveiller et Punir, Naissance de la Prison』(Gallimard, 1975. 국역본: 오생근 옮김, 나남출판, 1994)으로 이어집니다.

그러니까 푸코는 광인에 대한 전문가라 할 수 있습니다. 앞의 인용문

---

15   푸코, 『광기의 역사』(김부용 옮김, 인간사랑, 1991), 5쪽, 「역자 서문」.

에서 다루는 광인은 과연 어느 시대에 속한 인물 유형일까요? 16세기의 사유와 감정을 극단으로 압축해 보이는 인물인 것 같습니다. "야만적인 유사성들의 인간"이라는 말에서 이를 읽어 내게 됩니다. 그런 만큼 이제 16세기의 에피스테메를 벗어 버리려 하고 있고, 하지만 아직 17-18세기 고전주의 시대의 에피스테메에 사로잡힌 건 아닙니다. 광인은 16세기가 끝남과 동시에 위력을 잃어버리는 르네상스의 흔적이 묻어 있지만, 17-18세기 고전주의가 시작되는 바로크 시대를 여는 셈이죠.

바로크 시대 소설의 주인공인 광인, 17세기 바로크 시대에 들어서자마자 출간된 『돈키호테』의 주인공인 돈키호테. 지금도 우리는 미치광이인 돈키호테보다 르네상스 때까지의 기사 영웅적인 사유를 압축해 냄으로써 그 시대가 마감된다는 사실을 극적으로 표현하는 돈키호테를 읽습니다.

광인을 "야만적인 유사성들의 인간"이라고 했을 때, 그 야만성은 무엇을 뜻할까요? 고전주의 시대가 열리면서 서서히 고개를 들기 시작한 계몽적 이성과 대립하는 맹목적인 신앙과 신화에 흠뻑 젖은 상태를 뜻하는 것으로 해석할 수도 있습니다. 그래서 이성을 바탕으로 해서 시대를 조성하는 모더니즘의 19세기에 광인은 사회정치적인 제도, 특히 보편적인 감금의 제도인 교도소와 감화원 등을 통해 특별히 관리되어야 하는 인물로 취급했던 겁니다. 오늘날에도 광인은 '넘쳐난다'고 할 수 있습니다. 얼마 전만 해도 광기는 독창적인 예술적 상상력과 연결되었죠. 하지만, 요즘 광기는 예사로 범죄와 연결됩니다.

다시 인용문으로 돌아가 보죠. 돈키호테의 행위에서 알 수 있듯이, 광인은 야만적일 정도로 유사성에 몰두한 나머지 사물과 기호의 차이를 아예 인식하지 않고 사물과 사물의 차이와 기호와 기호의 차이를 인식하지 않습니다. 그래서 상징과 실재의 차이를 인정하지 않고 동일시합니다. 그런 점에서 질병에 시달리는 자가 아니라 대단히 특이한 자이죠. 나누어진 시선들을 단 하나의 시선으로 통합시킨 자라 할 겁니다. 그렇다면 광인은 과연 돈키호테처럼 "동일자le Même의 영웅"(60, 75)입니다. 그런데 여기에서는 광인을 "동일자와 타자의 비틀어진 놀이꾼"이라고 말하죠. 동일자와 타자의 놀이에 빠져들되, 왜곡된 형태로 놀이하는 인간입니다. 예를 들어, 그가 친구를 이방인으로 파악하는 데서 이를 알 수 있습니다. 친구가 동일자라면, 이방인은 타자입니다. 그는 뒤집기의 선수죠. 그래서 광인은 유비에서 쫓겨나 있습니다. 유비에는 원관념이 있고 보조 관념이 있습니다. 광인은 이를 파악하지도 인정하지도 못합니다. 그에게는 오로지 원관념의 기호들만 존재하는 셈이죠.

광인이 차이를 인식하지 못하는 것과 달리, 시인은 차이를 인식하되 그 바탕으로 치고 들어감으로써 사물들에서 여러 유사와 상사를 발견해 끌어내고, 그런 뒤 그러한 사물들을 관통하는 보편적인 유사성을 끌어냅니다. 그리하여, 꼭 그렇다고는 할 수 없지만, 시인은 기존의 기호들에서 은폐된 이른바 "동일자의 주권"이 기호들끼리의 분별을 근원적으로 말소한다는 묘한 담론에 화답하죠. 그런데 시인이 화답하는 이 동일자의 주권은 언어 속에서만 발휘됩니다. 세르반테스의 기기묘묘한 소설 작법은 언어 속에서 언어가 성립한다는 점을 기가 막히게 드러냅니다. 바로크 고전주의 시대에 접어들면서 바야흐로 언어, 즉 기호가 사물에서 벗어나 독자적인 현존을 획득하게 된 거죠. 결국 푸코는 광인과 시인, 두 인물 유형의 특징을 이렇게 정돈합니다.

> 광인은 만물동의의성萬物同意義性, homosémantisme의 기능을 확립한다. 그는 모든 기호를 끌어모아, 증식하기를 그치지 않는 유사성으로써 그 기호들을 채운다. 시인은 그 반대의 기능을 확립한다. 시인은 **유비적인**allégorique 역할을 맡는다. 말하자면, 시인은 기호들로 된 언어 아래에서, 잘 분절된 그 기호들의 분별 작용 아래에서, '다른 언어autre langage', 즉 낱말들도 담론들도 없는 유사성의 언어를 듣도록 한다. … 그래서

광인과 시인 둘 다 우리 문화의 외곽에서, 그리고 우리 문화에 배분된 본질적 몫들에 가장 가까운 곳에서 이러한 상황을 '극단에서' —[광인은] 여백으로 쫓겨난 처지에서, [시인은] 심오하게 파고드는 고고학적인 그림자의 위치에서— 공유하는데, 이 상황에서 그들의 말paroles은 끊임없이 그 낯섦의 권능pouvoir d'étrangeté과 이의제기의 원천ressource de contestation을 발견한다. 이들 둘 사이의 본질적인 균열에서 서양 세계에 [새로운] 지식의 공간이 열리는데, 이 지식의 공간에서는 더 이상 상사들이 문제가 되지 않고 동일성들identités과 차이들이 문제가 될 것이다. (63-64, 79)

저 앞에서 말한 것처럼, 광인과 시인은 양극단에 있습니다. 광인은 모든 것이 동일한 차원의 의미를 띤다고 믿고, 시인은 비록 기호들의 유비를 고고학적으로 파고들면 동일자의 주권이 드러나리라 믿긴 하지만, 기호들에서 끝없이 유비를 따라가죠. 푸코는 이 양극단에서 근대적인 서양 문화에 새로운 지식의 공간, 즉 동일성과 차이를 근본적으로 문제 삼는 지식의 공간이 열린다고 말합니다.

아무튼 광인과 시인은 근대 서양 문화의 세례를 받은 우리로서도 그 존재의 의의를 깊이 새길 필요가 있는 셈입니다. 앞에서 푸코는 19세기와 20세기 우리 시대의 시인들이 유사성의 에피스테메를 복원하고 있다고 했는데, 여기에서 이를 또다시 구체적으로 반복하고 있는 셈이죠.

3. 근대적 질서

돈키호테를 이렇게 분석하고 난 뒤, 이제 푸코는 본격적으로 17세기로부터 시작되는 새로운 시대를 설명하고자 합니다. 그러기 전에 푸코는

‘불연속성discontinuité’ 또는 ‘불연속적인 것le discontinu’에 대해 자문하는 형식으로 여러 근본적인 문제를 제기하죠. 이에 관련된 여러 이야기를 한 뒤, “지금으로서는 불연속성들이 주어지는 명백하면서도 애매한 경험적 질서 속에서 이 불연속성들을 받아들이는 것만으로도 충분하지 않겠는가”(64-65, 80)라고 말하면서 그 사례들을 모색하고자 합니다.

1) 근대 철학자들의 유사성에 대한 비판

이에 우선 끌고 들어오는 것이 데카르트René Descartes(1596-1650)가 1626년에서 1628년에 걸쳐 쓴 『정신 지도의 규칙들Regulae ad directionem ingenii』에 들어 있는 중요한 관련 문맥들과 베이컨Francis Bacon(1561-1626)이 1620년에 쓴 『신기관Novum Organum』에 실린 ‘우상론’입니다. 푸코는 먼저 데카르트가 했던 말을 되새기면서 이렇게 말하죠.

> 17세기에, … 사유는 유사성의 요소 속에서 움직이기를 그쳤다. 상사는 더 이상 지식의 형식이 아니다. 오히려 상사는 오류를 일으키는 것이고, 제대로 밝혀지지 않은 그 혼돈의 장소를 검토하지 않으면 빠지게 되는 위험이다. 데카르트는 『정신 지도의 규칙들』 첫대목에서 “사람들은 두 사물 간에 어떤 유사성들을 발견하게 되면 심지어 실제로 그 둘이 다른 지점들에서 둘 중 하나에만 올바른 것을 인식하고서도 그 인식의 내용을 다른 하나에도 부가하려는 습관을 자주 드러낸다”라고 말한다. 유사성의 시대가 저 스스로 폐쇄되고 있었던 거다. (65, 80-81)

유사성에 따른 지식 체계에는 서로 유사한 것들에 대해 한쪽에서 일어나는 일을 파악함으로써 다른 쪽에서도 그 같은 일이 일어난다는 것을 아는 매력이 있습니다. 하나를 알면 열을 안다는 식의 지식 체계이기 때문이죠. 문제는 인식의 정확성입니다. 데카르트는 그런 유사성에 입각한 지식의 습관에 일침을 놓고 있습니다. 데카르트는 명석판명함을 지식의 타당성 기준으로 내세웁니다. 명석함은 주어진 대상이 환히 드러난다는 것이고, 판명함은 다른 것들과 확실히 구분된다는 것입니다. 유사성에 따른 지식 체계에서는 특히 판명함의 기준을 충족할 수 없습니다. 이 기준에 따르면, 참된 인식은 두 사물이 서로 닮았음에서 성립하는 것이 아니라, 두 사물의 차이에서 성립하기 때문이죠. 푸코는 데카르트의 이러한 언명을 유사성의 시대가 끝나고 있음을 알리는 일종의 보고문으로 여깁니다.

중요한 것은 유사성의 시대가 바깥에서부터 특별한 자극이 와서 그렇게 폐쇄되기 시작한 것이 아니라, 자체 내에서 그렇게 폐쇄되기 시작했다는 점입니다. 그러니 푸코는 데카르트라는 인물이 유사성의 시대가 낳은 인물이면서도 그런 유사성을 바탕으로 해서 유사성의 시대를 깨는 인물이라고 말하고 있는 셈이죠. 푸코는 이어서 베이컨의 '우상론'을 이렇게 언급합니다.

사람들은 베이컨에게서 유사성에 대한 비판을 이미 발견했다. 그것은 유사성에 대한 경험적인 비판인데, 사물들 사이의 질서와 동등성^{égalité}의 연관들에 관한 것이 아니라, 정신의 유형들과 그 정신들이 사로잡힐 수 있는 착각의 형식들에 관한 것이었다. … 그에게서 상사들은 **우상들^{idoles}**이다. **동굴의 우상들**과 **극장의 우상들**은 사물들이 우리가 배운 내용이나 우리 스스로에 대해 형성한 이론들과 닮았다고 믿도록 한다. 다른 우상들[그러니까 종족의 우상들과 시장의 우상들]은 사물들이 서로 닮았다고 믿도록 한다. "인간 정신은 사물들에 대해 자신이 발견한 질서와 유사성보다 더 많은 내용을 자연스럽게 가정한다. 그리고 자연은 예외와 차이들로 가득 차 있는데도, 정신은 곳곳에서 조화, 일치 그리고 상사를 본다. 그래서 모든 천체가 움직이면서 완전한 원들을 그린다는 허구가 나오는 것이다." … 만일 자연에 고유한 차이들을 '파고들어 가는 자'가 되어 급기야 그 차이들을 지각하기 위해 자연적으로 주어진 자신의 성급함과 경솔함을 벗어나고자 한다면, 정신의 신중함을 통해 그 우상들을 분쇄하지 않으면 안 된다. (65-66, 81-82)

근대 자연과학의 선구자로 불리는 베이컨다운 이야기입니다. 앞서 데카르트가 말한 정신의 습관과 엇비슷한 잘못된 정신의 모습을 질타하고 있습니다. 자연이 예외와 차이들로 가득 차 있다고 하는 베이컨의 생각은 틀림없이 데카르트가 제시한 기계론과는 다를 것이지만, 이 두 사람 모두 참된 지식을 획득하려면 적어도 전통적으로 배어 있는 유사성에 입각한 사유 방식을 극복하지 않으면 안 된다고 말하고 있는 것만큼은 분명합니다. 여기에서 중요한 것은 데카르트가 구분을 통한 차이를 중시하듯이, 베이컨 역시 "예외와 차이로 가득 찬 자연"을 내세우면서 유사성 대신에 차이를 중시하고 있다는 점입니다.

2) 데카르트에게서 찾은 '측정의 비교'와 '질서의 비교' 그리고 동일성과 차이

그런데 푸코는 베이컨은 잠시 언급한 것으로 그치고, 이제 데카르트가 제시한 담론을 구체적으로 분석해 들어갑니다. 그 핵심은 데카르트가 유사성에서도 필수적인 비교comparaison를 용인하면서 그 비교를 보편화하고 순수하게 만들었다는 것이고, 이를 위해 동일성identité과 차이différence 그리고 측정mesure과 질서ordre에 의해 모든 사태를 분석하기 시작했다는 겁니다. 실제로는 뒤의 두 항이, 그리고 근원적으로는 앞의 두 항이 중요합니다. 그러니까 측정의 비교가 있고 질서의 비교가 있다는 거죠. 데카르트에게서 측정과 질서가 어떻게 드러나는가에 대해 푸코는 이렇게 말합니다.

두 개의 크기grandeur 또는 두 개의 다양multiplicité을 비교하기 위해서
는 그 모든 방식에 있어서 양쪽에 적용할 수 있는 하나의 공통 단위une
unité commune가 있어야 한다. 그래서 측정에 의한 비교는 모든 경우에
있어서 동등성과 비동등성의 대수적인arithmétique 연관들로 넘겨진다.
측정은 유사한 것을 동일성과 차이라는 계산 가능한 형식에 따라 분석
하는 것을 허용한다.

질서는 외부적인 단위에 준거하지 않고서 확립된다. … "가장 단순한
사물을 발견하고, 그런 뒤 그 단순한 사물에 가장 가까이 있는 사물
을 발견하며, 그럼으로써 가장 복잡한 사물들로 반드시 접근할 수 있
게 된다. … [측정에 의한 비교와는 달리] 여기에서는 비교하기와 질서 잡
기는 같은 하나의 일이다. 질서에 의한 비교는 한 항에서 다른 항으로,
그리고 세 번째 항 등으로 이어지는바 '절대적으로 방해받지 않는' 운
동을 통해 나아가는 것을 허용하는 하나의 단순한 작용이다." 그래서
계열들이 확립된다. 이 계열에서 첫 번째 항은 다른 모든 것과 독립해
서 직관할 수 있는 하나의 본성이다. 그리고 다른 항들은 [첫 번째 항의
본성과 비교해서 성립하는바] 점증하는 차이들에 따라 확립된다. (67, 83)

측정에 의한 비교는 동일성과 차이라고 하는 계산 가능한 형식에 의해
이루어진다는 것이 중요합니다. 그러기 위해서는 단위가 있어야 하죠.
㎝, g 등이 그런 단위들입니다. 존재하는 모든 사물은 연속적인 크기이건
불연속적인 다양이건 나름의 단위를 설정해서 계량적으로 측정할 수 있
다는 겁니다. 이는 결국 수학적인 등식과 부등식에 의해 표현될 겁니다.

이에 반해 질서에 의한 비교는 최초의 항에서 그 자체의 본성을 확립한
뒤, 그 본성과 가장 가까운 본성을 가진 것들을 차례로 연결해서 계열을
형성하는 겁니다. 그럴 때 그 계열은 차이들의 계열이 됩니다. 예를 들면,
식물과 동물이 생물의 계열이라면 광석이나 흙은 무생물의 계열이 됩니

다. 그리고 난초나 소나무는 식물의 계열이지만, 지렁이나 낙타는 동물의 계열이 되죠. 동물은 식물의 본성과 가깝고, 흙은 광석의 본성과 가깝습니다. 소나무는 난초의 본성과 가깝고, 낙타는 지렁이의 본성과 가깝죠. 이리하여 본성들에 따른 차이들의 계열이 생겨나는 겁니다. 그리하여 이 모든 차이의 계열은 전반적인 하나의 질서를 이룹니다.

그러니까 전체적으로 볼 때, 유사한 것들은 측정과 질서라고 하는 새로운 비교 기법을 통해 이른바 훨씬 더 정교한 방식으로 처리됨으로써 이전과는 전혀 다른 성격을 갖게 됩니다. 상사가 측정과 비교를 통해서 파악된다고 할 때, 측정에서 요구되는 '공통된 단위'라든가 질서에서 요구되는 '최초의 가장 단순한 것이 지닌 본성'이라든가 하는 것이 전제되는데, 이두 가지가 워낙 사물과는 직접 관계없는 인식 활동에 따라 이루어지는 자의적인 것이기 때문입니다. 이에 대해 푸코는 이렇게 말합니다.

이 질서 또는 일반화된 비교는 인식에서의 연쇄 관계enchaînement에 의해서만 확립된다. 단순한 것에서 인식하는 절대적인 성격은 사물들의 존재에 관련된 것이 아니라, 바로 사물들이 인식될 수 있는 방식에 관련된 것이다. 그러니까 하나의 사물이 어떤 관계에 놓이는가에 따라 절대적일 수도 있고 상대적일 수도 있다. 질서는 (사유와 관련해서는) 필연적이며 본성적이고, (사물들과 관련해서는) 임의적이다. 왜냐하면 동일한 하나의 사물이 그것을 고찰하는 방식에 따라 질서 내에서 하나의 지점이나 다른 지점에 놓일 수 있기 때문이다.

이 모든 일은 서양의 사유에 대해 막대한 결과를 가져왔다. 오랫동안 지식의 —인식의 형식과 동시에 내용에서— 근본적인 범주였던 유사한 것le semblable은 동일성과 차이라는 항들로 이루어진 분석에서 와해되었음이 드러나게 된다. … 비교가 질서에 맡겨짐으로써, 결국 비교는 세계의 정연한 배치를 드러나는 역할을 더 이상 수행하지 않게 된다. … 이로써 서양 문화의 모든 **에피스테메**는 그 근본적인 배치에 있어서 변경된 것으로 드러난다. (68, 84)

가장 중요한 것은 데카르트가 제시한 측정과 질서에 의한 비교라고 하는 데서 드러나는 17세기 이후 서양 근대 문화의 에피스테메가 근본적으로 사물로부터 유리되었다는 점입니다. 이는 데카르트의 저 유명한 "나는 생각한다. 그러므로 나는 존재한다"라는 말과 일맥상통합니다. 존재에 따라 사유가 결정되지 않고, 사유에 따라 존재가 결정된다는 점에서 그러하죠. 말하자면, 마치 돈키호테가 기호에 대한 기호로서 언어 내부로 닫혀 버린 언어였던 것처럼, 이제 지식은 인식 주체의 위력에 의해 인식 내부로 닫혀 버린 인식이 되고 말았다는 겁니다. 푸코는 이를 서양 문화의 에피스테메에 있어서 근본적인 변혁이라 보고 있습니다. 사정이 이러하다면, 누구나 근본적인 변혁이 일어났다고 할 겁니다.

3) 고전 시대, 에피스테메의 변혁들

그렇다면 그 변혁의 실제가 구체적으로 어떠한가가 궁금해집니다. 이제 푸코는 이를 다섯 가지 정도로 압축해서 보입니다. 그 내용을 요약하면 이렇습니다(69-70, 85-86 참조).

① 유비적인 위계가 분석으로 대체되었다. 즉 모든 유사성이 측정과 질서에 의한 비교의 증명에 복속되고 말았다.

② 이전에는 상사들의 관계가 무한히 뻗어 나가면서 계속 새로운 유사들을 발견할 가능성이 열려 있었다. 그런데 이제 완전한 열거가 가능하게 되었다.

③ 그 결과, 이전에는 상사들의 체계가 미완성적이고 열려 있음으로써 개연적인 지식만을 주었을 뿐인데, 이제 동일성과 차이에 비교가 이루

어짐으로써 절대적으로 확실한 지식에 도달할 수 있게 되었다.

④ 정신 활동은 비밀스럽게 배분된 본성들에 따라 사물들이 서로 접근하도록 하는 데서 성립하는 것이 아니라, 동일한 것들을 확립하고 그것들로부터 떨어져 있는 다른 것들을 차이의 정도에 따라 일관되게 배치하는 것에서 성립한다.

⑤-1. 결국에는 인식하는 것은 분별하는 것discerner이고, 그래서 이야기와 과학이 분리된다. 예컨대 데카르트가 말한 것처럼, "플라톤과 아리스토텔레스의 모든 추론을 읽었다고 할지라도 … 거기에서 우리가 배운 것은 과학이 아니라 이야기로 여겨질 수도 있는 것이다."

⑤-2. 따라서 이제 텍스트는 진리에 대한 기호들이나 형식들을 이루는 부분이 될 수 없다. 말하자면, 언어는 세계에 대한 형상形狀 중 하나가 아니고, 태초부터 사물들에 새겨진 서명도 아니다. 그래서 이제 진리는 명석판명한 지각 속에서만 드러나면서 그 기호를 발견하게 된다. 아울러 언어는 존재들의 한복판에서 물러나 투명성과 중립성의 지대 안으로 들어가게 된다.

17세기 이전에 인간의 정신 활동은 유사성을 기초로 신비한 체계를 이루는 우주 전체에 속한 한 부분이었기에 인간이 만든 텍스트들도 우주 전체의 부분으로서 우주 내의 모든 다른 사물과 유사성의 기호 관계에 따라 서로 소통하는 것이었습니다. 그래서 언어와 세계는 분리될 수 없는 것으로서 서로 유사성의 기호를 주고받는 거였죠. 그리고 인간의 정신 활동은 그 기호들을 무한한 연쇄로 여겨 해독하는 것이 주 임무였습니다.

그런데 이제 인간의 정신 활동은 우주와 별개인 것이 되었습니다. 말하자면, 사물들 속에서 사물을 해독하는 게 아니라, 사물들 바깥에서 사물들을 설명하는 게 주 임무가 되었습니다. 이를 위한 것이 측정에 의한 비교와 질서에 의한 비교입니다. 그리고 그런 비교를 위해 요구되는 '공통 단위'나 '첫 번째 항의 절대적인 본성'이라는 것은 인간 정신에 따라 자의 적으로 설정된 것일 뿐입니다. 그렇게 해서 만들어 낸 것이 과학이고, 따라서 이 과학은 사물 자체나 존재 자체와는 근본적으로 상관없는 것이 됩니다. 이와 더불어 인간이 사용하는 언어 역시 사물들 내지는 존재들과는 상관없는 투명하고 중립적인 존재로 탈바꿈됩니다. 그야말로 지식의 위상에서 놀라운 변혁이 일어난 셈이죠.

4) 보편학적인 질서의 확립과 그에 따른 새로운 학문 분야들의 탄생

푸코는 이러한 상황이 그저 데카르트주의에 따른 성과만은 전혀 아니고 17세기 전반에 걸친 일반적인 현상임을 강조합니다. 그런 가운데, 앞선 논의를 반복하듯이 하면서 17세기로부터 시작되는 새로운 시대는 흔히 말하듯이 '기계론'이나 '수학화'가 핵심이 아니라, '보편학mathesis'[16]이 그 핵심이라고 말합니다. 그리고 이 세 가지를 잘 구분해야 한다고 말합니다.

푸코는, 기계론은 17세기 아주 말부터 나타난 것으로서 의학과 생리학에서 모델이 된 것이고, 경험적인 것에 대한 수학화mathématisation는 천문학과 물리학에서 계속 힘을 발휘한 것이라고 말합니다. 비록 많은 사람이 '기계론', '수학화', 그리고 '보편학'을 한데 뒤섞어 이해하는 경향이 있어 왔지만, 그래서는 안 된다고 주장합니다.

> 고전적 **에피스테메**에 있어서 근본적인 것은 기계론의 성공이나 실패도 아니고, 자연을 수학화하는 권리나 불가능성에 있는 것도 아니다. 실

---

16 'mathesis'는 수학 또는 대수학으로 오인되기 쉽다. 이는 'universalis mathesis'를 '보편학'이라 번역하는 데서 알 수 있듯이, 일반적으로 체계화된 학을 일컫는다. 그런데 푸코는 이를 '측정과 질서의 보편학'으로 이해된다고 말한다. 그러니까 'universalis'라는 관형어가 붙지 않더라도 그냥 '보편학'이라 옮길 수 있는 것이다.

로 그건 18세기 말까지 변하지 않고 지속했던 **보편학**과의 관계다. 이 관계는 두 가지 본질적인 특징들을 제시한다. 첫째는 존재들 사이의 연관들이 질서와 측정의 형식하에서 잘 생각되리라는 것이었다. 하지만 측정에 따른 문제들과 질서에 따른 문제들은 항상 근본적으로 불균형을 지니고 있었다. 그 결과, 모든 인식이 보편학에 대해 갖는 관계는 (심지어 측정될 수 없는 사물들이라 할지라도) 사물들 사이에서 질서 정연하게 배치된 하나의 잇따름une succession ordonnée으로 확립할 수 있는 것으로 주어진다. 이런 의미에서 **분석**analyse은 재빠르게 보편적인 방법으로서의 가치를 지니게 된다. … 다른 한편으로 질서의 일반 과학인 보편학에 대한 이 관계는 지식이 수학적인 것들에 흡수된다거나 수학적인 것들에 모든 가능한 인식의 기초가 있다는 것을 의미하지 않는다. 그 반대로, **보편학**의 탐구와 관련해서, 현재까지 형식화되지도 않고 정의되지도 않은 몇몇 경험적인 분야가 등장했다. 이 분야들 어떤 것에서도 기계론이나 수학화의 흔적을 찾을 수 없다. … 그 분야들의 특수한 도구는 **대수적인 방법**méthode algébrique이 아니라 **기호들의 체계**système des signes였다. 그래서 일반 문법, 자연사, 부의 분석 등이 나타났는데, 이것들은 낱말과 존재와 욕구의 영역에서 이루어진 질서의 과학들이다. (71, 87)

흔히들 근대 과학의 혁명이라는 이름으로 기계론과 자연의 수학화를 제시하고 이를 보편학의 건립과 연결된 것이라 이해해 왔습니다. 저 역시 그러했습니다. 그런데 푸코는 그렇게 되면, 도대체 17-18세기를 거치면서 경험에 기반해서 대대적으로 등장하기 시작한 일반 문법, 자연사, 부의 분석 등을 제대로 이해할 길이 없다고 말합니다. 전혀 새로운 이 학문 분야들은 기계론이나 수학화는 관계없이 이루어진바 보편학과의 관계에 의해서만 설명될 수 있다는 겁니다. 그런데 푸코는 보편학과의 관계가 기본적으로 '기호들의 체계'에 의거한 것으로 보고, 그 학문 분야들을 '기호들의 체계에 따른 질서의 과학들'로 보고 있습니다. 사실 푸코는 『말과 사물』의 제1부를 통해 바로 이 학문 분야들을 집중적으로 해명하고자 합니다. 이 장에 이은 제4장 '말하기'는 일반 문법에 관련된 것이고, 제5장 '분류하기'는 자연사에 관련된 것이며, 제6장 '교환하기'는 부의 분석에 관련된 겁니다.

푸코가 보기에 결국에는 서양 근대의 문화를 근본적으로 특징짓는 것은 '질서'인 셈입니다. 그리고 그 질서는 기호들의 체계로서의 질서인 셈이죠. 이렇게 되면, 당연히 기호에 대한 분석에 집중하지 않을 수 없습니다. 이어지는 절들, 제3절 '기호의 재현', 제4절, '이중적 재현'의 제목이 이를 일러 줍니다. 푸코는 결국 이렇게 말합니다.

> 르네상스에 있어서 **해석**에의 관계rapport à l'*Interprétation*가 본질적이었던 것과 꼭 마찬가지로, 고전 시대에 있어서는 **질서**에의 관계rapport à l'*Ordre*가 본질적이다. 그리고 16세기의 해석이 기호학과 해석학을 중첩함으로써 본질적으로 상사의 인식이었던 것과 꼭 마찬가지로, [고전 시대에서는] 기호들을 수단으로 해서 질서를 잡음으로써 모든 경험적인 지식을 동일성과 차이에 따른 지식으로 구성한다. (71, 88)

그동안 살펴본 내용들을 분명하게 요약해 보입니다. 이러면서 푸코는 한쪽에는 분석의 도구이자, 동일성과 차이의 표식들이자, 질서 잡기의 원칙들이자, 분류학의 열쇠로서 기호들이 자리 잡고 있고, 다른 한쪽에는 앞서 말한 광인과 시인들이 노는 영역임에 틀림없을 사물들의 경험적이고 중얼거리는 유사성들이 자리를 잡고 있다고 말합니다. 그리고 이 양자 사이의 열린 간격에서 공간을 찾는 새로운 지식들이 자리를 잡고 있다고 말하는데, 그 지식들이 과연 무엇인가에 대해서는 우리로서는 대단히 궁금하지만, 그는 아직 아무 말도 하지 않습니다(72, 88 참조).

6강

재현하기 2.
기호 또는 재현의 제국, 그리고 그 바탕

지난 시간에는 소설 『돈키호테』와 그 주인공 돈키호테에 대한 푸코의 멋진 해석과 설명을 보았고, 데카르트와 베이컨이라고 하는 근대 철학의 두 걸출한 인물의 이야기, 특히 데카르트를 필두로 해서 이른바 고전주의 시대의 에피스테메가 어떻게 유사성의 구도를 벗어나 재현에 따른 질서의 구도로 잡히는 쪽으로 선회하는가를 살폈습니다.

오늘은 제3절 '기호의 재현', 제4절 '이중화된 재현', 제5절 '유사성의 상상', 제6절 '〈보편학〉과 〈분류학〉'을 다루고자 하는데, 이 모두를 합치면 원문으로 무려 20쪽에 가깝고 게다가 내용이 상당히 까다로워, 글쎄 강의록을 원만하게 잘 작성할 수 있을지 상당히 부담됩니다. 어떻게 하면, 주어진 강의 시간에 적절한 분량의 강의록을 핵심 대목을 빠뜨리지 않고 작성할 수 있는가가 문제죠. 여기서는 지난 시간의 내용을 잇는 방식으로 중간 제목의 번호를 붙이고자 합니다.

4. 기호의 재현

푸코는 17세기 전반에 '기호들 전반의 체제régime entier des signes'가 바뀌면서 기호들이 이전과는 낯선 기능을 하게 된다고 말하고, 이제 기호가 세계의 형상이기를 그치며, 유사성과 친화성이라고 하는 견고하고도 비밀스러운 연결끈들에 의해 기호가 표시하는 것과 연결되기를 그쳤다고 말합니다. 그러면서 유사성 대신에 세 가지 변수가 경험적인 인식의 영역에 나타나 기호의 효력을 정의하게 된다고 말합니다(72-73, 88-89 참조).

기호의 효력을 정의하는 세 가지 변수는 기호와 기호가 지시하는 것 간의 연결, 즉 1) 연결의 기원, 2) 연결의 유형, 3) 연결의 확실성 등과 관련해서 성립합니다. 그런데 이 세 가지 연결의 형식들이 상사성을 함축하지 않는다는 점을 강조하고, 어떻게 그런가를 차례로 설명합니다.

1) 연결의 기원

푸코는 맨 먼저 연결의 기원을 다루면서 16세기 사람들이 기호가 사물에 자리를 잡고 있다고 여겼기 때문에 사물에 대한 인식과 상관없이 그 자체로 기호가 존립한다고 여겼고, 그러면서 기호를 기호의 의미 기능 속에 설립하는 것은 '사물들의 언어 자체langage même des choses'로 여겼다는 점을 강조합니다. 이에 16세기의 지식은 점술의 형태를 띠면서 신이 세계 속에 미리 분배해 놓은 언어를 드러내는 것을 목표로 삼았음을 지적하죠. 이와 대조적으로 17세기가 되면서 이제 상황이 바뀐다는 것을 이렇게 말합니다.

17세기로부터 기호의 모든 영역은 확실한 것le certain과 개연적인 것le probable 사이에 배분된다. 즉 알려지지 않은 기호도 없고 침묵하는 표식도 없게 된다. ⋯ 이미 **알려진**connus 두 요소 사이에 대체가 가능하다는 사실이 **인식되면서** 드러남을 계기로 삼아 거기에서 출발할 때만 비로소 기호가 존립한다. … 즉 기호는 오로지 인식 작용에 의해서만 구성된다. (73, 89-90)

오늘날 우리는 언어적인 기호이건 사물에 새겨진 기호이건, 기호란 기본적으로 우리의 인식을 벗어나서는 성립할 수 없고 기호의 기능을 발휘할 수 없다고 여깁니다. 푸코에 따르면, 이는 17세기부터 서양에서 시작된 기호에 관한 사유 체계가 우리의 생각을 지배하게 되었기 때문입니다. 기호가 우리 인간의 인식 작용에 따라서만 성립한다는 생각, 여기에는 16세기까지 강한 지배력을 발휘했던 신의 죽음 내지는 부재가 전제되어 있습니다.

인간의 인식이 있고 난 뒤에 그 인식된 내용, 즉 재현된 내용에 대해서 비로소 기호 작용이 이루어진다는 건 현상학의 비조 후설Edmund Husserl(1859-1938)에게서 대표적으로 나타나는 생각입니다. 이는 기호 작용signification보다 지각perception이 우선한다는 겁니다. 이를 염두에 두면, 지금 푸코가 말하는 기호가 인식에 복속된다는 이야기, 즉 "이제부터 기호가 의미하기signifier를 시작하는 것은 인식의 내부에서다"(73, 90)라는 푸코의 이야기를 상당 정도 쉽게 이해할 수 있을 겁니다.

푸코에 따르면, 17세기 사람들은 설사 신이 우리에게 말하기 위해 자연을 통해 기호들을 활용했다고 할지라도 그것은 그들의 인식에 도움을 줄 뿐이라고 생각했습니다. 그리고 그들은 기호 관계가 우리의 정신에서 생겨난 인상들 사이에서만 성립한다고 생각했죠. 푸코는 이 점을 특히 강조하면서 말브랑슈Nicolas Malebranche(1638-1715)가 말한 감정의 역할이라거나 버클리George Berkeley(1685-1753)가 말한 감각의 역할이 이에 해당한다고 말합니다. 그러면서 푸코는 이들에 이어 어떻게 해서 흄David Hume(1711-1776)이 등장하게 되는가를 이렇게 정돈해 보입니다.

말브랑슈·버클리에게 있어서, 신에 의해 마련된 기호는 두 가지 인식이 교활하게, 그리고 애교스럽게 겹친 것이다. … 여기에는 간결하고 그 자체에 집중된 인식이 있을 뿐이다. 말하자면 판단들로 이루어진 긴 연속계열suite을 기호의 재빠른 형상 속에 접어 넣는 것만이 있을 뿐이다. 또한 여기에서 우리는 그 자신의 공간 속에 기호들을 간직하고 있는 인식이 그 반대 방향으로의 운동을 통해 어떻게 개연성으로의 길을 열어 나갈 수 있는가를 알게 된다. 즉 하나의 인상에서 다른 인상으로 나아가는 관계가 기호signe에서 기의signifié로 나아가는 관계가 되는 것이다. 말하자면 잇따름succession(繼起)의 관계에 따른 방식으로 가장 약한 개연성에서 가장 강한 확실성으로 전개해 나가는 관계가 되는 것이다. … 인식보다 더 오래된 절대적인 기호들을 우연히 예견하던 [16세기의] 인식을, 개연적인 것에 대한 인식을 통해 한 발짝씩 구축되는 기호들의 그물이 대체해 버린 것이다. [이에] 흄이 가능해진다. (74, 90-91)

흄은 인과관계에 따른 필연적인 자연법칙을 부정한 회의론자로 유명합니다. 그것은 여기에서 푸코가 밝히고 있는 것처럼 흄이 정신에 새겨지는 하나의 인상에서 다른 인상으로 계속해서 나아가 점진적으로 확실성을 확보하게 될지라도 완전히 필연적인 법칙을 인식하는 데에는 이를 수 없다고 여겼기 때문이죠.

중요한 점은 인식이 개연성에서 확실성으로 나아가는 과정에서 기호라는 것을 거치지 않을 수 없는바, 하나의 인상을 바탕으로 다른 인상으로 나아가는 과정에서 앞선 인상은 기호로 작동하고 나중의 인상은 기호로 의미되는 것, 즉 기의로 작동하게 되었다는 점입니다. 이는 곧 기호가 오로지 인식하는 정신에서만 성립한다는 것으로서, 기호가 사물에 새겨졌다고 여긴 16세기의 사유와는 완전히 다른 거죠. 요컨대 기호의 존재론적인 정체가 객관적인 것에서부터 주관적인 것으로, 특히 그 연결의 기원에서부터 완전히 바뀐 겁니다.

2) 연결의 유형

그렇다면, 기호와 기의 간의 연결 유형도 바뀔 수밖에 없는 것 아니겠습니까. 푸코는 그 핵심이 분석임을 역설합니다.

> 사실이지 기호가 기호일 수 있으려면, 인식 속에서 기호는 기의와 동시에 주어져야 했다. 이는 콩디야크가 아이가 어떤 소리를 듣고서 그 소리가 어떤 사물에 대한 술어적인 기호임을 알기 위해서는 적어도 한 번쯤은 그 사물이 지각될 때 그 소리를 들은 적이 있어야 한다고 지적한 데서도 드러난다. 그러나 사물에 대한 지각에서 한 요소가 기호가 될 수 있으려면, 그 요소가 지각의 부분을 이룬다는 것만으로는 부족하다. 그 요소는 자신이 혼란스럽게 연결되어 있는 인상 전반으로부터 하나의 요소라는 자격으로 구분되고 벗어나 있어야 한다. 그러기 위해서는 인상 전반이 분할되어야 하고, 인상 전반을 형성하고 있는 복잡하게 얽힌 영역 중 하나에 주의를 집중해서 그 하나를 고립시킬 수 있어야 한다. 그러므로 기호의 구성은 분석과 분리될 수 없다. 기호는 분석의 결과다. … 정신이 분석하기 때문에, 기호가 나타난다. (74-75, 91-92)

이해하기에 그다지 어려운 내용은 아닙니다. 내가 사물을 지각한다고 할 때, 그 사물을 지각했다고 여기게 되는 것은 나의 정신 또는 의식 속에 그 사물에 대한 인상들이 주어졌기 때문이죠. 예를 들어 콩디야크가 말하는 것처럼, 아이가 사물에 관련된 소리를 듣는다고 할 때, 그 소리를 들었다고 여기게 되는 것은 아이의 정신 또는 의식 속에 그 소리에 대한 감각적인 인상이 주어졌기 때문입니다. 푸코는 이들 인상을 모두 합해서 "인상 전반"이라고 말합니다. 그러니까 예컨대 아기가 '아가야!' 하는 소리를 듣고서 그 소리를 기호로 삼아 기의인 '엄마'를 향해 고개를 돌린다는 것은 모두 다 아기의 정신 또는 의식에 들어 있는 인상들 사이의 관계에 따른 겁니다.

그런데 이럴 수 있으려면 당연히 그 외 여러 복잡한 인상, 즉 인상 전반에서 이 두 인상에 주의를 기울여 전체에서부터 따로 구분해 낼 수 있어야 합니다. 여기에 분석이 개입하는 건 물론이죠. 그래서 푸코는 기호가 분석의 결과라고 말하고, "정신이 분석하기 때문에, 기호가 나타난다"라고 말하는 겁니다.

이렇게 되면 기호에 관한 일반적인 학설은 당연히 인식론을 따를 수밖에 없습니다. 하지만, 그 반대로 인식의 내용들은 기호적인 관계를 통해 처리되게 됩니다. 인식은 결국 세계에 대한 인식일 겁니다. 하지만 인식은 결국 인식 내용이죠. 그렇게 되면 세계 또한 인식 내적인 기호적인 관계에 따라 처리될 수밖에 없습니다. 이를 푸코는 이렇게 압축해서 말합니다.

> 세계를 분석analyse과 동시에 조합하기combinatoire에 맡기고 세계를 이쪽 끝에서 저쪽 끝까지 질서 정연하게 만드는 것은 기호에 의해서다. 고전적 사유에서 기호는 거리를 말소하거나 시간을 제거하지 않는다. 그 반대로 기호는 거리와 시간을 펼치면서 한 발짝씩 나아가도록 한다. [이제] 기호에 의해 사물들은 판명해지고distinctes, 그 정체에서의 동일성identité을 보존하며, 서로 분절되기도 하고 연결되기도 한다. 서양의 이성이 판단의 시대âge du jugement로 돌입한 것이다. (75, 92)

"판단의 시대"라는 말에 눈을 크게 뜨게 됩니다. 판단은 지각과 더불어 근본적인 인식 활동입니다. 맥락에 따라서는 이 둘을 뚜렷하게 구분할 수 없기도 한데, 그것은 지각이 이미 판단의 술어적인 형식에 따라 이루어 진다고 여겨지기 때문입니다. 예컨대 비트겐슈타인Ludwig Wittgenstein(1889-1951)이 "나의 언어의 한계들은 나의 세계의 한계들을 의미한다"라고 한 뒤, 이를 풀이하면서 "논리는 세계를 가득 채우고 있다. 세계의 한계는 또한 논리의 한계이기도 하다"라고 한 것[17]은 인식에서의 판단의 우위를 여실히 드러냅니다. 더군다나 논리는 판단들 사이의 관계인데, 논리가 세계를 가득 채우고 있다는 건 세계가 판단으로 가득 채워져 있다고 말하는 거죠. 푸코에 따르면, 이러한 비트겐슈타인의 사유 방식은 이미 17세기부터 시작된 셈입니다.

정신에 포섭되는 인식 내에서 분석하는 정신의 결과로 생겨난 기호, 즉 언어가 이제 거꾸로 세계를 규정하는 역할을 하는 시대가 된 겁니다. 기호 체계에 맞는 방식으로만 세계가 존립하게 되는 셈인데, 이를 푸코는 '판단의 시대'에 접어들게 되었다고 말합니다. 아리스토텔레스의 논리학에서부터 전해 오는바 판단은 기본적으로 "S는 P이다"라고 하는 언어적인 구조를 갖추고 있습니다. 아리스토텔레스는 이 판단의 기본 형식에서 주어와 술어의 관계를 주시해 특별히 'apophansis' 또는 'protasis'라 불렀죠.[18]

그런데 푸코에 따르면, 이제 17세기부터 판단을 구성하는 언어는 사물과 동일시되는 언어가 아니라, 순전히 인간 정신의 인식 내적인 언어로만 작동할 겁니다.

17　비트겐슈타인, 『논리-철학 논고(*Tractatus Logico-Philosphicus*)』(이영철 옮김, 도서출판 천지, 1991), 117쪽(5.6과 5.61).

18　'apophansis'는 아리스토텔레스가 쓴 『명제에 관하여(*De interpretatione*)』에서, 그리고 'protasis'는 『분석론 전서(*Analytica priora*)』에서 주로 쓰인다.

3) 연결의 확실성

  푸코에 따르면, 16세기까지는 가치 설정에 있어서 자연적 가치와 관습적 가치 모두를 인정했고, 그에 따라 기호 역시 자연적 기호와 인위적인 기호로 나누면서도 자연적인 기호를 기준으로 인위적인 기호의 충실함을 가늠했습니다. 가치와 기호의 종류와 그 관계에 관한 이야긴데, 우리의 관심을 끕니다. 가치란 결국 우리의 관심에 따라 욕망을 어느 정도로 충족하는가에 따라 결정될 겁니다. 그리고 그 가치는 어떻게든 공시적·통시적인 소통을 위해 기호로 변환되어야 할 겁니다. 푸코 역시 이를 염두에 두고 있을 테죠. 그런데 17세기부터 상황이 역전되며 가치와 기호에 관한 생각이 달라집니다. 이를 푸코는 이렇게 말합니다.

> 17세기부터 자연과 관습convention(또는 협약)에 역전된 가치를 부여했다. 자연적인 기호는 더 이상 사물들에서 추출되는 것이 아니고, 인식에 따라 기호로서 구성된다. 그러므로 자연적 기호는 미리 규정되고 엄격하며 거북한 것이고, 그래서 정신이 지배할 수 없는 것으로 여겨졌다. 그 반대로, 관습적인 기호를 확립할 때, 항상 단순한 종류의 기호를 선택해서 기억하기에 쉽고 무한정하게 많은 요소에 적용할 수 있으며 그 자체 분할하고 조합하기에 쉽게끔 했다. … 이러한 관습적인 기호에서 볼 때, 자연적인 기호들은 자의적인 것l'arbitraire의 설립에 의해서만 완성될 수 있는 초보적인 스케치 내지는 희미한 구도에 불과하다. (75-76, 93)

  자연적인 기호와 관습적이고 임의적인 기호가 그 위계에 있어서 어떻게 자연적인 것을 높이다가 관습적인 것을 높이는 쪽으로 역전되는가를 말하고 있습니다. 편의성의 정도에 따라 기호의 가치가 재편된 거죠. 이를 부연하기 위해 푸코는 '자의적인 것'에 대한 설명을 덧붙입니다.

그러나 이 자의적인 것은 그 기능과 그 기능에 따라 아주 정확하게 정의되는 그 규칙들에 따라 측정된다. 기호들의 자의적인 체계는 사물들을 가장 단순한 요소들로 분석하는 것을 허용해야 한다. 기호들의 자의적인 체계는 [사물들을] 그 기원에까지 분해해야 한다. 그러나 또한 기호들의 자의적인 체계는 이 요소들의 조합들이 어떻게 가능한가를 보여야만 하고 사물들의 복합성에 대한 관념적인 발생genèse idéale을 허용해야만 한다. … 자의적인 것은 또한 분석의 틀이자 조합의 공간으로서 이를 통해 자연이 존재하는 바 그대로의 모습 속에서 주어질 것이다. (76, 93)

기호들의 자의적인 체계와 사물들, 즉 자연과의 관계를 기술하고 있습니다. 앞에서도 이야기되었는데, 이제 기호들의 자의적인 체계에 의해 사물들이 분석되고 조합되며, 그러한 분석과 조합을 통해 비로소 자연이 어떤 것인가를 결정한다는 겁니다. 그런데 이럴 때, 사물들을 그 기원에까지 분석해 들어간다는 것이 과연 가능한가라는 의문을 지닐 수밖에 없습니다. 말하자면, 자의적인 기호 체계로써 사물들에 접근해 간다는 것이 과연 가능한가 하는 문제가 제기되죠. 이에 관련해서 푸코는 이렇게 말합니다.

우리가 보기에, 이러한 기원origine에 대한 탐구와 무리 짓기들groupements에 대한 계산은 양립 불가능해 보인다. 그래서 우리는 이를 17-18세기의 사유에 들어 있는 애매성ambiguïté이라고 짐짓 해독한다. 체계와 자연 사이를 오가는 놀이도 마찬가지다. [그런데 이와 관련해서] 사실상 17-18세기의 사유에 있어서는 모순이 없다. 더 정확하게 말하면, 고전적인 모든 **에피스테메**를 관통하는 필수적이고 유일한 배치가 현존한다. 그것은 요소적인 것l'élémentaire에 대한 보편적인 계산과 탐구가 인위적인 체계에 속한다는 것이다. 이 인위적인 체계는 그 자체에 의해 자연을 그 기원적인 요소들로부터 시작해서 가능한 모든 조합의 동시성에 이르기까지 [전반적으로] 나타나게 할 수 있는 것으로 여겨졌다. 고전주의 시대에 있어서 기호들을 사용한다는 것은 … 자연이 자연의 공간에서 전개되는 것을 허용하고, 자연의 분석에 있어서 최종 항들과 그 조합의 법칙들을 허용할 그런 자의적인 언어를 발견하고자 하는 것이다. … 지식은 분석하고 조합하는 하나의 체계 언어une langue, 실제로는 계산의 체계 언어를 저 자신에게 만들어 주어야 한다. (76-77, 93-94)

언뜻 보기에는 자연과학적인 사유에서 가장 잘 드러나는 지식의 방식을 말하고 있는 것 같습니다. 사물들을 분석해서 원자적인 것들로 환원하고, 다시 이 원자적인 것들을 조합해서 어떻게 복합적인 사물이 형성되어 나오는가를 밝히는 것이 자연과학적 사유의 기본 전략이기 때문입니다. 그렇다면, 갈릴레이에서 뉴턴에 이르는 고전 물리학의 발전은 지금 푸코가 설명하고 있는 고전적 사유의 에피스테메에 입각한 것이 아닐 수 없습니다. 그렇다면, 고전 물리학을 비롯한 자연과학들은 그 나름의 인위적인 임의의 계산적인 체계 언어를 마련해서 자연에 그야말로 임의적으로 접근해 간 것이었습니다. 이렇게 되면, 근대의 자연과학이 오히려 자연 자체와는 근본적으로 분리된 것일 수도 있습니다. 그런데 푸코는 그렇기 때문에 오히려 근대의 고전적인 사유에서 필연성들을 구축해 낼 수 있었다고 봅니다.

17세기 초엽에 기호와 유사성은 절연되었다. 이 절연은 새로운 형상들을 나타나게 했다. 개연성, 분석, 조합, 체계 및 보편적인 체계 언어와 같은 형상들이 나타나게 했다. 이 형상들은 [이전처럼] 서로를 발생시키거나 소멸시키거나 하는 식으로 계기繼起하는 주제들이 아니다. 이 형상들은 필연성들nécessités에 의거한 유일무이한 하나의 그물이다. 홉스, 버클리, 흄, 또는 콩디야크와 같은 개인들은 바로 이 그물 속에서 가능했던 인물들이다. (77, 94)

간단히 말하면, 우리가 알고 있는 자연법칙과 같은 필연성들은 보편적인 체계 언어에 의거해서 분석과 조합이 이루어지고 체계를 형성함으로써 비로소 가능하게 되었다는 겁니다. 하지만, 이 필연성이 그저 자연법칙과 같은 것에만 적용되는 것은 아닙니다. 필연성에 대한 근대적 사유의 열망은 곳곳에서 발견될 겁니다.

5. 이중화된 재현

1) 기호의 이항관계

이제 푸코는 절을 바꾸어서 '이중화된 재현représentation redoublée'을 살피고자 합니다. 이를 위해 먼저 기호의 이항관계를 살피죠.

[르네상스 시기에] 기호 이론은 완전히 구분되는 세 요소를 함축했다. 표식된 것, 표식하는 것, 그리고 표식하는 것에서 표식된 것의 표식을 보게 하는 것 등이 그것이다. 그런데 마지막 요소는 유사성이었다. 말하자면, 기호는 기호 그것이 지시하는 것과 '거의 동일한 것'인 한에서 표식 역할을 했다. 이는 삼위일체의unitaire et triple 체계인데, '유사성에 의한 사유'가 사라지면서 함께 사라진다. 그러면서 엄격하게 이원적인 binaire 조직에 의해 대체된다. (78, 95)

기호에 관련된 르네상스 시기의 삼원 체계가 고전주의 시대로 접어들면서 이원 체계로 바뀌었다는 이야기입니다. 이 이원 체계는 바로 기호와 기의의 이원 체계입니다. 푸코는 그 한 예로서 **포르-루아얄의 논리**에서의 다음 이야기를 인용하면서 그 의미를 제시합니다.

> "어떤 하나의 대상을 다른 대상에 대한 재현하는 자représentant로서만 바라볼 때, 그 어떤 하나의 대상에 대해 갖는 관념은 기호적인 관념이다. 이 첫 번째 대상은 기호라 불린다." 기호 작용을 하는 관념idée signifiante은 이중화된다. 왜냐하면, 기호 작용을 하는 관념에서, 다른 관념을 대체하는 관념에 그 재현 능력에 대한 관념이 겹치기 때문이다. (78, 95-96)

횡단보도에 푸른 등이 켜지면, 이는 오고 가는 차량들이 멈춰야 한다는 것을 나타냅니다. 이때 켜진 푸른 등은 차량들의 멈춤을 재현하죠. 이때 푸른 등이 기호가 된다는 것이 **포르-루아얄의 논리**에서 제시하는 기호에 대한 기본적인 정의입니다.

그런데 푸코는 이를 인식 내의 관념 속으로 끌어들여 활용합니다. 예컨대 '켜진 푸른 등에 대한 관념'이 '차량의 멈춤에 대한 관념'을 대신합니다. 이때 '켜진 푸른 등에 대한 관념'에는 '차량의 멈춤에 대한 관념을 재현한다는 관념'이 함께 겹칩니다. 이렇게 되면, 하나의 기호에서 기호 작용을 한다는 관념과 재현한다는 관념이 겹치는 셈이죠. 이를 푸코는 기호 작용을 하는 관념이 이중화된다고 말하는 겁니다. 그렇다면 결국, 기호에 의해 지시되는 기의le signifié는 기호의 재현 내부로 끌려 들어오게 되는 셈입니다. "기의는 나머지나 불명료함 없이 기호의 재현 내부에 머물게 된다."(78, 96) 그렇다면, 다시 기호는 그 자체 속에서 기표le signifiant와 기의le signifié로 이중화되는 거죠.

17세기에 나타난바 기호의 이원적인 배치는, 기호가 이중화되어 자기 자신에서 반복되는 재현임을 전제로 한다. 하나의 관념은 다른 관념에 대해 기호일 수 있다. 그것은 두 관념 사이에 재현의 연결이 확립될 수 있기 때문만이 아니라, 그 재현이 항상 재현하는 관념의 내부에서 재현될 수 있기 때문이다. 게다가 재현이란 그 고유한 본질에 있어서 항상 재현 자체에 대해 수직적이기 때문이다. 즉 재현은 지시indication임과 동시에 드러남apparaître으로서 하나의 사물에 대한 관계이면서 동시에 자기에 대한 증시이기 때문이다. 고전주의 시대로부터, 기호는 재현représentation이 재현될 수 있는représentable 한 재현에 대한 재현성représentativité이다. (79, 96)

(예컨대 켜진 푸른 등에 대한) 하나의 관념(i_1)이 (차량들의 멈춤에 대한) 다른 관념(i_2)에 대해 기호가 된다고 할 때, i_1은 i_2를 재현한다(대표한다)고 할 수 있습니다. 이때 이 재현은 i_2에 있는 것이 아니라 i_1에 있습니다. 이때 i_1은 자기 자신을 드러내면서 동시에 i_2를 지시합니다. 그런데 여기에서 i_1이 자기를 증시한다고 할 때, 이는 자신이 i_2를 재현한다는 사실을 증시하는 겁니다. 즉 재현에 대한 재현이 이루어지는 거죠. 이를 푸코는 메타적인 표현을 활용해, 고전주의 시대의 기호가 갖는 '재현에 대한 재현성'이라 부르고 있습니다.

2) 기호의 이중적 재현에 따른 귀결들

그런 뒤 푸코는 이에 따라 중차대한 변화들이 일어난다고 말합니다. 이 정도로 기호가 재현과 밀접하게 결합한다면, 재현을 바탕으로 하는 지식의 장에서 기호가 차지하는 비중이 중차대할 수밖에 없기 때문이죠. 그 첫 번째 귀결에 대해 푸코는 이렇게 말합니다.

한때는 기호들이 인식의 수단이자 지식에 대한 열쇠였다. 지금은 기호들이 재현과 공연적^{共延的, coextensifs}이다. 즉 기호들이 사유 전체와 공연적이다. 기호들은 사유 전체에 거주하면서, 그러나 사유의 모든 너비에 따라 나아간다. 하나의 재현이 다른 재현에 연결되면서 그 자신 속에서 이러한 연결을 재현하자마자, 거기에 기호가 있다. (79, 96-97)

과연 그럴 수밖에 없을 것 같습니다. 기호들과 재현들 그리고 사유 전체가 그 범위에 있어서 같은 정도로 외연을 갖는다는 것은 어찌 보면 무서운 일이겠습니다. 기호들의 자의적인 체계를 통해서만 사물들, 즉 자연을 보고 생각하고자 하기에 더욱 그러합니다. 기호들이 중심이 되어 사물과 사유를 관장하는 셈이죠. 다만, 이 기호들은 인위적으로 가공된 자의적인 것이기에 한편으로는 사유가 중심에 있기도 합니다.

이렇게 되면, 온갖 종류의 관념들 사이에서 이루어지는 기호 관계에 따라 관념들 사이의 위계가 복잡하게 편성될 수밖에 없습니다. 추상적인 관념과 구체적인 관념, 일반적인 관념과 특정한 관념, 지각 관념과 상상 관념, 감각적인 관념과 개념적인 관념 등 관념들 사이에 여러 방식의 관계가 있을 것인데, 이 관계들을 오로지 기호 관계로 보지 않으면 안 될 것이기 때문입니다.

아울러 무엇보다 기표의 관념과 기의의 관념 중 어느 것이 더 진리에 가까운가를 따지는 문제도 발생할 것입니다. 그런 가운데 "재현에 대한 분석과 기호 이론이 절대적으로 서로 관통할"(79, 97) 것이고, "기호 이론과 재현 이론이 직접 [서로에게] 귀속되면서 혼잡하게 되기 시작하며, 관념과 기호가 서로에게 완전히 투명할 수 없게 될"(같은 곳) 겁니다.

흔히 상식적으로 보면, 사물이 맨 먼저고, 그다음이 그 사물에 대한 재현된 관념이며, 그다음이 그 관념에 대한 기호입니다. 그런데 17세기의 상황에서 사물은 재현적인 기호 내지는 기호적인 재현을 통해 어디론가 소실되어 버리고, 기호와 재현이 혼잡한 관계를 맺으면서 남은 셈이죠.

두 번째로 푸코가 제시하는바 기호가 갖는 '재현의 재현성'에 따른 귀결은 의미작용signification(또는 기호 작용)에 관한 이론 가능성을 배제해 버린다는 겁니다. 언뜻 보기에 의미작용에 관한 이론 가능성이 더 강화될 것 같은데, 푸코는 그렇지 않다고 말합니다. 그 핵심 이유는 이렇습니다.

> 사실 의미작용(기호 작용)이 무엇인가를 물을 때에는 의미작용이 의식 속에 결정된 형상으로 있어야 한다는 것을 전제한다. 그러나 만약 현상들이 오로지 재현들 속에서만, 그러니까 그 자체에 있어서, 그리고 그 고유한 재현성에 의해 전적으로 기호인 재현들 속에서만 주어질 수밖에 없다면, 의미작용이 문제로 설정될 수가 없는 것이다. … 의식의 그 어떤 특수한 활동도 결코 의미작용을 구성할 수 없다. 이는 물론 재현에 대한 고전적 사유가 의미작용의 분석을 배제하기 때문이다. (80, 97)

당연한 이야기지만, 푸코가 전개하는 고고학적인 사유를 따라가는 건 쉽지 않습니다. 어떻게 해서 기호가 기호로서 작동할 수 있는가, 그 근거가 무엇인가를 따져 묻는 게 의미작용, 즉 기호 작용에 대한 탐구입니다. 예컨대 후설의 현상학적인 관점에서는 의식이 기호를 기호이게끔 하는 활동을 함으로써 기호가 의미작용을 할 수 있다고 말합니다. 그리고 그 바탕에 의미를 부여하는 의식의 작용sinngebende Akt이 작동한다고 말하고, 이를 위해 '노에시스-휠레-노에마nosis-hyle-noema'라는 이른바 의식의 삼각 구도를 밝혀냅니다. 이럴 수 있으려면 의식 속에 재현된 내용 중에 그 자체로는 기호와 무관하지만 기호로 구성될 수 있는 어떤 현상들이 있어야 하고, 이것들을 소재로 해서 또 기호에 관련될 수 있는 예비적인 자세를 취하고 있는 다른 힘이 발동한다고 해야 합니다.

그런데 푸코에 따르면, 고전적 사유에서는 아예 의식에 재현된 내용들 전체가 처음부터 기호로서 작동한다고 여겨지기 때문에, 도대체 어떻게 해서 기호가 구성되어 나올 수 있는가 하는 문제를 설정할 수조차 없는 노릇입니다. 재현 자체가 기호 작용 자체이고, 기호 작용 자체가 재현 자체이기 때문입니다. 거두절미해 말하면, 의식 자체가 기호들로 되어 있다고 여기는 셈이죠. 그리고 의식 활동이 이루어진다는 것은 —이때 의식 활동은 사유 활동에 집중됩니다— 계속해서 새로운 기호들을 재현하는 것, 즉 기존의 기호들을 분석하고 조합해서 새로운 기호들을 만들어 내는 것에 불과하게 됩니다. 이렇게 의식 속에 기호가 아닌 것들이 없다면, 각각의 기호가 갖는 의미는 어디에서 오는 것으로 여겨지는가가 궁금하지 않을 수 없죠. 이에 관해 푸코는 이렇게 말합니다.

> 고전 시대에는 '기호학'과 '해석학'이 더 이상 유사성이라고 하는 제3의 요소 속에 결합되지 않는다. 이 둘은 자신을 재현하는 재현의 고유한 능력 속에서 결합된다. 그러므로 의미 분석과 다른 기호 이론이 있을 수 없다. 그러나 [그것은] 체계상 의미 분석보다 기호 이론에 어떤 특권을 부여한다. 말하자면, 기호 이론이 기의에 대해 기호와 일치하지 않는 다른 본성을 부여하지 않기 때문에, 의미는 기호 연쇄 속에서 전개되는 기호들의 총체일 수밖에 없다. 의미는 기호들에 대한 완전한 **일람표**tableau 속에서 주어질 뿐이다. 그러나 다른 한편으로 기호들의 완전한 그물은 의미의 고유한 절편切片들에 따라 결합되기도 하고 분절되기도 한다. 이렇게 해서, 기호들의 일람표는 사물들의 **이미지**가 된다. 의미의 존재가 전적으로 기호 쪽에 있다면, 그 기능 활동은 전적으로 기의 쪽에 있다. (80, 98)

우선 기호와 기의를 구분한다는 점에 유의할 필요가 있습니다. 이때 기호는 달리 말해 기표로서의 기호입니다. 기의가 성립할 수 있는 영역은 기호 바깥이 아니라는 이야기입니다. 왜냐하면 기호의 연쇄에서 보면 기의도 다른 한편으로 또 다른 기호이기 때문입니다. 결국 기호의 의미는 기호들의 연쇄에 따라 잠정적으로 성립할 수밖에 없을 터인데, 따라서 의미가 완결되기 위해서는 기호들에 대한 완전한 일람표, 즉 기호들의 총체가 확립되어야 합니다. 일람표로 드러나는 기호 총체를 바탕으로 해서만 기의, 즉 의미가 가능하다는 거죠.

이를 고려하면, 하나하나의 기호는 그 나름으로 의미의 절편들이라 할 수 있습니다. 물론 의미가 잘려 나가는 방식에는 여러 가지가 있을 겁니다. 그 방식에 따라 이 의미 절편으로서의 기호들은 서로 결합되기도 하고 분절되기도 합니다. 여기에서 우리는 데리다가 제시한바 언어의 의미가 결정되지 않고 계속 지연되면서 차이를 보인다는 저 유명한 '차연差延, différance' 개념을 떠올리게 됩니다. 기호가 의미 절편으로 작동한다는 건 기호의 의미가 임의적인 결정을 벗어날 수 없다는 것이고, 그 임의성이 기호의 연쇄를 통해 계속 이어지면서 기호의 의미는 연기될 것이기 때문이죠. 그 과정에서 차이를 드러내는 것은 물론입니다.

그런데 마지막 대목은 이해하기가 다소 어렵습니다. 기호들의 일람표가 사물들의 이미지가 된다는 것은 무슨 뜻일까요? 기호 외에 다른 재현 내용들이 없다는 것을 염두에 둔다면, 사물들 자체에 관해서는 포기해 버린다는 뜻이 될 겁니다. 칸트의 '사물 자체Ding an sich'에 관한 이야기를 염두에 둔 걸까요? 그래서 칸트가 말한 현상계는 바로 재현들 내지는 기호들의 일람표에 불과하다는 것을 함축하고 있는 걸까요? 푸코는 이에 관해서는 아직 말이 없습니다.

의미의 존재가 전적으로 기호 쪽에 있다는 것은 의미가 기호 자체에 존재 근거를 두고 있다는 것을 말하는 것으로 이해하면 될 겁니다. 그리고 의미의 기능 활동이 기의 쪽에 있다는 건 기호들끼리의, 즉 기표들끼리의 지시 관계에 따라 실제로 의미가 발휘된다는 것으로 이해하면 될 겁니다.

결국에는 기호들에 관한 탐구가 곧 기의에 대한 담론이 될 수밖에 없습니다. 그래서 이렇게 마무리됩니다.

> 고전 시대에, 기호들에 대한 순수 학문은 기의에 대한 직접적인 담론으로서 가치를 갖는다. (81, 98)

6. 유사성의 상상

그렇다면, 흔히 우리가 인식할 때 염두에 두지 않을 수 없는 유사성 또는 상사성은 과연 어떻게 처리되었을까요? 인식적인 가치가 없다고 해서 아예 무시해 버렸는가, 아니 과연 무시할 수 있는가? 하는 등의 문제가 나섭니다. 푸코는 제5절 '유사성의 상상'을 통해 이를 분석·검토합니다.

1) 유사성의 필요성

푸코는 우선 인식에 있어서 상사相似가 불가피한 인식의 테두리를 형성한다는 것을 강조합니다. 예컨대 흄에게는 유사성이 '조용하지만' 벗어날 수 없는 '힘'으로써 우리의 정신을 강압하는 자연적인 연관들에 속하는 것이었다고 말하죠. 또 푸코는, 당시 지식의 바깥 가장자리에서 상사가 애써 그려지는 형식임을, 인식의 폭을 최대한 넓혀 발견해야 할 기초적인 연관임을, 침묵하고 있지만 삭제할 수 없는 필연성에 따라 인식 아래에 무한정 머물고 있음을 강조합니다. 그러면서 이렇게 정돈해서 말합니다.

> [이전에] 상사는 자신의 비밀을 드러내기 위해 표식이 필요했다. 이제 상사는 인식이 그 위에서 인식적인 연관들, 인식적인 측정들, 인식적인 동일성들을 확립할 수 있는바 무차별하고 유동적이며 불안정한 바

탕이다. … 16세기에 유사성은 존재가 존재 자체에 대해 갖는 근본적인 관계였고 세계의 접힘pliure du monde이었다. [그런데] 고전주의 시대에 유사성은 가장 단순한 형식이다. 인식되어야 하면서도 인식 자체로부터 가장 멀리 있는 것들이 바로 이 형식하에서 나타난다. … 고전주의 철학에서(즉 분석의 철학에서) 상사는 비판적 사유에서, 그리고 판단의 철학들에서 다양le divers이 확보해 줄 역할과 대칭적인 역할을 수행한다. 이러한 한계와 조건의 —이 한계와 조건 없이는 또는 이를 넘어서면 인식 활동이 불가능하다— 자리매김에서 유사성은 상상 쪽에 자리한다. 또는 더 정확하게 말하면, 유사성은 상상 덕분에만 나타나고, 그 반대로 상상은 유사성을 통해서만 발휘된다. (82-83, 100-101)

고전주의적 사유에서는 재현과 기호가 동일시되면서 이들이 의식의 내면을 장악하게 되고, 기호의 완전한 일람표를 통해 가장 확실한 지식에 도달하고자 합니다. 그럴 때 유사성은 거칠고 세련되지 못한 것으로서 변방으로 밀려날 수밖에 없죠. 그런데 만약 유사성을 완전히 무시해 버리면 아예 인식 자체가 성립할 수 없다는 것은 상식적으로도 쉽게 파악할 수 있습니다. 17세기 인식적 사유에 있어서 측정의 비교와 질서의 비교가 핵심이라고 할 때, 비교는 기본적으로 유사성을 바탕으로 하지 않을 수 없기 때문입니다.

16세기까지 유사성이 존재의 질서였다면, 이제 고전주의 시대에 유사성은 상상 쪽으로 배치되면서 인식 활동 자체의 계기로 변환된 셈이죠.

2) 상상과 유사성의 결합

그래서 고전주의적 사유가 유사성을 완전히 배제하는 것은 불가능하다는 것, 다만 인간 의식에서 유사성을 담당하는 역량을 상상에 맡긴다는 겁니다. 그래서 푸코는 고전주의 시대에 기호와 재현이 연결된 것처럼,

상상과 유사성도 연결된다는 것을 제시합니다.

그러면서 푸코는 왜 인식에 있어서 유사성이 필수적인가를 또 다른 방식으로 제시합니다. 만약 재현된 각각의 인상이 서로 전혀 유사성 없이 완전히 별개로 독립해서 존재한다고 하면, 상상 속에서조차 유사성을 환기할 가능성이 전혀 없을 것이고, 그렇게 되면 상상 자체가 불가능해짐과 동시에 심지어 지각조차 성립할 수 없으며, 심지어 각각의 인상이 다른 인상들과 다르기 위해 필요한 최소한의 동일성조차 주어지지 않을 것이고, 인상들 전체를 파악하는 것은 더더욱 불가능할 것임을 제시합니다(83, 101 참조). 논리적으로 보아 충분히 맞는 말이죠. 그런 뒤, 상상이 유사성을 불러오는 힘에 대해 이렇게 말합니다.

> 그러나 만약 재현에 지나간 인상을 새롭게 현전되도록 할 수 있는 희미한 능력이라도 없다면, 그 어떤 인상도 앞서 있는 인상과 유사하거나 유사하지 않은 것으로 나타나지 않을 것이다. 이 환기의 능력은, 두 인상이 있어 하나는 현전하고 다른 하나는 오래전부터 현존하기를 멈추었다고 할 때, 그 두 인상이 준-유사성quasi-semblables으로서(서로 인접해 있고 동시적인 것으로서, 거의 동일한 방식으로 현존하는 것으로서) 나타날 가능성을 함축한다. 상상이 없이는 사물들 사이의 유사성도 없을 것이다. (83, 101)

인상 이론은 영국의 경험론자들, 특히 흄에 의해 제시되었습니다. 흄은 인상과 관념을 구분하면서 둘이 마음에 영향을 미치는 힘과 생동성의 정도에서 차이가 난다고 말합니다.[19] 그리고 경험을 통해 어느 인상이 마음

---

19   David Hume, *A Treastise of Human Nature vol. 1. Book I. Of the Understanding*, www.bookk.co.kr, 2019, p. 9 참조.

에 현전하면, 나중에 마음이 그 인상을 관념으로 나타나도록 하는데, 그 일이 즉시 일어나 인상의 생동성을 상당 정도 갖춘 관념을 일으키는 마음의 능력을 기억memory이라고 하고, 일정한 시간이 지난 뒤 인상이 생동성을 전적으로 잃어버리고 완전한 관념을 일으키는 마음의 능력을 상상imagination이라고 말합니다. 그러면서 "기억의 관념들은 상상의 관념들에 비해 훨씬 더 생생하고 강하다"라고 말하죠.[20]

이러한 흄의 이론에 따르면, 여기에서 푸코가 상상을 "재현에 지나간 인상을 새롭게 현전되도록 하는 능력"이라고 하면서 환기하는 능력으로서 제시한 것은 흄이 말하는 기억과 상상 모두를 포괄해서 일컫는 것이라 할 겁니다.

아무튼 두 인상을 비교하려면 두 인상이 동시에 의식에 재현되어 떠올라야 할 것 같지만, 의식의 능력상 그럴 수 없습니다. 시간으로 따지면 두 인상이 재현되는 데는 극미하나마 최소한의 시간적인 거리가 있어야 합니다. 이러한 시간적인 거리를 형성하면서 극복하는 것이 흄이 말하는 기억과 상상입니다. 이를 푸코는 "상상은 재현의 선형적인 시간을 잠정적인 요소들의 동시적인 공간으로 변형시키는 긍정적인 능력이다"(84, 102)라고 말합니다. 그러니까 두 인상을 비교해 거기에서 유사성을 인지하고 말하려면 적어도 기억 내지는 상상이 필수적입니다.

중요한 점은 흄이 활동한 고전주의 시대에 이르러 유사성과 상상은 떼려야 뗄 수 없이 의식 내부의 인식론적인 일이 되었다는 사실입니다. 이는 유사성을 사물 사이의 존재론적인 문제로 본 16세기까지의 사유 방식과 전적으로 다릅니다.

20　같은 책, p. 17 참조 및 인용.

3) 고전주의 시대의 유사성에 관한 두 가지 분석 방향

푸코는 이렇게 해서 고전주의 사유에서는 두 가지 서로 다른 방향의 분석이 이루어진다고 말합니다.

> 한편으로는, 재현들의 계열을 반대로 거슬러 비실제적이지만 동시적인 비교의 일람표로 만들고자 하는 분석의 방향이다. 여기에는 인상에 대한, 회상에 대한, 상상에 대한, 기억에 대한, [말하자면] 이미지의 역학力學, mécanique으로서 시간 속에 있는 그 모든 비의지적인 바탕에 대한 분석이 포함된다. 다른 한편으로는, 사물들 사이의 유사성을 설명하려는 분석이다. 사물들이 질서 속에 포섭되기 전에, 사물들이 동일하거나 다른 요소들로 해체되기 전에, 사물들 사이의 혼란된 상사들을 일람표에 분배하기 전에, 사물들의 유사성을 설명하려는 분석이다. (83-84, 101-102)

전자의 분석은 인간의 의식 능력들, 특히 비의지적으로 발동된다고 할 수 있는 기본적인 의식 능력들을 분석하려는 겁니다. 이는 상상과 유사성의 쌍에서 상상 쪽에 무게를 둔 분석입니다. 그리고 후자의 분석은 유사성에 해당하는 분석으로서 의식에 따라 질서가 잡히기 이전에 사물들 사이에 있을 듯한 유사성에 대한 분석이죠. 푸코는 이를 다시 이렇게 부연합니다.

> 앞 계열의 문제들은 대체로 **상상의 분석학**analytique de l'imagination에 해당된다. 여기에서 상상은 재현의 선형적인 시간을 잠정적인 요소들의 동시적인 공간으로 변형시키는 긍정적인 능력이다. 두 번째 계열의 문제들은 대체로 **자연의 분석**analyse de la nature에 해당한다. 이때 자연은 존재자들의 일람표를 혼잡케 하고 존재자들의 일람표를 희미하게 멀리서

서로 닮은 재현들의 맥락 속에 분산시키는 공백들과 무질서를 지니고 있다. (84, 102)

"상상의 분석학"과 "자연의 분석"을 크게 구분하고 있습니다. 아닌 게 아니라, 고전주의 시대는 '인식론의 우세'에 의해 의식 활동에 대한 분석이 크게 발달한 시기이면서 동시에 이른바 '근대 과학혁명'이라는 이름으로 자연에 대한 분석이 크게 신장한 시기입니다.

사실 '상상의 분석학'이란 인간 본성론이라 할 수 있습니다. 그런데 자연의 분석이라고 할 때 자연, 즉 'nature'는 '본성'으로 새겨지기도 합니다. 상상이 인간 본성의 여러 측면 중 하나임에는 틀림없지만, 그리고 유사성이란 것도 자연이 우리에게 발휘되는 여러 방식 중 하나임에 틀림없지만, 이것들은 흔히 일컫는 분석·종합의 지성과 이성에 대해 항상 이탈의 경향을 보이는 것이기에 다루기가 까다롭습니다.

칸트가 감성 작용과 지성의 작용을 매개하는 능력으로서 상상을 제시한 데서 알 수 있듯이, 상상은 사물을 지각하고 판단하는 데 기본적으로 작용합니다. 하지만, 상상은 낭만주의자들이 선호한 데서 나타난 것처럼 초월적인 환상으로 나아가기도 하면서 예술적인 창조성을 일구어 내기도 하죠.

그런데 푸코가 여기에서 말하는 '상상의 분석학'은 주로 지각적인 인식에 필수 불가결한 상상을 대상으로 합니다. 이는 이를 '자연의 분석'과 짝하는 것으로 제시하는 데서도 알 수 있습니다.

4) 발생의 역할

그러나 푸코는 인상들 속에 자연의 무질서와 희미한 유사성이 드러나는 부정적인 계기와 이 무질서하고 희미한 유사성을 담은 인상들에서 출발하여 질서를 재구성할 수 있는 긍정적인 계기가 형성된다고 말합니다.

그리고 대립하는 이 두 계기를 통합할 수 있는 장치가 바로 '발생genèse'이
라고 말하죠(84, 102 참조).

이 '발생'은 자연에서 인간 본성 중 하나인 상상이 발생하는 과정을 지
칭하는 것 같기도 하고, 또 상상을 통해 무질서한 자연에 대한 인상들에
서 질서 정연한 자연으로 나아가는 것을 지칭하는 것 같기도 합니다. 이
에 관한 푸코의 설명은 명확하지 않지만, 후자로 보아야 할 겁니다. 인식
에서의 발생은 인식의 실제적인 과정을 지칭하기 때문이죠.

그런데 푸코는 '발생'을 다루면서, 루소가 '제1의 인간'을 제시하고 콩디
야크가 '스스로 깨어나는 의식'을 제시하며 또는 흄이 '세계에 던져진 낯
선 관객'을 제시하는 등 신비한 형식을 취하면서 유사성과 상상 간의 연
결고리를 찾으려고 했다고 말하고 있습니다. 이는 인식에서의 발생이 수
동적으로, 그리고 자동으로 진행되는 것을 강조하기 위한 겁니다. '발생'
은 인상들이 어떻게 해서 일정하게 질서를 이룰 수 있는가, 그리고 그 질
서 형성에 인간 본성이 어떻게 개입되는가, 그 원천과 과정을 밝히고자
한 데서 나온 개념이라 여겨집니다. 아무튼 그 귀결에 대해 푸코는 이렇
게 말합니다.

> 자연과 인간 본성nature humaine은 **에피스테메**의 일반적인 편성에 있어
> 서 유사성과 상상 간의 조정調整, ajustement을 가능케 한다. 이 조정은 질
> 서에 관한 모든 경험 과학에 기초가 됨으로써 그 경험 과학들을 가능
> 케 한다.
> 16세기에 유사성은 기호들의 체계에 연결되었다. 그리고 구체적인 인
> 식의 장을 연 것은 기호들에 대한 해석이었다. 17세기부터는 유사성이
> 지식의 끝으로 밀려 버린다. 유사성이 가장 낮고 가장 비천한 지식의
> 경계선들에 위치하게 된 것이다. 거기에서 유사성은 상상과 결합하고,
> 불확실한 반복들과 결합하며 흐릿한 유비들과 결합한다. 그리고 해석

의 학문으로 통하는 대신, 유사성은 동일자le Même의 거친 형식들로부터 동일성과 차이 그리고 질서와 같은 형식들에 따라 발달하는 지식의 거대한 일람표로 올라가는 발생genèse을 함축한다. 17세기에 질서의 과학이라는 기획이 구축되었을 때, 그 기획은 로크에게서 이데올로기적 방해를 받지 않고 효과적으로 나타난 데서 알 수 있듯이, 인식의 발생genèse de la connaissance이 이중화한 것임을 함축했다. (85-86, 103-104)

마지막 대목에서 푸코는 질서의 과학이 인식의 발생이 이중화한 데서 생겨났다고 말합니다. 즉 자연과학적인 방향과 정치학적 방향으로 이중화해 이루어진 것임을 지시하고 있습니다. 그렇다면 질서는 자연뿐만 아니라 사회를 관통하는 근본 원리인 셈입니다. 이에 학문적인 인식은 자연에 속한 사물 또는 사태가 궁극적으로 어떻게 동일자를 바탕으로 해서 이루어지는가를 밝히고 그 동일자를 염두에 두고서 유사성의 기호들로 나타나는 사물을 어떻게 해석할 것인가를 벗어나게 됩니다. 그 대신 이제 자연에 속한 사물 또는 사태가 어떻게 질서를 이루는 데 근본 범주인 동일성과 차이에 따라 배치되는가를 밝히고자 하는 쪽으로 나아가 마침내 일람표를 제시하게 된다는 겁니다.

이때 자연의 유사성은 인간의 상상과 떼려야 뗄 수 없는 것으로 작동하고, 그리하여 크게 보아 자연과 인간, 사물과 인식이 질서를 중심으로 공통의 장에서 결합해 작동하는 것으로 연결될 겁니다. 이는 마침내, 흄이 제시한 감각과 반성에 따른 인상과 관념들의 자동적인 연합과 데카르트가 제시한 '생각하는 자아', 즉 'ego cogitans'를 결합함으로써 '초월론적 통각transzendentale Apperzeption'을 바탕으로 자연을 그 활동의 결과로 분석해 제시하는 초월론적 관념론transzendentale Idealismus을 제시한 칸트의 인식 이론으로 이어질 겁니다.

재현하기 3.
보편학과 분류학

[지난 시간 강의 정리하기]

푸코의 설명에 따르면, 17세기부터 펼쳐지는 새로운 인식적인 장을 기술함에 있어서 중요한 세 개념으로, '질서', '기호', 그리고 '재현'을 제시할 수 있습니다. 그런데 이제 기호는 사물에 객관적으로 존립하는 이전의 구도에서부터 내면화되어 오로지 상상을 중심으로 한 인식에 따라 재현 내에서 구성됨으로써만 존립하는 것이 됩니다.

그럴 때 기호들의 체계는 곧 자의적인 체계로 됩니다. 자의적이라는 건 인위적으로 만든 거라는 뜻도 갖지만, 임의성을 띠고서 여럿을 대표한다는 뜻도 갖습니다. 그리고 이제 세계는 이러한 인식에 따라 구성된 자의적인 기호 체계에 의해 분석과 조합의 과정을 거쳐 질서 정연한 것으로 정위됩니다. 이렇게 세계를 기호 체계에 따라 질서 정연한 것으로 파악하려면 세계 또는 자연을 구성하는 최종적인 근본 요소들을 분석해서 설정해야 하고, 그 요소들 사이의 조합을 계산해서 표현할 수 있는 것으로 여겨야 하죠. 이에 자의적인 기호 체계는 일종의 계산 체계로서의 언어가 됩니다. 이를 통해 비로소 '지식의 필연성'이라고 하는 이념을 설정하게 되는 겁니다.

기호가 재현 내부로 완전히 이관됨에 따라, 기호가 성립하는 계기들은 기표와 기의의 이항관계로 됩니다. 이전에 기표/표식과 기의/표식이 된 것을 연결해 주었던 자연적인 유사성이 빠져 버리고, 이제 기표와 기의 간의 재현 내적인 관계만 남게 된 셈이죠. 재현 내부의 한 인상이 다른 인상들과 관계를 맺음으로써만 인식적 가치를 지니듯이, 재현 내부의 한 기호는 다른 기호들과 관계를 맺음으로써만 기의를 갖는 겁니다. 말하자면, 기의는 기호 체계 내에서 다른 기호들, 즉 기호적인 타자성을 지시하는 것이 된 셈이죠. 그래서 결국 기호는 기호를 재현하는 셈이 되는데, 그것은 한 기호가 지닌 기의란 그 기호가 다른 기호를 재현하는 한에서 성립하기 때문입니다. 재현하는 기호는 재현되는 기호를 재현할 것입니다. 그래서 "기호는 재현이 재현될 수 있는 한 재현에 대한 재현성이다"(79, 96)라는 명제가 성립합니다. 이는 한편으로 푸코가 벨라스케스의 그림 〈시녀들〉을 실례로 삼아 탁월하게 분석한 내용이죠.

이렇게 기호가 '다른 기호에 대한 재현'이자 더 나아가 '다른 기호를 재현한다는 사실을 재현하는 재현'이 되는 순간, 지식은 이 기호들의 재현 관계를 일목요연하게 배치해서 그 질서를 드러내는 일람표를 요구하게 됩니다.

그러나 푸코에 따르면, 고전주의 시대의 사람들은 자연에 질서 잡힌 일람표로 파악되는 것만 존재하는 것이 아니라는 것을 알고 있었을 뿐만 아니라, 이를 그저 완전히 무시해도 좋은 것으로 여기지도 않았습니다. 비록 처리하기가 쉽지 않기 때문에 난감하긴 하지만, 이 지식의 일람표 바깥에서 16세기까지 사유를 지배했던 유사성이 들끓고 있다는 것을 염두에 두지 않을 수 없었다는 겁니다. 하지만, 그들은 이 영역마저도 인간의 재현 능력과 결합하고자 했는데, 이에 중시된 것이 바로 상상입니다. 그래서 유사성과 상상은 떼려야 뗄 수 없는 관계를 맺는 것으로 됩니다.

그런데 원리상, 자의적인 기호 체계에 의해 질서 잡힌 일람표로서의 지식이 성립하기 위해서는 그 바탕에 인상들 사이의 유사성과 그 유사성을 자아내는 상상이 있어야 합니다. 그렇지 않으면 인상들은 독자적인 것들로서 뿔뿔이 흩어질 뿐이기 때문이죠. 이에 '상상의 분석학'이 나오게 되고, 동시에 '자연의 분석'이 나오게 된다는 것이 푸코의 설명입니다. 이 두 분석학은 이성적으로 처리될 수 없는 영역들에 대한 것이 아닐 수 없습니다. 푸코는 이를 위해 루소가 '제1의 인간'을 제시하고, 콩디야크가 '스스로 깨어나는 의식'을 제시했으며, 또는 흄이 '세계에 던져진 낯선 관객'을 제시했을 거라는 점을 지적합니다. 이는 나중에 칸트에게서 '초월론적인 통각'으로 자리매김될 것들이라 하겠습니다.

푸코는 이러한 분석학들로부터 질서 정연한 일람표로서의 지식으로까지 나아가는 것을 '발생'이라고 합니다. 여기에서 말하는 발생은 진화론적인 역사적 발생이 아니라, 인식 영역 내에서 가장 주변에 있는 불명료하고 혼잡한 유사성들로부터 가장 중심에 있는 질서 정연한 이성적인 일람표로 나아가는 인식론적인 과정으로서의 발생, 즉 '초월론적인 발생'인 겁니다. '초월론적인 발생transzendentale Genesis'이라는 용어는 나중에 후설의 '발생적 현상학'에서 핵심 개념으로 등장하게 됩니다. 푸코에 따르면, 그 시발점은 이미 17세기의 사유에 다량으로 포진해 있었던 셈입니다.

7. '보편학'과 '분류학'

그런 발생의 과정을 염두에 두고 보면, 푸코가 말하는 고전주의 시대의 지식을 둘러싼 지형이 상당히 복합적이라는 생각을 하지 않을 수 없습니다. 기본적으로는 질서에 따른 일람표의 구성이 중요하겠지만, 그런 일람표가 어떤 탐구 영역에 적용되는가에 따라 그 성격을 달리할 수도 있을 것이기 때문입니다. 예컨대 푸코가 고전주의 시대의 중요한 학문 영역으로 거론하는 '일반 문법', '자연사', '부의 분석' 등은 그 대상이 다르고, 그에 따라 일람표의 성격도 일정하게 달라질 수밖에 없을 겁니다. 그러나 그것들이 기본적으로 추구하는 것은 '질서에 대한 일반 학문'입니다. 이에 관해 푸코는 이렇게 말합니다.

> 질서에 대한 일반 학문science générale de l'ordre의 기획, 재현을 분석하는 기호 이론, 질서 잡힌 일람표에 의한 동일성들과 차이들의 배치 등이 이루어진다. 그렇게 해서, 고전주의 시대에서 경험성의 공간espace d'empiricité이 구성된다. 이 경험성의 공간은 르네상스 말까지 있었던 적이 없었고, 19세기가 시작되면서 사라지게 될 것이었다.
>
> …
>
> 고전주의적인 **에피스테메** 전체를 가능케 하는 것은 우선 질서와 인식의 관계다. (86, 104-105)

'경험성의 공간'이란 말이 특이합니다. '경험주의'도 '경험'도 아닌 '경험성', 즉 'empiricité'라는 낱말은 불한사전에도 등장하지 않습니다. 17-18세기 고전주의 시대의 인식적인 특유성을 나타내기 위해 푸코가 특별히 조성한 낱말이지 싶습니다. 당시에는 경험을 한다는 것 자체가 동일성과 차이, 재현적인 기호, 질서, 일람표 등의 기본적인 범주들을 바탕으로 해서 이루어졌다는 것을 특별히 표현한 것 같습니다. 푸코에 따르면, 오늘날에는 이 '경험성의 공간'을 대체로 인지하지 못하고 있는데, 이는 19세기가 시작되면서 이 '경험성의 공간'이 '실증성의 체계système de positivités'에 의해 심하게 뒤덮여 은폐되고 말았기 때문입니다.

중요한 것은 어쨌든 고전주의적인 에피스테메 전체가 인식 활동에 따른 질서의 확립을 통해 가능하게 된다고 할 때, 질서를 구축하기 위한 사유의 장치가 무엇인가 하는 겁니다. 푸코에 따르면, 그것은 '보편학 mathesis'입니다. 그리고 이 보편학의 보편적인 방법이 대수론Algèbre이죠. 그런가 하면, 복합적인 자연들의 질서를 세우기 위해서는 분류학taxinomia 이 요구되고, 이를 위해서는 기호들의 체계가 설립되어야 합니다. 그러면 서 푸코는 이 두 영역을 이렇게 구분합니다.

> 기호들이 복합적인 자연들의 질서와 맺는 관계는 대수론이 단순한 자 연들의 질서와 맺는 관계와 같다. 그러나 경험적인 재현들이 단순한 자연들로 분석될 수 있어야 하는 한에서, **분류학**은 전적으로 **보편학**에 연결된다고 할 수 있다. 그 반대로, 명증한 것들에 대한 지각은 재현 일반의 특수한 한 경우에 불과하고, 그래서 **보편학**이 **분류학**의 특수한 한 경우일 따름이라고 말하는 것도 얼마든지 가능하다. 마찬가지로, 사유 자체가 확립하는 기호들은 복합적인 재현들에 대한 대수론을 구 성하며, 그 반대로 대수론은 단순한 자연들에 대해 기호들을 주기 위 한, 그리고 이 기호들을 작동하도록 하는 방법이 된다. (86-87, 105)

복합적인 자연물들은 단순한 자연물들로 분석될 겁니다. 복합적인 자 연물들에 대한 지식은 분류학이고, 단순한 자연물들에 대한 지식은 보편 학입니다. 그리고 분류학은 기호들의 체계에 의존하며, 보편학은 대수론 에 의존합니다. 이 구조로 보면, 기호들의 체계가 대수론으로 분석될 수 있다고 봐야 합니다. 또한 단순한 자연물들을 조합해서 재구성하면 복합 적인 자연물들이 나오듯이, 대수론을 조합적으로 활용하면 기호들의 체 계가 나온다고 봐야 하죠. 이는 그 내용은 이해하기가 쉽지 않지만, 일단 고전주의 시대에 지식을 형성하는 기본적인 방식을 잘 드러내고 있는 것 으로 보입니다.

그런데 푸코는 분류학과 보편학의 관계를 더욱 치밀하게 파고듭니다. 그 결과는 '보편학mathesis'과 '발생학genèse'21과의 관계로 귀착됩니다. 이에 관한 설명은 이렇습니다. 우선 분류학이라는 건 사물들이 그 존재에 있어서 연속성을 형성한다는 점을 고려함으로써 성립합니다. 그런데 보편학에 의한 재현들은 기본적으로 불연속적이죠. 그러니까 연속적인 사물들의 존재와 불연속적인 재현들의 연결 사이를 메움으로써 지식의 필연성을 일구어 내야 하는데, 이때 요구되는 것이 바로 '발생'이라는 겁니다. 그러면서 이렇게 말하죠.

> 고전주의 에피스테메의 양극단에 **보편학과 발생학**이 있다. **보편학**은 계산 가능한 질서에 대한 학이고, **발생학**은 경험적인 추이에 따라 질서들의 구성을 분석하는 것이다. 한편으로는 [보편학을 통해] 동일성들과 차이들에 적용할 수 있는 상징들symboles(또는 상징적 기호들)을 활용하고, 다른 한편으로는 [발생학을 통해] 사물들의 유사성과 상상력의 소급 내용들에 의해 점증해서 각인되는 표식들을 분석하는 것이다. 보편학과 발생학 사이에서 기호들의 영역이 펼쳐진다. 이 기호들은 경험적인 재현들의 전체 영역을 관통하지만, 결코 그 전체 영역을 넘어서지 않는다. 계산calcul과 발생genèse에 의해 한계 지어진 것, 그것이 바로 **일람표**의 공간espace du tableau이다. (87, 105-106)

먼저 발생학을 통해 경험적인 재현들을 죄다 끌어모아, 심지어 상상력에 의해 구상되는 것들까지 끌어모아 거기에서 유사성들의 표식들과 그에 따른 일정한 질서를 분석해 냅니다. 그리고 이 결과를 보편학에 넘겨

---

21   'genèse'는 기본적으로 '발생'이라고 새겨야 한다. 그런데, 푸코는 묘하게도 이 말을 학문적인 지식 활동의 방식을 지칭하는 걸로 활용하기도 한다. 특히 이 논의의 맥락에서 그러하다. 그래서 '발생학'이라고 새긴다. 하지만 문맥에 따라 '발생'으로 새기기도 할 것이다.

주면 보편학에서는 유사성들을 동일성과 차이들로 정확하게 식별하고 이를 위한 대수론적인 상징적 기호들을 이용해서 계산 가능한 질서로 확립한다는 거죠.

여기에서 기호들은 계산적인 기호들인 상징적 기호들과 발생적인 기호들인 일반 언어적인 기호들로 구분되는 셈입니다. 그럼으로써 기호들은 경험적인 재현들 전체 영역을 관통하면서 그 안에 인식적으로 구성되어 머물러 있습니다. 이때 지식을 정돈해 놓은 일람표는 당연히 기호들로 작성될 것인데, 그 일람표는 발생적인 판면에서는 다소 어수선할 것이고, 계산적인 판면에서는 상당히 깔끔하게 정돈되어 있을 겁니다. 말하자면, 고전주의 시대의 지식 형성에 있어서는 어쨌든 일람표가 작성돼야만 했고, 그래서 저 앞에서 말한 '경험성의 공간'은 '일람표의 공간'과 직결되었습니다. 하지만 결국 이 일람표는 보편학의 정신에 입각한 것이고, 따라서 이 일람표는 동일성들과 차이들에 대한 일람표일 수밖에 없습니다. 말하자면, 학science(또는 과학)은 곧 기호들에 대한, 기호들에 의한 일람표 작성인 셈입니다.

따라서 **자연사**_histoire naturelle_는 자연과 그 혼잡의 연속성을 분절해 내는 성격들을 구해 동일성과 차이에 따라 일람표를 작성하는 것이 될 것이고, **화폐론과 가치론**_théorie de la monnaie et de la valeur_은 교환을 자동으로 굴러가도록 하고 인간들의 욕구 또는 욕망들 사이에서 균형을 확립하도록 하는 기호들에 대한 일람표를 작성하는 것이 될 것이며, **일반 문법**_Grammaire générale_은 인간들의 지각들이 갖는 특이성을 통합시키고 그들의 사유에서 일어나는 불연속적인 운동을 재단裁斷하는 기호들에 대해 일람표를 작성하는 것이 되는 겁니다(88, 106 참조).

이러한 학의 예들을 제시한 뒤, 푸코는 고전주의 시대의 학문에서 '보편학', '분류학', '발생학' 등 세 가지가 기본 개념으로 작동한다고 말하고, 이들 간의 관계를 여러모로 분석해서 제시한 뒤, 그 귀결에 대해 이렇게 말합니다.

이에 고전주의 시대의 기호론은 자연 자체에 대한 인식을 위해 제시된 바 독단적인 태도에 따른 학문과 세월을 거치면서 점점 더 명목론적이고 더욱 회의론적으로 된바 재현 철학을 동시에 지탱할 수 있었다. 또한 그래서, 이어지는 시대들에서 그런 배치라는 게 있기라도 했는가 할 정도로 고전주의적인 기호론적인 배치는 사라져 버렸다. 그것은 칸트의 비판이 있고 난 이후에, 그러니까 18세기 말 서양 문화에서 일어난 모든 일, 즉 새로운 유형의 분할partage이 설립되었기 때문이다. (88-89, 107)

근대 유럽 대륙에서 데카르트, 스피노자, 라이프니츠를 잇는 합리론을 흔히 독단론적이라 하고, 당시 영국에서 베이컨, 로크, 버클리, 흄을 잇는 경험론을 흔히 회의론적이라고 합니다. 이는 칸트가 자신의 비판 철학을 확립하면서 제시했던 규정이죠. 문제는 과연 18세기 말에 칸트의 비판 철학을 비롯해 어떤 새로운 유형의 분할 방법과 그에 따른 재배치의 유형이 생겨났기에 이렇게 큰 변화가 일어났는가 하는 겁니다. 이에 대해 푸코는 다음과 같이 간략하게 말하고 넘어갑니다. 고전주의 시대 에피스테메를 다루고 있어 19세기 근대가 열리면서 새로운 유형의 분할이 일어나는 것은 아직 주제가 아니기 때문이죠.

한편으로, 보편학은 재편성되어 명제학apophantique과 존재론을 구성하게 된다. 이렇게 재편성된 보편학이 지금까지 형식 분과들을 지배해 오고 있다. 다른 한편으로, 역사학과 기호학sémiologie —이 기호학은 색다른 이유로 역사학에 편입되었다— 이 슐라이어마허에게서 니체와 프로이트를 거치면서 전개되어 온 해석 분과들에 결합한다. (89, 107)

이른바 초월론적인 논리학과 존재론으로 선회하고 동시에 해석학적인
흐름이 생겨남으로써 에피스테메가 크게 바뀐다는 이야기라 할 수 있습
니다. 이른바 고전주의 시대가 끝나고 모더니즘 시대로 접어들면서 학문
이 어떻게 크게 바뀌는가를 말하고 있는데, 그 정확한 내용을 여기에서
말하는 것만으로는 알기가 어렵습니다. 바로 이어서 푸코는 이렇게 말합
니다.

> 어쨌든 고전주의의 **에피스테메**는 가장 일반적인 배치로 보아 **보편학, 분
> 류학, 발생적 분석학**_analyse génétique_ 등으로 갈래짓는 체계에 의해 정의될
> 수 있다. 이 학문들은 달성하기가 힘들다고 할지라도 항상 질서를 총망
> 라해서 파악하고자 하는 기획을 수반한다. … 17-18세기에 지식의 중
> 심은 바로 **일람표**였다. [당시] 견해를 사로잡았던 대논쟁들은 너무나 자
> 연스럽게도 이러한 [일람표] 조직의 구성을 둘러싸고서 이루어졌다.
> …
> 만약에 지식 자체에 대해 고고학적인 분석을 수행하기를 원한다면, 지
> 침의 실마리로 삼아 그 본령을 조목조목 따져야 할 것은 유명한 논쟁
> 들이 아니다. 사유의 일반적인 체계를 재구성해야 한다. 이 체계를 이
> 루는 그물망은 그 실증성 속에서 분명히 모순되는데도 동시에 성립하
> 는 견해들이 작동할 수 있도록 할 것인데, 논쟁이라거나 문제 설정을
> 가능케 하는 조건들을 규정하는 것도, 지식의 역사성을 담당하는 것
> 도 바로 사유의 일반적인 체계를 이루는 그 그물망이기 때문이다. (89,
> 107-108)

푸코는 자신의 학적 활동을 크게 지식에 관한 고고학적인 탐구와 계보
학적인 탐구로 나누어 말합니다. 이 인용문에서 그가 말하는 고고학적인
탐구가 무엇인가에 관한 윤곽을 알 수 있습니다. 그것은 사유의 일반적인

체계를 구성하는 그물망, 즉 탐구하고자 하는 시대에 전개되었던 여러 영역의 지식을 총괄적으로 아우르는 바탕을 끌어올려 드러내 보이는 것임을 말하고 있습니다. 그가 17-18세기에 전개되었던 지식에 관한 고고학적인 탐구를 위해 예를 들고 있는 건 자연사, 화폐론, 가치론, 일반 문법 등입니다. 이들 학적인 지식의 바탕에 깔린 이른바 역사적인 인식의 틀인 에피스테메를 찾아내는 것이 바로 고고학적인 탐구죠.

　이러한 고고학적인 탐구를 위해서는 흔히 지성사에서 거론되는 대논쟁들에 현혹되어서는 안 된다는 걸 강조하고 있습니다. 예를 들어 합리론과 경험론의 대결, 유기체론과 기계론의 대결, 독단론과 회의론의 대결, 달리 말해 지식의 원천이 이성적인 정신에 있는가, 아니면 경험적인 감각에 있는가 하는 등의 논쟁이라든가, 정신이 실체로서 따로 있는가, 아니면 정신은 내적인 인상의 총합에 불과한가 하는 등의 논쟁 자체에 시선을 집중해서는 안 된다는 겁니다. 그렇다고 해서 그런 논쟁에 대한 탐구가 아예 쓸모없는 것은 아닐 겁니다. 사유의 일반 체계를 가늠하는 실례들이 될 것이기 때문이죠.

　이러한 논쟁의 분석에 매몰되지 않고 당대의 사유가 전반적으로 어떤 일반적인 체계를 형성하고 있으며, 그 일반적인 체계가 특히 사유의 다양성을 한데 끌어모으기 위해 어떤 그물망을 확보해 활용하는가를 발견해 낼 때, 비로소 지식에 관한 고고학적인 탐구가 성립한다는 겁니다. 그러니까 주요한 여러 논쟁의 바탕을 훑고 들어가 서로 모순된 견해들이 부지중에 공통으로 깔고 있는 근본 틀을 파악해야 한다는 거죠.

　이러한 고고학적인 탐구는 특히 해당 시대에 앞서 있었던 사유의 일반적인 체계와 뒤이은 시대에 형성된 사유의 일반적인 체계를 비교 검토하지 않고서는 이루어질 수 없을 겁니다. 그 결과, 푸코는 17-18세기 사유의 일반 체계를 구성하는 핵심으로 유사성과 재현의 결합에 따른 '일람표의 공간' 내지는 '경험성의 공간'을 제시했습니다. 그는 일람표를 강조하면서 이렇게 말합니다.

> [16세기까지의] 기호들과 유사성들의 무한정한 원환을 해체한 뒤, 그리고 [18세기 말부터 생겨나는] 인과성과 역사의 계열들을 구성하기 전에, 서양 문화의 에피스테메는 질서의 계산 가능한 형식들에서부터 가장 복합적인 재현들의 분석에 이르기까지 철저히 관철되는 일람표에서의 공간espace en tableau을 열었던 것이다. (89, 108)

이 정도쯤 되면, 이제 '일람표의 공간'이 과연 어떻게 작동했는가를 분석하지 않을 수 없습니다. 푸코는 17-18세기의 언어 이론, 분류 이론, 화폐 이론 등에서 이 일람표의 공간이 어떻게 작동했는가를 살피고자 함을 적시합니다. 그리고 이 이론들이 '일람표의 공간'에 따라 암암리에 서로 치환되기도 하는 등 해서 학제적인 소통을 한 사실을 강조하죠.

> 이 체계는 인식의 모든 가시적인 형식이 서로 근친 관계들parentés을 드러내지 않으면 안 될 정도로 충분히 강압적이었다. … 재현과 기호의 분석 그리고 부의 분석 사이에 이들을 연결하는 궤도가 있다. 중농주의자인 케네는 《백과전서》에 '명증성' 항을 썼다. 콩디야크와 데스튀트는 그들의 인식과 언어에 관한 이론에 거래와 경제에 관한 이론을 집어넣었다. 그들에게서 경제 이론은 정치적인 가치와 도덕적인 가치를 지닌 것이었다. 튀르고가 《백과전서》에 '어원학' 항을 썼다는 것, 그리고 그가 돈과 낱말들 사이의 체계적인 대응 관계를 처음으로 썼다는 것을 다들 알고 있다. 애덤 스미스는 그의 위대한 경제학 저서 외에 언어의 기원에 관한 논문을 썼다. 자연적인 분류에 관한 이론과 언어의 이론들 사이에도 연결 궤도가 있다. 아당송은 그저 식물학 영역에서 인위적이면서도 정합적인 학명들을 창안하기만을 원하지 않았다. 그

는 언어의 음운적인 여건들의 기능을 통해 모든 글쓰기의 조직을 파악하고자 했다. 루소의 경우, 사후의 유작들을 보면 식물학적인 요소들에 관한 것도 있고 언어의 기원에 관한 논설이 있다.[22] (90, 109)

흔히 17-18세기를 계몽주의 시대라고 말합니다. 계몽주의의 시발을 알리는 사건은 디드로Denis Diderot(1713-1784)가 달랑베르Jean Le Rond d'Alembert (1717-1783)와 함께 '백과사전'을 기획·편집한 것이었죠. 이 '백과사전'에는 온갖 다양한 영역에서 주요 항목들을 선정해 당시 내로라하는 학자들에게 집필을 의뢰했습니다. 그런데 이때 학자들 대부분은 어느 한 영역에 국한해서 연구하지 않고 다방면에 걸쳐 두루 학문적인 경쟁을 벌였습니다. 철학, 물리학, 경제학, 의학, 생물학, 심지어 신학 등에 이르기까지 자기의 견해를 밝히기 위해 노력했죠.

왜 그랬을까요? 푸코에 따르면, 그럴 수밖에 없었던 것은 당시 이른바 사유의 일반 체계에 있어 그 속에서 작동하는 '일람표의 공간'이 워낙 강압적인 힘을 발휘했기 때문입니다. '과연 그 때문일까?' 하고서 고개를 갸웃할 수 있을·겁니다. 하지만, 이의를 제기하기가 쉽지는 않습니다. 이를 드러내기 위해 '말하기', '분류하기', '교환하기' 등의 큰 제목을 붙여 전개하는 그의 논의가 워낙 풍부하고 심오하기 때문입니다. 자그마치 원문으로 135쪽에 달합니다.

그뿐만 아니라, 그가 말하는 '에피스테메'라는 개념 자체가 어떤 개인의 취향이나 소질 또는 특이한 성장 과정을 살펴서는 설명될 수 없는 지식 활동에 관련한 일종의 집단적 무의식이기 때문입니다. 이 점을 고려하면, 그리고 포퍼Karl Popper(1902-1994)의 저 유명한 '반증 원리'를 고려하면, 푸코

---

22 장 자크 루소(Jean-Jacques Rousseau, 1712-1778)의 『언어 기원에 관한 시론』(주경복·고봉만 옮김, 책세상, 2002) 참조.

의 '일람표의 공간'에 따른 17-18세기의 사유의 일반적인 체계에 관한 이야기는 과학적인 주장이라고 볼 수 없을 겁니다. 하지만, 푸코의 지식 고고학은 과학에 입각한 것이 아니라, 그러한 과학이 어떻게 성립할 수 있는가 하는 그 바탕을 치고 들어가는, 이른바 초월론적인 메타과학입니다.

말하기 1.
비평과 주석, 그리고 일반 문법

이제 제4장 '말하기parler'로 넘어갑니다. 이 장은 제1절 '비평과 주석 critique et commentaire', 제2절 '일반 문법la grammaire générale', 제3절 '동사 이론la théorie du verbe', 제4절 '분절l'articulation', 제5절 '지시la désignation', 제6절 '파생la dérivation', 제7절 '언어의 사변형le quadrilatère du langage' 등으로 **나뉩니다.** 전체 쪽수는 약 45쪽 정도 됩니다.

1. 비평과 주석

푸코가 이 절을 여는 첫 문장은 이렇습니다.

고전주의 시대, 언어의 현존은 주권적이면서도 동시에 은밀했다. (92, 111)

고전주의 시대에 언어가 학문의 원천이 되는 인식과 지식, 인식의 원천 이 되는 재현, 재현이 이루어지는 사유 등을 지배했다는 것, 그 주권적인 지배가 은근히 은폐된 상태에서 행사되었다는 이야기입니다. '은밀했다 discrète'라는 게 무슨 뜻인지 언뜻 이해하기가 쉽지 않습니다. 인식의 재현 작용에 이미 늘 언어의 기호 작용이 행사된다면, 언어의 주권이 은폐된 상태로 암암리에 행사되었다고 할 수 있겠습니다. 재현 작용과 언어의 기호 작용은 순환적이고 심지어 거의 동연적이기까지 한 것으로 이야기되었습니다. 그래서 이렇게 이야기됩니다.

> 재현한다는 것은 엄밀한 의미로 이해되어야 한다. 사유가 그 자체를 재현하는 것처럼, 언어는 사유를 재현한다. 언어를 구성하거나 내부에서부터 언어에 생기를 불어넣기 위한 본질적이고 시원적인 기호 작용 acte de signification(또는 의미화 작용)은 없다. (92, 111)

"언어는 사유를 재현한다"라는 말이 심중하게 다가옵니다. 언어가 없이는 사유할 수 없다는 것이고, 사유한다는 건 이미 늘 언어를 사용한다는 거죠. 이는 저 앞에서 언젠가 언급한 바 있는데, 비트겐슈타인이 『논리-철학 논고』에서 했던 "5.6 나의 언어의 한계들은 나의 세계의 한계들을 의미한다"라는 유명한 명제를 떠올리게 합니다. 사유는 특수한 재현이긴 하지만, 의미를 갖는 겁니다. 그런데 푸코는 "언어에 생기를 불어넣기 위한 본질적이고 시원적인 기호 작용은 없다"라고 말함으로써 고전주의 시대에 재현은 세계에 뿌리를 내려 그 세계로부터 의미를 빌려 오는 게 아님을 지적하고 있습니다. 그래서 그는 재현 자체의 내부적인 이음줄들이 의미를 대신했다고 말합니다(92, 111-112 참조). 즉 재현의 체계 내에서 이미 의미의 구조가 마련되어 있다고 해야 한다는 겁니다.

푸코는 이를 "고전주의 시대에는 재현에 주어지지 않은 것은 그 어떤 것도 주어지지 않는다"(92, 111)라고 달리 말하기도 합니다. 재현을 수행하는 언어, 그것은 곧 언어의 의미가 언어 자체에서부터 이루어진다는 것을 뜻합니다. 그래서 "고전주의 시대에 언어는 사유의 외부적인 결과가 아니라, 사유 자체였다"(93, 112)라고 언명됩니다. 이를 뒤집어 말하면, 고전주의 시대에는 사유 바깥에, 또는 재현 바깥에 별도로 언어가 있는 걸로 여기지 않음과 동시에 언어 바깥에 사유 또는 재현이 별도로 수행된다고 여기지 않았음을 뜻하죠. 이에 이렇게 말하게 됩니다.

> 극단적으로 보면, 고전적 언어langage classique는 현존하지 않고 그저 기능을 발휘했을 뿐이라고 말할 수 있을 것이다. 고전적 언어의 현존은 그 재현하는 역할에 자리를 잡고 있고, 재현하는 역할에 엄격하게 한정되며, 마침내 재현하는 역할을 다하고 소진된다. 언어는 재현 외에 다른 장소나 가치를 갖지 않는다. 고전적 언어가 장치를 갖출 수 있는 것은 바로 이 [재현의] 구덩이에서다. (93, 112)

과연 이렇게 심할 정도로 언어와 재현을 떼려야 뗄 수 없는 것으로 여겼는가 싶습니다. 재현을 떠나서는 언어 자체가 따로 현존할 수 없었다는 것인데, 그렇다고 재현이 곧 언어라고 말하는 건 아닙니다. 다만, 언어는 재현의 역할과 기능을 수행함으로써만 현존할 뿐인 겁니다.

아닌 게 아니라 언어라는 존재는 묘하기 이를 데 없습니다. 어디에 현존한다고 말할 수 없죠. 우리가 쓰는 한국어는 어디에 있나요? 아무도 쓰지 않는데도 현존할 수 있나요? 그럴 수 없습니다. 언어는 하나의 쓰임이고, 쓰임은 기능의 발휘입니다. 그렇다면 언어는 언제 쓰입니까? 지각을 통해 외부의 사물이나 사건을 재현할 때, 그리고 반성과 판단을 통해 사유할 때 쓰이는 겁니다. 언어에 대한 이러한 생각이 고전주의 시대에 전격적으로 확립되었다는 것이 푸코의 견해입니다.

16세기까지만 하더라도 재현과 사유에 대해 언어는 독자적이었습니다. 재현 내부에서만 작동하는 그런 것이 아니라, 세계 전체에 말하자면 사물 자체에 새겨져 있는 표식들이었죠. 그 표식들은 바로 텍스트였습니다. 당연히 텍스트는 비밀스러운 것이었고 그래서 주석과 주석에 대한 주석이 연쇄적으로 요구되었습니다.

그러나 이제 17-18세기 고전주의 시대가 되면서부터 재현 내부로, 즉 재현 자체의 세계로 모든 지식과 학문이 이관되어 버렸습니다. 그러면서 재현은 본질적으로 언어적인 것, 즉 담론적인 것으로 바뀌게 됩니다. 말하자면 일종의 '말하는 재현' 또는 '말하는 사유'가 된 셈이죠. 여기에서 담론discours의 성격이 크게 바뀔 것 같은데, 이에 관해 푸코는 이렇게 말합니다.

> 이제부터 일차적인 텍스트는 지워지고, … 재현만이 남는다. 재현은 재현 자신을 증시하는 구술적 기호들signes verbaux 속에서 전개되고, 그럼으로써 **담론**discours이 된다. 이차적인 언어로써 해석해야만 하는 말의 수수께끼 대신에 재현이 지닌 본질적인 담론성discursivité이 들어선다. 이 담론성은 아직은 중립적이고 무차별하지만 열려 있는 가능성이다. 담론은 가능성으로서 열려 있는 이 재현의 담론성을 채우고 고정하는 걸 목표로 삼는다. 그런데 담론이 그 나름으로 언어의 대상이 될 때, 사람들은 담론에 대해, 담론이 뭔가를 말하지 않으면서 어떻게 뭔가를 말하는 것처럼 되는가를 묻지 않는다. 또 담론이 어떻게 그 자체에 사로잡힌 언어가 될 수 있는지, 그리고 닫힌 말이 될 수 있는지를 묻지 않는다. 말하자면, 사람들은 담론의 기호들 밑에 숨겨져 있는 수수께끼 같은 거대한 주제主題, propos를 드러내고자 하지 않는다. 사람들이 담론에 대해 요구하는 것은, 담론이 어떻게 기능하는가, 담론이 지시하는 재현들이 무엇인가, 담론이 [재현들에서] 어떤 요소들을 잘라 내어 강조하는가, 담론이 어떻게 분석하고 조립하는가, 담론이 어떠한 대체 기능을 발휘하기에 재현의 역할을 확보할 수 있는가와 같은 것

들이다. [이에] **주석**commentaire은 **비평**critique에 자리를 양보하게 되었다. (93-94, 113)

고전주의 시대에 들어서면서 16세기까지 주를 이루었던 텍스트에 대한 주석 대신에 텍스트에 대한 비평이 성행하게 되었음을 말하고 있습니다. 그러면서 이를 담론 문제를 통해 설명합니다.

주석은 담론이 담론 바깥에서 벌어지는 일, 즉 '거대한 주제'를 어떻게 담아내는가를 묻는 데서 성립합니다. 이때 거대한 주제는 원리상 인간이 수행하는 재현의 한계를 넘어서 있습니다. 그런데 비평은 담론과 재현과의 관계에서 성립합니다. 이때 재현은 본질적으로 담론성, 즉 담론으로서의 성격을 띱니다. 재현은 이미 인간 정신 내부의 일입니다. 담론이 과연 재현을 어떻게 분절해 내고 조립해 내어 재현을 대신해서 재현을 드러낼 수 있는가를 따지는 데서 비평이 성립한다는 겁니다.

대단히 흥미로운 문제입니다. 오늘날의 관점에서 보면, 주석은 해석학의 기본입니다. 그런데 주석은 기본적으로 성서라는 텍스트를 해석하는데 그 기원을 두고 있습니다. 서양의 기독교 문화에서 성서는 근본적으로 하나님의 말씀이고, 하나님의 특별한 은총에 의한 겁니다. 이에 성서에 대한 해석은 성서에 숨겨진 하나님의 은총과 섭리를 찾아내는 것, 즉 텍스트 외부를 지향한 것이었습니다. 이것이 16세기까지 성행했던 텍스트에 대한 태도입니다.

그런데 저 앞 '89, 107'의 인용문에서 잠시 언급된 것처럼, 슐라이어마허에 의해 텍스트 내부에서의 텍스트에 대한 해석이 연쇄적으로 이루어짐으로써 고전적인 해석학이 등장합니다. 흥미로운 사실은 묘하게도 하이데거가 현대 해석학에 기초를 놓으면서, 텍스트에 대한 해석은 텍스트 내부에서 열리는 존재das Sein의 현현을 발견해 드러내는 것으로 정의했다는 점입니다. 특히 하이데거가 말하는 존재가 인간을 초월한 것이 아님을 역설함으로써 얼마든지 다른 견해를 제시할 수 있겠지만, 거칠게 보면, 이는 16세기적인 방식의 주석으로 되돌아간 셈입니다. 푸코의 분석을 원용해 말하자면, 하이데거 방식의 해석학은 비평보다 주석에 가까운 거죠. 다만, 16세기까지의 주석이 텍스트의 순수 초월성을 염두에 두었다면, 슐라이어마허는 텍스트의 내재적 내재성을, 그리고 하이데거는 내재적 초월성을 염두에 두었다고 할 겁니다.

자립성을 기준으로 해서 보면, 주석보다 비평이 더 근본적입니다. 주석은 텍스트에 대해 초월적인 외부를 지향하기에 그만큼 이차적인 데 반해, 비평은 인간 정신의 내부에서부터 열리는 반성의 재현을 통해 텍스트가 지닌 담론 기능 자체의 가능성과 적절성을 따져 묻기에 그만큼 일차적입니다. '비평'은 '비판'이라고 달리 번역할 수도 있습니다. 비평은 반성을 통한 비판이고, 따라서 자립성을 기준으로 할 때, 비평은 자기비판이기에 주석보다 더 근본적이라 할 수 있습니다. 다만, 담론이란 언어적인 것이기 때문에 비평이 언어적인 자기비판 작업임을 염두에 두어야 할 겁니다. 그래서 고전주의 시대의 비평에 대해 푸코는 이렇게 말합니다.

> 고전주의 시대의 비평은 분열됨 없이 하나의 덩어리로서 언어의 재현적인 역할에 작용을 행사한다. (94, 114)

그러면서 푸코는 고전주의 시대 비평은 네 가지 형식을 취한다고 말하고 이를 설명합니다. 그 내용을 요약하면 이렇습니다. 첫째, 비평은 반성적인 질서 속에서 전개된다. 둘째, 비평은 문법적인 질서 속에서 통사, 낱말들의 질서, 문장들의 구성 등이 갖는 재현적인 가치들에 대한 분석으로 드러난다. 셋째, 비평은 수사학적인 형식들을 검토하는 가운데서 자기 나름의 공간을 확보한다. 넷째, 비평은 현존하거나 이미 쓰인 언어를 대하면서 그 언어가 재현과 맺는 관계를 정의하는 것을 목표로 삼는다(94-95,

첫 번째 비평의 반성적인 질서가 성립하는 건 비평이 재현 내부에서 재현 스스로 담론으로서 자기비판적인 기능을 수행하는 데서 이루어지기 때문입니다. 두 번째 비평의 문법적인 질서는 체계 언어langue 자체와 관련된 각종 사안을 검토하는 데서 요구됩니다. 세 번째 비평의 수사학적인 공간은 표현적인 가치와 관련해서 담론이 어떤 유형을 취할 수 있고, 그럼으로써 낱말들이 재현에서 동일한 내용을 어떻게 다른 관계 속에서 제시할 수 있는가를 염두에 두는 데서 성립합니다. 그리고 마지막 네 번째 비평의 기존 텍스트들에 대한 재현과 언어의 관계에 대한 모색은 기존의 초월적인 주제들에 대한 태도를 바꾸어 그 주제들을 재현 연관에 따라 재해석하는 데서 이루어집니다.

이런 정도로 고전주의 시대에 접어들어 주석 대신에 등장한 비평이 갖는 네 가지 형식을 간략하게 제시하고 풀이한 다음, 푸코는 주석과 비평이 어떻게 대립하는가를 이렇게 정돈해 보입니다.

이 같은 다양성을 띠고서 비평의 차원이 존재한다. 이 비평의 차원은 언어가 그 기능에 입각해서 스스로에 대해 탐문할 때 필연적으로 설립된다. 고전주의 시대 이후, 주석과 비평은 전격적으로 대립한다. 재현들과 진리에 관련된 용어들을 통해 언어에 대해 말함으로써, 비평은 언어를 심판하고 세속화한다. [그렇지만] 이제 주석은 언어를 돌연히 난입한 존재로 여기고 그 언어의 비밀을 열어 나가는 방향으로 언어를 문제 삼는다. 그래서 주석은 기존의 텍스트가 내보이는 급경사 앞에서 우뚝 멈추게 된다. 주석은 언제나 갱신되는 불가능한 과제, 즉 저 스스로 탄생하기를 반복하는 과제를 떠안게 된다. 말하자면, 주석은 언어를 신성하게 하는 것이다. 이때부터 언어에 대해 자기 자신과의 관계를 확립하고자 하는 이러한 두 방식은 경쟁 관계에 돌입하게 되는데,

우리도 이 경쟁 관계를 전혀 벗어나지 못하고 있고, 아마도 날이 갈수록 더욱 첨예하게 된다고 해야 할 것이다. (95, 114-115)

언어라는 존재를 어떻게 보는가에 따라, 즉 언어를 신성하게 보는가, 아니면 인간을 토대로 해서 순전히 세속적인 것으로 보는가에 따라, 주석의 입장과 비평의 입장이 크게 나뉘고 서로 전격적으로 대립한다는 겁니다.

예컨대 독일의 질풍노도의 낭만주의 문학 시대를 이끌었던 헤르더 Johann Gottfried von Herder(1744-1803)는 그가 1770년에 내놓은 『언어의 기원에 대하여*Über den Ursprung der Sprache*』(조경식 옮김, 한길사, 2003, 28쪽)에서 "언어는 신의 문법에 따른 자모에 기인하는 것이 아니라, 자유로운 생물체의 야성적인 소리에서 탄생했다"라고 말합니다. 언어의 자연 기원설을 주장한 셈이죠. 그러나 헤르더는 자기 직전의 콩디야크나 루소가 그저 자연의 소리에서 인간의 언어로 나아가게 되었다고 하는 것을 전혀 인정하지 않고 인간만의 특유한 감각 체계에서부터 인간의 언어가 나오게 되었다고 해서, 인간 언어에 대한 인간 고유의 기원을 주장합니다. 그런가 하면, 하이데거의 경우 잘 알다시피 '존재Sein'의 언어인 근원 언어Ursprache를 주장하고, 이에 영향을 받은 양 데리다는 '근원 문자archi-gramme'를 주장하죠. 이들이 말하는 언어는 결코 인간 내적인 기원을 가진 것들이 아닙니다. 푸코가 왜 우리 시대에서도 언어에 대한 주석적인 입장과 비평적인 입장이 첨예하게 대립 양상을 보인다고 말하는가를 어느 정도 실감할 수 있습니다.

그런데 푸코는 이들을 들먹이지 않고 말라르메Stéphane Mallarmé(1842-1898)를 거론하면서 어떻게 언어에 대한 주석적인 입장이 다시 나타나고 있는가를 이렇게 말합니다.

말라르메 이후, 비평의 특권적인 대상인 문학은 언어의 존재 자체에 접근하기를 그치지 않는다. 그럼으로써 문학은 더 이상 비평의 형식을 취하지 않고 주석의 형식을 취하는 이차적인 언어를 요청한다. 그래서 사실상, 19세기 이래로 모든 비평적인 언어들은 주석exégèse의 부담을 진다. (95, 115)

저 앞, 그러니까 제2장 '세계의 산문' 마지막 대목에서 푸코는 다음과 같은 말을 한 적이 있습니다. 이 말을 근거로 우리는 푸코가 16세기 언어로 돌아가야 한다고 주장하는 셈이라고 말한 적이 있죠. 다시 한번 그의 말을 들어 봅시다.

19세기에서부터 문학은 언어를 언어의 존재 속에서 다시 드러내기 시작했다. 그러나 르네상스 말기에 나타난 바 그대로의 언어는 아니다. 왜냐하면 담론의 무한한 운동에 기초를 제공하면서 한계를 지정했던, 원초적이고 절대적으로 최초인 말이 이제는 존재하지 않기 때문이다. 이제 언어는 출발점도, 종착점도, 약속도 없이 증식될 것이다. 문학 텍스트가 나날이 추적하는 것은 공허하지만 근본적인 이 [언어] 공간으로의 도정道程들이다. (59, 73)

글쎄, 푸코가 과연 17-18세기 고전주의 시대의 비평적 입장에서의 언어관을 전적으로 배제하고 16세기까지의 주석적 입장에서의 언어관을 되살렸으면 하는지에 관해서는 정확하게 답을 내릴 수 없습니다. 하지만 푸코가 프랑스 최고의 시인이라 할 수 있는 말라르메의 문학을 결코 경시할 수 없었을 것이기에 재현, 즉 표상의 구도를 벗어나서 언어의 존재 자체에 접근하고자 하는 태도를 중시하지 않았을까 하는 느낌을 지울 수 없습니다. 그러나 그는 일종의 중립적인 태도를 보이면서 이렇게 말합니다.

그러나 우리의 문화에서 언어가 재현에 귀속되는 사태가 깨어지지 않고 적어도 에워싸고 있는 한, 모든 이차적인 언어들은 비평적일 것인가, 아니면 주석적일 것인가 하는 양자택일에 처할 수밖에 없을 것이다. 그러면서 결판이 나지 않는 가운데 이 두 이차적인 언어가 증식할 것이다. (95, 115)

언어가 없이는 사유가 불가능합니다. 더욱이 담론은 말할 것도 없죠. 그렇기에 언어의 존재에 대해 과연 언어가 인간 재현의 내부에 그 기원을 두고 있는 것인지, 아니면 인간을 넘어선 데 기원을 두고 있는 것인지는 대단히 중요합니다. 그 여부에 따라 언어-사유의 탁월성에서 비롯하는 인간 존재 자체가 갖는 특유성과 한계를 다르게 볼 수밖에 없기 때문입니다.

우리로서는 감각과 개념 양쪽 모두에 다리를 걸치고 있는 것이 언어가 아닐까 하는 생각을 하기도 합니다. 즉 감각과 개념을 정확하게 구분할 수 없는 시적인 언어는 인간을 넘어선 곳에, 개념적인 성격이 강한 산문적인 언어는 인간의 한계 내에 있는 것 아닌가 하는 거죠. 왜냐하면, 개념이 인간의 지성에 의해 조성되는 것과는 달리, 감각 자체는 결코 인간의 재현적인 관념으로 환원될 수 없는 그 나름의 사물적인 독자성을 띠고 있다고 믿기 때문입니다. 이러한 우리의 태도에 대해 '감각적 유물론'이라 지칭할 수 있을 겁니다. 감각적 유물론에 따라 보면, 감각에 가까우면 가까울수록 그 언어는 인간을 넘어선 영역에 근거를 두고 있는 것이고, 감각으로부터 멀면 멀수록, 즉 개념에 가까우면 가까울수록 그 언어는 인간의 한계 내의 것이라고 볼 수 있지 않겠는가 하는 겁니다. 물론 이러한 우리의 감각적 유물론에서는 개념 자체의 독자적인 존재를 주장하는 플라톤주의를 배격할 수밖에 없습니다.

2. 일반 문법

　요컨대 푸코가 파악해 낸 언어에 대한 비평적 입장이란 언어의 현존 자체를 인정하지 않고 오로지 그 재현에 따른 표상의 기능만을 인정하는 겁니다. 이는 언어를 오로지 담론으로만 보는 거죠. 이럴 때 가장 문제가 되는 것은 기호들입니다. 언어 역시 기호이기에, 어떻게 해서 기호인 언어가 이렇게 재현하는 기능, 즉 담론 기능을 발휘하는 힘을 갖는가 하는 것이 문제로 나서는 거죠.

　이 문제를 시발점으로 해서 푸코는 이른바 '일반 문법'에 대한 고찰을 수행합니다. 그는 우선 일반 문법에 대해 이렇게 말합니다.

> 언어는 부분들(또는 크기들)에 대한 동시적인 비교 대신에 차례차례로 단계를 거치면서 나아가야 하는 질서를 내세운다. 바로 이 같은 의미에서 언어가 사유의 **분석**이라는 말이 성립한다. 언어가 사유를 분석한다는 건 단순한 분절découpage이 아니라, 공간 속에 순차적인 질서ordre를 깊숙이 설립하는 것이다.
> 바로 여기에 고전주의 시대가 '일반 문법grammaire générale'이라 불렀던 새로운 인식론적인 영역이 자리를 잡는다. (97, 117)

　한 단위의 사유의 재현이 있다고 해 보죠. 이 재현은 어떤 구조로 되어 있을까요? 그림이나 사진처럼 재현 평면이 있어 거기에 동시적으로 한꺼번에 주어져 있을까요, 아니면 동시에 공존한다고 할 수 없는 최소의 단위들, 예컨대 관념들이 시간의 경과에 따라 전개되는 식으로 순차적으로 주어지는 걸까요? 더군다나 사유가 하나의 재현에서 다른 재현으로 넘어간다고 할 때, 그 과정에서 이 기초 단위들 사이의 관계는 예컨대 기억의 힘을 통해 동시적인 소여 방식을 취하는 걸까요, 아니면 그야말로 순차적인 방식으로 잇따르는 걸까요? 이러한 물음들에 대해 일관되게 대답할 수는 없습니다. 왜냐하면 지각, 기억, 상상, 연상 등이 한꺼번에 필요에 따라 그 정도를 달리하면서 동원됨으로써 사유의 재현이 이루어지기 때문입니다.

이러한 사유의 재현에 비하면, 언어가 사유를 재현한다고 할 때의 재현은 대단히 특수하다고 해야 합니다. 그 언어적인 재현은 한편으로 사유의 재현을 분석하는 것이라 할 수 있습니다. 이때 분석은 단순한 분절이 아니라, 공간 속에 순차적인 질서를 세우는 것임을 푸코는 강조합니다. 하나의 문장이 있다고 할 때, 예컨대 "언어가 사유를 분석한다는 건 … 공간 속에 순차적인 질서를 깊숙이 설립하는 것이다"라는 문장이 있다고 할 때, 그 문장의 구성 요소들은 분명 공간 속에 동시에 있습니다. 그러나 또한 동시에 분명히 선형적인 순서에 따라 나열되어 있습니다. 말하자면, 언어를 통함으로써 사유가 공간 속에 순차적인 질서를 갖는 것으로 재구성되는 거죠. 그런데 도대체 이러한 언어적인 기능 없이는 아예 사유가 성립할 수 없다고 하는 것이 고전주의 시대의 비평적인 언어관입니다. 이렇게 해서 이전에 없던 새로운 인식론적인 영역이 탄생하게 되는데, 그것이 바로 '일반 문법'이라는 겁니다. 문법이란 문장을 구성하는 낱말들이 어떤 구조로 어떤 기능을 수행하는가에 대한 규칙이라는 사실을 염두에 두면서, 일반 문법에 한 푸코의 말을 들어 봅시다.

> 일반 문법은, 구술적인 질서ordre verbal가 동시성을 재현해야 할 책임을 지고 있다고 할 때, 그러한 동시성과 구술적인 질서가 맺고 있는 관계 내에서 그 구술적인 질서를 탐구하는 것이다. 그러므로 일반 문법은 사유라든지 체계 언어langue라든지 하는 것을 자신의 대상으로 삼지 않는다. 일반 문법은 구술적인 기호들의 연속계열suite로서 이해된 **담론**discours을 대상으로 삼는다. (97, 117)

　언어학은 대체로 의미론, 통사론, 화용론으로 나뉘어 구성됩니다. 의미론은 언어와 대상 사이의 지시 관계를 다룹니다. 그리고 통사론은 언어가 의미를 얻기 위해 어떤 구조적인 질서를 갖추는가를 다루죠. 그리고 화용론은 언어가 담론 상황에서 어떻게 쓰이는가를 다룹니다.

　언어와 사유의 관계를 다룬다면, 그것은 의미론의 작업입니다. 그리고 체계 언어를 다룬다면, 그것은 이른바 비교 언어학, 즉 한국어, 영어, 일본어 등으로 분류되는 체계 언어의 공통성과 상이성을 다루는 겁니다. 푸코는 어느 체계 언어건, 그 특정한 체계 언어가 어떤 내용의 사유를 표현하건 간에 적어도 구술 활동을 수행하려면 언어가 어떤 연속적인 질서를 갖추어야 하는가를 다루는 것이 일반 문법이라고 말하고 있습니다.

　우리는 말로써 하나의 문장을 말할 때, 그 문장은 같은 시간에 이루어진다고 생각합니다. ‘아버지가 방에 들어가신다’라는 말은 아버지가 방에 들어가는 한순간의 사건을 재현하면서 이에 덩달아 문장의 요소들 역시 동시적으로 주어진다고 여기죠. 하지만 실제로 문장을 이루는 요소들은 순차적으로 이어지고, 그럴 때 나름의 질서를 유지해야만 의미 있는 문장이 됩니다. 자칫하면 ‘아버지가 방에 들어가신다’라는 의미를 띤 문장이 ‘아버지 가방에 들어가신다’라는 난센스 한 문장답지 않은 문장이 됩니다. 전체적으로 보면, 문장의 요소들이 순차적인 질서를 유지하면서 배치되지만, 그 요소들은 기대를 통한 피드포워드와 상기를 통한 피드백이 순식간에 일어나면서 동시성을 형성함으로써 문장을 구성하는 겁니다.

　그런데 일반 문법이 체계 언어를 탐구 대상으로 삼지 않는다는 것이 어렵습니다. 흔히 문법이라고 하면, 구체적으로 발설되는 담론에 대한 것이 아니라, 그러한 구체적인 담론을 예시로 삼아 체계 언어가 언어 기능을 하는 근본 구조를 탐구하는 것으로 되어 있습니다. 예컨대 ‘불어 문법’이라고 하는 말이 지칭하는 것은 바로 그러한 하나의 체계 언어로서 불어가 작동하는 근본 구조를 탐구하는 거죠. 그러니까 소쉬르가 『일반언어학 강의』에서 궁극적으로 탐구하고자 한 것은 지금 여기에서 푸코가 말하는 담론과 유사한 '파롤parole'에 대한 것이 아니라, '랑그langue', 즉 체계 언어에 대한 것임을 강조한 겁니다.

그런데 푸코는 일반 문법은 그런 체계 언어를 탐구 대상으로 삼지 않고, 구술적인 질서를 바탕으로 한 담론을 탐구 대상으로 삼는다고 말합니다. 이것이 의미하는 바는 과연 무엇일까요? 담론은 재현과 언어적인 반성이 결합한 것이라 할 수 있습니다. 이에 이런 이야기가 가능해집니다.

> 사실상 언어는 재현과 반성 사이를 연결하는 구체적인 끈이다. 언어는 인간들 사이의 소통을 위한 도구라기보다, 재현이 반성과 소통하면서 필연적으로 거쳐야 하는 통로다. 이는 18세기 철학에서 **일반 문법**이 그토록 중요했던 이유를 일러 준다. **일반 문법**은 정신의 통제 불가능한 논리였고, 사유에 대해 일차적으로 수행되는 반성적인 분해, 즉 직접적인 것과의 가장 시원적인 결별이었다. 그래서 **일반 문법**은 줄곧 학문의 자생적인 형식forme spontanée이었던 것이다. **일반 문법**은 정신에 내속된 철학이었다. ―애덤 스미스는 최소한의 형용사들을 형성하는 데에도 모종의 형이상학이 필수 불가결하지 않겠느냐고 말한다― 그리고 **일반 문법**은 제아무리 다양한 선택을 거친다고 할지라도 재현의 필연적이고 명증한 질서를 재발견하기 위해서는 모든 철학이 되잡지 않으면 안 되는 것이었다. 모든 반성에 기초가 되는 형식, 모든 비판의 첫 번째 주제, 그것이 바로 언어이다. **일반 문법**이 대상으로 삼은 것은 다름이 아니라 인식connaissance만큼이나 범위가 넓으면서도 항상 재현 내부에 존재하는 애매한 바로 이 언어이다. (98, 117-118)

고전주의 시대를 풍미했던 모든 철학은 기본적으로 일반 문법을 바탕으로 하지 않을 수 없었다고 말하고 있습니다. 그것은 결국 재현과 언어의 관계를 염두에 두지 않고서는 그 어떤 철학도 할 수 없었다는 것을 뜻합니다. 말하자면 재현을 바탕으로 해서 비판적인 철학 작업을 하고, 그럼으로써 재현이 지닌 필연적이고 명증한 질서를 파악하기 위해서는 반드시 일반 문법의 성과를 염두에 둬야 한다는 것, 즉 재현과 떼려야 뗄 수 없는 최초의 반성적인 통로인 언어에 대한 탐구를 염두에 둬야 한다는 거죠. 그런 만큼 일반 문법이란 바로 정신 자체의 철학이라고 할 정도로 근본적인 사안을 탐구하는 것이었다는 이야기입니다. 그러니까 일반 문법이란 '재현에 대한 언어적인 반성'인 셈입니다. 왜 당시에 알파벳 순서에 따른 백과사전 작업을 그렇게 중요하게 여겼는가가 그 예라 할 겁니다. 이렇게 되면, 17-18세기 고전주의 시대의 철학은 모두 다 '언어의 한계에 사로잡힌 철학'으로서 언어를 넘어선 영역을 감히 엄두도 못 내는 철학이라 평가할 수 있을 것 같습니다.

푸코는 이렇게 일반 문법, 즉 재현에 대한 언어적인 반성이 모든 철학의 바탕으로서 작동하게 됨으로써, 몇 가지 중요한 귀결이 생겨난다는 것을 차례로 지적합니다.

1) 첫 번째 귀결, 언어 학문들의 분화에 대한 인지

첫 번째 귀결로 드는 것은 언어에 대한 학문이 어떻게 분화되었는가를 알게 되었다는 점입니다.

> **첫 번째 귀결**은 고전주의 시대에 사람들이 언어에 대한 학문이 어떻게 분화되는가를 잘 알게 되었다는 것이다. 한편에서는 수사학Rhetorique 이, 다른 한편에서는 문법Grammaire이 분화되어 나타났다. (98, 118)

여기에서 말하는 문법을 일반 문법과 혼동해서는 안 될 겁니다. 일반 문법은 결국 담론적인 언어langage discursif 일반을 대상으로 하는 데 반해,

문법은 특정한 개별의 체계 언어를 대상으로 하기 때문입니다.

푸코의 설명에 따르면, 수사학은 언어가 구술적인 기호들로 공간화되는 방식, 예컨대 형상들figures과 의미변형tropes을 다루는 학문입니다. 그리고 문법은 분절articulation과 질서ordre, 즉 재현에 대한 분석이 계기적인 계열들에 따라 배치되는 방식을 다루는 학문이죠. 간단히 말하면, 수사학은 재현이 언어와 더불어 발생할 때 드러내는 재현의 공간성을 규정하고, 문법은 각각의 체계 언어에서 이러한 재현의 공간성을 시간 속에 재분배하는 질서를 규정합니다.

이러한 푸코의 설명에 따르면, 고전주의 시대 이전에는 언어에 관한 학문이 이렇듯 수사학과 문법으로 정확하게 분화된 것으로 여기지 않았다고 해야 합니다. 그러나 우리는 고대로부터, 특히 아리스토텔레스로부터 수사학, 문법학, 논리학, 변증론 등이 주된 교양과목으로 자리 잡아 왔다는 것을 잘 알고 있죠. 이 모든 학문이 재현 내적인 반성의 영역으로 포섭되었다고 말한다면 나름대로 이해되지만, 이를 고려하지 않으면, 언어에 관한 학문의 분화에 대한 푸코의 지적은 그다지 중요해 보이지 않습니다.

2) 두 번째 귀결, 보편 언어 또는 보편 담론의 출현

언어를 재현과 반성의 필수적인 통로로 이해했다면, 이 언어는 어떤 체계 언어를 쓰든 재현과 반성을 일삼는 사람이라면 누구에게나 통용되는 보편적인 성격을 띤 것이라 여기게 됩니다. 이에 푸코는 고전주의 시대에 등장한 것이 '보편 체계 언어Langue universelle' 또는 '보편 담론Discours universel' 이라고 말합니다. 이에 관해 푸코는 이렇게 설명합니다.

보편 체계 언어는 고대적인 질서를 재건하지 않는다. 보편 체계 언어는 생각될 수 있는 그 어떤 질서이건 거기에 자리를 잡아야만 할 기호들, 통사, 그리고 문법을 발명한다. 보편 담론은 모든 지식에 대한 열

쇠를 그 비밀의 암호 속에 간직하고 있는 유일무이한 텍스트Text unique
가 더는 아니다. 보편 담론은 가장 단순한 재현들로부터 가장 미세한
분석 내지는 [재현의] 가장 복합적인 조합들에 이르기까지 자연스럽고
필연적인 정신의 행보를 규정할 수 있도록 한다. 이 보편 담론은 자신
에게 그 기원을 예정해 주는 유일무이한 질서를 갖춘 지식이다. 보편
담론은 모든 인식의 장을 관통한다. … 이 공통 분모, 모든 인식의 이
기초, 그리고 연속해서 수행되는 하나의 담론을 통해 명시되는 이 근
원은 바로 이데올로기Idéologie, 즉 인식의 자생적인 맥락을 그 전체 범
위에 걸쳐 되풀이하는 하나의 언어이다.

…

보편 문자학la Caractéristique universelle과 이데올로기l'Idéologie는 [각기] 체계
언어 일반의 보편성과 전일적인 담론의 보편성으로서 서로 대립한다.
(99, 119)

내용이 상당히 어렵습니다. "보편 체계 언어", "보편 담론", "유일무이한
텍스트", "보편 문자학", "이데올로기" 등의 뭔가 형이상학적인 것 같고 언
어 일반에 매설된 근본적인 역능인 것 같은 어려운 용어들을 제시하고 있
습니다.

보편 문자학은 모든 재현에 적합한 기호들을 제공할 수 있어야 한다는
생각에서 나온 것으로서, 말하자면 언어가 근본 형식적인 차원에서 재현
에 대한 기호로서 작동할 수 있는가 하는 그 보편성을 향해 있는 겁니다.
그리고 보편 담론 내지는 이데올로기는 그 어떤 인식이건 바탕에 깔고 있
지 않으면 안 되는 근원적인 내용 차원에서의 언어의 보편성을 향해 있는
거죠.

이러한 언어의 보편성에 입각한, 어찌 보면 '기이한' 생각을 한 시기가
고전주의 시대라는 겁니다. 푸코는 그 증거로서, 재현될 수 있는 것의 총

체인 세계가 그 전체에 있어서 하나의 백과사전Encyclopédie이 되어야 한다
고 생각한 샤를 보네Charles Bonnet(1720-1793. 프랑스 가계의 스위스 태생)의 이야
기를 듣니다. 그 일부만 인용하면 이렇습니다.

> 나는 수없이 많은 세계를 바라보면서 그것을 수없이 많은 책인 양 여
> 기는 것을 즐거워한다. 이 책들을 다 끌어모으면 막대한 우주 도서관
> 내지는 진정으로 보편적인 백과사전을 구성하게 될 것이다. (100, 120)

참으로 묘한 발상이 아닐 수 없습니다. 온갖 방식으로 주어지는 다양하
기 이를 데 없는 세계 하나하나를 한 권의 책으로 보고, 그 책들을 다 끌
어모아 '우주 도서관'이라 할 수 있는 보편적인 백과사전을 상상하고 있습
니다. 푸코는 이 백과사전을 '절대적인 백과사전'이라 부릅니다. 그리고
당시 사람들이 이를 모델로 삼아 만들기 시작한 것이 알파벳 순서로 된
백과사전임을 지적하면서 그 내용들에 대해 이렇게 말합니다.

> 문자들의 임의적인 순서에 따라 가능한 모든 인식의 가장 거대한 양을
> 담는 알파벳 순서의 백과사전들Encyclopédies alphabétiques, 유일하고 동일
> 한 형상의 체계système de figures에 따라 세계의 모든 체계 언어를 번역할
> 수 있도록 하는 만국 공통 문자 체계pasigraphies, 상당한 수의 체계 언어
> 사이의 동의어들을 확정하는 다의 어휘 사전들lexiques polyvalents, 마지
> 막으로 '인간 인식의 질서와 연계가 어느 정도로 가능한지를 설명'하고
> 자 하는 논증적인 백과사전들encyclopédies raisonnées. (100, 120)

이는 푸코가 드트라시Destutt de Tracy(1754-1836)라거나 달랑베르Jean-
Baptiste le Rond d'Alembert(1717-1783)와 같은 막강한 계몽주의자들의 이야기를
인용해서 하는 말입니다. 참으로 웅장한 계획을 세운 이들이야말로 보편

체계 언어와 보편 담론의 가능성을 한껏 믿었던 인물들이 아닐 수 없습니다. 여기에 덧붙여 우리는 라이프니츠Gottfried Wilhelm von Leibniz(1646-1716)가 보편 언어를 만들기 위해 이진법을 개발했고, 그것이 오늘날 인터넷이라고 하는 만국 소통 체계를 가능케 한 디지털 원리로 쓰이고 있다는 것을 아울러 떠올리게 됩니다. 아무튼 푸코는 이를 소개하면서 다음과 같은 결론 비슷한 이야기를 덧붙입니다.

> 고전적 에피스테메épistémè classique 내에서 이러한 기획들이 가능했던 기반은 다음과 같다. 즉 비록 언어의 존재가 재현 내에서의 기능 발휘로 완전히 귀결되었을지라도, 거꾸로 재현 [역시] 언어의 매개에 의해서만 보편성과 관계를 맺을 수 있었다는 것이다. (100-101, 121)

재현이란 것은 그 범위가 대단히 넓고, 그 종류도 너무나 많으며, 그 소여 방식도 다종다양합니다. 그중에서 학문을 위해 가장 긴급하게 요구되는 것은 보편성에 대한 재현이 아닐 수 없습니다. 푸코가 고전주의 시대 강력한 계몽주의자들의 '보편적 백과사전'에 대한 열망을 지적하는 까닭은 이들 보편성에 대한 열망이 기본적으로 언어를 근본적인 것으로 중시한 데서 생겨난 것이고, 실질적으로는 '일반 문법', 즉 '재현에 대한 언어의 보편적인 반성'을 바탕으로 해서 생겨난 것임을 역설하는 데 있다 할 겁니다.

그리고 보면, 16세기까지의 유사성의 시대에 비해 17-18세기의 고전주의 시대가 더욱더 기이한 사유를 일구어 끌고 간 시대라 할 수 있을 것 같습니다. 존재 전체를 언어적으로 거머쥐고자 한 것이야말로 워낙 기이한 발상이라 할 수 있기 때문입니다.

2학기

말하기 2.
일반 문법과 동사 이론

[지난 시간 강의 정리하기]

푸코는 17-18세기를 '고전주의 시대âge classique'라고 말합니다. 고전주의 시대의 에피스테메, 즉 인식론적인 틀을 푸코는 재현représentation이라고 하죠. 이 시대는 유사성을 에피스테메로 하는 르네상스 시대와 다르고, 18세기 말부터 시작해서 19세기를 거치면서 인간의 등장을 에피스테메로 하는 근대âge moderne와도 다르다고 말합니다.

그러면서 세부적으로 들어가 고전주의 시대의 '말하기parler'를 분석합니다. 그리고 그 말하기를 특징짓는 요인들로 비평적 언어가 등장해 주석적 언어를 크게 대체하게 된 것, 그리고 '일반 문법grammaire générale'이 등장한 것을 꼽죠. 지금 우리가 들어서 있는 곳은 '일반 문법'을 다루는 영역입니다. 푸코는 일반 문법에 대해 이렇게 말했습니다.

언어는 부분들(또는 크기들)에 대한 동시적인 비교 대신에 차례차례로 단계를 거치면서 나아가야 하는 질서를 내세운다. 바로 이 같은 의미에서 언어가 사유의 **분석**이라는 말이 성립한다. 언어가 사유를 분석한다는 건 단순한 분절découpage이 아니라, 공간 속에 순차적인 질서ordre를 깊숙이 설립하는 것이다.
바로 여기에 고전주의 시대가 '일반 문법grammaire générale'이라 불렀던 새로운 인식론적인 영역이 자리를 잡는다. (97, 117)

일반 문법은 사유의 내용인 재현 또는 표상을 언어로써 분석해서 문장으로 표현할 때 따르지 않으면 안 되는 원칙들을 탐구한다는 이야기입니다. 문장은 선형적인 순차에 따른 질서를 갖기 마련입니다. 뭉뚱그려져 있다고 할 수 있는 사유의 내용들이 언어적인 질서에 따라 어떻게 재구성되는가를 다루는 것이 일반 문법이라는 겁니다. 그래서 일반 문법에 관한 연구 대상에 대해 이렇게 말했습니다.

> 그러므로 일반 문법은 사유라든지 체계 언어라든지 하는 것을 자신의 [탐구] 대상으로 삼지 않는다. 일반 문법은 구술적인 기호들의 연속계열로서 이해된 **담론**을 [탐구] 대상으로 삼는다. (97, 117)

일반 문법은 사유를 연구하는 것도 아니고, 체계 언어, 즉 한국어니 프랑스어니 하는 언어 체계를 보편적으로 연구하는 것도 아니며, 오로지 구술적인 언어로 이어져 만들어지는 담론을 연구 대상으로 삼는다는 겁니다.

그런데 이 일반 문법이 등장함으로써 네 가지 새로운 귀결이 나타나게 되는데, 첫 번째는 수사학과 문법이라는 학문 분과가 제대로 분화되었다는 것이고, 두 번째는 보편 체계 언어를 위한 보편 문자학과 보편 담론인 이데올로기가 등장했다는 겁니다. 세 번째는 인식하기와 말하기가 교차하면서 같아졌다는 거죠. 네 번째는 체계 언어들의 비역사적인 발생을 생각하게 되었다는 겁니다. 이 중에서 앞 두 가지는 다루었습니다. 이제 세 번째와 네 번째를 살필 차례입니다.

3) 일반 문법의 세 번째 귀결, 인식하기와 말하기의 교차적인 동일성

대체로 우리는 먼저 인식하고, 그다음 인식이 사유 내용으로 재현되며, 그러고 나면 그 인식된 재현 내용을 말로 표현한다고 생각합니다. 그런데 이에 대해 의문을 제기하게 됩니다. 언어가 없이도 과연 인식할 수 있을까, 인식할 때부터 이미 언어를 통해 인식하는 것 아닐까 하는 물음을 던지게 되죠. 유홍준 선생이 한 유명한 말처럼 "아는 만큼 보입니다." 그뿐만 아니라, 사전事前에 재현된 내용이 전혀 없이 인식한다는 것이 과연 가능한가 하는 물음도 던지게 됩니다. 이와 관련해서 푸코는 이렇게 말합니다.

> 인식과 언어는 엄격하게 교차한다. 그것들은 똑같이 재현에 기원을 두고, 또 그 기능 발휘의 원칙을 갖는다. 인식과 언어는 끊임없이 서로를 떠받치고 서로를 보충하며 서로를 비판한다. (101, 121)

인식을 넓게 보면, 글을 읽고 내용을 이해하는 것 또한 인식입니다. 한편으로 보면, 이야말로 앎이 언어적인 형태로 정교하게 소통되는 현장입니다. 그런데 인식과 언어가 재현에 기원을 둔다고 할 때, 인식은 기본적으로 지각입니다. 사유는 이 지각을 출발점으로 해서, 그리고 지각을 내용으로 삼아 이윽고 이루어집니다.

그런데 사유 활동에서 인식과 언어가 서로 왔다 갔다 하면서 교차하는 건 당연하다고 할 겁니다. 그런데 지각 활동에서 인식과 언어가 그렇게 교차한다는 건 좀 더 근원으로 가닿았을 때입니다.

그러니까 사유 활동에서 인식과 언어가 이렇게 상호 보완과 상호 비판의 관계를 맺는다는 건 그럴 거라고 쉽게 이해되지만, 지각 활동에서조차 그럴 거라는 건 좀 더 생각해 봐야 합니다. 아무튼 중요한 점은 고전주의 시대에 접어들면서 인식과 언어가 오로지 재현에 뿌리를 두고 있는 것으로 여겨지게 되었다는 겁니다. 달리 말하면, 인식과 언어가 인간 외적인 초월적 영역에 기원을 둔 것이 아니라고 여기기 시작했다는 거죠. 예컨대 신이 언어를 주었다거나 신이 이성의 빛을 비춤으로써 비로소 참답게 인식이 시작되었다거나 하는 생각을 하지 않게 되었다는 겁니다.

푸코는 이에 재현을 통해 인식과 언어의 관계가 엄청나게 밀접하게 연결된다고 하면서 그 결과 이렇게 된다고 말합니다.

> 언어langage는 비반성적인 형식하에서만, 즉 언어가 바깥에서 개인들에게 부과됨으로써만 인식이 된다. 이때 언어는 좋든 싫든 간에 개인들을 구체적이거나 추상적인 개념들, 또는 정확하거나 근거가 빈약한 개념들로 인도한다. 그 반대로, 인식connaissance은 하나의 언어인데, 이때 언어는 그 각각의 낱말이 검토되고 그 각각의 연관이 검증된 그런 언어이다. 앎savoir은 말하는 것이고, … 말함parler은 앎이다. … 학문은 잘 정련된 체계 언어이고, 체계 언어는 정련되지 않은 학문이다. (101, 121)

고전주의 시대에 이르러, 비반성적인 차원에서조차 인식과 언어 또는 언어와 인식을 본질적으로 차이가 없는 것으로 여기게 되었다는 겁니다. 사실 이는 우리의 일반적인 상식을 재검토하게끔 합니다. 언어 이전에 이루어지는 재현, 즉 지각을 흔히 선술어적先述語的이라고 말합니다. 그런데 여기에서 푸코는 선술어적인 지각조차 언어적인 인식이라고 말합니다. 이는 재현을 전적으로 언어적이라고 보고, 선술어적인 지각조차 재현이며, 따라서 근본적으로 언어적이라고 보기 때문입니다.

푸코는 이를 다소 세게 밀고 나가 체계 언어는 정련되지 않은 학문이고,

그래서 체계 언어가 잘 정련되면 최고도의 인식인 학문이 된다고 말합니다. 말하자면, 고전주의 시대가 열리면서 정확성에 있어서 상대적인 차이가 있을 뿐 체계 언어와 학문은 본질상 차이가 없다고 여겼다는 겁니다.

이렇게 되면, 학문을 위해서는 언어 내지는 체계 언어가 정확하게 재정비되지 않으면 안 된다고 생각할 수밖에 없게 되고, 그럼으로써 언어 내지는 체계 언어를 재정비할 수 있는 원칙들을 생각하지 않을 수 없게 됩니다. 이에 푸코는 문법의 본성이 새롭게 정의된다고 말합니다.

> 그래서 규제적prescriptive이라는 게 문법의 본성 자체에 속한다. 그 까닭은 문법이 취향의 규칙들에 충실한 아름다운 언어에 대한 규범들을 부과하려 해서가 전혀 아니다. 그 까닭은 문법이 재현을 [순차적인] 질서에 따라 말할 수 있다는 근본적인 가능성을 지시하기 때문이다. (101, 121)

"재현을 [순차적인] 질서에 따라 말할 수 있다는 근본적인 가능성"을 지시하는 문법이 바로 일반 문법입니다. 그러니까 고전주의 시대에 지식인들, 특히 논리학자들이 일반 문법에 대한 아이디어를 갖게 된 것은 재현을 바탕으로 한, 인식과 언어 간의 관계를 염두에 두었기 때문이라 할 겁니다. 이렇게 되면, 재현 내에서 이루어지는 인식과 언어의 교차는 일반 문법의 귀결이라기보다 오히려 일반 문법의 성립 조건이 됩니다.

그런데 푸코는 묘한 지점을 찔러 들어갑니다. 그것은 체계 언어가 앎savoir(지식)에 귀속됨으로써 역사의 장champ historique을 전적으로 열어젖혔다는 겁니다. 이때 역사는 우선은 인식 발전의 역사를 말하지만, 그 적용 범위에서는 문명들과 민족들의 발전사를 지칭합니다. 요컨대, 인식과 언어 사이의 교차적인 관계 때문에 이른바 인식에서의 발전과 진보를 운위할 수 있게 되었다는 겁니다. 선조들이 남겨 놓은 언어에 새겨져 있는 인식들은 언어의 성격상 불완전한 인식으로 여겨집니다. 그리고 후손들은 이 불완전한 인식들을 더욱더 세련되게 할 수 있도록 언어들을 재정비할 것입니다. 그리고 이를 그들의 후손들에게 넘기면 그 후손들이 다시 인식들을 세련되게 할 수 있도록 언어들을 재정비한다는 겁니다. 그럼으로써 인식에서의 발전이 이루어진다는 겁니다.

이러한 고전주의 시대의 생각을 가장 잘 말해 주는 것이 백과전서파의 대표자라 할 수 있는 디드로의 언명이라고 합니다. 그는 한 민족의 어휘가 시대에 따라 어떻게 변하는가만 보아도 그 민족의 진보를 알 수 있다고 말했다고 합니다(102, 122 참조). 그에 따른 핵심적인 귀결에 대해 푸코는 이렇게 말합니다.

> 낱말들은 거칠게 재단된 상태로, 학문과 지각이 마주하고 반성과 이미지들이 마주하는 경계선에 배분된다. 바로 이 낱말들 속에서 상상한 것이 아는 것으로 되고, 그 반대로 아는 것이 일상적으로 재현하는 것이 된다. 르네상스가 박학博學이라 정의한 저 오래된 **텍스트**와의 관계는 이제 변형된다. 고전주의 시대에 이르러서는 그것이 **체계 언어**의 순수한 요소와의 관계가 된 것이다. (102, 123)

르네상스 시대에 텍스트는 결국 초월적인 신적인 것이었고, 그래서 끝없이 해석되지 않으면 안 되는 것으로서 결국에는 박학을 요구하는 것이었습니다. 이제 그것이 인식과 언어의 관계에 따라 오로지 체계 언어 내의 순수한 요소들의 관계로 돌변했다는 겁니다. 하나의 체계 언어 내에서, 예컨대 한국어 내에서 낱말들이나 낱말들을 구성하는 음운들과 같은 순수한 요소들이 어떻게 변해 왔는가를 분석·검토하는 것이 긴요한 것으로 되었다는 겁니다. 푸코는 이에 대해 조금 더 실감 나는 방식으로 이야기합니다.

고전주의 시대에 인식하기와 말하기는 같은 피륙으로 짜인다. 지식과 언어에 있어서 관건은 재현에 기호들을 부여함으로써 필연적이고 가시적인 질서에 따라 재현이 전개될 수 있도록 하는 것이었다. 16세기의 지식은 언표言表되어énoncé 배분되었을지라도 여전히 하나의 비밀un secret이었다. 17세기와 18세기의 지식은 숨겨질 때라도 그 위에 베일이 씌워져 있을 뿐인 하나의 담론un discours이다. 그것은 술어적인 소통 체계 속에 편입되는 것이야말로 바로 학문의 가장 근원적인 본성이고, 최초의 낱말로부터 인식으로 되는 것이야말로 언어의 가장 근원적인 본성이기 때문이다. 용어상의 엄격한 의미로 보아, 말하기·해명하기·알기는 **동일한 질서에** 속한다. 고전주의 시대에 있어 학문에 관한 관심, 그 논쟁의 대중성, 그 대단히 공개적인 성격, 문외한에게조차 허용되는 그 개방성, 퐁트넬의 천문학, 볼테르에 의한 뉴턴의 독해 등, 이 모든 건 사회적인 현상 이외에 다른 것이 전혀 아니다. (103, 123-124)

하나의 체계 언어를 사용하는 사람들 사이에는 얼마든지 언어적인 소통이 있을 수 있습니다. 이제 동일한 체계 언어를 사용한다는 사실만으로도 누구나 학문적인 소통에 참여할 수 있다는 생각이 확산합니다. 이를 가장 잘 드러내는 용어가 바로 담론입니다. 푸코는 17-18세기의 지식에 대한 이 담론을 16세기의 텍스트에 대한 비밀과 대비시키고 있습니다. 이로써 시대가 얼마나 크게 일변했는가를 여실히 알게 되죠. 그 바탕은 당연히 인식과 언어 간의 교차적인 동일성 관계입니다. 그런데 푸코는 19세기에 이르러 이런 상황이 어떻게 변하게 되는가를 지나는 길에 잠시 이렇게 지적합니다.

19세기는 이러한 지식과 언어 간의 상호 귀속의 관계를 해체하게 된다. 자기 자신 속에 닫힌 지식과 그 존재와 기능에 있어서 수수께끼로 된 순수한 언어 —이 시대 이후 흔히 **문학**^{Littérature}이라 부른 어떤 것—
를 대면시키게 된다. 둘 사이에서 매개적인 언어들이 무한정 전개되는
데, 이 언어들은 지식뿐만 아니라 작품들로부터 파생된, 또는 달리 말
하면 실추된, 그런 언어들이다. (103, 124)

푸코는 이렇게 가끔 17-18세기 고전주의 시대의 에피스테메가 19세기
에 이르러 어떻게 붕괴하는가를 묘사합니다. 이 대목을 보면, 19세기에
이르러 비로소 '문학'이란 것이 제대로 성립한다는 것이고, 그 문학은 다
름이 아니라 언어 자체의 수수께끼와 같은 존재와 그 기능을 추구해 마지
않는 것임을 말하고 있습니다. 이와 관련해 푸코가 특히 거론하는 인물은
말라르메인데, 그 참모습을 제대로 파악하기는 아직 어렵습니다. 핵심은
19세기에 이르러 언어가 지식과의 교차적 동일성을 벗어나 그 나름으로
독립된다는 것입니다. 말하자면, 언어가 초월적인 존재를 전제하지 않은
상태에서 인식에서 독립해 그 나름의 독자적 세계를 형성함으로써 비로
소 19세기 문학이 성립한다는 겁니다.

4) 일반 문법의 네 번째 귀결, 체계 언어들의 비역사적 발생

이제 네 번째 귀결로 들어갑니다. 그것은 언어의 역사에 관한 것입니
다. 푸코에 따르면, 고전주의 시대 이전에는 바벨탑 사건 이전의 언어를
가장 근원적인 언어, 즉 '체계 모어^{體系母語, langue mère}' 내지는 '영원의 체계
언어^{langue de l'Éternel}'로 여기고, 그 이후 여러 언어가 생겨난 계보들을 탐
색하면서 예컨대 히브리어로부터 시리아어와 아랍어가 생겨나고, 그 이
후 그리스에서 이집트어와 콥트어가 생겨나며, 라틴어에서 이탈리아어
와 스페인어 그리고 불어가 생겨났다는 식의 이야기를 했습니다. 그런데
17세기부터 상황이 일변한다는 겁니다. 푸코는 이렇게 말합니다.

17세기부터 언어와 시간의 관계가 역전된다. 즉 이제 세계사에서 여러 말하기les parlers를 번갈아 배치하는 것은 시간이 아니다. 이제 언어들이 잇따름succession(繼起)의 법칙에 따라 재현들과 낱말들을 전개한다. 각각의 체계 언어에 대해 그 특수성을 규정하는 것은 해당 체계 언어가 낱말들에서 보존하고 있는 내적인 질서와 배치emplacement이지, 역사적인 계열에 있어서 해당 체계 언어가 차지하는 위치에 따른 것이 아닌 것이다. (104, 124)

간단히 말하면, 여러 체계 언어 간의 관계를 탐구하면서 통시적인 연관을 벗어나 공시적인 연관으로 돌입하게 되었다는 겁니다. 각각의 체계 언어마다 이른바 재현을 구술적인 방식으로 전개하는 방식이 다르다는 것은 다들 알고 있습니다. 쉽게 말하면 어순이 다르죠. 주어, 동사, 목적어, 보어 등이 어떤 순서로 어떻게 배치되는가를 보고서 여러 체계 언어 간의 관계를 분석하게 되었다는 겁니다.

이를 기준으로 삼아 체계 언어들을 분류하다 보니 심지어 명백한 증거가 있는데도 무시하고 이탈리아어와 라틴어가 밀접한 관계를 맺고 있다는 사실조차 내놓고 부정하는 학자도 나왔다고 합니다. 흥미로운 사실이죠. 아무튼 푸코는 그 결과를 이렇게 정돈합니다.

체계 언어들을 [낱말들이 어떤 순서로 배치되는가 하는] 계기에 대해 가능한 여러 유형으로 분류해 놓은 일람표를 작성하고 그에 따라 인척 관계를 지닌 것으로 취급하기도 하고 구분하기도 했다. 이 일람표는 동시적인 것이기도 하지만, 가장 오래된 체계 언어들이 무엇인가를 암시하기도 했다. 실제로는 가장 자생적인 질서(이미지들과 정념들의 질서)가 가장 반성적인 질서(논리적인 것의 질서)보다 앞설 수밖에 없다는 것을 인정할 수 있다. 말하자면, 외적인 연대기적인 선후datation를 분석과 질서에 따른 내적인 형식들에 의해 결정한 것이다. [그럼으로써] 시간이 언어 내적인 것으로 되었다. (105, 125-126)

말하자면, 예컨대 흔히 가장 오래된 체계 언어로 알고 있던 히브리어가 만약 이미지나 정념에 따른 질서보다 논리성에 따른 질서를 더 많이 반영한다면, 그렇지 않은 다른 체계 언어보다 더 나중에 나온 체계 언어로 취급하게 되었다는 겁니다. 이로써 역사적인 증거에 따른 연대기적인 선후가 언어적인 성격에 따른 것으로 대체되고, 이것이 바로 시간이 언어 내적인 것으로 되었다는 것을 의미한다는 거죠. 다소 의아하긴 하지만 참으로 흥미로운 내용이 아닐 수 없습니다.

그렇다면, 고전주의 시대 인물들은 체계 언어들이 실제로 영향을 주고받으면서 변화한 통시적인 역사 자체에 대해서는 어떻게 설명하고자 했을까요? 푸코에 따르면, 이에 대해 그들은 상거래, 전쟁, 모험, 유배, 방랑, 여행 등에 따른 순전히 언어 외적인 요인들에 의한 것으로 여기면서 결코 언어 내적인 변형의 법칙에 따라 여러 체계 언어가 생겨나고 없어지고 하는 것은 아니라고 여겼다고 합니다. 푸코는 그 귀결에 대해 이렇게 말합니다.

만약 체계 언어들에 대해 적극적인 시간이 존재한다면, 그 시간은 외부, 즉 역사의 측면에서 찾아서는 안 되고, 낱말들의 질서 부여ordonnance 속에서, 즉 담론들의 움푹 팬 구덩이에서 찾아야 한다. (105, 126)

앞의 논의를 정돈한 것이기에 이해하기에 그다지 어렵지는 않습니다. 다만, 푸코의 말을 믿을 수밖에 없지만, 과연 그랬을까 하는 의문이 드는 건 어쩔 수 없겠습니다.

5) 일반 문법이 갖는 인식론적 의미에 대한 정돈

이렇게 일반 문법을 고안함으로써 언어에 관해서 여러 특수한 귀결을 산출하게 되었다는 점을 지적한 뒤, 푸코는 이제 일반 문법이 갖는 인식론적인 장場에 대해 그 의미를 몇 가지로 정돈합니다.

가장 중요한 점은 일반 문법이란 여러 체계 언어가 각기 지닌 문법들을 비교하는, 이른바 비교 문법grammaire comparée이 아니라는 것입니다. 이는 '일반 문법'의 '일반성'이란 모든 체계 언어가 공통으로 지닌 문법을 추구하는 데서 성립하는 것이 아니라, 체계 언어들의 문법이 기능을 발휘하는 가운데 그 바탕에서 '담론의 재현적인 기능'을 드러나도록 한다는 것을 이해하는 데서 성립한다는 것을 의미합니다. 그래서 이렇게 되죠.

> 일반 문법은 모든 체계 언어의 법칙을 정의하는 것을 겨냥하지 않는다. 일반 문법이 겨냥하는 건 각각의 특정한 체계 언어를 사유가 사유 자체에서 이루어지는 하나의 분절 양식un mode d'articulation으로서 다루는 것이다. 따로 파악된 모든 체계 언어에서 재현은 '문자들caractères'로 주어진다. 일반 문법은 이 자생적인 문자들이 전제하면서 활용하는 동일성들identités과 차이들을 정의할 것이다. 일반 문법은 각 체계 언어의 분류학taxinomie을 확립할 것이다. 즉 일반 문법은 체계 언어의 각각에서 담론을 포착할 가능성에 대한 기초를 확립할 것이다. (106, 127)

"사유가 사유 자체에서 이루어지는 하나의 분절 양식"이라는 말을 잘 이해해야 합니다. 사유는 재현으로 달리 읽을 수 있습니다. 그러니까 이를 '재현이 재현 자체에서 이루어지는 하나의 분절 양식'으로 달리 읽을 수 있죠. 저 앞에서 재현 내에서 인식과 언어가 교차적인 동일성을 이루는 걸로 여겨진다고 했습니다. 그리고 이때 중요한 점은 언어가 담론으로서 공개적인 개방성을 획득한다는 것이었죠. 결국 문제는 담론인 셈입니다. 어떻게 해서 각각의 체계 언어가 공개적인 개방성을 바탕으로 한 담론을 배태하고 있는가를 파악하는 것이 바로 일반 문법이 할 일이라는 겁니다.

그러니까 사유 내지는 재현이 분절된다는 것은 결국 그것이 담론으로 된다는 것을 의미합니다. 여기에는 다소 어렵지만, 재현들이란 동일성들과 차이들을 활용해서 드러내는 '문자들'로 되어 있다는 사실이 그 바탕에서 작동하고 있습니다. 문제는 이 '자생적인 문자들'을 어떻게 봐야 하는가 하는 것입니다. 요즘식으로 말하면, 이는 일종의 기표들인 셈이고, 이것들이 전제하는 동일성들과 차이들에서 동일성은 기의를 목표로 해서 활용되고, 차이는 기표에서 직접 활용된다고 할 겁니다. 이에 관해 여기에서 더 정확하게 설명하기는 쉽지 않습니다.

아무튼 푸코는 담론 가능성을 탐구하는 이러한 일반 문법에 대한 아이디어에 따라 고전주의 시대에서 대략 네 가지 정도의 이론들이 나온다고 말합니다. ① 명제 이론, 특히 동사 이론, ② 분절 이론, ③ 낱말들의 기원과 어근에 대한 이론, ④ 수사학적인 공간과 파생에 관한 이론 등이 그것입니다.

그래서 푸코는 이들 이론에 관해 하나씩 절을 할당해서 고찰해 나갑니다. 제목만 봐도 이해하기에 결코 만만찮다고 할 겁니다.

3. 동사 이론

푸코는 맨 먼저 명제 이론 내지는 동사 이론을 다룹니다. 그 첫마디로 이렇게 말합니다.

명제proposition와 언어의 관계는 재현과 사유의 관계와 같다. 명제의 형식은 가장 일반적이면서도 가장 기초적이다. 왜냐하면, 명제를 분해하자마자 더는 담론을 볼 수 없고 그저 산포된 재료들인 양 그 요소들만을 보게 되기 때문이다. (107, 127)

명제와 담론을 직결된 것으로 여기고 있습니다. 이 둘이 어떻게 연결되는가에 대해서는 차차 생각해 보기로 하고, 우선 푸코가 낱말과 명제를 어떻게 구분하는가를 볼 필요가 있습니다.

원시인이 몸부림치면서 내지르는 비명이 진정한 낱말mot véritable이 되는 것은 그것이 그저 그의 고통을 측면으로 표현하는 게 아닌 한에서, 그리고 "나는 질식할 것 같다"라는 유형의 판단 또는 선언으로서 가치를 지니는 한에서다. 하나의 낱말을 낱말로서 설립하고, 낱말을 비명이나 소음들로부터 일어서도록 하는 것은 낱말 속에 숨겨져 있는 명제다. (107, 128)

비명이나 소음 자체를 언어라고 할 수 있을까요? 소음은 언어가 될 수 없을 것 같은데, 왠지 비명은 언어가 될 것도 같습니다. 하지만, 고통받는 개가 깨갱거리는 소리를 언어라고 할 수 있을까요? 이 인용문의 뜻을 새겨 말하자면, 고통받는 개가 깨갱거리는 것은 고통에 대한 측면적인 표현, 즉 저절로 일어나는 것에 불과하기에 언어라고 할 수 없다는 겁니다. 비명이 언어가 될 수 있으려면 적어도 그 속에 명제를 포함하고 있어야 한다고 말하고 있습니다. 그 예로 들고 있는 "나는 질식할 것 같다j'étouffe"는 비명 속에 적어도 자신에 대한 지시가 암암리에 들어 있다는 것을 말해 줍니다. 그리고 그러한 자신의 상태를 지시하고 있습니다. 푸코는 여기에서 말하는 명제를 좀 더 알기 쉽게 예를 들면서 말합니다.

소리의 기호를 그 직접적인 표현 가치들로부터 떼 내어 그것을 그 언어적인 가능성을 지닌 것으로 강력하게 설립하는 것이 바로 명제이다. 고전적인 사유에 있어서 언어는 표현이 아니라, 담론이 있는 바로 그곳에서 시작된다. 누군가가 '아니non'라고 말할 때, 그는 자신의 거부를 하나의 외침un cri으로 번역한 것이 아니다. "전적으로 하나의 명제인 것, 즉 나는 그렇게 느끼지 않는다, 또는 나는 그렇게 생각하지 않는다"라는 것을 하나의 낱말에 응축시킨 것이다. (107-108, 128)

만만찮은 이야기입니다. 우리는 예사로 언어를 단적인 표현으로 여깁니다. 그런데 고전주의 시대의 인물들은 단적인 표현만으로는 언어가 될 수 없다고 여겼다는 겁니다. 언어이기 위해서는 단적인 표현이 아니라 담론이 발휘되어야 한다고 여겼다는 거죠. 그렇다면 담론은 무엇일까요? 담론은 명제 형식으로 언표된 말이라고 여기면 될 겁니다. 글쎄, 맞을지는 모르지만, 담론은 명제의 내용이고, 명제는 담론의 형식이라 여기면 될 것 같습니다.

결국에는 명제의 기본 형식이 무엇인가가 문제입니다. 흔히들 명제는 "S is P", 즉 "S는 P다"라는 근본 형식을 갖는다고 합니다. 이는 아리스토텔레스의 논리학에서부터 죽 이어져 온 겁니다. 주어主語 또는 주사主辭인 S, 술어述語 또는 빈사賓辭인 P, 그리고 이 둘을 연결하는 계사繫辭, copula 등 세 요소로 된 것이 명제입니다. 홉스가 이를 잘 정돈해 보인 것을 소개하면서, 푸코는 17-18세기에 이 중에서 동사verbe인 계사가 가장 문제가 되었다고 말합니다. 사실은 계사인 'être'('be', …은 …이다)에 관해서는 아리스토텔레스 때부터 많이 연구된 것으로 알려져 있습니다. 이와 관련해 푸코가 여기에서 제시하는 중요한 사안은 언어가 동사로부터 비로소 성립한다는 겁니다.

언어의 문지방(역치)은 동사가 솟아나는surgit 곳이다. 그러므로 동사를 하나의 혼합된 것un être mixte으로 다루어야 한다. 동사는 여러 낱말 중의 낱말로서 다른 낱말들과 마찬가지로 동일한 규칙들 속에서 파악되고 격변화와 일치의 법칙들을 따른다. 그와 동시에 동사는 그 모든 낱말에서 벗어나 말해지는parlé 영역이 아니라 말하는parle 영역으로 들어간다. 동사는 담론의 경계에 놓여 있고, 말해지는 것과 말하는 것의 접합 지점에 놓여 있다. 더 정확하게 말하면, 동사는 기호들이 언어가 되는 과정 중에 있는 바로 그곳에 놓여 있다. (108, 129)

동사를 거치면서 기호가 비로소 언어가 된다는 지적이 흥미롭습니다. 이는 주어와 술어만으로는 그저 비명이나 소음에 불과하다는 것을 말한다고 할 겁니다. 예컨대 그냥 뜬금없이 ‘사과’라거나 ‘붉-’이라고 말하면 아무도 그것에 대해 의미를 부여할 수 없다는 겁니다. 그러나 뜬금없다 할지라도 “사과는 붉다”라고 해서 ‘…는 …다’라는 동사인 계사를 쓰면 언어가 된다는 거죠.

그런데 여기에서 푸코가 동사는 다른 품사들과는 달리 ‘말하는 곳’ 또는 ‘말하는 것’ 등의 영역으로 개입해 들어간다는 점을 강조하는 것이 묘합니다. 이는 동사가 ‘말하는 사람인 나’를 끌어들인다는 것을 의미하죠. 그렇다면, 명제의 기본 형식인 “S est P”(“S is P”, “S는 P다”)에서 S에 해당하는 근원적인 주체가 바로 ‘말하는 자인 나’가 된다는 것이 아닙니까. 그렇다면, 모든 언어는 “나는 …이다”라든가 “나는 …하다”라든가, 또는 “나는 …한다”라는 근본 형식을 갖출 때 비로소 성립합니다. 예컨대 “비가 온다”라는 문장처럼 설사 하나의 명제 속에 말하는 자가 드러나지 않는다고 할지라도, 그것은 결국 “나는 비가 온다고 말하는 자이다”라는 것이 숨겨져 있는 셈이 되죠.

하지만 푸코가 분석하고 있는 동사에 관한 고전주의 시대의 이론에서는 이러한 말하는 주체에 관한 이야기는 그다지 중심 역할을 하지 않았던 것 같습니다. 그것보다는 계사인 'être'에 집중했던 것 같습니다.

모든 종류의 동사는 의미작용을 하는 유일한 것, 즉 être로 환원된다. 모든 다른 동사는 비밀리에 이 유일무이한 기능에 봉사한다. 그러나 다른 모든 동사는 이 기능을 숨기고 있는 규정들로써 이 기능을 다시 덮는다. 예컨대 사람들은 그 기능에 속성을 덧붙인다. 그래서 "나는 노래 부르는 자다"라고 말하는 대신에 "나는 노래 부른다"라고 말한다. 사람들은 그 기능에 시간의 지시를 덧붙인다. 그래서 "나는 노래 불렀던 자다"라고 말하는 대신에 "나는 노래 불렀다"라고 말한다. … 이 유일한 낱말이 없으면, 모든 낱말이 침묵에 머물게 된다. 그리고 다른 어떤 동물들처럼 인간들은 그들의 목소리를 잘 사용할 수 있게 될 뿐이다. 숲속에서 내지른 그 어떤 외침도 결코 언어의 거대한 고리에 연결되지 않을 것이다. (109, 130)

고전주의 시대 사람들은 왜 이렇게 'être'라는 동사에 집중했을까요? 우리로서는 "나는 노래 부른다"가 더 근원적인 것이고, 이를 억지로 명제의 기본 형식으로 환원함으로써 "나는 노래 부르는 자다"라고 말하게 된 것 같지 않습니까. 굳이 모든 동사를 이렇게 "S는 P이다"라는 형식으로 환원하고자 한 까닭이 무엇인가가 궁금합니다. 이에 관해 푸코는 이렇게 말합니다.

보제는 동사의 형식 속에 시제 변화들이 집중되어 온 한 가지 이유를 발견했다. 즉 사물들의 본질essence은 변화하지 않고 오로지 사물들의 현존existence만 나타났다가 사라진다는 것, 사물들의 현존만이 과거와 미래를 갖는다는 것이었다. 이에 대해 콩디야크는 다음과 같은 점을 지적할 수 있었다. 즉 만약 현존이 사물들로부터 물러날 수 있다면, 그 것은 사물들의 현존이 하나의 속성에 지나지 않는다는 것, 그리고 동사는 현존뿐만 아니라 사멸도 긍정할 수 있다는 것을 의미한다는 것이다. 동사가 긍정하는 유일한 것은 다름이 아니라 두 재현의 공현존 coexistence이다. 예를 들면, 초록의 재현과 나무의 재현의 공현존이 그러하다. … 실로 공현존은 사물 자체의 속성이 아니다. 공현존은 재현의 한 형식에 불과하다. 초록과 나무가 공현존한다고 말하는 것은 그것들이 모든 재현 또는 내가 받아들이는 대부분의 인상 속에서 연결되어 있다고 말하는 것이다.

그 결과 être 동사는 본질적으로 모든 언어를 언어가 지시하는 재현과 관계를 맺도록 하는 기능을 갖는다. [그런데] 언어가 기호들 너머로 향하는 그 존재는 사유의 존재 그 이상도 그 이하도 아니다. (110, 131-132)

être 동사가 언어 내부에 속하면서도 언어를 벗어나 언어 바깥의 존재와 관계를 맺는 묘한 역할을 한다는 겁니다. 언어는 기본적으로 언어 바깥의 존재를 지시하는바, 기호 작용을 해서 의미를 띕니다. 지시하는 방식으로긴 하지만 언어가 그처럼 존재와 연결된다는 것은 실로 신비한 일이 아닐 수 없습니다. 그 핵심 고리로서 être 동사를 지목하고 있습니다.

être 동사는 "S는 P이다"라는 기본 형식에 따라 언어 속에서 재현됩니다. 그런데 언어를 통해 존재를 재현한다고 할 때, 재현되는 것 역시 'être', 즉 '존재'입니다. 한편으로 보면, être라고 하는 것이 '존재'를 지칭하기도 하지만, 지칭되는 '존재'이기도 하기에 이를 이용해서 일종의 유희를 일삼는 것 같기도 합니다. 그런데 보제와 콩디야크의 연구를 참조한 푸코의 논의는 결코 그런 것은 아니라고 역설하는 것으로 보입니다.

보제와 콩디야크는 사물의 본질과 현존을 구분함으로써 동사의 시제 변화를 설명할 수 있었다는 것인데, 푸코는 이를 자기 나름으로 활용해서 고전주의 시대가 얼마나 재현의 틀에 얽매었는가를 드러냅니다.

이제까지는 être 동사가 언어를 언어 바깥의 존재와 연결되도록 하는 기능을 발휘한다고 생각했는데, 알고 보면 그 언어 바깥의 존재란 결국 사유의 존재, 즉 재현 내의 존재에 불과하다는 겁니다. 동사가 시제 변화를 받아들인다는 것은 동사가 변하지 않는 사물들의 본질로 연결되는 것이 아니라 사물들의 변화무쌍한 현존들에만 연결된다는 것이고, 이때 사물들의 현존이란 재현 체계 내의 일에 불과하다는 것이 그 근거입니다.

이렇게 되면 être 동사가 언어와 언어 바깥을 지시적인 방식으로 연결하는 기능을 수행한 것은 그저 재현 내부에서의 일일 뿐인 것으로 됩니다. 그래서 이렇게 이야기되죠.

> 동사가 지시하는 것은 결국 언어의 재현적인 성격이다. 즉 동사가 지시하는 것은 언어가 사유 속에 자리를 잡고 있다는 사실이다. 기호들의 한계를 넘어서서 기호들에 진실로 기초를 세워 줄 수 있는 그 유일한 낱말 [즉 être 동사]는 오로지 재현 자체에만 다가갈 뿐이다. 그러므로 동사의 기능은 언어의 현존 양식과 일치된 것으로 드러난다. 그리고 동사의 기능은 언어의 범위 전체에 미치는 것이다. 말한다는 것은 기호들에 의해 재현한다는 것이고 동시에 동사에 의해 지배되는 종합적인 형식을 기호들에 부여하는 것이다. (110-111, 132)

언어가 언어일 수 있는 것, 즉 언어가 기호들로써 기호들을 넘어선 사유의 재현을 재현할 수 있는 것은 바로 동사, 특히 être 동사에 따른 것이라는 결론을 맺고 있습니다. 요컨대 언어가 얼마나 본질적으로 재현적인 것인가를 나타내 주는 것이 바로 동사라는 것이고, 고전주의 시대의 인물들이 바로 이 점을 워낙 중요하게 여겼다는 겁니다. 이렇게 되면 동사는 담론으로서의 모든 명제가 지니지 않으면 안 되는 일반적이고 공통된 속성으로 자리 잡게 됩니다.

그러나 푸코는 19세기가 되면서 동사에 대한 이러한 생각, 즉 동사가 모든 명제에 대해 일반적이고 공통된 속성이라는 생각이 사라지기 시작한다는 것을 지적합니다.

> 19세기 전체에 걸쳐 언어가 지닌 **동사에 따른**^{de verbe} 수수께끼 같은 본성을 중심으로 언어가 탐문의 대상이 된다. 언어가 존재에 가장 가까이 갈 수 있는 이유는? 언어가 존재를 지칭하는 데 가장 역량이 뛰어난 이유는? 언어가 존재의 근본적인 의미를 전달하고 반짝이도록 해서 존재를 절대적으로 현시되도록 한다는 이유는? 헤겔에게서 말라르메에 이르기까지, 존재와 언어의 관계들에 대해 이들이 놀라워한 나머지 문법적인 기능들의 동질적인 질서 속에 동사를 재편입하는 것을 신중히 검토하게 된다. (111, 132-133)

푸코의 사유를 따라가 파악하는 일은 전혀 쉽지 않습니다. 언어가 특권적인 방식으로 존재와 관계를 맺는 것이 과연 동사 때문인가에 대해 적극적인 검토가 이루어진다는 것인데, 그 구체적인 내용에 관해서는 아무 말이 없습니다. 중요한 점은 푸코가 이렇듯 17-18세기의 고전주의 시대를 그 이전의 르네상스 시기뿐만 아니라, 19세기와 적극적으로 대비되는 것으로 본다는 사실입니다.

말하기 3.
분절

4. 분절

지난 시간에 고전주의 시대의 동사 이론을 다루었습니다. 동사가 없이는 언어가 될 수 없다는 사실, 모든 동사는 être 동사로 환원될 수 있다는 사실, 그리고 être 동사가 재현 내에서 '존재'를 지시하면서 동시에 그 존재에 대해 속성을 부가하면서 긍정한다는 사실 등을 살폈습니다.

1) 재현적인 분절

푸코는 이제 '분절'의 절로 넘어와 이를 정돈해 보이면서 이를 둘러싼 다른 요소들을 거론하면서 이렇게 말합니다.

> être 동사는 속성 부가attribution와 긍정affirmation의 혼합이고, 말하기 parler에 대한 제1의 근본적인 가능성과 담론의 교차점이다. 이 être 동사는 명제의 첫 불변 항invariant, 즉 가장 근본적인 불변 항이다. 이 불변 항의 주변 여기저기에 요소들이 있다. 그 요소들은 담론의 부분들

또는 '연설oraison'의 부분들이다. 이 주변적인 부분들은 아직 무차별하다. 이 주변적인 부분들은, 존재를 지시하는바 거의 인지할 수 없지만 중심을 차지하는 미소한 형상形狀, figure을 통해 겨우 규정되어 있을 뿐이다. 그러면서 이 주변적인 부분들은 이 '판단 항judicateur'을 에워싸고서 **판단하는** 자le judicande이자 **판단되는** 자le judicat로서의 기능을 발휘한다. (111, 133)

언어를 통해 담론을 수행하기 위해서는 먼저 재현 내에 재현적인 방식으로나마 명제가 성립되어 있어야 합니다. 담론을 수행한다는 건 이 명제를 문장으로 언표하는 거죠. 지금, 이 인용문에서 묘사되고 있는 장면은 담론이 구체적으로 수행되기 전 재현의 내부를 들여다봄으로써 나타난다고 할 수 있습니다.

재현은 처음에 덩어리져 있다고 할 수 있습니다. 그런데 이 재현에 대해 담론을 수행하려고 하자마자, 재현은 그 나름으로 일정하게 분절되기 시작합니다. 재현이 분절되는 모습은 어떨까요? 재현의 중심에 존재를 지시하는 하나의 형상이 있습니다. 예컨대 담론에서 '분필'이라는 명사로 지칭될 수 있는 하나의 개별적인 형상이 있죠. 그 주변에 '하얗다'라거나 '기다랗다'라거나 '딱딱하다'라거나 '둥글다'라는 형상들이 있습니다. 이 형상들은 'être', 즉 '…이다'라거나 '…하다'라는 사태를 통해 몰려듭니다. 그래서 'être'는 중심 역할을 하면서 근본적인 불변 항으로 작동합니다.

그런데 재현이 분절되면서 이 중심 형상은 그저 그 자체로 존립하지 않습니다. 여러모로 분절되면서 담론을 통해 일반적인 성격을 띤 여러 술어로 지칭될 수 있는 주변적인 요소들을 수반하게 되죠. 예컨대 '둥글다'라거나 '기다랗다'라거나 '딱딱하다'라거나 하는 감각적인 성질들을 나타내는 담론의 술어들로 드러날 속성의 요소들을 수반하고 '필기구'라든가 '도구'라는 등 분류를 나타내는 담론의 술어들로 지칭될 종種적인 내용들이 암암리에 들러붙습니다.

하지만 재현의 분절 단계에서 이 주변적인 요소들은 아직 정확하게 분절되어 있다고 말할 수 없습니다. 그래서 무차별하다고 하고, 그나마 겨우 규정되어 있다고 하는 것입니다. 그러나 이 주변적인 요소들은 중심 형상을 판단 항으로 삼아 이 판단 항을 판단하는 역할도 하고 또 이 판단 항에 의존해서, 즉 담론으로 보면 주어로 삼아 판단되기도 합니다.

언어는 사물 못지않게 이래저래 참으로 묘합니다. 사물이 깊이에서 오묘하다면, 언어는 구조의 복합 다양에서 현란합니다.

2) 언어적인 분절 1단계

이에 푸코가 고전주의 시대의 언어적인 분절에서 가장 크게 문제로 삼는 것은 이 주변적인 요소들을 지칭하는 술어들입니다. 푸코는 이 술어들을 명사로 부르면서 이 명사가 일반성을 띠어야 한다고 말합니다.

> 명사의 일반성généralité du nom은, 존재에 대한 지시가 명제의 형식에 있어서 필수적인 것과 마찬가지로, 담론의 부분들에 대해 필수적이다.
> (112, 134)

만약 이 명사들이 고유명사처럼 오로지 어느 하나의 개별자에 일대일로 들러붙고 만다면, 담론의 문장에서 주어에 대해 속성 부가의 기능이 발휘되지 못할 겁니다. 속성을 부가한다고 할 때, 그 속성은 오로지 단지 주어에 해당하는 그 개별의 표상에게만 속하는 것이어서는 안 되기 때문이죠. 그 속성은 여러 개별자의 표상에 공통으로 적용되어야 합니다. 이에 담론의 문장에서 술어로 전환되는 부수적인 표상들에 적용되는 명사들은 물론이고, 담론의 문장에서 주어로 전환되는 중심 표상들에 적용되는 명사들 역시 일반성을 띠어야 하는 겁니다.

푸코는 명사의 일반성이 획득되는 두 가지 방식을 듭니다. 하나는 수평적 분절articulation horizontale이고, 다른 하나는 수직적 분절articulation verticale입니다. 이에 관한 푸코의 설명을 들어 봅시다.

> 수평적 분절은 서로 간에 어떤 동일성들identités을 갖는 개체들les individus을 끌어모으고, 서로 다른 것들을 분리함으로써 이루어진다. … 개체에서 종種, espèce으로, 나중에는 종에서 속屬, genre과 강鋼, classe으로, 언어는 점증하는 일반성들의 영역으로 정확하게 분절된다. (112, 134)

말하자면, 수평적 분절은 개체에서 그 개체를 원소로 하는 집합으로 나아가는 식으로 분절되는 것을 일컫습니다. 예컨대 "소크라테스는 인간이고, 인간은 동물이다"라고 할 때, 소크라테스는 개체에, 인간은 종에, 동물은 속에, 생물은 강에 해당합니다.

> 수직적 분절은 수평적 분절에 연결된다. 왜냐하면 둘은 서로에 대해 필수 불가결하기 때문이다. 이 두 번째 분절은 그 자체로 존립하는 것들과 독립된 상태로 결코 만날 수 없는 것들 —변양들modifications, 특질들, 우연들 또는 성격들— 을 구분한다. 심층에는 실체들이 있고, 표면에는 성질들이 있다. 실체와 성질들 사이에서 이루어지는 이 절단coupure은 담론에서 형용사들의 현전을 통해 증시된다. 형용사들은 재현에서 그 자체로 존립하지 못하는 모든 걸 지시한다. (113, 134)

간단히 말하면, 수직적 분절은 실체와 속성의 구분입니다. "이 장미꽃은 빨갛다"라고 할 때, 이 장미꽃은 그 자체로 존립하지만, 그 빨강은 그 자체로 독립해서 존립할 수 없습니다. 어디까지나 '이 장미꽃'에 의존해서 존립할 수 있을 뿐입니다. 빨간색뿐만이 아닙니다. 부드럽다거나 다섯 개의 잎을 지녔다거나 가시가 난 줄기 끝에 나 있다거나 하는 '이 장미꽃'에 속한 여러 형태나 성질 역시 그러합니다. 말하자면 '이 장미꽃'이라는 개체를 집합의 관계에서 보지 않고 그 자체의 내용을 파고들어 분절하기에 수직적 분절이라고 하는 겁니다.

이에 푸코는 고전주의 시대에 실체 명사nom substantif와 형용 명사nom adjectif를 구분했다는 것을 지적합니다. 그러면서 이 둘이 언어의 분절과 재현되는 표상의 분절 사이에서 묘하게 교환되기도 한다는 것을 이렇게 지적합니다.

'하양blancheur'이라고 말할 때, 이를 통해 지시하려는 것은 하나의 성질이다. 그러나 이 말은 이 성질을 실체적인 것에 의해 지시한다. '인간적인humain'이라고 말할 때, 사람들은 그 자체로 존립하는 개체들을 지시하기 위해 하나의 형용사를 사용한 것이다. 이러한 전환은 언어가 재현과 달리 다른 규칙들을 준수한다는 것을 가리키는 것이 아니다. 그 반대로 이러한 전환은, 언어가 그 자체로, 그리고 그 고유한 두께 속에서 재현의 관계들과 동일한 관계들을 형성한다는 것을 가리킨다. 사실이지 언어란 복제된dédoublée [이차적] 재현이 아닌가? 설혹 이 이차적 재현이 일차적 재현을 재현하는 기능과 의미만을 가진다고 할지라도, 이차적 재현으로서의 언어는 일차적 재현과 구분되는 이차적 재현을 [일차적] 재현의 요소들과 결합하는 힘을 지닌 것이 아닌가? 만약 담론이 하나의 수식修飾을 지시하는 형용사를 가로채 그 형용사를 문장의 내부에서 명제의 **실체** 자체로서 가치를 갖도록 한다면, 그때 형용사는 실체적인 것이 된다. 그 반면, 문장에서 하나의 우연으로서 작동하는 명사가 과거에 의해 순전히 실체들을 지시한다면, [그것은] 이제 형용사가 된다. (113, 135)

형용사가 명사화되고, 또 명사가 형용사처럼 쓰이는 담론의 현상을 지적하고 있습니다. '아름답다'가 '아름다움'으로, '남자'가 '남자답다'로 변형하는 등 그런 경우는 허다하죠.

그런데 의식에서 이루어지는 재현 차원에서도 실체와 속성이 엄격하게 구분될 것이고 그에 따른 규칙들이 있을 겁니다. 그렇다면 의식에서 이루어지는 재현의 규칙과 그것을 담론의 형태로 표현한 언어의 규칙이 다르다고 해야 하는 게 아닐까요? 이런 의문에 대해 푸코는 언어 역시 이차적이지만 하나의 재현임을 강조합니다. 일컫자면 언어적인 재현이 된다는 거죠. 따라서 언어와 재현을 엄격하게 구분한다는 것은 불가능하고, 명사와 형용사의 상호 전환이 가리키는 바는 언어가 언어적인 재현과 의식에서의 재현을 결합하는 힘을 지니고 있음이라는 겁니다.

언어적인 재현을 중요하게 여기게 되면, 의식에서의 재현이 본래 언어적인 방식으로 구조화되어 있는 것으로 여기기 쉽습니다. 엄격하게 말하면, 언어적으로 구조화되어 있지 않은 것은 사유라고 할 수 없고 재현이라고 할 수 없습니다. 라캉은 심지어 무의식마저 언어적으로 구조화되어 있다고 하지 않습니까. 그런데 고전주의 시대의 인식론에 있어서는 언어적인 재현의 차원과 의식에서 이루어지는 재현 자체의 차원을 구분한 겁니다. 그래서 이렇게 이야기되죠.

> [의식에서 이루어지는 재현에서 성립하는] 모든 실체substance는 [문장에서] 하나의 실사實辭, un substantif에 의해 지시되고, [의식에서 이루어지는 재현에서 성립하는] 모든 우유偶有, accident23는 [문장에서] 하나의 형용사un adjectif에 의해 지시된다. (114, 135)

---

23   실체(hypokeimenon)와 우유(symbebekos)는 아리스토텔레스의 형이상학에서 개별 사물이 존재론적으로 분절되는 걸 일컫는 데 기원을 두고 있다.

이는 언어의 분절에서 수평적인 분절에 해당하는 개체와 종 내지는 유類의 분절과 수직적인 분절에 해당하는 실체와 속성의 분절을 결합한 겁니다. 여기에서 '모든 실체'는 집합적으로 어떤 종 내지는 유에 속한 개체들을 가리킵니다. 그리고 '모든 우유'는 개개의 개체가 공통으로 지닌 우연적인 동일한 속성 전체를 가리키죠. "이 분필은 원통형이다"와 "이 드럼통은 원통형이다"라고 할 때, '원통형'이라는 우연한 속성은 '이 분필'이라는 개체와 '이 드럼통'이라는 개체 모두에 일종의 형용사적인 종으로서 공통으로 작동합니다. 그러니까 실체와 속성으로의 분절과 개체와 보편적인 종으로의 분절이 결합한 걸로 되는 거죠.

따라서 언어적인 분절은 재현적인 분절과 그 차원이 다릅니다. 재현은 개별적인 상태에서 분절되는데, 이에 반해 문장은 보편적인 상태에서 분절되기 때문이죠. 말하자면, 언어의 분절은 의식에서 이루어지는 여러 재현의 분절에 두루 적용될 가능성을 지니는 겁니다.

그런데 푸코는 이 가능성에서 담론의 자유로움과 체계 언어들의 차이가 구성된다고 말합니다(114, 136 참조). 영어를 쓰는 영국 사람과 한국어를 쓰는 한국 사람이 '이 장미꽃'을 볼 때, 그들의 의식에서 일어나는 재현의 분절은 동일하다고 할 수 있을 것입니다. 그런데 영국 사람은 "This rose flower is red"라고 분절해 말하고, 한국 사람은 "이 장미꽃은 붉다"라고 분절해 말합니다. 영국 사람은 'is'라는 계사繫辭를 활용해서 언어적으로 분절하고, 한국 사람은 '은'이라는 주격 조사와 '다'라는 서술격 조사를 활용해 언어적으로 분절하죠. 동일한 사태를 동일하게 의식적으로 분절해 재현할지라도, 수없이 많은 체계 언어, 즉 민족어 내지는 나라말에 따라 언어적인 분절은 달리 이루어질 수 있습니다. 그런데도 각각의 체계 언어로써 의식에서 이루어지는 온갖 다양한 분절을 지시할 수 있습니다. 체계 언어마다 그 나름의 보편적인 분절 체계를 갖추고 있기 때문입니다.

3) 언어적인 분절 2단계

푸코는 개체와 종으로의 분절 및 실체와 속성으로의 분절이 결합한 것을 일차적인 언어의 분절이라고 합니다. 그러나 재현이 이런 정도로만 언어적으로 분절되는 것은 아닙니다. 이를 바탕으로 해서 계속 분절될 수 있습니다. '주어-동사-술어'의 기본 구조 외에 전치사, 접속사, 성과 수를 나타내는 격변화, 시제를 나타내는 동사의 어미변화, 명사를 수식하는 관사 및 지시사, 그리고 동일성과 일치를 나타내는 기호들 등 필요로 하는 여러 새로운 분절이 이루어집니다. 푸코는 이 언어 요소들에 대해 포르-루아얄 논리학에서는 '부수적accessoires'이라 칭하고, 르메르시에는 '구체화하는 요소concrétiseurs' 또는 '탈추상적인 요소désbstracteurs'라 불렀다는 점을 지적한 뒤, 이렇게 말합니다.

> 명사들과 동사들은 '절대적인 의미태significatifs absolus'인 데 반해, 이 언어 요소들은 상대적인 양식으로만 의미작용을 한다. 이 언어 요소들이 재현에 말을 거는 것은 분명하다. 이 언어 요소들은 재현이 분석되면서 그 연관의 내적인 짜임을 보게 하는 한에서 현존한다. 그러나 이 언어 요소들 자체는 그것들 자체를 부분으로 삼는 문법적인 전체에 의해서만 가치를 갖는다. 이 언어 요소들은 언어에서 새로운 분절을 확립하는데, 이 새로운 분절은 본성상 재현적이면서 동시에 문법적이라고 하는 혼합된 분절이다. 이때 재현적인 질서와 문법적인 질서가 갑자기 서로 정확하게 전환되지는 않는다. (114-115, 136-137)

예컨대 불어에서 문법적인 기능을 하는 언어 요소들은 다종다양합니다. 명사와 동사 및 형용사 외에, 이들을 구체화해서 세밀하게 엮는 데 필요한 전치사를 비롯한 온갖 언어 요소들이 있죠. 고전주의 시대 사람들은 이 둘을 정확하게 구분했다는 겁니다. 수평적 분절과 수직적 분절은 전자를 통해 이루어지는 것이며, 후자에 대해서는 특별한 용어를 붙이지 않고 그저 '새로운 그러나 혼합된' 분절이라고 말합니다. 이 새로운 분절은 워낙 재현적이라기보다는 문법적입니다. 그러나 재현에서의 분절과 무관한 것은 전혀 아닙니다. 따라서 재현적이면서도 문법적이라는 거죠. 아닌 게 아니라, 전치사에 해당하는 재현의 부분을 정확하게 지적해 내는 것은 쉽지 않겠지만, 그렇다고 재현의 시공간적인 구조는 도대체 전치사가 없으면 지시할 수 없습니다. 예컨대 'la rue devant ma maison내 집 앞의 길'이라고 할 때 'devant'이 없이는 '내 집'과 '길' 간의 공간적인 연관을 알 길이 없습니다. 이를 예컨대 "La rue est devant ma maison"이라고 할 때, 'devant ma maison'은 일종의 형용사구가 됩니다. 이때 'devant'은 형용사뿐만 아니라 être 동사(→est)의 의미 기능을 더욱 구체화하죠.

4) 기계적 장치로서의 체계 언어

어떤 방식으로 분절이 이루어지든 간에, 논리적으로 볼 때 분절이란 계속해서 수행될 수 있다고 여겨집니다. 하나의 문장은 여러 낱말로 분절되고, 하나의 낱말은 여러 언어 요소로 분절되죠. 나아가 하나의 언어 요소는 심지어 음소처럼 하나의 음의 단위로 분절되기까지 합니다. 이를 역순으로 생각해 보면, 모든 언어는, 마치 하나의 큰 기계가 여러 기계 부품이 기계적으로 결합함으로써 기능을 발휘하듯이, 기계적으로 결합해서 그 나름의 기능을 수행하는 것이라 할 수 있습니다. 문제는 이때 언어적인 메커니즘mécanique langagière이 과연 재현에서 유래하는 것인가, 아니면 언어 자체의 차원에서 비로소 성립하는 것인가 하는 점입니다. 이에 관련된 푸코의 이야기를 들어 봅시다.

낱말들의 재현적인 가치들이 분해되거나 중단되면, 의미는 이내 사라진다. 그 대신 사유에서 분절되지 않고 그 연결이 담론의 연결로 이어지지 않는바 독립적인 재료들이 나타난다. 일치라든가 격변화라든가 어미변화라든가 음절들 및 소리들에는 그 나름의 '메커니즘'이 있다. 그런데 그 어떤 재현적인 가치로써도 이 메커니즘을 설명할 수 없다. 체계 언어는 조금씩 완전해지는 이러한 메커니즘들로 취급해야 한다. 가장 단순한 형식으로 보면, 문장은 그저 주어와 동사 그리고 술어로써 구성된다. 그리고 새로운 의미를 부가하고자 할 때, 반드시 새롭고도 전적인 하나의 명제가 요구된다. 그러니까 가장 초보적인 기계들이라 할지라도 그 부품들^{organes} 각각에 대해 다르게 적용되는 운동의 원리들을 전제한다. 그러나 그 초보적인 기계들이 완전해지면, 그 초보적인 기계들은 그 모든 부품을 단일하고 동일한 원칙 아래에 종속시킨다. 그럴 때, 그 부품들은 그저 그 기계의 매개들, 변형 수단들, 또는 적용점들일 뿐이다. 이와 마찬가지로, 언어 체계가 완전해지면, 그 언어 체계는 한 명제의 의미가 문법적인 기관들^{organes grammaticaux}에 의해 전달되도록 한다. 이때 문법적인 기관들은 그 자체 재현적인 가치를 갖지는 않지만, 재현적인 가치를 더 정확하게 하고, 재현적인 가치의 요소들을 결합하며, 재현적인 가치를 실제로 규정하는 것이 무엇인가를 지적한다. (115-116, 137-138)

언어가 재현으로부터 분리되는 측면이 어떤가를 지적하고 있습니다. 그 핵심은 재현적인 가치는 갖지 않지만, 문법적으로 작동하는 언어 기관들입니다. 바로 앞 인용문에서 부수적인 언어 요소들이 재현에 대해 말을 거는 것은 분명하다고 했습니다. 여기 이 인용문 끝 대목에서는 그것들이 어떻게 재현에 대해 말을 거는가를 밝히고 있습니다.

요컨대 언어를 많이 분절했을 때 나타나는 언어 기관들, 즉 부수적인 언어 요소들은 그 자체로 재현적인 가치를 가질 수 없고, 따라서 의미를 가질 수 없지만, 재현적인 가치, 즉 명제의 의미를 더 정확하게 하고 결합해서 재현적인 가치를 규정하는 것이 무엇인가를 나타내 준다는 겁니다. 이를 일컬어 체계 언어의 기계성mécanique de la langue이라 일컫습니다. 기계의 각 부품이 수행하는 그 나름의 운동 원칙들은 기계 전체가 통일된 하나의 기능을 발휘하는 데 매개가 될지언정 결국은 기계 전체의 단일하고 동일한 하나의 운동 원칙에 복속됩니다. 이와 마찬가지로, 언어 기관들인 부수적인 언어 요소들이 따르는 문법적인 원칙들은 결국 재현적인 가치, 즉 명제의 의미를 드러내는 단일하고 동일한 하나의 의미론적인 원칙에 복속된다는 거죠.

이렇게 되면 명제의 논리적인 분석과 문장의 문법적인 분석을 구분하지 않을 수 없게 됩니다. 푸코는 그런 구분이 18세기 말에 이르러 드 사시Antoine de Sacy(1758-1838)에 의해 이루어졌음을 지적합니다.

5) 모든 낱말은 명사

그러나 부수적인 언어 요소들이긴 하지만 문법적인 기능을 하는 이것들이 어떻게든 재현적인 가치와 관계를 맺고 있다는 사실은 이것들에 대한 의미론적인 분석을 하지 않을 수 없게끔 합니다. 그래서 오히려 이렇게 되죠.

이것들은 점점 더 자기 고유의 의미를 상실했거나 … 이것들이 안정된 지지대로 여기면서 하나의 변형 체계un système de modifications를 제공해 준 다른 낱말들에 병합된다. 그러므로 모든 낱말은 잠자고 있는 명사들이다. 동사들은 형용 명사들을 être 동사에 결합했다. 접속사와 전치사는 이제 부동의 것이 되어 버린 동작들에 대한 명사들이고, 어미 변화와 동사 활용은 흡수되고만 명사들noms absorbés이다. 이제 낱말들은 그것들 속에 자리 잡아 왔던 모든 명사에 문을 열어 자유롭게 해서 돌아다닐 수 있게끔 되었다. … 르 벨은 모든 낱말을 음절의 요소들로 환원할 수 있다는 분석의 원칙을 세웠다. 음절의 요소들을 통해 잊힌 지 가장 오래된 명사들을 다시 나타날 수 있게 한다는 것이었다. 말하자면, 그 음절의 요소들은 être 동사 옆에서만 현존할 수 있었던 유일한 것들이었다. 예를 들면, Romulus는 Roma와 moliri건축하다에서 왔다. 그리고 Roma는 힘Robur을 지시했던 Ro와 위대함magnus을 지시했던 Ma에서 온다.

만약 음절들 이하로 내려가서 철자들 자체에까지 이르게 된다고 할지라도, 거기에서 여전히 퇴화한 명명命名의 가치들을 수집할 수 있을 것이다. (117-118, 139-140)

간단히 말하면, 고전주의 시대 사람들은 그 말기에 이르러 언어를 분석하면서 각기 낱말의 구성 요소들을 최대한 분절해서 그 최소 단위에서조차, 심지어 철자 하나하나에 이르기까지 재현적인 가치, 즉 의미를 찾으려고 했다는 겁니다. 여기에는 모든 낱말을, 즉 모든 낱말의 구성 요소들을 하나의 명사, 즉 그 나름 재현적인 가치를 지닌 것으로 보았다는 것이 전제되어 있습니다. 그래서 예컨대 이렇게 됩니다.

모음들 하나하나는 관행에 의해 갇힌, 너무나 오래된 명사들의 비밀을 그 나름 따로따로 전개할 수 있게 되었다. 그래서 예컨대 A는 소유avoir(갖다)에, E는 현존existence에, I는 역능puissance에, O는 놀람les yeux qui s'arrondissent(둥글게 된 눈들)에, U는 습기humidité, 그러니까 체액humeur에 각각 상응하는 것이었다. 우리의 역사에서 가장 오래된 함몰된 층에는 아마도 여전히 혼동되는 자음과 모음이라는 두 그룹으로 구분되어 있을 것인데, 이 자음들과 모음들은 인간의 언어를 분절한 유일한 두 가지 명사를 형성했을 것이다. 노래를 부르는 것 같은 모음들은 감정들을 말했을 것이고, 거친 자음들은 욕구들을 말했을 것이다. (118, 140-141)

어찌 생각해 보면, 다소 어처구니가 없는 아전인수 격의 갖다 붙이기가 아닌가 싶기도 합니다. 하지만, 그 발상만큼은 충분히 일리가 있어 보입니다. 아닌 게 아니라, 태곳적에 어떻게든 자음과 모음이 구분되어 나왔을 것이고, 그렇게 구분되어 나온 데에는 그 나름의 이유가 있었을 겁니다. 모음은 감정과 연결되고 자음은 욕구와 연결된다는 것은 루소Jean-Jacques Rousseau(1712-1778)의 『언어 기원론』에도 나오는 이야기입니다.

이 대목에서 그다지 신선한 시는 아니지만, 2007년쯤에 제가 썼던 시가 생각이 납니다. 다소 엉뚱하지만 소개해 보고자 합니다.

희망사항

시학의유전공학을개발해·장미에이빨이나도록하거나·재봉틀에서우산이펼쳐지도록하는것이아니다·시대착오를기꺼이감수하여귀여운사탄을창조하는것도아니고·아름다운지옥을노래하는것도아니다·아침이란말을누구보다도맨먼저·신보다도더빨리·심지어아침보다더이른시각에·아침이란말을세상이태어나듯이최초로내뱉는것이다·밤새워사랑에지친연인들이이윽고잠속으로빠져든뒤·갓태어난태양이수줍게산등성이에걸리고·너른하늘이옳다구나눈부시게옷을벗고서·파랗게눈을뜬북서쪽서울의건물들을포옹하는시각·아침이란말을비명처럼쏟아내는것이다·아침·정말이지맨처음아침이란말을할줄알았던그혹은그녀는누구였을까·죽음의운명마저싱그러운한송이의꽃봉우리로바꾸어낼줄알았던·그녀혹은그는누구였을까·혈거인이었을까·한반도곳곳고인돌아래묻힌인물들이었을까·도무지알수없지만·분명그혹은그녀일지라도·나의희망을가로채지못한다·아침이라는말을맨먼저하게되리라는시인의희망사항을·앗아가지는못한다·아침·단두마디소리내기로거대한시공간의기적을·압축할수있으리라는시인

의각오를·무너뜨리지는못한다·아침은목청을얼마나깊게떨리게하는
가·밤과낮그리고새벽에비교해보라·아침은영원한첫소리인·아·를
길게앞세우고서·아·의긴울림을·침·하면서·한점낭비도없이·그대
로응축시키고있지않은가·아·한마디에부드러운태양이붉게얼굴을드
리우고·그울림속에·투명한너울이되어하늘이펼쳐지고·살아있는지
상의모든사물이·파랗게눈을뜨면·이윽고·침·하면서·창조적인발음
의과정이끝날듯·이어지는것이·아침이지않은가

읽기에 불편하게도 띄어쓰기 문법을 준수하지 않았습니다. 언어의 덩
어리짐을 내보이기 위한 심사에서죠. 이 시는 '아침'이라는 낱말을 시작
하는 '아'라는 모음, 그리고 '침'이라고 하면서 아랫니와 윗니가 부딪친 상
태에서 내는 강력한 치음의 자음에서 시작해 '으음'을 압축해 놓은 'ㅁ'이
라는 유성자음으로 끝나는 태곳적 조어 과정을 염두에 둔 겁니다. 각설하
고, 아무튼 푸코는 이와 관련해서 다음과 같은 결론을 내립니다.

언어는, 그 모든 두께로, 그리고 맨 처음 비명에 덧붙였던 가장 오래된
소리들에 이르기까지, 그 재현적인 기능을 보존한다. 그 각각의 분절
에 있어서 언어는 태곳적부터 항상 명명 작업을 해 왔다. 그 자체로 보
면, 언어는 명명 작업에 따른 거대한 잡음일 뿐이다. 그러나 이 명칭들
은 가장 복합적인 재현들을 분석하거나 구성할 수 있게끔 하기 위해
서로 뒤덮이고 서로 응축되며 서로를 숨기고 서로를 유지한다. 문장들
의 내부에서는 의미작용signification이 의미작용을 하지 않는insignifiantes
음절들에서 묵언의 받침대를 붙드는 것처럼 보인다. 바로 그 문장들의
내부에는 항상 잠든 명명이 있다. 이 잠든 명명은, 자신의 음성적인 칸
막이벽들 사이에 비가시적이지만 지울 수 없는 재현의 반영을 지니는
형식이다. 19세기의 문헌학에서도 이와 비슷한 분석들이 엄밀하게 말

하자면 '죽은 문자'로 남아 있었다. 그러나 이는 언어에 대한 전반적인
경험에 대한 것은 아니었다. ─ 처음 생마르크, 르베로니, 파브르 돌리
베, 외게르 등의 시대에는 비의적이고 신비적인 방식으로 이루어졌다.
다음으로 말라르메, 루셀, 레리 또는 퐁주와 더불어 낱말의 수수께끼
가 그 전반적인 존재를 드러내게 되었을 때 문학으로 이루어졌다. 그
것은 낱말들을 깨뜨렸을 때 거기에서 발견하는 것이 소음들이거나 자
의적인 순수한 요소들이 아니라, 그 나름으로 가루가 되어 가루가 된
다른 낱말들을 해방하는 또 다른 종류의 낱말들이라는 생각이다. 이
생각은 근대의 모든 체계 언어의 과학에서는 부정적이다. 하지만 그
와 동시에 이 생각은 가장 모호하면서도 가장 실재적인 언어의 권능
들을 우리에게 말해 주는 신화이기도 하다. … 우리를 문학과 연결하
는 언어의 중얼거림 속에서 끝없이 말할 수 있는 것은 언어가 언어 자
체 내에서 말하기를 그친 적이 없기 때문이고, 또 결코 다 퍼낼 수 없
는 가치들이 우리가 도달할 수 없는 먼 곳까지 언어를 관통해 가기 때
문이다. 그러나 고전 시대에는 그 관계가 전혀 달랐다. 두 가지 형상이
정확하게 서로 겹쳤다. 언어가 전적으로 명제의 일반적인 형식 속에서
이해되어야 했기에, 각각의 낱말은 그 최소의 부분에서조차 세심한 명
명이어야 했다. (118-119, 141-142)

  대단히 길게 인용했습니다. 17-18세기 고전주의 시대에는 언어를 구성
하는 아주 세밀한 부분마저 철저히 명제 속에서 이해했다는 겁니다. 말하
자면 낱말이 명제 속에서 기능하는 데 도움을 주는 개개 낱말의 구성 요
소들이 그 나름으로 재현적인 가치를 지닌 것으로 이해했고, 따라서 어떻
게든 명명의 기능을 기본으로 하는 것으로 이해했다는 거죠.
  그런데 19세기가 되면서 문헌학 쪽에서 낱말을 심하게 분절시켜 나온
요소들을 '죽은 문자'로 취급하기도 했지만, 그게 다는 아니었음을 지적하

고 있습니다. 그와 달리 19세기 초기에는 이 낱말의 하위 요소들을 비의적이고 신비한 방식으로 다루었고, 그다음 19세기 말 이후에 이르러서는 낱말을 구성하는 이 하위 요소들이 오히려 언어가 지닌 가장 실재적인 권능들을 나타내는 또 다른 종류의 낱말로 취급되면서 이른바 뛰어난 인물들을 배출하면서 문학을 형성했다는 겁니다.

결국 푸코는 말라르메를 비롯한 시인들의 업적을 높이면서 언어가 인간을 넘어서서 그 자체로 '중얼거리고' 결코 다 퍼낼 수 없는 인간 너머의 가치들을 드러낸다는 것을 강조합니다. 여기에서 우리는 푸코가 언어에 대해 어떻게 탈^脫인간학적인 관점을 취하는가를 알게 됩니다.

말하기 4.
지시·체계 언어·파생

5. 지시

앞서 우리는 언어가 명제로서 기능하는 것을 살폈습니다. '주어-동사-술어'를 기본으로 해서, 그 외 전치사, 접속사, 성과 수를 나타내는 격변화, 시제를 나타내는 동사의 어미변화, 명사를 수식하는 관사 및 지시사, 그리고 동일성과 일치를 나타내는 기호들 등, 이른바 '언어적인 메커니즘'을 통해 언어가 명제로써 판단 기능을 하는 것을 살폈습니다.

1) 언어의 기원을 향한 순전한 지시

이제 푸코는 이와 대비되는 언어의 기능으로 지시désignation를 설명합니다. 그러면서 이런 말로 새 절을 시작합니다.

일차적인 지칭nomination première과 낱말들의 기원에 관한 원칙은 판단jugement의 형식적인 일차성과 평형을 이룬다. 이는 언어의 모든 분절에서 전개되는 언어의 양 측면을 볼 때, 언어의 존재가 속성 부가

attribution의 동사적인 역할에서 성립하고, 언어의 기원이 그 일차적인 지시의 역할에서 성립한다는 걸 말한다고 할 수 있다. (119, 142)

앞서 우리는 모든 낱말이 명사라고 하는 푸코의 언명을 살폈습니다. 그건 명사적인 지시와 연결됩니다. 그런데 푸코는 언어의 기원이 이 같은 명사적인 지시에서 성립한다고 말하고 있습니다. 그리고 언어의 존재가 동사적인 속성 부가에서 성립한다고 말하고 있습니다. 지시란 하나의 기호가 그것이 지시하는 것을 대체하는 수행을 일컫습니다. 그리고 언어 기호의 차원에서 보면, 속성 부가는 하나의 기호적인 내용을 다른 기호적인 내용과 연결하는 거죠. 푸코는 이 둘을 구분하면서 '순전한 지시pure désignation'를 찾아내어 거기에서 언어가 발원하는 시원적인 계기를 탐색하고자 합니다.

하나의 기호로써 그것에 의해 지시되는 대상에 대해 지시의 작용을 수행하는 건 결코 쉬운 일이 아닙니다. 이는 비트겐슈타인이 사적 언어의 불가능성을 입증한 데서 드러나기도 하죠. 최초로 언어를 사용한 누군가가 있어서 숲속에서 토끼를 보고 '토끼'라고 했다고 칩시다. 그다음에 그가 토끼를 다시 만났을 때 '토끼'라고 반복해서 말하려면, 이전에 자신이 토끼를 보고 '토끼'라고 말했다는 사실을 정확하게 기억해야 합니다. 하지만, 지금 자신이 말하는 '토끼'라는 발음이 지난번에 발음한 '토끼'와 똑같다고 확신할 방법이 없습니다.

언어적인 지시란 단 한 차례 지시하는 것으로는 성립될 수 없고, 계속해서 일관되게 그 지시 관계가 유지되어야 합니다. 그런데 어떻게 그럴 수 있으며, 지시 관계가 일관되게 유지된다는 사실을 확인하는 일은 전혀 쉽지 않습니다. 또 나뿐만 아니라 다른 모든 사람이 함께 그와 같은 일관된 지시 관계를 활용할 수 있어야만 제대로 된 언어적 지시 관계가 성립한다고 할 수 있는데, 그건 구체적인 생활에서 이루어지는 지시 관계의 효과를 통해 확인할 수밖에 없죠. 하지만, 모두가 공통된 방식으로 지시 관계를 활용하고 효과를 확인하게 되는 과정 역시 파악하기가 쉽지 않습니다. 그래서 기호를 사용해 대상을 지시하는 일이 제대로 작동한다는 건 한편으로 신기한 일입니다. 하지만 이는 동물들의 행동에서 쉽게 확인할 수 있는 일입니다.

기호의 지시 작용은 집단적인 기호 기억의 형성과 그 기호 기억의 실질적인 활용이 생활에서의 편익을 가져오는 일이 수없이 반복되면서 오랜 세월에 걸쳐 형성되었다고 해야 합니다. 기호의 기원을 파악하는 작업은 진화의 역사를 거슬러 올라가 발생적으로 탐구해야 할 것입니다.

2) 행동 언어에서 언어로의 길

기호의 지시 관계를 설명하기 위해 푸코는 '행동 언어langage d'action'를 듭니다. '행동 언어'는 이른바 '몸말body language'과 유사한 것으로 보면 될 것입니다. 푸코는 이를 다음과 같이 도입합니다.

> 행동 언어는 그걸 말하는 몸이다.[24] 그러나 행동 언어가 단번에 주어지는 건 아니다. 자연이 허용하는 것은, 인간이 자신이 처하는 다양한 상황에서 여러 동작gestes을 만들어 낼 수 있다는 것뿐이다. 예컨대 운동을 통해 그의 표정이 생겨난다. 그는 분절되지 않은 외침을 내뱉는다. 말하자면, 이 외침은 '체계 언어에 의해서도 입술에 의해서도 만들어진' 게 아니다. 이 모든 건 아직 언어도 아니고 기호도 아니다. 우리[인간]의 동물성에 의한 결과이고 후속이다. 그러나 이 명백한 처신agitation은 그 나름 보편적인 성격을 갖는다. 그것은 오로지 우리 [인간]

---

24 원문이 "Le langage d'action, c'est le corps qui le parle"로 되어 있는데, 다소 어색한 표현이다.

이 지닌 기관들의 구조에 의존하기 때문이다. 이로부터, 인간은 그러한 처신에 대해 그 자신뿐만 아니라 그의 동료들에게 동일성을 표시할 수 있다. 그러므로 인간은 자신이 다른 사람에게서 들은 외침이나 다른 사람의 표정에서 지각한 찌푸린 얼굴에, 자기 자신의 외침들이나 운동들이 자신에게 여러 차례 남긴 동일한 표상들을 연합할 수 있다. [말하자면] 인간은 이러한 모방태le mimique를 다른 사람의 사유에 대한 표식이자 대체물로, 즉 하나의 기호로서 받아들일 수 있게 되고, 이해가 시작되는 것이다. (120, 143)

순전한 소리가 어떻게 해서 하나의 기호로 변신하게 되는가에 대한 상당히 일리 있는 설명이기에 길게 인용했습니다. 중요한 점은 특정한 상황에서 우리가 발휘하는 신체적인 표현이 인간이 지닌 기관들의 구조가 지닌 보편성에 따라 그 나름으로 보편적인 성격을 갖는다는 것입니다. 그렇게 해서 신체적인 표현이 상호주관적이면서 동시에 통시적인 보편성을 띤 하나의 기호로서 자리를 잡게 된다는 겁니다. 아마도 동물들이 종들에 따라 각기 다른 방식으로 신호를 교환하는 것도 역시 이러한 생물학적인 기관 구조의 차이에 따른 것일 테죠.

아무튼, 이런 과정에서 언어라 부를 수 있는 뭔가가 생겨나고 있었다는 것인데, 이러한 분석과 설명은 푸코 자신의 것이 아니라, 콩디야크의『문법』과 드트라시의『이데올로기의 요소들』에 담긴 연구에서 찾아낸 것이라고 말합니다. 말하자면 고전 시대의 연구가들이 언어의 발생적 기원을 이렇게 파악했다는 거죠. 하지만 이 설명만으로는 일반 동물에게서 인간 고유의 언어가 왜 생겨나지 않았는가를 이해할 수 없다고 봅니다.

그런 까닭에서인 것 같은데, 푸코는 이들이 언어의 발생을 완전히 설명하려 했다기보다, 언어가 단순한 외침과 어떻게 다른 것인가를 보이고자 한 것이고, 언어의 장치artifice를 형성하는 기초를 마련하고자 했을 뿐이라고 하면서 그 나름으로 다음 이야기를 끌어갑니다.

행동이 몸의 단순한 연장延長인 한에 있어서, 행동은 말할 수 있는 그 어떤 능력도 없다. 행동은 언어가 아니다. 행동이 언어로 되는 것은 맞다. 그러나 다음과 같은 복잡한 규정된 조작 과정들을 거쳐야 한다. [먼저] 관계들의 유비를 식별해야 한다. … [다음으로] 시간을 바꾸어, 기호가 지시하는 재현 이전에 기호를 고의로 사용해야 한다. … 마지막으로 외침이나 몸짓에 상응하는 재현이 다른 사람에게서 생겨나도록 계획해야 한다. (121, 144)

세 가지 조건 모두 언어가 성립하는 데에 정말 필수적인 것 같습니다. 간단하게 말하면, 재현 이전에 기호를 고의로 사용해서 다른 사람에게서 그런 재현이 생겨나도록 한다는 것으로 요약될 수 있을 것 같습니다. 물론 기호가 재현을 끌어내리려면 그 전에 재현들 사이에 유비가 이루어져야 하고, 그 유비에 따라 재현들을 일반적으로 지시할 수 있는 기호가 마련되어야 할 겁니다.

사실 이해하기 어려운 건 어떻게 해서 그런 일반적인 기호를 마련할 수 있게 되는가 하는 점입니다. 이를 설명하는 게 관계들의 유비를 식별해야 한다는 겁니다. 푸코는 타인의 외침이 타인이 경험하는 나로서는 알 수 없는 심신의 상태와 맺는 관계가 나의 외침이 내가 느끼는 식욕이나 공포와 맺는 관계와 유비적이라는 사실을 식별하는 걸 그 예로 들고 있습니다. 그럴듯한 것 같은데, 이때 문제는 어떻게 그 유비를 식별하는가 하는 겁니다. 그건 결국 타인과 나의 행동을 비교함으로써 이루어질 수밖에 없을 것입니다. 이러한 이야기들을 바탕으로 푸코는 언어에 대해 이렇게 말합니다.

언어는 이해 또는 표현의 자연적인 운동에 근거를 두지 않는다. 언어는 기호들과 재현들 사이에서 이루어지는바 가역적이고 분석적인 관계들에 근거를 둔다. 재현이 외재화될 때 언어가 존재하는 것이 아니라, 구체적인 방식으로 재현이 자신으로부터 기호를 떼어 낼 때, 그리고 재현이 기호에 의해 자신이 재현되도록 할 때, 언어가 존재한다. 그러므로 인간이 주변에서 해독되어야 하고 새롭게 들릴 수 있도록 해야 하는 그 많은 침묵의 말paroles muettes인 기호들을 발견하는 것은 말하는 주체라는 자격에서도 아니고 이미 만들어진 언어 내부로부터도 아니다. 낱말들이 생겨나고 그와 더불어 음성 기호들이 차후에 조직화된 것일 뿐인 그 모든 언어가 생겨나는 것은 재현이 기호들로부터 주어지기 때문이다. (121, 144)

행동 언어가 언어로 되는 데 필수적인 절차에 숨겨진 그 핵심을 지적하고 있습니다. 재현에서 기호가 떨어져 나와 그 기호에 의해 재현이 재현됨으로써, 즉 재현이 자신을 기호로 줌으로써 비로소 언어가 존립하게 된다는 것이 그 핵심입니다. 푸코의 이 말에 따르면, 말하는 주체가 처음부터 따로 있고 그래서 재현이 기호로서 주어지는 게 아닙니다. 그 반대로, 재현이 기호로 주어지기 때문에 말하는 주체가 성립하죠. 언어의 존재 근거에서 볼 때, 말하는 주체는 오히려 재현과 기호 간의 가역적인 구조적 관계에서 비로소 성립합니다. 푸코의 구조주의적인 관점, 즉 구조가 주체에 앞선다는 관점이 은근히 드러나고 있습니다.

3) 어느 기호로부터 새 기호로의 이행

이런 방식으로 행동 언어가 언어로 탈바꿈하는 과정을 거치고 나면, 즉 언어적인 기호들이 자연에서부터 벗어나게 되면, 기호들의 성격과 그것들이 지시하는 대상들이 갖는 본성 간의 관계가 달라질 겁니다. 과연 어떻게 될까요? 이에 관해 푸코는 이렇게 말합니다.

> 기호들은 그것들이 지시하는 것[대상]의 본성을 표현하지 않는다. 왜냐하면 기호들은 그것들이 지시하는 것[대상]의 이미지에 따른 것이 아니기 때문이다. 이에 인간들은 협약에 따른 언어langage conventionnel를 확립할 수 있게 되는 셈이다. 이제 인간들은 사물들을 표시하는 기호들을 충분히 마음대로 활용함으로써 첫 번째 기호들을 분석하고 결합하는 새로운 기호들을 정착할 수 있게 된다. (121, 144-145)

기호들을 바탕으로 해서 새로운 기호들이 만들어지는 단계를 지적하고 있습니다. 달리 말하면, 기호들은 사물들에 대한 재현들로부터 출발했는데, 이 기호들을 재료로 삼아 이제 새로운 기호들, 즉 사물들에 대한 재현으로부터 독립된 기호들, 오히려 기호들에 대한 재현들로부터 출발해서 만들어지는 새로운 기호들을 확보하게 된다는 겁니다.

그렇다면, 이 모든 기호가 언어로서 기능을 발휘하는 건 언어 공동체가 그 기호들을 그런 등등의 용도로 쓰자고 합의하기 때문일까요? 루소는 그런 합의를 전제하는 것은 합의하기 위한 언어를 이미 전제한 것이기 때문에 있을 수 없다고 말합니다. 루소는 그러므로 인간들에 의해 건립되지 않고 인간들에 의해 받아들여진 방식의 언어를 생각해야 한다고 말합니다.

푸코는 이러한 루소의 입장을 소개하면서, 그런 묘한 언어를 가정해 봐야 쓸모가 없다고 말함으로써 루소의 견해를 비판합니다. 루소가 생각한 그런 가설적인 언어는 언어의 신적 기원이 아니면 언어의 자연발생론을 말하는 것일 텐데, 푸코로서는 이를 받아들여 본들 소용이 없다고 말합니다. 그는 이렇게 말합니다.

인간은 자연으로부터 기호들이 될 수 있는 재료들을 받아들여 기호들을 만든다. 이 기호들은 기호 재료 중 어떤 걸 계속 유지할 것인가, 그 재료들이 어떤 가치가 있는가, 그 재료들을 활용하는 규칙을 무엇으로 볼 것인가 등을 선택하기 위해 다른 사람들과 합의하는 데 도움이 될 것이다. 그런 뒤, 이 기호들을 첫 모델로 활용함으로써 새로운 기호들을 형성하게 된다. 합의의 첫 번째 형식은 (멀리서도 식별하기 쉽고 밤에 유일하게 활용할 수 있는) 음성적인 기호들을 선택하는 데서 성립한다. 합의의 두 번째 형식은 아직 표시되지 않은 재현들을 지시하기 위해, 임박한 재현들을 지목하는 음성들에 가까운 음성들을 구성하는 데서 성립한다. (122, 145)

글쎄, 최초로 언어를 쓰기 시작한 인간들의 과정을 세세하게 본 적이 없는 우리로서는 그저 추측할 뿐이지만, 푸코가 말하는 이러한 과정은 제법 그럴듯해 보입니다. 행동 언어에서 기호가 될 수 있는 재료들을 취택하고, 이 재료들을 계속 써먹을 수 있을지 어떨지를 결정하는 데 인간들끼리의 합의가 필요하다는 겁니다. 물론 이때 합의는 시원적인 단계에서 이루어지는 것이기에 오늘날처럼 정확하게 분절된 체계 언어에 따른 합의는 아닙니다. 어쩌면 수만 년 또는 수십만 년의 장구한 세월에 걸쳐 다각적으로 이루어지는 행동을 통한 합의라고 해야 할 겁니다. 흥미로운 대목은 푸코가 다른 표정이나 동작들보다 음성을 중심으로 해서 합의가 이루어진다고 본다는 점입니다. 이는 결단코 결과론적인 역추측이라고 폄훼할 만한 것이 아닙니다.

말하자면 재현에서 음성 기호들이 분리되어 나오고, 분리된 음성들이 그 재현들을 지시하며, 나아가 아직 지시된 적이 없는 재현들마저 지시할 수 있는 새로운 음성 기호들을 미리 구성해 내는 과정에 합의가 작동한다고 봐야 한다는 겁니다. 그러니까 언어는 자연발생적인 것도 아니고 합의만으로 이루어지는 것도 아니라고 보는 셈이죠. 그래서 푸코는 이렇게 말합니다.

> 행동 언어에 근거해서 언어의 발생을 설명하는 것은 자연적인 모방이나 아니면 자의적인 협약이냐 하는 양자택일을 전적으로 벗어난다. 자연이 있는 거기에는 그 어떤 유사성도 없다. 그리고 유사성들을 활용하는 거기에는 인간들 사이에 의도적인 합의가 일단 확립되어 있다. … 자연법칙la loi de nature은 낱말들과 사물들 사이의 차이다. ― 언어와 그 언어가 지시할 책무를 지고 있는 언어 아래의 것과는 수직적인 분할이 있다. 협약의 규칙la règle des conventions은 낱말들 사이의 유사성이다. 이는 다른 낱말들에 근거해서 낱말들을 형성하는 과정이 무한히 이어지는바 수평적인 거대한 그물이다. (122, 145-146)

책 제목인 '말과 사물les mots et les choses'이 그대로 등장하고 있습니다. 말과 사물, 이 둘은 수직적으로 분할되어 있는바 자연법칙은 이 둘의 차이라고 말합니다. 자연법칙에 관한 정의가 묘합니다. 원문은 "La loi de nature, c'est la différence des mots et des choses"입니다. 말과 사물의 차이가 자연법칙이다? 말과 사물이 차이가 나는 것이 자연법칙에 따른 것이라고 하거나, 또는 말과 사물의 차이에서 자연법칙이 성립한다거나 작동한다고 말하면 이해가 되지만, 둘의 차이 자체를 자연법칙이라고 하니 묘하다는 겁니다. 자연법칙에 관해 뭔가 새로운 대목을 생각하게 만듭니다.

그렇다고 치고, 이는 낱말들과 사물들 사이에 차이가 없는 경우는 오로지 고유명사밖에 없다는 점을 함축합니다. 언어는 자신의 모태가 되는 행동 언어를 경계로 해서 사물과 급격한 차이를 형성하면서 언어 고유의 영역을 구축하게 되는 셈이죠.

4) 어근 이론

푸코는 이제까지의 언어 발생에 관한 논의를 바탕으로 어근語根들racines
에 관한 논의로 넘어갑니다. 우선 어근을 이렇게 정의하죠.

> 어근들은 대다수의 많은 체계 언어들에서 ―아마도 모든 체계 언어
> 에서― 동일한 것들로 발견되는 초보적인 낱말들이다. 어근들은 자연
> 에 의해, 행동 언어들에 의해 자생적으로 쓰인 비의도적인 외침들로서
> [체계 언어에] 부과된 것들이다. (123, 146)

행동 언어에서 언어로 넘어갈 때 가장 원초적인 재료로 작동했던 것들
이 모든 체계 언어에 반영되어 있다는 전제가 깔려 있습니다. 또한 그것
은 인간들이 지닌 음성 기관들의 보편성을 전제로 하고 있죠. 그러나 이
어근들이 체계 언어 속에 정착되는 데에 합의가 없어서는 안 된다는 것은
앞에서 논의되었습니다. 그래서 이렇게 이야기됩니다.

> 어근과 그것이 지칭하는 것 간의 유사성이 구술적인 기호로서 가치를
> 갖는 것은 오로지 인간들을 통일시키고 그들의 행동 언어를 하나의 체
> 계 언어로 규칙화하는 협약에 의해서이다. (123, 146)

> 어근들은 여러 방식으로 형성될 수 있다. 의음擬音, onomatopée에 의해 형
> 성된다는 것은 확실하다. 의음은 자생적인 표현이 아니라 [지시하고자
> 하는 것과 닮은] 유사 기호를 의도적으로 분절해 내는 것이다. 예컨대
> "사람들은 자신의 목소리로써 지칭하고자 하는 대상이 만들어 내는 바
> 로 그 소음을 만들어 내는 것이다." (123, 146)

협약을 통해 유사성을 분절함으로써, 각각의 체계 언어는 시원적인 어

근들을 활용할 수 있게 된다. 이 활동은 한정되어 있고, 그래서 시원적인 어근들은 거의 모두 다 단음절이며, 아주 적은 숫자로만 현존한다. 베르지에Bergier의 추정에 의하면, 히브리어의 시원적인 어근들은 200개 정도밖에 되지 않는다. (123, 147)

딱히 새로운 이야기는 없습니다. 앞에서 했던 이야기를 '어근' 또는 '시원적인 어근'을 주제로 삼아 반복하고 있을 뿐이죠. 하지만, 시원적인 어근들이 모든 체계 언어에 공통되리라는 가정은 대단히 중요한 것 같습니다. 만약 각 체계 언어에 관해 그 시원적인 어근들을 세세하게 밝혀내기만 한다면, 이를 바탕으로 해서 이 수많은 체계 언어가 어떻게 해서 이렇게 분화·발전되어 나왔는가를 역추적해서 그 발생학적인 계보를 작성할 수 있을 것이기 때문이죠. 그 점에서 베르지에의 작업이 중요한 의의를 띱니다.

만약 그 계보를 그린다면, 그 계보는 맨 위에 시원적인 어근들을 필두로 계속해서 새로운 기호들을 만들어 내고, 그 기호들에 대한 기호들을 만들어 내면서, 피라미드형으로 아래로 넓게 펼쳐질 겁니다. 물론 그 구조는 복잡다단하기가 이를 데 없을 것입니다. 이를 염두에 두면서, 푸코는 이렇게 말합니다.

종축으로는 각 어근의 완전한 혈통의 계보filiation를 갖게 될 것이고, 횡축으로는 주어진 체계 언어에 의해 활용되는 낱말들을 갖게 될 것이다. 시원적인 어근들에서 멀어지면 멀어질수록 횡축에 의해 정의되는 체계 언어들은 더욱 복잡할 것이고 더욱 최근의 것이 될 것이다. 그러나 그와 동시에 그 낱말들은 재현들을 분석하는 데 섬세함과 효력을 더하게 될 것이다. 그렇게 해서 역사적인 공간과 사유의 좌표판quadrillage은 정확하게 겹치게 될 것이다. (124, 148)

그다지 어려운 이야기는 아닌 것 같습니다. 종축을 통해 통시적인 방향으로 어근들이 작동하고 있고, 횡축을 통해 공시적인 방향으로 각 체계 언어에 속한 낱말들이 포진할 것이라는 이야기입니다. 낱말들의 횡축면은 사유의 좌표판을 형성할 것이고, 어근들의 종축면은 역사적 좌표판을 형성할 것인데, 이 둘이 정확하게 겹치듯이 해서 함께 작동함으로써 각각의 체계 언어들이 현실적으로 힘을 발휘한다는 겁니다.

5) 고전주의 시대, 어근 이론이 갖는 함축

그렇다면, 이러한 어근에 대한 분석이 고전주의 시대의 언어 탐구에 있어서 어떤 의미를 지녔던 걸까요? 푸코는 이에 대해 이렇게 말합니다.

> 고전주의 시대에 언어는 그러그러한 순간에 규정된 사유와 반성의 한 양식을 정당화하는 역사의 한 편린이 아니다. 고전주의 시대에 언어는 하나의 분석 공간이다. 고전 시대의 인간들은 그 위에서 자신들의 시간과 지식을 그 나름으로 펼쳐 나갔던 것이다. 어근 이론에 의해 언어가 역사적인 것으로 되지 않으리라는 것 —또는 [역사를 거슬러] 되돌아가지 않는다는 것— 이에 관해서는 18세기에 있었던 어원학들 *étymologies*의 탐구 방식에서 아주 쉽게 입증될 것이다. 이때 지도적인 실마리로 삼았던 건 낱말의 물질적인 변형이 아니라, 의미들의 항상성이었다. (124-125, 148)

고전주의 시대에 어근을 연구한 것은 하나의 체계 언어가 역사적인 산물임을 드러내기 위한 것이 아니며, 그래서 낱말이 외형상 어떻게 변형해 왔는가를 탐구하는 데 있는 것이 아니라, 낱말이 지닌 의미들이 어떻게 항상성을 유지했는가를 탐구하는 데 있다는 게 의미하는 바가 과연 무엇일까요? 푸코는 그것이 재현의 근본성을 찾아가는 데 있다고 봅니다.

그 장구한 모든 역사에 걸쳐 어근의 연속성을 보장하는바 도무지 지울 수 없는 유일한 상수常數, constante는 의미의 통일성, 즉 무한정 유지되는 재현적인 영역이다. (125, 149)

고전주의 시대의 인물들이 얼마나 재현의 에피스테메에 묶여 있었는가를 역설하고 있습니다.

6. 파생

시원적 어근에 관한 이야기는 이렇게 수많은 체계 언어가 어떻게 해서 파생되어 나왔는가를 생각하지 않을 수 없게 만듭니다. 낱말의 형태들은 왜 그렇게 많이 바뀌었고, 심지어 발음조차 왜 그렇게 다양하게 변이해 왔는가를 생각하면 참으로 신기하기 짝이 없습니다.

1) 형상과 문자

이에 관한 푸코의 이야기를 일단 들어 봅시다.

[발음의] 형태forme가 변양變樣되는modification 데는 규칙이 없다. 거의 무규정적이며 결코 안정된 것이 아니다. 그 모든 원인은 외적이다. 발음의 용이함, 유행, 습관, 기호 등. 추운 지방의 사람들은 '휘파람 소리를', 더운 지방의 사람들은 '목구멍으로 빨아들이는 소리를' 선호한다. 반면에, 의미의 변화는 사람들이 할당하는 원칙들을 따른다. 이 원칙들은 체계 언어들의 내적인 역사를 야기하는데, 모두 다 공간적 질서에 따른 것이다. 어떤 원칙들은 가시적인 유사성 또는 사물들 사이의 인접 관계에 관한 것들이고, 다른 어떤 원칙들은 언어와 그 언어가 저 자신

을 보존하기 위해 따랐던 형식이 침전해 있는 장소에 관한 것들이다. 형상形狀들figures과 문자文字, écriture가 문제다. (126, 150)

하나의 체계 언어가 어떻게 형성되어 왔는가를 분석하는 데는 충분히 고려하지 않으면 안 되는 두 주요 요인이 있습니다. 하나는 말이고, 다른 하나는 글이죠. 말은 언어가 근본적으로 음성 기호들로부터 출발한다는 점을 염두에 두고서 환경적인 외적 요인들에 의해 변양되는 것으로 이야기되고 있습니다. 글은 언어 자체 내의 내적인 구조적인 형식에 의한 의미의 변화에 따른 것으로 이야기되고 있죠. 결국 글은 형상과 문자의 문제로 압축됩니다. 그런데 남아 있는 것은 말이 아니라 오로지 글밖에 없음은 물론입니다. 그래서 글을 형성하는 문자가 문제가 됩니다.

2) 문자의 두 유형, 상형문자와 알파벳 문자

푸코는 우선 두 문자의 유형을 구분하고 진정한 문자표기가 어떤 것인가를 살핍니다.

문자에는 거대한 두 유형이 있는 것으로 알려져 있다. 하나는 낱말들의 의미를 그려 낸 것이고, 다른 하나는 소리를 분석해서 재구성한 것이다. 이 두 유형의 문자들은 엄격하게 구분된다. … 낱말들의 의미를 도상적圖像的으로graphiquement 재현하는 것은 본래 지시하고자 하는 사물을 정확하게 그리는 것이다. 사실상 그것은 문자라 할 수 없다. 기껏해야 아주 구체적인 이야기를 옮길 역량이 거의 없는 회화적인 재생일 뿐이다. … 진정한 문자écriture véritable는 더 이상 사물 자체를 재현하지 않고 사물을 구성하는 요소 중 하나라든가, 사물을 표시하는 습관적인 정황들의 하나라든가, 아니면 해당 사물이 닮은 다른 사물이라든가 이런 것들을 재현하고자 할 때 시작된다. (126, 150)

그냥 사물을 있는 그대로 그림으로 그려 보여 주는 것만으로는 도대체 제대로 된 문자 기능을 할 수 없음을 강조합니다. 사물의 특징이라든지, 사물과 관련된 상황이라든지, 아니면 그 한 사물과 다른 사물과의 유사성이라든지 하는 것을 재현하고자 할 때 제대로 된 문자가 된다는 겁니다. 이에 관해 푸코는 이를 통해 세 가지 기법이 생겨난다고 하면서 그 예들을 듭니다.

이집트인들에게서 활이 전쟁을 뜻하고 사닥다리가 도시들의 정복을 뜻하는 문자로 쓰인 것은 부분으로써 전체를 나타내는 제유적提喩的인 문자écriture curiologique이고, 열대지방의 상형문자에서 나타나는바 신이 모든 걸 안다고 해서 신을 눈(眼)으로 재현하는 것은 대상의 특징으로써 대상 전체를 표현하는 환유적換喩的인 문자écriture métonymique이며, 떠오르는 태양을 수면에 두 눈을 드러내고 있는 돌출된 악어의 머리로 재현하는 것은 상징적 문자écriture symbolique라는 겁니다.

이 중에서 특히 상징적인 문자 체계가 발달함으로써 언어들은 점점 시적인 힘을 갖게 되고, 처음의 명명命名이 차후에 형성되는 비유에 대한 출발점이 되면서 비유의 과정이 길게 진행되며 그 결과 처음의 출발을 알기가 어려워 미신이 발생한다고 말합니다. 이에 비의적秘儀的인 지식이 발생하면서 그것들이 승려들을 중심으로 이어진다는 거죠.

그런데 형상 중심의 문자들, 즉 상형문자들의 역사는 오래가지 못한다는 것을 지적하면서 푸코는 이렇게 말합니다.

그러나 형상화된 문자에 따른 언어의 역사는 급속하게 정지된다. 그것은 형상화된 문자를 언어에 부여하는 짓을 마무리 짓는 것이 결단코 가능하지 않기 때문이다. [여기에서] 기호들이 증강되는 것은 재현들에 대한 세심한 분석에 의한 것이 아니라, 가장 멀리 떨어진 유비들에 의해서이다. 그래서 선호되는 것은 반성이 아니라 사람들의 상상력이다.

말하자면 지식이 아니라 경신輕信, crédulité이 자리를 잡는다. 더욱이 인식에는 두 가지 학습이 필요하다. 낱말들에 대한 학습이 요구되고, 낱말들의 발음과 아무런 관계도 없는 머리글자들sigles에 대한 학습이 요구된다. [그런데] 인생은 이 두 교육을 받을 만큼 길지 않다. … 시대를 거듭하면서 사람들은 동일한 발음이 동일한 자형字型, figure에 들어 있는지 전혀 확신할 수 없게 된다. 그러므로 혁신은 불가능해지고 전통도 위협을 받는다. 결국 학자들의 유일한 관심사는 조상들로부터 물려받은 빚들에 대해, 그리고 조상들의 유업을 간직하고 있는 제도들에 대해 '미신적인 존중'을 유지하는 것에 집중된다. … 한 민족un peuple이 형상화된 문자만을 소유할 때, 그 정치는 역사를 배제할 수밖에 없고, 아니면 적어도 순수하고 단순한 보존에 불과하다고 할 수 없는 모든 역사를 배제할 수밖에 없다. 볼네이Volney는 동양과 서양의 본질적인 차이가 바로 여기 공간과 언어의 관계에서 비롯된다고 말한다. 이는 언어의 공간적인 배치가 시대의 법칙을 미리 규정한다고 말하는 것과 같으며, 인간의 체계 언어가 역사를 통해 그들에게 오는 것이 아니라 그 반대로 그들의 기호 체계를 통해서만 그들이 역사에 접근할 수 있다고 말하는 것과 같다. 여러 민족의 운명은 바로 재현·낱말들·공간의 매듭에서 은연중에 형성된다. (127-128, 151-152)

   '언어와 사회'라는 제목을 달아도 무방한 논의입니다. 볼네이가 했다는 이야기를 들으면서 갑자기 세종대왕의 한글 창제가 얼마나 중요한가 하는 생각이 떠오릅니다. 또 그와 동시에 동양과 서양의 본질적인 차이를 운운하는 것으로 보아 중국을 염두에 둔 것 같은데, 그렇다면 혹시 이러한 논의가 오리엔탈리즘에 경도된 것은 아닌가 하고서 의심하게 됩니다. 푸코는 각주에 볼네이가 이 말을 한 것은 1791년에 출간된 『폐허들Les Ruines』을 통해서라고 명기하고 있습니다. 글쎄, 이 당시 기술문명에서 중국과 유럽이 얼마나 격차가 있었는지는 알 수 없지만, 중국에서 시민혁명이 일어나지 않은 것과 프랑스에서 대혁명이 일어난 것은 분명히 대조됩니다. 그 결과 결국에는 서세동점의 역사적인 격랑이 불어닥쳤다고 한다면, 어느 정도 인정할 수밖에 없죠. 그런데 그것이 정말 바로 형상화된 한자와 소리글자인 서양 알파벳의 차이에서 비롯된 것이라고 한다면, 언어 체계의 개혁이야말로 중차대한 문제가 아닐 수 없습니다. 일단 이 정도로 하고 소리글자인 알파벳에 관한 푸코의 이야기를 들어 보기로 하죠.

실제로 인간들의 역사는 알파벳 문자와 더불어 전적으로 변화한다. 이제 인간들은 그들의 관념이 아니라 소리를 공간에 옮긴다. 그리고 그들은 이 소리로부터 공통된 요소들을 끄집어내어 적은 숫자의 특이한 기호들을 형성했다. 그리고 그 기호들의 배합을 통해 모든 음절과 모든 가능한 낱말을 형성할 수 있게 되었다. ⋯ 알파벳 문자는 재현을 그림으로 그리기를 거부함으로써 소리의 분석에, 이성 자체에 대해 가치를 갖는 규칙들을 옮겨 넣는다. ⋯ 철자들lettres은 관념들처럼 결합하고, 관념들은 알파벳의 문자들처럼 스스로 결합하고 스스로 분해된다. 재현과 문자표기graphisme 간의 정확한 평행 관계가 깨짐으로써 언어 전체, 심지어 글écrit을 분석의 일반 영역 속에 편입시킬 수 있게 되고, 글쓰기écriture의 진보와 사고의 진보가 서로를 뒷받침하게 된다. ⋯ 동일한 알파벳은 서로 다른 체계 언어들을 번역하는 데에도 기여하게 될 것이다. 그럼으로써 한 민족에게 다른 민족의 관념들을 옮겨 넣을 수 있게 할 것이다. 그 구성 요소가 얼마 되지 않기 때문에 이 알파벳의 학습은 너무나 쉽다. 다른 민족들이 문자들을 배우느라 시간을 낭비하는 동안, 알파벳 문자를 쓰는 민족들은 관념들에 대한 분석과 반성에 전념할 수 있을 것이다. 그러므로 언어의 내부, 아주 정확하게 말하자면 분석과 공간이 결합하는, 낱말들이 접히는 그곳pliure에서 진보의 무한한 첫 가능성이 태어나는 것이다. 그 뿌리에서 보자면, 18세기에 있었던 진보는 역사 내부의 운동이 아니라, 공간과 언어 간의 근본적인 관계의 결과이다. (128-129, 152)

서양의 근대화가 어떻게 해서 일어났는가에 관한 논의는 너무 분분해서 치밀하게 논증해 내기 어렵지만, 특히 매체 철학적 관점에서 보자면, 르네상스 시기 구텐베르크에 의해 금속 활판 인쇄술이 발명되고, 루터가 성서를 독일어로 번역해 인쇄술을 통해 대량으로 유포시켰으며, 이를 통해 일반 민중들도 쉽게 글을 배워 여러 정보를 획득했기에 가능했던 것임에는 틀림없습니다.

이 논리에 따르면, 우리로서는 반성할 거리가 많습니다. 금속 활자를 서양보다 먼저 발명했음에도 그것을 활용해 대량으로 책을 찍어 내는 장치를 만들지 못했고, 그런 문화적인 요구를 제대로 형성하지 못했던 까닭은 우리 나름의 소리글자를 가졌는데도 불구하고 중국의 한자 전통에 눌려 쓰임새 높은 지식은 모두 다 한자로 통용되면서 극소수의 사대부들만이 지식을 독점했기 때문입니다. 긴요하고 수준 높은 지식을 지금처럼 한글로 쓰고 전달하는 것이 수백 년 전에 진작 자리를 잡았더라면, 성공한 '동학 혁명'이 일찍이 있었지 않았겠는가 하고서 통탄하게 되는 거죠. 그랬더라면, 푸코의 말대로 우리도 일찍이 사회적 진보를 이루었을 것이기 때문입니다.

아무튼, 푸코는 알파벳 낱말들에서 분석과 공간이 결합한다는 점을 힘주어 말합니다. 분석은 관념들에 연결되고 아울러 그 관념들에 대한 반성을 수반하죠. 이리하여 언어를 통해 모든 관념에 대한 분석과 반성이 공간적으로 연속성을 이룬다고 말합니다. 이를 다음과 같이 강조합니다.

언어는 시간과의 그 영구적인 단절에서 공간의 영속성을 부여한다. 언

어가 시간을 관통하여 사물들에 대한 인식을 연결할 수 있는 능력을
발휘하는 것은 언어가 재현을 분석하고 분절하며 잘라 내는 한에서이
다. 언어와 더불어 공간의 혼잡한 단조로움이 파편화되는데, 이는 다
양한 계기繼起(잇따름)들succession이 통일되는 한에서이다. (129, 153)

지각할 때나 사유할 때나 말할 때 재현들은 계속 새롭게 일어납니다.
시간적으로 잇달아 성립하는 그 재현들의 다양한 계기들이 통일되지 않
으면 언어는 작동할 수 없죠. 언어는 시간적으로는 그 재현들의 잇따름을
통일되도록 하면서, 공간적으로는 분석해서 분절해 내는 겁니다. 그럼으
로써 언어가 재현들로부터 엄밀하게 의미들을 산출해 내고, 우리는 그 의
미들을 생활합니다.

3) 언어의 수사적 공간

이러한 생각들을 바탕으로 해서, 푸코는 어떻게 해서 우리가 이렇게 많
은 낱말을 갖게 되었고 그 낱말들이 상황에 따라 계속 새로운 의미를 갖
게 되는가에 대한 관심사로 나아갑니다. 그러면서 시원적으로 언어가 발
생했을 당시로 올라가 이 문제와 관련하여 이렇게 추정하죠.

실로 이러한 가동성mobilité은 지금보다 처음에 훨씬 더 컸다고 할 수 있
다. 오늘날에는 분석이 너무 정교하고, 그 좌표판도 너무 촘촘하며, 그
등위 관계들과 종속 관계들이 잘 확립되어 있다. 그래서 낱말들이 자
리에서 요동칠 기회가 거의 없다. 그러나 인류가 발원할 즈음에는 낱
말의 수도 적었고, 재현들은 여전히 혼란되고 제대로 분석되지 않았으
며, 감정들이 전체적으로 낱말들의 근거가 되면서 낱말들을 변경했다.
그리하여 그때에는 낱말들이 자기 자리를 벗어날 수 있는 능력이 훨씬
더 컸다. 심지어 그때 낱말들은 각기 그 나름의 고유한 존재이기에 앞

서서 비유적으로 형상화되었다고 할 수 있다. 다시 말해, 낱말들이 자생적인 수사적인 힘을 통해 재현들로 이미 확장된 상태에서 특수한 명사로서의 지위를 겨우 갖게 되었다고 할 수 있다. …

결국 기록된 글에서와 마찬가지로 말해진 언어의 바탕에서 발견한 것은 낱말들의 수사적인 공간espace rhétorique이다. 다가올 기호의 이 자유는 재현의 분석에 따라, 내적인 요소로 자리 잡고, 그 인접의 지점에 자리를 잡으며, 유비적인 형상에 자리를 잡는다. (130, 154)

여기에서 말하는 '가동성'은 하나의 낱말이 여러 뜻을 지칭하는 것으로 쓰일 수 있음을 말합니다. 중요한 것은 본래 낱말들이 대단히 가동성 높은 상태로 시작되었다는 것이고, 이는 바로 낱말들이 본래 특정한 명사로서 기능하기보다 수사적인 폭을 지닌 것으로 형성되었다는 걸 의미합니다. 모든 낱말의 사용이 한편으로 비유였다는 이야기죠.

푸코는 이를 일컬어 '언어의 수사적인 공간'이라 지칭하고 있습니다. 고전주의 시대에 언어 연구는 언어 자체가 본래부터 지닌 바로 이러한 수사적인 공간을 발견해 내었다는 것이 또 하나의 특징이라는 이야기입니다. 푸코의 이러한 연구는 언어의 정체에 대한 통념을 깹니다. 예컨대 비트겐슈타인은 『논리-철학 논고』에서 '의미 그림 이론picture theory of meaning'을 제시했습니다. 이는 문장은 그 문장이 표현하고자 하는 사태의 모습과 같은 구조를 갖는다는 것이고, 그 구조적인 그림의 일치에 따라 문장이 의미를 갖는다는 겁니다. 사실 많은 사람은 언어를 이렇게 생각합니다. 문장과 문장이 표현하는 사태 간의 일대일 대응을 제시한 것이라 할 수 있는데, 이는 푸코가 말하는 수사적 공간 이론과는 전혀 다릅니다. 물론 비트겐슈타인은 후기에 이런 자신의 이론이 잘못되었다고 보고, 나중에 '의미 용도 이론use theory of meaning'을 새롭게 제시했습니다. 낱말의 사용에 따라 의미가 달라지며, 그 바탕에는 '삶의 형식Lebensform'이 작동하고 있음으로써 특정한 한 낱말의 의미는 이미 늘 유동적이라는 쪽으로 입장을 바꾼 거죠.

그런데 푸코가 여기에서 말하는 '언어의 수사적인 공간'은 비트겐슈타인이 말하는 '삶의 형식'에 비해 훨씬 더 그 가동성이 높은 것 같은 인상을 줍니다. 푸코는 이 '수사적 공간'을 '비유의 공간'이라는 말로 달리 표현하기도 합니다.

> 낱말들은 그들의 **장소**를 갖는다. 시간 속에서 갖는 것이 아니라 공간 속에서 갖는다. 그 공간 속에서 낱말들은 그들의 본래 자리를 발견하고, 옮겨 가기도 하며, 그 자신들로 되돌아오기도 하고, 또 서서히 전체적인 하나의 [이동] 곡선을 펼치기도 한다. 이 공간은 하나의 **비유적 공간**un espace tropologique이다. … 명제는, 수사적인 것을 통해 시선으로 감각할 수 있는 하나의 형상形狀을 잇따라 펼쳐 내어 이해할 수 있도록 한다. 이러한 비유적인 공간이 없다면, 언어는 속성 부가의 관계를 확립하도록 하는 그 모든 공통된 명사들로 형성되지 않았을 것이다. 그리고 이러한 낱말들의 분석이 없다면, 형상들은 벙어리인 채 순간적인 것으로 머물고 말 것이며, 따라서 순간의 번쩍임 속에서만 감지되고 말 것이다. 그래서 형상들은 시간마저 없는 야음 속으로 굴러떨어지고 말 것이다. (130-131, 154-155)

재현에 따른 형상들을 낱말들로써 분절·분석해 내고 그것들을 명제를 통해 잇따라 선형적으로 전개한다고 할 때, 그 형상들은 계속 이어지면서 살아 있어야 합니다. 그럴 수 있도록 받침 역할을 하는 것이 비유적 공간이라 말하고 있습니다. 낱말들이 자아내는 형상들이 서로 연결되지 않으면 낱말들은 의미를 띠지 못할 것이고, 속성 부가에 따른 명제가 성립할 수 없을 겁니다. 이를 가능케 하는 것이 낱말들이 그 속에서 여러모로 이동하여 자리를 잡는 비유적 공간임을 적실하게 지적하고 있습니다.

4) 언어는 분석한다

푸코는 고전주의 시대 인물들이 동사 문제와 분절 문제를 통해 명제 이론을 구축하더니, 이제 파생 이론을 통해 수사 이론을 구축한 것으로 봅니다. 그러면서 이렇게 말하면서 '파생' 절을 끝맺습니다.

> 명제 이론에서 파생 이론에 이르기까지 언어에 대한 고전주의적인 모든 반성은 —이는 '일반 문법'이라 부르는 것 전체일 것인데— "언어는 분석한다le langage analyse"라는 이 간명한 문장에 대한 치밀한 주석일 뿐이다. 17세기에 이르러, 언어에 대한 서양의 모든 경험, 즉 그때까지 언제나 **언어는 말한다**le langage parlait를 믿어 왔던 그 모든 경험이 요동치게 된 건 바로 여기에서다. (131, 155)

"언어는 말한다"라는 언명은 후기 하이데거 철학에서 핵심입니다. 물론 하이데거에게서 '말하는 말'은 엄격하게 말하자면, 말하는 주체가 없습니다. 심지어 시인이 말할지라도 그 시인이 말하는 게 아닙니다. '존재가 말한다'라고 말할 수도 있으나, 하이데거에게서 '존재'는 존재하는 것이 아닌 만큼 근원적으로 말하는 주체는 없고 말이 스스로 말하는 거죠.

푸코에 따르면, 17세기까지 사람들은 "언어는 말한다"라는 것을 굳게 믿고 있었습니다. 그리고 보면, 하이데거의 언어 이론은 17세기 이전으로 돌아가 거기에서 실마리를 확보한 것이라 할 수 있습니다. 다만, 차이는 17세기 이전에 말하는 주체는 결국 신인 반면, 하이데거에게서는 신 대신에 존재가 들어선다는 점입니다. 하이데거의 존재는 존재자인 신을 존재론적으로 넘어서 있습니다.

17세기 이전에 사람들은 사물들에 새겨진 표식들을 언어의 기초라 보았고, 그 표식들은 신적인 섭리에 따른 것이라고 여겼습니다. 그런데 푸코에 따르면, 이제 17세기에 이르러 "언어는 분석한다"라는 것으로 바뀝니다. 무엇에 대한 재현을 분석하는 것이 언어라는 겁니다. 의미의 발생은 그다음 문제입니다. 처음부터 의미가 있어서 그 의미를 말하는 것이 언어가 아니라, 언어가 재현을 분석해서 시간적인 계기를 따라 공간 속에 그 분석한 파편들을 배치해 놓음으로써 비로소 의미가 발생한다는 것입니다. 소쉬르가 기의가 먼저 있고, 이를 기표를 통해 재현하고 지시함으로써 기호의 의미가 성립하는 것이 아니라, 기표들 사이에서 이루어지는 총합적인 열린 차이의 체계에 의해 기의가 성립한다고 보는 것과 유사합니다. 이러한 비교가 옳다면, 소쉬르의 기표 중심의 기호학적인 발상은 이미 17세기 고전주의 시대 언어학자들의 사유에 자리하고 있었다고 할 겁니다.

말하기 5.
언어의 사변형

7. 언어의 사변형

이제 제1부의 제4장 '말하기'의 마지막 절인 제7절 '언어의 사변형^{le} quadrilatère du langage'을 다룰 차례입니다. 이 절은 이제까지 다룬 내용들을 정돈하죠. 푸코는 명제 이론, 분절 이론, 지시 이론, 파생 이론 등 네 가지 이론을 꼭짓점으로 하는 사변형을 제시합니다. 그리고 이 꼭짓점들이 둘씩 서로 대립하면서 또한 둘씩 서로를 지탱한다고 말합니다. 그러면서 이렇게 설명합니다.

분절articulation은 여전히 텅 비어 있는 명제proposition의 술어적인 순수 형식에 내용을 제공한다. 말하자면 분절은 명제를 충족시킨다. 그러나 분절은 명제와 대립한다. 이는 사물들을 분화시키는 지칭nomination이 사물들을 연결하는 속성 부가attribution와 대립하기 때문이다. 지시désignation의 이론은 분절이 잘라 내는 모든 명사적인 형식들이 접합되는 지점을 나타낸다. 그러나 지시는 분절과 대립한다. 동작에 따라 즉

각적으로 이루어지는 수직적인 지시는 일반적인 것들을 잘라 내는 것과 대립하기 때문이다. 파생dérivation 이론은 낱말들의 기원에 따라 낱말들이 계속해서 운동하는 것을 드러낸다. 그러나 [낱말들이] 재현의 표면 위로 미끄러져 달리는 것은, 하나의 재현에 하나의 어근을 부가하는바 유일하고 안정된 연결과 대립한다. 결국 파생은 명제로 복귀한다. 왜냐하면, 명제가 없이는 지시가 자폐적인 상태로 머묾으로써 속성 부가의 연결을 허용하는 일반성을 획득할 수 없을 것이기 때문이다. 그러나 명제가 계기적繼起的(잇따름)인 질서에 따라 전개되는 반면, 파생은 공간적인 형상을 따라 이루어진다. (131, 155-156)

상당히 복잡합니다. 상호 대립과 상호 지탱이 동시에 이루어지기 때문에 그럴 수밖에 없습니다. 다시 지난 이야기들을 추슬러 봅시다.

> ① 명제는 기본적으로 être 동사로 환원되는 형식을 취한다. 하지만 être 동사는 외부 사물들의 존재와 연결되지 못하고 재현 내부의 존재에만 연결된다. — 이에 명제의 성립에는 지시가 필요하다. 지시가 이루어지기 위해서는 분절이 먼저 요구된다. 그런데 수평적 분절과 수직적 분절은 대립한다. 실체와 속성의 분절인 수직적 분절을 통해 명제, 즉 속성 부가가 이루어질 수 있지만, 그 기초가 되는 수평적 분절은 개체로 수렴한다.
> ② 수평적 분절은 개체와 일반성의 분절이고, 수직적 분절은 실체와 속성의 분절이다. — 모든 분절은 결국 행동 언어적인 개체 지시로 수렴된다.
> ③ 순전한 지시는 행동 언어에 따른 즉각적인 지시이고, 행동 언어의 시원적인 자료는 바로 어근이다. 그리고 이 어근들을 바탕

으로 해서 '기호를 지시하는 기호'에 관한 협약적인 지시가 이루어진다. ― 이때 순전한 지시는 분절의 결과로 이루어지지만, 일반성에 대한 분절과 속성에 대한 분절은 협약적인 지시의 결과로 이루어진다.

④파생은 한 낱말이 여러 뜻을 갖도록 하는바, 언어의 수사적인 공간 및 언어의 비유적 공간을 바탕으로 해서 이루어진다. ― 파생은 한 낱말이 재현의 표면 위를 내달리게 함으로써 한 낱말이 여러 뜻을 갖는 것을 가능케 하지만, 이는 한 낱말이 갖는 행동 언어적인 어근과의 긴밀한 연결과 대립한다. 파생은 결국 명제를 통해 어근과의 긴밀한 관계를 벗어날 수 있게 된다.

이런 정도의 생각을 갖고서 인용문의 주요 내용들을 정돈해 보기로 하죠.

첫째, 명제에서는 동사, 특히 être 동사가 핵심이다. 즉 être 동사를 중심으로 주사-빈사의 관계에 따른 속성 부가가 이루어진다.

둘째, 분절에서는 명사들이 핵심이다. 따라서 재현들, 즉 표상들을 명사들을 통해 분절해 낸다.

셋째, 지시에서는 행동 언어에 의한 시원적 명사들이 핵심이다. 즉 지시를 통해, 분절된 명사들을 그 어근들에로 소급하는 것이다.

넷째, 파생에서는 수사적인 비유들이 핵심이다. 즉 재현을 일반화하는 명제들을 통해 수사적인 비유들이 일정한 뜻을 지닌 것으로 되고, 분절과 지시를 거쳐 대상들의 존재와 연결된다.

이를 종합해서 보면, 이러한 설명은 어떻게 사물의 존재에 직결된 그런데 푸코는 위 인용문에 이어 다음과 같이 말합니다.

> 이 사변형에서 서로 마주 보고 있는 꼭짓점들 사이에 대각선의 관계
> 들이 존립한다는 것을 알아야 한다. 우선은 분절과 파생 사이의 대각
> 선이 있다. … 다른 대각선은 명제에서부터 기원으로, 즉 모든 판단 작
> 용에 포함된 긍정에서부터 모든 지칭 작용에 함축된 지시로 향한다.
> (132, 156)

이 인용문만으로는 무슨 내용인지 알 수가 없습니다. 그저 분절과 파생
이 마주 보고 있고, 명제와 지시가 마주 보고 있다고 말할 뿐이기 때문이
죠. 좀 더 구체적으로 다가서야 하겠습니다. 푸코는 각각의 대각선 관계
에서 두 개의 축이 성립한다고 말합니다.

> 여기에서부터 언어의 사변형 전체를 가로지르는 하나의 축이 성립한
> 다. 이 선을 따라 체계 언어의 상태가 고정된다. … 이 축을 따라 낱말
> 과 낱말이 재현하는 것과의 관계가 확립된다. 이 축을 따라, 낱말이 재
> 현의 존재를 말할 뿐만 아니라 항상 낱말이 재현되는 어떤 것을 명명
> 한다는 사실이 드러난다. 첫 번째 대각선은 언어가 그 특수화하는 능
> 력에서 어떻게 진보해 가는가를 지목한다. 두 번째 대각선은 언어와
> 재현이 무한정으로 함께 감겨드는 것을 지목한다. ― 이는 술어적인

기호가 항상 하나의 재현을 재현하게끔 하는바 [언어와 재현 간의] 이중 화이다. 바로 이 후자의 선 위에서 낱말은 (그 재현의 능력으로써) 대체물 substitut로서 기능한다. 그리고 전자의 선 위에서 낱말은 (그 합성하고 분해 하는 능력으로써) 요소로서 기능한다. (132, 156)

첫 번째 대각선은 분절과 파생을 잇는 선입니다. 푸코는 이 선에 따라 하나의 체계 언어가 어떤 체계 언어로서 발전하여 고정되는가가 결정된 다고 말하고 있습니다. 그리고 이 선 위에서 낱말은 요소로서 기능한다고 말하고 있습니다. 시원적인 행동 언어에서 비롯되는 어근 기능을 하는 낱 말들은 파생에 따른 유동성을 많이 갖습니다. 하나의 체계 언어가 그 유 동성을 어떤 분절 구조에 따라 확보하는가에 따라 다른 체계 언어가 된다 는 것입니다. 예컨대 형태 중심의 문자에 따른 분절인지, 아니면 소리 중 심의 문자에 따른 분절인지에 따라 다른 체계 언어로 발달해 간다는 겁 니다.

두 번째 대각선은 명제와 지시를 잇는 선입니다. 푸코는 이 선에 따라 낱말과 재현이 서로에게 감겨드는 언어적인 구조가 발생한다고 말하고 있습니다. 그러면서 낱말이 재현을 통해 재현되는 것, 즉 언어 외적인 무 엇 —이 무엇은 개념처럼 일반적인 것일 수도 있고, 사물처럼 개별적인 것일 수도 있을 것입니다— 을 명명하게 된다고 말하고 있습니다. 그런 점에서 낱말은 재현 내지는 재현이 재현하는 것의 대체물이 된다고 말하 는 겁니다.

첫 번째 대각선이 각각의 체계 언어를 특수하게 드러나게끔 하는 것이 라면, 두 번째 대각선은 어떤 체계 언어이든 간에 공통으로 지니지 않으 면 안 되는 구조를 나타냅니다. 푸코는 이런 이야기를 통해 과연 무엇을 밝히고자 하는 걸까요? 그의 이야기를 좀 더 들어 봐야겠습니다.

이 두 대각선이 교차하는 지점, 즉 재현의 이중화가 분석으로서 발견되고, 대체물이 재배치하는 능력을 확보하며, 그 결과 재현의 일반 분류법에 대한 가능성과 원칙이 자리 잡는 마름모의 바로 그 중심에, **이름**(명사 *le nom*)이 있다. … 고전주의 시대의 모든 언어 이론은 중심에 있는 이 특권적인 존재를 둘러싸고서 구성된다. 언어의 모든 기능은 여기에서 교차한다. … 그래서 우리는 하나의 낱말을 ―추상적이건, 일반적이건, 또는 텅 비어 있는 것이라 할지라도― 그것이 재현(표상)하는 것의 가능성을 긍정하지 않고서는 생각할 수 없는 것이다. 그래서, 언어의 사변형 한복판에서 이름(명사)이 체계 언어의 모든 구조가 수렴되는 지점으로 나타남과 동시에 모든 언어가 진리와의 관계로 개입해 들어갈 때 그 출발점으로 나타난다.

거기에서 고전주의 시대 언어에 대한 모든 경험이 결합한다. … 완전히 투명한 언어의 거대한 유토피아, 사물들 자체가 군더더기 없이 지칭되리라는 그 유토피아, 전적으로 자의적이지만 정확하게 반성된 체계(인공적인 체계 언어)에 의해서건, 너무나 자연적이어서 사유를 감정이 나타나는 표정인 양 번역해 낼 수 있는 언어(루소가 꿈꾸었던 직접적인 기호들로서의 언어)에 의해서건 상관없이 추구했던 그 유토피아. [어쨌든] 고전주의 시대의 모든 담론을 구성한 것은 이름이라고 할 수 있다. 즉 말하거나 글을 쓰는 것은 사물들을 언명하는 것도 아니고 자신을 표현하는 것도 아니다. 말하거나 글을 쓰는 것은 언어와 놀이를 하는 것이 아니다. 말하거나 글을 쓰는 것은 주권적인 지칭 작용을 향하는 것이고 언어를 가로질러, 사물들과 낱말들이 그 공통된 본질에서 결합하는 장소에까지 나아가는 것이다. 이때 모든 언어는 … 이름에 흡수되어 지워진다. … 담론은 이름에 의해 끊임없이 유지되는 미결정 상태로 나아간다. 이 때문에 담론의 가능성 자체에서부터 담론은 수사학, 즉 이름을 둘러싼 그 모든 공간과 결합한다. … 이름은 담론의 **종착점**(*le terme*

이다. 아마도 고전주의 시대의 모든 문학은 이 공간에 터를 잡고 있을 것이다. 고전주의 시대 문학은 항상 두렵기 짝이 없는 하나의 이름에 도달하기 위한 운동을 전개할 것이다. 이름이 두려운 것은 이름이 말함의 가능성을 고갈시킴으로써 죽이기 때문이다. (133-134, 156-158)

너무 길게 인용했습니다. 분절과 파생의 대각선과 명제와 지시의 대각선이 교차하는 중심점에 '이름'이라고 하는 특권적인 존재가 언어 기능의 근원적인 터를 형성하고 있다는 것인데, 이해하기가 여간 어렵지 않습니다. 결국은 네 가지 이론 중 지시 이론이 가장 근본이 된다는 것 아닌가? 그렇다면 굳이 대각선의 교차와 그 중심을 제시할 필요 없이 지시가 중요하다고 하면 될 것 아닌가? 의문들이 꼬리를 뭅니다.

그러고 보면, 여기에서 말하는 이름이 예사롭지 않습니다. 분절과 파생 그리고 명제와 지시 등의 네 언어적인 꼭짓점이 한데 결합해서 형성하는 최종적인 거점이 이름이라는 것이고, 동시에 이들 분절과 파생 그리고 명제와 지시 등의 네 언어적인 꼭짓점이 성립되어 나오는 중심 바탕이 바로 이름이라는 겁니다. 그렇다면, 이 이름의 정체는 과연 무엇일까요?

말하는 것이건 글을 쓰는 것이건, 담론이 결국에는 이 이름에 도달하기 위한 것이라고 하니, 게다가 문학 역시 그렇다고 하니, 이 이름은 신비감을 더합니다. 말함의 가능성을 고갈시킴으로써 죽이기 때문에 두렵기 짝이 없는 것이라고 하니 더욱더 신비해집니다.

그런데 푸코는 이를 일컬어 '사물들과 낱말들이 그 공통된 본질을 통해 결합하는 장소'라고 달리 말합니다. 그리고 그러한 결합이 완벽하게 이루어지는 것을 '사물들 자체가 전혀 군더더기 없이 지칭되는바 완전히 투명한 언어의 유토피아'라고 부르고 있습니다. 낱말과 사물이 정확하게 들어맞는 지점을 지목하는 것만은 분명합니다.

그것이 정확하게 무엇인지는 모르지만, 이런 이름이 존재한다고 믿을 수는 있을지언정 분명하게 확인할 수는 없을 것 같다는 예감이 듭니다. 부재를 통해 언어활동 일체를 가능케 하면서, 현존을 통해 언어활동 일체를 불가능하게 하는 그 무엇은 아닐까요? 라캉식으로 말하면, 주체를 상징계 속으로 끌어당겨 욕망을 가능케 하면서 동시에 그 상징계를 벗어나 있는 '실재le réel'와 같은 것이라 할 수 있을 겁니다.

아닌 게 아니라, 푸코는 그 지독한 사드 후작을 들먹이면서 언어와 이 이름과 관련해서 다음과 같이 말합니다.

이름은 언어의 보상물récompense이기를 그치고, 언어의 (수수께끼 같은) 물질이 된다. 이름이 언어의 완성이자 실체가 되고 야생적인brute 약속이자 물질이 되는 바로 그 유일한 순간 ―도저히 참을 수 없고 오랫동안 비밀 속에 숨겨져 있었던― 이 이루어진 것은 사드Sade와 더불어 욕망을 통해 이름이 모든 권역으로 관류해 갈 때, 이름이 욕망이 드러나는 장소이자 욕망이 한껏 충족되는 것이자 동시에 무한정하게 재시작하는 것이었을 바로 그때였다. 이로써, 우리의 문화 속에서 사드의 작품이 끊임없는 원초적인 중얼거림의 역할을 하게 된 것이다. 결국 그 자체를 위해 발설되는 이름이 발휘하는 그 폭력을 통해, 언어가 그 사물적인 야수성sa brutalité de chose을 띠고서 솟아난다. 이때 '언설의 다른 모든 부분'은 그 나름 자율성을 획득하면서 이름의 주권에서부터 벗어나고, 이름의 주변에서 하던 장식을 위한 화환 꾸미기를 멈춘다. 그런가 하면, 이름의 주변 테두리에서 언어를 '되잡는'다거나 언어가 스스로 말하지 않는 것이 무엇인가를 드러내도록 한다고 해서 무슨 특이한 아름다움이 생겨나는 것은 아니기 때문에, 언어를 그 야생적인 존재 속에서 증시하는 역할을 하는바, 담론적이지 않은 담론이 있을 것이다. 이 언어의 고유한 존재, 이것이 19세기가 말씀le Verbe이라 부르게 될 바로 그것이다. … 그런가 하면, 이 언어의 고유한 존재를 붙들

고 있으면서 이 존재 자체를 위해 이 존재를 해방하는 담론이 바로 문학이다. (134, 159)

점입가경漸入佳境이 아니라, 굳이 한자어를 지어내어 말하자면, '점입가난漸入加難'입니다. '언어의 물질성'이라는 정말이지 만만찮은 주제가 등장하는 장면입니다. 언어가 언어로서 작동할 수 있는 최초이자 최종적인 바탕으로서 이름이 거론되고 있는 셈입니다. 이 이름에 대해 '언어의 수수께끼 같은 물질'이라고 말하고 있습니다. 한 발만 더 내딛노라면 아예 사물 속으로 흡수되어 버릴 테지만, 아직 그 한 발을 내딛지 않고 있기에 여전히 언어의 권역에 속한다고 해야 하는데도, 그 언어의 권역 자체를 근본에서부터 가능케 하는 이른바 '언어의 고유한 존재'인 그 최초·최종적인 이름을 일컬어 '언어의 물질'이라고 말합니다. 그리고 이를 달리 '언어의 사물적인 야수성'이라 부르기도 합니다. 그리고 이를 통해 '담론적이지 않은 담론' 또는 '언어의 고유한 존재를 붙들고 있으면서 동시에 그 언어의 고유한 존재를 해방하는 담론'을 일컬어 문학이라고 말합니다. 어찌 '점입가난'이라 하지 않을 수 있을까요? 하지만, '언어의 물질성'이라는 어구를 생각하도록 하는 것만으로도, '이름'에 관한 이 푸코의 분석은 우리에게 큰 선물이라 할 겁니다.

'언어의 물질성'은, 언어가 그 자체만의 존재론적인 기반이 전혀 없이 그저 존재를 위한 인식적·소통적인 장치로서만 존립하는 것이 아님을 여실히 말해 주는 개념입니다. 언어 역시 사물적인 존재로부터 생겨나 계속 거기에 뿌리를 내리고 있는 것임을 말해 주면서, 더 적극적으로는 그렇듯 존재가 언어를 발생시킬 수 있는 것으로 보아 존재 자체가 처음부터 언어적인 구조로 되어 있다는 것을 말해 주는 것이 '언어의 물질성'이라는 개념입니다. 다만 이때 '언어적인 구조'란 '담론적이지 않은 담론'과 마찬가지로, '언어적이지 않은 언어적인 구조'라고 해야 할 겁니다.

언어가 존재에 뿌리를 내리고서 자양분을 빨아들이고 있는 그 지점이 바로 이름이라는 것인데, 이는 달리 말해 인식이 존재에 뿌리를 내리고서 자양분을 빨아들이고 있는 바로 그 지점이라 할 수 있을 겁니다. 인식과 존재 간의 근본적인 간극을 전제하지 않고, 차라리 인식이란 '언어적이지 않은 언어적인 구조'로 존재 자체에 새겨져 있는 근원적인 간극이라고 말해야 할 것입니다.

만약 이러한 우리의 접근이 상당 정도 일리가 있다고 한다면, 푸코는 17-18세기 고전주의 시대의 언어를 고찰함으로써 철학에서 가장 근원적인 문제인, '인식과 존재의 관계', 이와 직결되는 '물질과 정신의 관계'를 그 나름으로 풀어 나가려 한다는 결론을 내릴 수 있게 됩니다. 다만, 이 '이름'에 대해 푸코가 적극적인 분석을 하지 않기 때문에, 우리로서는 그 성과를 제대로 평가할 수 있는 길이 없습니다.

자, 아무튼 푸코는 이제 이 '이름'을 바탕으로 해서 언어의 경험이 어떤 테두리 안에서 이루어지는가를 이렇게 말합니다.

이름이 갖는 고전주의적인 특권을 중심으로 이론적인 부분들(명제, 분절, 지시, 그리고 파생)은 언어 경험의 테두리를 규정한다. … 오로지 명제 덕분에 언어가 있다는 것을 보았다. 만약 적어도 암시적으로나마 être 동사가 현전하지 않는다거나 이 être 동사가 허용하는 속성 부가의 관계가 현전하지 않는다면, 그들이 다루고자 한 것은 언어에 속한 것이 아니라 여느 기호들에 속한 것이 되고 만다. 명제 형식은 동일성과 차이의 관계를 확언하는 것을 언어의 조건으로 정립한다. 이러한 동일성과 차이의 관계가 가능한 한에 있어서만 말을 한다. 그러나 명제를 제외한 다른 세 이론적인 부분은 전혀 다른 요구를 전개한다. 즉 낱말들의 기원에 입각한 낱말들의 파생이 있으려면, 어근이 본래부터 의미작용에 속한다는 사실이 이미 성립하려면, 재현들을 분절해서 잘라 내는 일이 있으려면, 가장 직접적인 경험에서부터 사물들 사이의 유비적인 왁자지껄함이 있어야 하고, 처음부터 주어지는 유사성들이 있어야 한다. 만약 모든 것이 절대적인 다양성absolue diversité이라면, 사유는 특이성singularité에 얽매일 노릇이고, … 기억도 상상도 불가능하며, 결국 반성도 불가능할 것이다. 그리고 사물들을 비교하는 것은 불가능해질 것이고, 사물들에서 동일한 특질들을 규정해 내는 것도 불가능해질 것이며, 공통 명사를 부여하는 것도 불가능해질 것이다. [요컨대] 언어가 존재하지 않게 될 것이다. 언어가 현존한다는 것은 동일성들과 차이들 아래에 연속성들, 유사성들, 반복들, 교차들이 자연적인 바탕을 이루고 있다는 것을 말한다. [이렇듯] 17세기 초부터 지식에서 배제된 유사성은 항상 언어의 외부 경계를 형성한다. 유사성은 그들이 분석하고, 질서를 세우며, 인식하는 영역을 에워싸고 있는 테두리다. 담론들은 그 중얼거림을 흩어 버린다. 하지만 그 중얼거림 없이는 말한다는 것은 불가능하다.

이제 고전주의적인 경험에서 언어가 갖는 굳건하고 긴밀한 통일성이 어떤 것인가를 파악할 수 있다. 분절된 지시 활동에 따라 유사성이 명제 관계 속에, 즉 동일성들과 차이들의 체계 속에 진입할 수 있게 된 것은 바로 이 언어의 통일성이다. 고전주의 시대 '담론'의 근본 과제는 **사물들에게 하나의 이름을 부여하는 것이고, 이 이름에서 사물들의 존재를 지칭하는 것이다.** 두 세기에 걸쳐 서양의 담론은 존재론의 처소였다. 담론이 모든 재현 일반의 존재를 지칭했을 때, 그 담론은 바로 철학, 즉 인식에 대한 이론이자 관념들에 대한 분석이었다. 담론이 재현된 각 사물에 적합한 이름을 부여했을 때, 그리고 담론이 모든 재현의 장 위에 잘 마련된 체계 언어의 그물을 배치했을 때, 그 담론은 바로 과학, 즉 과학적 술어의 목록이자 분류법이었다. (135-136, 159-160)

être 동사를 매개로 한 주사(주어)-빈사(술어)의 결합인 명제 형식이 없이는 아예 언어가 제 기능을 수행하지 못한다는 것을 정확하게 밝혀낸 시대가 바로 고전주의 시대라는 겁니다. 그리고 명제 형식은 '…이다'와 '…가 아니다'라는 긍정과 부정의 형식을 통해서도 알 수 있듯이, 항상 동일성과 차이에 대한 확언을 바탕으로 이루어집니다. 그럼으로써 언어가 여느 다른 기호들과 달리 바로 언어로서 존립하게 된다는 것을 고전주의 시대 사람들이 확립했다는 것입니다.

그런데 푸코는 그런 명제 중심의 고전주의적인 언어관이 그 자체로 만족할 수 있는 것이 아님이 암암리에 드러나고 있다고 주장합니다. 그것은 명제 이론을 제외한 나머지 세 가지 이론, 즉 분절, 지시, 파생의 이론들이 명제 이론과는 전혀 다른 영역을 암암리에 지목하고 있다는 데서 알 수 있다고 말합니다. 결국에는 사물들 사이의 유비 관계 내지는 유사성의 원초적인 중얼거림이 있어야만 명제에 따른 언어, 즉 동일성과 차이에 따른 언어가 성립할 수 있다는 겁니다. 이를 드러내고자 한 것이 앞서 본 그 수수께끼 같은 이름, 즉 언어의 물질성에 대한 강조였다고 할 수 있습니다.

명제적 언어의 테두리이자 바탕인 사물들 사이의 유사성에 따른 중얼거림이 없이는 언어가 불가능하다는 것이고, 사물들 사이 유사성에 따른 중얼거림은 사물들 하나하나를 서로 고립된 절대적인 다양성으로 볼 수 없다는 것을 입증한다는 겁니다. 말하자면, 사물들 사이의 유사성에 따른 중얼거림이 있기에 지각, 상상, 반성, 인식 등 모두가 성립한다는 거죠.

이렇게 되면 결국, '사물들 사이의 유사성에 따른 중얼거림'이야말로 오히려 고전주의 시대 사람들의 사유를 규정한 셈이 됩니다. 고전주의 시대 담론의 과제에 대한 푸코의 정돈에서 가장 돋보이는 것은 그것이 '이름을 찾아 사물의 존재를 지칭하고자 했다'는 것입니다. 그런데 푸코는 철학 이야기로 넘어가면서 '재현 일반의 존재에 대한 지칭'을 거론합니다. '사물의 존재'와 '재현 일반의 존재'는 과연 어떤 관계를 맺는 걸까요?

사물과 재현 간의 문제는 존재와 인식 간의 문제로 바꾸어 생각할 수 있습니다. '재현 일반의 존재'라는 표현과 '사물의 존재'라는 표현에서 공통으로 쓰인 '존재'라는 말은 그 함축에 있어서 과연 일의적인 걸까요? 갑자기 사르트르가 말한 '현상의 존재'와 '존재의 현상'이 떠오릅니다. 이를 지금 푸코가 제시하고 있는 이 맥락과 같은 것으로 취급해서 논의해도 될까요?

분류하기 1.
자연사의 등장

이제 제1부의 제4장 '말하기'를 마치고, 제5장 '분류하기classer'에 들어갑니다. 이 장은 제1절 '역사가들이 말하는 것', 제2절 '자연사', 제3절 '구조', 제4절 '특징', 제5절 '연속적인 것과 파국', 제6절 '변종들과 화석들', 제7절 '자연에 대한 담론' 등으로 되어 있습니다. 제목만 봐도 내용이 만만찮음을 알 수 있습니다. 단단히 각오해야겠습니다. 오늘은 이 중에서 앞의 세 절을 살펴보고자 합니다.

1. 역사가들이 말하는 것

푸코는 새로운 장 '분류하기'를 시작하면서, 17-18세기에 이르러 관념이나 지식 들의 역사가 새로운 호기심, 특히 생명 과학에 대한 폭과 정밀성에 대한 호기심을 불러일으켰다고 말합니다.

그러면서 푸코는 전통적으로 역사가들이 그 원인 내지는 동기를 설명하는 내용들을 소개합니다. 우선은 관찰에 대해 새로운 특권을 부여했다는 것, 그리고 데카르트의 기계론이 처음에는 생명 이론을 개척하는 데 장애가 되긴 했지만, 그 기계적인 합리성을 계기로 생명에 대한 합리성을 발견하고자 하는 새로운 움직임이 나타내게 된 것을 중시했다는 것, 중농주의 사상에서 드러나듯이 농업에 대한 경제적인 관심이 고조되면서 먼 나라로 나가 알게 된 이국적인 식물과 동물 등에 대한 호기심을 바탕으로 농학이 처음으로 개발되었다는 겁니다. 결국 자연에 대해 윤리적으로 가치를 부여하게 되고, 아울러 땅에 돈과 감정을 투자하게 되었다는 것 등을 역사가들이 지적해 왔다는 거죠(137-138, 163-164 참조). 이를 지적한 뒤, 푸코는 다음과 같이 그 귀결을 정돈해 보입니다.

이를 명시적으로 밝힌 다음, 역사가들은 생명에 대한 새로운 학문들이 파악해 낸 다양한 형식들과 흔히 말하듯 그 학문들을 지도했던 '정신'을 지적한다. 처음에 그 학문들은 17세기 말까지 데카르트의 영향 때문에 기계론적이었다. 17세기 말에 화학이 겨우 스케치 수준으로 등장하여 생명에 대한 학문들을 강조하기도 했다. 그러다가 18세기 내내 생기론적生氣論的인vitalistes 주제들이 특권화되어 급기야 단일한 교설로 정식화된다. 다소 다른 형태들로 이루어지긴 했으나 다들 '생기론vitalisme'을 강의했다. 몽펠리에에서는 보르도와 바르테즈가, 독일에서는 블루멘바흐가, 파리에서는 디드로에 이어 비샤가 생기론을 강의했다. … 서로 다른 이론적인 체계 아래 매번 다른 해답들을 제시했지만, 거의 동일한 문제들을 정립하게 되었다. 그 문제 중 하나는 생물체들에 대한 분류 가능성이었다. 린네와 같은 사람들은 모든 자연을 분류법에 귀속시킬 수 있다고 주장했고, 뷔퐁과 같은 다른 사람들은 자연은 너무나 풍부하고 다양해서 엄격한 틀에 집어넣을 수 없다고 주장했다. 또 하나의 문제는 발생 과정processus de la génération(생식 과정)이었다. 상대적으로 더 기계론적인 입장을 취한 인물들은 사전 형성préformation

을 지지했고, 어떤 이들은 배아들germes의 특수한 발달을 지지했다. 또 다른 문제는 기능 발휘들fonctionnements이었다. 하비 이후 [혈액] 순환, 감각, 운동성 등의 기능 발휘에 관한 주제가 제시되었고, 18세기 말에는 호흡이 제시되었다. (138, 164-165)

18세기에 이르러 어떻게 생기론이라는 이름으로 생명에 관한 학문이 발생해 나왔는가를 간략히 설명하고 있습니다. 그리고 그 주제들과 각기 나름의 답변들에 대해 간략하게 정돈해 보입니다. 그 유명한 린네의 이야기가 등장하는데, 특별히 논의할 것은 없고, 푸코가 소개하는 것을 그냥 보는 것만으로 도움이 됩니다.

이 이야기에 이어서 푸코는 역사가들이 그들 나름의 눈으로 이 시기의 논쟁에 대해 어떻게 정리해서 접근하는가를 소개합니다. 그는 역사가들이 학문적인 입장들 사이에 벌어진 갈등과 대립을 제시하고 기술하고 있음을 강조하죠. 이들이 신의 섭리를 내세워 신비를 바탕으로 자연에 접근해야 한다고 주장하는 신학과 자연의 자율성을 드러내기 위해 노력하는 과학의 대결이 가장 컸다는 점, 천문학·역학·광학 등의 우선권을 내세우는 오래된 학문과 생명 영역에 환원 불가능한 특수한 것이 있을 수 있는 것 아닌가 하고서 생각하는 학문 간에 모순이 있었다는 점, 그리고 본성(자연nature)의 부동성을 믿는 자들과 생명의 창조력과 그 고갈될 수 없는 변형력과 그 조형성(융통성) 및 모든 생명체를 발현해 전개하는 생명의 역동성 등을 믿는 자들 간에 대립이 있었다는 점을 지적했다는 겁니다. 그러면서 이 역사가들이 다윈Charles Darwin(1809-1882)과 라마르크Jean-Baptiste Lamarck(1744-1829) 이전에 실로 진화론을 둘러싼 거대한 논쟁이 개진되어 있었다고 말하고, 18세기에는 아직 애매한 채 얽혀 있던 여러 시도가 19세기에 이르러 적극적인 합리적 형태로 완성됨으로써 생명에 관한 학문이 합리성을 희생시키지 않으면서 생명의 생동적인 특수성을 담아낼 수 있게 되었음을 가정하고 있다는 사실을 지적합니다.

하지만 푸코는 이러한 역사가들의 생각에 대해 계속 조건법을 활용해서 설명하는데, 그것은 푸코가 이러한 역사가들의 생각에 전적으로 동의할 수 없다는 것을 암시합니다. 그래서 결국 푸코는 이렇게 말합니다.

> 사람들은 18세기에 있었던 생물학의 역사들을 정돈해 내고 싶어 한다. 그러나 그들은 [당시에] 생물학이 현존하지 않았다는 것, 그리고 150년 이상 우리에게 친밀하게 여겨져 온 지식의 조성이 이전 시대에 대해서는 가치를 발휘할 수 없다는 것, 그리고 만약 [당시에] 생물학이 인식되지 않았다면, 그것은 생명체들 ―이 생명체들은 **자연사**histoire naturelle에 의해 형성된 지식의 격자를 통해서만 등장했다― 이 있었을 뿐 생명 자체가 현존하지 않았다고 하는 아주 단순한 이유 때문이었다는 것 등을 염두에 두지 않는다. (139, 166)

17-18세기 고전주의 시대에는 생명체들을 넘어선 생명 자체의 개념이 확립되지 못했으며, 따라서 생물학이 제대로 인식되지 못했다는 푸코의 지적은 대단히 중요한 것 같습니다. 19세기 말 베르그송이 생명 개념을 형이상학 내지는 존재론적으로 확립했다는 사실과 비교해 봄 직도 하고, 그 이전 라마르크에 이은 다윈의 진화론에 입각한 생명의 전체적인 진화에 관한 관점이 성립되었다는 것과 비교해 봄 직도 합니다. 베르그송처럼 생명 자체에 대해 원리적인 독자성을 주장한다는 것은 아무래도 받아들이기 쉽지 않다는 우리 나름의 생각을 함께 견주어 볼 필요도 있을 것입니다.

17-18세기 고전주의 시대에 작동했던 인식의 에피스테메에 있어서는 아직 생명 개념은 없고 생명체들에 대한 사유가 만개했는데, 그 생명체들을 다룬 것이 바로 ' '라는 겁니다. 그래서 푸코는 이제 결국 이 '자연사'를

본격적으로 고찰해야만 한다고 말합니다.

2. 자연사

　푸코에 따르면, '자연사histoire naturelle'는 17-18세기 고전주의 시대의 특수한 전유물인 것 같습니다. 푸코는 자연사의 영역을 어떻게 정의할 수 있을지를 고민합니다. 오늘날의 관점과는 너무나 거리가 멀고 뒤죽박죽의 형태를 띠고 있으며, 그래서 분석하고 반성해서 자연사가 자연에 속한 것으로 여기는 개체들을 다룬다고 보기에는 거리가 먼 것 같다는 게 그 이유입니다(140, 166-167 참조).

　언뜻 보기에는 데카르트의 기계론과 자연사 연구는 상당히 거리가 있어 보이지만, 데카르트로부터 달랑베르에 이르기까지의 기계론과 투른포르와 도방통에 이르기까지의 자연사가 동일한 에피스테메에 의해 가능했다는 게 푸코의 주장입니다(140, 167 참조). 그러면서 푸코는 자연사가 출현하게 된 조건에 대해 이렇게 말합니다.

　　자연사가 등장하기 위해서는, 자연이 두툼해진다거나 알 수 없게 된다거나 그 메커니즘이 늘어난다거나 함으로써, 자연을 측정한다거나 계산한다거나 설명할 수는 없고 그저 자연을 추적해서 기술할 수 있는 역사의 애매한 무게를 획득할 수 있을 뿐이어서는 안 된다. 완전히 그 반대다. 역사Histoire가 자연적인Naturelle 것으로 되어야 한다. 16세기를 거쳐 17세기 중반까지 있었던 이야기들histoires이 바로 그러한 것들이었다. 벨롱은 『새들의 본성에 관한 이야기』를 썼고, 뒤레는 『식물들에 대한 고상한 이야기』를 썼으며, 알드로반디는 『뱀들과 용들에 관한 이야기』를 썼다. 그리고 1657년에 존스턴이 『네발짐승의 자연사』를 썼다. 이를 [자연사의] 탄생 시점으로 잡는 것은 물론 엄격하지 못하다. 하지만 이는 하나의 이정표를 상징하며, 한 사건의 공공연한 수수께끼를 멀리서나마 지시해 준다고는 할 수 있다. 그 사건이란 **역사**의 영역에서 그때까지 구분되었던 인식의 두 질서 중 한 가지를 갑자기 버리고 정돈하게 되었다는 것이다. 알드로반디 때까지는 [즉 17세기 이전까지는] 역사란 사물들에서 보이는 내용들과 사물들에서 발견되는 또는 사물들에 놓여 있는 모든 기호가 한데 뒤섞여 완전히 통일된 피륙이었다. … 오늘날 우리에게 명백한 구분법, 즉 우리가 본 것, 다른 사람들이 관찰해서 전해 준 것, 그리고 다른 사람들이 소박하게 생각하거나 믿는 것 등을 구분하는 원칙은 존립하지 않았다. 말하자면, 관찰, 문헌 기록 그리고 우화 등을 구분하는바 직접적이고 겉보기에 너무나 단순한 대형의 삼분법이 그때에는 존립하지 않았던 것이다. … 그 이유는 아주 정확하고 아주 강압적이다. 17세기에 기호들이 재현의 양태들인 것과는 달리, 그 당시에는 기호들이 사물들의 부분을 형성하고 있었기 때문이다. (140-141, 168)

각종 문헌 연구가로서 푸코의 박식함이 어디까지 미치는가를 실감할 수 있습니다. 아무튼 제대로 자연사가 구축되어 나오기 전까지 여러 사람이 동식물에 관한 이설들을 전개했지만, 특히 17세기가 시작되기 전에는 아직 정확하게 자연사라고 말할 수 없는 이유를 설명하고 있습니다. 제대로 된 인식 내용을 정확하게 분별해 내기 위해 염두에 두지 않으면 안 되는 인식 종류의 성격들을 무시하고 있었고, 무엇보다 사물들과 기호들이 뒤섞여 있었기 때문임을 지적하고 있습니다. 말하자면, 자연사가 제대로 등장하기 위해서는, 사물들과 기호들이 뒤섞여 있음으로써 구분되면서도 거의 등가적으로 혼용되었던 관찰과 우화(또는 전설) 중에서 우화에 관련된 내용들을 제거하고 관찰 중심으로 동식물에 대한 인식이 정돈되어야 한다는 겁니다.

　이와 관련해서 푸코는 16세기의 알드로반디와 17세기 존스턴의 자연, 즉 동식물에 관한 역사 서술을 구분합니다. 알드로반디가 동식물에 관한 지식에 있어서 여러모로 존스턴보다 전혀 뒤떨어지지 않는데도, 존스턴은 오히려 자연사의 구축에 큰 역할을 하게 된다는 것입니다. 그 이유를 이렇게 말합니다.

> 존스턴은 말(馬)에 관한 장章을 12가지 항목으로 나눈다. 이름, 해부학적인 부위들, 서식 여건, 나이, 생식, 울음소리, 운동들, 공감과 반감, 활용법, 의학적 용도 등으로 나눈다. 이 항목들은 알드로반디의 저술에서도 모두 거론된다. 오히려 거론되는 것이 이보다 더 많다. 본질적인 차이는 [알드로반디에 비해 존스턴의] 이 **부족함**에 있다. 동물에 관한 모든 의미론적인 부분은 마치 죽었거나 쓸모없는 것인 양 기각된다. [말하자면] 짐승과 함께 얽혀 있던 낱말들이 분리되어 제거된다. 그럼으로써 생물체는 그 해부에 있어서, 그 형태에 있어서, 그 습관에 있어서, 그 탄생과 죽음에 있어서, 노골적인 것으로서 등장한다. 자연사는 바로 이렇게 사물들과 낱말들 사이에 열려 벌어지는 거리를 통해 생겨난다. 이 거리는 모든 언어적인 침전물을 걸러 내었기에 침묵의 거리이지만, 그러나 재현의 요소들에 따라 분절된 거리이다. 이 재현의 요소들 자체가 지칭될 충분한 권리를 갖는 것은 물론이다. (141-142, 168-169)

존스턴이 어떻게 자연사에 관한 사유의 길을 열었는가를 기술하고 있습니다. 그는 알드로반디에게서 나타나는 16세기의 인식적 에피스테메를 넘어섰습니다. 그것은 사물과 기호의 혼입 상태를 넘어선 것입니다. 동물들과 그것들에 상징적으로나 우화적으로 덧붙여져 있는 기호들을 제거하고서 오로지 동물 그 자체만을 관찰해서 기술한 겁니다.

중요한 것은 푸코가 그 자신이 주장해 마지않는바 17-18세기 고전주의 시대의 에피스테메가 어떻게 재현으로 집중되는가를 자연사의 발생을 통해서도 입증해 보일 수 있음을 제시한다는 점입니다. 사물들과 기호들을 분리한다는 것, 그럼으로써 기호들을 오로지 재현의 양태들로 만들고, 아울러 언어를 재현 내부로 끌어들이는 것이 바로 고전주의 시대 에피스테메의 요점인데, 바로 그러한 측면을 자연사의 출현을 알리는 존스턴의 동식물 서술에서 찾을 수 있다는 것입니다.

이렇게 존스턴의 서술 방식이 갖는 특징을 서술한 뒤, 이를 바탕으로 푸코는 자연사에 대해 이렇게 이야기합니다.

자연사는 지칭 가능성을 예상케 하는 분석을 통해 재현에서 열리는 공간이다. 자연사는 **말할** 수 있으리라 여겨지는 것을 **볼** 수 있는 가능성이다. 다만, 만약 서로 분별되는 사물들과 낱말들이 처음부터 재현 속에서 소통되지 않는다면, 말할 수도 없을 것이고 아울러 볼 수도 없는 바 그러한 가능성이다. 존스턴 이후에 린네가 자연사에 대해 제출하게 되는 기술의 질서는 아주 특징적이다. 각 동물에 관한 각각의 장은 모두 다음과 같은 절차를 따라야 한다. 이름, 이론, 유, 종, 속성들, 활용법, 그리고 마지막으로 **문헌들** 등의 절차를 따라야 한다. 시대적으로 사물들에 주어진 모든 언어는 하나의 보충으로 취급되어 맨 마지막으로 밀려난다. … 고전주의 시대 자연과학의 설립은 (기하학이나 역학에 따라) 형성된 합리성이 이관되어 나타난 직, 간접적인 결과가 아니다. 비록 (상관성과 동시성의 양식에 따라) 기호에 대한 일반 이론과 보편학의 기획과 연결되긴 하지만, 그 설립은 그 나름의 고고학을 지님으로써 따로 분별되어 형성된 것이다.

이렇게 해서, 역사라고 하는 오래된 낱말은 가치를 달리하게 되는 셈이고, 아마도 그 고고학적 의미 중 하나를 발견하게 되었다고 할 수 있을 것이다. (142, 169-170)

린네가 현대 생물학의 기초를 확립했다는 것은 너무나도 잘 알려진 사실입니다. 더 세밀하게 분류되긴 하지만 오늘날에도 여전히 활용되고 있는 생물 분류법, 즉 계界, Regnum, Kingdom, 문門, (동) Phylum, Phylum/(식) Divisio, Division, 강綱, Classis, Class, 목目, Ordo, Order, 과科, Familia, Family, 속屬, Genus, Genus, 종種, Species, Species 등으로 세분화해 이어지는 분류법은 린네가 정착시킨 것입니다.

아무튼 푸코가 존스턴에 이어 린네의 자연사적인 기술 방법에 대해 특별히 주목하는 것은 린네가 '문헌들'이라는 기술 항목을 염두에 두지 않은 것은 아니지만, 그 '문헌'의 항에 들어갈 내용들은 여러 가지 전승이나 신앙들 내지는 시적인 비유들에 관한 것들이기 때문에, 마치 기술하지 않아도 되는 하나의 보충에 불과한 것처럼 맨 마지막으로 밀쳐 버렸다는 겁니다. 푸코가 이를 특별히 지적하는 까닭은 앞에서 이야기한 바입니다. 이는 제대로 된 자연사가 등장하면서, 사물과 기호가 서로 얽혀 있다고 여긴 16세기적인 에피스테메에 따른 사유 방식을 제거하여 극복하고 있다는 증거라는 게 푸코의 주장입니다.

이런 생각을 깊이 간직하고 있는 푸코는 자연사적인 사유 방식이 그저 기하학이나 역학을 통해 확립된 합리성이 어떻게든 이관되어 나타난 현상 아니겠는가 하고 생각하면 안 된다는 것을 특별히 지적합니다. 이는 여러 영역에서 동시다발적으로 각기 그 나름으로 고전주의 시대의 에피스테메, 즉 낱말과 사물의 분리 및 재현 중심의 인식 장의 구조와 성격을 반영하고 있으며, 바로 그리하여 '에피스테메'라고 하는 개념이 성립하며 '지식의 고고학'에서 효과를 발휘한다는 것을 역설하기 위한 겁니다.

중요한 사실은 이와 더불어 '역사'라는 오래된 낱말이 그 가치를 달리하게 된다는 것인데, 푸코에 따르면, 그리스 시대의 역사가와 우리 시대의 역사가는 그 역할이 전혀 다릅니다. 17세기 중반까지 역사가는 표식에 관련된 문헌들과 기호를 모아 숨겨진 모든 낱말을 들추어내어 언어로 재구성해 내는 책임을 진 자들이었다고 한다면, 고전주의 시대 역사는 전혀 다르다는 겁니다. 그는 이렇게 말합니다.

> 고전주의 시대는 역사에 대해 전혀 다른 의미를 부여한다. 역사란, 먼저 사물들 자체에 미세한 시선을 가하고, 그다음에 이 시선을 통해 수집한 것을 부드럽고 중립적이며 신뢰할 수 있는 낱말들로 이기移記, transcrire하는 것이라는 의미를 부여한다. 이러한 '순화purification'를 통해 구성된 최초의 역사 형태가 바로 자연에 관한 역사였다는 사실은 이해할 만하다. 자연에 관한 역사가 건립되는 데에는 아무 매개 없이 사물들 자체에 적용되는 낱말들만을 필요로 했기 때문이다. 이 새로운 역사의 자료들은 또 다른 낱말들이나 텍스트나 아카이브가 아니라 사물들이 병렬해 있는 명료한 공간들이다. 예컨대 식물도감이나 박물관의 표본 진열장이나 정원이 역사의 자료들이다. … 바뀐 것은 동식물을 볼 수 있는 공간이라는 점, 그리고 그 공간에서 동식물들을 기술할 수 있다는 점이다. … 고전주의 시대에 설비를 갖추게 된 말 그대로의 자연사 진열장과 정원은 이제 '볼거리'를 순회하면서 전시하던 것을 대체하게 된다. 그 대신 이제 '일람표' 속에 사물들을 펼쳐 놓게 되었다. 극장과 카탈로그에 슬그머니 끼어든 것은 지식의 욕망이 아니라, 사물들을 시선과 담론에 동시에 결합하는 새로운 방식이다. 즉 역사를 구성하는 새로운 방식이 끼어든 것이다. (143, 170-171)

핵심은 이제 새로운 역사는 직접 눈으로 보고 기술하는 거라는 이야기입니다. 게다가, 그럴 때 직접 눈으로 본 내용을 곧이곧대로 옮길 수 있는 낱말들로 기술해야 한다는 것입니다. 이에 역사의 자료들이 확 바뀌게 되는데, 이러한 역사를 처음으로 실현한 것이 자연에 관한 역사, 즉 자연사라는 겁니다. 그리고 그래서 식물관이나 동물관 같이 한곳에 동식물을 모아 놓는 공간이 생겨났다는 것입니다.

그런데 푸코는 이렇게 된 것이 지식에의 욕망이 발전했기 때문이라 생각해서는 안 된다는 점을 강조합니다. 그 이전에도 동식물의 기이함에 대한 욕망은 늘 있었지만, 동식물에 접근하는 그 방식이 고전주의 시대가 시작되면서 지식 욕망을 분출하는 방식과는 전혀 달랐다는 것입니다. 이제 고전주의 시대에 이르러 사물들을 직접적인 경험과 연결하고 동시에 그 경험을 곧이곧대로 담아낼 수 있는 담론과 연결하는 새로운 역사 서술의 방식을 취하게 되었다는 겁니다.

푸코는 이러한 자연사적인 방식에 따른 새로운 역사 서술이 저 앞에서 다루었던 18세기 말에 있었던 낱말들, 체계 언어들, 어근들, 자료들, 아카이브들 등의 분류·배치와 방법론적으로 유사하다는 것을 지적합니다. 이는 고전주의 시대의 에피스테메가 어떻게 구조적으로 전반적인 규정력을 갖는가를 보이기 위한 거죠. 그러면서 푸코는 결국 이렇게 정돈합니다.

> 고전주의 시대 말기에 이루어진바, 점점 더 완전해지는 기록의 보관, 고문서 보관소들의 설립과 분류, 도서관들의 재정비, 목록들과 색인들 및 장서 목록들의 체계를 완비한 것은 시대적인 새로운 감수성 이상의 것을 나타낸다. 즉 과거와 역사의 두께에 대한 감수성 이상의 것을 나타낸다. 그것은 다름이 아니라 이미 정립된 언어 속에, 그리고 그 언어가 남긴 흔적들 속에, 생명체들 사이에 확립된 질서와 동일한 유형의 질서를 끌어들였다는 것이다. 19세기 역사가들이 결국 '참된' ─고전적인 합리성과 질서 부여 및 신정神政으로부터 자유롭게 된─ 역사, 즉

시간의 난폭한 폭력을 회복하는 역사를 기술하려고 시도하게 되는 것
은 바로 이러한 분류된 시간 속에서, 즉 정형화되고 공간화된 생성 속
에서였다. (143-144, 171)

자주 그러는 것처럼, 푸코는 여기에서도 하나의 절이 끝나는 지점에서
19세기 이야기를 합니다. 19세기 역사가들이 과연 누구인지는 정확하게
알 수 없지만, '시간의 난폭한 폭력을 회복하는 역사'를 참다운 역사로 본
다는 것, 그 역사는 합리성이나 신적 섭리라고 하는 역사 내외적인 견고
한 질서에서 벗어난 역사로 여긴다는 것은 분명합니다.

이때 '시간의 난폭한 폭력'은 '합리성 내지는 신정의 관철'과 대립합니
다. 합리성 내지는 신정의 관철이란 근본적으로 역사가 연속적이라는 걸
일컫죠. 그렇다면 '시간의 난폭한 폭력'에 의거한 역사는 불연속적인 사
건들의 구조적인 분출의 역사라 할 수 있습니다.

푸코는 역사를 사건화해서 보아야 한다고 주장합니다. 이는 푸코가 에
피스테메의 전환에 따른 시대의 전환이 일어나는 것에 대해 일종의 우연,
즉 불연속적인 파국을 주장하는 것과 직결됩니다. 구조주의에서 기존 구
조가 새로운 구조로 치환되는 데에는 특별한 합리적인 질서나 이유가 없
는 것으로 본다는 것은 다 알려진 사실이죠.

그런데 그 같은 불연속적인 사건으로서의 역사에 관한 생각을 일구어
낼 수 있었던 것은 17-18세기의 동식물에 대한 자연사적인 분류와 질서
의 시간, 즉 '**일람표***tableau*'라 지칭할 수 있는 일관된 공간 속에 정형화된 생
성으로서의 시간이 먼저 이루어졌기 때문입니다. '일람표' 이야기는 예컨
대 "고전주의 시대에는 … 기호 이론이 기의에 대해 기호와 일치하지 않
는 다른 본성을 부여하지 않기 때문에, 의미는 기호 연쇄 속에서 전개되
는 기호들의 총체일 수밖에 없다. 의미는 기호들에 대한 완전한 **일람표** 속
에서 주어질 뿐이다"(80, 98)라는 말에서 중요하게 제시되었던 바입니다.

이제 푸코는 이 '일람표'를 자연사적인 전시 공간에 대해 적용하고 있습니다.

중요한 사실은 자연사적인 일람표에 의거한 질서와 동일한 유형의 질서가 언어 속으로 이관되어 들어가게 되었다는 겁니다. 이는 사물들에 대한 관찰에 따른 재현과 언어에 대한 재현이 동일한 질서를 갖는다는 것이고, 그래서 사물들과 언어가 재현에 함께 공속한다는 거죠. 결국에는 고전주의 시대의 에피스테메인 재현으로 귀결됩니다.

3. 구조

그래서 푸코는 자연사가 가능할 수 있었던 조건으로 '사물들과 언어가 재현에 공속됨'을 꼽습니다. 그렇다고 해서 사물과 언어가 분리되지 않는다는 것은 결코 아닙니다. 다만, 양자의 분리에 따른 거리를 최대한 좁히고자 하는 데서, 말하자면 관찰을 통한 경험과 그 경험의 기술을 위한 언어가 최대한 밀착되게 하는 데서 자연사가 확립된다는 겁니다. 그래서 푸코는 이렇게 말합니다.

> 자연사는 가시적인 것에 대한 지칭에 다름 아니다. … 투른포르, 린네 또는 뷔퐁은 결국 태초부터 보여 왔던 것을 말하도록 하는 것이다. … 실제로 이는 수천 년 동안 이어져 온 부주의함이 사라졌기 때문이 아니라, 새로운 가시성의 장champ nouveau de visibilité이 최대한의 두께를 지니고서 구성되었기 때문이다. (144, 171-172)

이른바 전혀 새로운 가시성의 장이 구성되었고, 이를 웅변해 주는 것이 자연사의 출현이라는 이야기입니다. 달리 말하면, 이는 고전주의 시대의 인물들이 전혀 새로운 시선을 갖게 되었다는 것이고, 그럼으로써 보이는 것들이 다른 외적인 부가 요인들을 매개로 하지 않고 그 자체로 언어적인 방식으로 표출될 수 있는 길이 열렸다는 거죠. 이에 관해 푸코는 이렇게 설명합니다.

> 자연사는 가장 가까이에서 최선으로 보았기 때문에 가능하게 된 게 아니다. 엄밀하게 보자면, 고전주의 시대는 최소한의 가능한 것을 보고자 애를 쓰고, 적어도 일부러라도 경험의 장을 한정시키려고 노력했다고 말할 수 있다. 17세기에서 시작된 관찰observation은 체계화된 부정적인 조건들에 잘 어울리는 감각적인 인식이다. 이는 당연히 풍문을 배제exclusion한다. 미각과 후각 같은 것들도 그 불확실성과 변덕스러움 때문에 배제된다. 그것들은 보편적으로 인정할 수 있는 뚜렷한 요소들로 분석이 되지 않기 때문이다. 촉각은 (부드러움과 거침의 대립처럼) 그 대립이 상당히 명백할 경우로 아주 좁게 한정limitation한다. 시각만이 거의 예외적으로 특권을 갖게 된다. 시각은 명증성과 연장延長된 것l'étendue에 대한 감각이고 따라서 모든 사람이 받아들일 수 있는 **부분 외적인**partes extra partes 분석의 감각으로 취급된다. 예컨대 18세기의 맹인은 기하학자는 될 수 있을지언정 자연 연구가는 될 수 없었다. 그렇지만 시선에 주어진 것이라고 해서 모두 다 유용한 것은 아니다. 특히 색깔은 유용한 비교에 기초로서 전혀 활용될 수 없다. 관찰이 그 역량들을 갖추게 되는 가시성의 장은 바로 이런 것들을 배제한 나머지다. 즉 다른 모든 감각적 부담에서 벗어나 흑백의 농담濃淡으로 한정된 것이다. 이 장場은, 자연사의 가능성 조건을 규정하는 데에, 사물들 자체를 집중해서 받아들이는 것보다 훨씬 더 중요한 역할을 한다. 아울러 이 장은 자연사의 여과된 대상들, 즉 선들, 표면들, 형태들, 요철 등이 출현하는 데에 대한 조건을 형성한다. (144-145, 172)

　새로운 가시성의 장은 순전히 시각적인 장입니다. 심지어 색깔마저 배제해 버린 순전히 형태적인 시각적인 장입니다. 이러한 장이 새롭게 형성됨으로써 자연사가 가능했다는 것인데, 그렇다면 동식물에 관한 자연사적인 연구는 결국 형태 중심으로 흘러갈 수밖에 없는 거죠. 로크John Locke(1632-1704)가 주관적이라고 말한 제2 성질들(색, 맛, 냄새 등)은 제외하고 객관적이라고 말한 제1 성질들(형태, 운동, 정지, 힘 등)만을 학문적인 대상으로 삼고자 한 것을 떠올리게 됩니다. 푸코가 지금 진행하고 있는 절의 제목이 왜 '구조structure'인지를 짐작하게 하는 대목입니다.

　여기에서 '부분 외적인 분석'이라는 건 하나의 전체를 그걸 구성하는 부분적인 요소들로 나누되, 첫째로, 그 요소들이 분명한 경계를 가지고 분리되어 있으면서 접합해 있다는 것, 둘째로, 그 요소들이 연결망의 방식으로 서로의 성질과 기능에 영향을 미치는 게 아니라, 본질상 각기 나름의 성질과 기능을 지녔음을 전제로 하는 분석입니다. 요소들이 모여 전체를 구성한다는 이른바 원자론적인 분석이죠. 이러한 분석은 요소들이 놓여 있는 지평, 장場, 연결망 등이 근본적으로 요소들 각각의 성질과 기능을 규정한다는 걸 전제로 하는 넓은 의미의 변증법적인 분석과 대립합니다. 그러니까, 여기에서 푸코가 '가시성의 장'이 자연사가 다루는 대상들, 즉 '선들, 표면들, 형태들, 요철 등'이 출현하는 조건을 형성한다고 말한 것은 가시성의 장이 이 대상들 자체가 성립하는 조건이 된다고 말한 게 아니라, 그것이 이 대상들을 연구하는 연구가들의 사유가 작동하는 장임을 말합니다.

　아무튼 이렇게 새로운 가시성의 장이 마련되었다는 것이 자연사에 있어서 가장 중요한 조건임을 제시한 뒤, 푸코는 현미경을 비롯한 광학 기구들에 관한 이야기를 합니다. 오늘날 현미경 없이 동식불에 관해 연구한다는 것은 아예 불가능하다고 해야 하는데, 자연사가 확립되는 당시에는 과연 현미경이 무슨 일에 쓰였는가가 궁금해집니다. 푸코는 현미경은 생

식의 문제들을 해결하는 데 쓰였음을 밝힙니다. 그리고 그 귀결에 대해
이렇게 말합니다.

> 현미경은 가시성의 근본 영역의 한계를 넘어서기 위해 요청된 것이 아
> 니라, 가시성의 근본 영역에서 제기되는 문제 중 하나, 즉 가시적인 형
> 태들에서 생식의 흐름을 유지하는 것이 무엇인가를 해결하기 위해 요
> 청된 것이다. 현미경의 용도는 사물들과 눈 사이의 비非-도구적인 관
> 계, 즉 자연사를 규정하는 관계에 기초해서 결정된 것이다. (145, 173)

현미경을 통해 시각적인 장을 확대한다는 건 좁은 영역에 촘촘하게 밀
집해 있는 내용들을 넓은 영역에 펼쳐 놓음으로써 볼 수 없었던 것을 볼
수 있게끔 한다는 겁니다. 볼 수 없었던 것을 볼 수 있게 된다는 것은 언
뜻 보면 그 자체로 좋고 발달한 것이라 할 수 있습니다. 하지만 무엇을 보
고자 하는가에 따라 무조건 좋은 것도 발달한 것도 아닙니다. 전체적인
얼개를 보려고 할 때는 오히려 시각적인 장을 좁혀서 밀집된 상태로 보는
것이 더 좋습니다.

자연사에서 중요하게 다루어진 생식의 문제를 해결하기 위해 그 해결
에 도움이 되는 무언가를 보고자 현미경을 사용한 것이지, 가시성의 장을
양적으로 확대하기 위한 것이 아니었다는 겁니다. 말하자면, 현미경의 사
용에서 중요한 것은 현미경의 용도를 규정할 정도로 새로운 가시성의 장
이 출현이 혁신적이었다는 것입니다.

여기에서 생식의 문제가 식물에서 암술이나 수술 및 꽃가루와 동물에
서의 정자와 난자의 구조적인 기능을 발견해서 하나의 생명 개체가 생겨
나는 발생의 과정을 설명하는 것임은 물론입니다. 정자가 1677년, 그러
니까 푸코가 말하는 고전주의 시대에 네덜란드의 미생물학자인 레이우
엔훅Anton van Leeuwenhoek(1632-1723)이 현미경을 개선해 가면서 발견했다는

사실을 참고할 필요가 있겠습니다.

　아무튼, 이리하여 푸코는 당시에 동식물에 관한 연구가 어떻게 이루어졌는가를 검토하기 시작합니다.

분류하기 2.
동식물의 구조와 특성

자연사 연구를 기화로 해서 새로운 가시성의 장이 마련되었다고 할 때, 핵심은 '관찰'이었습니다. 푸코는 관찰을 통해 시각적인 재현들이 그 자체로 전개되기 시작하면서 모든 유사성의 관계를 벗어나게 된다고 말합니다. 그리고 시각적 재현에서 색깔마저도 배제해 깔끔하게 처리함으로써 자연사 특유의 대상을 구성한다고 말합니다. 그러면서 이때 자연사의 대상은 기본적으로 '연장된 것'l'étendue'인데, 이 '연장된 것'을 통해 자연의 존재들이 구성된다고 말합니다. 중요한 것은 이 '연장된 것'이 네 가지 변수에 의해 영향을 받는다는 것인데, 이에 관해 푸코는 이렇게 말합니다.

> 이 연장된 것은 단지 다음의 네 가지 변수, 즉 요소들의 형태, 이 요소들의 양, 요소들이 서로 간의 관계에 따라 공간 내에 배분되는 방식, 각 요소의 상대적인 크기에 의해 영향을 받는다. (146, 174)

동식물을 연구할 때 그 구조를 연구하지 않을 수 없다는 것은 이제 상식입니다. 그런데 실상 무엇을 구조 형성의 요인들로 삼아 탐구할 것인가는 또 다른 문제죠. 고전주의 시대 자연사 연구가 활발하게 이루어지면서, 구조 형성의 요인들로 네 가지 변수를 꼽았다는 겁니다. 예컨대 린네의 경우, 수·모양·비율·상황 등의 네 가지 변수를 꼽았다고 합니다. 푸코 자신이 정돈해 보인 구조 형성의 변수와 린네가 제시한 구조 형성의 변수는 조금 다른 것도 같긴 하지만, 대동소이합니다.

린네는 식물 연구를 하면서 뿌리, 줄기, 잎, 꽃, 열매 등 다섯 부분에 자신이 규정한 네 가지 변수를 적용했다고 하는데, 그럼으로써 재현에 제공되는 '연장적인 것'을 충분히 분절해서 모든 사람이 납득할 수 있도록 기술하게 되었다는 겁니다. 그리고 이를 통해 언어와 사물의 첫 만남을 모든 불확실성을 제거하는 방식으로 확립할 수 있게 되었다고 말합니다. 여기에서 중요한 역할을 한 것은 관찰을 바탕으로 한 '구조'의 확립입니다. 이 '구조' 개념에 대해 푸코는 이렇게 정의합니다.

> 임의의 기관 또는 요소에 영향을 미치면서 규정하는 네 가지 가치, 그것은 바로 식물학자들이 그 기관 또는 요소의 구조라 부른 것이다. "식물들의 부분들이 갖는 구조에 의해 그 식물의 몸체를 형성하는 조각들의 구성과 조립을 이해하게 된다." (147, 174)

여기서 '네 가지 가치'는 앞에서 말한 '네 가지 변수'에 따른 겁니다. 연구하고자 하는 식물의 특정 기관이나 요소가 각기 드러내는 네 가지 변수에 따른 가치들을 '구조'라고 말하고 있습니다. 그런데 변수란 어떤 결과를 나타내는 데 함수적으로 일정하게 영향을 미치는 겁니다. 여기에서 결과는 특정한 식물의 특정한 기관을 바로 그런 기관으로서 특별하게 존재하게 하는 상태를 말합니다. 그러니까 결국 기관의 구조는 그 기관을 바로 그 기관이게끔 하는 본질적인 바탕입니다.

이렇게 되면, 구조에 대한 탐구는 자연사 연구에 필수적이라 하지 않을 수 없습니다. 푸코는 구조의 역할에 대해 이렇게 말합니다.

> 구조는 가시적인 것을 한정하고 여과한다. 그럼으로써 구조는 가시적인 것이 언어로 이기移記되도록 한다. 그리고 동물이나 식물의 가시성을 그것을 담아내는 담론에 완전히 이행하도록 한다. 결국 구조는 낱말들을 통해 시야에서 재구성되는 지경에 이르게 된다. 이는 린네가 꿈꾸었던 식물학적 칼리그람calligrammes botaniques에서 잘 나타난다. 그는 기술의 순서와 단락별 안배는 물론이고, 심지어 인쇄상의 편집에 이르기까지 식물 자체의 모습을 재현하기를 원했다. 그리고 그는 텍스트가 그 형태의 다양성이나 배치와 양에 있어서 식물적인 구조를 갖기를 원했다. (147, 175)

린네의 바람은 참으로 묘합니다. 식물에 대한 담론들이 재현되는 형태에 있어서 식물의 구조적인 생김새를 그대로 반영했으면 하고서 바랐다는 이야기입니다. '칼리그람'은 문장을 형성하는 글자들을 꽃 모양이나 별 모양 등으로 만들기 위해, 하나의 문장 속에 있는 글자들을 크고 두껍게 쓰거나 작고 가늘게 써서 심지어 전체적으로 입체적으로 보이도록 하기까지 하는 특수한 기술 방식입니다. 린네가 꿈꾸었던 식물학적 칼리그람적인 인쇄 편집에 대한 바람은 오늘날만큼 인쇄술이 발달하지 않아 구체적인 사진 이미지를 책에 담을 수 없었던 당시 상황에서 충분히 생각해 볼 수도 있겠습니다. 요즈음 같으면 식물에 대한 총천연색의 사진이나 삽화, 심지어 동영상을 이용하면 그뿐이기 때문이죠. 그런데 푸코는 린네의 이러한 바람에서 드러나 보이는 특이한 결과를 이렇게 묘사합니다.

> 언어로 이관된 식물은 언어에 새겨지게 되고, 독자가 보기에 그 순전한 형태를 재구성해 보이게 된다. 책은 구조들의 표본이 된다. 그런데

이러한 책에 대해 자연사 전체를 대표하지 못하는 어느 체계주의자의
망상이라 말해서는 안 된다. 뷔퐁은 린네를 끊임없이 반대한 인물이었
지만 그에게서도 동일한 구조가 현존한다. 그리고 그 구조는 [린네와]
동일한 역할을 한다. …
재현이 동시성의 형식을 통해 혼돈되게 제시하는 그 무엇은 [이제] 구
조에 의해 언어의 선형적인 전개 방식에 따라 분석되어 제공되는 것으
로 드러난다. (148, 175)

구조에 의해 대상도 그 나름으로 분절되어 주어지고, 또 구조에 의해
재현 내용 역시 언어의 선형적인 방식에 걸맞게 분석됩니다. 주체와 대상
을 관통하는 구조가 대상과 재현을 말 그대로 그 구조에 있어서 일치하게
끔 하는 셈이죠. 구조에 의해 분석된 재현은 역시 구조에 의해 언어적인
명제로 바뀔 겁니다. 관찰과 기술, 그리고 명제를 통한 담론화의 과정 전
체를 관통하는 것이 구조인 셈입니다. 이를 푸코는 다음과 같이 정돈해
보입니다.

재현을 채우고 있는 명사들은 여러 다른 양태에 따라 재현을 분절한
다. 그래서 동일한 하나의 재현은 괄목할 정도로 여러 명제를 산출할
수 있다. 그 반면에, 동일한 하나의 동물 그리고 동일한 하나의 식물
은 동일한 방식으로 기술될 것이다. 이 경우, 재현에서 언어에 이르기
까지 구조가 지배력을 발휘하기 때문이다. **구조** 이론은 고전주의 시대
자연사의 전 범위를 관통하면서 그 유일하고 일관된 기능을 통해, **명
제와 분절**이 언어에서 수행하는 역할들을 [자연사에 이전해서] 중첩되게
한다. (148, 176)

구조에 대한 집중적인 관심은 대단히 중요합니다. 푸코는 자연사 연구

에서 이렇듯 구조가 핵심 기능을 수행하게 되면서, 자연사를 보편학으로 여길 수 있게 되고, 가시성의 장을 하나의 변수 체계로 여길 수 있게 된다는 점을 지적합니다. 그러면서 이를 자연적인 존재들 간에 '동일성과 차이들의 질서에 따른 체계'를 확립할 수 있게 된 것으로 해석합니다. 그리고 그에 따라 자연 연구에서 인식과 분과 학문의 변화가 일어나게 된다는 걸 지적하는데, 이는 대단히 중요합니다. 푸코는 이렇게 말합니다.

> 이 모든 건 자연사를 그 대상적인 측면에서 정의하는 데 있어서 매우 중요하다. 자연사의 대상은 그 기능 발휘나 보이지 않는 조직組織에 의해서 주어지지 않고, 표면들surfaces과 선들lignes에 의해서 주어진다. … 자연사는 종속 관계라거나 유기적인 조직과 같은 내적인 관계와는 무관한 공간, 즉 가시적이고 동시적이고 병존하는 변수들의 공간을 관류한다. 르네상스 시기에는 해부학이 지도적인 역할을 했다. 해부학은 퀴비에에 이르러 다시 그 지도적인 역할을 복원하게 되지만, 17-18세기에는 힘을 잃었다. … 그것은 가시적인 것과 가언적可言的인 것l'énonçable의 근본적인 배열이 이제 더 이상 신체의 두께를 관통할 수 없었기 때문이다. 이로써, 식물학의 인식론적인 우월성이 성립된다. 이는 낱말과 사물의 공통 공간이 식물들에 대해 가장 쓸모 있는 격자 틀을 구성했기 때문이다. … 직접 지각할 수 있는 변수들에서 출발해서 이루어지는 분류법적인 인식은 동물학보다 식물학에서 더욱 풍부하고 더욱 정합적으로 이루어졌다. (149, 177)

고전주의 시대의 자연사가 해부학을 요구하는 조직 내부의 문제를 벗어나 외양에 집중했다는 사실은 대단히 흥미롭습니다. 이는 내부적인 구조가 아니라 겉으로 드러난 외부 구조가 인식의 틀을 구성했다는 이야기입니다. 따라서 동물보다 식물이 더 중요하게 다루어질 수밖에 없었을 겁니다. 동물의 기관들은 겉보기의 구조보다 내부의 숨겨진 구조가 훨씬 복잡하고 중요한 데 비해, 식물의 기관들은 훨씬 단순한 데다 그런 만큼 그 기능이 외부로 드러나는 형태와 직접 상응할 가능성이 높기 때문이죠. 이에 이전의 해부학에 관한 관심이 줄어드는 것 역시 당연하다 할 겁니다.

그런 가운데서 식물학이 인식론적인 우월성을 확보하게 된다는 것인데, 그 이유로 제시하는 내용이 다소 이해하기 어렵습니다. 즉 식물에 있어서 '낱말과 사물의 공통된 공간'이 가장 유용한 격자 틀을 형성했다는 대목을 이해하기가 쉽지 않은 거죠. 앞서 구조가 재현과 명제에 대해 지배력을 발휘한다는 대목이 있었습니다. 그리고 구조는 기본적으로 대상, 즉 사물의 구조를 지칭하는 거였죠. '직접 지각할 수 있는 변수들'이 바로 이 대상에서의 구조를 가리킵니다. 그러니까 '낱말과 사물의 공통된 공간'은 '구조에 따른 공간'이라고 해야 합니다. 이 대목에서 린네가 인쇄의 편집에서조차 식물의 구조적인 모습을 재현하고자 했다는 점을 생각할 필요가 있겠습니다.

푸코는 이러한 공간이 식물원이나 자연사 표본실로 나타나면서 그 자체로 구조들로 이루어진 책이었다고 말하기도 합니다. 그런 뒤, 퀴비에가 등장해 이러한 고전주의적인 자연사적인 전통을 혁신적으로 파기하기 시작했음을 지적하죠. 퀴비에는 자연사의 진열장 뚜껑을 열고 동물을 끄집어내어 과감하게 해부하기 시작했는데, 이러한 퀴비에의 작업은 다음과 같이 인식의 판을 바꿔 놓았다고 말합니다.

> 이는, 분류를 해부학으로, 구조를 유기체성으로, 가시적인 특성을 내적인 종속 관계로, 일람표를 계열로 대체함으로써, 오랜 동식물의 평평한 세계 속에, **역사**_histoire_라고 하는 새로운 이름을 부여하게 될 시간 전체의 덩어리를 집어넣는 일을 가능케 한 것이었다. (150, 178)

　제3절인 '구조'를 끝내면서 간략하게 덧붙여 놓은 내용이기 때문에, 밀려나 있던 해부학을 되살리면서 유기체의 내부로 파고들어 간 퀴비에의 작업이 어떻게 '역사'에 대한 새로운 개념을 일구어 내는 혁신적인 작업이 되는지에 대해서는 정확하게 알 길이 없습니다. 인식의 장 전체가 나름의 일관된 구조를 형성하면서 각 부문에 동시다발적으로 나타난다고 하는 푸코 특유의 인식론에 따라 그런 이야기가 가능한 것 같은데, 그가 앞으로 이를 어떻게 구체적으로 풀어낼지 기대할 뿐입니다.

4. 특성

　이제 절이 바뀝니다. 자연사 연구를 하려면 개개 동식물들의 특성을 살펴야 할 것인데, 이에 관련해서 푸코는 특히 '체계'와 '방법'을 주도적으로 논의합니다. 이에 앞서 푸코는 자연사적인 기술이 고유명사가 아니라 보통명사(공통 명사^nom commun^)에 따라 이루어져야 한다는 점을 강조합니다. 그러면서 자연사 연구가 해야 했던 일을 이렇게 상기시킵니다.

> 자연사는 일관된 동일한 작업을 통해 일상 언어가 분리해서 수행하던 것을 다시 통일시켜야 한다. 자연사는 모든 자연적인 존재를 아주 정확하게 지칭해야 하고, 동시에 그것들을, 서로 근접시키면서 구분되도록 하는 동일성들과 차이들의 체계 속에 위치시켜야 한다. 자연사는 확실한 하나의 **지시**^désignation^와 절제된 하나의 **파생**^dérivation^을 연속해서 보장해야만 한다. 따라서 구조 이론이 분절과 명제를 중첩해 서로에게로 이관되도록 한 것처럼, 특성 이론^theorie du caractère^은 지칭하는바 가치들과 이 가치들이 파생되어 나오는 공간을 동일시해야 한다. (151, 178-179)

자연사에서는 어쨌든 자연적인 동식물들을 분류해야 합니다. 이를 위해서는 각각의 동식물들이 갖는 나름의 동일성과 차이들을 분명하게 해야 할 것입니다. 하지만, 이 동일성과 차이가 체계적으로 정립되지 않고서는 그러한 분류가 불가능합니다.

여기에서 말하는 지시와 파생은 언어 이론에서 비롯된 개념입니다. 이 두 개념은 명제와 분절과 함께 언어의 사변형을 형성한 거였죠. 지시는 언어의 시원적인 형태인 행동 언어에 근거한 것으로서 어원과 관련된 것이고, 파생은 이로부터 여러 체계 언어가 생겨나는 것을 다루는 거였습니다.

그런데 푸코는 이러한 언어 이론의 내용을 자연사 연구, 특히 특성 이론에 전용하고 있습니다. 구조 이론은 명제와 분절에 관련된 것이고, 특성 이론은 파생과 지시에 관련된 것이라는 이야기입니다. 지시는 개개 동식물의 기관이나 부분들에 대한 것일 테고, 파생은 그러한 부분들을 정리해서 체계화할 수 있는 일종의 체계 언어와 같은 보통명사(공통 명사)의 체계에 대한 거일 테죠.

그런데 푸코는 특성 이론을 가치들과 가치들이 성립되는 공간을 일치시키는 문제라고 말합니다. 무슨 뜻일까요? 가치란 구조를 형성하는 변수들에 따라 성립하는 거였습니다. 예컨대 식물을 연구하는데 그 꽃의 수술과 암술의 구조에 특별히 관심을 기울인다는 것은 수술과 암술이 그 식물을 바로 식물이게끔 하는 데 특별한 가치를 지닌 것으로 여겨지기 때문이었죠. 그러나 수술과 암술을 그렇게 가치를 지닌 것으로 여기는 데에는 나름의 가치 체계로서의 공간이 있어야 한다는 것은 쉽게 생각할 수 있습니다. 그리고 가치 체계로서의 공간의 바탕에는 기본적으로 동일성과 차이의 체계가 작동하고 있다고 해야 합니다.

분류하기 3.
체계와 방법

문제는 모든 자연적인 존재 간의 동일성과 차이들을 확립하기 위해서는 적지 않은 어려움이 따른다는 겁니다. 말하자면, 해당 존재들을 세세하게 기술해서 그 특질들 하나하나를 검토해야 합니다. 푸코는 이러한 난점을 염두에 두면서 이렇게 말합니다.

> 만약 이러한 난점을 피할 수 있고 비교의 작업을 한정할 수 있는 기법들이 존립하지 않는다면, 이 무한정한 과제는 자칫 막 출현한 자연사를 당도할 수 없는 먼 땅으로 보내 버릴 수도 있다. 그 기법에는 두 가지 유형이 있다. 하나는 특질들을 전반적으로 비교하는 것이고, 다른 하나는 특질들을 비교적 제한된 방식으로 한정한 집합을 선택하는 것이다. (151-152, 179)

자연사 연구는 분명히 모든 자연적 존재의 특질들을 아우를 수 있는 방향으로 진행되어야 하지만, 그럴 수 있으려면 적절한 기법을 활용하지 않을 수 없습니다. 그 기법 중 하나는 일종의 전수 조사와 같은 것이고, 다른 하나는 말하자면 대단히 특징적인 표본들의 집합을 추출해서 연구하는 겁니다. 푸코는 이 둘에 대해 이렇게 말합니다.

> 후자의 과정은 흔히 체계Système라 불렸던 것이고, 전자의 과정은 방법Méthode이라 불렀다. 사람들은 마치 린네를 뷔퐁이나 아당송 및 앙투안 로랑 드 쥐시외와 대립해서 보듯이, 이 두 과정을 대립적으로 본다. 이 두 과정의 대립적인 관계는 다음 것들 사이의 대립과 유사하다. 즉 자연에 대한 엄격하고 명료한 개념이 있는가 하면, 자연의 친족 관계에 대해 세밀하면서 직접적인 지각이 있다. 부동의 자연에 관한 관념이 있는가 하면, 서로 소통하면서 서로 뒤섞이고 아마도 서로에게로 변형되는바 존재들 간의 들끊는 연속성에 대한 관념이 있다. 그러나 본질적인 사안은 자연에 대한 이 [두] 거대한 설립들 사이의 충돌이 아니다. 그보다 본질적인 사안은 오히려 이 지점에서 자연사를 일종의 체계 언어로 구성하는 두 가지 방식 중 어느 하나를 선택하지 않을 수 없게 하면서도 그러한 선택을 가능케 하는 필연성의 그물réseau de nécessité이다. 그 밖의 모든 문제는 논리적으로 불가피한 귀결에 불과하다. (152, 179-180)

체계와 방법이 이렇게 구분된다는 것은 참으로 묘합니다. 체계와 방법은 대립적인 방식으로 구분되는 것이 아니기 때문이죠. 현상학을 창시한 후설은 연구 대상에 따라 연구 방법을 달리 해야 한다는 것을 밝힌 바 있습니다. 그런데 그 방법이 일관성을 유지하지 못한다면 합리적인 연구가 될 수 없습니다. 일관성을 유지하기 위해서는 체계적이어야 합니다. 방법의 적용이 체계적이어야 하고, 방법의 설정에 있어서도 체계는 필수적입니다.

그런데 당시 자연사의 경우, 연구하고자 하는 자연적 존재들의 모든 특질을 최대한 망라하고자 하는 것을 방법이라 불렀고, 그 특질들을 일정하게 선별해서 탐구하는 것을 체계라고 불렀다는 겁니다. 이에 연동해서 자연에 관한 생각도 달랐다는 것인데, 자연을 부동의 엄격한 체계로 보기도 하고, 자연을 그 자연을 구성하는 인자들이 서로에게로 끝없이 흘러드는 거대한 연속체로 보기도 했다는 것입니다.

하지만, 푸코는 이러한 대립적인 구분을 자연사 연구의 본질적인 사안으로 받아들이지 않습니다. 이 대립적인 구분이란 결국 자연사를 일종의 체계 언어로 만들고자 노력하는 두 방식을 드러낸 것인데, 푸코가 보기에 본질적인 사안은 그 두 가지 방식 중 어느 하나를 선택해야 한다고 여길 수밖에 없도록 압박을 가한 그 필연성의 그물이 무엇이냐 하는 것이라는 이야기입니다. 미리 말하자면, 푸코가 보기에 그 필연성의 그물은 결국 동일성과 차이들 사이의 관계입니다.

푸코는 먼저 체계에 대해 말한 뒤, 이어서 방법에 관해 말합니다. 우리 나름으로 그 핵심적인 내용들을 간추리면 다음과 같습니다.

1) 체계

먼저 푸코가 기술하고 있는 체계에 대해 이렇게 간추릴 수 있습니다.

> ① 체계는 세밀하게 기술된 여러 요소 중에서 특정한 요소들의 범위를 정한다. 그 범위 내의 요소들은 특권적이고 배타적인 구조를 규정한다. 그리고 이 구조를 통해서만 동일성들과 차이들을 탐구한다(152, 180 참조).
>
> ② 합당한 동일성들과 차이들의 장소로 선택된 구조가 바로 특성이라 일컬어지는 것이다(152, 180 참조).
>
> ③ 체계는 그 출발점에서부터 임의적arbitraire이다. 특권화된 구조에 걸려들지 않은 모든 동일성과 차이를 무시하기 때문이다

(152, 180 참조).

④ 인위적인 체계système artificiel를 확실하게 확립한 뒤에라야 비로소 자연 체계système naturel에 접근할 수 있다. 린네가 자신의 체계에 합당한 모든 내용을 완전하게 인식하기 전까지는 직접적인 것에서 자연 체계를 확립하고자 하지 않았던 것은 바로 이 때문이다(153, 180 참조).

⑤ 체계는 상대적이다. 만약 선택된 특성이 선별된 많은 변수와 함께 광범위한 구조를 통해 형성된다면, 바로 이웃한 개체들 사이에도 차이가 드러날 정도로 차이들이 미세하게 드러나 기술과 거의 같은 것으로 될 것이다. 그 반대로 특권화된 구조, 즉 선택된 특성이 얼마 되지 않는 변수들만으로 좁게 설정되면, 차이들은 거의 드러나지 않고 개체들은 조밀한 덩어리로 드러날 것이다(153, 181 참조).

인위적이고 자의적인 체계를 통해 자연에 접근했다는 것이 중요해 보입니다. 하나의 자연적인 개체, 예컨대 이 장미꽃을 분류하고자 할 때, 무엇을 보고 이 장미꽃이 다른 장미꽃들과 다르며, 나아가 튤립과 어떤 점에서 다르며, 또 더 나아가 나무와 어떤 점에서 다르며, 또 더 나아가 버섯과 어떤 점에서 다르다고 할 것인가를 결정하고자 할 때, 아무렇게나 접근할 수는 없을 것입니다. 더욱이 거의 처음으로 자연사를 연구하는 입장에서는 이들을 비교할 수 있는바 연구자 나름으로 근본적이라 여긴 구조와 그에 따른 특성, 즉 특권화된 구조를 먼저 설정하지 않을 수 없는 겁니다. 물론 특권화된 구조를 설정하기 위해서는 그에 앞서 수없이 많은 관찰과 기술을 해야 할 것입니다. 다짜고짜 특정한 구조를 가장 근본적이라고 여길 수는 없을 것이기 때문입니다.

푸코에 따르면, 린네의 경우 생식기관 및 생식 방법을 식물들 사이에 같고 다름을 파악할 수 있는 가장 중요한 구조로 본 것 같습니다. 린네는 생식기관에 대해 수·모양·위치·비율 등 4개의 변수를 조합해서 38개의 생식기관을 구분했다고 합니다. 그리고 이 생식기관들을 통해 속屬들을 정의하는 데 충분한 5,776개의 조합들을 산출할 수 있었다고 합니다. 하지만, 린네와는 달리, 예컨대 섭생의 기관과 섭생의 방법을 가장 중요한 구조로 볼 수도 있을 겁니다.

이렇게 연구자 나름으로 특권화된 구조를 갖고서 자연을 분류하다 보면, 분류의 위계가 불가피해집니다. 상위의 체계가 있는가 하면, 그 속에 속한 하위의 체계들이 있을 것이고, 또 그 하위의 하위 체계들이 있을 것입니다. 그런 점에서 체계는 상대적입니다. 구조를 형성하는 변수가 많으면 많을수록, 마치 논리학에서 내포의 수가 많으면 외연이 좁은 것처럼, 그 변수들을 다 적용할 경우, 개체들 사이의, 또는 종들 사이의 차이들이 미세하게 드러날 것입니다. 그리고 구조를 형성하는 변수가 적으면 적을수록 심지어 종種들espèces 사이의 차이들도 거의 드러나지 않을 정도가 되어 그저 속屬들genres이나 강綱들classes 또는 목目들ordres의 구분만 이루어질 겁니다. 말하자면, 구조적인 특성을 어느 정도로 미세하게, 또는 느슨하게 설정하는가에 따라 자연적인 존재들 사이의 분류가 상대적으로 이루어지면서 전체적인 분류의 그물을 형성하게 되는 것입니다. 그래서 결국 이렇게 됩니다.

식물은 그 고유한 이름을 부여받는 동시에 그 식물이 속한 (명백하거나 숨겨진) 모든 계열에 대한 공통 이름들을 부여받게 되는 것이다. "말하자면, 종속명種屬名, nom générique은 우리의 식물 공화국에서 통용되는 금본위 화폐다."[25] [이로써] 자연사는 "배치와 지칭"인 그 근본적인 과업을

---

25   Linné, *Philsophie botanique*, § 284.

완성하게 되는 셈이다. (154, 182)

린네가 말한 종속명과 화폐의 비유가 눈에 띕니다. 화폐는 상품의 가격을 표시합니다. 그러면서 상품의 구체적인 용도나 기능을 숨기죠. 그럼으로써 화폐는 모든 상품을 서로 비교하고 교환할 수 있게 합니다. 그런데 화폐 단위들은 다양합니다. 여기에서 가격에 따라 체계적인 일람표를 형성하는 상품의 모습을 상상할 수 있습니다. 이와 마찬가지로, 다양한 종속명들이 모든 식물을 일정하게 지칭해서 배치하는 역할을 했다는 것입니다.

식물에 대한 이러한 체계적인 분류 작업이 과연 어느 정도로 자연에 대한 우리의 시선과 사유를 결정하는가에 대해서는 '방법'을 살펴봄으로써 더욱 구체화될 겁니다.

2) 방법

푸코가 기술하고 있는 방법에 관해서는 대략 다음과 같이 간추릴 수 있습니다.

① 방법은 기술된 요소 중에서 특성들에 기여하게 될 요소들을 추출하지 않고 그 요소들을 점진적으로 연역해 내는 것이다. 방법은 우선 임의적으로 주어지거나 선택된 종으로부터 출발한다. 그리고 그 종을 모든 부분에 따라 전반적으로 기술해서 변수들에 따라 포착된 모든 값을 정한다. 이제 다른 종을 선택해서 똑같은 작업을 해서 앞서 연구했던 종과 비교한다(154, 182 참조).
② 이렇게 해서 방법은 오로지 종들 사이의 차이들만을 계속해서 언급해 나간다. 결국 방법은 모든 식물의 서로 다른 모든 특질을 단 하나의 일람표 속에 나열하게 된다. 그렇게 해서 친족 관

계에 대한 일반적인 일람표를 형성하게 된다.

③ 이 과정에서 각각의 종이나 속을 구분하는 특성은 차이들에 의해 숨겨져 있는 동일성들을 바탕으로 해서 결정된다.

④ 이 방법이 가장 확실하겠지만, 문제는 끝까지 이런 작업을 해 나간다는 것이 불가능하다는 것이다.

⑤ 그렇다고 해서 전혀 성과가 없는 건 아니다. 방법에 따른 연구는 암암리에 여러 동일성을 광범위하게 드러내기 때문에, 그 동일성들을 통해 명백하게 인식되는 거대한 과科들grandes familles을 인정하게 된다. 그리고 이 거대한 과들 내에서 차이들을 인식하기만 하면 속이나 종을 구분해 낼 수 있기 때문이다(155, 183 참조).

방법은 일단 임의의 종을 하나 선택해서, 예컨대 늑대를 선택해서 그 늑대의 모든 특질을 가능한 한 모조리 기술한 뒤, 또 다른 종, 예컨대 너구리를 선택해서 늑대와 다른 특질들만을 특별히 기술하고, 또 다른 제3의 종, 예컨대 말을 선택해서 늑대와 너구리와 다른 말의 특질만을 특별히 기술해 나가는 식입니다.

이 과정을 보면, 겉으로 보기에는 차이들에 주로 주목하는 것 같지만, 실제로는 동일성에 주목하고 있다는 것을 알 수 있습니다. 말하자면, 차이들을 찾아 지워 나가면서 동일성을 확보해 나가는 방식입니다. 이는 개체에서부터 종, 속, 강, 목, 과, 문, 계 등으로 일반화를 점점 더 강화해서 나아가는 과정이 아닐 수 없습니다.

3) 체계와 방법의 관계

푸코는 이렇게 구분하고 보면, 방법과 체계가 서로 대립하는 지점이 어디인가를 단번에 알 수 있다고 하면서, 그 내용을 이렇게 정돈해서 말합니다.

> 방법은 오로지 하나밖에 없다. 그 반면에 체계는 상당히 많은 수를 안출해서 적용할 수 있다. 아당송은 65개의 체계를 정의했다. 체계는 그 모든 전개에 있어서 임의적이지만, 출발서부터 일단 변수들의 체계, 즉 특성이 정의되고 나면 그것을 수정한다거나 그것에 다른 요소들을 덧붙인다거나 빼는 것은 불가능하다. 방법은 사물들에 속한 대대적인 유사성들에 의해 바깥으로부터 부가된다. 방법은 지각을 직접 담론에 이기移記한다. 방법은 [체계에 비해] 출발서부터 기술記述에 훨씬 더 가깝다. 하지만 방법에서는 경험적으로 정의한 일반적인 특성에 강압되는 바 수정을 가하는 것이 언제든지 가능하다. … 방법은 그 자체 항상 교정될 준비를 갖추고 있어야 한다. … 체계는 절대적으로 일관성을 유지해야 한다. 그 반대로, 방법은 모종의 적합성이나 유사성들에 따라 서로 접근하는 대상들이나 사실들에 대한 모종의 배열이다. … 방법이 체계와 다른 것은 오로지 저자가 자신의 원칙들을 어떻게 생각하는가 하는 그 이념에 따른 것이다. 방법의 경우에는 원칙들을 가변적인 것으로 보는 것이고, 체계는 원칙들을 절대적인 것으로 보는 것이다. (155-156, 183-184)

이해하기에 그다지 어려운 것은 없습니다. 체계를 선호하는 연구자는 모종의 직관으로써 결코 수정될 수 없는 원칙적인 틀을 만들고 그 틀에 따라 주어지는 경험의 사실들을 재단해서 처음부터 끝까지 철저하게 일관성을 유지하도록 합니다. 그 반면에, 방법을 선호하는 연구자는 경험에 비추어 보아 항상 자신의 원칙들이 잘못된 것일 수도 있다는 것을 염두에 두고서 최대한 경험에 따라 주장을 제시하고자 하죠.

그러나 푸코의 관점에서 볼 때, 체계와 방법은 이렇게 서로 크게 차이를 드러내 보이지만 적어도 17-18세기 자연사 연구에 있어서 이 둘은 근본적으로 동일한 바탕 위에 놓여 있습니다. 이를 지적하는 푸코의 이야기는 시대에 따른 인식 방식을 파악하는 데 대단히 중요합니다.

이러한 차이들에도 불구하고, 체계와 방법은 인식론적으로 보아 동일한 받침돌 위에 놓여 있다. 그 받침돌은 한마디로 정의할 수 있다. 고전주의 시대의 앎에서, 경험적인 개체들에 대한 인식은 오로지 모든 가능한 차이를 드러내는바 연속적으로 정돈된 보편적인 일람표에서만 획득될 수 있다. 16세기에, 식물들과 동물들의 동일성은 그들 모두가 지닌 긍정적인 표식에 의해서 확증되었다. 예를 들면, 새들의 여러 종을 구분하는 것은 그 새 종들 **사이의** 차이들이 전혀 아니었다. 밤에 사냥하는 것들, 물 위에 사는 것들, 육식하는 것들 등의 사실에 의해 구분되었다. … 그러므로 각각의 종은 그 자체로 자신을 드러냈고, 모든 다른 종과 독립해서 그 개별성을 표시했다. … 그러나 17세기부터 각각의 종은 동일성들과 차이들에 따른 재현의 분석에서만 그 나름의 기호들을 가질 수 있게 된 것이다. 말하자면, 모든 지칭이 다른 가능한 모든 지칭과의 관계에 의해서만 이루어지게 된 것이다. 하나의 개체에 고유하게 속한 것을 인식한다는 것은 다른 개체들 전체에 대한 분류 내지는 분류 가능성을 전제한 것으로 된다. … 방법과 체계는 차이들의 일반적인 그물에 의해 동일성들을 정의하는 두 방법일 뿐이다.
(157, 185)

오늘날 많은 철학자가 동일성에 대한 차이의 근원성을 주장합니다. 하이데거가 차이로서의 존재를 이야기한 뒤, 데리다는 차이의 인식론적인 근원성을, 들뢰즈는 차이의 존재론적인 근원성을 주장하죠. 그런데 푸코의 이야기에 따르면, 17-18세기 고전주의 시대, 특히 자연사 연구에 의해 이미 동일성에 대한 차이의 근원성이 제시된 셈입니다. 16세기가 동일성의 시대라면, 17-18세기는 차이의 시대였던 거죠. 그러고 보면, 일람표에 의거한 인식 방식이란 것도 결국은 차이들의 일람표에 의거한 인식 방식입니다. 이에 무엇보다도 "차이들의 일반적인 그물"이라는 조어가 워낙 눈에 띕니다.

모든 지칭이 다른 가능한 모든 지칭과의 관계에 의해서만 이루어지고, 하나의 개체가 갖는 고유성도 다른 개체들 전체에 대한 분류에 따라서만 이루어진다고 할 때, 그 관계는 차이의 관계였던 것이고, 그런 차이들을 보편적으로 질서 있게 정돈해 보인 일람표는 개체들과 그 지칭들이 인식적인 의미를 띨 수 있는 바탕인바 하나의 구조였던 겁니다.

4) 퀴비에, 유기체의 출현

그런데 묘하게도 푸코는 이 절의 마지막 부분에서 고전주의 시대에 무시되었던 해부학을 되살려 19세기를 여는 퀴비에를 거론합니다. 19세기로 접어들면서 인식 구도가 어떻게 바뀌는가를 드러내기 위함임은 물론입니다.

퀴비에로부터 종들의 동일성은 뒤늦게 차이들의 작동에 따라 규정되면서도, 이 차이들이 내적인 의존 체계들(골격, 호흡, 대사)을 지닌 거대한 유기적인 통일태들grandes unités organiques을 바탕으로 해서 드러나는 것으로 된다. 무척추동물들은 그저 척추의 부재에 의해서만 정의되지 않고 호흡 양식과 대사 유형의 현존 그리고 실증적인 통일성을 일구어내는 유기적인 모든 응집을 통해 정의된다. 서로 다른 특성들 대신에 유기체의 내적인 법칙들이 자연과학들의 대상이 되는 것이다. 자연사의 근본적이고 구성적인 문제인 분류는 역사적으로, 그리고 필연적인 이유에 따라 **표식**marque 이론과 **유기체**organisme 이론 사이에 놓이게 된

다. (157-158, 185-186)

19세기로 접어드는 전후의 시기, 특히『동물의 자연사에 관한 기초 일람표*Tableau élémentaire de l'histoire naturelle des animaux*』(1797)를 통해 드러난 퀴비에의 학문 역량은 당대의 탁월한 생물학자, 인류학자, 문학자 및 철학자들에게 크게 인정받으면서 논란을 불러일으켰음을 염두에 둡시다.

푸코의 이 인용문을 바탕으로 짐작하건대, 자연과학의 탐구는 퀴비에로부터 차이와 동일성을 일종의 상호 교환적인 방식으로 통일하게 되는 게 아닌가 싶습니다. '내적인 체계들을 갖춘 통일태'에 따라 차이들이 드러나고, 그리고 '차이들의 작동'에 의해 동일성이 구축되는 구도, 이 구도에서 통일성unité은 차이différence와 동일성identité의 종합이라 할 수 있을 것입니다. 아무튼 푸코는 16세기의 '표식', 17-18세기의 '분류', 19세기의 '유기체'를 자연과학사에 나타난 에피스테메의 전환으로 정돈해 보입니다. 기억해 두어야 하겠습니다.

5. 연속체와 파국

이제 제5절로 들어갑니다. 푸코는 먼저 '정련된 체계 언어로서의 자연사'에서 제기될 수밖에 없는 몇몇 문제를 지적합니다. 구조가 특성으로 변환되는 것이 과연 가능할까요? 고유명사에서 과연 공통 명사가 생겨날 수 있는 걸까요? 하나의 개체와 후속하는 개체 사이 또는 하나의 종과 다른 종 사이에서 전개되는 요소들이 너무나 다양해서 하나의 공통 명사를 설립하고자 하는 모든 시도가 처음부터 붕괴하지 않는다는 것을 보장해 줄 수 있는 것은 과연 무엇일까요? 하나의 구조가 다른 모든 구조와 엄격하게 분리되어 있지 않고 개별적인 표식으로 기능하지 않는다는 것을 보장할 수 있는 것은 과연 무엇일까요? 그리고 가장 단순한 특성이 나타나기 위해서는 우선 고려된 구조를 형성하는 요소 중 적어도 하나의 요소가 다른 구조 속에서 반복되어야 하는데, 종들 사이의 배치를 확립하도록 하는 차이들의 일반 질서는 결국 유사성들의 어떤 작용을 함축하는 것 아닐까요?

이런 문제들을 제시하면서 푸코는 자연사에서의 이 모든 문제는 언어의 본령에서 마주치게 되는 것과 같은 유형의 문제임을 지적합니다. 즉 언어의 본령에 있어서, 하나의 공통 명사가 가능하기 위해서는 사물들 사이에 직접적인 유사성이 있어 의미를 띤 요소들이 재현을 따라 내달릴 수 있고, 재현의 표면을 활주할 수 있으며, 급기야 그들의 상사들에 따라 서로 접근함으로써 집단적인 지칭을 가능케 할 수 있어야 한다는 겁니다.

1) 자연의 연속성

결국은 언어에서는 사물들 사이의 유사성이, 그리고 자연사에서는 구조들 사이의 유사 요소들이 공통 명사가 성립하는 데에 미리 전제되어 있어야 하는 것 아닌가 하는 문제로 압축됩니다. 푸코는 이에 관해 언어에서는 상상에 따른 유추를 끌어들여서 설명하면 되지만, 자연사에서는 그럴 수 없다고 말합니다. 더욱이 흄이 경험에서 반복의 필연성에 대해 강력하게 의심을 제시한 이후, 자연사가 근본적으로 위협을 받게 되고 이에 위협을 벗어날 수 있는 방책이 요구되었는데, 그것이 바로 '자연에서의 연속성'이라는 겁니다. 자연사 연구들이 이 '자연에서의 연속성' 내지는 '연속적인 자연'이라는 요청을 나름대로 반영하지 않을 수 없었다는 이야깁니다. 연속성은 하나의 개체와 생식을 통해 나타나는 후속 개체 간의 구조적인 연속성을 보장하는 것이고, 하나의 종과 다른 종 간의 구조적인 차이에도 불구하고 그 구조들을 하나로 통일시킬 수 있는 바탕을 제공한다고 여겨지기 때문입니다.

　그런데 푸코는 체계를 중시하는 자연사 연구자와 방법을 중시하는 자연사 연구자는 이 '연속적인 자연'에 관한 생각이 전연 달랐다는 점을 지적합니다.

> 　연속적인 자연nature continue에 대한 이러한 요청은 체계들과 방법들에 있어서 결코 동일한 형식을 띠지 않는다. 체계주의자들에게 연속성은 특성들을 통해 명백하게 구분되는 서로 다른 영역들이 빈틈없이 병치해 있는 것에 불과했다. 말하자면 종들의 전 영역에 있어서 특성으로 선택된 구조에 의해 포착할 수 있는 값들이 연속적인 순차를 이루는 것에 불과했다. … 이러한 병치juxtaposion로서의 연속성에서 범주들은 그저 임의적인 약속에 불과한 것이 아니라 (그래야 하는 것으로 잘 확립된다면) 자연의 **연속적인**ininterrompue 평면 위에 **뚜렷하게 구분되어**distinctement 현존하는 영역들에 상응할 수 있는 것으로 여겨졌다. 그래서 범주들은 가장 광범한 판들이지만 개체들 못지않게 실재적인réelles 것들로 여겨졌다. … 이에 반해, 방법들을 중시하는 사람들은 우선 유사성들이 광범위하고도 명백하게 주어져 있다고 생각했는데, 이러한 방법들에 있어서 자연의 연속성은 순전히 소극적인 공준公準, postulat이 아니라(구분되는 범주들 사이의 비어 있는 공간이 아니라), 적극적인 요청일 수밖에 없었다. 말하자면, 모든 자연은 하나의 거대한 피륙으로서 거기에서 존재들이 점점 더 닮아 가고 이웃하는 개체들이 한없이 닮아 가는 걸로 여긴 것이다. 따라서 개체의 미소한 차이를 지적하지 않고 더 넓은 범주들을 지적하는 모든 단절은 어디까지나 비실재적irréelle이다. 이 연속성은 혼융의 연속성이기 때문에, 거기에서 모든 일반성은 명목에 불과한 것이 된다. (159, 187)

　자연사에서 체계를 중시하는 사람들은 임의적이고 인위적이며 상대적인 체계들을 충분히 인정해야 한다고 했습니다. 일단 설정된 하나의 체계는 자연에 대해 그 나름으로 구조적인 특성들을 찾아내는 것이었고, 그에 따라 자연물들을 분류했습니다. 그럴 때 구조적인 특성들에 따라 자연물들이 드러내는 값들이 있을 것인데, 그 값들이 빈틈없는 일종의 스펙트럼처럼 촘촘하게 병치해 있는 것을 일컬어 자연의 연속성이라고 했다는 겁니다. 비유컨대, 흔히 빛의 스펙트럼을 '빨·주·노·초·파·남·보'로 일컫는 것은 여기에서 말하는 내용에 해당한다고 할 수 있습니다. 그래서, 구조적 특성에 따른 범주들 역시 개체들 못지않게 실재한다고 여겼다는 겁니다. 말하자면, 종·속·강·목 등으로 이어지는 분류법에서 그것들을 구분하는 범주들이 자연에 실재한다고 여겼다는 거죠. 요컨대 자연은 연속적이긴 하지만, 구조적인 특성에 따라 범주들로 뚜렷하게 구분될 수 있는 방식으로 병치하는 방식으로 연속해 있다는 겁니다.

그런 데 반해, 자연에서 방법을 중시하는 사람들에 따르면 자연의 모든 존재가 서로 철저하게 유사성의 관계를 맺고 있다는 것이고, 그 유사성을 통해 서로가 점점 더 하나로 혼융될 수밖에 없어서 근본적으로는 도대체 범주와 같은 것들은 결단코 자연 자체에 현존하는 것이 아니라 그저 명목에 불과하다는 겁니다. 말하자면 자연의 연속성은 자연 전체를 하나로 혼융된 덩어리로 여길 때 제대로 성립한다는 것입니다. 이에 푸코가 소개하는 바에 따르면, 보네는 말하기를, "자연에는 비약이 없다. 모든 존재는 순차적이고 미묘하게 명암을 드러낼 뿐이다. 만약 어떤 두 존재 사이에 텅 빈 것이 있다고 한다면, 하나의 존재에서 다른 존재로 넘어갈 수 있는 근거가 무엇이겠는가? 그 아래와 위에 어떤 특성들에 의해 서로 가까워지고 다른 특성들에 의해 서로 멀어짐으로써만 존재하는 존재들이 없다고 한다면, 그 어떤 존재도 전혀 없을 것이다"(160, 188)라고 했다고 합니다. 이에 방법을 중시하는 자연사 연구가들은 이른바 '매개적인 산출물들 productions moyennes'을 최대한으로 찾으려 했다는 겁니다. 식물과 동물 사이를 매개하는 폴립polype을, 새와 네발짐승 사이를 매개하는 날다람쥐를, 네발짐승과 인간을 매개하는 원숭이를 찾아내어 그 의미를 강화하면서, 결국 개체들을 종이나 속으로 분류하는 것은 그저 명목에 불과하다는 것을 주장했다는 것입니다. 대단히 흥미로운 주장이라 할 수 있습니다. 체계론자들이 인간의 정신적인 눈에 따른 분류의 범주들을 자연에 실재한다고 본 데 반해, 방법론자들은 인간의 정신적 눈을 넘어선 자아 자체에 충실하려 한 거죠.

2) 자연에서의 파국

그런데 과연 자연의 연속성만을 일관되게 주장할 수 있는 걸까요? 비록 자연의 연속성이 자연물에 구조적인 특성이 반복해서 드러나는 것을 보장할 수 있다고는 하지만, 과연 그러한 연속적인 자연을 끝없이 관찰하고 답사해 나감으로써 개체들 사이의, 변체들 사이의, 종들 사이의, 속들 사이의, 그리고 강들 사이의 완전한 연속성을 확립할 수 있는가 하는 것이 문제로 등장합니다. 이 문제를 두고서 푸코는 더 심대한 문제를 제기합니다. 만약 그렇게 된다면, 아예 자연사가 필요 없어진다는 겁니다.

> [만일 그렇게 된다면] 과학을 구성할 필요가 없어질 것이다. 기술적인 지칭들이 완전한 권리를 갖고서 일반화될 것이고, 사물들에 대한 언어는 자발적인 운동을 통해 과학적인 담론으로 구성될 것이다. 그런가 하면, 자연의 동일성들은 그 자체 문자 그대로인 양 상상에 제공될 것이고, 낱말들이 그 수사학적 공간에 자발적으로 활주해 감으로써 점증하는 일반성 속에서 존재들의 동일성을 완전하게 재생산하게 될 것이다. 자연사는 불필요하게 되거나, 또는 오히려 인간들의 일상적인 언어에 의해 이미 조성된 것이 될 것이다. 동시에 일반 문법은 존재들의 보편적인 **분류법**이 될 것이다. (160, 188)

자연의 연속성을 완전히 파악해 내게 되는 일이 가능하다고 한다면, 자연에 대한 관찰과 그에 따른 기술이 자연과 완전히 일치될 것이고, 말하자면 말과 사물이 전혀 빈틈없이 일관되게 서로를 반영하는 꼴이 되면서, 굳이 자연사라고 하는 과학의 형태를 취할 필요가 없게 될 것이라는 이야기입니다. 하지만 이러한 일은 벌어지지 않는데, 그 이유에 대해 푸코는 이렇게 말합니다.

> 그러나 낱말들의 분석과 완전히 구분되는 자연사가 불가피하다면, 그 이유는 경험이 우리에게 자연의 연속체le continu de la nature를 그런 식으로 넘겨주지 않기 때문이다. 경험은 자연의 연속체를 갈가리 찢은 상태로 내준다. 왜냐하면, 변수들에 의해 실제로 파악된 값들의 계열에는 실로 간극들이 존재하기 때문이다. 또한 경험은 자연의 연속체를 혼잡하게 내준다. 왜냐하면, 우리가 살고 있는 실재의 지리적이고 지표적인 공간은 우리에게 서로에게 뒤얽힌 존재들을, 분류법의 거대한 판면에 관련해서 보자면 우연과 무질서와 혼란에 불과한 질서 속에서 보여 주기 때문이다. (160-161, 189)

실제 우리의 경험에 있어서는 자연의 연속체가 주어지지 않는다는 겁니다. 무언가를 경험할 때 그가 누구든 그는 일정하게 변수들에 따른 값들을 취하고자 하고, 따라서 거기에는 간극들이 있을 수밖에 없다는 거죠. 그뿐만 아니라 경험에서 주어지는 자연은 깔끔한 분류법적인 질서에 따른 연속성을 보여 주는 것이 아니라, 그 분류법에 비교해서 보자면 우연과 무질서와 혼란에 불과한 어떤 질서를 통해서 주어진다는 것입니다. 이렇게 되면, '자연의 연속체' 또는 '연속적인 자연'에 관한 생각은 경험을 넘어선 이론적인 고안에 불과한 것이 됩니다. 즉 자연사 연구를 위해 설정한 개념적인 구조를 자연에서 관찰되는 특성들로 자연스럽게 이

관하지 않으면 안 된다는 이론적인 강압에 따른 것에 불과한 것이 됩니다.

참으로 묘하긴 합니다. 자연을 그 총체적인 여건에서 보자면 그것은 틀림없이 전적으로 연속성을 이루고 있다고 생각할 수 있지 않은가요? 존재론적으로 보면 일종의 파르메니데스적인 일자의 형태를 취하고 있다고 할 수 있습니다. 그런데 실제로 경험되는 자연은 경험하는 우리가 미리 투사하는 여러 구조적인 변수를 벗어날 수 없기에 항상 손에서 빠져나가는 묘한 간극들이 있다고 할 수밖에 없습니다. 이념적으로는 연속적인데, 경험을 통해 나타난 실제로 보자면, 불연속적이라는 이야기입니다.

이를 염두에 두면서 자연사 연구가들, 예컨대 아당송은 자연을 우연에 의해 한데 모이게 된 존재들의 혼합으로 생각하면서 함께 있어서는 안 될 듯한 것들이 함께 서식하고 있다는 인식을 하게 되고, 급기야는 혼합mélange이 오히려 자연의 법칙이 아닌가 하고 생각하게 된 겁니다(161, 189 참조). 이에 관해 푸코는 사건들의 연대기적인 계열을 중시하면서 이렇게 말합니다.

> 그런데 이러한 혼잡enchevêtrement은 사건들의 연대기적인 계열une série chronologique d'événement의 결과다. 이 사건들은 그 시발점과 최초의 적용 장소를 갖되, 생물종들 자체에서 갖는 것이 아니라, 생물종들이 서식하는 공간에서 갖는다. 이 사건들은 땅과 태양의 관계에서 산출되고, 기후 체제에서 산출되며, 지표면의 파란곡절에서 산출된다. 사건들이 우선 손을 미치는 곳은 바다이고 대륙이며 지구 표면이다. [이에] 생물들은 오로지 충격을 통해 이차적인 방식으로 영향을 받는다. 열은 생물들을 끌어모으기도 하고 내치기도 한다. 화산은 생물들을 파괴한다. 무너지는 땅과 더불어 생물들은 사라진다. … 땅의 역사에서 일어나는 이러한 대변동과 더불어, 분류법적인 공간(여기에서 이웃하는 것들은 **생존**

양식^{mode de vie}의 질서가 아니라 **특성**^{caractère}의 질서를 갖는다)은 그 공간을 전복하는 구체적인 공간으로 재분배되는 것으로 나타난다. 더욱이 분류법적인 공간은 틀림없이 파편화되고, 우리가 알고 있는 종들과 이웃해 있던 많은 종, 말하자면 우리에게 친숙한 분류법적인 판들을 매개해 주는 많은 종이 해독하기 어려운 흔적들만을 남기고 사라졌다는 것이다. 어쨌든, 이러한 사건들의 역사적인 계열은 존재들의 평면에 들러붙어 있을 뿐, 그 자체 존재들의 평면에 고유하게 속한 것은 아니다. 왜냐하면, 사건들의 역사적인 계열은 세계의 실재 공간에서 전개될 뿐, 분류의 분석적인 공간에서 전개되는 것이 아니기 때문이다. 그것이 문제로 삼는 것은 존재들의 장소로서의 세계이지, 생물의 속성을 갖는 한의 존재들이 아니다. (161-162, 189-190)

상당히 길게 인용했습니다. 자연사 연구가들이 생각한바 자연에서의 혼잡 내지 혼합은 생물들의 구조적인 특성에 따른 것이 아니라, 생물들의 서식지인 이 지구상에서의 지질학적인 대변동들에 따른 것이라는 이야기입니다. 푸코는 이를 '사건들의 연대기적인 계열' 또는 '사건들의 역사적인 계열'이라고 지칭하면서, 이 사건들의 영역은 도대체 분류법적인 공간과는 근본적으로 다른 성격을 갖는다는 것을 강조하고 있습니다. 실제의 존재 영역과 이론적 인식의 존재 영역, 줄여 말하면 사물의 존재 영역과 말의 존재 영역의 대결 및 그 구분을 염두에 두고서 말하고 있습니다.

이를 말하는 푸코의 의중에는 역사에 대한 그 나름의 새로운 관점을 제시하려는 기획이 포함되어 있다고 할 수 있습니다. 역사를 연속적인 것으로 보아 이론적으로 투사한 구조에 의해 역사가 드러내는 특성들을 일관되게 체계적으로 제시하고자 하는 것과는 전혀 다르게 역사를 볼 수 있어야 한다는 겁니다. 푸코가 사건을 중시하면서 사건들의 우연적이고 불연속적인 계기繼起(잇따름)로서의 역사 개념, 예를 들어 역사적 선험인 에피스테메의 불연속적인 교체를 제시한 것이 바로 이런 생각에서 안출되고 있구나 하고서 생각하게 됩니다. 푸코는 결국 이렇게 말합니다.

> 사건들의 계열은 분류법적인 연속성과 구별된다. 사건들의 계열은 사건들 각각의 에피소드들에 있어서 불연속적이고 서로 다르다. 그러나 그 계열의 전체는 시간이라는 단순한 선(직선일 수도 있고 파선일 수도 있으며 원환일 수도 있다)을 그려 낼 수 있을 뿐이다. 자연을 그 구체적인 형식과 그 고유한 두께에서 보면, 자연은 전적으로 **분류법**의 평면nappe de la taxinomia과 대변동의 선ligne des révolutions 사이에 놓여 있다. 자연이 인간들의 눈 아래에서 형성하는, 그리고 과학의 담론이 꿰뚫어야 하는 '일람표들'은 시간의 두 폭동deux révoltes du temps 사이에서 단절되고 전복되며 고정되는바 생물종들의 거대한 표면의 단편들이다. (163, 191)

분류법적인 연속성을 나타내는 시간과 사건들의 계열에 따른 시간, 이 둘을 푸코는 '시간의 두 폭동'이라 부르고 있습니다. 그리고 생물종들이 서식하는, 또는 서식했던 거대한 표면이 있는데, 이 표면이 바로 이 '시간의 두 폭동'에 의해 잘리고 뒤집히면서 고정된다는 겁니다. 말하자면, 연속성과 불연속성의 충돌을 말하는 셈인데, 달리 말하면 이는 인간 사유와 순전한 자연 간의 충돌을 말하는 것이라 할 수 있을 겁니다. 요컨대 함부로 인간의 인식적인 틀만으로 자연을 포착해서는 안 된다는 것입니다. 그래서 푸코는 이런 이야기를 덧붙일 수 있게 되죠.

> '불변론fixisme'은 자연의 존재들을 항구적인 일람표 속에 분류하는 것으로 만족한다. 일종의 '진화론évolutionnisme'은 자연의 태곳적인 [끝없는] 역사를 믿고 자연의 연속성을 가로지르는 존재들의 심오한 추진력을 믿는다. 이 두 견해를 마치 근본적으로 다른 것으로서 대적하고 있

는 양 대립시키는 것이 얼마나 표피적인 것인가를 알게 된다. … 시간
적인 계열은 존재들의 점진적인 단계gradation에 통합될 수 없다. 자연
의 시대들은 존재들과 그 연속성 내부의 **시간**을 미리 규정하지 않는
다. 자연의 시대들은 존재들을 산개散開하고 파괴하며 뒤섞고 분리하며
뒤엉키게 하는 일을 멈추지 않는 **혼란***intempéries*을 암시한다. 고전주의
시대에는 진화론 또는 변이론transformisme에 대한 생각 자체가 없었고,
있을 수도 없었다. 왜냐하면 시간을, 생물체들이 그 내적인 조직을 발
달시켜 나가는 원칙으로서 전혀 생각하지 않았기 때문이다. 고전주의
시대에 그들은 생물체들이 살아가는 외적인 공간에서 일어날 수 있는
대변동에 연관해서만 시간을 생각한 것이다. (163, 192)

불변론은 오늘날 우리가 알고 있는 생물종들이 처음부터 그 모양 그대
로 존재했다고 믿는 겁니다. 창조론은 그 종교적인 형태라 할 것입니다.
말하자면 불변론은 자연의 불연속성을 바탕으로 하고 있다고 할 수 있습
니다. 그리고 진화론은 자연의 연속성을 바탕으로 하고 있습니다. 그런
데 이 둘을 대립하는 것인 양 여겨 선택적으로 사유하는 것은 자연, 즉 생
물종들의 분포가 연속성의 시간과 불연속성의 시간이라고 하는 '시간의
두 폭동'에 의한 것임을 도외시하고 있고, 그런 만큼 대단히 표피적이라
는 겁니다. 푸코의 새로운 역사관뿐만 아니라 그의 새로운 자연관을 파악
할 수 있습니다.

분류하기 4.
기형(화석), 자연의 담론

6. 변종들과 화석들

지난 시간에 우리는 푸코가 자연의 불연속성을 바탕으로 한 불변론과 자연의 연속성을 바탕으로 한 진화론은, 이른바 '시간의 두 폭동', 즉 일람표에 따른 연속성의 시간과 사건에 따른 불연속성의 시간의 동시적인 작동을 무시한 점에서 둘 다 표피적이라고 비판한 것을 보았습니다.

그런데 이제 절을 바꾸어 '변종들과 화석들'로 들어서면서 진화론에 관한 이야기를 합니다. 라마르크 이전에도 완전한 유형의 진화론적인 사유가 있어 퀴비에가 반격을 가하기까지 18세기에 큰 힘을 발휘했다거나, 보네, 모페르튀이, 디드로, 로비네, 브누아 드 마이예 등이 생물의 형태들은 서로에게로 변화해 갈 수 있고 현행의 종들은 과거 [종들의] 변형 transformation의 결과임에 틀림없으며, 살아 있는 모든 건 미래의 어느 지점을 향해 변형되고 있을 것이고, 따라서 그 어떠한 생물의 형태에 대해서도 그것이 결정적으로 확립되었다거나 영원히 고착된 것으로 볼 수 없음을 주장했다고 말한다면, 과연 어떨까? 하는 물음을 던지면서, 사람들은 이에 반대할 것이라고 푸코는 말합니다. 그런데 반대하더라도, 그렇게 반대할 수 있는 근거에 대해서는 정확하게 말해야 하지 않겠는가 하는 태도를 넌지시 보이면서, 푸코는 보네, 모페르튀이, 디드로 등이 행한바 진화론과 유사한 분석들에 대해 이렇게 말합니다.

> 그러한 분석들은 오늘날 진화론적인 사유에 의해 이해하고 있는 것과 양립될 수 없다. 실제로 그 분석들은 계기적인 사건들의 계열에 입각한 동일성들과 차이들의 일람표 작성을 본령으로 삼고 있다. 이러한 경향으로 인해, 그 분석들은 그러한 일람표와 계열을 통일적으로 생각하기 위한 두 가지 수단만을 지녔다.
> 하나는 존재들의 연속성과 일람표에 따른 그 존재들의 분포에 계기들의 계열série des successions을 통합시키는 데서 성립한다. … 또 다른 형태의 '진화론'은 정반대의 역할을 시간에 부여하는 것이다. (164-165, 192-194)

계기적인 사건들은 일종의 통시적인 축을 따른 것일 테고, 동일성과 차이들은 일종의 공시적인 축을 따른 것일 터입니다. 통시적인 축은 계기(잇따름)들의 계열을 담고, 공시적인 축은 일람표에 따른 존재들의 연속성을 담습니다. 이와 관련해서 푸코는 결국 17-18세기의 '유사 진화론quasi-évolutionnisme'이 두 가지 형태로 이루어졌음을 지적하고 있습니다. 하나는 일람표의 연속성을 바탕으로 해서 진화를 그 일람표에 분포된 모든 종이 동시에 완전성을 향해 나아간다고 주장하는 일종의 전성설前成說, préformationnisme입니다. 그리고 다른 하나는 진화를 생물종들이 얼마든지 다른 종들로 변이할 가능성을 갖고 있는 일종의 연결망 조직의 관계로 보고, 그 가능성을 실현하는 데에 작동하는 변수들은 주로 외부 환경에 따라 그 값을 달리한다고 보는 거죠.

첫 번째 형태의 진화론에 대해 푸코가 말하는 주요 대목을 인용해 봅니다.

> 이 '진화론'은 일군의 존재들이 다른 존재들에 따라 나타난다고 생각하는 방식이 아니다. 실제로, 이 진화론은 연속성의 원칙과 존재들이 매끈한 평면을 형성한다는 법칙을 일반화하는 방식이다. 라이프니츠식의 방식으로, 이 진화론은 시간의 연속체를 공간의 연속체에다 덧붙이고, 존재들의 완전성을 향한 무한한 도정을 존재들의 무한한 다양성에 덧붙인다. 여기에서 중요한 것은 점진적인 위계 형성이 아니라, 완전히 [미리] 설립해 있는 위계를 영속적으로, 그리고 전반적으로 밀어붙이는 힘이다. … 세계는 전적으로 애벌레였다가 이제 번데기가 되었는데, 언젠가는 분명히 나비가 될 것이다. … 보다시피, 이러한 체계는, 고정성이라는 오래된 교설을 뒤집는바 진화론은 아니다. 이는 고작해야 시간을 포함한 하나의 분류법, 즉 일반화된 분류일 뿐이다. (165, 193-194)

17-18세기 진화론은 생물종 전체가 일종의 목적론적인 방식으로 완전성을 향해 발전해 간다는 것임을 말하고 있습니다. 생물종들에 대한 전체적인 일람표는 확정되어 있고, 그 일람표에 분포된 생물종들이 각기 나름의 가능성에 따라 현실화를 기하는 것으로 여긴다는 것입니다. 여기에서 위계가 무너지지 않는 건 물론입니다. 요즘 이야기하고 있는 일종의 창조적 진화론과 같은 것이라 할 수 있습니다. 푸코가 이에 대해 진화론이라고 할 수 없다고 한 것은 당연하다고 할 수 있습니다.

이제 두 번째 형태의 진화론에 대해 푸코가 말하는 주요 대목을 인용해 보죠.

이 형태의 진화론에서 시간은 분류 일람표 전체가 완전성의 유한한, 또는 무한한 선에 따라 이동하도록 하는 데 기여하는 것이 아니라, 전체적으로 종들의 연속적인 그물을 형성하게 되는 모든 경우가 서로를 대체하면서 나타나도록 하는 데 기여한다. 시간은 생물체들의 변수들에서 가능한 모든 값을 계기적으로 파악하도록 한다. 시간은 요소들이 조금씩 대체되는바 특성화의 심급instance d'une caractérisation이다. 그래서 **분류법**을 가능케 하는 유사성 또는 부분적인 동일성들은 하나의 동일한 생물에서 현재 드러나는 표식들이 되는 셈이다. 그것들은 자연의 변동을 거치면서도 유지되고, 그럼으로써 분류법적인 일람표의 공백을 메우도록 제공되는 모든 가능성을 실현하는 것으로 된다. 브누아 드 마이예에 따르면, 만약 새들이 물고기가 지느러미를 갖듯이 날개를 갖는다면, 그것은 태곳적 최초의 물이 크게 밀렸을 때 본래 금붕어나 돌고래였던 것들이 영원히 공중으로 올라가 새가 되었기 때문이다. (165-166, 194)

확실히 첫 번째 것에 비해 진화론적인 성격을 많이 띠고 있습니다. 그런데 묘합니다. 예컨대 새들의 날개와 물고기의 지느러미는 그 특성에 있어서 유사하거나 부분적으로 동일하다는 것인데, 이 유사성 내지는 동일성이 자연의 변동 속에서도 계속 유지된다고 보는 겁니다. 그럼으로써 이 유사성 내지는 동일성이 분류법에 따른 일람표에서 연속성을 방해하는 공백들을 메우는 역할을 한다는 것입니다. 이렇게 되어도 진화론이라 할 수 있는 걸까요? 푸코는 그럴 수 없다고 하면서 이렇게 말합니다.

공기, 물, 기후, 땅 등이 동물들에게 미친 작용의 양식은 환경이 [동물의] 기능이나 그 기능을 완수하는 기관들에 대해 미치는 방식으로 이루어진 것이 아니다. 외부 요소들은 오로지 하나의 **특성**un caractère이 나타나는 기회가 된다는 자격에서만 개입한다. 이 특성의 나타남이 비록 지구상의 사건에 의해 연대기적으로 조건 지어진다고 할지라도, 그 나타남은 생물체의 모든 가능한 형태를 규정하는 변수들의 일반 일람표에 의해 **선험적으로** 가능하게 되는 것이다. 18세기의 유사 진화론은 특성의 자발적인 변이variation를 예비하는 것처럼 보인다. 말하자면, 다윈이 말하는 특성의 자발적인 변이라든가 라마르크가 기술한 환경의 적극적인 작용 등을 예비한 것처럼 보인다. 그러나 그것은 회고적인 착각이다. … 결론적으로 말해, [18세기 유사 진화론은] 자연적인 돌발 사태를 기화로 새로운 특성을 갖도록 허용하는바 생물체 내부의 변양의 원칙을 정의해야 한다고 생각한 것이다. (166, 194-195)

18세기의 유사 진화론은 일반적인 분류법에 따른 일람표를 통해 미리 생물의 주요한 특성들을 정해 놓고, 아울러 이 특성들이 자연의 대변동을 통해 어떻게 다른 기관들로, 그리고 그에 따른 기능들로 나타날 수 있는가 하는 변수들을 정해 놓은 뒤, 현재 주어진 생물체들의 종적인 동일성과 차이를 설명하고자 했다는 겁니다. 그래서 결국에는 환경과 생물종의 상호작용에 따른 진화가 아니라, 생물체 내부의 변양 원칙에 따른 진화를 말했다는 것입니다. 따라서 다윈이나 라마르크의 진화론을 선취했다고 보아서는 안 된다는 겁니다.

이런 정도로 18세기의 두 유사 진화론을 설명한 뒤, 푸코는 여기에서 새로운 두 가지 선택 지점 앞에 놓이게 된다고 말합니다. 즉 생물체에게서 형태를 바꿀 수 있는 자생적인 소질을 전제할 것인가, 아니면 앞선 모든 종의 특성들을 소유하되, 더 높은 수준의 복합성과 완전성을 띠는 최종적인 한 종을 향한 모호한 추구 본능이 생물체에게 있다고 할 것인가 하는 문제 앞에 놓이게 된다고 말합니다(166, 195 참조).

그러면서 첫 번째 체계에 대해 모페르튀이의 경우를 거론합니다. 예컨대 모페르튀이는 모든 물질 입자가 활동성과 기억의 능력을 처음부터 가지고 있다고 전제하고, 그 입자들이 서로 끌어당겨 최소한의 활동을 갖게 되면 광물이 되며, 더욱더 활동적으로 되면 더욱 복잡한 동물들의 몸을 구성한다고 보았다고 합니다. 그리고 입자들의 우연한 일탈적인 파생이 일어나고, 그런 뒤 그 나름 견고한 기억의 힘을 통해 유지되는 새로운 종이 태어난다고 주장했다는 것입니다. 이에 푸코는 "반복되는 균열의 힘으로 무한히 다양한 동물들이 생겨날 것이다"라는 모페르튀이의 언명을 강조합니다. 이를 바탕으로 푸코는 변종monster의 문제를 끄집어냅니다.

> 시간의 차원에서 생물체들을 고려할 때, 생물체들이 형성하는 일관되고 견고한 평면은 너무나 조밀하고 너무나 섬세한 하나의 연속체—수도 없이 많은 잊힌, 또는 유산된 작은 차이들로 짜인 연속체— 의 파편적인 결과일 뿐이다. 우리의 분석에 제공되는 현실의 종들은 변종들monstruosités의 끊임없는 기반 위에서 잘려져 나온 것이다. 이 변종들은 나타나 반짝이다가 심연으로 사라지는가 하면 이따금 유지되기도 한다. 여기에서 근본은 자연이 연속체를 받아들이는 한에서 역사를 갖는다는 것이다. 자연이 계기의 형태로 주어지는 것은 자연이 모든 가능한 특성(모든 변수의 각각의 값)을 번갈아 취하기 때문이다. (167, 196)

자연의 바탕에서 변종들이 너무나 조밀하고 섬세한 차이들로 짜인 연속체를 이루고서 끊임없이 작동하고 있고, 그 위에서 오늘날 볼 수 있는 여러 생물체가 그 나름의 일관되고 견고한 평면을 형성하고 있다는 이야기입니다. 말하자면, 변종을 이루는 차이들이 바탕에서 작동하고 있고 그런 한에서 유사성과 동일성에 입각한 생물종들의 역사적인 전개에 따른 분포가 그 위에서 이루어지고 있다는 것입니다.

묘한 이중적인 구조입니다. 자연이 저 스스로 형태를 바꾸어 나갈 수 있는 자생적인 소질을 갖추었다고 할 때, 그 자생적인 소질이란 자연이 바탕에서부터 계속 변종들을 만들어 나갈 원리적인 가능성을 띠고 있다는 것을 지칭한다고 해야 할 것입니다. 그리고 현재 현실적으로 존재하는 종들은 그 변종 중 자연환경의 변동에도 불구하고 심연으로 굴러떨어지지 않고 자신의 기억을 계속 유지하는, 말하자면 변종들이라는 겁니다.

이러한 첫 번째 체계를 뒤집은 두 번째 체계를 거론하면서 푸코는 이 역시 첫 번째 체계와 다르지 않다고 말합니다. 이에 관해서는 로비네Jean-Baptiste Robinet(1735-1820)의 경우를 제시합니다. 로비네에 따르면, 연속성은 기억을 통해 확보되는 것이 아니라 기획을 통해 확보됩니다. 이 기획은 자연이 복잡한 존재를 향해 나아가는 기획인데, 그 과정에서 자연은 자신을 구성하는 단순한 요소들로부터 출발해서 그 요소들을 하나씩 정돈함으로써 복잡한 존재를 향해 나아간다는 것입니다. 이 과정은 우리가 알고 있는 가장 복잡한 배합에 이를 때까지 계속됩니다. 그 결과, 자연의 전체적인 연속성은 두 극단 사이에 놓이게 되는데, 하나는 절대적으로 근원적인 원형으로서의 극단이고, 다른 하나는 인간이 관찰할 수 있는 최고도의 복잡성으로서의 극단입니다. 이 두 극단 사이에 모든 정도의 복잡성들과 배합이 있다는 것입니다. 이러한 주장을 하게 되면, 로비네는 변종들에 대해 특별히 예외적인 의미를 둘 수 없게 됩니다. 푸코가 인용하고 있는 로비네의 이야기를 들어 보죠.

변종들은 종들 자체와 다른 '본성'을 지닌 것이 아니다. "겉보기에 아주 기이한 형태들도 필연적으로, 그리고 본질적으로 보편적인 존재의 판면에 속한다는 것을 믿자. 변종들은 다른 종들처럼 원형prototype의 자연적인 변태들métamorphoses이다. 아무리 다른 현상들을 내보인다고 해도 그렇다. 변종들은 인접한 형태들로 나아가는 이행에 공헌한다. … 변종들은 사물들의 질서를 교란하기는커녕 사물들의 질서에 공헌한다. 자연이 보다 더 규칙적이고 균형 잡힌 존재들을 산출할 수 있었던 것은 아마도 이 변종들의 힘에 의해서일 것이다. 이를 믿자.” (168, 196-197)

가장 단순한 형태인 원형에서부터 가장 복잡한 형태의 생물종에 이르기까지, 그 복잡성과 완전성을 끝없이 추구하는 게 자연이라고 여긴 것으로, 그 과정에서 나타나는 변종들이라고 해서 결코 일탈적인 것으로 보아서는 안 된다는 겁니다. 결국 로비네는 자연의 전일적인 연속성을 굳게 믿고 있습니다. 그래서 오히려 변종들이야말로 불연속적인 것처럼 보이는 자연의 생물종들이 변형해 온 전 과정이 연속적이게끔 하는 것으로 추켜세웁니다.

푸코는 모페르튀이와 로비네의 경우 별다른 차이 없이 자연의 연속성을 기반으로 해서 자연사 연구를 했다는 것을 강조하면서 이렇게 말합니다.

연속체, 그것은 하나의 동일한 생명적인 원리가 가변적인 환경과 투쟁하는 근본적인 역사가 남긴 가시적인 후류後流, sillage가 아니다. 왜냐하면, 연속체가 시간보다 앞서기 때문이다. 연속체는 시간의 조건이다. 그리고 연속체와 관련해서 역사는 오로지 소극적인 역할을 할 뿐이다. 역사는 들어 올려 존속시키거나 무시해서 사라지게 할 뿐이다. 여기에서 두 귀결이 나온다. 첫 번째 귀결은 변종들을 ─변종들은 바탕에서의 소음이고 자연의 끊임없는 중얼거림이다─ 끌어들이지 않을 수 없다는 것이다. … 변종들은 우리의 일상적인 경험 공간에서 홍수, 화산, 대륙의 붕괴 등이 혼란스럽게 만든 그 연속성을 우리의 이론적인 지식의 시간에서 확보해 준다. 두 번째 귀결은 그러한 역사의 도상에서 연속성을 나타내는 기호들은 유사성의 질서일 따름이라는 것이다. (168-169, 197-198)

푸코의 이러한 설명에 따르면, 18세기 유사 진화론에서 자연의 연속성은 대단히 근본적인 사안이었던 같습니다. 분류법에 따라 일람표를 만들고자 할 때, 동일성과 차이의 구도로 보아 종들 사이에 좀처럼 일관되게 연결될 수 없는 분포가 이루어지는 것을 도대체 견딜 수 없어 했다는 겁니다. 이를 위해 한편으로는 자연의 대변동이라는 생물종의 외적인 요인들을 끌어들여 설명하고자 했고, 이제는 변종들을 끌어들여 설명하고자 하는 겁니다.

그런데 주목해야 할 것은 모페르튀이처럼 미세한 차이들로 된 바탕의 연속성을 도입하건, 로비네처럼 원형에서 가장 복잡한 생물을 향한 연속성을 도입하건, 그런 연속체로서의 자연을 바탕으로 해서 생물종들이 전개되어 나온다고 할 때, 그 핵심은 환경이 아니라 생물종들의 소질과 기획이라는 사실입니다. 이에 환경과 생명 간의 투쟁의 역사가 들어설 수 없었다는 거죠. 푸코는 각주에서 18세기에는 생물학적인 의미의 '환경' 개념이 아직 마련되어 있지 않았다고 말합니다.

자연의 연속성이 시간이나 역사보다 근본적이었다는 이야기는 적어도 18세기에 아직 현대적인 의미의 역사 개념이 마련될 수 없었다는 이야기입니다. 따라서 오늘날의 의미의 진보나 진화 개념 역시 18세기까지는 존재하지 않았다고 보아야 합니다. 푸코가 이러한 점을 지적하는 것은 오늘날 우리가 상식적으로 알고 있고, 그런 까닭에 당연하다고 여기고 있는 지식의 틀, 즉 에피스테메가 결코 영원불변한 합법성을 띤 것이 아님을 역설하고, 그럼으로써 얼마든지 새로운 사유로써 필요에 따라 탈합법화할 수 있다는 것을 역설하는 것이라 할 것입니다.

그런데 예컨대 로비네처럼 자연이 일구는바 원형에서부터 가장 복잡한 생물인 인간종으로의 전개 과정을 염두에 두면, 원형에 가까운 것에 인간과 유사한 예비적인 형태들이 어떻게든 나타나야 합니다. 그래서 결국에는 연속성의 원리는 유사성의 질서에 따른 것이라는 이야기를 하는 겁니다. 이 대목에서 중요하게 떠오르는 사안이 화석의 문제임을 푸코는 이렇게 지적합니다.

> 화석은 동물과 광물이 뒤섞여 있는 본성을 지녔다. 화석은 연속체에 대해 역사가가 요구하는 유사성 —분류법의 공간에서는 엄격하게 분해되어야 하는 유사성— 에서 특권적인 지위를 갖는다. (169, 198)

화석들을 유사성에 근거해 죽 나열해 놓으면 자연이 어떻게 연속성을 유지하면서 전개되는가를 알 수 있을 겁니다. 그래서 화석은 연속체를 얻고자 하는 역사가에게 특권적인 연구 대상이 아닐 수 없다는 것입니다. 그래 놓고서, 푸코는 변종과 화석에 대해 이렇게 말합니다.

> 이러한 배치 관계configuration에 있어서 변종과 화석은 둘 다 대단히 정확한 역할을 수행한다. 자연이 붙들고 있는 연속체의 힘에 따라 변종은 차이를 드러나게 한다. 차이는 여전히 법칙 없이 존재하고, 잘 정의된 구조 없이 존재한다. 변종은 [종의] 특수화에 대한 기원이긴 하지만, 고집스러운 느린 역사에서 보면 아종亞種에 불과하다. 화석은 유사성들이 자연이 거쳐 온 모든 일탈을 관통하면서 존립하도록 한다. 화석은 동일성에 대해 멀긴 하나 점근적인 형태로서 기능한다. 화석은 시간의 요동 속에서 유사-특성quasi-caractère을 표시한다. 바로 이런 이유로, 변종과 화석은, 분류법에서 구조에 이어 특성을 규정하는 그 차이들과 그 동일성들의 배후에서 작동하는 투사projection일 뿐이다. 일람표와 연속체 사이에서, 변종과 화석은 흔들리면서 움직이는 음지의 영역을 형성한다. 거기에서 분석을 통해 동일성으로 규정되는 것은 여전히 침묵하고 있는 유추일 뿐이다. 그리고 분석을 통해 영속적인 것으로 지정된 차이로 규정되는 바는 여전히 자유롭고 우연적인 파생일 뿐이다.

(169-170, 198-199)

푸코의 시각에는 계속해서 동일성과 차이가 중요합니다. 17-18세기 자연사 연구에서 근본적으로 볼 수 있는 것은 동일성과 차이에 입각한 구조와 특성의 규정, 그런 규정에 따른 일람표의 작성, 일관된 일람표를 작성하기 위한 자연의 연속성이라는 개념 도입 등이 중요하다고 보는 겁니다.

그런데 푸코는 이러한 자연사 연구의 구도 속에서 변종은 차이를 지시하고, 화석은 동일성을 지시하는 역할을 확실하게 수행한다고 말합니다. 이를 달리 표현해 변종과 화석에 관한 자연사적인 연구란 결국 차이와 동일성을 투사한 것일 뿐이라고 말하는 것입니다. 하지만, 푸코는 변종과 화석을 통한 차이와 동일성이란 엄격하게 말하자면 여전히 파생이고 유추일 뿐이라고 말합니다. 왜 이런 말을 하는 걸까요? 파생이면 어떻고 유추이면 어떻다는 걸까요? 이어지는 푸코의 말을 들어 봅시다.

> 그러나 진실을 말하자면, **자연사***histoire naturelle*에 있어서 **자연의 역사** *histoire de la nature*를 생각한다는 것은 너무 불가능하고, 일람표와 연속체에 의해 그려지는 인식론적인 배치가 너무 근본적이기 때문에, 생성 *devenir*은 그저 전체의 요구들에 의해서만 매개되고 측정되는 위치를 점할 뿐이다. 생성이 일람표와 연속체 사이에 필요한 상호 이행에만 개입되는 것은 이 때문이다. (170, 199)

위 내용이 파생과 유추에 대한 정확한 답이 되는 건 아닙니다. '자연의 역사'라고 하는 개념은 아직 18세기 자연사 연구에서는 요원하다는 것입니다. 이를 위해서는 '생성' 개념에 대해 그 나름의 독자적인 힘을 부여해야 하는데, 18세기 자연사 연구는 그렇지 못하다는 거죠. 그래서 일람표와 연속체 사이를 메우는 데 필요한 경우에만 생성을 생각했다는 겁니다. 예컨대 로비네가 원형의 생물종에서부터 가장 복잡한 생물종으로 나아가는 생성을 생각했던 것도 결국에는 일람표에서 최대한의 연속성을 확보하기 위한 것이지, 자연의 생성 자체를 염두에 둔 것은 아니라는 겁니다.

그렇다면, 만약 동일성과 차이를 정확하게 규정할 수 있는 새로운 연구 방식이 가능하다면, 자연의 역사, 즉 자연의 생성 자체를 생각할 수 있다는 걸까요? 그리고 그런 방식이 바로 라마르크나 다윈의 진화론이라는 말일까요? 푸코의 논의를 더 기다려 봐야 할 것 같습니다.

7. 자연에 대한 담론

그래서인지, 푸코는 이제 절을 바꾸어 '분류하기' 장의 마지막 절인 '자연에 대한 담론'으로 넘어갑니다. 이 절은 앞서 논의했던 내용들을 압축하면서 그 귀결을, 대단히 이해하기 힘든 귀결을 제시하는 절이기도 합니다.

푸코는 누차 말해 온 것처럼 자연사의 이론과 언어의 이론이 분리될 수 없다는 점을 강조합니다. 그러면서 여기에서 문제 되는 사안은 언어 이론에서의 문법과 자연사 이론에서의 분류법을 관통하는 아주 일반적인 합리성을 구축하는 것이 아니라, 명사 체계 속에서 존재들을 재현할 수 있게끔 하는 지식의 근본적인 배치 방식이라고 말합니다.

그런데 이러한 지식의 인식을 위해 이루어지는 17-18세기의 자연사적인 모든 분석이 근거하고 있는 것이 '일종의 역사적 선험une sorte d'a priori historique'이라고 말합니다. 이 '역사적 선험'이라는 개념은 서론에서부터 강력하게 제시된 바 있습니다. 다시 들추어 보죠.

이러한 분석은 인식들과 이론들이 무엇에 바탕을 두고서 가능했는가, 지식이 어떤 질서의 공간에 따라 구성되는가, 어떤 역사적 선험a priori historique을 근거로 해서, 그리고 어떤 실증성의 요인 속에서 관념들이 나타날 수 있었으며, 과학들이 구성될 수 있었고, 또 철학들을 통해 경험들이 반성될 수 있었으며, 합리성들이 형성되었지만 곧 해체되고 소멸해 버리게 되었는가 등을 재발견하고자 애쓰는 연구이다. 그러므로 … 명백하게 드러내고자 하는 것은 인식론적인 장champ épistémologique, 즉 에피스테메épistémè다. 합리적인 가치나 객관적인 형식들로 회송되는se référant 모든 기준을 벗어나 고찰되는 인식들이 이 에피스테메에 그 실증성의 뿌리를 내리고 있다. (13, 18-19)

‘역사적 선험’은 ‘인식론적인 장’, 즉 에피스테메와 거의 같은 뜻으로 제시되었습니다. 역사적인 선험을 제시할 때 함께 제시되는 것은 합리성이 아니라 합리성을 넘어서서 뒷받침하고 있는 실증성입니다. 그런데 이제 여기에서는 특별히 ‘역사적 선험’을 주제로 삼아 이렇게 말합니다.

이 [역사적] 선험은 주어진 시대에 있어서 경험에서 가능한 지식의 장을 끊어 내고, 거기에서 나타나는 대상들의 존재 양식을 정의하며, 일상적인 시선을 이론적인 역량들로 무장시키고, 사물들에 대해 참된 것으로 인정되는 담론을 취할 수 있는 조건을 정의한다. (171, 200)

‘역사적 선험’이라는 개념은 푸코 자신이 이 책의 전체 작업을 이끄는 방식을 지칭할 뿐만 아니라, 연구 대상이 되는 해당 시대의 사람들이 어떻게 역사적 선험에 따라 연구 활동을 했는가를 분석하는 장치로 작동하고 있습니다. 당대의 연구가들이 이런 역사적 선험을 반성해서 의도적으로 염두에 둔 것은 아니지만, 알게 모르게 이를 염두에 두지 않을 수 없었다는 것일 테죠. 이를 18세기에 적용해 곧이어서 이렇게 말합니다.

> 18세기는 유들의 현존, 종들의 안정성, 세대를 통한 특성들의 계승 등
> 에 관해 연구하고 논란을 벌였다. 그 연구와 논란을 뒷받침한 역사적
> 선험이 있었는데, 그것이 바로 자연사의 현존이다. 자연사는 가시적
> 인 어떤 것을 지식의 영역으로 조직했고, 기술을 위한 네 가지 변수를
> 정의했으며, 어떤 것이든 모든 개체가 서식할 수 있는 인접 공간을 정
> 의했다. … 자연사는 재현의 집합 속에 영속적인 질서의 가능성을 도
> 입하는바 복합적인 작업의 계열을 발굴했다. 자연사는 경험*empiricité*의
> 모든 영역을 **기술 가능하면서**_descriptible_ 동시에 **질서 부여 가능한**_ordonnable_
> 것을 구성했다. (171, 200)

마지막 지적이 가장 중요한 것 같습니다. 기술 가능하다는 것은 언어에
관련된 것이고, 질서 부여가 가능하다는 것은 일람표적인 분류에 관련된
겁니다. 자연사라고 하는 18세기의 이른바 역사적 선험을 통해 이 두 가
지 일이 한꺼번에 연결된 것으로 보게 되었다는 것입니다.

> 분류하기와 말하기는 동일한 공간에서 그 기원을 발견한다. 그 동일한
> 공간은 재현이 그 자신의 내부에서부터 열어젖힌 것이다. (171, 200)

자연의 종들을 분류하는 것이 자연사의 일인데, 이러한 분류가 말하기
와 동일한 공간에 그 기원을 갖는다는 것은 '언어의 사변형'을 형성하는
명제, 분절, 지시, 파생이라는 네 가지 변수를 자연사 연구에 적용해서 그
에피스테메에 따른 유사 구조를 찾아낼 수 있다는 이야기가 됩니다. 이에
푸코는 자연사에서 말하는 구조는 명제와 분절에 해당하고, 특성은 지시
와 파생에 해당한다고 말합니다.

언어에서 동사의 기능은 보편적이고 텅 비어 있다. 동사의 기능은 그 저 명제라고 하는 가장 일반적인 형태를 예규豫規, prescrit할 뿐이기 때문 이다. 명사들이 그 분절의 체계를 가동되도록 하는 것은 동사의 기능 내에서다. 자연사는 이 두 기능을 **구조**의 통일성 안으로 통합한다. [자 연사에서] 구조는 한 존재에 부가될 수 있는 모든 변수를 나란히 분절 한다. 그런가 하면, 언어에서 지시는 그 개별적인 기능 발휘에 있어서, 공통 명사들에 그 범위와 외연을 제공하는바 파생의 우연에 노출되는 데, 자연사가 확립한 **특성**은 개별자를 표시하면서 동시에 그 개별자를 일반성들의 공간에 위치시킨다. (172, 201)

사실 이에 관한 이야기는 앞에서 잠시 스치듯 지나갔습니다. 즉 "**구조** 이론은 고전주의 시대 자연사의 전 범위를 관통하면서 그 유일하고 일관 된 기능을 통해, **명제**와 **분절**이 언어에서 수행하는 역할들을 [자연사에 이 전해서] 중첩되게 한다"(148, 176)라는 이야기, 그리고 "자연사는 확실한 하 나의 **지시**désignation와 절제된 하나의 **파생**dérivation을 연속해서 보장해야만 한다. 따라서 구조 이론이 분절과 명제를 중첩해 서로에게로 이관되도록 한 것처럼, 특성 이론theorie du caractère은 지칭하는바 가치들과 이 가치들이 파생되어 나오는 공간을 동일시해야 한다"(151, 178-179)라는 이야기가 그 것입니다.

이에 관해 우리는 푸코가 정확하게 어떤 논리로써 언어 이론과 자연사 이론 사이의 에피스테메에 따른 상동성을 구축해 내는지 제대로 파악하 지 못했습니다. 어쩌면 푸코로서는 대단히 역점을 두고 있는 사안일 텐데 도, 그는 이에 관해 그다지 세밀한 논의를 하지 않고 있습니다. 그래서 역 시 이 정도로 넘어갈 수밖에 없는 노릇입니다. 물론 필자로서는 정확하게 연결할 자신이 없기 때문이죠.

아무튼 중요한 점은 자연사에서의 사물들(존재들)과 언어에서의 낱말들 사이의 관계는 도대체 어떤가 하는 겁니다. 그리고 푸코는 자연사가 그 나름으로 잘 만들어진 하나의 체계 언어가 아닌 한, 제대로 학문적인 성과를 이루었다고 할 수 없다고 합니다. 여기에서 푸코가 말하는 '잘 만들어진 체계 언어로서의 자연사'는 도대체 어떤 것일까도 문제가 아닐 수 없습니다. 이를 위해 대량의 인용을 할 수밖에 없습니다.

> être 동사의 무미건조한 기능에서 출발하여 파생을 거쳐 수사학적인 공간을 관통하는 데 이르는 형상形狀을 완성해 갈무리하는 데 있어서, 자생적인 언어가 필요로 하는 것은 오로지 상상의 활동, 즉 직접적인 유사성들뿐이다. 그런 데 반해, **분류법**이 가능하기 위해서는 자연이 그 충만함 자체 속에서 실재적으로 연속되어 있어야 한다. 언어가 인상들 사이의 상사를 요구한 바로 그 지점에서, 분류는 사물들 사이에 가능한 최소 차이의 원리를 요구한다. 그런데 이 연속체ce continuum는 명명의 바탕에서, 그리고 기술과 배치 사이에 허용된 열림 속에서 나타난다. 이 연속체는 실로 언어에 앞서서 언어의 조건으로서 전제된다. 이 연속체가 잘 조성된 언어에 기초를 제공할 수 있을 뿐만 아니라, 모든 언어 일반을 고려하도록 하기 때문이다. 하나의 재현이, 제대로 지각되지 않고 혼란된 어떤 동일성에 의해 다른 동일성을 상기하고 이 두 동일성 모두에게 공통 명사라고 하는 임의적인 기호를 적용하고자 할 때, [양자를 비교할 수 있는] 기억이 작동할 기회를 제공하는 것은 틀림없이 자연의 연속성이다. 상상 속에서 맹목적인 상사로서 주어진 것은 동일성들과 차이들의 연속된 거대한 직물의 비-반성적이고 혼란된 흔적일 뿐이었다. 상상, 즉 비교를 허용함으로써 언어활동을 가능케 하는 상상은 알려지지 않는 애매한 장소를 형성하는데, 그 애매한 장소에서 자연의 파괴된, 그러나 집요한 연속성은 의식의 비어 있지만 주의 깊은 연속성과 결합한다. 따라서 만약 모든 재현에 앞서 사물들의

근저에서 자연이 연속적이지 않았더라면 말하는 것은 불가능했을 것이고, 최소한의 이름에 대한 자리도 없었을 것이다. 종들, 속들, 강들에 관해 전혀 균열이 없는 일람표를 확립하기 위해서, 자연사는 비용을 새롭게 투입해서라도 바로 이러한 연속체에 근거를 둠으로써만 가능한 그런 언어를 활용하고, 비판하며, 분류하고, 급기야 재구성해야 했다. 사물들과 낱말들은 아주 엄밀하게 교차한다. 즉 자연은 지칭의 틀을 통해서만 주어진다. 그리고 그러한 명사들 없이 침묵하고 있으며 비가시적인 상태로 머물고 말 그런 자연은 명사들 뒤 멀리서 가끔 반짝이고, 그 명사들을 지식에 넘겨주는 저 사변형 너머에서 계속해서 주어지며, 또한 전적으로 뒤집힌 언어를 통해서만 보이게 될 것이다. 바로 이 때문에 고전주의 시대에 자연사는 생물학으로서 구성될 수 없다. 알고 보면, 18세기까지 생명la vie은 현존하지 않았고 그저 생물체들만 있었던 것이다. (172-173, 201-202)

이해하기가 정말 만만찮습니다. 자연의 연속성과 말의 분절이 대비되고 있음에는 틀림없습니다. 말에서 요구되는 공통 명사, 이 공통 명사를 이용해서 표기할 수밖에 없는, 자연사에서의 종, 속, 강 등의 명칭들, 그러한 공통 명사의 바탕에서 작동하는 자연의 연속성 등이 내용의 실마리를 이루고 있습니다.

언어에서는 재현을 통해 주로 동일성을 일구어 내는데, 이를 위해서는 상상을 통한 유사성 내지는 상사의 추출만으로 충분하다고 말하고 있습니다. 그 반면 자연의 분류법에 있어서는 자연의 연속성에 따른 최소 차이의 원리가 요구된다고 말하고 있습니다. 하지만 결국 자연사는 종, 속, 강 등을 나타내는 공통 명사를 사용해야 하지 않나요? 그렇다면 자연사에서의 공통 명사들은 자연의 연속성을 임의로 끊어 낸 것이라 할 수밖에 없습니다. 만약에 그렇지 않다면 자연사에서 종, 속, 강 등의 공통 명사들을 활용해 분류를 위한 일람표를 만든다고 할지라도 그것은 연속적인 자연과 근본적으로 무관한 것이 되고 말 것입니다. 그러나 자연사에서 자연의 연속성 자체에 관한 개념을 생각하지는 않았습니다.

그런데 푸코는 자연사에서의 언어 사용에 관한 구도를 바탕으로 일상적인 언어생활의 구도를 분석합니다. 언어의 조건으로서 언어에 앞서 있는 것이 바로 자연의 연속체라는 겁니다. 결국에는 언어로써 잡아챌 수 없는 나머지가 항상 있다는 이야기로 이어질 수밖에 없죠. 그리고 그 언어 아래에 자연의 나머지가 있기에 오히려 말하는 게 가능하다고 말합니다. 말할 때 요구되는 상상이 남겨 놓는 애매한 장소, 그 장소에서 자연의 연속성은 깨지지만 역시 자연에 속한다고 할 수 있는 의식의 연속성이 나서서 그 파괴된 자연의 연속성을 복원해 내고자 합니다. 의식의 연속성에 대해 자연의 연속성이 기반이 됨은 틀림없습니다. 말은 자연이 자연사적으로 드러날 기회를 제공하고, 자연은 말이 작동할 수 있는 기반인 연속성을 제공합니다. 이로써 말과 자연, 즉 말과 사물은 엄격하게 교차하죠.

결국 18세기 자연사는 말을 넘어선 자연의 연속성 자체를 포착해 낼 수 있는 개념을 형성하지 못했습니다. 개별적인 생명체들에 대한 명명에 집중했고, 그 개별적인 생명체들을 종, 속, 강 등으로 분류할 수 있는 공통명사들에 집중했을 뿐, 개별적인 생명체들을 넘어서 있는 자연의 연속성 자체를 개념적으로 파악하려는 생각은 하지 못한 겁니다. 이에 푸코는 18세기까지는 생명이란 개념은 현존하지 않았고 생명체들만 있었다고 말합니다.

그러나 정작 푸코가 무엇을 중요하게 여기는가에 대해서는 "종들, 속들, 강들에 관해 전혀 균열이 없는 일람표를 확립하기 위해서, 자연사는 비용을 새롭게 투입해서라도 바로 이러한 연속체에 근거를 둠으로써만 가능한 그런 언어를 활용하고, 비판하며, 분류하고, 급기야 재구성해야 했다"라는 대목에서 어느 정도 파악할 수 있습니다. 자연사를 통해 언어란 '자연의 연속체에 근거를 둔 언어'일 수밖에 없다는 것이 밝혀졌다는 것입니다. 이를 푸코는 다음과 같이 재론해서 정돈합니다.

> 자연사는 언어 이전에, 동시에 언어 이후에 위치한다. 자연사는 일상 언어를 재구축하기 위해 파기한다. 그리고 상상의 맹목적인 유사성들을 통해 일상 언어를 가능케 했던 것이 무엇인가를 발견한다. 그렇게 해서 일상 언어를 비판critique하지만, 일상 언어의 근거를 발견하기 위해 그렇게 비판한다. 만약 자연사가 일상 언어를 되잡아 완전하게 만들기를 원한다면, 그 이유는 또한 자신의 기원으로 되돌아가기 위한 것이다. 자연사는 자신에게 직접적인 토양을 제공하는 일상적인 어휘들을 뛰어넘어 그 이면에서 자신의 존재 근거를 구성할 수 있는 것이 무엇인가를 찾고자 한다. 그러나 그 반대로 자연사는 전적으로 언어의 공간에 거주한다. 왜냐하면, 자연사는 본질적으로 명사들의 구체적인 활용이기 때문이다. 그리고 최종적인 목적을 위해 사물들에 그 진정한 지칭들을 주어야 하기 때문이다. 그러므로 언어와 자연의 이론 간에는 비판적 유형의 관계가 현존한다. 자연을 인식하는 것은 실로 [일상] 언어에서 출발하여, 모든 언어를 가능케 하는 조건들에서, 그리고 모든 언어가 지닐 수 있는 어떤 한계 내에서 정당성의 한 영역un domaine de validité을 발견할 수 있을 참된 언어를 구축하는 것이다. (174-175, 203)

이 정도로 되면, 자연사는 결국 언어 비판 작업이라고 해야 합니다. 참다운 인식을 위한 새로운 언어 체계의 구축이 곧 자연사의 과업이 된 셈이죠. 사실이지 언어를 통하지 않고서 자연을 인식한다는 것은 불가능합니다. 문제는 푸코가 말하고 있는 '정당성의 영역'입니다. 이 영역을 확보할 수 있도록 하는 참된 언어를 구축하는 것이 바로 자연을 인식하는 것임이 자연사를 통해 뚜렷하게 드러나게 되었다는 겁니다.

결국은 자연사를 통해 이루어진 언어 비판 작업을 거침으로써 이른바 '비판'이라는 새로운 학문 작업이 열린 셈입니다. 이에 푸코는 고전주의 시대의 비판 문제에 대해 이렇게 말합니다.

> 고전주의 시대에 —로크와 린네, 뷔퐁과 흄이 그 증인들인데— 비판적인 문제는 바로 유사성의 근거와 유類, genre의 현존에 대한 것이다. (175, 203)

이를 근거로 해서, 고전주의 시대 이후 전개되는 '비판'을 푸코 나름으로 정돈해 보입니다.

한편으로 비판은 비판 자신이 태어난 바탕을 대체하면서 그것으로부터 분리된다고 말합니다. 예컨대 흄은 인과성의 문제를 유사성들에 대한 일반적인 물음 중 한 경우로 여긴 데 반해, 칸트는 인과성 문제를 아예 독립시킴으로써 문제를 역전시켰는데, 말하자면 다양한 것들의 종합이라고 하는 역전된 문제를 드러나게 했다는 겁니다. 칸트는 그렇게 해서 개념에서 판단으로, (재현들에 대한 분석을 통해 획득된) 유의 현존에서 재현들을 연결하는 가능성으로, 지칭의 권리에서 속성 부가의 기초로, 명사적인 분절에서 명제 자체와 명제를 확립하는 être 동사에로, 문제를 바꾸었다는 겁니다.

그리고 다른 한편으로 같은 시기, 즉 18세기가 끝날 즈음에 '생명'이 분류상의 개념들과의 관계에서 자율성을 획득하게 된다고 말합니다. 푸코는 이렇게 말하면서 제5장 '분류하기' 전체를 마칩니다.

> 생명은, 18세기에 자연의 지식을 구성했던 이러한 비판적인 관계에서 벗어난다. 이는 두 가지 뜻을 갖는다. 첫째, 생명이 다른 것들과 함께 인식의 대상이 된다는 것이다. 그리고 그런 인식 대상의 자격으로 모든 비판 일반에 종속된다는 것이다. 둘째, 그러나 생명은 또한 이러한 비

판적인 판결권에 저항하면서 그 나름의 영역을 구축하고 고유한 방식으로 모든 가능한 인식과 관계를 맺는다. 그 결과 19세기 동안 칸트에서 딜타이를 거쳐 베르그송에 이르기까지 비판적인 사상과 생명 철학은 앞서거니 뒤서거니 하면서 상호 분쟁을 일삼게 된다. (175-176, 204)

고전주의 시대의 자연사를 통해 언어 비판 작업이 자리를 잡게 되고, 그것에 이어 칸트를 통해 '비판 영역'이 자율성을 띠고서 정립되는데, 그런 가운데 다른 한편으로 '생명'이 자율성을 띠면서 생명 철학이 등장해 비판 철학과 대립각을 세우면서 전개되었다는 겁니다. 푸코 나름의 묘한 철학사적인 진단이 아닐 수 없는데, 그 바탕에는 그가 말하는 '역사적 선험'을 바탕으로 한 고고학적인 관점이 작동하고 있습니다.

3학기

교환하기 1.
부·화폐·가격

1. 예비적인 고찰

이제 제6장 '교환하기^{échanger}'에 접어듭니다. 이 장은 제1절 '부의 분석', 제2절 '화폐와 가격', 제3절 '중상주의', 제4절 '담보와 가격', 제5절 '가치의 형성', 제6절 '효용성', 제7절 '일반 일람표', 제8절 '욕망과 재현' 등 8개의 절로 되어 있습니다. 원전의 분량은 약 50쪽쯤 됩니다. 이 장이 끝나면, 그동안의 강설講說이 책의 절반을 넘어서게 됩니다.

이 '교환하기'의 장은 17-18세기 고전주의 시대 경제에 관한 지식이 어떤 양식으로 이루어졌는가를 살핍니다. 거듭 지적하지만, 푸코가 이 책을 통해 입증해 보이고자 하는 것은 시대마다 묘하게도 일정한 인식론적인 틀, 즉 에피스테메가 작동한다는 것, 해당 시대의 에피스테메가 각 학문 분야에 동시다발적으로 반영되어 나타난다는 것, 각 에피스테메는 나름의 독자성을 갖추고 있으며 에피스테메들 사이의 이행은 불연속적이라는 것, 따라서 오늘날 우리가 당연하다고 여기는 지식의 구도는 결코 영속적이거나 절대적인 것이 아니며 심지어 이전 시대에 비해 발달한 것이라고 말할 수도 없다는 것 등입니다.

푸코는 이제까지 17-18세기 고전주의 시대의 에피스테메가 재현^{再現}, représentation임을 밝히고자 노력했습니다. 저 앞에서 푸코는 이런 말을 했습니다.

> 질서에 대한 일반 학문^{science générale de l'ordre}의 기획, 재현을 분석하는 기호 이론, 질서 잡힌 일람표에 의한 동일성들과 차이들의 배치 등이 이루어진다. 그렇게 해서, 고전주의 시대에서 경험성의 공간^{espace d'empiricité}이 구성된다. 이 경험성의 공간은 르네상스 말까지 있었던 적이 없었고, 19세기가 시작되면서 사라지게 될 것이었다.
>
> …
>
> 고전주의적인 **에피스테메** 전체를 가능케 하는 것은 우선 질서와 인식의 관계다. (86, 104-105)

여기에서 말하는 질서에 관한 학문으로 푸코는 크게 '일반 문법', '자연사', 그리고 '부의 분석'을 듭니다. 고전주의 시대를 대표하는 이 학문들은 고전주의 시대에 특유한 '경험성의 공간'을 바탕으로 대단히 특이하게 이루어졌다고 말합니다. 이 제6장 '교환하기'는 고전주의적인 인식적 특이성을 나타내는 다음의 말에서 시작합니다.

> 고전주의 시대에는 생명이 없었고, 생명 과학도 없었다. 그뿐만 아니라 문헌학도 없었다. 그 대신 자연사가 있었고 일반 문법이 있었다. 그와 마찬가지로, 정치경제학^{économie politique}이 없었다. 왜냐하면, 지식의 질서에 있어서 생산^{production}이 현존하지 않았기 때문이다. (177, 205)

'지식의 질서'라는 말에 유의할 필요가 있을 것 같습니다. 실제로 생산이 없었다는 것이 아니라, 지식의 질서에 있어서 생산이 현존하지 않았다는 겁니다. 『말과 사물』의 부제가 '인간 과학의 고고학'이라는 사실을 기억합시다. 고전주의 시대 지식의 질서에 있어서 '생명'이 현존하지 않았듯이, '생산'이 현존하지 않았다는 것이고, 그래서 정치경제학이 성립할 수 없었다는 것입니다. 정말이지, 푸코 특유의 날카로운 인식론적 진단이 아닐 수 없습니다.

2. 애덤 스미스의 혁명

혼히 정치경제학의 역사를 이야기할 때, 애덤 스미스Adam Smith(1723-1790)를 그 선구로 꼽습니다. 그런데 그의 주저인 『국부론』[26] 초판은 1776년에 발간되었습니다. 18세기 말입니다. 푸코 역시 애덤 스미스가 정치경제학의 영역을 열어젖힌 인물임을 인정한다면, 그 나름의 평가가 있을 수밖에 없을 것입니다. 이에 관한 푸코의 이야기는 책의 제1부가 끝나고 제2부가 시작하는 제7장 '재현의 한계들'에서 전개됩니다. 특히 이 제2부 제7장의 제2절 '노동의 척도'에서 전개되죠. 강의 순서를 바꾸는 것 같아 죄송하지만, 우선 이 대목에 대해 미리 다소 구체적으로 살펴봄으로써 고전주의 시대의 교환하기에 대한 푸코의 설명을 더 잘 이해할 수 있는 지침으로 삼고자 합니다.

혼히 애덤 스미스가 근대의 정치경제학économie politique moderne —아주 간단하게 그냥 경제학이라 부를 수도 있을 것이다— 의 초석을 놓았다는 사실을 기꺼이 인정한다. 그것은 아직 노동 개념le concept de travail

---

을 인식하지 못하고 있던 반성의 영역에 노동 개념을 도입했다는 것이고, 그럼으로써 화폐와 상업 및 교환에 대한 이전의 분석을 단번에 지식의 선사 시대로 돌려보내게 되었다는 것이다. ―아마도 유일한 예외가 있다면 중농주의자들Physiocrtes일 것인데, 이들은 적어도 농업 생산의 분석을 시도하고자 했다는 공로를 인정하기 때문일 것이다― 애덤 스미스가 부의 개념notion de richesse을 처음부터 노동 개념에 따라 분석했다는 것은 사실이다. "한 나라 국민의 연간 노동은 생활필수품과 편의용품들 전부를 공급하는 원천이며, 이 생활필수품과 편의용품은 언제나 이 연간 노동의 직접 생산물로 구성되고 있거나 이 생산물과의 교환으로 다른 나라로부터 구입한 생산물로 구성된다."[27] 또한 애덤 스미스가 물품들의 '사용가치valeur en usage'를 인간들의 필요와 관련짓고, 물품들의 '교환가치valeur en échange'를 그 생산에 충당된 노동의 양quantité de travail과 관련지은 것 역시 사실이다. "어떤 하나의 상품une denrée quelconque의 가치는, 그 상품을 소유하고 있지만 그것을 자신이 사용하거나 소비하려 하지 않고 다른 상품과 교환하려고 하는 사람에게는, 그 상품이 그가 구매하거나 지배할 수 있게 해 주는 노동의 양과 같다."[28] (233-234, 266-267)

애덤 스미스가 최초로 고전주의 시대 경제 문제의 핵심이었던 부의 분석에 노동 개념을 도입했고, 그럼으로써 자기 이전의 많은 경제 이론을 일거에 마치 문자 ―노동 개념을 은유합니다― 가 없었던 선사 시대의 지

---

[27] 애덤 스미스, 『국부론』 프랑스 번역본(1843)의 1쪽(국역본, 1쪽에 있는 「서문 및 본서의 계획」의 첫 문장).

[28] 『국부론』 프랑스 번역본(1843)의 38쪽(국역본, 37쪽). 이 인용문에 바로 이어 "따라서 노동은 모든 상품의 교환가치를 측정하는 진실한 척도이다"라는 문장이 있는데, 아마도 푸코는 이를 나중에 강조해서 사용하기 위해 짐짓 뺀 것 같다.

식인 양 되돌려 버렸다는 겁니다. 그만큼 노동 개념의 도입이 중요하다는 것이고, 이를 애덤 스미스가 그의 『국부론』에서 핵심 사안으로 여겼다는 거죠. 특히 상품의 교환가치를 그 상품의 생산에 투입된 노동의 양과 같은 것으로 보면서 노동을 교환가치의 척도로 본 점에 주목하고 있습니다. 그런데 이 인용문에 이어 푸코는 다음과 같은 중요한 말을 덧붙이고 있습니다.

> 사실 애덤 스미스의 분석들과 튀르고나 캉티용의 분석들 사이의 차이는 흔히 생각하는 것만큼 그다지 크지 않다. 또는 오히려 그 차이는 흔히 생각하는 것과는 다른 지점에서 성립한다고 할 수 있을 것이다. 캉티용 이후, 그리고 그 이전부터 이미 사용가치와 교환가치를 완전하게 구분했었다. 그뿐만 아니라 캉티용 이후 교환가치를 측정하는 데에 노동의 양을 활용했다. 그러나 물품들의 가격에 새겨진 노동의 양은 상대적이고 환원 가능한 측정의 도구 이외에 아무것도 아니었다. 사실 한 인간의 노동은 그의 노동이 이루어지는 그 시간만큼 그와 그의 가족에게 필요한 음식물의 양으로서의 가치를 가졌을 뿐이다. 결국 이들에게 있어서는, 필요(욕구besoin) ―의식주― 가 시장 가격의 절대적인 척도였다. …
>
> 그러므로 애덤 스미스는 경제학적인 개념으로서 노동을 창안한 인물이 아니다. 왜냐하면 노동 개념은 캉티용, 케네, 콩디야크 등에게서 이미 발견되기 때문이다. 또한 애덤 스미스는 심지어 노동 개념에 새로운 역할을 부여한 것도 아니다. 왜냐하면 그에게서도 노동 개념은 역시 교환가치의 척도로 사용되기 때문이다. "노동은 모든 상품의 교환가치를 측정하는 진실한 척도이다."[29] 그러나 애덤 스미스는 노동의 위

---

29 같은 곳.

치를 뒤바꾼다. 그는 노동에 교환 가능한 부들을 분석하는 기능을 항상 할당한다. 그런데 [노동에 의한] 이 분석은 교환을 필요로 (그리고 거래를 원시적 물물교환으로) 환원하고자 하는 순수하고 단순한 계기에 불과한 게 아니다. [노동에 의한] 이 분석은 환원 불가능하고, 넘을 수 없으며, 절대적인 척도의 단위unité de mesure를 발견한 것이다. (234-235, 267-268)

사용가치와 교환가치를 구분하고 노동의 양을 교환가치의 척도로 삼는 분석은 애덤 스미스 이전에도 있었다는 것, 따라서 애덤 스미스가 노동의 양을 교환가치의 척도로 삼았다는 것이 중요한 게 아니고 중요한 점은 따로 있다는 겁니다. 즉 고전주의 시대 인물들이 노동의 양을 교환가치의 척도로 삼은 것은 매개적이고 임시적인 방편에 불과한 것이며, 실제로 그들이 교환가치가 현실화해 표기되는 시장 가격의 척도로 삼은 절대적인 척도는 노동자[와 그의 가족]의 생계를 위한 필요였던 데 반해, 따라서 인간의 삶 내부의, 또는 인간이 자기 자신을 재현하는 한에서 척도였던 데 반해, 이제 애덤 스미스는 아예 노동[의 양]을 교환가치 또는 시장 가격의 환원 불가능한 절대적인 척도의 단위로 삼았다는 것입니다. 이때 환원 불가능하다는 것이 매우 중요합니다. 그것은 인간을 넘어선, 또는 인간의 재현을 넘어선 독자적인 노동 개념을 발견한 것이기 때문입니다.

그래서 푸코는 애덤 스미스의 이러한 새로운 분석이 얼마나 중요한 의미를 갖는가를 다음의 말로 분명하게 제시하고 있습니다. 상당히 길지만 그대로 인용해 보기로 합니다.

분명한 것은 애덤 스미스가 그의 선배들과 마찬가지로 여전히, 18세기 사람들이 '부'라고 불렀던 실증성의 장을 분석한다는 것이다. 그래서 애덤 스미스에게서도 부의 실증성의 장은 교환의 운동과 과정들을 통해 저 자신을 나타내는 필요의 대상들 ―따라서 어떤 재현의 형식을 띤 대상들— 을 의미했다. 그러나 이렇게 선배들과 마찬가지의 작업을 하면서도, 애덤 스미스는 교환에 관련된 법칙과 단위들 그리고 척도들을 규칙화하기 위해 재현의 분석으로 환원될 수 없는 질서의 원칙을 정식화한다. 말하자면, 그는 노동, 즉 인간의 삶을 재단하면서 동시에 소모되는 고통스러운 시간으로서의 하루를 밝혀낸 것이다. 이제 욕망의 대상들이 갖는 등가성은 다른 대상들과 다른 욕망들 사이의 매개를 통해 확립되는 것이 아니다. 그것들과는 전혀 이질적인 것으로 이행해 감으로써 확립된다. 부에 어떤 질서가 있다면, … 그것은 모든 인간이 시간과 고통과 피로疲勞, 그리고 결국에는 죽음 자체에 종속되어 있기 때문이다. 인간들은 욕구와 욕망을 경험하기 때문에 교환한다. 그러나 인간들이 그렇게 교환할 **수 있고** 그러한 교환들을 **질서 있게 할 수 있는** 것은 그들이 시간, 즉 외적인 거대한 운명에 종속되어 있기 때문이다. 노동의 다산성多産性은 개인의 숙련된 기술이나 이익에 대한 계산에 근거한 것이 아니다. 노동의 다산성은 [노동 외적인] 조건들(그 자신을 재현하는 데서도 외적인)에 근거한 것이다. 노동의 다산성은 산업의 진보, 분업의 증대, 자본의 축적, 생산적 노동과 비생산적인 노동의 분리 등과 같은 [노동 외적인] 조건들에 따라 이루어진다. 이에 우리는 애덤 스미스와 더불어 부에 대한 반성이, 고전주의 시대에 부에 대한 분석에 할당되었던 공간을 어떻게 파괴하는가를 알게 된다. 이전에 그의 선배들은 '이데올로기', 즉 재현에 대한 분석의 내부에서 부에 대해 반성했다. 그러나 이제부터 부에 대한 반성은, 관념들을 분해하는 형식들과 법칙들을 벗어나는 두 영역, 즉 인간학과 정치경제학에 우회적인 방식으로나마 연결된다. 한편으로, 부에 대한 반성은 이미 일종의 인간학anthropologie을 지목하는데, 이 인간학은 인간의 본질(그의 유한성, 그의 시간과의 관계, 죽음의 임박함)을 문제 삼고, 아울러 인간이 자신의 한나절의 시간과 고통의 시간을 그 속에 투입하는 대상을 문제 삼는다. 이

때 인간은 자신의 직접적인 필요의 대상을 인식할 수 없는 상태에 놓여 있다. 다른 한편으로, 부에 대한 반성은 아직 정확하지는 못하지만, 정치경제학의 가능성을 지목한다. 즉 정치경제학이란 더 이상 부의 교환(아울러 부의 교환에 기초가 되는 재현들의 활동)을 대상으로 삼지 않고, 부의 실제적인 생산, 즉 노동과 자본의 형식들을 대상으로 삼을 때 성립하는데, 그런 정치경제학의 가능성을 지목한다. 새롭게 형성된 이 두 실증성 ―자기 자신에게 낯설게 된 인간을 말하는 하나의 인간학과 인간의 의식에 외부적인 메커니즘을 말하는 하나의 경제학― 사이에서, 이데올로기 또는 재현들의 분석은 하나의 심리학에 불과한 것으로 축소되는데, 이와 더불어 다른 한편에서는 이 심리학과 대립하면서 때로는 고도의 수준에서 이 심리학을 압도하는바, 가능의 역사학histoire possible 의 차원이 열린다. 애덤 스미스와 더불어, … 이제 경제의 시간은 그 나름의 필요에 따라 증식되고 그 나름의 법칙들에 따라 발달하는 하나의 유기적 조직organisation 내부의 시간, 즉 자본과 생산 체제의 시간이 되는 것이다. (237-238, 270-271)

"애덤 스미스는 … 재현의 분석으로 환원될 수 없는 질서의 원칙을 정식화한다"라는 말이 크게 돋보입니다. 애덤 스미스가 이전의 선배 학자들과 마찬가지로 부를 분석하되, 재현의 분석으로 환원될 수 없는 질서의 원칙에 따라 부를 분석했다는 것입니다. 푸코의 에피스테메 이동의 관점에 따라 보면, 이는 엄청난 사건입니다. 에피스테메의 대전환을 이루고 있기 때문이죠. 그 결과, 애덤 스미스로부터 인간 자신에게 낯선, 이른바 소외된 인간을 운위하는 인간학이 발생하게 되고, 인간의 의식과 독립된 노동과 자본의 메커니즘을 통해 전혀 새로운 경제학인 정치경제학이 발생하게 되었다는 겁니다. 그 와중에 재현들의 분석에 얽매인 이데올로기적인 작업은 심리학으로 축소되고 이와 대립해서 이를 압도하는 새로운

'가능적인 역사학'의 차원이 열리게 된다는 겁니다.

애덤 스미스가 인식론적인 장의 역사에 대해 얼마나 강력한 드라이브를 걸었는가를 여지없이 드러내고 있습니다. 인간의 의식과 무관한, 즉 인간의 재현과 무관한, 전혀 새로운 실증성의 장들을 열어젖힌 인물이 바로 애덤 스미스라는 것입니다. 이 실증성의 장을 바탕으로 마르크스의 정치경제학적인 작업과 역사 유물론적인 작업이 전개된다는 것은 두말할 나위가 없을 겁니다. 그렇게 해서 고전주의 시대가 마감되고, 푸코가 '근대âge moderne'라고 일컫는 19세기로부터의 시대가 열리는 것입니다. 그래서 우리 나름으로 '애덤 스미스의 혁명'이라는 제목을 붙여 볼 수 있을 겁니다.

3. 고전주의 시대 경제적 사유의 영역, '부의 분석'

이런 정도로 미리 앞질러 조감한 애덤 스미스의 혁명적인 작업을 염두에 두면서, 이제 다시 시대를 되돌려 고전주의 시대로 되돌아가 봅시다.

> 관건이 되는 일반적인 영역은 아주 정합적이고 강력하게 잘 정돈된 하나의 층이다. 이는 가치, 가격, 거래, 유통, 임금, 이윤 등의 개념들을 부분적인 대상들로서 포괄하고 있는 하나의 층이다. 고전주의 시대 '경제학'의 영역이자 토양이고 대상이었던 것은 바로 **부**la richesse라는 일반적인 영역이다. (177, 205)

고전주의 시대에는 부가 경제학적인 사유의 포괄적인 일반 영역으로서 이를 중심으로 흔히 경제학적인 개념들로 운위되는 것들이 분석되었다는 겁니다. 이는 앞서 잠시 살펴본 대로 19세기의 이른바 정치경제학에서 노동과 자본의 메커니즘을 경제학의 일반 영역으로 삼은 것과 사뭇 다릅니다. 우리로서는 오늘날의 주류 경제학에서는 경제학의 일반 영역으로 무엇을 설정하고 있는 것일까 하는 물음을 던질 수 있을 겁니다. 아무튼 푸코는 고전주의 시대의 경제학적인 사유를 19세기 정치경제학의 예비적인 단계로 보아서는 안 되며, 서로 사뭇 다른 인식론적인 단절이 있다는 것을 강조합니다. 그래서 이렇게 말합니다.

> 그러므로 고전적인 부의 분석이 암암리에 다가올 정치경제학의 통일성을 예비하고 있었다는 식의 회고적인 독해를 해서는 안 된다. 사상사가思想史家들은 이러한 회고적인 방식으로 사상사를 읽는다. [정치경제학이라는] 그 지식은 완전히 무장한 채 이미 모험적인 방식으로 리카도와 세의 시대에 서양 사상에서 돌연히 부상하게 된 것이다. 그런데 그들은 [정치경제학이라는] 지식의 그 수수께끼 같은 탄생을 재현하고자 한다. (177-178, 206)

여기에서 푸코가 지적하고 있는 사상사가들이 누구인지 정확히 알 수 없지만, 푸코가 이 책을 쓸 당시 상당히 정식화되어 있던 관행적인 사상사 해석을 지칭하는 것으로 보입니다.

참고로 말하자면, 리카도와 세는 각기 영국과 프랑스에서 애덤 스미스를 이어받아 나름대로 수정을 가하면서 이른바 정치경제학을 정착시킨 인물들입니다. 세는 1803년에 『정치경제학 개론*Traité d'économie politique*』을 통해 "공급은 스스로 수요를 창출한다"라고 하는 '세의 법칙'을 수립했습니다. 이는 고전 경제학의 중요한 원리로서 시장의 항구적인 안정성을 표방합니다. 그 바탕에는 합리적인 기업인은 결코 값이 하강하는 돈을 축적하려 하지 않으며, 계속 새로운 산물들을 매입하고자 한다는 원칙이 깔려 있습니다. 리카도는 영국의 고전 경제학 체계를 수립한 것으로 잘 알려진 인물입니다. 리카도는 1817년 『정치경제학과 과세의 원리들*Principles of Political Economy and Taxation*』을 통해 그 유명한 '노동가치설'을 주장했고, 그 외에 잉여가치설, 이윤율 저하 이론, 비교 우위론 등을 체계화했습니다. 이들의 정치경제학 이론에 관해서는 따로 특별히 연구해야 할 것입니다.

푸코의 주장은 이들의 정치경제학 이론이 서양 사상에서 부상한 것은 그야말로 돌연한 급부상인데, 사상사가들은 고전주의 시대 경제 이론에서 정치경제학의 맹아들을 찾으려 하고 고전주의 시대 경제 이론을 마치 정치경제학을 위한 전 단계인 양 여겨 정치경제학의 수수께끼와 같은 탄생을 설명하려고 하는데 이는 잘못된 것이라는 이야기입니다.

그러면서 푸코는 사상사가들이 고전주의 시대 경제 이론들에 대해 왜 그 이론들이 오랫동안 정치경제학으로 발전하지 못했는가에 주력한다는 것을 보입니다. 예컨대 이자에 대한 종교적인 비판, 이윤과 지대에 대한 도덕적인 문제 제기, 부와 화폐 그리고 가치와 시장 가격에 대한 체계적인 혼돈, 이러한 혼돈에 근거한 중상주의의 오류 등이 그 원인이며, 그러다가 18세기에 이르러 조금씩 인식이 바뀌어 화폐의 협약적인 성격을 발견함으로써 금은 통화론자와 반反금은 통화론자 간에 일어난 논쟁, 교환 가격 이론과 본래 가치 이론의 등장, 중농주의자들에 의한 생산 메커니즘에 대한 최초의 분석 등장 등이 이어짐으로써 알게 모르게 정치경제학의 그 본질적인 주제들을 부분적이나마 개발하게 되었고, 급기야 애덤 스미스에 의한 노동의 분업 과정에 대한 분석, 리카도에 의한 자본의 역할에 대한 분석, 그리고 세에 의한 시장 경제의 근본적인 법칙들의 개발 등이 이어져 정치경제학이 체계적으로 완성된다고 사상사가들이 말한다는 겁니다(178, 206-207 참조). 이런 등속의 지적을 한 뒤, 푸코는 다음과 같이 자신의 견해를 밝힙니다.

사실 17-18세기에 화폐, 가격, 가치, 유통, 시장 등의 개념들은 어둠 속에서 그 개념들을 기다리고 있었던 미래에 따라 사유된 것이 아니다. 그때 그 개념들은 실로 엄격하고 일반적인 인식론적인 배치 disposition épistémologique rigoureuse et générale를 바탕으로 해서 사유되었다. '부의 분석'을 전체적인 필연성 속에서 지탱한 것은 바로 이 인식론적인 배치였다. '부의 분석'과 정치경제학의 관계는 일반 문법과 문헌학의 관계 그리고 자연사와 생물학의 관계와 같다. … 화폐, 가격, 가치 및 거래 등에 대한 분석을 연결하는 필연성의 끈을 발견하기 위해서는 이것들이 동시적으로 이루어지는 장소인 부의 영역을 확연히 드러내지 않고서는 불가능할 수밖에 없다. (178-179, 207)

푸코는 저 앞에서 17-18세기에는 생명 개념이 없었기에 생물학이 있을 수 없고, 생산 개념이 없었기에 정치경제학이 있을 수 없다고 했습니다. 생산 개념 대신에 부 개념이 경제적 사유의 중심을 차지하고 있었고, 그러한 부 개념 중심의 경제적 사유는 17-18세기 학문적 사유 전반의 바탕을 이루는바 '엄격하고 일반적인 인식론적인 배치'의 틀을 벗어날 수 없었다는 겁니다. 이 '엄격하고 일반적인 인식론적인 배치'는 결국 재현 중심의 에피스테메를 일컫는 것임이 틀림없습니다. 요컨대, 일반 문법과 문헌학 사이, 그리고 자연사와 생물학 사이에는 인식론적인 단절이 있듯이, 부의 분석과 정치경제학 사이에도 인식론적인 단절이 있다는 거죠.

푸코는 부의 분석이 실천pratique 및 제도들과 연결되어 있었기 때문에 일반 문법이나 자연사와 동일한 수단과 리듬에 따라 구성될 수 없다고 하면서도, 결국 이렇게 말합니다.

한 문화에, 그리고 하나의 주어진 시기에는, 이론으로 명시되는 지식이건 암묵리에 실천 속에 투입된 지식이건 그 모든 지식의 가능성의 조건들을 규정하는 하나의 **에피스테메**가 있을 뿐이다. (179, 208)

　푸코가 이렇게 각 시대의 에피스테메의 독립성과 그에 따른 시대 간의 불연속성을 강조하는 이유는 무엇일까요? 실제로 그러하기 때문에 그렇게 주장할 수밖에 없다는 것에 불과하지는 않을 겁니다. 그가 말하는 '지식의 고고학'은 바로 이러한 에피스테메들 사이의 불연속적인 이행에 따른 인식론적인 층들을 들추어 내는 데 있다고 할 것입니다. 그렇다면, 푸코가 '지식의 고고학'을 개발함으로써 보이고자 하는 것은 일단 보편적인 인식론의 불가능성을 보이고자 한 것이라 할 수 있을 겁니다. 그리고 그런 보편적인 인식론에 따른 지식 관련의 모든 사태에 대한 분석과 이해를 통해 뭔가 폐해가 발생했음을 폭로함으로써 그 폐해를 제거하고자 하는 의도를 지닌 것이 아닌가 싶습니다. 푸코는 '보편적 지식'과 '보편적 지식인'을 부정합니다. 그리고 '특수한 지식인'의 상을 제시하죠.

　이러한 푸코의 입장은 리오타르Jean-François Lyotard(1924-1998)가 『포스트모던의 조건La Condition postmoderne: Rapport sur le savoir』(1979)에서 역사의 진보, 과학에 의한 일체에 대한 인식 가능성, 절대적 자유의 가능성 등과 같은 '거대서사'를 부정하고, 차이와 다양성에 입각한 '소서사'를 주장한 것과 닮았습니다. 그 연원이 이미 푸코가 제시한 에피스테메의 불연속성과 그에 따른 인식론적인 비약에 관한 사상 속에 자리하고 있다고 할 겁니다. 만약 보편적 이성에 입각한 보편적 지식을 부정하는 것이 포스트모더니즘의 출발이라면, 푸코야말로 포스트모더니즘의 선구적인 이론가입니다.

4. 16세기, 화폐와 가격

　푸코는 경제적, 또는 경제학적 사유에서 에피스테메가 어떻게 달리 관철되는가를 보이고자 하는 것 같습니다. 그래서 '말하기'에서 유사성에 입각한 16세기까지의 사유 양식을 여러모로 잘 보여 준 것처럼, 이제 '교

환하기'에서도 16세기의 유사성에 입각한 사유 양식을 특히 화폐와 가격
의 관계에 연관해서 보이고자 합니다. 이는 제2절 '화폐와 가격'을 장식합
니다. 그 첫 문장은 이렇습니다.

> 16세기 경제적인 사유는, 거의 그렇다고 해야 하는데, 가격prix의 문제
> 와 화폐 실체substance monétaire의 문제에 한정되어 있다. (180, 208)

경제적 사유가 17-18세기에는 '부의 분석'에, 그리고 19세기부터의 정
치경제학에서는 인간을 벗어난 노동과 자본의 문제에 집중되었다면, 그
이전 16세기에는 가격과 화폐 실체의 문제에 집중되어 있었다는 겁니다.
이렇게 경제학적 관심과 사유가 시대적으로 어떤 틀을 바탕으로 작동했
는가를 각종 문헌을 통해 파악하는 푸코의 명민함과 성실성에 놀라움을
금할 수 없습니다.

푸코에 따르면, 가격의 문제는 상품의 등귀騰貴가 절대적인가 상대적인
가, 계속되는 평가절하와 아메리카의 금속 유입이 가격에 미치는 결과가
무엇인가 하는 등의 문제입니다. 그리고 화폐 실체의 문제는 화폐 본위本
位, étalon의 본성, 화폐를 만드는 데 사용된 여러 금속 간의 가격 관계, 화폐
들의 무게와 그 명목 가치들 사이의 불균등에 관한 문제입니다. 그런데
가격과 화폐 실체의 문제는 긴밀하게 연결되어 있습니다.

푸코는 거의 6쪽에 걸쳐 16세기의 이 문제들을 분석 검토합니다. 사정
상 그 내용들을 상고하지는 못하고 대략 중요한 대목을 인용하면서 점
검·정돈하는 것으로 그치고자 합니다.

푸코는 우선 화폐를 만드는 금속, 예컨대 금이나 은이나 동 등은 그 자
체로 부를 나타내는 기호였고, 그럴 수 있으려면 그 금속이 값비싸고 유
용하며 소유욕을 부채질할 수 있는 성질을 지녀야 했다는 점을 강조합니
다. 그러면서 이렇게 말합니다.

화폐monnaie의 물질적인 실재에는 두 기능, 즉 상품들 사이의 공통 척도mesure commun의 기능과 교환 메커니즘에서의 대체substitut 기능이 설립된다. … 화폐가 진정한 척도의 기능을 발휘할 수 있으려면 그 단위unité가, 실제로 현존하며 어떤 상품이든 그것에 준거할 수 있는 실재réalité여야 한다. … 화폐의 가치valeur de la monnaie는 화폐에 함유된 금속량masse métalique에 의해 결정되어야 한다. … 임의적인 기호들은 실재의 표식으로서의 가치를 지니지 않는 것으로 여겼다. 화폐가 정확한 척도가 될 수 있었던 것은 화폐가, 화폐 스스로 지닌 부의 물질적인 실재에 바탕을 두고서 부를 측정할 수 있는 바로 그 힘이었기 때문이다. (180-181, 209-210)

화폐의 명목 가치와 화폐 실체의 실질 가치가 동일한 한에서 상품들에 대한 척도 역할도 하고 상품들 사이의 교환을 위한 대체 기능도 한다는 겁니다. 이 기준으로 보면, 오늘날 흔히 지폐라거나 스마트폰에 저장·보관된 디지털 화폐는 전혀 기능을 발휘할 수 없는 셈이죠.

사실 화폐란 기이하기 짝이 없는 존재입니다. 하나의 상품이 얼마짜리인가는 화폐가 갖는 척도의 기능을 나타내죠. 그리고 (또한 그래서) 그 상품을 얼마의 돈을 주고 사는 건 화폐가 갖는 대체의 기능, 즉 하나의 상품으로 다른 상품을 대체하는 기능을 나타냅니다. 상품을 판 사람은 그 상품을 팔아 받은 화폐로 다른 상품을 살 것이기 때문이죠. 그런데 16세기에는 1만 원짜리 화폐에는 1만 원어치의 금속이 들어 있어야 했다는 겁니다. 요즘에 제아무리 인플레이션이 일어나더라도 금을 많이 지니고 있으면 전혀 재산의 손실이 생겨나지 않는 것을 생각하면 쉽게 이해됩니다. 금 자체가 화폐였습니다. 말하자면, 1만 원어치의 금이 1만 원짜리 주화였죠. 그래서 화폐를 만드는 데 든 금속의 중량이 중요한 겁니다. 말하자면, 화폐의 명목 가치와 화폐의 중량 및 화폐의 지칭이 모두 동일했습니다. 그러니까 화폐가 척도와 대체의 기능을 수행할 수 있었던 건 임의적인 약속, 즉 사회적인 협약에 의한 것이 전혀 아니었습니다.

화폐는 임의적인 기호가 아니라, 그 자체로 기호인 실체였습니다. 금으로 된 화폐의 금속 자체에 화폐로서의 기호가 그대로 표식이 되어 있는 셈이죠. 이는 '말하기'에서 분석한바, 16세기에 사물이 유사성의 기호들로서 그 자체로 언어로 작동했다고 하는 것과 곧이곧대로 일치합니다. 그래서 이렇게 이야기되죠.

> 등가성의 본위는 그 자체 교환 체계 속에서 파악된다. 그리고 화폐가 지닌 구매의 힘은 바로 금속의 상업적인 가치를 의미한다. 화폐임을 식별케 하고 화폐임을 결정하며 그래서 화폐를 모든 사람이 확실하고 수납할 수 있는 것으로 여기게끔 하는 그 표식marque은 양면적이다. 그래서 사람들은 그 표식을 두 가지 의미로 읽을 수 있다. 그 표식은 항구적인 표식인 금속의 양을 지시한다. 하지만 또한 그 표식은 양과 가격에 있어서 가변적인 상품으로서의 금속을 지시한다. 이에 16세기 기호들의 일반 체제를 특징짓는 배치와 유사한 배치를 확인하게 된다. 기호들은 유사성에 의해 구성되는 것이었는데, 이 유사성이 인식되기 위해서는 그 나름의 기호들이 필요했다. 여기에서 화폐적인 기호는 금속량에 의해서만 교환가치가 규정될 수 있고 표식으로서 설립될 수 있다. 그런데 이 금속량은 그 나름으로 다른 상품들의 질서 속에서 그 가치를 규정받는다. 만약 필요들(욕구들besoins)의 체계 속에서의 교환이 인식의 체계 속에서의 유사성에 상응한다는 걸 인정한다면, 르네상스 시기에 단 하나의 동일한 **에피스테메**의 편성une seule et même configuration de l'épistémè이 자연에 대한 지식과 화폐를 둘러싼 반성 내지는 실천들을 [동시에] 통제했다는 것을 알게 된다. (183, 212)

화폐를 만드는 데 쓰인 금속의 양은 변화되지 않습니다. 물론 화폐를 쓰다 보면 닳아 양이 조금씩 줄어듭니다. 그래서 "악화가 양화를 구축한다"라고 하는 유명한 말이 나오게 됩니다. 새로 만든 화폐(양화)는 금속의 양이 충분한 데 반해 오래 쓴 화폐(악화)는 그만큼 금속의 양이 부족하기 때문이죠. 그런 점에서 화폐에 새겨진 표식은 한편으로 항구적인 금속의 양을 지시하는 겁니다. 다른 한편으로 금속이 많이 생산되거나 외국에서 금속이 많이 유입되거나 그 반대로 줄어든다거나 하게 되면, 금속의 상품 가치와 가격이 달라집니다. 말하자면 화폐의 가치는 그 화폐에 들어 있는 금속량에 근거하는데, 그 금속은 하나의 상품으로서, 다른 상품과의 교환 관계에 따라 값이 매겨지는 겁니다.

푸코는 이것이 기호와 유사성의 관계와 그 구조가 같다는 것을 강조합니다. 16세기에 기호는 사물에 새겨진 표식이었습니다. 기호들이 기호로서 작동할 수 있는 것은 그 기호가 다른 기호들과 유사하기 때문이었죠. 기호들을 통해 주고받은 것은 유사성이었고, 그 유사성이야말로 인식의 근본 내용이었습니다. 그런데 다른 한편으로 유사성이 성립하기 위해서는 기호가 없으면 안 됩니다.

화폐가 상품 교환을 통한 욕구 충족을 위한 것이듯이, 기호는 인식의 충족을 위한 겁니다. 화폐가 금속이라는 실체에 근거하듯이, 기호는 사물이라는 실체에 근거하죠. 금속이 하나의 상품으로서 다른 상품들과의 교환관계 속에서 존립하듯이, 기호는 다른 기호들과의 관계 속에서 존립합니다. 욕구 체계에서 교환이 기초가 되듯이, 인식 체계에서는 유사성이 기초가 됩니다.

이런 전반적인 구도의 동일성을 기반으로 한 유사성을 근거로, 푸코는 16세기 르네상스 시기 '단 하나의 동일한 에피스테메의 편성'이 지식과 반성 및 실천 모두를 두루 통제했다는 것을 알 수 있다고 주장합니다. 그리고 푸코는 당시 사람들, 특히 다반차티가 『화폐에 관한 논고*Lezione delle* *monete*』(1588)에서 제시하고 있는 기묘한 말, 예컨대 "자연은 지상의 모든 사물을 훌륭하게 만들었다. 지상에 있는 사물들의 총계는 가공된 모든 금과 가치가 같다. 이는 사람들의 동의에 따른 것이다"라는 말을 인용한 뒤, 이를 해석해서 이런 말을 합니다.

유사성의 표식들은 인식을 안내한다. 그래서 유사성의 표식들은 하늘의 완전성에 말을 건다. 교환의 기호들은 욕망을 충족시킨다. 그래서 교환의 기호들은 금속의 검고 위험하며 저주스러운 광휘에 근거한다. 이 광휘는 중의적重意的이다. 이 광휘는 밤의 저편 끝에서 노래하는 별빛을 땅속 깊은 곳에서 발산한다. 그 광휘는 행복에 대한 거꾸로 선 약속으로서 거기에 있다. 그리고 금속은 별들을 닮았기 때문에, 이 위험한 모든 보물에 대한 지식은 동시에 세계에 대한 지식이다. 그래서 부에 대한 반성은 우주에 대한 거대한 사색 속에서 흔들린다. 뒤집어 말하면, 이는 꼭 세계의 질서에 대한 심오한 인식이 금속들의 비밀과 부의 소유로 이어져야 한다는 것을 말하는 것 같다. … 기호 우주론이 어떻게 해서 가격과 화폐에 대한 반성에서 반복되는가를 알게 된다. (184-185, 213-214)

16세기의 에피스테메는 끝내 유사성입니다. 비록 그 위치나 그에 따른 성질들은 대립한다고 할지라도, 하늘의 별과 땅속의 금속은 유사성에 의해 연결되죠. 하늘의 완전성에 대한 인식이 인식의 종착점이라면, 땅속 금속에 대한 비밀을 캐내는 것이 추구하는 일은 부로 귀착됩니다. 만약 그렇다면, 16세기 르네상스 인간들은 참으로 기묘하고 약삭빠른 사람들입니다. 우주론을 동원하면서까지 부를 한껏 치켜세운 거죠. 이렇게 되면, 부를 형성하는 데 아주 발 빠른 상인들이 그 나름 위세를 떨칠 수밖에 없게 됩니다.

점술가들은 유사성들과 기호들의 무한정한 작용에 입각해 있었다면, 상인들은 교환들과 화폐들의 항상 열려 있는 작용에 입각해 있다. "이 땅에서 우리는 애써 몇몇 사물을 발견하려고 한다. 그것들은 우리를 둘러싸고 있고, 우리는 그 사물들에 하나의 가격을 부여하고자 한다. 우리는 그 가격에 따라 매 순간 어디서든지 많게, 또는 적게 요구되는 그 사물들을 보게 될 것이다. 상인들은 그 사물들을 민첩하게, 그리고 능숙하게 잘 알고 있다. 그래서 그들은 사물들의 가격을 훌륭하게 알고 있다."[30] (185, 214)

푸코가 먼지 덮은 서가에서 끄집어내어(지식의 고고학) 묘한 대목들을 인용하는 솜씨는 가히 탁월합니다. 이를 통해 그는 그 자신이 주장하는 당대의 모든 지식에 대한 에피스테메의 포괄적인 위력을 입증하고자 합니다. 16세기의 상인들은 한편으로 그 누구보다도 사물들을 잘 알고 있는 뛰어난 인물로 등장한 겁니다. 사물들의 인식에 있어서 핵심은 가격이었는데, 그 까닭은 가격은 결국 하늘과 지상을 유사성의 기호들에 의해 연결하는 핵심적인 '광휘'를 재현하는 것이기 때문이죠. 다반차티가 뛰어난 고전 번역가임을 고려한다고 할지라도, 하늘의 별들과 땅속의 사물들 사이의 관계를 경제학적인 가격을 매개로 엮어 사유하는 그의 솜씨는 가히 중세를 잇는 르네상스적인 특유성을 잘 나타내고 있어 놀라울 따름입니다. 이를 서가 깊숙한 곳에서 끄집어내어 인용하고 해석해 원용하는 푸코의 솜씨가 놀라운 건 물론입니다.

---

30   다반차티, 『화폐에 관한 논고』, 231쪽.

교환하기 2.
상품화폐와 기호화폐

5. 중상주의

　이제 '교환하기' 장의 제3절 '중상주의'로 들어섭니다. 지난 시간에 살펴본 데서 알 수 있듯이, '교환하기' 장의 핵심 사안은 '화폐'입니다. 16세기 화폐 개념의 인식에 있어서, 화폐가 상품들에 대한 척도 역할을 하고 상품 교환의 역할을 할 수 있는 근거는 화폐 자체가 지닌 본래의 가치였습니다. 말하자면 화폐는 절대적이고 근본적이며 다른 어떤 상품보다 더 높은 가치와 그에 따른 가격을 갖는다고 인식했던 것입니다. 그래서 화폐가 그 자체로 부의 표식으로 여겨졌습니다. 푸코는 이를 정돈해서 화폐의 재료가 되는 금속(금과 은)의 세 가지 속성을 제시합니다. ① 가격을 지녔다는 것, ② 모든 가격을 측정하는 척도가 된다는 것, ③ 가격을 갖는 모든 게 교환되도록 할 수 있다는 것 등이 그것들입니다. 그러면서 17세기에 이르러, 큰 변화가 일어난다고 말합니다.

　17세기에 이르러서도 화폐에 이 세 가지 속성을 항상 부여했다. 그러나 이 세 가지 속성 모두를 첫 번째 속성(가격을 갖는다는 것)에 근거를 두지 않고, 마지막 속성(가격을 가진 것을 대체할 수 있다는 것)에 근거를 두었다. 르네상스 시기에는 화폐 금속metal monnayé의 두 **기능**(측정과 대체)이 그 본질적인 **성격**(화폐 금속이 귀중하다는 사실)으로부터 분화된 것으로 여겼다. 그런데 17세기에 이러한 분석이 뒤집힌다. 교환의 기능이 다른 두 성격(측정의 자질과 가격을 수용할 수 있는 역능, 그러니까 교환 **기능**으로부터 파생된 **성질들**)의 근거가 된다고 여기게 된 것이다. (186, 215)

17세기에 들어서자 화폐 금속이 지닌 본래의 성질을 바탕으로 그 기능들을 생각하는 데서부터 그 기능들을 바탕으로 화폐 금속의 성질들이 파생되는 것으로 생각하기 시작했다는 것이 핵심입니다. 그런데 푸코에 따르면, 바로 이러한 전복에서부터 '중상주의mercantilisme'가 생겨났습니다. 그러면서 중상주의의 특징을 이렇게 말합니다.

흔히들 성급하게도 중상주의를 부richesses와 금속 화폐espèces monétaires를 체계적으로(또는 고집스럽게) 혼동하는 절대적인 '화폐 중심주의monétrisme'로 특징짓는 습관이 있다. [그런데] 사실 중상주의가 부와 금속 화폐를 다소 혼동하긴 했지만, 그 동일성을 처음으로 설립한 것은 아니다. 중요한 점은 그에 관련하여 중상주의가 반성에 따른 분절을 처음으로 설립했다는 것이다. 말하자면, 화폐를 부를 재현하고 분석하는 도구로 삼았고, 그래서 부를 화폐에 의해 재현되는 내용으로 보기 시작했다는 것이다. 이전에 있었던 유사성과 표식들 사이의 순환적인 편성이 파기되고, 재현과 기호라고 하는 두 상관적인 판면에 따라 재편된 것과 꼭 마찬가지로, 중상주의 시대에 이르러 '귀중함'의 원환이 붕괴하고 부가 욕구와 욕망의 대상으로서 전개되었다. … 유통circulation과 교환échanges의 형식 아래 화폐와 부의 상호작용적인 관계

들이 설립된 것이다. (186, 215-216)

17세기 중상주의 시대에 이르러, 화폐를 재현에 대한 기호로 보고, 부를 화폐라고 하는 기호에 의해 재현되는 내용으로 보게 되었다는 겁니다. 이러한 자신의 주장을 뒷받침하기 위해, 푸코는 중상주의 시대 당시에 부를 욕구와 욕망의 대상으로 본 것을 부에 대한 재현이라 말하고 있고, 부가 화폐로 표기되고 화폐를 통해 유통되며 교환되는 것을 기호 작용으로 해석합니다. 역시 17-18세기 고전주의 시대의 에피스테메인 '재현' 그리고 재현에 직결되는 '기호'가 당시의 경제적인 인식에도 관철된다는 것을 보임으로써, 푸코는 자신의 고고학적인 입장을 정당화하고자 합니다. 이는 다음의 말로 정돈됩니다.

> 모든 부는 **화폐로 바꿀 수**_monnayable_ 있다. 그래서 모든 부는 **유통 과정**_circulation_에 편입한다. 이는 모든 자연적 존재가 **특성화될 수**_caractérisable_ 있고, 그래서 **분류법**에 편입될 수 있다는 것과 동일한 방식이다. 그리고 이는 모든 개체는 **지칭될 수**_nommable_ 있고, 그래서 분절된 언어_langage articulé_에 편입될 수 있다는 것과 동일한 방식이다. 그러니까 모든 재현은 **기호화될 수**_signifiable_ 있고, 그래서 **인식되기** 위해서는 **동일성들과 차이들의 체계**_système d'identité et de différences_ 속에 편입될 수 있는 것과 동일한 방식이다. (187, 216)

'말하기', '분류하기', 그리고 '교환하기'에 대한 그동안의 논설을 역순으로 정돈해 보이면서, 그 전체가 결국에는 재현과 기호의 상호 관계, 그리고 그 상호 관계에 매설해 있는 동일성들과 차이들의 체계에로 환원된다는 것을 제시하고 있습니다.

'모든 개체 − 모든 자연적 존재 − 모든 부 → 모든 재현'이 동일 차원

의 계열로 지목되고 있고, '지칭될 수 있음 — 특성화될 수 있음 — 화폐로
바꿀 수 있음 → 기호화될 수 있음'이 그에 상응한 동일 차원의 계열로 지
목되고 있으며, 또 '분절된 언어 — 분류법 — 유통 과정 → 동일성들과 차
이들의 체계'가 그에 상응한 동일 차원의 계열로 지목되고 있습니다. 푸
코가 17-18세기 에피스테메의 편성을 어떻게 일관되게 제시하고자 노력
하는가를 여실히 알 수 있는 대목입니다.

이를 바탕으로 해서 푸코는 중상주의 시대에 부 또는 상품과 화폐에 관
한 생각이 어떻게 바뀌는가를 다음과 같이 말합니다.

> "화폐는 화폐를 구성하고 있는 물질로부터 그 가치를 얻는 것이 아니
> 라, 왕의 이미지 또는 검인檢印, marque이라는 형식으로부터 그 가치를
> 얻는다"[라고 드 그라몽은 말한다.] 금이 귀중한 것은 금이 화폐이기 때문
> 이지, 그 반대가 아니다. 16세기에 아주 밀접하게 고정되었던 관계가
> 순식간에 뒤바뀐다. 화폐는 (그리고 화폐를 형성하는 금속조차) 그 순수한 기
> 호 기능으로부터 가치를 얻는 것이다. 이는 두 가지 귀결을 낳는다. 우
> 선 사물들의 가치가 되는 것은 더 이상 금속이 아니다. 사물들의 가치
> 는 화폐에 회부됨이 없이 유용성, 즐거움 또는 희소성에 따라 그 자체
> 로 설립된다. 말하자면 사물들이 가치를 갖는 것은 서로의 관계에 의
> 해서다. 금속 [화폐]는 단지 그 사물들의 가치를 재현하도록 할 뿐이다.
> 이제 금속 [화폐]는 사물들의 가치를 구성하는 것이 아니라, 사물들의
> 가치에 대한 이미지 또는 관념을 재현하는 이름일 뿐이다. … [이제] 부
> 가 부인 것은 우리가 그 부를 평가하기 때문이다. 이는 관념들이 관념
> 인 것은 우리가 그 관념들을 재현하기 때문인 것과 똑같다. (187-188,
> 216-217)

들고 보니, 참으로 엄청난 변화입니다. 화폐가 그 자체로 부의 절대적

인 근본이고 나머지 재화들은 마치 화폐를 사서 축적하기 위한 수단이기라도 한 것처럼 여겨지던 상황에서, 이제 그 관계가 역전되어 일반 재화들이 인간의 욕구와 욕망을 충족시키는 유용성과 즐거움의 부여 또는 그 희소성에 따라 그 자체로 가치를 갖게 되고, 화폐는 그저 그 재화들이 갖는 가치들의 관계를 표시해 주는 기호에 불과하다고 여기는 상황이 된 것입니다.

이를 오늘날 발달한 자본주의, 특히 금융 자본주의의 관점에서 보면, 묘한 생각을 하게 됩니다. 17-18세기 고전주의 시대를 지나 애덤 스미스를 필두로 한 근대의 정치경제학이 열리면서, 상품이 갖는 사용가치와 교환가치가 확연히 구분되었습니다. 그리고 마르크스는 상품의 교환가치가 사용가치를 지배함으로써 본말이 전도되었음을 역설했죠. 상품의 교환가치는 오로지 화폐에 의해 측정되는 가격으로 표현되는 가상적·형식적인 것에 불과합니다. 따라서 교환가치가 사용가치에 대해 지배력을 발휘하는 것은 가상적·형식적인 것이 현실적·실질적인 것을 지배한다는 것을 의미합니다. 그 과정이 극단화됨으로써 2008년 미국에서 시작한 세계 금융위기에서 잘 알 수 있듯이, 이제 도리어 화폐 세계가 모든 실물 세계를 지배하는 이른바 금융 자본주의가 오늘날 자본주의의 축을 이루고 있습니다. 이는 마치 온 세계가 16세기 르네상스 시대로 되돌아가 실제의 모든 가치를 화폐가 구성하고 결정하는 것과 같은 형국입니다.

아무튼 푸코는 이제, 그런데 어떻게 해서 금과 은이 그와 같이 재화들의 가치를 표시하는 기호가 될 수 있는가에 대한 이유를 궁금해합니다. 그러면서 이렇게 대답합니다.

금과 은은 그 자체로 '고유한 완전성'을 숨기고 있다. 이 완전성은 가격의 질서에 따른 것이 아니라 금과 은이 무한정한 재현 능력을 지닌다는 데서 성립한다. 그것들은 견고하고 마멸되지 않으며 변질되지 않는다. 게다가 미세한 조각들로 분할될 수 있으며, 작은 부피로도 큰 무게를 지닐 수 있고 쉽게 운반할 수 있다. 그리고 구멍을 쉽게 뚫을 수 있다. 이 모든 요건이 금과 은을 모든 다른 재화들richesses을 재현하고 그 재화들을 엄격하게 비교해서 분석할 수 있는 특권적인 도구로 만든 것이다. (188, 217)

그다지 어려운 이야기는 아닙니다. 이러한 금과 은의 성질에 대해서는 다들 암암리에 알고 있고, 그래서 금과 은이 화폐로 쓰이게 되었다는 것도 대략 알고 있기 때문입니다. 다만, 금과 은의 '고유한 완전성'을 무한정한 재현 능력으로 여긴 것이 푸코 나름의 접근책이라고 할 것입니다.

그렇다면 원칙적으로 굳이 금과 은만이 화폐로 기능할 수 있다는 것은 아닌 게 됩니다. 그 어떤 다른 것들도 화폐로 쓰기로 협약하기만 하면 되는 거죠. 이에 푸코는 "[화폐가] 가격 설정에 쓰이고 거래에 있어서 모든 물건 간의 비동등성을 동등하게 하는 데 쓰이는 것은 공적인 권위가 [화폐로 쓰이는] 물질의 부분에 일정한 무게와 가치를 부여했기 때문이다"라는 부트루[31]의 말을 인용하면서 중상주의의 업적에 대해 이렇게 말합니다.

'중상주의'는 화폐를 금속에 고유한 가치가 있다는 공준公準으로부터 해방함과 동시에 화폐와 부[즉 재화] 간에 재현과 분석의 엄격한 관계를 확립했다. (188, 218)

이렇게 되면, 굳이 기호에 불과한 화폐를 축적하고자 할 필요가 있는가 하는 문제가 생겨납니다. 이에 푸코는 '축적의 원리들'과 '유통의 규칙들'

---

31   클로드 드 부트루 다비뇨니(Claude de Bouteroue d'Aubigny, 1620-1680)인 것 같은데, 분명하지 않다.

사이에 명백히 모순이 생겨난다고 하면서, 당시 루이 14세의 재무장관을 지내면서 재정개혁을 단행한 콜베르의 경우를 들어 이를 설명합니다.

어느 한 시점에 현존하는 통화espèses의 양은 정해져 있다. 콜베르는 심지어 광산을 개발하고 아메리카의 금속이 들어온다고 할지라도 "유럽에서 통용되는 화폐의 양은 늘 같다"라고 생각했다. 그런데 사람들이 화폐를 필요로 하는 것은 외국으로부터 재화를 들여오거나 어떤 장소에서 재화를 만들거나 해서 재화를 나타내고[즉 재현하고] 재화를 유인해 내기 위해서다. 그러니까 사람들이 화폐를 필요로 하는 것은 재화를 교환 과정을 통해 손에서 손으로 넘어가도록 하기 위한 것이다. 그러므로 인접 국가들에서 [화폐를 만들기 위한] 금속을 수입해야 한다. "큰 효과를 낳을 수 있는 건 오로지 무역, 무역에 의존할 수밖에 없다." 따라서 법률적으로 다음 두 가지를 예의 주시해야 한다고 규정한다. "금속의 해외 유출을 금하고, 금속을 화폐 주조 이외에 사용하는 것을 금한다. 무역 균형에 있어서 항상 흑자가 되도록 관세를 정할 것. 원자재들의 수입을 장려하고 가능한 한 가공품의 수입을 막을 것. 없으면 궁핍을 야기하고 가격 앙등을 불러올 상품들보다 제조된 상품들을 수출할 것." 그러고 보면, 축적되는 금속은 [재화의 유통]을 막히게 하거나 잠들게 하는 것이 아니다. 사람들이 금속을 축적한 것은 교환에 의해 소비가 일어날 수 있는 상태로 그 금속을 끌어들이기 위한 것이다. (190, 219-220)

콜베르를 중심으로 한 중상주의자들이 무역을 강조한 것은 화폐인 금속을 끌어모으기 위한 것이 아니라, 자국에서 가공된 재화들을 더욱 풍부하게 교환해서 소비되도록 하기 위한 것이라는 이야기입니다. 말하자면 중상주의가 교환에 의한 화폐의 축적을 중시한 것이 아니라, 자국에서의 풍부한 재화의 유통과 소비를 중시했고, 그래서 자국의 산업들을 보호하기 위한 정책을 취했다는 거죠. 그래서 푸코는 이러한 이야기를 바탕으로 화폐가 부가 될 수 있는 조건을 다음과 같이 명시합니다.

> 그래서 화폐가 실질적으로 부가 될 수 있는 것은 화폐가 재현적인 기능을 완수하는 한에서이다. 즉 화폐가 상품들을 대체할 때, 화폐가 상품들을 이동시키거나 대기하도록 할 수 있을 때, 화폐가 원자재들이 소비될 기회를 제공할 때, 화폐가 노동을 재분배할 때, 그러할 때 화폐가 실질적인 부가 되는 것이다. (190, 220)

화폐가 어떻게 산업을 일으키는 동인의 역할을 하는가를 말하고 있고, 그리고 그런 한에서 화폐가 실질적으로 부가 된다는 것을 밝히고 있습니다. 즉 오늘날의 용어로 말하면, 금융 자본은 산업 자본의 실효성을 돕는 한에서 실질적인 부가 된다는 거죠. 이는 오늘날의 자본주의 경제에서도 기본적으로 통용되는 원칙입니다.

문제는 금융 자본이 풍부하면 할수록 실물 경제가 잘 돌아간다는 이 원칙을 벗어난다는 겁니다. 실물 경제가 잘 돌아가도록 돕는 정도의 한계를 훨씬 넘어설 뿐만 아니라, 금융 자본이 실물 경제와는 별개로 거대한 규모를 갖추면서 오히려 실물 경제의 성과를 무력하게 만들고 실물 경제의 목을 죄는 것이 문제죠. 2008년에 있었던 대금융 위기가 이를 잘 보여 줍니다. 당시 세계 전체의 유동성 자금이 세계 전체의 실물 경제에 의한 생산량의 10배를 웃돌았던 것입니다.

푸코는 그래서 화폐의 양이 많아지면 무조건 물가가 오른다고 공포심을 갖는다는 것은 근거가 없다고 말합니다. 교환과 유통에 투입된 화폐는 더 많은 재화를 생산하는 데 쓰일 것이고, 그렇게 되면 여전히 물가가 일정하게 유지될 것이라는 게 그 이유입니다. 하지만 오늘날 통화주의자들은 통화량을 조절함으로써 물가의 안정을 비롯한 경제의 활성화를 이룰 수 있다고 주장합니다. 푸코는 이러한 통화주의자들의 주장을 반박하는 셈입니다. 그래서 결국 이렇게 정돈됩니다.

> 부와 화폐 간의 관계들은 (금속의 '귀중함^{préciosité}'에 근거해서 확립되는 것이 아니라) 유통과 교환에 근거해서 확립된다. (화폐 덕분에) 재화가 유통될 수 있을 때, 재화는 증대되고 부가 보강된다. 즉 순조로운 유통과 바람직한 균형에 의해 통화가 더욱 늘게 될 때, 새로운 상품들을 유인해 낼 수 있고 경작물들과 제조 물품들을 증대시킬 수 있다. … 화폐와 부 둘 모두 교환과 유통의 공간 내부에서 파악된다는 것을 주장함으로써, 중상주의는 그들의 분석을 당시 최근에 제시된 하비의 [혈액 순환론] 모델에 결부시킬 수 있었다. (190-191, 220-221)

1628년 하비가 『동물들에게서 심장과 혈액의 운동에 관한 해부학적 고찰*Exercitatio Anatomica de Motu Cordis et Sanguinis in Animalibus*』을 발표하기 이전에는 혈액이 필요에 따라 간에서 만들어져 소비되는 것으로 여겼습니다. 그리고 '피' 자체를 엄청나게 고귀한 것으로 여겼죠. 이는 마치 푸코가 화폐에 관해 16세기와 17세기를 비교하는 것과 엇비슷합니다. 화폐를 피에 비유하게 되면, 피가 세포들에 산소와 영양분을 공급하고 이산화탄소와 노폐물을 뽑아내어 몸 밖으로 내보내는 순환 운동을 함으로써 그 역할을 다하듯이, 화폐는 유통과 교환을 통해 순환 운동을 함으로써 부의 증대를 가져온다는 것입니다.

여기에서 푸코가 제시하는 중요한 어구는 '교환과 유통의 공간'입니다. 화폐도 재화도 모두 다 이 공간 내에서만 관계를 맺고, 이 공간 내에서만 그 나름의 정체를 유지한다는 겁니다. 저 앞에서 말한 것에 비추어 보자면, 이 '교환과 유통의 공간'은 곧 '동일성들과 차이들의 체계'에 해당할 것입니다. 그리고 이 체계는 재현과 기호의 관계와 직결될 겁니다. 그래서 이 공간에 대해 이렇게 말합니다.

> 이렇게 해서 유통[즉 순환]은 분석의 근본적인 범주 중 하나가 된다. 그러나 이러한 생리학적인 모델의 전용은 더욱 심오한 공간의 열림, 즉 화폐와 기호에 공통되고 부와 재현에 공통되는 공간이 열림으로써만 가능한 것이다. (191, 221)

이에 관한 푸코의 구체적인 이야기를 들어 볼 필요가 있습니다. 결국 푸코가 밝히고자 하는 것은 중상주의를 중심으로 한 경제학 이야기가 아니라, 이를 자료로 한 에피스테메의 포괄적인 규정력이기 때문입니다.

> 중상주의적인 경험을 거쳐 부의 영역은 재현의 영역과 동일한 양식으로 구성된다. 이제껏 살펴보았듯이, 재현들은 저 자신에 근거해서 저 자신을 재현할 힘을 가졌고, 자신에게서 스스로가 분석되고 공간을 열어 나가는 힘을 가졌으며, 자기 자신의 요소들로써 기호들의 체계와 동일성들과 차이들의 표를 동시에 확립하도록 하는 대체물들을 형성할 힘을 가졌다. 부도 이와 마찬가지다. 부는 서로 교환될 힘을 가졌고, 저 자신을 동등성과 차등성의 관계들을 허용하는 부분들로 분석하는 힘을 가졌으며, 완전히 비교 가능한 귀중한 금속이라는 부의 요소들에 의해 저 자신을 기호화할 힘을 가졌다. 그리고 재현의 세계 전체가 그 재현들을 재현하는 이차적인 재현들로 뒤덮여 있고 그 연쇄가 끊임없이 이어지듯이, 세계의 모든 부는 그것들이 교환 체계의 부분을 형성하는 한에서 서로 관계를 맺는다. … **에피스테메**의 수준에서 탐문할 때, 중상주의는 재현들의 분석에 따른 연장선상에서 가격과 화폐에 대해 반성하려는 느리고 길게 이어진 노력의 일환으로 나타나는 것이

다. (191-192, 221-222)

재현들이 재현 내부에서 서로를 재현하면서 서로를 기호화하고 또 서로를 기호화해서 서로를 재현하듯이, 부, 즉 재화들 역시 교환과 유통을 통해 서로를 화폐로서 가격을 갖도록 해서 기호화하고, 그 가격을 통해 기호화됨으로써 서로를 상호 분석한다는 겁니다. 화폐가 상품에 대해 기호 역할을 한다는 것은 어지간하면 떠올릴 수 있지만, 이를 재현과 연결한다는 것은 전혀 새로운 푸코만의 독특한 발상이 아닐 수 없습니다.

17-18세기에 화폐가 기호로서 재현의 역할을 했을 뿐, 그 자체로 부와 동일한 게 결단코 아니었다는 점이 중요합니다. 이는 17-18세기에는 아직 오늘날 우리가 이해하고 있는 자본주의가 제대로 시작된 것이 아니라는 것을 의미합니다. 『거대한 전환*The Great Transfomation. The Political and Economic Origin of Our Time*』(1944)을 쓴 칼 폴라니Karl Polanyi(1886-1964)에 의하면, 오늘날과 같은 자본주의는 1834년이 되어서야 영국에서부터 비롯된 것이고, 마르크스가 '화폐의 물신화'라는 개념을 통해 적시한 것처럼 주로 화폐로 표현·귀결되는 자본의 독립성과 이를 바탕으로 한 시장의 사회로부터의 독립에 근거하기 때문입니다.

6. 담보와 가격

중상주의에 의해 화폐가 그 자체로 가치를 갖는 것이 아니라 다른 재화들 내지는 상품들의 교환과 유통을 통해 가치를 갖게끔 하는 것이라는 사실이 확립된 뒤, 17세기 말에 이르러 묘하게도 화폐 금속이 품귀 현상을 보이게 됩니다. 이에 아니나 다를까, 무역이 쇠퇴하고 가격이 하락하는가 하면, 부채라든지 지대 또는 세금을 납부하는 데 어려움을 겪게 되고, 땅

값이 평가절하되었습니다. 푸코에 따르면, 그래서 18세기가 시작되면서 프랑스에서는 15년에 걸쳐 대대적으로 화폐에 대한 평가절하를 단행해 숨겨 놓은 화폐를 최대한 끌어내고자 했다고 합니다. 그러다가 1726년 1월과 5월에 칙령을 내려 18세기 동안 금속 화폐의 안정화를 기하게 되는데, 그것은 '루이 도르louis d'or' 20프랑 금화를 만들어 유통한 것이었다고 합니다.

이러한 여러 화폐 정책을 강구하는 가운데 크게 두 진영의 이론가들이 나뉘었다고 합니다. 화폐 기호론자들partisans d'une monnaie-signe과 화폐 상품론자들partisans d'une monnaie-marchandise의 대립이 그것이죠. 정확한 설명은 없지만, 추측하건대, 화폐 기호론자들은 화폐가 기호에 불과하다는 점을 강조함으로써 지폐를 비롯한 어음 내지는 국채 등의 발행을 주장했던 것 같고, 화폐 상품론자들은 화폐 자체가 나름의 가치를 가질 수 있도록 화폐를 금속으로 만들지 않으면 안 된다고 주장했던 것 같습니다. 그런데 푸코는 이러한 대립에 대해 이렇게 말합니다.

> 그 대립은 표면적이다. 만약 그 대립이 필수적이라면, 그것은 규정된 시점에 [화폐 기호론과 화폐 상품론 중 어느 하나를] 선택지로 삼아 선택하지 않으면 안 되도록 하는 유독惟獨한 배치 때문이다.
>
> 그 유독한 대립은 바로 화폐를 일종의 담보un gage로 규정하는 것이다. 이 규정은 로크에게서도 나타나고 그에 앞서 본에게서도 나타났다. 그 이후에 믈롱, 뒤토, 포르보네에게서도 나타난다. … 화폐를 일종의 담보라고 말하는 것은 화폐가 공통된 합의에 따라 받아들여진 하나의 물권표un jeton에 불과하다고 말하는 것이다. 말하자면 화폐가 순전히 허구에 불과하다고 말하는 것이다. 그러나 또한 이는, 화폐가 그 나름 동일한 양의 상품 또는 상품의 등가물과 교환될 수 있기에, 화폐가 그것에 부여된 가치와 정확하게 같은 가치를 갖는다고 말하는 것이다. 화

폐는 그 소유주에게 화폐를 주고서 교환될 수 있는 것을 가져다준다. 이는 재현에서 기호가 그 자신이 재현하는 것을 사유에 가져다줄 수 있어야 한다는 것과 똑같다. 화폐는 견고한 기억이고, 자신을 이중으로 분화시키는 재현이며, 연기된 교환이다. 르 트로스네가 말한 것처럼, 화폐를 활용하는 상거래는, '불완전한 상거래'라는 점에서, 얼마 동안 자신을 보상해 줄 것을 결여한 활동이라는 점에서, 담보가 그 실질적인 내용으로 복귀될 수 있을 전도된 교환을 허용하고 기다리는 반¾ 활동이라는 점에서, 바로 그러한 한에서만, 일종의 개량perfectionnement 이다. (193-194, 223-224)

화폐를 기호로 보건 아니면 상품으로 보건 간에, 결국 화폐는 담보로서 물물교환에 비교해 보면 일종의 기억이자 재현이고 연기된 교환이라는 이야기입니다.

화폐를 보고 있으면 그것을 언제든지 상품과 교환할 수 있다고 하는 확신을 갖게 된다는 점에서 화폐는 견고한 기억이라 할 수 있습니다. 또 화폐가 그 자체로 화폐로 재현되기도 하면서 동시에 그것과 교환될 수 있는 잠정적인 상품으로 재현되기도 한다는 점에서 이중으로 분화되는 재현이라 할 수 있죠. 그리고 내가 어떤 물건을 화폐를 받고 팔았을 때, 그 화폐로써 아직 다른 물건을 사지 않는 한 화폐는 연기된 교환이라 할 수 있습니다.

바로 이러한 측면이 화폐를 담보로 보게 만든다는 이야기입니다. 르 트로스네가 '불완전한 상거래'라는 개념을 제시한 건 화폐에 의한 상거래는 일단 '연기된 상거래'이기 때문, 그리고 다음에 어떤 비율로 상거래가 이루어질지 결정되어 있지 않기 때문이라고 읽으면 될 것입니다. 그리고 '전도된 교환'은 상품을 팔아 돈을 사는 것과 비교해서 이제 돈을 팔아 상품을 사는 것으로 보면 될 겁니다.

문제는 어떻게 해서 화폐가 이와 같은 담보 능력을 지니게 되는가 하는 것입니다. 이 문제는 결국 화폐가 기호인가, 아니면 상품인가 하는 문제로 되돌아갑니다. 그래서 앞서 이 후자의 문제가 전자의 문제를 유독한 배치로 해서 성립한다고 했던 거죠. 하지만 담보 개념을 도입하게 되면 아무래도 기호론자들이 유리해집니다. 예컨대 화폐 기호론의 대표 논객이었던 로는 토지를 담보로 해서 지폐를 발행할 수 있다고 생각했습니다. 이런 로의 정책은 결국 실패로 돌아갔다고 합니다(195, 225 참조).

하지만 중요한 점은 기호론자 진영과 상품론자 진영 모두 화폐를 담보라고 생각하게 되었다는 사실입니다. 다만, 그 담보 능력을 화폐 외부에서 가져올 것인가, 아니면 화폐 자체에서 가져올 것인가가 다를 뿐이었습니다. 로 일파들은 화폐 외부에 담보의 기초를 둘 때 화폐의 담보 능력이 훨씬 안정되게 유지된다고 생각했던 것이고, 그 반대자들은 화폐를 구성하는 금속에 기초를 둘 때 화폐의 담보 능력이 훨씬 안정되게 유지된다고 생각했습니다(195, 225 참조). 오늘날의 관점에서 보자면, 로의 입장이 완전히 승리를, 그것도 너무 과도한 승리를 거두었다고 할 수 있습니다. 주식, 채권 등 온갖 신용 화폐들이 즐비하기 때문이죠.

아무튼 푸코는 양 진영 모두에서 받아들이지 않으면 안 되었고 함께 통용되었던 사안을 이렇게 지적합니다.

> 화폐는 물품들의 가격을 고정할 수 있도록 했다. 그것은 화폐가 부[재화]와 일정한 **비율** 관계rapport de proportion에 놓이고, 또 부[재화]를 **순환[유통]시킬** 힘을 가졌기 때문이다. (196, 226)

가격이란 것은 기본적으로 화폐량으로 표시되기 때문에 화폐가 없이는 가격이 성립할 수 없고, 또 그 값이 일정하게 고정되지 않고서는 가격이라고 할 수 없습니다. 그래서 화폐가 물품의 가격을 고정할 수 있도록 한다는 것은 어쩌면 동어반복처럼 들립니다.

그런데 화폐와 부가 일정한 비율 관계에 놓인다는 사실이 중요합니다. 이 비율이 일정하다면, 화폐량과 상품량이 일종의 반비례 관계를 맺게 될 것이기 때문이죠. 상품의 가격이 올라간다고 해서 부가 올라가는 것은 아닙니다. 근본적으로 실질적인 부는 상품의 사용가치에 근거하고 있기 때문이죠. 상품량은 줄지도 늘지도 않았는데, 화폐량이 늘면 화폐와 부의 일정한 비율 관계 때문에, 상품의 가격은 올라갈 수밖에 없을 겁니다. 그리고 그 반대도 성립할 것입니다. 다만 이때 화폐량이란 정확하게 말하면 통화량임을 염두에 두어야 합니다. 화폐를 장롱에 쟁여 놓고 있을 때, 그 화폐량은 통화량에 포함되지 않습니다. 그래서 푸코는 다음과 같이 말합니다.

> 화폐의 [부에 대한] 재현과 분석의 힘은 한편으로는 통화량quantité d'espèces과 함께, 다른 한편으로는 부의 양과 함께 변화한다. 그러한 그런 화폐의 힘이 언제나 유지되려면 통화량과 부의 양이 안정되어 있거나 둘이 같은 비율로 똑같이 변화해야만 한다. 두 경우에만 화폐의 힘이 항상성을 유지한다. (196, 226)

이렇게 되면, 결국 화폐가 갖는 담보 능력은 화폐 자체에 근거를 둔 것일 수가 없게 될 겁니다. 푸코는 통화량과 부 사이의 양적 관계를 통해 화폐가 부를 나타내고 분석하는 힘을 갖는 것을 일컬어 화폐의 재현 기능이라 일컬었습니다. 이렇게 말합니다.

> 17세기 말, [화폐량이 증가하면 상품의 가격이 함께 올라간다고 하는] 이 메커니즘은 '화폐량이 모든 상거래와 비율 관계에 있다'라고 하는 화폐의 재현적인 기능에 근거해 정의된다. (196, 226)

　16세기에는 통화량이 늘어나 상품의 가격이 올라가는 것에 대해 화폐 자체의 내재적인 가치가 떨어졌기 때문이라고 해석했습니다. 그러나 17세기 말에 이르러서는, 상품 가격의 상승을 화폐와 부 간의 비례 관계와 그에 따른 통화량과 유통되는 상품량이 상품의 가격에 미치는 반비례 관계를 통해 해석하게 되었다는 것입니다. 말하자면, 화폐량 전체를 가지고서 상품 전체를 나타내지 않으면 안 되는, 상품에 대한 화폐의 재현 기능이 유통과 교환의 기초로서 작동하게 되었다는 겁니다.

4학기

중간 점검.
『말과 사물』의 기본

아무래도 이쯤에서 푸코가 『말과 사물』을 이끌어 가는 기본적인 관점을 다시 한번 정돈해 보아야 하겠습니다. 푸코는 이 책의 서론에서 자신의 고고학적인 사유를 전개하는 데 주축이 되는 개념으로서 '역사적 선험'을 제시합니다. '인식론적인 장'이라고 달리 일컬어지는 '에피스테메'는 바로 이 '역사적 선험'을 더욱 정교하게 개념화한 것입니다.

그 의미들을 담은 물음들을 열거하자면 이렇습니다. 역사를 관통하는 인식의 근본 구도들은 어떻게 여러 학문을 통해 관철되는가? 그러한 인식의 근본 구도들이 어떻게 시대에 따라 전환되는가? 그렇게 인식의 근본 구도가 전환됨에 따라 어떻게 역사적인 시기가 구분될 수 있는가? 그래서 결국 지금 우리가 살고 있는 이 시대는 과연 어떤 인식의 근본 구도를 바탕으로 해서 전개되고 있는가?

이와 관련해서 푸코가 서론에서 말하고 있는 것을 다시 상기할 필요가 있습니다. 다소 반복적이지만, 되새겨 보기로 하죠.

무엇보다 분명한 것은 고고학이 지식의 일반 공간espace général du savoir,

그 일반 공간의 편성configurations, 그 일반 공간에서 나타나는 사물들의 존재 양식 등에 의존함으로써 동시성simultanéité의 체계들을 규정하고, 그렇게 해서 새로운 실증성의 역치(문지방seuil)를 가늠해 내는 데 필요 충분한 일련의 변환들을 규정한다는 것이다.

그럼으로써 [고고학적인] 분석은 고전주의 시대에 오랫동안, 재현再現, représentation의 이론과 언어, 자연 질서, 부와 가치에 관련된 이론들 사이에 존립했던 정합성cohérence을 드러낼 수 있었다. 19세기로부터 완전히 변한 것은 바로 이러한 편성이다. 가능한 모든 질서의 일반적인 기초로서의 재현 이론은 사라진다. 사물들에 대한 자발적인 표表이자 일차적인 격자로서 재현과 존재들 간의 필수 불가결한 중계소 역할을 하던 언어 또한 사라진다. [그 대신] 심오한 역사성이 사물들의 중심을 관통하여 사물들을 고립시켜 사물들을 그 고유한 정합성 속에서 정의하는가 하면, 사물들에 시간의 연속성에 의해 암시되는 질서의 형태들을 부과한다. 생산에 관한 연구가 교환과 화폐에 대한 분석을 대신한다. 그런가 하면, 유기체에 관한 연구가 분류법적인 성격들에 대한 탐구보다 상위에 올라선다. 특히 언어는 그 특권적인 지위를 상실하고, 그 두터운 과거와 일치하는 역사의 한 형상形狀, figure이 된다. 그러나 사물들이 그들 스스로에게로 말려들어 가면서 그들에게서만 그들이 알려질 수 있는 지성의 원칙이 되고자 요구함으로써, 그리고 사물들이 재현의 공간을 포기함으로써, 이제 서구적 지식의 장에서 처음으로 인간이 등장한다. 이상하게 들리겠지만, 분명 인간은 … 사물들의 질서에 있어서 갈라진 하나의 틈에 불과하다. 다시 말하자면, 어떻든 인간은 최근 그가 지식에서 획득한 새로운 배치disposition에 의해 그려지는 하나의 편성une configuration에 불과하다. 이로부터 새로운 인간성들humanismes에 대한 모든 망상이 태어나고, 인간에 대한 일반적이고 반半실증적이며 반半철학적인 반성으로 이해되는 모든 손쉬운 '인간학'

이 탄생한다. 그러나 인간이 최근의 창안일 따름이고, 두 세기도 채 지나지 않은 형상形狀일 따름이며, 우리의 지식 속에 단순한 주름에 불과하다는 것, 그리고 인간은 지식이 새로운 형태를 발견하게 되자마자 사라지게 될 거라는 것, 이를 생각하면 위로가 되고 상당히 안심된다. (14-15, 20-21)

17세기에 열렸던 고전주의 시대에 있어서 지식의 일반 공간은 '재현'이었다는 이야기입니다. 그리고 이 재현이라는 일반 공간에서 어떤 일들이 벌어지는가를 분석해 낸 재현 이론의 귀결들을 당시의 언어 이론, 자연 질서에 관한 이론, 부와 가치에 관한 이론들에 적용함으로써 고전주의 시대 지식 전체의 정합적인 질서를 찾아낼 수 있었다는 거죠. 특히 재현과 재현되는 사물들 사이에서 중계 역할을 하던 매개인 언어가 사라진다는 것을 특별히 지적하고 있습니다.

그런데 이러한 지식의 일반 공간으로서의 재현과 재현에 관한 이론이 사라지면서 새로운 시대, 이른바 근대가 시작된다는 겁니다. 재현의 틀을 벗어남으로써 사물들이 그 자체의 고립된 영역으로 돌아가게 되고, 언어 역시 보편적인 힘을 상실한 채 하나의 역사적인 구성물로서 취급된다는 것입니다. 그런 가운데, 이제 가장 중요한 사건, 서구의 지식 역사에서 처음으로 인간이 등장한다는 겁니다. 그러면서 인간을 창안된 것이라고 말하는 대목이 자못 심중합니다. 때때로 우리는 데카르트의 철학을 설명하면서 그가 주체를 발명했다고 하는데, 그래서 신 대신에 인간이 창조되었다고 하는데, 푸코는 인간이 창안되어 발명된 시기를 19세기 초로 늦추어 잡고 있습니다.

인간이 탄생했다는 것은 어떤 의미를 지니는 걸까요? 그것도 사물의 질서에서 벌어진 하나의 틈에 불과한 인간이 탄생했다는 것은 어떤 의미를 지니는 걸까요? 생산에 관한 연구 대신에 교환과 화폐에 대한 분석이 자리를 잡았다는 것과 연결해서 추정해 볼 수 있을 것 같습니다. 생산은 물질적인 사물들이 변형되는바 실재적 영역에서의 일입니다. 그러나 교환과 화폐는 실재를 가상으로 바꾸어 내는 가상 영역에서의 일이죠. 가상이 실재를 잡아먹는 꼴입니다. 틈으로서의 인간이 탄생했다는 건 그러한 부재로서의 틈이 실재réalité로서의 사물을 지배하게 된다는 것을 의미하는 것이 아니겠습니까. 사르트르는 인간의 중심을 대자로서의 의식으로 보면서 그 대자를 무無, néant 또는 공空, le vide으로 보았습니다. 뭔가 일맥상통하는 구조가 엿보이는 것 같지 않은지요.

그런데 푸코는 이러한 인간의 탄생에 대해 다소 역겨움을 느끼고 있음이 틀림없습니다. "인간성들을 둘러싼 망상"이라든가 "손쉬운 인간학들"이 생겨나 기승을 부리는 데 대해 상당히 기분 나쁘게 이야기하고 있지 않나요, 그러면서 인간이 사라질 것에 대해 위로니, 안심이니 하는 말을 하고 있지 않겠습니까. 여기에서 가장 흥미로운 것은 인간이 사라질 것에 대한 푸코의 기대입니다. 아니나 다를까, 그는 이 책 전체의 마지막에서 이렇게 말합니다. 많이 알려진 구절 중 하나입니다.

우리의 사유 고고학이 최근에 잘 보여 주고 있듯이 인간은 하나의 창안물이다. 어쩌면 인간은 그 종말이 가까이 와 있는 존재일 것이다.
만약 그 배치들이 나타날 때처럼 사라지게 된다면, [그러니까] 만약에 우리로서는 기껏해야 그 가능성을 예감할 뿐인, 그러나 아직 현재로서는 그 형식과 그 약속을 알지 못하는 어떤 사건에 의해, 18세기를 마감할 즈음 고전주의적 사유의 토양이 그랬던 것처럼, 그 배치들이 흔들려 무너진다면, 그때 우리는 인간이, 마치 해변에 모래로 새긴 얼굴이 [파도에 씻겨] 지워지는 것처럼, 지워질 것이라 장담할 수 있을 것이다. (398, 440)

'인간의 죽음'은 롤랑 바르트가 말한 '저자의 죽음'과 맞물리면서 '주체의 죽음'이라고 하는 구조주의적인 사유를 대표하는 핵심 개념이 됩니다. 그러고 보면, 현재로서는 기껏해야 그 가능성을 예감할 뿐이라고는 하지만, 인간에 대해 그 종말이 가까이 와 있다고 하는 데서 알 수 있듯이, '푸코가 이 책을 쓰면서 어쩌면 그런 인간의 종말 내지는 죽음을 앞당기고자 하는 것 아닌가' 하고서 생각할 수도 있습니다.

그런데 서론의 끝부분에서 푸코는 '동일자'와 '타자' 이야기를 덧붙이고 있습니다. 푸코는 『말과 사물』을 발간하고 6년 뒤, 1972년에 『고전주의 시대의 광기의 역사*Histoire de la folie à l'âge classique*』를 출판하게 되는데, 『말과 사물』의 서론에서는 『말과 사물』이 기실 이 책을 쓰고자 기획한 것에 대한 반향임을 지적하고 있습니다. 그러면서 이렇게 말합니다.

광기의 역사는 타자*l'Autre*의 역사일 것이다. ― 즉 한 문화에 있어서 내부적이면서 동시에 낯선, 그러므로 (그 내부적인 위험을 내쫓기 위해) 배제되어야 하되, (그 타이성他異性, altérité을 약화시키기 위해) 감금함으로써 배제되어야 하는 타자의 역사일 것이다. 그런가 하면, 사물들의 질서의 역사는 동일자*le Même*의 역사일 것이다. ― 즉 한 문화에 있어서 산포해 있으면서 동시에 명백한, 그러므로 표식들marques에 의해 분별되어야 하고 그 정체성들에 근거해 소집되어야 하는 동일자의 역사일 것이다. (15, 22)

다들 알다시피, '동일자와 타자'는 현대 철학에서 대단히 중요한 이슈입니다. 그 정확한 의미를 알기 위해서는 고전주의 시대를 고고학적으로 파헤쳐 들어가지 않으면 안 된다는 이야기입니다. 특히 의학적인 지식을 구성하는 형식들을 탐구해야만 타자에 대한 한계 경험을 고고학적으로 분석할 수 있다고 말합니다. 그러면서 이를 통해 우리를 고전주의적인 사유로부터 떨어뜨려 놓고 우리의 근대성을 구성하는 역치가 무엇인가를 밝힐 수 있다고 말합니다. 그런 다음, 이 역치 위에서 처음으로 인간이라 불리는, 그리고 인간 과학에 고유한 공간을 열어젖히는 기묘한 지식의 형상形狀이 등장한다고 말합니다.

아주 간략하게 정돈하면, 16세기 르네상스 때까지는 유사성resemblance이, 17-18세기 고전주의 시대에는 재현représentation이, 19세기 근대에는 인간homme이, 그리고 우리가 살고 있는, 즉 푸코가 이 책을 쓸 당시인 1966년경에는 인간의 삭제effacement d'homme가 각기 해당 시대의 에피스테메로서 작동하고 있다는 겁니다.

2강

17-18세기의 가치 이론

경제를 이해하는 데 가장 어려운 대목을 들자면 아마도 상품의 가치가 어떻게 결정되며, 그로 인한 인간 삶과의 관계가 어떻게 변형되는가 하는 것일 터입니다. 특히 오늘날처럼 금융 시스템이 너무나도 과도하게 발달한 상황에서 이를 정확하게 파악한다는 건 더욱 난해한 문제가 아닐 수 없습니다.

푸코의 안내에 따라, 17-18세기에 살았던 사람들이 상품의 가치를 어떻게 생각했고, 또 어떻게 서로 다른 견해들을 전개했는가를 살펴보고자 합니다. 『말과 사물』에서 이 사안은 제6장 '교환하기'의 제5절 '가치의 형성la formation de la valeur'과 제6절 '효용성l'utilité'에서 다뤄집니다.

1. 가치 이론의 출발

푸코는 17-18세기 고전주의 시대의 가치 이론이 앞서 살폈던 화폐 이론 및 상거래 이론과 무엇이 다른지를 이렇게 설명합니다.

화폐 및 상거래에 관한 이론은, 교환의 운동에서 가격들이 어떻게 사물들을 특성화하는가의 물음, 즉 화폐가 어떻게 재화들 사이에 기호와 지시의 체계를 확립하는가 하는 물음에 응하고자 한다. 가치 이론은 교환이 무한정하게 이루어지는 수평적인 판도plage horizontale를 수직적인 깊이를 지닌 것으로 여겨 탐구함으로써 다음과 같은 [복잡하게] 엇갈려 있는 여러 물음, 즉 사람들이 교환하고자 하는 물품들choses이 왜 존재하는가, 어떤 물품들이 다른 물품들에 비해 가치가 더 높은 까닭은 무엇인가, 쓸모없는 물건들이 더 높은 가치를 갖는 데 반해 필수품들이 거의 가치를 갖지 못하는 이유는 무엇인가 등의 물음들에 응하고자 한다. 따라서 더는 재화들이 어떤 메커니즘에 따라 (그리고 귀금속처럼 보편적으로 재현하는 기능을 하는 재화에 의해) 서로 재현되는가를 아는 것이 문제가 아니다. 그런 게 아니라, 욕망désir과 욕구besoin의 대상들이 왜 재현되어야만 하는가, 하나의 물품의 가치를 어떻게 정립하며 왜 하나의 물품이 이러저러한 가치를 갖는다고 확언할 수 있는가가 문제다. (203, 233)

가치 이론은 기본적으로 화폐 이론과 달리 상품 상호 간의 기호적인 재현 관계를 문제 삼는 것이 아니라는 것, 가치 이론은 인간들의 욕망과 욕구를 바탕으로 해서 하나의 물품이 가치를 갖지 않으면 안 되고 또 그렇게 가치를 갖는 것으로 재현되지 않으면 안 되는 이유와 조건들을 따지는 것이라는 이야기입니다.

흔히 경제학에서는 교환가치와 사용가치를 구분합니다. 교환가치는 하나의 물품이 시장을 통해 다른 물품들과 교환되는 비율에 따라 시장 가격으로 표시된다고 말합니다. 그리고 사용가치는 하나의 물품이 사용자에 의해 소비될 때 실현되지만, 소비될 수 있으리라고 기대될 때는 그 물품이 발휘하게 될 것으로 여겨지는 물품의 가치라고 말합니다. 예컨대 마르크스는 『자본론』[32]에서 이렇게 말합니다.

> 사용가치Grbrauchswert는 오로지 사용되거나 소비됨으로써 자신을 실현
> 한다. 사용가치는 부의 사회적 형태가 무엇이든 상관없이 그 부의 소
> 재적 내용을 구성한다. 또한 사용가치는 우리가 고찰하게 될 사회 형
> 태에서 교환가치Tauschwert의 소재적 담지자가 된다.
> 교환가치는 우선 양적 관계, 즉 어떤 하나의 사용가치가 다른 종류의
> 사용가치와 교환되는 비율로 나타나며, 이 비율은 때와 장소에 따라
> 끊임없이 바뀐다.

마르크스의 이러한 규정은 오늘 우리가 살펴보고자 하는 17-18세기의
가치 이론의 과정을 거친 뒤에 마르크스 나름으로 정식화한 것이라 할 수
있습니다. 가치가 궁극적으로 어디에서 발원하고 그 정체의 본질이 무엇
인가를 밝히는 일은 쉽지 않습니다. 마르크스는 상품의 사용가치나 교환
가치와는 별개로 상품의 가치 자체를 규정합니다. 하지만, 흔히 말하는
가치는 교환가치를 지시합니다. 그리고 사용가치는 그러한 교환가치를
가능케 하는 바탕이죠. 푸코는 17-18세기 고전주의 시대에도 가치란 기
본적으로 교환가치였음을 다음과 같이 말합니다.

> 고전주의 시대에, 어떤 물품이 가치를 갖는다valoir는 건 우선 교환 과
> 정에서 그 물품이 다른 물품으로 대체될 수 있음이다. … 두 교환 당사
> 자가 다른 사람이 보유하고 있는 것의 가치를 아는 한에서만 교환이
> 이루어진다. 그러므로 어떤 측면에서 보면, 그 고유한 가치를 가진 상
> 태에서 교환이 가능한 물품들은 교환 당사자의 수중에 미리 현존하고

---

32 강신준 옮김, 도서출판 길, 2008, 89쪽.

있어야 한다. 그럼으로써 결국 이중적인 양도와 이중적인 획득이 생겨
난다. 그러나 다른 측면에서 보면, 각자가 먹고 마시는 것, 각자가 생
존하는 데 필요한 것은 각자가 그것을 양도하지 않는 한 가치를 갖지
않는다. 그런가 하면, 각자가 필요로 하지 않는 것 역시 마찬가지로 그
가 필요로 하는 것을 획득하는 데 도움이 되지 않는 한 가치를 갖지 않
는다. 바꾸어 말하면, 하나의 물품이 교환에서 다른 물품을 재현하기
위해서는 그 물품들은 이미 가치를 지니고 있어야 한다. 그러나 가치
는 (실제로나 가능으로나) 재현 내부에서, 즉 교환 또는 교환 가능성의 내
부에서만 존립한다. (203, 233-234)

여기에서 교환되는 물품이 고유하게 갖는 가치는 사용가치라고 할 수
있고, 그 물품이 다른 물품과 교환되면서 그 다른 물품을 재현하는 힘은
교환가치라고 할 수 있습니다. 그런데 마지막 문장에서 보아 알 수 있듯
이, 가치란 기본적으로 교환 가능성의 내부에서만 존립한다고 할 때, 그
가치는 바로 교환가치임이 틀림없습니다. 17-18세기에 이미 이런 의미
로 가치를 규정하고 있었다는 겁니다.

그런데 흥미로운 점은 푸코가 이러한 사태를 '말하기' 내지는 '일반 문
법'과 관련해서 그 유비의 측면을 강조한다는 것입니다.

[교환 행위 자체에서의 가치 분석과 교환에 앞선 가치 분석이라는] 두 독법
lecture에서 첫 번째 독법은 언어langage의 모든 본질을 명제proposition의
내부에 가두어 놓는 분석과 상응하고, 두 번째 독법은 시원적인 지시
désignation의 측면으로부터 언어의 본질 자체를 발견하고자 하는 분석
과 상응한다. ⋯ [명제를 형성하는 데 필수적인] 동사는 낱말들 사이의 명
제적인 결합에 근거해 언어의 모든 낱말을 가능케 한다. 이러한 동사
는, 가장 시원적인primitif 행위로서 교환되는 물품들의 가치와 그 물품

들을 양도하는 데 활용되는 가격에 기초가 되는 교환에 상응한다. 다른 형태의 분석에서 언어는 그 자체의 외부에, 그러니까 자연이라든가 사물들과의 유비들에 뿌리를 내리고 있는데, 이때 그 뿌리, 즉 언어가 태어나기에 앞서 낱말들을 생겨나게 하는 원초적인 외침은 교환과 욕구 사이에 상호 측정이 있기 전에 직접 가치를 형성하는 것에 상응한다. (203-204, 234)

교환 이전에, 또는 교환과 무관하게 성립하는 사용가치는 언어로 따지자면, 낱말의 근원이 되는 가장 시원적인 외침과 같고, 교환을 통해 생겨나는 교환가치는 언어로 따지자면 낱말이 제대로 된 낱말이게끔 하는 명제를 통한 낱말의 의미라는 겁니다. 그런데 일반 문법에서 하나하나의 낱말들은 기본적으로, 동사를 중심으로 해서 성립하는 명제 속에서만 성립합니다. 저 앞에서 푸코는 이렇게 말한 적이 있습니다.

원시인이 몸부림치면서 내지르는 비명이 진정한 낱말mot véritable이 되는 것은 그것이 그저 그의 고통을 측면으로 표현하는 게 아닌 한에서, 그리고 "나는 질식할 것 같다"라는 유형의 판단 또는 선언으로서 가치를 지닌 한에서다. 하나의 낱말을 낱말로서 설립하고, 낱말을 비명이나 소음들로부터 일어서도록 하는 것은 낱말 속에 숨겨져 있는 명제다. (107, 128)

만약 이를 유비의 바탕으로 삼아 보자면, 푸코는 17-18세기에 이미 교환가치로서의 가치가 실제적인 가치로서 자리를 잡고 있었다고 말하는 셈입니다.

2. 중농주의자들의 가치 이론

　푸코는 18세기 가치 이론의 두 경향을 소개합니다. 두 이론 중 하나는 콩디야크, 갈리아니와 그라슬랭 등의 '심리학적 이론'이고, 다른 하나는 케네를 비롯한 그의 학파가 내세운 '중농주의 이론physiocratie'입니다. 이렇게 두 진영이 대립하고 있었음을 간략하게 말한 뒤, 푸코는 일단 중농주의적인 입장을 상당히 세세하게 설명합니다. 그 내용들을 요약해 나열하면 다음과 같습니다(204-208, 235-239 참조).

①　가치와 부가 성립하기 위해서는 교환할 수 있어야 한다.

②　교환이 있기 전에는 자연이 제공하는 희소하거나 풍부한 재화로서의 실재가 있을 뿐이다. 자연이 주는 재화가 나의 욕구와 욕망을 채우고도 남은 재화가 있을 때만 부가 가능하다(다만, 공기라든지 물처럼 재화이긴 하지만 부가 아닌 것이 있다). 남은 재화가 교환을 거칠 때 부가 성립한다.

③　한 사람의 요구와 다른 사람의 양도만이 가치들을 출현케 한다.

④　교환의 목적은 향유와 소비이다. 그러므로 상거래에 의한 일용품의 교환은 소비자들 간의 재분배를 위한 것이다.

⑤　상거래를 통해 가치가 구성될 때 반드시 재화의 손실이 있다. 운송, 보관, 변형, 판매를 위한 경비 때문에 그러하다. 그러므로 가치를 형성한다는 것은 더 많은 욕구를 만족시키는 것이 아니다. 가치를 형성한다는 것은 재화들을 다른 재화들과 교환하기 위해 재화들을 희생하는 것이다. 가치들은 재화의 부정태를 구성한다.

⑥　상거래는 그 본성상 동등한 가치를 지닌 물품들을 전반적으로 교환되도록 할 뿐이다. 따라서 상거래를 통해서는 새로운 부가

형성되지 않는다. 부를 형성하는 잉여를 산출하는 것은 상거래가 아니다. 그 반대로, 상거래가 가능하기 위해서는 과잉(잉여)이 먼저 있어야 한다.

⑦ 가치는 산업 생산에 의해 형성되거나 증가하지 않는다. 가치는 소비에 의해 형성되고 증가한다. 이 소비는 노동자의 생계유지를 위한 소비일 수도 있고, 이윤을 얻는 기업가의 소비일 수도 있으며, 물품을 구매하는 유한계층의 소비일 수도 있다.

⑧ 산업의 경우, 가치는 재화가 사라지는 곳에서만 나타난다. 그리고 노동은 지출로서 기능한다. 노동은 노동 그 자체가 소비한 생계유지에 대한 가격을 형성한다.

⑨ 생산에 기인한 가치의 증대가 생산자의 생계비와 동등하지 않고 남아도는 유일한 영역은 농업이다. 농업에서는 그 어떤 대가도 필요로 하지 않는 보이지 않는 생산자, 즉 자연이라고 하는 신성한 공동 제작자^{Co-Auteur divin}가 있기 때문이다.

⑩ 이론적으로도 그렇고 실제로도 중요한 것은 (농업) 노동이 아니라 지대^{la rente foncière}이다. 왜냐하면 (농업) 노동은 소비를 위한 대가를 지불받는 데 반해, 지대는 순전한 생산물을 재현하고 또 재현해야 하기 때문이다.

⑪ 재화를 가치 또는 부로 변형되도록 하는 것은 바로 지대이다. 지대는 모든 다른 노동에 필요한 것을 제공하고 그 노동들에 상응하는 모든 소비에 필요한 것을 제공한다.

⑫ (농업) 노동자의 임금이 아니라 농산물의 가격을 올려야 한다. 지대에 근거해서 세금을 징수해야 한다. 독점 가격과 상업적인 모든 특권을 폐지해야 한다. 대량의 돈을 앞으로 있을 수확에 필요한 선지급금으로 토지에 투자해야 한다.

상당히 복잡한 내용들을 담고 있습니다. 중농주의자들의 주장과 그에 따른 정책의 제시는 한편으로 보면 대단히 논리적입니다. 하지만 너무나 근본적인 논리를 내세우고 있어서 현실을 반영하기에는 무리가 있는 것 같습니다.

쓰고도 남는 잉여가치와 그에 따른 부가 과연 무엇을 원천으로 해서 생겨나는가 하는 게 핵심입니다. 이것이 중요한 이유는 이른바 사회 전체적인 부를 늘리는 데 있어서 근본으로 삼아야 하는 것이 어떤 영역인가를 결정하는 기준이 되기 때문입니다. 이 문제를 푸코는 이렇게 끌어냅니다.

> 그러나 어디에서 이렇게 가치가 형성될 수 있겠는가? 계속되는 교환과 유통의 힘에 의해 말소되고 소실됨이 없이 재화가 부로 변형되도록 하는 그 과잉excédent의 기원은 무엇인가? 끊임없이 가치를 형성하는 데 드는 비용 때문에 처분 가능한 재화들을 고갈되지 않도록 하는 일은 어떻게 일어나는가?
>
> 상거래commerce가 그 자체로 이 재화가 부로 되는 데 필요한 보충을 발견할 수 있는가? 분명히 아니다. 왜냐하면 상거래는 최대한 동등성에 따라 이루어지는 가치와 가치의 교환이기 때문이다. …
>
> 산업indutrie 역시 그러하지 않다. 산업도 가치 형성의 비용을 지불할 역량을 갖지 않는다. (206, 236-237)

요컨대 진정으로 가치를 형성하고 부를 형성하는 데는 원리상 쓰고도 남는 것이 있어야 하는데, 상업과 공업은 원리상 그 남는 것을 형성할 수가 없다는 겁니다. 상업에 있어서 교환이란 원리상 최대한 서로 등등한 가치를 주고받는 것이기 때문에 그 자체로 잉여가 생겨날 여지가 없다는 것은 쉽게 생각할 수 있습니다. 말하자면, 임금이나 이윤 또는 이자와 같은 것은 잉여가 될 수 없다는 겁니다. 이는 애덤 스미스를 비롯한 고전 경제학자들과 다른 입장이죠.

문제는 산업적인 제조업, 즉 공업의 경우입니다. 중농주의자들에 따르면, 가치는 생산이 아니라 소비에 의한 향유에서 생겨납니다. 이는 교환가치보다 사용가치를 근본적으로 보는바, 대단히 적절한 아이디어죠. 제 아무리 생산을 많이 해도 그 생산물이 결국 소비되지 않는다면 그 생산물은 가치를 지니지 않을 것이고, 따라서 그 소비되지 않을 생산물을 생산한다는 것은 가치를 생산하는 것이 아니기 때문입니다. 따라서 근본적으로 볼 때, 생산에서 가치가 형성되는 것이 아니라 소비에서 가치가 형성된다는 주장은 적절합니다. 이렇게 되면 아주 간단해집니다. 소비에서는 가치가 실현되자마자 그 가치를 지닌 재화가 없어지고, 따라서 남아돌아 부로 축적될 수 있는 가치는 근본적으로 없는 셈이기 때문입니다.

푸코가 이에 관한 이야기들을 제대로 설명하지 않기 때문에 다소 갑갑하긴 합니다. 무엇보다 중농주의자들이 산업에서 부로 될 수 있는 잉여분이 생산되지 않는다고 말하는 대목이 대단히 석연찮습니다. 이를 상고하기 위해서는 생산과 소비의 관계를 생각해 보아야 할 것입니다. 중농주의자들이 주장한 산업 생산에 관한 이야기에서 실제로 가장 중요한 것은 노동자들이 사람들이 재화를 소비한 만큼만 재화를 생산한다는 겁니다. 이는 동어반복적이라 할 수 있습니다. 소비에서만 가치가 발생하고, 가치를 지니지 않은 것을 재화라고 할 수 없다고 정의되기 때문입니다. 이럴 경우, 산업 노동자들이 더 많은 재화를 생산해서 더 많이 소비되도록 하는 것과 더 적은 재화를 생산해서 더 적게 소비되도록 하는 것 둘 다 잉여가치, 즉 부를 생산하지 않는다고 하는 점에서는 아무런 차이가 없게 됩니다. 잉여가치로서의 부를 설정하는 한, 더 많이 소비하는 것에 대해 더 많은 부를 향유하는 것이라고 말할 여지가 없습니다.

결국 중농주의들은 잉여가치, 즉 부가 성립하는 근본적인 교환관계를 자연과 지주 간의 교환으로 봅니다. 이에 관해 푸코는 이렇게 말합니다.

모든 교환 체계, 즉 비용이 발생하는 모든 가치의 형성은 지주의 선대先貸, les avances와 자연의 관용 사이에서 이루어지는바, 불균등하고 근원적이고 시원적인 교환으로 회귀한다. 이 교환만이 절대적으로 이익을 가져온다. 그러므로 각각의 교환에 필요한 비용이라든가 그에 따른 [새로운] 부의 요소 각각이 드러나는 데 필요한 비용은 바로 이 순이익profit net에서 생겨난다. (208, 239)

중농주의자들은 한 알의 밀알을 심으면 수없이 많은 열매가 열린다고 할 때, 이는 인간의 노동에 필요한 재화 이상의 재화, 즉 잉여가치인 부가 생산되는 것이라고 여깁니다. 그리고 이 잉여분의 재화는 '쉬지 않고 일하는 보이지 않는 신성한 공동 제작자인 자연' 덕분에 생겨난다고 여기죠. 지주는 토지가 계속 잉여분의 재화를 생산할 수 있도록 토지를 관리하는 데 미리 비용을 투자해야 하고, 농사짓는 데 필요한 여러 비용을 미리 투자해야 합니다. 즉 선대가 이루어져야 하죠. 그래서 지주의 선대와 자연의 관용 사이에서 교환이 일어난다고 말합니다. 중농주의자들이 새로운 가치가 발생하는 원천이 된다고 한 교환은 근원적으로 바로 지주와 토지 간의 교환인 겁니다. 그 외 모든 인간 사이에서 일어나는 교환에서 가치가 발생한다고 여겨지는 건 실제로 가치가 발생하는 것이 아니라, 이 지주와 토지 간의 교환에서 생겨난 가치를 넘겨받아 가치를 형성하는 것처럼 보이는 것에 불과하다는 것입니다. 달리 말하면, 모든 다른 교환에서는 비용이 발생하고 이는 곧 재화의 소실을 말하는 것인데, 그런데도 교환을 통해 모두가 이익을 얻는 것처럼 보이는 것은 원천적으로 지주와 토지 사이에서 발생한 잉여분의 재화를 나누어 갖기 때문이라는 이야기입니다.

케네의 『경제표*Tableau Économique*』(1766)에 따르면, 경제 주체는 농부 또는 농업 자본가, 수공업자, 지주의 세 계급으로 나뉩니다. 이 중에서 농업 자본가는 농업을 대표하며, 수공업자는 수공업을 대변하되, 지주는 아무것도 생산하지 않고 소비하는 존재죠. 농부는 생산물 중 잉여에 해당하는 부분을 지주에게 지대로 납부하고, 나머지 중 일부는 다음 해 생산을 위한 원료와 식량으로 남깁니다. 그리고 최종적으로 남는 부분은 다음 해 생산을 위한 농기구 등 공산품 획득에 사용하죠. 수공업자는 자신의 생산물 중 일부는 지주에게 팔고, 일부는 농부의 농산물과 교환해 다음 해 생산을 위해 필요한 식량과 공산품을 획득합니다. 끝으로 지주는 지대 일부를 식량 확보에, 나머지를 가구나 장식품 등 공산품 구입에 사용합니다.[33] 여기에서 지주가 갖는 지대를 제외하고 나머지의 교환들은 잉여가 아니라는 것이 중농주의자들의 생각입니다.

흥미로운 것은 중농주의자들이 농업 생산에서만 잉여가 생기기 때문에, 이 잉여로부터 세금을 징수해야 한다고 주장하고, 이를 통해 세금 납부에 의한 권리를 오로지 지주들만 누리도록 하려 했다는 것, 그와 동시에 중상주의자들이 보호무역을 주장한 것과는 정반대로 자유로운 곡물무역을 주창함으로써 이른바 "가는 대로 내버려두라laissez faire, laissez passer"라는 자유방임주의의 구호가 등장하도록 했다는 겁니다. 또 중농주의자들은 자연을 중시하면서 동시에 각 개인에게 경제적 자유를 주면 경제가 발전한다고 보았는데, 그들이 자연법la loi naturelle, 자연권le droit natural, 자연질서l'ordre natural, 자연적 자유la liberté naturale 등을 강조한 것도 그 일환이라는 이야기입니다.[34]

다시 푸코로 돌아가 보죠. 푸코는 가치 형성에 대한 이러한 중농주의자들의 입장을 문법학자들이 명제가 아니라 원초적인 지칭, 즉 어근의 발생에 따라 낱말 형성을 보고자 한 것과 유사하다고 말합니다.

---

33   홍훈, 『경제학의 역사』, 박영사, 2007, 63-64쪽 참조.

34   같은 책, 62쪽 참조.

중농주의자들은 가치에서 지시되는 것으로 드러나는, 그러나 부의 체계 속에 미리 현존하는 사물 자체에 따라 분석을 시작한다. 이는 문법학자들이 어근racine에 입각해서, 즉 하나의 소리와 하나의 사물을 연결하는 직접적인 관계에 근거해서, 그리고 이 어근이 하나의 체계 언어langue에서 하나의 명사로 되는 계속되는 추상 과정들에 근거해 낱말들을 분석하는 것과 똑같다. (209, 240)

푸코의 이러한 이야기에 따르면, 중농주의자들은 일종의 원자론적인 사유를 하고 있다고 말할 수 있을 것 같습니다. 이와는 달리 관계를 우선으로 여기는 지평적인 사유를 바탕으로 한 부의 분석도 있을 것입니다. 그리고 이 두 사유 방식은 푸코가 저 앞에서 말한 두 독법에 해당할 겁니다. 만약 동사, 특히 'être' 동사를 중심으로 하는 속성 부가attribution에 따른 명제proposition를 언어 분석의 출발점으로 삼는 것과 같은 방식으로 부를 분석하게 된다면, 중농주의자들과는 전혀 다른 입장이 성립할 겁니다.

3. 효용주의자들의 가치 이론

푸코는 18세기 중농주의자들과 대립하는 그룹, 즉 저 앞에서 말한 두 독법 중 중농주의와 다른 입장의 인물들을 '효용주의자들utilitaristes'로 지칭합니다. 이에 해당하는 인물로 푸코는 콩디야크, 갈리아니, 그라슬랭, 데스튀트 등을 듭니다. 그러면서 이들의 기본 입장에 대해 이렇게 말합니다.

이들은 교환에서 공여하는 측면이 아니라 수여되는 측면을 분석의 출발점으로 삼는다. 솔직하게 말하면 이 둘은 같은 것이지만, 욕구와 요구를 가진 자의 관점을 취한다는 것, 그리고 더 유용하다고 평가되고 더 많은 가치가 부착되어 있다고 여기는 다른 것을 획득하기 위해 자신이 가진 것을 포기하고자 하는 자의 관점을 취한다. 중농주의자들과 그 적대자들은 사실 동일한 이론적 선분線分을 달린다. 하지만 그 방향은 반대이다. 중농주의자들은 어떤 조건에서 ─그리고 어떤 비용을 통해─ 하나의 재화un bien가 교환 체계 내에서 하나의 가치une valeur로 어떻게 전화될 수 있는가를 다룬다. 그리고 그 적대자들은 어떤 조건에서 하나의 가치 판단un jugement d'appréciation이 동일한 교환 체계 내에서 하나의 가격un prix으로 변형될 수 있는가를 다룬다. (209, 240)

가치와 가격이 대비되고 있습니다. 물품을 구매하는 자는 그 물품이 자신이 가진 것보다 더 유용하다고 여기기 때문에 자신이 가진 것을 판매한다는 것인데, 문제는 그러한 물품에 대한 가치 판단이 어떻게 해서 교환 체계 속에서 가격으로 변형되는가 하는 것입니다. 이와 관련해서 푸코는 가장 초보적인 상황을 제시합니다.

교환 상황 중 가장 초보적인 것을 상정해 보자. 옥수수나 밀만 가지고 있는 한 사람과 포도주나 목재만 가진 사람이 마주하고 있다고 해 보자. 아직 그 어떤 고정된 가격도 없고, 그 어떤 등가성도 없으며, 그 어떤 공통 척도도 없다. 그러나 만약 그 사람들이 목재를 끌어모으고, 씨를 심어 옥수수나 밀을 추수한다면, 그 이유는 이 물품들에 대해 모종의 판단을 했기 때문이다. 설사 그 판단의 기준을 생각하지 않는다고 할지라도, 그들은 밀 또는 목재가 그들의 욕구 중 하나를 만족할 거라고 판단했고, 밀 또는 목재가 그들에게 **유용할**utile 거라고 판단했다. (210, 241)

중농주의자들이 농업 생산에서 잉여가 생겨나고, 그 잉여가 가치의 원천이며 부의 원천이라고 여긴 데 반해, 효용주의자들은 교환 상황에서 이루어지는 물품의 유용성에 대한 가치 판단에서부터 가치를 생각하려 했다는 겁니다. 이는 중농주의자들이 소비에서부터 가치가 발생한다고 하는 기본 입장과 별달리 달라 보이지 않습니다. 하지만, 중요한 점은 효용주의자들이 이를 바탕으로 유용성 판단에 입각한 가격의 발생에 관해 관심을 기울인다는 것입니다.

이와 관련해서 푸코는 교환 여건을 세 가지로 나눕니다. 첫째는 교환 당사자들이 서로가 지닌 여분의 재화에 대해 똑같은 유용성을 지녔다고 판단할 경우입니다. 이때에는 대칭적인 교환이 일어나면서 유용성과 가격이 서로 나머지 없이 일치한다고 말합니다. 둘째는 교환 당사자들이 가지고 있는 유용한 여분의 재화 사이에 격차가 있을 경우입니다. 이때 한쪽에서는 자신에게 없어서는 안 될 것을 제삼자로부터 구입하기 위해 자신이 가진 것 중 일부를 비축해 둘 겁니다. 자신이 생산한 밀을 너무 많이 준다거나 자신의 목재를 너무 많이 준다거나 하는 교환은 일어나지 않습니다. 결국 흥정 끝에 예컨대 포도주 1통과 밀 2말을 교환하는 식이 될 겁니다. 마지막 셋째는 교환 당사자 모두 여분의 재화는 없는데, 서로가 소유하고 있는 것이 반드시 필요한 경우입니다. 이럴 때에는 좀처럼 교환이 일어나지 않습니다. 양쪽이 각기 자신이 가진 것의 부분보다 상대가 가진 것의 부분이 더 유용하다고 생각할 때만 교환이 가능하죠. 예컨대 이편에 있어서 옥수수가 목재에 대해 갖는 비례 관계가 다른 편에 있어서 목재가 옥수수에 대해 갖는 비례 관계와 동등하다고 여겨질 때 교환이 성립합니다. 중요한 것은 이때 교환되는 것은 옥수수와 목재가 갖는 직접적인 유용성이 아니라, 더 큰 욕구를 만족하는 것으로 인증된 다른 두 유용성이라는 사실이죠.

여기에서 가격을 결정하는 데 중요한 것은 세 번째 경우입니다. 물품이 지닌 직접적인 유용성 때문에 교환이 일어나는 것이 아니라, 교환을 통해 발생하는 유용성을 바탕으로 교환이 일어난다는 겁니다. 이는 교환될 수 있기만 하다면, 그 물품이 가치를 갖는 것으로 여겨진다는 것인데, 이때 가장 중요한 것은 크게 두 가지, 욕구의 종류가 서로 다른 사람들 사이에 교환이 일어나면서 유용하지 않았던 것이 유용해진다는 것, 그리고 교환 자체가 욕구와 물품 간의 가치 관계를 변경시킨다는 점입니다.

푸코는 이와 관련해서 다이아몬드 이야기를 듭니다. 화려한 치장을 하는 데 관심이 없는 사람이 다이아몬드를 지니고 있다고 합시다. 그런데 화려한 치장을 좋아하는 사람이 그 다이아몬드를 가지고 싶어 한다는 것을 알게 되었다고 하죠. 그리고 그 사람이 자신에게 필요한 물품들을 주고 자신이 가지고 있는 다이아몬드를 획득하고자 함을 알았다고 해 봅시다. 이럴 때, 다이아몬드를 가진 자에게 다이아몬드는 직접적으로 아무런 유용성(효용성, 가치)도 없지만, 교환할 수 있다는 사실을 아는 순간 자신이 가진 다이아몬드가 자신에게 유용한 것으로 인식됩니다. 이는 교환에 의해 생겨나는 전혀 색다른 유용성이죠. 대단히 흥미로운 지점입니다. 이에 관해 푸코는 이렇게 말합니다.

> 그런데 교환은 그 나름으로 가치를 창조한다. 이는 두 가지 방식으로 이루어진다. 우선 교환은 자신에게 거의 또는 전혀 유용하지 않은 물품들을 유용하게 만든다. … 다른 한편으로, 교환은 새로운 유형의 가치, 이른바 '평가적인appréciative' 가치가 생겨나도록 한다. 교환은 유용성들 사이에서, 단순한 욕구에의 관계를 배가시키는 상호 관계를 조직한다. 이 상호 관계는 곳곳에서 단순한 욕구에의 관계를 변경한다. 즉 평가의 질서 속에서, 그러니까 각각의 가치를 다른 모든 가치와 비교하는 질서 속에서 최소한이라도 새로운 유용성이 창조되면 이미 현존하는 유용성들의 가치를 상대적으로 떨어뜨린다. 부의 총량은 증대되

지 않는다. … 교환은 가치들을 증대시키는 것이자, 마찬가지로 가치들을 감소시키는 것이다. 교환에 의해 유용하지 않은 것le non-utile이 유용하게 된다. 그리고 동일한 비율로 가장 가치 있는 것이 덜 가치 있는 것으로 된다. (212, 243-244)

교환이 사회 전체적으로 새로운 부를 생산해 내지는 않지만, 새로운 종류의 유용성, 즉 상대적인 가치를 생산해 낸다는 것이 핵심입니다. 이 상대적인 가치는 앞으로 19세기로 넘어가면서 고전 경제학에서 말하는 교환가치가 될 것입니다. 푸코는 이 대목에서 아직 사용가치와 교환가치를 정확하게 지목해서 구분하지는 않습니다. 하지만, 중농주의자들이 잉여의 원천을 제시하면서 소비를 통해 가치가 생겨난다고 하는 데서 알 수 있듯이, 그들은 사용가치에 집중해서 부를 분석한 것이라 할 수 있습니다. 그 반면, 효용주의자들은 잉여의 원천보다는 시장에서 통용되는 가격으로 표현되는바 교환에 따른 새로운 종류의 가치, 즉 사용가치와는 다른 교환가치가 있음을 발견한 겁니다.

푸코는 중농주의자와 그 적대자들의 공통점을, ① 모든 부는 토지에서 나온다. ② 물품들의 가치는 교환과 연결되어 있다. ③ 화폐는 유통되는 부에 대한 재현으로서 가치를 갖는다. 따라서 유통은 가능한 한 단순하고 완결되어야 한다 등으로 지적합니다(212-213, 244 참조).

이를 적시한 뒤, 푸코는 양자의 차이를 말합니다. ① 효용주의자들은 유용성들의 교환이 모든 가치의 주관적이고 긍정적인 토대라고 하는 데서 출발합니다. 그러므로 더 많은 욕구를 충족시킬 수 있도록 하는 물품의 산업적인 변형과 상업적인 이동 등은 가치의 증대를 가져온다고 말합니다. ② 그런데 중농주의자들에게 있어서, 물품의 산업적인 변형과 상업적인 이동 등은 전체 재화를 감소시키는 것이며, 지주(또는 농업 자본가)와 자연 간의 교환 이외의 다른 교환들을 통해서는 가치가 생겨나지 않고 오

로지 소비를 통해서만 가치가 생겨납니다. 이에 관련하여 푸코는 이렇게
정돈하죠.

> '효용주의자들'은 교환들의 **분절**_articulation_을 토대로 삼아 그 위에서 물
> 품들에 어떤 가치가 **부가됨**_attribution_을 놓는다. 중농주의자들은 부들의
> **현존**_existence_을 통해 가치들의 점진적인 **분화**_découpage_를 설명한다.
> …
> 이를 더 단순하게 말해, 중농주의자들은 지주들을 대변했고, '효용주
> 의자들'은 상인들과 기업가들을 대변했다고 말할 수도 있을 것이다.
> 결국 '효용주의자들'은 자연적인 생산이 변형되거나 이동될 때 가치의
> 증대가 일어난다고 믿었다. 말하자면, 그들은 욕구와 욕망이 법칙을
> 형성하는 시장 경제에 관심을 집중했다. 이와는 반대로, 중농주의자들
> 은 농업에서의 생산만을 믿었고 이 농업 생산에 대해 더 높은 보수를
> 요구했다. 중농주의자들은 지주였던 까닭에 지대에만 자연적인 토대
> 를 부가했다. 그리고 정치적인 권력을 요구하면서 그들만이 납세할 수
> 있는 유일한 주체들이라 믿었다. (213, 245)

두 그룹의 입장에 상당한 차이가 있음은 분명합니다. 푸코가 '효용주의
자들'이라고 해서 따옴표를 쓰는 건 아마도 경제학사에 있어서 이들이 분
명하게 자리매김되지 않고 있는데 푸코 자신이 그렇게 명명하기 때문이
라고 추정됩니다.

중요한 것은 푸코가 이들 두 그룹의 지식 체계가 18세기에 어떠했으며
어떻게 가능했는가를 다룬 뒤, 이와 관련된 두 연구 형태를 구분하고서는
자신의 고고학이 어떤 연구 형태를 중시하는가를 밝히고 있다는 점입니
다. 그의 말을 직접 인용해 보죠.

세심하게 연구의 두 형태와 두 수준을 구분해야 한다. 하나는 18세기의 중농주의 또는 반중농주의가 무엇인가, 거기에서 작동했던 이해관계는 무엇인가, 논쟁점과 논쟁의 내용은 어떠했는가, 권력을 위한 투쟁이 어떻게 전개되었는가 등에 관한 의견들을 검토하는 것이다. 다른 하나는 인물이나 그들의 전기를 생략하고서 '중농주의적인' 지식과 '효용주의적인' 지식을 정합적이고 동시적인 형태 속에서 규정해 내고자 하는 것이다. 전자의 분석은 일반적인 속견을 따름에 불과할 것이다. 고고학은 후자의 연구 형태만을 인정할 수 있고 실천할 수 있다. (214, 245-246)

푸코는 17-18세기 '부의 분석analyse des richesses'이 같은 시대에 있었던 '일반 문법grammaire générale'과 '자연사histoire naturelle'에 관한 연구와 어떻게 유사한 구조를 지니는가를 줄곧 보이고자 합니다. 이는 그가 서론에서부터 제시한 이른바 '인식론적인 장' 또는 '역사적 선험' 또는 '에피스테메' 이론에 입각한 거죠. 그래서 한 시대의 일정 영역에 대한 지식이 어떻게 정합적이고 동시적인 형태를 띠고 있는가를 규정하고자 하는 연구 형태를 적극 지지하는 겁니다.

이러한 푸코의 연구 방식은 이 인용문에서 전자의 연구 형태라 일컫는 이른바 정치사회적인 투쟁을 염두에 둔 사상사적인 연구 형태와 대립합니다. 그러고 보면, 이제까지 우리가 푸코의 『말과 사물』에 대해, 대략 사상사적인 연구라고 여겨 온 것은 일단 철회되어야 할 것 같습니다. 철회하지 않는다면, '사상사적인 연구'라는 말을 보다 폭넓게 써서 역사 속에서 관철되는 선험적인 형식을 탐구하는 것까지 포함하는 것으로 다시 정돈해야 할 겁니다.

17-18세기 에피스테메 정돈

1. 일반 표

이제 푸코는 17-18세기 고전주의 시대의 에피스테메에 관한 이야기를 마무리하고자 합니다. 그러면서 제6장에 속한 이 절의 제목을 '일반 표 tableau général'라 붙이고 있습니다. 이제까지 누차 이야기해 온 것처럼, 푸코는 '부의 분석'(교환하기), '자연사'(분류하기), '일반 문법'(말하기) 등 세 가지 사유 영역에서 동일한 편제가 이루어진 것을 강조합니다. 그러면서 '부의 분석'에서 핵심이 되는 가치에 대해 이렇게 말합니다.

그러므로 [가치 이론에서] 가치는 속성 부가의attributive 기능과 상응한다. 속성 부가의 기능은 **일반 문법**에서 동사에 의해 확정되는 것으로서, 명제를 나타나게 함으로써 언어가 성립할 수 있는 역치를 구성한다. 그러나 본원적 평가 가치valeur appréciative가 평균적 평가 가치valeur d'estimation로 될 때, 즉 평가 가치가 모든 가능한 교환에 의해 구성되는 체계 내부에서 규정되고 한정될 때, 각각의 가치는 다른 모든 가치에 의해 정립되고 재단된다. 바로 이 순간에, 가치는 분절의 역할을 떠맡는다. 이 분절의 역할은 일반 문법이 명제를 형성하는 요소 중 동사적인 요소를 제외한 다른 모든 요소에서 발견하는 역할이다. 교환의 체계에서, 즉 부의 부분 각각이 다른 모든 부분을 기호로 표시하거나 다른 모든 부분에 의해 기호로 표시되도록 하는 활동에서, 가치는 **동사**이자 동시에 **명사**이다. 따라서 부의 분석에서 **가치**는 자연사에서 **구조**가 차지하는 것과 정확하게 동일한 위치를 차지한다. 자연사에서의 구조처럼, 가치는 동일한 단 하나의 작동에, 하나의 기호를 다른 기호에 속성 부가토록 하는 기능, 즉 하나의 재현에 다른 재현을 속성 부가토록 하는 기능을 결합한다. 그리고 재현의 전체 또는 재현을 분해하는 기호들 전체를 구성하는 요소들을 분절해 내는 기능을 그 동일한 단 하나의 작동에 결합한다. (214-215, 246)

앞에서 했던 이야기를 정확하게 정돈하고 있습니다. 17-18세기의 지적 상황의 경우, 일반 문법에 견주어 본다면 부의 분석에서 교환 체계는 언어에 해당하고, 교환 체계에서 생겨나는 가치는 속성 부가의 기능과 분절의 기능, 즉 동사와 명사의 기능을 동시에 수행한다는 겁니다. 묘한 연결입니다.

알기 쉽게 설명하면 이렇습니다. 교환 시장에서 하나의 상품인 가방의 가치는 가격으로 표시됩니다. 이때 "이 가방은 5만 원이다"라는 명제가 성립하죠. 그런데 예컨대 다른 상품인 구두에 대해서는 "이 구두는 10만 원이다"라는 명제가 성립할 겁니다. 5만 원짜리이건 10만 원짜리이건, 가격에 의해 표시되는 상품의 가치는 다른 모든 상품과의 가능적인 교환 전체를 염두에 둔 상태에서 성립합니다. 그런 점에서 가치는 모든 상품 간의 관계를 서로가 서로에 대한 기호가 되는 데서 성립하고, 상품들이 서로의 속성을 표시해 주는 것으로 되죠. 이는 문법에서 être 동사 —다른 동사들은 이 être 동사의 변형으로 보면 됩니다― 가 주어와 술어를 기호적으로 연결해 주는 것과 똑같다는 겁니다. 이를 일컬어 가치의 **속성 부가**attribution 기능이라 말하고 있습니다.

그런데 가능적인 교환 시장 전체에서, 예컨대 "5만 원짜리 다 모여!"라고 하거나 "10만 원짜리 다 모여!"라고 하는 식으로 모든 상품을 가격에 따라 죄다 분류되었다고 해 봅시다. 그러면, 시장에 나와 있는, 또는 나올 수 있는 모든 상품은 그 가치량을 통해 분절되는 셈이죠. 이를 일컬어 가치의 **분절**articulation 기능이라 말하고 있습니다. 그리고 두 기능을 압축해서 "가치는 동사이자 동시에 명사이다"라고 말하는 거죠.

그런데 일반 문법에 관한 설명을 하면서, 푸코는 언어 구성에 있어서 속성 부가와 분절 외에 **지시**désignation와 **파생**dérivation이 근본적인 기능 요소들임을 지적했습니다. 이에 관해 우리는 다음과 같이 정돈했었죠.

> ① 명제는 기본적으로 être 동사로 환원되는 형식을 취한다. 하지만 être 동사는 외부 사물들의 존재와 연결되지 못하고 재현 내부의 존재에만 연결된다. ― 이에 명제의 성립에는 지시가 필요하다. 지시가 이루어지기 위해서는 분절이 먼저 요구된다. 그런데 수평적 분절과 수직적 분절은 대립한다. 실체와 속성의 분절인 수직적 분절을 통해 명제, 즉 속성 부가가 이루어질 수 있지만, 그 기초가 되는 수평적 분절은 개체로 수렴된다.
>
> ② 수평적 분절은 개체와 일반성의 분절이고, 수직적 분절은 실체와 속성의 분절이다. ― 모든 분절은 결국 행동 언어적인 개체 지시로 수렴된다.
>
> ③ 순전한 지시는 행동 언어langage d'action에 따른 즉각적인 지시이고, 행동 언어의 시원적인 자료는 바로 어근이다. 그리고 이 어근들을 바탕으로 해서 '기호를 지시하는 기호'에 관한 협약적인

지시가 이루어진다. — 이때 순전한 지시는 분절의 결과로 이루어지지만, 일반성에 대한 분절과 속성에 대한 분절은 협약적인 지시의 결과로 이루어진다.

④ 파생은 한 낱말이 여러 뜻을 갖도록 하는바, 언어의 수사적인 공간 및 언어의 비유적 공간을 바탕으로 해서 이루어진다. — 파생은 한 낱말이 재현의 표면 위를 내달리게 함으로써 한 낱말이 여러 뜻을 갖는 것을 가능케 하지만, 이는 한 낱말이 갖는 행동 언어적인 어근과의 긴밀한 연결과 대립한다. 파생은 결국 명제를 통해 어근과의 긴밀한 관계를 벗어날 수 있게 된다.

이를 참고하면서 푸코가 '부의 분석'에서 화폐로 표시되는 가격에 관한 이론에 의해 어떻게 지시 기능과 파생 기능이 생겨난다고 보는가를 들여다 봅시다.

화폐 가격 이론은 일반 문법에서 어근과 행동 언어의 형식으로 나타나는 것과 상응한다(지시 기능). 그리고 화폐 가격 이론은 비유에 의한 의미의 변환과 이전移轉의 형식으로 나타나는 것에 상응한다(파생 기능). 화폐는 낱말처럼 지시하는 역할을 갖는다. 그러면서 화폐는 수직적인 축을 중심으로 진동한다. 말하자면, 가격의 변동이 금속과 부 간에 설립된 일차적인 관계에 대해 갖는 관계는 [일반 문법에서] 수사학적 전위轉位가 술어적인 기호들이 갖는 시원적인 가치에 대한 관계와 같다. (215, 247)

행동 언어는 최초의 인간들이 다급한 상황에서 강한 몸짓을 하면서 외치는 것과 같은 것으로서 아직 정확하게 언어로 되지 않은 시원적인 언어입니다. 푸코는 이 행동 언어에서 어근의 기원을 찾습니다. 이때 행동 언어는 기호가 기호를 지시하는 협약 방식의 지시 단계에까지 발전하지는 못한 것으로서, 기호가 사물 또는 사건을 지시하는 순전한 지시입니다. 푸코는 화폐 가격 이론에서 이루어지는 협약 방식의 지시 관계를 문제 삼고 있지 않죠. 화폐가 화폐를 지시하는 이른바 금융 산업의 경우로 발전하게 되면, 협약 방식의 지시를 찾을 수 있지 않겠는가 싶습니다. 아무튼 푸코는 화폐가 상품의 가치를 지칭하는 데서 화폐의 **지시** 기능을 찾고 있습니다.

그런데 기본적으로 수요와 공급의 일반적인 비율에 따라, 그리고 그와 관련해서 특수한 비율에 따라 표시된 가격은 얼마든지 변동할 수 있습니다. 디플레이션의 상황이냐, 아니면 인플레이션 상황이냐에 따라, '5만 원'이라는 가격 표시는 그 가치가 얼마든지 달라지죠. 푸코는 이를 일반 문법에서의 수사학적인 전이에 상응한다고 말하고, 거기에서 화폐의 **파생** 기능을 찾고 있습니다.

이렇게 푸코는 가치와 화폐의 관계에서 언어에 해당하는 기본적인 네 가지 기능 요소를 찾아 17-18세기 고전주의 시대에 있었던 '부의 분석'과 '일반 문법' 간의 지식에서의 구조적인 상동성을 확보해 냅니다. 그리고 이제 이어서 '부의 분석'과 '자연사' 간의 구조적인 상동성을 찾고자 하죠.

> 화폐는 부와의 관계에 대해, **특성**_caractère_이 자연적인 존재들에 대해 갖는 기능을 한다. 특성은 자연적인 존재들에 특정한 표식을 부여함과 동시에 자연적인 존재들에게 위치place, 즉 사물들과 기호들 전체에 의해 현실적으로 규정되는 공간에서 차지하는 잠정적인 위치를 지정하도록 한다. 부의 분석에서 화폐와 가격의 이론은, 자연사에서 특성의 이론이 갖는 것과 동일한 지위를 점한다. 특성 이론처럼, 화폐와 가격의 이론은 하나의 기호를 사물들에 부여하고 하나의 사물이 다른 사물을 재현할 수 있음을 하나의 기호가 그것이 지시하는 것과의 관계 속으로 편입해 들어갈 수 있음과 동일한 하나의 기능으로 결합한다. (215-216, 247)

지연사 연구는 자연적인 존재들을 분류하는 데 치중합니다. 푸코는 자연사 연구에서 중심이 되는 이론으로 구조 이론과 특성 이론을 듭니다. 예컨대 한 식물의 꽃에서 암술과 수술의 구조를 찾아 드러냄으로써 그 식물을 바로 그 식물이게끔 하는 분류에 따른 가치 체계를 찾아내는 것이 구조 이론입니다. 그리고 그 가치 체계를 염두에 두면서 개개 동식물들이 외견상 드러내는 특징들을 연구하는 것을 특성 이론이라고 하죠. 예컨대 수술과 암술의 개수나 위치 등이 어떻게 달리 분화되어 나타나는가를 분석하는 겁니다. 그런데 저 앞에서 푸코는 이렇게 말했습니다.

> 자연사는 일관된 동일한 작업을 통해 일상 언어가 분리해서 수행하던 것을 다시 통일시켜야 한다. 자연사는 모든 자연적인 존재를 아주 정확하게 지칭해야 하고, 동시에 그것들을 서로 근접시키면서 구분되도록 하는 동일성들과 차이들의 체계 속에 위치시켜야 한다. 자연사는 확실한 하나의 **지시**désignation와 절제된 하나의 **파생**dérivation을 연속해서 보장해야만 한다. 따라서 구조 이론이 분절과 명제를 중첩해 서로에게로 이관되도록 한 것처럼, 특성 이론théorie du caractère은 지칭하는바 가치들과 이 가치들이 파생되어 나오는 공간을 동일시해야 한다. (151, 178-179)

이에 따르면, 부의 분석에서 가치 이론을 통해 드러난 가치의 기능, 즉 '속성 부가 기능'과 '분절 기능'은 자연사에서 구조가 갖는 기능과 일치하고, 부의 분석에서 화폐 가격의 이론을 통해 드러난 화폐의 기능, 즉 '지시 기능'과 '파생 기능'은 자연사에서 특성이 갖는 기능과 일치합니다. 결국에는 맨 처음 푸코가 다루었던 '말하기'의 일반 문법에서 찾은 네 가지 기능 요소가 '분류하기'의 자연사와 '교환하기'의 부의 분석에서 똑같이 반복해서 나타난다는 것을 밝힘으로써 17-18세기 고전주의 시대의 에피스테메, 즉 **재현**^{représentation}이 어떻게 성립하고 작동하는가를 밝힌 셈입니다. 결국에는 이렇게 정돈됩니다.

> [네 가지 기능이 재현과의 관련에서 기호 체계들을 확립한다는 점에서 볼 때] 이렇게 말할 수 있다. 고전주의 사유에 있어서 자연사의 체계들과 화폐 또는 상거래의 이론들은 언어 자체가 성립하는 데 필요한 가능 조건들과 동일한 가능 조건들을 갖는다. 이는 두 가지 사실을 의미한다. 첫째는 고전적인 경험에 있어서 자연의 질서와 부의 질서가 낱말들에 의해 증시되는바 재현들의 질서와 동일한 존재 양식^{mode d'être}을 갖는다는 것이다. 둘째는 사물들의 질서를 드러내는 것이 현안일 때, 낱말들이 특권을 충분하게 지닌 기호 체계를 형성하고, 그래서 잘 꾸려진 자연사와 잘 조절된 화폐인 경우, 그것들은 언어적인 방식으로 기능한다는 것이다. (216, 248)

17-18세기에 언어를 모델로 삼아, 언어를 구성하는 네 가지 기능이 자연의 질서와 부의 질서에 있어서도 기본적으로 작동한다는 것을 보인 결과, 결국에는 자연의 존재들과 경제적인 부에 관련된 모든 일이 언어적으로 일어난다고 여겼다는 것을 말하고 있습니다. 그것이 17-18세기, 즉 고전주의 시대의 기본적인 사유 방식이라는 것입니다. 그 바탕에 재현의 질서에 따른 존재 양식이 깔려 있음은 물론입니다.

그런데 비록 재현에 따른 것은 아니지만 ―재현의 구도를 벗어났다는 것은 내성주의^{內省主義, introspectionism}에 입각한 반성적 구도를 벗어났다는 점에서 대단히 중요합니다― 사물들과 사건들 전체가 언어적인 질서에 따라 배치된다고 보는 것은 오늘날에도 유력하게 작동합니다. 소쉬르로부터 발원한 기호학의 영향뿐만 아니라, 비트겐슈타인에서 비롯되는 '언어적 전회^{lingustic turn}'의 영향도 크게 작용한 것으로 보입니다. 언어적 전회는 모든 사유가 언어적인 질서에 따라 이루어지기 때문에 논리적인 명제의 구성은 물론이고 그 바탕이 되는 지각과 상상의 내용 역시 언어적인 질서에 따라 사유될 수밖에 없는 노릇임을 전제로 합니다. 이에 언어와 세계의 관계를 분석하는 것이 곧 철학의 근본 탐구 영역이어야 한다는 것이고, 이를 바탕으로 전통적인 모든 철학적인 주요 개념을 전반적으로 재검토해야 한다는 겁니다. 이렇게 세계를 언어의 질서, 즉 논리를 바탕으로 해서 파악하고 해석해야 한다는 것은 기호학을 통해 세계를 구성하는 사물들이나 사건들 전체를 기호적인 것으로 볼 수 있고, 따라서 그것들을 이항 대립적인 관계로 파악할 필요가 있다는 것으로 확대된 셈이죠. 예컨대 롤랑 바르트가 음식, 의복, 유행 등을 기호적인 것으로 보고 '도시의 기호학', '의학의 기호학' 등을 제시한 것이 그 대표적인 경우라 할 겁니다.

이처럼 언어를 모델로 해서 사물과 사건을 포착하고자 하는 사유의 경향은 비단 17-18세기 고전주의 시대에만 통용되는 건 아니라고 여겨집니다. 모든 사안에서 언어적인 측면들을 파악해 낸다는 것은 한편으로는 각각의 사안이 다른 사안들과 의미를 주고받는 관계를 맺고 있다는 것을 나타내고, 다른 한편으로는 각각의 사안이 주체의 욕망과 관련해서 가치를 갖는다는 것을 나타냅니다. 이런 점을 염두에 두면, 푸코가 밝혀낸바, 17-18세기 고전주의 시대의 사유 속에, 각각의 사물을 언어적인 표식으로 본 르네상스 시대의 사유가 변형된 방식으로 들어 있다고 해야 할 겁니다. 다만 재현을 그 바탕에 두느냐 유사성을 그 바탕에 두느냐, 아니면 객관화된 인간 일반을 그 바탕에 두느냐 하는 것이 다를 뿐이죠.

지나가는 길에 우리 나름으로 이런 상황을 지적해 보았습니다. 다시 푸코로 돌아가죠. 푸코는 이러한 고전주의적인 사유 방식이 18세기 말부터 대변환을 겪는다고 봅니다.

서양의 모든 **에피스테메**는 18세기 말 즈음에 큰 변환을 겪는다. 이제 우리는 두 가지 사실을 지적함으로써 그 변환이 어떠했는가를 에둘러서 특징지을 수 있다. 하나는 고전주의적인 에피스테메가 강력한 형이상학적인 시대를 인식했던 바로 그 지점에서 강력한 과학적인 시기가 형성되었다는 것이다. 그리고 다른 하나는 그 반대로, 고전주의적인 에피스테메가 가장 견고한 인식론적인 장치를 확립한 바로 그 지점에서 철학적인 공간이 생겨 나온다는 것이다. (219, 251-252)

고전주의 시대에 형성된 인식론적인 장치를 바탕으로 해서 철학에 새로운 공간이 생겨난다고 한다면, 에피스테메의 변환에 있어서 연속성을 말하는 것이라 할 수 있습니다. 그런데 다른 한편으로 강력했던 형이상학적인 시대를 마감하고 그에 못지않게 강력한 과학적인 시대를 맞이하게 된다는 점에서는 에피스테메의 변환이 불연속적입니다. 푸코가 정확하게 어떤 현실의 변화를 보는가가 중요한데, 이에 관해 푸코는 이렇게 말합니다.

사실상 새로운 '정치경제학'에 따른 기획인바 생산의 분석analyse de la production이 이루어진다. 생산에 대한 분석은 가치와 가격들의 관계를 분석하는 일을 본질적인 역할로 삼는다. 그런가 하면 유기체organisme와 조직organisation에 관한 개념들, 비교 해부학의 방법들 등, 간단하게 말해 막 태어난 '생물학biologie'에서 다루는 모든 주제는 관찰할 수 있는 개체들의 구조가 어떻게 속屬, 과科 그리고 문門에 해당하는 일반적인 특성들을 지칭하는 자격으로서 타당성을 가질 수 있는가를 설명한다. 끝으로, 언어의 형식적인 배치들(명제들을 구성하는 언어의 역량)과 그 언어의 낱말들에 속한 의미들을 결합하기 위해, '문헌학philologie'이 등장한다. 문헌학은 담론의 재현 기능들을 탐구하지 않고, 그 대신 한 [언어] 역사에 매설된 항상적인 형태소들constantes morphologiques을 탐구하게 된다. 문헌학, 생물학 그리고 정치경제학은 **일반 문법**, **자연사**, **부의 분석**의 자리를 대신 차지한 것이 아니다. 이 새로운 세 지식은 이전의 세 지식이 현존하지 않았던 영역에서, 즉 이전의 지식들이 공백으로 남겨놓은 공간에서, 비유컨대 이전의 세 지식이 이론적으로 구분해 놓은 거대 영역들 사이의 깊은 고랑에서 형성된다. … 19세기 지식의 대상은 고전주의적인 존재 충만la plénitude d'être이 침묵하게 되는 바로 그 지점에서 형성된다. (219-220, 252)

고전주의 시대의 대표적인 세 지식의 영역, 즉 '일반 문법'과 '자연사' 그리고 '부의 분석'이 다루는 영역과 19세기, 이른바 근대의 대표적인 세 지식 영역, 즉 '문헌학'과 '생물학' 그리고 '생산의 분석'이 다루는 영역은 서로 겹치는 것이 아니라는 것을 지적하는 대목으로서 대단히 중요해 보입니다. 이전의 지식들이 놓치고 있는 영역을 개발해서 새로운 지식들이 생겨난다는 것입니다. 이렇게 되면, 에피스테메의 전환을 분명하게 말할 수 있을 겁니다. 재현 중심의 고전주의 시대 에피스테메에 대한 고찰을 마무리하는 대목에서 제시된 내용이기 때문에, 개설概說일 수밖에 없습니다. 앞으로 구체적으로 논구될 겁니다.

그런데 저 앞 인용문에서는 이와 반대로 19세기 근대의 철학은 17-18세기 고전주의 시대 철학의 자리를 바탕으로 해서 생겨난다고 했습니다. 이에 관해 푸코는 이렇게 말합니다.

근대의 철학적 반성에서 두 거대한 형식이 발견되어 자리를 잡는다. 하나는 논리학과 존재론 간의 관계들에 대한 탐문이라는 형식이다. 이 형식은 형식화formalisation의 길들을 통해 전개된다. 그리고 새로운 양상 아래 '학문mathesis'이라는 문제와 만난다. 다른 하나는 의미와 시간의 관계들에 대한 탐문이라는 형식이다. 이 형식은 완성되지 않고 있

고 분명히 결코 완성될 수 없는 하나의 해명 작업un dévoilement을 꾀한
다. 그럼으로써 해석interprétation에 관한 주제들과 방법들을 드러낸다.
이제 철학에서 제기될 수 있는 가장 근본적인 문제는 이 두 반성 형식
사이의 관계에 집중하게 된다. (220, 252-253)

논리학과 존재론의 관계라면, 이마누엘 칸트Immanuel Kant(1724-1804)
가 그의 『순수이성비판』(1781)에서 제시한 이른바 '초월론적인 논리학die
transzendentale Logik'을 통해 자리 잡은 것으로 보아야 합니다. 푸코가 제시
하고 있는 '형식화'도 바로 칸트의 초월론 철학에서 핵심이 되는 사안입니
다. '학문'이 문제가 된다는 것도, 칸트가 뉴턴의 물리학과 같은 보편과학
이 어떻게 가능한가를 분석했다는 것과 직결됩니다. 그런데 푸코는 일단
칸트를 아예 들먹이지 않습니다.

그리고 다른 하나의 반성 형식으로 거론하는 '해석' 문제는 글쎄 슐라이
어마허Friedrich Schleiermacher(1768-1834)를 비롯한 딜타이Wilhelm Dilthey(1833-
1911)의 해석학이 출현한 것을 지목한 것이지 싶습니다. 푸코는 이들 역시
거명하지 않습니다. 아무튼 결국은 이처럼 19세기 근대 철학을 조감하는
가운데 근대의 사유에 대해 정돈해서 미리 제시한 뒤, 20세기 자신이 처
한 시대와 관련해 이렇게 말합니다.

근대의 사유가 근본적으로 문제 삼은 것은 의미가 진리의 형식 및 존
재의 형식과 어떤 관계를 맺는가다. 그런데 우리의 반성 풍토에서는
존재론ontologie이기도 하고 의미론sémantique이기도 한 담론discours —아
마도 접근 불가능한 하나의 담론— 이 지배한다. 구조주의structualisme
는 새로운 방법이 아니다. 구조주의는 근대의 지식으로부터 활기를 띠
게 된 불안한 의식이다. (220-221, 253)

당시에 사르트르 중심의 현상학에 반기를 들고 일어난 구조주의, 소쉬르와 레비스트로스의 연구에 기원을 두고 있다고 이야기되는 구조주의라는 것도 실상을 알고 보면 19세기 근대의 사유에 뿌리를 두고 있는 것이고, 그래서 구조주의에서 담론이 중심 주제가 된다는 것도 결국은 존재론과 의미론이 서로 결합해 있는 형태의 담론이 지배력을 발휘한다고 보아야 한다는 겁니다. 정확하고 미세하게 어떤 구체적인 맥락을 담은 언명인가에 대해서는 또 다른 깊이 있는 설명이 필요할 겁니다.

2. 욕망과 재현

이제 제6장 '교환하기'의 마지막 절인 제8절 '욕망과 재현'으로 들어갑니다. 이 절은 17-18세기 고전주의 시대의 에피스테메에 관한 고고학적인 분석에서 마지막 절에 해당합니다. 미리 말하자면, 그 주인공은 사드 Marquis de Sade(1740-1814)입니다.

푸코는 우선 이 절을 시작하면서 고고학적인 탐구가 어떤 것인가를 다시 한번 확인하려 합니다. 이를 위해 17세기와 18세기의 사람들이 이전의 시대에서 물려받은 지식이나 앞으로 있을 것으로 예상되는 지식의 선線에 따라 부, 자연, 체계 언어 등을 사유한 것이 아님을 분명히 합니다. 말하자면 그들이 통시적인 선을 따라 사유한 것이 아니라, 그 나름의 독자적인 공시적인 선을 따라 사유를 했다는 겁니다. 이는 소쉬르가 『일반 언어학 강의』[35]에서 통시적인 언어학, 즉 언어가 역사적으로 어떻게 다각적으로 변형해 왔는가를 분석하는 언어학이 아니라, 공시적 언어학, 즉 언어적인 배열과 규칙을 분석하는 작업이 언어학에서 근본임을 주장한

---

[35]   최승언 옮김, 민음사, 1990, 1쇄. 1995, 5쇄.

것과 일맥상통합니다. 참고하자면, 소쉬르는 이렇게 말합니다.

> 통시적 계열에 속하는 현상들은 공시적 계열의 현상들과 동일한 차원
> 의 것일까? 전혀 그렇지 않다. 왜냐하면 우리가 이미 정립했듯이, 변화
> 란 어떠한 의도와도 상관없이 일어나기 때문이다. 반대로 공시태 현상
> 은 항상 의미적이다. 그것은 언제나 동시적인 두 사항에 의존한다. 즉
> 복수를 표현하는 것은 Gäste [자체]가 아니라 Gast 대 Gäste의 대립이
> 다. 통시적 사실은 이와 정반대이다. 그것은 단지 한 사항에만 관계되
> 며 새로운 한 형태, 예컨대 Gäste가 나타나기 위해서는 그 이전에 통용
> 된 gasti가 자리를 양보하여야만 한다. (위 국역본, 105쪽)

푸코가 한 시대의 에피스테메가 그 이전과 이후 시대의 에피스테메들
과 불연속적이라는 사실을 강조하는 것은 구조주의에서 구조의 변환을
우발적이라고 보는 것과 연결될 뿐만 아니라, 이처럼 소쉬르가 언어에서
통시태를 무시하고 공시태를 강조한 것과 연결되어 있습니다. 푸코는 이
런 점을 염두에라도 둔 것처럼, 이렇게 말합니다.

> 지식의 역사는 그 지식과 동시대적인 것에 근거해서만 형성될 수 있다.
> 그리고 분명히 지식의 역사는 상호 영향의 용어들이 아니라, 시대 속
> 에서 구성된 조건들과 선험의 용어들로 이루어진다. 고고학은 일반 문
> 법, 자연사, 부의 분석 등의 **현존**existence을 고찰할 수 있었고, 그럼으로
> 써 학문의 역사라든가 관념들과 통념들의 역사라든가 하는 것들이 마
> 음껏 놀 수 있는 빈틈없는 공간을 열어젖힐 수 있는 것이다. (221, 254)

여기에서 말하는 고고학은 푸코 자신이 수행하는 지식에 대한 고고학
입니다. 그러한 자신의 고고학적 작업이 어떻게 구조주의적인 성격을 갖

는가를 상당 정도 엿볼 수 있는 대목이죠. 이러한 구조주의적인 사유는, 역사의 보편 법칙을 제시함으로써 이른바 이데올로기적인 억압적인 선입견을 제거한다거나, 개개 인간이 내면을 중시하는 내성주의에 입각해 주관주의적인 관념론에 빠지는 것을 원리상 거부합니다. 그럼으로써 구조주의적 사유는 현실을 중시하는 태도를 진작시킬 수 있다는 장점이 있습니다. 하지만, 구조주의적인 사유 방식 역시 단점을 갖지 않을 수 없습니다. 당대에서 추출한 구조에서 벗어나는 사유들에 관해서는 관심을 기울이지 않음으로써 새로운 혁신의 가능성을 모색하지 못하는 단점이 있을 수 있습니다. 그 자체로 보면 역사의 진행에 있어서 그다지 중요하지 않은 사건이 어떻게 해서 대대적인 역사의 전환을 이루는 기폭제 역할을 하는지를 설명하기가 쉽지 않은 겁니다. 예컨대 칼 폴라니가 『거대한 전환』[36]에서 1834년에 기업 바깥에서 기본임금을 보전해 주는 '스피넘랜드 법'이 폐지된 이후, 노동이 상품이 됨으로써 비인간적인 자본주의 사회가 본격적으로 시작되었다는 사실을 설득력 있게 분석해 냈는데, 구조주의적 사유로써는 이 같은 종류의 분석을 하기가 쉽지 않은 겁니다.

아무튼 푸코는 르네상스 시대에서 고전주의 시대로 넘어가는 길목에서 세르반테스의 『돈키호테』가 에피스테메적인 역치를 가운데 두고 어떻게 전환의 모델이 되었는가를 분석한 것(제3장 제1절)처럼, 이제 고전주의 시대에서 근대로 넘어가는 길목에서 그와 엇비슷한 역할을 하는 것으로 사드가 묘사한 인물들을 제시합니다. 다소 길지만, 그대로 인용하고자 합니다.

사드의 인물들은 고전주의 시대의 한끝, 즉 그 몰락의 시기, 돈키호테에 해당한다. 그것은 유사성에 대해 재현이 아이러니한 승리를 거두는 게 더는 아니다. 그것은 재현의 한계들의 북을 두들겨 알리는 욕망의

---

[36]   홍기빈 옮김, 도서출판 길, 2009.

반복되는 어두운 폭력이다. 『쥐스틴*Justine*』[37]은 『돈키호테』의 후반부에 해당한다고 할 수 있다. [『쥐스틴』의 주인공인] 쥐스틴은 욕망의 무한정한 대상이자 그 욕망의 순수한 기원이다. 이는 돈키호테가 자기 의도와는 상관없이, 재현의 대상이자 자신의 깊은 존재에 있어서 그 스스로가 욕망인 것과 같다. 쥐스틴에게서 욕망과 재현은, 자신을 욕망의 대상인 여주인공으로 재현하는 타자*un Autre*의 현전에 의해서만 소통된다. 그렇지만 그녀 자신은 가볍고, 멀고, 외적이며 재현으로 얼려진 욕망의 형식만을 알 뿐이다. 이것이 그녀의 불행이다. 그녀의 순진함은 욕망과 재현 사이에서 항상 제삼자에 머무는 것이다. [쥐스틴의 언니인] 쥘리에트*Juliette*는 가능한 모든 욕망의 주체일 뿐이다. 그러나 그 욕망들은 남김없이 재현 속으로 흡수된다. 이때 재현은 담론을 통해 욕망들에 이성적인 기초를 제공하고, 욕망들을 의도적으로 **장면들***scènes*로 바꾼다. 그럼으로써 쥘리에트의 삶에 대한 거대한 이야기*le grand récit*는 철저하게 욕망, 폭력, 야만스러움, 그리고 죽음을 거치면서 찬연히 빛나는 재현의 표를 펼친다. 그러나 이 표는 너무나 빈약하며, 욕망에 끊임없이 축적되는 욕망의 모든 형상(지칠 줄 모르고, 욕망에 축적되며, 서로를 조합하는 힘에 의해 증식되는)에 있어서 너무나 투명하다. 그래서 이러한 쥘리에트의 삶은 돈키호테가 상사相似, *similitude*에서 상사로 넘어가면서 복잡하게 얽힌 세상의 길들과 책들을 관통해 나간다고 믿었지만 [결국에는] 그 자신이 갖는 표상의 미로 속에 던져진 것만큼이나 부조리하다. 『쥘리에트*Juliette*』[38]는 재현되는 것*le représenté*의 두께를 무력하게 함으로써 모든 욕망의 가능성을, 조금이라도 빼지 않고, 조금의 망설임도 없이, 조금의 숨김도 없이, 재현되는 것의 표면 위로 노출한다.

---

[37] 사드의 소설로 1791년판과 1797-1799년판으로 두 번 출판되었다.

[38] 사드의 소설로 1797-1799년에 출판되었다.

…

사드는 고전주의의 담론 및 사유의 끝에 도달한다. 그는 정확하게 그 한계에서 존재한다. 사드로부터 폭력, 삶과 죽음, 욕망, 성 따위가 재현의 하부에서 거대한 그림자의 층을 확장해 나간다. 지금 우리가 할 수 있는 한 우리의 담론으로써, 우리의 자유로써, 우리의 사유로써 포착하고자 꾀하는 것은 바로 이 그림자 층이다. 그러나 우리의 사유는 너무나 짧고, 우리의 자유는 너무나 유순하며, 우리의 담론은 너무나 조심스럽기에, 근본적으로 하부의 이 그림자야말로 우리가 마셔야 할 바다임을 분명하게 고려해야 한다. 『쥘리에트』의 풍부함은 언제까지나 더욱 적막하다. 그리고 그 풍부함은 끝이 없다. (223-224, 256-257)

사드라는 이름은 귀에 못이 박히도록 들었지만, 그의 저작들을 제대로 읽어 본 적은 없는 우리로서는 이러한 푸코의 논의에 제대로 끼어들 수가 없습니다.[39] 사드가 펼쳐 내는 주인공들의 삶은 그들의 욕망이 재현 속으로 총집결되면서 동시에 그 욕망들을 통해 재현의 그 두꺼운 두께가 파괴된다는 걸 보여 준다는 것이 핵심으로 여겨집니다. 사드의 주인공들이 펼치는 욕망들은 돈키호테가 유사성의 구도 속에 빠져 광기로 허우적대면서도 결국에는 자신의 재현 세계로 진입해 들어간 것과 그 구도가 같다는 겁니다. 이렇듯, 푸코는 사드를 고전주의의 피날레이자 근대의 서막으로 삼으면서 고전주의 시대 에피스테메에 대한 고고학적인 탐색을 마칩니다.

---

[39] 사드의 소설은 인간의 악을 향한 욕망이 어느 정도로 극단화될 수 있는가를, 특히 하드한 포르노그래피에 해당하는 내용으로 꾸며 보여 준다. 저 유명한 『소돔 120일 또는 음탕 학교(*Les 120 Journées de Sodome ou l'Ecole du Libertinage*)』를 영화로 만든 내용을 보면 상상할 수 없을 정도인 각종의 극단적 음행을 담고 있다. 그런데도 시몬 드 보부아르는 사드의 문학성을 높이 평가했고, 그의 처절하고 방탕스러운 생과 작품들은 초현실주의자들과 정신분석학자들에게 크게 영향을 미쳤다.

19세기, 재현의 한계들 1.
역사의 시대, 실증성의 대전환

1. 19세기, 역사의 시대

19세기는 많은 연구 영역에 있어서 문제의 세기입니다. 칼 폴라니에 따르면, 19세기는 본격적으로 자본주의가 시작되었고, 수학에서 리만 Bernhard Riemann(1826-1866)에 의해 비유클리드 기하학에 따른 상대성 원리의 기초 원리가 제시되었으며, 생물학에서 다윈 Charles Darwin(1809-1882)에 의해 진화론이 등장했고, 마르크스 Karl Marx(1818-1883)에 의해 공산주의 사회를 향한 역사적 유물론의 체계와 그 기초 분석으로서 자본주의에 대한 정치경제학이 완성된 시기입니다. 오늘날 여전히 우리가 크게 영향을 받는, 근대적인 지성의 틀을 형성하고 있는 많은 혁명적인 사건이 일어난 세기죠. 크게 보면, 21세기를 사는데도, 우리는 여전히 '19세기의 자식들'이라 해도 과언이 아닙니다.

푸코는 그 나름의 고고학적인 관점에 근거해 19세기를 해석하게 될 겁니다. 그 첫 번째 행보로 17-18세기 고전주의 시대의 에피스테메인 '재현'이 어떻게 한계를 노출하게 되는가를 살핍니다. 그는 19세기에 대한 분석에서 첫 장의 제목을 '재현의 한계들les limites de la représentation'이라 하고, 그 첫 절의 제목으로 '역사의 시대l'âge de l'histoire'를 제시합니다. 일단 이 절의 제목에서 벌써 19세기에 이르러 '역사'가 학문적으로 '발명되었다'고 말하고자 한다는 것을 알 수 있습니다. 그는 18세기 말에 이르러 급작스럽게 재현 지배의 구도가 깨지고 새로운 지식의 장이 열리는 것에 대해, 늘 그러했듯이 불연속적이라고 말하고, 이에 관련해서 다음과 같은 심중한 물음들을 던집니다.

> 인식론적인 배치들이 예기치 않게 갑자기 변동하고, 서로 관계를 맺는 실증성의 영역들positivités이 갑자기 선회하여 방향을 바꾸며, 더 근본적으로는 실증성의 영역들이 그 존재 양식을 갑자기 바꾸게 된 연유는 과연 무엇인가? 어떻게 하여, 사유가 늘 친숙하게 여기던 판면들 —일반 문법, 자연사, 부[의 분석]— 을 벗어나게 되는가? … 연속성의 평면 아래 저 깊은 곳으로부터 [새로운 사유의 구도가] 열린 셈인데, 만약 지식의 고고학을 통해 그 열림을 그것도 아주 세심하게 분석해야 한다고 할 때, 그 열림은 한마디로 '설명될' 수 있는 것도 아니고 심지어 수집될 수 있는 것도 아니다. 그 열림은 하나의 급격한 사건un événement radical이다. [말하자면] 지식의 모든 표면 위로 드리워지고, 그 징후와 충격 그리고 그 결과들을 차근차근 한 걸음씩 추적할 수밖에 없는 그런 근본적인 사건이다. 그 자신의 내력을 근본적으로 파악하는 사유만이, 그 자체 이러한 사건의 고립된 진리의 정체가 무엇인가에 대해 조금의 의심도 없이 그 기초를 제공할 수 있을 것이다. (229-230, 261-262)

참으로 묘한 일이 아닐 수 없습니다. 분명히 사회 역사적인 급격한 변화가 있었음에 틀림없습니다. 그렇지 않고서야 이렇게 급작스럽게 사유의 존재 양식이 전반적으로, 그것도 푸코의 말 그대로 불연속적으로 대대적인 변화, 즉 급격한 사건이 일어날 수가 없는 겁니다. 하지만, 푸코는 사회 역사적인 급격한 변화보다는 학문적인 지식의 변화에 관심의 초점을 맞춥니다.

푸코에게 있어서 중요한 과제는 이렇게 대대적이고 근본적인 사건이 일어났다고 말할 수 있는 근거가 과연 무엇인가를 밝히고, 나아가 그 결과가 어떻게 나타나는가를 정확하게 추적해서 그 고유의 진리를 파악하는 겁니다. 푸코는 이를 위해 자신이 설립한 고고학적인 사유가 아니고서는 다른 길이 없는 것처럼 말합니다. 여기에서 푸코의 다짐은 결연합니다. '조금의 의심도 없이 그 기초를 제공'해야 한다는 학문적인 결의를 뚜렷이 피력합니다. 이제 우리로서는 그의 분석적인 사유를 따라가지 않을 수 없습니다.

푸코는 우선 이 변화에 대해, 각 실증성의 영역에서 편성이 변경된다고 말합니다. 이에 관해, 문법 영역에서 명사의 주도적인 역할이 지워지고 그 대신에 굴절flexion의 체계들이 중요하게 다루어지게 된다거나, 생물 영역에서 특성이 기능fonction에 종속된 것으로 여겨지게 된 것을 지적합니다. 그리고 실증성의 영역들을 채우고 있는 경험적인 존재들이 바뀐다고 말합니다. 담론 대신에 체계 언어들langues이, 부 대신에 생산production이 들어서게 된다는 거죠. 아울러 실증적인 영역들의 관계에서도 변동이 일어난다고 말합니다. 생물학과 언어학 그리고 경제학 간에 새로운 관계가 수립된다는 겁니다. 고고학이 이런 일들에 대해 분석을 수행하게 될 것이라는 개괄적인 이야기를 한 뒤, 푸코는 이렇게 말합니다.

마지막으로, 그리고 무엇보다도, 고고학은 [이제] 지식의 일반적인 공간이 더 이상 동일성과 차이의 공간이 아니라는 것, 즉 양적이지 않은 질서들의 공간도, 보편적인 특징을 드러내는 공간도, 일반적인 **분류**taxinomia의 공간도, 측정 불가능한 **학**mathesis의 공간도 더는 아니라는 것을 드리낼 것이다. 그 대신 새롭게 들어선 지식의 일반적인 공간은 조직들organisations로 된 공간, 즉 전체l'ensemble로부터 그 나름의 기능을 보장받는바 요소들éléments 사이의 내적인 관계들로 된 공간임을 드러낼 것이다. 고고학은 이 조직들이 불연속적이라는 점, 그러므로 이 조직들이 균열 없는 동시성들의 일람표를 형성하지 않고 어떤 조직들은 동일한 수준에 놓여 있지만, 다른 조직들은 계열들séries 또는 선형적인 잇따름을 따라 이루어진다는 것을 드러낼 것이다. 그 결과, **유추**Analogie **와 계기**繼起, Succession가 경험적인 영역들empiricités의 공간을 구성하는 원리들로 융기하는 것을 보게 될 것이다. 말하자면, 하나의 조직에서 다른 조직으로 넘어갈 때 그 연결은 실제로 더 이상 한 요소 또는 여러 요소의 동일성이 아니라, (더 이상 가시성이 역할을 하지 않는) 요소들 사이의 관계와 요소들에서 확정된 기능들 사이의 동일성에 따른 것임을 알게 될 것이다. 더 나아가, 유추들이 [겹쳐] 특별히 높은 밀도를 이룬 결과 이 조직들이 서로 왕래하게 된다면, 그것은 분류의 공간에서 그 조직들이 가까운 위치를 점하고 있기 때문이 아니라, 그 조직들 각각이 동일한 시간에 형성되고 또 계기들의 생성 속에서 곧바로 잇따라 형성되기 때문임을 알게 될 것이다. (230, 262-263)

시대적인 대변화를 개괄해 보이는 대목이라서 길게 인용했습니다. 중요한 개념의 용어들이 제시되고 있습니다. 이제 하나, 또는 여럿이라 말할 수 있는 개별적인 조직이라는 새로운 용어가 등장합니다. 푸코는 조직을 '전체로부터 그 나름의 기능을 보장받는바 요소들 사이의 내적인 관계'라고 정의합니다. 여기에서 '전체'와 '요소'라는 새로운 용어가 등장하고, 전체에 의해 요소의 기능이 보장된다고 하는 흔히 변증법적이라고 알고 있는 근본적인 사유 방식이 등장합니다.

그런가 하면, 조직들이 수평적이고 공시적인 일람표 대신에 수평적인 차원의 '유추'와 수직적이고 통시적인 '계기'에 따라 이른바 계열적인 관계를 맺는다는 점을 중시하는 새로운 경험의 영역들이 등장합니다. 말하자면, 푸코는 19세기의 새로운 지식의 공간은 전체에 의한 부분의 기능 발휘, 동시성과 계기성의 결합에 따라 형성된다고 말하고 있습니다.

물론 여러모로 쉽게 이해할 수 없지만, 여기에서 특기할 것은 조직들 사이의 유비 관계, 즉 유추가 밀도를 더함으로써 서로 주고받음의 관계를 형성한다는 것인데, 이때 유추의 밀도는 결국 전체에 따른 부분의 기능적인(함수적인) 규정과 직결된 것으로 보아야 할 겁니다. 그리고 이때 전체는 선형적이고 계열적인 계기에 따른 것이며 그래서 결국 유추의 밀도는 계기들의 축적에 따른 것으로 보아야 할 것입니다. 이렇게 본다면, 새로운 시대에서 최종적으로 사유의 공간이 형성되는 것은 시간적인 생성을 바탕으로 한 것이라 볼 수 있을 겁니다. 그래서 푸코가 이 절에 '역사의 시대'라는 제목을 붙인 것이 아니겠는가 하고서 미리 짐작할 수 있습니다. 아닌 게 아니라, 푸코는 '역사' 개념을 중심에 놓으면서 이렇게 말합니다.

> 19세기로부터, 역사l'Histoire는, 서로 구분되는 조직들이 근접되게끔 하는 유추들을 시간적인 계열 속에서 전개하게 된다. 생산의 분석, 유기체들의 분석, 그리고 언어적 집단들의 분석에 점진적으로 그 법칙들을 부과하게 되는 것은 바로 이러한 역사다. 역사는 유비적인 조직들organisations analogiques이 생겨나도록 **자리를 제공하는**데, 이는 [17세기가 시작되면서] 질서가 **계속해서 이어지는**successive 동일성과 차이의 길을 연 것과 똑같다.
>
> 그러나 여기에서 역사는, 구성될 수 있었던 바 그대로의 사실적인 계기들을 수집하는 것이 아니다. 여기에서 역사는 경험적인 영역들의 근본적인 존재 양식mode d'être fondamental이다. 경험적인 영역들은 그 근본적인 존재 양식인 이러한 역사에 근거해 지식의 공간 속에서 확인되

고, 정립되며, 배치되고, 그럼으로써 여러 가능한 인식과 학문 들에 쓰이게 된다. … 19세기로부터 역사는 경험적인 것이 탄생하는 지점을 규정한다. 이에 경험적인 것은 미리 확립된 모든 연대기 너머에서 자신에게 고유한 존재를 지니게 된다. 역사가, 분명 저 스스로 장악할 수 없는 애매함une équivoque에 따라 두 방향, 즉 사건들에 대한 경험 과학으로의 방향과 모든 경험적인 것뿐만 아니라 우리 자신인 특이한 존재들에까지 그 운명을 미리 정하는 근본적인 존재 양식의 방향으로 너무나도 빨리 나뉜 것은 바로 이 때문이다. … 역사는 존재하는 모든 것이 그 현존을 확보하고 그 일시적인 빛남을 획득하는 토대다. 역사는 경험 속에서 우리에게 주어진 모든 것의 존재 양식이다. 그래서 역사는 우리의 사유에서 벗어날 수 없는 것이다. (231, 263-264)

이 정도쯤 되면, 푸코의 사유에 포착된 19세기의 에피스테메는 '역사'라고 해야 할 것 같습니다. 하지만 물론 그게 아닙니다. 다만, 푸코가 말하는 역사는 '조직들'의 역사이고, 그 조직들이 선형적인 계열을 형성하면서 유추적으로 계기하는 역사임을 염두에 두어야 할 것입니다. 그리고 이 조직들이 다름이 아니라 경험의 영역들을 형성하는 기본적인 단위임을 염두에 두어야 할 겁니다.

중요한 점은 조직에 대한 개념적인 정의를 구성하는바, 전체가 부분의 기능을 보장하고 정립해서 배치 관계 속에 할당한다는 사실입니다. 이제 바로 이러한 전체에 대한 보편성으로서 역사가 제시되고 있습니다. 그런 까닭에, 역사는 그저 사실들을 수집해 놓은 연대기적인 일람표에 불과한 것일 수 없습니다. 그 대신에 푸코가 제시하는바 역사에 대한 핵심적인 규정은 "역사는 경험적 영역들의 근본적인 존재 양식"이라는 겁니다. 여기에서 '경험적 영역'이라 번역한 프랑스 원어는 'empiricité'라는 특이한 표현입니다. '경험성'이라 번역할 수 있겠는데, 이는 우리말 사용에서 역지스럽습니다. 여기에 내포된 뜻은 경험 가능성과 경험 대상의 성립 가능성이고, 이를 한마디로 표현한 것이라 여겨집니다. 그래서 '경험영역'이라는 구체성을 담은 말로 번역했습니다.

잘 알다시피 경험적인 영역 일반이 어떻게 성립하는가를, 즉 경험 가능성과 경험 대상의 성립 가능성을 그 인식론적인 기초에서부터 대단히 체계적으로 제시한 인물은 바로 칸트입니다. 칸트는 경험 가능성 및 경험 대상의 가능성에 대한 이른바 초월론적인transzendental 선험적·형식적a priori formal 조건들을 연역해 냈습니다. 그런데 지금 푸코는 역사에 그와 비슷한 역할을 부여하고 있습니다. 다만, 이를 비틀어 놓은 양 '근본적인 존재 양식'이라고 말하고 있죠. 역사를 벗어나서는 경험적인 영역들, 즉 경험적인 대상들이 주어지는 양식이라든가 경험적인 영역들이 그렇게 주어질 때 그 바탕에서부터 열리고 있을 법한 경험적인 대상들이 존재하는 양식을 운위한다는 것 자체가 도대체 불가능하다는 이야기입니다.

그런데 칸트의 초월론적인 선험적·형식적 조건들을 역사적인 차원으로 바꾸어 낸 인물은 바로 헤겔입니다. 헤겔에게서 '감각적 확실성sinnliche Gewißheit'에서 '절대지absolutes Wissen'에 이르는 정신의 변증법적인 고양 과정은 바로 역사적인 전개이기도 하기 때문입니다. 다만, 헤겔에게서 이 역사적인 전개 과정은 실제로 전개된 역사를 염두에 두면서도 여기에 이른바 변증법적인 논리를 적용함으로써 이념적으로 재구성됩니다. 그래서 예를 들어, 헤겔이 '자기의식'을 다루면서 제시한 '주인'과 '노예'라는 개념은 현실에 현존하는 역사적인 사실을 지칭하는 말이기도 하면서, 이를 넘어선 일종의 범주적인 개념이기도 한 겁니다. 이는 칸트의 사유 방식과 전혀 다릅니다. 이러한 헤겔의 역사 변증법을 통한 존재론에 따르면, 역사적인 단계가 어디까지 와 있는가에 따라, 이른바 칸트가 말하는 초월론적인 선험적·형식적 조건들마저 다르게 조정될 겁니다.

그러니까 '인식 체계의 역사성'을 운위할 수 있게 된 것은 헤겔 덕분입니다. 넓게 보면, 푸코가 에피스테메들 사이의 불연속적인 이행 과정을 제시했을 때, 그것은 '인식 체계의 역사성'을 제시한 것이라 할 수 있습니다. 다만, 헤겔이 변증법을 내세워 비록 인식에서의 도약이 있긴 하나 전체적으로 보면 인식 체계의 역사적인 발전을 연속적으로 본 것과는 달리, 푸코는 그것을 불연속적인 것으로 보고 있다는 점에서 크게 다릅니다. 인식 체계의 발전을 불연속적이라고 하게 되면, 보편적 역사라든지 보편적인 역사의 발전 법칙 따위를 구성할 수 있는 길이 막힙니다.

저 앞의 인용문에서 푸코가 '급격한 사건'이라고 말하는 데서 알 수 있듯이, 푸코는 보편적 역사 대신에 사건으로서의 역사를 중시합니다. 불어에서 '사건'이라 번역되는 'événement'과 동종의 어휘인 'eventuel'은 '불확실한', '일시적인' 등의 뜻을 가집니다. 사건으로서의 역사는 결코 보편적인 법칙에 따른 필연적인 과정일 수가 없는 것입니다. 푸코가 이를 염두에 두고 있다는 사실은, 여기 이 인용문에서 푸코가 "역사가, 분명 저 스스로 장악할 수 없는 애매함une équivoque에 따라…"라고 말하는 데서도 상당 정도 드러납니다. 이에 우리는 푸코의 인식론에 대해 '불연속적인 사건으로서의 역사에 의거한 상대주의'라고 할 수 있을 것입니다.

이 인용문에서 푸코의 인식론적인 입장을 파악하는 데 정말로 중요한 대목은 "역사가, … 모든 경험적인 것뿐만 아니라 우리 자신인 특이한 존재들에까지 그 운명을 미리 정하는 근본적인 존재 양식"이라는 언명입니다. '우리 자신인 특이한 존재들'에 대해서조차 그 존재 양식을 근본적으로 미리 규정하는 것이 바로 역사라는 이야기입니다. 이때 '우리 자신'에는 우리 인간의 사유가 빠질 수 없습니다. 그렇다면, 인간의 사유 양식 자체를 역사가 미리 규정하는 것이 되죠. 이는 칸트나 헤겔이 그들 나름의 철학적인 사유를 펼쳤긴 했지만, 그들이 그처럼 이른바 초월론적이거나 변증법적인 사유 양식을 취하게 된 것은 그들이 바로 18세기 말에서 19세기에 이르는 역사의 시대를 살았기 때문이라는 이야기로 연결됩니다. 역사가 다른 한편으로 정치경제학이나 진화론적인 생물학 또는 문헌학 등의 경험 과학들로 나아가게 된 것과는 별개로 이같이 경험영역들에 대한 근본적인 존재 양식을 형성하는 쪽으로 나아가게 된 것 자체가 시대에 규정되는 사유의 산물이라는 이야기입니다.

푸코의 이 같은 논의에서 우리는 순환적인 논리를 발견하게 됩니다. 푸코가 역사를 경험에 대한 근본적인 존재 양식이라고 말할 수 있었던 것은 칸트와 헤겔의 학문적인 업적을 바탕으로 한 것임이 틀림없을 것인데, 바로 그 칸트와 헤겔이 그와 같은 사유를 할 수밖에 없었던 것이 바로 역사가 규정하는 사유의 존재 양식에 따른 것이라고 말하는 셈이기 때문이죠. 일종의 메타적인 토사구팽이랄까 하는 전략이 들어 있는 셈입니다. 자, 아무튼 이제 푸코는 19세기 철학에 대해 이렇게 말합니다.

> 19세기 철학은 내력來歷, histoire이 역사Histoire에 대해 갖는 거리distance, 사건들이 기원Origin에 대해 갖는 거리, 진화가 원천la source에 대한 최초의 해독에 대해 갖는 거리, 그리고 망각이 회귀Retour에 대해 갖는 거리 등, 바로 그러한 거리 안에 위치해 있다. 그러므로 19세기 철학은, 기억Mémoire인 한에서만, 그리고 필수적으로 사유가 역사를 갖는다는 것이 무엇인가 하는 물음으로 사유를 재도입시킬 수밖에 없는 한에서만, 형이상학이리라. 이 물음은 헤겔에서부터 니체를 거쳐 그 너머에까지 쉴 새 없이 철학을 압박한다. … 여기에서는 하나의 철학une philosophie을 인식하는 것만으로 충분하다. 이 철학은 질서의 공간으로부터 벗어났기 때문에 어떤 하나의 형이상학une certain métaphisique으로부터 벗어난 철학이다. 그러나 이 철학은 역사의 존재 양식에 포섭됨으로써 시간에, 시간의 흐름에, 시간의 회귀들에 유착된 철학이다.
> (231-232, 264)

19세기 철학이 형이상학에서 벗어나 시간의 흐름에 유착된 철학으로 자리를 잡는다는 것은 대단히 중요한 지적이라 할 수 있습니다. 달리 말하면, 이는 실체론적인 철학의 틀을 벗어난다는 것을 의미한다고 할 수 있고, 결국 생동하는 현존existence 중심으로 사유가 선회하게 된다는 것을 의미한다고 할 수 있습니다.

그런데 이제 19세기의 철학에서는 사유가 역사적으로 규정될 수밖에 없다고 하는 것이 과연 무슨 의미를 갖는가를 문제 삼는 방식으로만 형이상학적인 형태를 띤다는 것이 푸코의 지적입니다. 이런 의미의 형이상학은 흔히 아리스토텔레스로부터 내려오는 실체 중심의 어떤 하나의 형이상학과는 사뭇 다릅니다. 19세기의 이 새로운 형이상학은 보편적인 역사, 기원, 원천 등으로 돌아가 거기에서부터 체계적인 질서를 구축하는 것이 아닙니다. 그것들로부터 취하는 거리에서부터 형성되는 형이상학이죠. 이 거리는 '간극'이라고 달리 번역할 수도 있을 터인데, 그 거리는 바로 시간이 지배하는 사유의 영역입니다. 그래서 내력, 사건들, 진화, 망각 등이 오히려 이 새로운 철학에서 근본적인 역할을 하게 됩니다. 우리식으로 달리 말하면, 살아 움직이는 벡터적인 현존자現存者들existants을 중심으로 해서 새로운 철학이 구축된다는 겁니다. 이러한 철학이 20세기를 거쳐 오늘에 이르기까지 강력하게 힘을 발휘하는 것은 물론입니다. 우리 역시 근대âge moderne를 사는 거죠.

이런 정도로 19세기 철학의 특징을 개괄한 뒤, 푸코는 18세기 말에 어떻게 해서 불연속적인 대전환이 일어났는가를 살펴보지 않으면 안 된다고 강조하면서 다음과 같은 물음들을 제기합니다.

> **담론, 일람표, 교환들**로 경험적 영역들을 질서 지은 그 방식들이 어떻게 지워지게 되었는가? … 그 모든 변화가 가능하기 위해, 그리고 19세기 이후 **문헌학, 생물학, 정치경제학**이라고 부르는바 지금 우리에게 친

숙한 그 지식들이 불과 몇 년 만에 등장하기 위해, 낱말들과 존재자들 그리고 욕구의 대상들이 어떤 새로운 존재 양식을 받아들여야 했는가? … 실로 하나의 근본적인 사건이 있어야만 했다. 두말할 필요 없이 이 사건은 서양 문화에 있어서 가장 근본적인 사건 중 하나이다. 이 사건 으로 인해 고전적인 지식의 실증성이 파기되고, 우리 자신이 전적으로 벗어나지 못하고 있음에 틀림없는 [새로운] 하나의 실증성이 구축된 것 이다. (232, 264-265)

18세기 말에 이루어져 지금껏 유지되면서 힘을 발휘하고 있는 대전환 의 사건, 고전주의적인 실증성을 파기하고 대대적으로 새로운 실증성을 전개하게 된 대전환의 사건, 정말이지 그 사건의 정체는 무엇일까요? 이 에 관해 푸코는 이어서 이렇게 말합니다.

우리는 아직도 이 사건이 벌어지고 있는 와중에 사로잡혀 있는 것이 분명하다. 그래서 우리는 이 사건의 대부분을 파악하지 못하고 있다. 그 폭, 그것이 도달한 심층들, 그것이 해체하거나 재구성한 모든 실증 성, 단지 몇 년 만에 우리 문화의 전 공간을 관통할 수 있었던 그 지고 한 위력 등, 이 모든 사태를 평가하고 측정할 수 있으려면, 우리가 처 한 근대성의 존재 자체 그 이상도 그 이하도 아닌 것에 관련되는 무한 에 가까운 탐구가 이루어져야 한다. (232-233, 265)

이 정도쯤 된다면, 이 대전환의 사건을 제대로 분석해 낸다는 것은 실 로 어려운 일이 아닐 수 없습니다. 무엇보다 중요한 점은 우리 역시 이 대 전환의 사건의 위력에 의해 사로잡혀 있다는 것입니다. 그래서 그만큼 분 석이 더 어렵다는 것인데, 그렇게 어려운 분석을 푸코 자신이 수행하겠다 고 말하는 셈입니다. 자신의 작업에 대한 어려움을 토로함과 동시에 자신의 작업에 대한 자부심을 내보인다고 할 수 있습니다.

푸코는 수많은 실증과학이 등장한다거나, 문학이 나타난다거나, 철학이 자신의 생성을 되짚게 된다거나, 역사가 지식이자 경험영역들의 존재 양식으로 나타난다거나 하는 것들은 근본적인 균열의 징후에 불과하다고 합니다. 그러면서 결국에는 지식의 공간 전체에 이 징후들이 나타난다고 말합니다. 이어서 문헌학과 정치경제학 그리고 생물학이 형성되는 현상 내지는 사건이 그 징후들임을 파악하고서 이들에 관심을 집중시킵니다. 그러면서 이 대전환의 사건이 일어나는 결정적인 시기를 전체적으로 1775-1825년으로 잡고, 이 전체적인 시기를 1795-1800년을 기점으로 구분함으로써 대전환의 단계를 전기와 후기로 나눕니다. 전 단계의 시기에서는 아직 실증적 영역들의 근본적인 존재 양식이 변하지 않은 데 반해, 나중 단계의 시기에서는 낱말들과 분류 항들 그리고 부가 재현의 존재 양식과는 양립할 수 없는 새로운 존재 양식을 획득하게 된다고 말합니다. 그러나 전기 단계에서 예컨대 애덤 스미스, 쥐시외 또는 비크다지르의 분석에서부터 존스 또는 뒤페롱의 시절에 이르는 가운데 이미 실증성의 영역들의 편성이 수정되기 시작했다고 말합니다. 그러면서 이 전기 단계에 대한 검토가 필요하다고 말합니다.

2. 노동의 척도

그 일환으로 푸코는 맨 먼저 애덤 스미스가 근대의 정치경제학에 초석을 놓았다는 점을 검토합니다. 그는 애덤 스미스가 노동travail 개념을 도입함으로써 그 이전의 경제에 관련된 분석들을 일거에 구태의연한 것으로 만들어 버렸다고 말합니다. 그러면서 그 세부적인 의미를 검토하기 시작합니다. 맨 먼저 푸코는 애덤 스미스에 관해 일단 이렇게 말합니다.

애덤 스미스가 부의 개념을 처음부터 노동의 개념에 따라 분석했다는 것은 사실이다. … 스미스가 물품들의 '사용가치valeur en usage'를 인간들의 필요와 관련짓고, 물품들의 '교환가치valeur en échange'를 그 생산에 충당된 노동의 양과 관련지은 것 역시 사실이다. (234, 266-267)

부를 노동에 입각해서 분석해야 한다거나 사용가치와 교환가치를 구분하면서 사용가치를 생활에 필요한 욕구와 연결하고 교환가치를 재화를 생산하는 데 필요한 노동의 양에 견준 것만으로는 애덤 스미스가 근대의 정치경제학에 초석을 제공했다고 할 수 없다는 뉘앙스를 담고 있습니다.

푸코는 그런 작업은 애덤 스미스 이전의 캉티용이나 튀르고 등도 이미 했다고 말하면서, 정작 중요한 것은 그게 아니라 애덤 스미스가 노동 개념을 도입한 **방식** 그리고 사용가치와 교환가치를 구분하면서 교환가치를 재화의 생산에 필요한 노동량으로 환원한 **방식**이 이전의 사람들과 한껏 다른 것이라고 말합니다.

사실 애덤 스미스의 분석들과 튀르고나 캉티용의 분석들 사이의 차이는 흔히 생각하는 것만큼 그다지 크지 않다. 또는 오히려 그 차이는 흔히 생각하는 것과는 다른 지점에서 성립한다고 할 수 있을 것이다. 캉티용 이후, 그리고 그 이전부터 이미 사용가치와 교환가치를 완전하게 구분했었다. 그뿐만 아니라 캉티용 이후 교환가치를 측정하는 데에 노동의 양을 활용했다. 그러나 물품들의 가격에 새겨진 노동의 양은 상대적이고 환원 가능한 측정의 도구 이외에 아무것도 아니었다. 사실 한 인간의 노동은 그의 노동이 이루어지는 그 시간만큼 그와 그의 가족에게 필요한 음식물의 양으로서의 가치를 가졌을 뿐이다. 결국 이들에게 있어서는, 필요(욕구besoin) ―의식주― 가 시장 가격의 절대적인 척도였다. …

그러므로 애덤 스미스는 경제학적인 개념으로서 노동을 창안한 인물이 아니다. 왜냐하면 노동 개념은 캉티용, 케네, 콩디야크 등에게서 이미 발견되기 때문이다. 또한 애덤 스미스는 심지어 노동 개념에 새로운 역할을 부여한 것도 아니다. 왜냐하면 그에게서도 노동 개념은 역시 교환가치의 척도로 사용되기 때문이다. "노동은 모든 상품의 교환가치를 측정하는 진실한 척도이다."[40] 그러나 애덤 스미스는 노동의 위치를 뒤바꾼다. 그는 노동에 교환 가능한 부들을 분석하는 기능을 항상 할당한다. 그런데 [노동에 의한] 이 분석은 교환을 필요로 (그리고 거래를 원시적 물물교환으로) 환원하고자 하는 순수하고 단순한 계기에 불과한 게 아니다. [노동에 의한] 이 분석은 환원 불가능하고, 넘을 수 없으며, 절대적인 척도의 단위unité de mesure를 발견한 것이다. (234-235, 267-268)

사용가치와 교환가치를 구분하고 노동의 양을 교환가치의 척도로 삼는 그런 분석은 애덤 스미스 이전에도 있었다는 것, 따라서 애덤 스미스가 노동의 양을 교환가치의 척도로 삼았다는 것이 중요한 게 아니라는 것, 중요한 건 고전주의 시대 인물들이 노동의 양을 교환가치의 척도로 삼은 것은 매개적이고 임시적인 방편에 불과한 것이며 실제로 그들이 교환가치가 현실화해 표기되는 시장 가격의 척도로 삼은 절대적인 척도는 노동자[와 그의 가족]의 생계를 위한 필요였던 데 반해, 따라서 인간의 삶 내부의, 또는 인간이 자신을 재현하는 한에서의 척도였던 데 반해, 이제 애덤 스미스는 아예 노동[의 양]을 교환가치[또는 시장 가격]의 환원 불가능한 절대적인 척도의 단위로 삼았다는 겁니다. 이때 환원 불가능하다는 것이 매우 중요합니다. 그것은 인간을 넘어선, 또는 인간의 재현을 넘어선 독자적인 노동 개념을 발견한 것이기 때문이죠.

---

40   애덤 스미스, 『국부론』 프랑스 번역본(1843)의 38쪽(국역본, 37쪽).

　그래서 푸코는 애덤 스미스의 이러한 새로운 분석이 얼마나 중요한 의미를 갖는가를 다음의 말로 분명하게 제시하고 있습니다. 상당히 길지만 그대로 인용해 보기로 합니다.

　분명한 것은 애덤 스미스가 그의 선배들과 마찬가지로 여전히, 18세기 사람들이 '부'라고 불렀던 실증성의 장을 분석한다는 것이다. 그래서 애덤 스미스에게서도 부의 실증성의 장은 교환의 운동과 과정들을 통해 저 자신을 나타내는 필요의 대상들 ―따라서 어떤 재현의 형식을 띤 대상들― 을 의미했다. 그러나 이렇게 선배들과 마찬가지의 작업을 하면서도, 애덤 스미스는 교환에 관련된 법칙과 단위들 그리고 척도들을 규칙화하기 위해 재현의 분석으로 환원될 수 없는 질서의 원칙을 정식화한다. 말하자면, 그는 노동, 즉 인간의 삶을 재단하면서 동시에 소모되는 고통스러운 시간으로서의 하루를 밝혀낸 것이다. 이제 욕망의 대상들이 갖는 등가성은 다른 대상들과 다른 욕망들 사이의 매개를 통해 확립되는 것이 아니다. 그것들과는 전혀 이질적인 것으로 이행해 감으로써 확립된다. 부에 어떤 질서가 있다면, … 그것은 모든 인간이 시간과 고통과 피로, 그리고 결국에는 죽음 자체에 종속되어 있기 때문이다. 인간들은 욕구와 욕망을 경험하기 때문에 교환한다. 그러나 인간들이 그렇게 교환할 **수 있고** 그러한 교환들을 **질서 있게 할** 수 있는 것은 그들이 시간, 즉 외적인 거대한 운명에 종속되어 있기 때문이다. 노동의 다산성多産性은 개인의 숙련된 기술이나 이익에 대한 계산에 근거한 것이 아니다. 노동의 다산성은 [노동 외적인] 조건들(그 자신을 재현하는 데서도 외적인)에 근거한 것이다. 노동의 다산성은 산업의 진보, 분업의 증대, 자본의 축적, 생산적 노동과 비생산적인 노동의 분리 등과 같은 [노동 외적인] 조건들에 따라 이루어진다. 이에 우리는 애덤 스미스와 더불어 부에 대한 반성이, 고전주의 시대에 부에 대한 분석에 할당되었던 공간을 어떻게 파괴하는가를 알게 된다. 이전에 그의 선배들은 '이데올로기', 즉 재현에 대한 분석의 내부에서 부에 대해 반성했다. 그러나 이제부터 부에 대한 반성은, 관념들을 분해하는 형식들과 법칙들을 벗어나는 두 영역, 즉 인간학과 정치경제학에 우회적인 방식으로나마 연결된다. 한편으로, 부에 대한 반성은 일종의 인간학anthropologie을 이미 지목하는데, 이 인간학은 인간의 본질(그의 유한성, 그의 시간과의 관계, 죽음의 임박함)을 문제 삼고, 아울러 인간이 자신의 한나절의 시간과 고통의 시간을 그 속에 투입하는 대상을 문제 삼는다. 이때 인간은 자신의 직접적인 필요의 대상을 인식할 수 없는 상태에 놓여 있다. 다른 한편으로, 부에 대한 반성은 아직 정확하지는 못하지만, 정치경제학의 가능성을 지목한다. 즉 정치경제학이란 더 이상 부의 교환(아울러 부의 교환에 기초가 되는 재현들의 활동)을 대상으로 삼지 않고, 부의 실제적인 생산, 즉 노동과 자본의 형식들을 대상으로 삼을 때 성립하는데, 그런 정치경제학의 가능성을 지목한다. 새롭게 형성된 이 두 실증성 ―자기 자신에게 낯설게 된 인간을 말하는 하나의 인간학과 인간의 의식에 외부적인 메커니즘을 말하는 하나의 경제학― 사이에서, 이데올로기 또는 재현들의 분석은 하나의 심리학에 불과한 것으로 축소되는데, 이와 더불어 다른 한편에서는 이 심리학과 대립하면서 때로는 고도의 수준에서 이 심리학을 압도하는바, 가능의 역사학histoire possible의 차원이 열린다. 애덤 스미스와 더불어, … 이제 경제의 시간은 그 나름의 필요에 따라 증식되고 그 나름의 법칙들에 따라 발달하는 하나의 유기적 조직organisation 내부의 시간, 즉 자본과 생산 체제의 시간이 되는 것이다. (237-238, 270-271)

"애덤 스미스는…재현의 분석으로 환원될 수 없는 질서의 원칙을 정식화한다"라는 말이 중요합니다. 애덤 스미스가 이전의 선배 학자들과 마찬가지로 부를 분석하되, 재현의 분석으로 환원될 수 없는 질서의 원칙에 따라 부를 분석했다는 겁니다. 푸코의 에피스테메 이동의 관점에 따라서 보면, 이는 엄청난 사건입니다. 에피스테메의 대전환을 이루고 있기 때문이죠. 그 결과, 애덤 스미스는 인간 자신에게 낯선, 이른바 소외된 인간을 운위하는 인간학이 발생되고, 인간의 의식과 독립된 노동과 자본의 메커니즘을 대상으로 한 전혀 새로운 경제학인 정치경제학이 발생하는 데 선구적인 역할을 했다는 겁니다. 그 와중에 재현들의 분석에 얽매인 이데올로기적인 작업은 심리학으로 축소되고 이와 대립해서 이를 압도하는 새로운 가능의 역사학의 차원이 열리게 된다는 겁니다. 우리에게 다소 어렵고 묘하게 다가오는 '가능의 역사학'이 과연 실제로 어떤 특성과 그에 따른 내용을 전개하는가에 관해서는 구체적으로 설명하지 않습니다.

요컨대, 애덤 스미스가 인식론적인 장의 역사에 대해 얼마나 강력한 드라이브를 걸었는가를 여지없이 드러내고 있습니다. 인간의 의식과 무관한, 인간의 재현과 무관한, 전혀 새로운 실증성의 장들을 열어젖힌 인물이 바로 애덤 스미스라는 이야기입니다. 19세기 영국의 경제 정책에 크게 영향을 미친 리카도의 정치경제학은 물론이고, 마르크스의 저 거대한 정치경제학적인 작업과 역사 유물론적인 작업이 이 실증성의 장을 바탕으로 전개된다는 것은 두말할 나위가 없을 겁니다. 그렇게 해서 고전주의 시대를 마감하고, 푸코가 '근대âge moderne'라고 일컫는 19세기로부터의 시대가 열리는 겁니다. 가히 '애덤 스미스의 혁명'이라고 해도 무리한 표현이 아닐 것입니다.

19세기, 재현의 한계들 2.
존재들의 유기적 조직

지난 시간에 우리는 푸코가 고고학적으로 볼 때 19세기 새로운 지식의 일반적인 공간은 더 이상 동일성과 차이들의 공간이 아니라, 유기적 조직들로 된 공간이라고 말한 것을 살핀 적이 있습니다. 오늘 다루고자 하는 제3절의 제목이 바로 '존재들의 유기적 조직l'organisation des êtres'입니다. 그래서 그때 푸코가 했던 이야기를 다시 한번 되새기고자 합니다.

푸코는 하나 또는 여럿이라 말할 수 있는 개별적인 '유기적 조직'이라는 새로운 용어를 제시하고, 이 유기적 조직을 '전체'로부터 그 나름의 기능을 보장받는바 '요소들' 사이의 내적인 관계'라고 정의했습니다. 그런가 하면, 유기적 조직들이 수평적이고 공시적인 일람표 대신에 수평적인 차원의 유추와 수직적이고 통시적인 계기를 통해 이른바 계열적인 관계를 맺는다는 점을 중시하는 새로운 경험의 영역들이 등장한다고 말했죠. 말하자면, 19세기의 새로운 지식의 공간은 전체에 의한 부분의 기능 발휘, 동시성과 계기성의 결합에 따라 형성된다는 것이었습니다. 여기에서 특기할 것은 유기적 조직들 사이의 유비 관계, 즉 유추가 밀도를 더함으로써 서로 주고받음의 관계를 형성한다는 것인데, 이때 유추의 밀도는 결국 전체에 따른 부분의 기능적인(함수적인) 규정과 직결된 것으로 보아야 할 겁니다. 그리고 이때 전체라고 하는 건 선형적이고 계열적인 계기에 따른 것으로 보아야 하기에, 결국 유추의 밀도는 계기들의 축적에 따른 것으로 보아야 하는 거였죠.

그런데 푸코는 먼저 애덤 스미스가 일군 19세기적인 근대의 정치경제학에 대해 그 전환이 구조에 입각한 것임을 이렇게 말했습니다.

> 이제 경제의 시간은 그 나름의 필요에 따라 증식되고 그 나름의 법칙들에 따라 발달하는 하나의 유기적 조직 내부의 시간, 즉 자본과 생산 체제의 시간이 되는 것이다. (237-238, 270-271)

이제 자연사의 영역에서 이러한 유기적 조직의 출현이 어떻게 지식의 일반적인 공간을 형성하는가를 제3절 '존재들의 유기적 조직'에서 살핍니다. 푸코는 그 변형들이 1775년에서 1795년 사이에 확증되었음을 지적하면서, 자연사에서 중시했던 동식물들이 지닌 특성들을 중시하는 것은 여전한데, 특성들을 확증하는 기법도 바뀌고 겉으로 보이는 동식물들의 구조와 그 정체성 간의 관계도 크게 달라진다는 점을 강조합니다. 18세기 내내 자연사는 겉으로 보이는 구조들에 따라 특성들을 확증했는데, 이는 비슷한 요소들을 끌어모으는 방식이었다는 것, 그리고 이는 각각의 요소가 비슷한 다른 모든 요소를 재현(대표)한다는 것을 전제로 한 것이라고 말합니다. 그런데 18세기 말에 이르러, 이런 사유의 구도가 바뀐다는 것을 이렇게 말합니다.

> 쥐시외, 라마르크, 그리고 비크다지르에게서부터, 특성 또는 차라리 달리 말해 구조가 특성으로 변형되는 일이 겉으로 보이는 영역과는 별개의 원칙에 근거해서 이루어지게 된다. 그 원칙은 재현들 사이의 상

호 교환적인 활동으로 환원될 수 없는 내적인 원칙이었다. 그 원칙은 경제 질서에 있어서 노동에 상응하는 것인데, 바로 **유기적 조직**이다. 유기적 조직은 분류법의 기초가 되었는데, 이는 네 가지 다른 방식으로 나타난다. (239, 272)

경제학에서 노동이 재현과 무관하게 객관적인 방식으로 취급되는 것처럼, 생물학에서는 유기적 조직이 생물 분류의 기초가 되면서 생물들의 특성을 내적 구조에 따른 것으로 보기 시작했다는 겁니다. 그 구체적인 내용들이 어떠한가에 대해서는 여기 푸코의 말대로 생물학에서 유기적 조직이 나타나는 네 가지 방식을 하나씩 살펴봄으로써 알게 될 것입니다. 그 내용을 나열하면 다음과 같습니다.

첫째는 유기적 조직이 생물체들의 특성들을 위계적으로 배치하는 형태를 띠면서 나타난다는 겁니다. 이에 관해 푸코는 이렇게 말합니다.

어떤 특성들은 절대적으로 항구적인데absolument constants, 그 어떤 속屬이나 그 속에서 분간되는 그 어떤 종種에서도 나타난다. 예를 들면, 수술의 착생着生, 수술의 암술과의 관계에 의한 위치 설정, 수술을 지탱하는 꽃부리의 착생, 종자의 배胚를 둘러싸고 있는 떡잎이 될 자엽子葉들의 수 등이 그러하다. 어떤 다른 특성들은 어떤 과科에서는 아주 흔하게 나타나지만, 항구적인 것은 아니다. 그 이유는 그 특성들이 덜 본질적인 기관들에 의해 형성되기 때문이다(꽃잎의 수, 꽃부리의 있고 없음, 꽃받침이나 암술의 상대적인 위치). 이 특성들은 '이차적이며 하위의 준準-일관적인secondaires subuniformes' 것들이다. 마지막으로 거론되는 특성들은 '삼차적이며 반半-일관적인tertiaries semi-uniformes' 것들이다. 이것들은 때로는 항구적이고 때로는 가변적이다(단엽 또는 다엽인 꽃받침의 구조, 열매에서 방房의 수, 꽃과 잎의 위치 관계, 줄기의 성질). 이 반-일관적인 특성들로써

과科나 목目을 정의할 수는 없다. … 왜냐하면 이 특성들은 일군의 생물체에서 본질적인 것과 관계하지 않기 때문이다. (239-240, 272-273)

생물학 공부를 따로 하지 않고서는 이 인용문에서 말하고 있는 구체적인 내용들을 정확하게 이해할 수 없습니다. 아무튼 중요한 것은 종, 속, 과, 목 등으로 그 외연이 확장되면서 이어지는 생물체들의 분류에서 본질적인 특성들을 찾아내고자 했다는 것이고, 그 점에 있어서 생물체들이 드러내는 여러 특성을 '절대적으로 항구적인 것', '이차적이며 준-일관적인 것', 그리고 '삼차적이며 반-일관적인 것' 등으로 구분함으로써 그 위계를 형성하고자 했다는 겁니다. 이를 지적한 뒤, 이제 19세기 생물학에서 특성을 어떻게 규정하게 되는가를 다음과 같이 정돈해 보입니다.

이제 특성은 가시적인 구조에서 직접 추출되지 않는다. 오로지 그 특성이 있는지 없는지만을 기준으로 삼는다. 말하자면, 특성은 생물체의 본질적인 기능의 현존에 근거한다. 그리고 특성은 더 이상 그저 기술記述에 국한되지 않는 중요도의 관계에 근거한다. (240, 273)

특성을 구조적인 내적 본질, 즉 본질적인 기능으로 여긴다면, 그것이 겉으로 직접 드러나는가에 관해 관심을 기울일 수는 없는 노릇입니다. 유기체에 그 본질적인 기능이 있는지 없는지를 따지고, 그렇다면 어떤 다른 본질적인 기능만을 가지고 있는가를 중시하게 될 것입니다. 오늘날에는 어쩌면 이게 학문을 하는 데 상식이 아닐까도 싶은데 이런 학문적인 태도가 19세기로 접어들면서 정립되었다는 겁니다.

두 번째는 그러므로 특성들이 기능들과 연결되었다는 것입니다. 이전처럼 여러 특징이나 징후들을 중시하되, 그중에서 기능적인 종속 관계로보아 가장 본질적인 것이 무엇이냐 하는 것에 집중하게 된다는 겁니다.

예컨대 떡잎으로 될 자엽의 수가 중시되는 것은 그것이 식물의 생식 기능을 본질적으로 드러내는 것이기 때문이었다고 합니다. 그런가 하면 예컨대 비크다지르는 동물들에게 있어서 영양 기능을 가장 중요하게 여겼는데, 이를 통해 육식동물의 이빨 구조와 근육, 발가락, 발톱, 혀, 위, 장 등의 구조 사이에 불변하는 관계들이 현존한다는 것을 파악해 내었다고 합니다. 이에 관해 푸코는 이렇게 정돈해서 말합니다.

> 그러므로 특성은 가시적인 것이 그 자신과 맺는 관계를 통해 확립되지 않는다. 그 자체에 있어서 특성은 복합적이고 위계적인 유기적 조직이 가시적으로 드러나는 지점일 뿐이다. 그 유기적 조직에서 기능은 지시하고 결정하는 본질적인 역할을 한다. 특성이 중요한 것은 관찰되는 구조들로 보아 빈번하게 나타나기 때문이 아니다. 그 특성을 자주 관찰하게 되는 것은 그 특성이 기능적으로 중요하기 때문이다. 퀴비에가 18세기의 마지막 방법주의자들의 업적을 요약하면서 지적한 것처럼, 가장 일반적인 분류 계급으로 올라갈수록, "역시 공통적인 속성들은 점점 더 항구적인 것으로 된다. 가장 항구적인 관계들이 가장 중요한 부분들에 속한 관계들이기 때문에, 최상의 분류를 위한 특성들은 가장 중요한 부분들로부터 추출된다. … 그래서 방법은 당연한^{naturelle} 것으로 될 것인데, 그것은 방법이 기관들의 중요성을 염두에 두고 있기 때문이다." (240-241, 273-274)

예컨대 종족 보존을 위한 생식과 개체 유지를 위한 영양의 기능은 생물체가 생명을 유지하는 데 있어서 없어서는 안 될 가장 근본적인 기능입니다. 그 기능을 어떻게 발휘하는가 하는 방식과 그에 따른 기관들의 구조적인 형태들, 그리고 그 작동 방식은 생물체마다 다르게 나타날 겁니다. 그것들이 어떻게 다르게 나타나는가에 따라 생물체를 분류하는 것이 마땅하죠. 생물체들의 특성들은 바로 그러한 본질적인 기능들을 수행하기 위한 유기적인 조직이 겉으로 드러난 것이 아닐 수 없습니다. 그 어떤 생물종이라 할지라도 이러한 본질적인 기능들을 위한 유기적 조직을 갖추지 않으면 안 되는 것이고, 따라서 최상위의 분류에 이르면 이를수록 더욱더 이러한 본질적인 기능이 항구적인 것으로 나타날 수밖에 없는 겁니다. 그런데 이러한 사유 방식이 19세기에 접어들면서 비로소 나타나기 시작했다는 것입니다.

세 번째로 이러한 사유의 조건 아래 모든 생물체를 질서 정연하게 분류하는 데 있어서 생명 개념이 불가피한 것으로 될 수밖에 없었다는 겁니다. 그리고 그 생명 개념은 가장 본질적인 것으로서 심층에서 근본적인 원리로 작동한다는 거죠. 이에 관해 푸코는 이렇게 정돈해서 말합니다.

> 그러므로 분류한다는 것은 더 이상 가시적인 것을 가시적인 것 자체에 연결해서 그 요소 중 하나를 다른 요소들을 재현(대표)하기 위한 것으로 여기는 것이 아니다. 분석을 180도 회전시키는 운동이 일어나면서, 이제 분류한다는 것은 가시적인 것을 그 심층의 근거인 비가시적인 것에 관련시키는 것이다. 이어서 이 비밀스러운 구조물로부터, 몸통의 표면에 주어지는 명시된 기호들을 향해 거슬러 올라가는 것이다. … 이제부터 특성은 파묻혀 숨겨져 있는 심층을 지적하는바 가시적인 기호라고 하는 그 오래된 역할을 되찾는다. 그러나 특성이 지시하는 것은 비의적秘儀的인 텍스트, 즉 봉함된 하나의 말씀이나 너무나 진귀한 나머지 겉으로 노출되기 힘든 유사성이 아니다. 이제 특성은 하나의 유기적 조직의 정합적인 전체이다. 여기에서 특성은 그 특유한 지배권의 짜임 속에서 가시적인 것을 비가시적인 것으로 되잡는다. (242, 275)

16세기까지 사람들은 자연에서 드러나는 모든 현상적인 특징이나 표식에 대해 그 아래에 신의 섭리나 말씀이 숨겨져 있는 것으로 여겼습니다. 그러면서 겉으로 드러난 표식들이 어떻게 유사 관계를 통해 그들 아래에 숨겨져 있는 신의 섭리나 말씀을 드러내는가를 알아내고자 했죠. 그래서 텍스트는 모두 다 비밀을 숨기고 있는 것으로 여겨졌고, 그 비밀을 알아내기 위한 주석들 역시 비밀을 감추고 있다고 여겼습니다. 그래서 온 세계는 하나의 텍스트였고, 책으로 된 텍스트는 곧 주석이었으며, 주석은 곧 주석에 대한 주석이었죠.

그러던 것이 17-18세기 고전주의 시대가 되면서 비밀스러운 심층에 관한 생각은 사라지고, 겉으로 드러난 것들은 모두 재현된 것으로 여겨지면서 재현과 재현 간의 관계에 집중하게 되었습니다. 하나의 재현이 다른 재현에 대한 기호가 되고, 하나의 기호는 재현에 대한 재현으로서 그 기호에 대한 해석 역시 또 하나의 재현인 것으로 여겨졌죠.

그런데 이제 19세기 근대에 접어들면서 겉으로 드러난 가시적인 기호들이 아래의 심층에 놓여 있는 비가시적인 원리를 가리키는 실마리가 되었다는 겁니다. 특성이란 것이 바로 이러한 기호 역할을 되찾게 되었다는 것인데, 되찾게 되었다는 것은 16세기 지식의 상황을 염두에 둔 언명입니다. 그러나 이제 숨겨진 비가시적인 심층은 신적인 말씀이나 비의적인 유사성이 아니라, 근본적인 정합적 전체인 유기적 조직으로 되었다는 것입니다. 생물학에서 유기적 조직은 바로 생명이 아닐 수 없습니다. 생명이라고 하는 심층의 근원적인 유기적 조직을 나타내 주는 것이 생물체들이 각기 나름으로 펼쳐 내고 있는 특성이고, 그 특성들이 여러 심층적인 상위의 항구적인 기능들을 지시하며, 결국에는 생명을 지시하는 것이기 때문에, 전체 생물체들을 아우르는 근본적인 범주인 생명이 등장할 수밖에 없다는 것입니다.

네 번째로 분류classification와 명명 체계nomenclature가 서로 나란하게 유지되면서 사실 자체에 의해 풀려나오게 된다는 겁니다. 이 이야기가 중요한 것은 분류 공간과 지칭 공간이 워낙 성격이 다른데, 이 둘을 정합적으로 연결하게 되었기 때문이죠. 푸코는 일단 이렇게 말합니다.

> 분류가 가시적인 공간을 점점 더 잘라 나가는 데서 성립하는 한, 그 잘린 전체들을 한정하고 지칭하는 것이 나란히 성취된다는 것은 쉽게 생각될 수 있었다. 이름nom의 문제와 종류genre의 문제는 동형적이었다. 그러나 특성이 우선 개체의 유기적 조직을 지시함으로써만 분류될 수 있다고 여겨지는 한, '분별함distinguer'은 '지칭함dénommer'과 동일한 기준들과 동일한 작업에 따라 이루어지지 않는다. 자연물들을 다시 끌어모으는 근본적인 집합들을 발견하기 위해서는 표면적인 기관들을 비밀스러운 기관들로 가져가고, 이 비밀스러운 기관들을 그것들이 보장하는 핵심 기능들로 가져가는 심층의 공간을 파고들어야 한다. 이와는 반대로, 좋은 명명 체계는 계속해서 일람표의 평평한 공간에서 전개될 수밖에 없다. 즉 개체의 가시적인 특성들에 근거해서 그 종명種名과 속명屬名이 드러나는 정확한 칸에 이르러야 한다. 유기적 조직의 공간과 명명 체계의 공간 사이에는 근본적인 뒤틀림이 있다. (242, 275-276)

　분류를 위한 명명 체계는 종, 속, 과, 목, 문 등으로 이어지는 수평적인 공간에서 이루어집니다. 그런데 심층적인 유기적 조직에 관한 분석이 이루어지는 공간은 수직적인 공간입니다. 이전에 분석 자체가 재현들 사이의 수평적인 관계를 기호적으로 분석할 때는 분석의 공간과 지칭의 공간이 동형적同形的이고 쉽게 일치될 수 있었지만, 이제 심층의 유기적 조직을 분석하게 되면서 분석의 공간과 지칭의 공간이 이형적異形的으로 되었다는 겁니다. 이렇게 만든 장본인이 바로 라마르크라고 하는데, 푸코가 제시하는 설명은 다음과 같습니다.

이러한 구분은 불과 몇 년 만에 자연사와 **분류법**의 우위성을 낡은 것으로 만들어 버렸는데, 그것은 다들 라마르크의 천재성이라고 말한다. 라마르크는 『프랑스의 식물군』이라는 책의 서문에서 식물학의 두 과제를 날카롭게 구분한다. 하나는 '결정détermination'인데, 이는 분석의 규칙들을 적용하고, 그를 통해 이원적인 방법을 간단하게 활용함으로써 이름을 발견할 수 있도록 한다. 그리고 다른 하나는 실재의 유사 관계들을 발견하는 것découverte des rapports réels de ressemblance인데, 이는 종들의 전반적인 유기적 조직을 검토하는 것을 전제로 한다. [이로써] 이름과 종류, 지칭과 분류, 언어와 자연은 당연히 겹치기를 멈춘다. 낱말들의 질서와 존재들의 질서가 인위적으로 규정된 하나의 선에 의해 그야말로 다시 잘린 것이다. … 라마르크는 자연사의 시대를 끝냄과 동시에 그야말로 새롭게 생물학의 시대를 열었다. (243, 276)

고찰하고 있는 하나의 생물 개체가 있다고 할 때, 그 개체가 드러내는 여러 특성이 있을 겁니다. 그리고 어느 심층적인 유기적 조직의 기능을 나타낸다고 여겨지는 일반적인 특성이 있을 것입니다. 이 일반적인 특성이 고찰하고 있는 생물 개체에서 나타날 때는 일람표의 오른쪽 난에 그 개체의 특성을 적고, 그 일반적인 특성이 고찰하고 있는 생물 개체에서 나타나지 않을 때는 일람표의 왼쪽 난에 적는 간단한 방식이 라마르크가 말하는 이원적인 방법입니다. 이렇게 해서 심층적인 유기적 조직의 기능에 대한 일반적인 특성들 하나하나와 고찰하는 개체들의 특성들 하나하나를 비교해서 만든 일람표를 통해 생물의 분류를 하게 될 겁니다.

이를 위해서는 논리적으로 볼 때, 심층적인 유기적 조직의 기능과 겉으로 드러나는 특성들 사이의 관계에 관한 연구가 선행되어야 합니다. 그런 뒤라야 이를 바탕으로 개체를 어느 종, 속, 과, 목 등에 해당하는 것으로 볼 것인가를 결정하게 되는 거죠. 이렇게 되면, 하나의 종과 속에 대해 그 명칭을 붙이는 일은 '유기적 조직-기능-특성'에 대한 분석 작업에 비해 부차적인 것으로 될 겁니다. 그렇게 해서 낱말들의 질서가 존재들의 질서와 차원이 다른 것으로 되면서 확연하게 구분되었다는 것이고, 이를 라마르크가 천재적으로 수행함으로써 자연사의 시대를 끝냈다는 거죠.

그런데 18세기의 자연사 시대에도 유기적 조직 개념이 있었다고 푸코는 말합니다. 이는 마치 노동 개념이 부의 분석에서 있었던 것과 같습니다. 그러나 이제 유기적 조직 개념이 바뀌었음을 지적합니다. 푸코는 유기적 조직과 특성들을 중심으로 이렇게 정돈합니다.

그런데 이 유기적 조직 개념은 18세기 말이 되기 전에는 자연 질서의 기초를 확립한다거나, 자연의 공간을 규정한다거나, 자연의 형상形狀들figures을 한정한다거나 하는 일에 활용된 적이 선혀 없었다. 유기적 조직 개념이 특성을 규정하는 방법으로서 맨 먼저 기능하기 시작한 것은 쥐시외와 비크다지르 그리고 라마르크의 작업을 통해서다. 이제 유기적 조직 개념은 특성들을 위계적인 종속 관계를 지닌 것으로 만든다. 그리고 유기적 조직 개념은 특성들을 기능들에 연결한다. 유기적 조직 개념은 특성들을 외적인 구축architeture뿐만 아니라 내적인 구축에 따라 배치하고, 가시적인 구축 못지않게 비가시적인 구축에 따라 배치한다. 유기적 조직 개념은 특성들을 이름들과 담론 및 언어의 공간과는 다른 공간 속에 배분한다. 그러므로 다른 존재 범주 중에서 하나의 존재 범주를 지칭하는 것만으로는 만족하지 않는다. 즉 유기적 조직 개념은 분류법적인 공간에서의 분할만을 지시하지 않는다. 어떤 존재들에 있어서, 유기적 조직 개념은 그 존재들이 갖는 그러그러한 구조들에서 특성으로서의 가치를 파악하도록 하는 내적인 법칙이다. 유기적 조직은 분절하는 구조들과 지시하는 특성들 사이에 들어선다. 이때 유기적 조직은 구조들과 특성들 사이에 심층적이고 내적이며 본질적인

공간을 끌어들인다. (243-244, 276-277)

생물이건 무생물이건, 또는 생물 내에서 동물이건 식물이건, 또는 동물 내에서 파충류건 어류건 포유류건 간에, 그렇게 자연의 존재들을 분류하는 것은 가시적인 어떤 모습들이 닮았다거나(만약 그렇다면 정교한 실리콘 인형과 사람은 구분되지 않을 겁니다), 그 구성적인 형태가 닮았다거나 또는 행동하는 방식이 닮았다거나 하는 것에 기초한 것일 수 없습니다. 정작 중요한 것은 기능에 관련된 유기적 조직이 아닐 수 없습니다. 침팬지와 인간을 구분하는 것은 예컨대 언어적인 기능과 그에 따른 사회적인 기능 및 내성적內省的인 기능을 어느 정도로 활발하게 할 수 있는가 없는가입니다. 그러한 기능의 발휘는 두뇌의 구조에 따른 몸 전체의 유기적 조직에 바탕을 두고 이루어지죠. 목젖이 어느 정도로 내려와 있는가 하는 성대의 구조는 어떤 방식으로 음성을 내는가 하는 특성과 무관할 수 없습니다. 하지만 그 관계는 유기체의 조직에 따른 기능에 근거해서 구분하고 분석할 수밖에 없는 거죠.

이렇게 심층적이고 내적이며 본질적인 기능적·유기적 조직의 공간의 설립이 바로 19세기에 접어들면서 라마르크를 비롯한 뛰어난 생물학자들에 의해 이루어졌다는 이야기입니다. 그야말로 객관적인 설명과 예측을 가능케 하는 과학으로서의 생물학이 자리를 잡게 되었다고 할 것입니다. 푸코는 그 결과로 중요하게 된 사안 중 하나를 소개합니다. 그것은 유기체와 비유기체의 대립입니다.

이러한 전환은 대단위의 귀결을 가져온다. 즉 유기적인 것organique과 비유기적인 것inorganique을 근본적으로 나누게 된다. 자연사가 전개했던 존재들의 일람표에서는 유기적인 것과 비유기적인 것은 두 범주에 지나지 않았다. 이 두 범주는 생물체와 비생물체의 대립과 필연적으

로 일치하는 것은 아니었고, 서로 겹치기도 하는 것이었다. [그러나] 유
기적 조직이 자연의 특성화에 대한 기초 개념이 되고 가시적인 구조로
부터 지칭으로의 이행을 가능케 하게 되면서부터, 유기적 조직은 실
로 하나의 특성일 뿐임을 그쳐야만 했다. 유기적 조직은 자신이 거주
했던 분류법적인 공간의 윤곽을 그린다. 이제 유기적 조직이야말로 분
류를 가능하게 하는 것이었다. 바로 이런 사실로 인해, 유기적인 것과
비유기적인 것의 대립은 근본적인 것이 되었다. … 1786년에 비크다
지르는 "자연에는 두 영역이 있을 뿐이다. 하나는 생명을 누리는 것이
고, 다른 하나는 생명을 결여한 것이다"라고 말했다. 유기적인 것은 생
명체, 성장하면서 스스로를 재생함으로써 생산하는 생명체가 되었다.
그리고 비유기적인 것은 비생물체, 즉 발달하지도 않고 스스로를 재생
하지도 않는 비생물체가 되었다. 비생물체이자 비유기적인 것은 생명
의 한계 너머에 있는 것으로서 타성적이고 불모인 것, 즉 죽음이다. …
근본적으로 자연사의 거대한 일람표가 어떻게 파기되고 생물학과 같
은 것이 가능하게 되었는가를 알게 된다. 그리고 또한 비샤의 분석에
서 생명과 죽음의 근본적인 대립이 나타날 수 있었는가를 알게 된다.
(244-245, 277-278)

우리가 상식으로 알고 있는 일이 확립된 것이 그야말로 약 200년 정도
밖에 되지 않은 셈입니다. '유기적인 것=생명체, 비유기적인 것=비생명
체'라는 도식이 이른바 유기적 **조직**이라는 개념이 자연적인 존재들을 분
석하는 근본 개념으로 확립되면서 비로소 가능했다는 거죠. 여기에서 중
요한 것은 비샤의 분석에서부터 비로소 생명과 죽음이 근본적으로 대립
하는 것으로 정착되었다는 겁니다. 죽어도 죽지 않은 것이고, 살아도 산
것이 아니라는 식의 이른바 종교적이거나 문학적인 수사에 의거한 혼란
이 생물학의 차원에서부터 지워진 셈인데, 대단히 중요한 사건이 아닐 수

없습니다.

비샤는 프랑스의 해부학자이자 생리학자로서 죽음에 저항하는 기능의 총체로서의 '생명의 특성'을 강조했다고 합니다. 비샤가 죽음에 저항하는 기능의 총체가 생명임을 처음으로 분석해 내고 그럼으로써 생명과 죽음의 대립을 근본적인 것으로 정착시켰다고 할 때, 그것은 생명체들을 제외한 우주를 죽은 것으로 보기 시작했다는 것이고, 생명체들과 우주 사이에 급격한 불연속적인 단절이 있음을 제시한 것이라 할 수 있습니다.

그 이후 약 100년이 흐른 뒤 베르그송Henri Bergson(1859-1941)이 온 우주를 생명의 원리로 설명한 것은 바로 이러한 생명/죽음의 이분법을 극복하고자 한 것이라 할 수 있을 겁니다. 하지만, 베르그송의 이러한 뒤집기는 생물학이 자연과학으로서 발전하는 데 도움이 되기보다는 장애가 되었다고 할 것인데, 그 까닭은 생명을 형이상학적인 차원으로 끌어올려 마치 우주적 에너지의 근원적인 파동인 양 제시한 셈이기 때문입니다. 생명이 무엇인가를 규정하는 일은 물론 쉬운 일이 아닙니다. 다만 1953년 제임스 왓슨James Watson(1928-2025)과 프랜시스 크릭Francis Crick(1916-2004)이 무기물, 즉 비생명체인 DNA에 근거해 생명체의 구조적인 조직이 형성되고 그에 따라 생명 활동이 이루어진다는 사실을 발견함으로써 생명의 정체에 관한 논의는 거의 마무리된 셈입니다.

19세기, 재현의 한계들 3.
객관적 종합들

노동, 유기적 조직, 굴절, 푸코에 따르면 이 셋은 18세기 말부터 등장하여 19세기를 관통하게 되는 새로운 개념들입니다. 노동은 정치경제학, 유기적 조직은 생물학, 굴절은 비교 문법에 해당하는 핵심 개념들입니다. 오늘은 이 중 마지막인 굴절에 대해 살펴보고자 합니다. 그런 뒤, 칸트에 의한 비판critique의 등장을 드트라시에 의한 관념학Idéologie과 비교하고, 끝으로 푸코가 '객관적 종합들'이라 부르는, 재현을 넘어선 사물 중심의 사유 체계의 등장을 살펴보고자 합니다.

3. 낱말들의 굴절

'낱말들의 굴절'은 제7장 '재현의 한계들'의 제4절의 제목입니다. 푸코는 이 절을 통해 언어학science du langage에서의 중요한 변환을 고찰합니다. 그는 이렇게 말합니다.

언어학이 중요한 변환을 겪기 위해서는 서양 문화에서 재현의 존재 자
체를 변화시킬 수 있을 정도로 아주 심오한 사건들이 있어야 했다. …
고전주의 시대의 종말에 이르기까지 가장 오랫동안 지속한 것은 명사
이론théorie du nom이다. 명사 이론은 재현 자체가 그 고고학적인 체제
régime archéologique의 맨 밑바닥까지 이르러 변경될 때까지 지속되었다.
(245-246, 279)

　푸코에 따르면, 17-18세기 고전주의 시대 지식의 장을 채웠던 일반 문
법, 자연사, 그리고 부의 분석 중에서 가장 오랫동안 명맥을 유지한 것은
일반 문법이었습니다. 그중에서도 명사 이론이었다고 합니다. 그러니까
이제 이 명사 이론이 파기되면 고전주의 시대 지식의 판이 완전히 깨지는
셈입니다. 그런데 19세기 초까지도 언어 분석은 거의 변화가 없을 정도로
완고했는데, 그것은 여전히 낱말들을 그 재현적인 가치에 맞추어 분석하
고 있었다는 것입니다. 낱말의 재현적인 가치를 중시하는 것은 낱말이 생
겨난 기원, 즉 근원적인 외침과 같은 어근의 발생 기원을 따지는 것을 포
함합니다.
　그렇다면 재현적인 가치에 따른 낱말들의 재현적인 가치나 근원적인
어근의 발생 기원을 중시하지 않는 언어 분석이 등장하면 새로운 언어학
이 구축된다는 것인데, 푸코는 18세기의 사사분기에 이르러 그런 조짐이
보이기 시작했음을 지적합니다.

18세기의 사사분기에 체계 언어들langues 간의 수평적인 비교가 또 다
른 기능을 획득한다. 그것은 각 체계 언어가 선조의 기억을 간직할 수
있는 것이 무엇인가를 안다든가, 그래서 체계 언어들의 낱말들이 지닌
음가sonorité에서 바벨 사건 이전에 있었던 어떤 표식들이 배치되어 있
는가를 아는 것을 더 이상 허용하지 않는다. 그것은 체계 언어들이 어

느 정도로 서로 닮았는가, 체계 언어들 사이의 유사성의 밀도가 어느 정도인가, 체계 언어들이 서로 통용되는 한계가 어떠한가를 가늠하도록 허용해야 하는 것이었다. (246, 279-280)

더 이상 낱말의 수직적이고 계통적인 기원을 따지지 않고, 현존하는 체계 언어들을 직접 비교하는 작업이 등장했다는 겁니다. 이와 관련해서 푸코는 1787년에 러시아에서 제국의 체계 언어들이 어떻게 교체되는가를 확립하기 위해『전 세계의 비교 용어집*Glossarium comparativum totius orbis*』제1권을 출판하였는데, 여기에서 279개의 체계 언어를 참조했음을 제시합니다. 하지만, 푸코는 이러한 비교 연구들도 기본적으로는 여전히 재현적인 내용들에 근거해 이루어지고 있었다고 말합니다. 예를 들면, 아델룽이라는 학자는 여러 체계 언어와 방언들에서 '아버지'를 나타내는 500개의 표현을 검토했는데, 그럼으로써 거기에서 항상적인 요소를 찾아내어 어근으로 보고자 했다고 말합니다. 하지만, 이러한 체계 언어들 사이의 비교 분석의 작업은 18세기 말에 이르러 중간적인 형태를 드러내게 된다고 말합니다.

그런데 18세기 말에 이르러 체계 언어들 사이의 맞대응은 내용들의 분절과 어근들의 가치 사이에서 하나의 중간적인 형상形狀을 드러내게 된다. 굴절flexion이 문제가 된 것이다. … 쾨르두와 윌리엄 존스처럼 산스크리트어와 라틴어 내지는 그리스어에서 être 동사의 서로 다른 형태들을 비교했을 때, 일반적으로 인정했던 것과는 반대 방향인 항상적인 관계를 발견하게 된다. 오히려 어간이 변하고, 유사하게 남은 것은 굴절들이라는 사실을 발견하게 된 것이다. 산스크리트어에서 *asmi, asi, asti, smas, stha, santi*라는 계열은 라틴어의 *sum, es, est, sumus, estis, sunt*의 계열에 정확하게 상응한다. 그러나 그 상응은 굴절의 유추를 고

려한 데 따른 것이다. (247, 281)

굴절이란 문법적인 형태소를 구분하면서 어간에 여러 어미가 붙는 현
상으로서, 간단하게 말하면 어미변화를 일컫습니다. 어간에 접두사나 접
미사가 붙는 것도 굴절에 포함된다고 할 수 있습니다. 그런데 18세기 말
에 이르러 여러 체계 언어를 비교해 본 결과, 특히 불어로 보아 être 동사
에 해당하는 낱말이 굴절할 때, 체계 언어에 따라 어간이 변했고 그 굴절
의 기본 형태는 체계 언어들 간에 서로 유사하게 항상적인 요소로 남아
있다는 것을 발견하게 되었다는 겁니다. 이에 관해 푸코는 다음과 같은
더욱 이해하기 쉬운 이야기를 합니다.

> 문자 s가 2인칭을 나타낸다고 할 때, 그것은 쿠르 드 제블랭이 말하는
> 것처럼 문자 e가 호흡과 생명 그리고 현존을 나타낸다고 하는 것과 다
> 르다. 동사 어간에 1인칭, 2인칭, 3인칭이라는 가치들을 부여하는 것
> 은 m, s, t라는 변양의 전체이다. (248, 282)

체계 언어마다 그런 것은 아니죠. 산스크리트어와 라틴어를 비교해 본
결과 특히 그러하다는 겁니다. 모르긴 해도 고대의 여러 체계 언어를 비
교해 보면, m, s, t가 대체로 각기 1인칭, 2인칭, 3인칭 역할을 하는 것으로
볼 수 있을 겁니다. 중요한 것은 이러한 연구 결과 다음과 같은 혁신이 일
어난다는 것입니다.

> 굴절의 체계를 통하여 순수 문법적인 차원이 이미 나타난다. 언어는
> 더 이상 그저 재현과 그 나름으로 재현을 재현하면서 사유의 연결이
> 요구하는 대로 정돈되는 소리로만 구성되지 않는다. [이제] 그에 못지
> 않게 언어는 체계로 결집한 형식적인 요소들로 구성된다. 이 형식적

인 요소들은 소리들과 음절들 그리고 어간들에 재현의 체제와는 다른 체제를 부과한다. 그래서 언어 분석에 있어서 재현으로 환원될 수 없는 요소가 도입된다(이는 교환의 분석에서 노동을 도입한 것, 또는 특성의 분석에서 유기적 조직을 도입한 것과 같다). 그 첫 번째 귀결로서 18세기 말에 음운학phonétique이 등장한 것을 지목할 수 있다. ⋯ 또한 비교 문법grammaire comparée의 대강大綱이 처음으로 등장한 것을 지목할 수 있다. ⋯ 이제부터 체계 언어들에 있어서 각각의 개별성을 결정할 뿐만 아니라 서로 간의 유사성을 결정하는바, 체계 언어들의 내부적인 '메커니즘'이 존재하게 된다. 동일성과 차이의 담지, 인접 관계의 기호, 그리고 근친 관계의 표식 등이 역사를 지탱하게 되는 것도 바로 이 메커니즘에 의해서다. 이 메커니즘에 의해 발화parole(話言) 자체의 두께에 역사성이 도입될 수 있게 된 것이다. (248-249, 282-283)

18세기 말 체계 언어들에서 나타나는 굴절의 항상적인 유사성을 발견해 냄으로써, 사유와 재현의 체제를 벗어난 순수 문법적인 차원이 건립되기 시작한다는 겁니다. 이는 사유에 의한 재현, 재현에 의한 사유, 재현들의 연결, 재현들의 연결을 표현하기 위한 수단으로서의 언어 등과 같은 재현 중심의 언어 분석이 파기된다는 것을 의미하죠. 간단히 말하면, 이제 언어가 인간의 주관적인 지평을 벗어나 그 나름의 객관적인 독립성을 확보하는 쪽으로 파악되기 시작한다는 겁니다. 이를 지칭하는 것이 체계 언어의 내부적인 메커니즘입니다. 그리고 음운학과 비교 문법이 등장했다는 것이 그 증거임을 지적하고 있습니다.

푸코에 따르면, 음운학은 언어의 표현적인 가치를 탐구하는 것이 아니라, 음들끼리의 상호 변형 관계를 다루는 것이고, 비교 문법은 문자 그룹과 의미 그룹 간에 형성되는 짝지음을 탐구하지 않고, 문법적인 가치에서의 변경들, 예컨대 동사 활용, 어미변화 및 접속사 변화들을 전체적으로 탐구하는 겁니다.

참으로 묘하게도, 노동과 유기적 조직이라는 개념이 인간 재현의 손아귀를 벗어난 형태로 등장해 정치경제학과 생물학을 건립할 수 있게 한 것처럼, 이제 굴절이라는 개념이 등장해 인간 재현의 손아귀를 벗어난 비교문법학의 길을 여는 겁니다. 어떻게 생각해 보면, 푸코가 자신의 고고학적인 관점, 즉 한 시대의 지식의 장이 에피스테메를 통해 근본적으로 규정된다는 관점을 관철하기 위해 그에 유리한 자료들만을 끌어들였기 때문이 아닌가 하고서 의심할 수도 있지만, 설사 그렇다고 할지라도 푸코의 이러한 지식의 고고학적인 작업은 그 나름의 정합성에 있어서 대단하다고 하지 않을 수 없습니다.

4. 관념학과 비판

1) 재현에서 사물로의 대사건의 발생

푸코는 18세기 말에 이르러 에피스테메의 대전환이 일어나는 것을 일컬어 동일한 유형의 사건이 곳곳에서 일어났다고 말합니다. 욕망 대상들의 가치가 노동을 통해 결정되고, 존재 내부의 관계가 유기적 조직에 의해 특성화되며, 체계 언어가 언어 내적인 구축, 즉 굴절의 체계에 의해 규정되는데, 이들을 관통하는 동일한 유형의 사건이 있다는 겁니다. 그 사건에 대해 이렇게 말합니다.

재현들에 관계했던 기호들, 그것들을 통해 확립된 동일성들과 차이들의 분석, 풍부한 유사성들을 바탕으로 설립된 연속적이면서 분절적인 일람표, 경험적인 다양성 사이에서 정의되는 질서 등, 이제 이것들은 더 이상 재현과 재현에 대한 재현과 같은 재현의 배타적인 이중화에

근거할 수 없게 되었다. (249-250, 283)

이같이 이전 시대에 포괄적인 힘을 발휘했던 지식의 판도가 파기되는 것을 지시하는 것은 소극적인 설명에 불과합니다. 우리로서는 새롭게 다가오는 시대에 대해 적극적으로 작동하는 사건의 내용을 알고 싶습니다. 그런데 푸코는 언어 이론, 생물 이론 및 경제 이론 등에 관해 새로운 관점들이 어떻게 조성되는가를 설명한 뒤, 이렇게 말합니다.

이 사건은 다소 수수께끼와 같다. 18세기 말로 치달으면서 세 영역에서 하부로부터 산출된 이 사건은 세 영역을 단 하나의 특질에 의해 동일한 결별을 이루도록 한다. 그러므로 이제 이 사건을 통일되게 파악힐 수 있게 된다. 사건의 그 통일성은 사건이 다양하게 드러나는 형태들에 대해 토대가 될 것이다. 이 사건의 통일성을 합리성 내에서의 진보라는 측면에서 고찰한다거나 새로운 문화적 주제의 발견이라는 측면에서 고찰한다면, 그 고찰이 얼마나 피상적인가는 쉽게 알 수 있다. … 더욱 근본적인 방식으로, 그리고 인식들이 그 실증성에 뿌리를 내리는 차원에서 보자면, 이 사건은 인식에서 겨냥되고 분석되며 설명되는 대상들과 무관할 뿐만 아니라, 심지어 그 대상들을 인식하거나 합리화하는 방식과도 무관하다. 이 사건은 재현과 재현에 주어지는 것 간의 관계를 겨냥한 것이다. (251, 286)

새로운 에피스테메로 넘어가게 되는 대대적인 사건, 그 사건의 통일성이 과연 무엇인가를 짚고 들어갑니다. '재현과 재현에 주어지는 것 간의 관계'를 겨냥해 이를 무너뜨리는 대사건이 발생했다는 거죠. 이어서 푸코는 정치경제학의 선구로 꼽히는 애덤 스미스, 첫 문헌학자인 쥐시외와 비크다지르, 그리고 생물학의 기초를 놓은 라마르크 등이 등장함으로써 재현이 그 다양한 요소들을 통일시킬 수 있는 연결 끈들의 기초로서 작동할 수 있는 역량을 상실하게 되었다는 것을 지적합니다. 그러면서 이렇게 말합니다.

> 이제 그 연결 끈들의 조건은 재현의 외부에, 재현의 직접적인 가시성 너머에, 재현 자체보다 더 심오하고 더 두터운 일종의 배후 세계에 자리 잡는다. 존재들의 가시적인 형태들 ―생물체들의 구조, 부의 가치, 낱말들의 통사― 이 결합하는 지점에 도달하기 위해서는, 그 정점, 즉 우리들의 시선 바깥 깊숙이 매설되어 있는바 필수적이면서도 결코 도달할 수 없는 지점으로 육박해 들어가야 한다. 말하자면, 사물들의 심장 자체coeur même des choses로 육박해 들어가야 한다. (252, 286)

결국에는 재현과 사물이 대립 구도를 형성합니다. 지식 활동을 하기 위해서는 사유를 하지 않을 수 없고, 사유를 한다는 것은 결국 재현들, 즉 표상들을 연결하는 겁니다. 그런데 재현들을 연결하는 역량이 재현 자체에 미리 주어져 있는 것이 아니라는 것을 알기 시작했다는 것입니다. 그 역량은 결국 재현 너머의 '사물들의 심장 자체'에 있는 것으로 파악하기 시작했다는 겁니다. 엄청나게 큰 변화가 아닐 수 없습니다. 주관 내적인 사유 방식에서 벗어나 객관적인 사물 중심의 사유 방식이 전개되기 시작했기 때문입니다.

그러고 보면, 앞서 말한 '재현과 재현에 주어지는 것 간의 관계'에서 재현에 주어지는 것은 바로 사물에 근원을 두고 있는 것으로 됩니다. 예컨대 우리가 하나의 분필을 보면서 "이 분필은 희다"라고 할 때, '이 분필'이라는 재현과 '희다'라는 재현이 연결되어 이른바 속성 부가를 통해 통일되게 명제를 형성하는데, 그럴 수 있는 건 '이 분필'과 '희다'라고 하는 재현 자체에서 이루어지는 것이 아니라, 지금 내가 들고 있는 이 구체적인 사물인 바로 이 분필을 통해 이루어진다는 겁니다. 이렇게 되면, 재현들 사이의 연결뿐만 아니라 재현 자체마저 사물에 근거하여 이루어지는 것이 될 것입니다.

그러나 사물들이란 그 근본적인 진리에 있어서 일람표의 공간을 벗어나기 마련이고, 저 스스로 감아쥐는 것이며, 그 나름의 고유한 부피를 지닌 것이고, 우리의 재현에 대해 외부에 있는 그 나름의 내적인 공간을 형성하는 것임을 푸코는 지적합니다. 그러면서 푸코는 사물들과 재현의 관계에 대해 이렇게 말합니다.

> 사물들이 재현에 주어질 때 단편들, 음영들, 조각들, 비늘들 등에 의해 기껏해야 부분적으로밖에 주어지지 않는 것은 사물들을 태어나게 하면서도 동시에 사물들 속에 부동의 것으로, 그러나 여전히 진동하면서 머물러 있는 [사물들이 지닌] 그 힘에 근거한 것이다. 재현은 도달할 수 없는 사물들의 저장소로부터 떨어져 있어 부분적인 빈약한 요소들을 지닐 뿐이고, 그 요소들의 통일성은 항상 저 아래에 결합한 채 남아돈다. 재현과 사물들에 **공통된 장소**로서 기능하는 질서의 공간은 이제 파쇄破碎될 운명에 처한다. (252, 286)

과연 맞는 말입니다. 이렇게 과연 맞다 하고서 말하는 것은 물론 푸코가 지닌 지식의 고고학적인 관점에 의하면, 우리 자신이 이미 이러한 근대의 에피스테메에 의해 세례를 받았기 때문일 테죠. 하지만 직관적으로 생각해 보면, 푸코가 소개하고 있는 근대의 이러한 태도야말로 솔직하고 진실한 것이 아닐지요. 그렇지 않다면, 왜 끝없이 사물들에 대한 온갖 지식 활동이 이루어지겠습니까. 푸코의 고등학교 시절 철학 선생이었던 메를로퐁티는 "세계는 무진장하다"라고 말했는데, 이는 지금 여기 사물들에 적중하고 있습니다. 결국에는 이렇게 정돈됩니다.

재현은 사물들과 인식에 공통된 존재 양식을 더 이상 규정할 수 없는
처지에 놓였다. 이제 재현되는 것의 존재 자체는 재현 자체를 벗어난
곳으로 떨어지게 될 것이다. (252-253, 286)

2) 드트라시의 관념학과 칸트의 비판론

푸코는, 하지만 18세기 말에 재현과 사물의 분리나 재현에 대한 사물의
우위가 확립된 것은 아니며, 재현된 것의 존재 자체를 요청하게 되는 거
대한 우회로가 완성된 것도 아니라고 말합니다. 그저 그 가능성의 장소만
이 설립되었다고 말합니다. 말하자면, 일종의 애매한 인식론적인 재편성
의 중간 단계를 거치고 있었다는 것인데, 이에 관련된 것으로서 드트라시
의 관념학과 칸트의 비판 철학을 듭니다. 먼저 관념학에 대해 푸코는 이
렇게 설명합니다.

관념학Idéologie은 재현의 기초나 한계 또는 근거를 묻지 않는다. 관념학
은 재현의 영역 일반을 주파한다. 관념학은 재현의 영역 일반에서 나
타나는 필수적인 계기繼起들을 고정한다. 관념학은 재현의 영역 일반에
서 결합을 이루는 연결들을 정의한다. 관념학은 재현의 영역 일반에서
지배력을 발휘하는 구성과 해체의 법칙들을 명시한다. 관념학은 모든
지식을 재현의 공간에 놓고, 그 공간을 주파함으로써 지식을 조직하는
법칙들에 따라 지식을 정식화한다. 어떻게 보면 관념학은 모든 지식에
대한 지식이다. 그러나 이러한 기초적인 중복성redoublement fondateur이
관념학을 재현의 장에서 벗어나게 하는 것은 아니다. 이 중복성은 재
현에 근거한 모든 지식을 사람들이 전혀 벗어나지 않는 재현의 직접성
으로 되돌리는 것을 목표로 한 것이다. (253-254, 287)

여기에서 말하는 'Idéologie'는 흔히 우리가 말하는 '이데올로기'와는 내

용이 전혀 다른 것 같습니다. 지식 일반에 대한 지식이라면 그 자체로 인식론적이죠. 푸코가 인용해 소개하는 관념학을 개진한 드트라시는 "우리가 알다시피, **생각한다는 것**^{penser}은 항상 느끼는 것^{sentir}이다. 생각한다는 것은 느끼는 것일 뿐 다른 게 아니다"(254, 288)라고 말합니다. 이 점으로 보아, 관념학의 정체가 무엇인가를 어느 정도 감지할 수 있을 것 같습니다. 사유에 의한 일체의 지식을 감각이라고 하는 재현의 직접성으로 환원해서 정식화하고자 한 것이 곧 관념학의 핵심인 것으로 보입니다. 그런데 푸코는 드트라시의 이 언명에 대해 이렇게 부연합니다.

드트라시는 재현의 전 영역을 벗어나지 않으면서 잘 포괄한다. 그러나 그는 재현의 일차적이고 절대적으로 단순한 형식이자 사유에 주어질 수 있는 최소한의 내용인 감각이, 감각에 관해 고려할 수 있는 생리학적인 조건들의 질서 안에서 흔들리고 있는 경계선에 도달한다. 한 방향에서 읽으면 사유의 가장 미약한 일반성으로 나타나는 것이 다른 방향에서 해독하면 동물적인 특이성의 복합적인 결과로 나타난다. 드트라시는 말한다. "만약 동물이 지닌 지성적인 능력들을 알지 못한다면, 그 동물에 대해 불완전한 인식을 할 뿐이다. 관념학은 동물학의 한 부분이다. 그리고 그 부분 중 중요하고 철저히 규명할 가치가 있는 것은 특히 인간에서이다." 재현에 대한 분석이 가장 거대한 외연에 도달하는 순간에, 가장 외부적인 그 경계를 통해 인간에 대한 자연학의 영역에 거의 가닿은 ─아직 현존하지 않기 때문에 오히려 거의 가닿게 될 것이라 말해야 하는─ 영역을 건드린 것이다. (254, 288)

푸코의 이러한 소개에 따르면, 드트라시가 염두에 두고 있는 관념학은 참으로 묘한 중간 지점에 놓여 있습니다. 그것은 재현적인 사유의 근본으로서 감각으로 환원해 들어가고, 그 감각이 성립하는 생리학적인 차원에 관한 생각을 거쳐 동물적인 차원을 찾고 있습니다. 그리고 동물적인 차원 중에서 가장 특이한 인간이 지닌 동물적인 자연과 거기에서 비롯되는 감각에서 사유의 기초를 보고자 한 겁니다. 요즘식으로 말하면, 생리 심리적인 차원을 선구적으로 탐색한 것이라 할 수 있죠.

푸코가 보기에 드트라시의 관념학은 재현을 벗어나지 않으면서도 그 재현의 근거를 인간 특유의 생리적·동물적인 차원에서 찾고자 하는 재현의 질서와 사물의 질서의 중간 지점에 위치합니다. 푸코는 관념학은 고전주의 철학의 마지막이라고 말하면서 이는 사드가 전적으로 새로운 욕망의 폭력성을 투명하고 거침없는 재현의 전개 속에서 보고자 한 것과 거의 같다고 말합니다(255, 289 참조).

이제 칸트의 비판 철학이 19세기 근대적인 에피스테메로의 전환에 있어서 어떤 위치를 점하는가가 문제입니다. 푸코는 칸트가 재현들, 즉 표상들 사이의 관계를 근본 문제로 삼았다는 점에서는 관념학과 동일하다고 말하면서, 칸트가 재현들의 관계가 일반적으로 어떻게 가능한가를, 즉 보편적으로 정당한 재현들 사이의 결합 형식을 규정하는 조건들을 탐색하고자 했다고 말합니다. 이러한 재현들의 결합 형식은 재현들 자체에서 주어질 수는 없는 것이었음을 염두에 두면서, 푸코는 이렇게 말합니다.

재현들의 내용을 바탕으로 해서는 오로지 경험 판단들 또는 경험적인 확증만이 설립된다. 다른 모든 연결이 보편적이어야 한다면, 그 연결은 모든 경험을 넘어서서 모든 경험을 가능케 하는 선험적인 것*l'a priori*에서 설립되어야 한다. 여기에서 주안점은 다른 하나의 세계가 아니라, 세계에 대한 모든 재현을 일반적으로 현존할 수 있도록 하는 조건들이다.

그러므로 칸트의 비판과 그와 동시대에 대략 완성된 첫 번째 형태의 관념학적인 분석을 통해 주어진 것 사이에는 일치하는 점이 있다. 그러나 관념학은 … 재현의 형식에서 재현 바깥에서 구성되거나 재구성되는 중인 것 자체를 포착하려고 시도했다. … 그 반대로, 칸트의 비판은 이러한 관념학과 마주해서 우리의 근대성이 성립하는 문지방을 나타낸다. 칸트의 비판은 재현을 탐문하되, 단순한 요소에서 출발하여 그 요소들의 모든 가능한 조합으로 나아가는 무한한 운동을 따르지 않고, 그 요소들이 갖는 권리의 한계에 근거해 재현을 탐문한다. 그래서 칸트의 비판은 18세기 말 동시대적인 유럽 문화의 그 [대대적인 변환의] 사건, 즉 지식과 사유를 재현의 공간 바깥으로 물러나게 하는 사건을 최초로 뒷받침한 것이다. (255, 289)

칸트가 경험적인 것과 선험적인 것을 구분한 것은 널리 알려져 있습니다. 칸트가 제시한 선험적인 것들에는 감성의 형식인 시간과 공간, 지성의 형식인 12가지 범주들, 그리고 감성과 지성이 결합하여 인식 활동을 수행할 때 쓰이는 상상력의 도식들 등이 속합니다. 당연한 일이지만, 푸코는 칸트가 제시한 이러한 선험적인 것들이 재현의 내용에 속할 수 없음을 강조합니다. 그런 점에서 칸트가 주안점을 두고 있는 것은 경험적인 재현을 벗어난, 그 경험적인 재현의 한계입니다. 그러니까 재현이 지식—이때 지식은 뉴턴의 물리학과 같은 선험적 종합판단, 즉 경험적인 재현 내용을 담보해 내면서도 보편적으로 정당한 판단들입니다— 의 자격을 갖추는 데 있어서 반드시 충족하지 않으면 안 되는, 재현 외적인 필수적인 조건들을 탐구한 것이 바로 칸트의 비판이라는 이야기입니다.

이는 널리 알려진 것이기에 칸트의 비판에 대한 새로운 분석은 아닙니다. 칸트에 대한 푸코의 해석에서 새로운 점은 바로 이러한 칸트의 비판이 지닌 근본적인 성격이 재현 내지는 재현에 대한 재현의 내부에서 전개되던 고전주의 시대의 에피스테메를 끝내고, 그럼으로써 사유 가능성에 따른 재현이라는 무제한의 장을 일종의 형이상학적인 것으로 귀결시켰다고 해석하는 점입니다. 칸트에 대한 이러한 푸코의 새로운 해석의 관점은 다음의 언명에서 확인할 수 있습니다.

> 재현의 공간은 그 기초, 그 기원, 그 경계에 있어서 의문에 붙여진다. 고전주의적 사유가 설립했던, 그리고 관념학이 담론적이고 과학적인 절차에 따라 주파하고자 했던 재현의 그 무제한한 장은 하나의 형이상학으로 나타난다. 그런데 이 형이상학은 그 자체로 결코 윤곽조차 드러낸 적이 없었다고 해야 하고, 제약받지 않은 독단론에서 정립된 것에 불과하다고 해야 하며, 과연 정당한 권리가 있는가가 충분하게 의문시된 적이 없다고 해야 한다. 그런 점에서 비판la Critique은 18세기 철학이 오로지 재현의 분석에 의한 것으로만 축소하고자 했던 형이상학적 차원을 뚜렷이 드러낸 셈이다. 그러나 동시에 비판은 다른 형이상학, 즉 재현의 바깥에서 재현의 원천이자 기원이 되는 모든 것에 대한 탐구를 본령으로 하게 될 형이상학을 연다. 즉 비판은 생명la Vie, 의지la Volonté, 발화la Parole에 관한 철학들을 열게 되는데, 19세기에 전개될 이 철학들은 모두 비판이 일으킨 후류後流에 따른 것이다. (255-256, 289-290)

5. 객관적 종합들

이제 절을 바꾸어 제7장 '재현의 한계들'의 맨 마지막 제6절인 '객관적 종합들'로 들어갑니다. 이 절에 들어서면서 푸코는 칸트의 비판이 남긴 귀결들은 거의 무한하다고 해도 과언이 아니라고 강조하면서 오늘날 우리의 사유가 바로 그 귀결의 '왕조王朝'에 속해 있기 때문이라고 말합니다. 그 귀결로서 우선 두 가지 형태의 새로운 사유가 나타난다고 하면서, 푸코는 이렇게 말합니다.

> 하나의 새로운 사유 형태는 재현들을 일반적으로 가능하게 하는 것을 염두에 두면서 재현들이 관계를 맺는 조건들을 탐색한다. 그럼으로써 주체가 경험 일반의 모든 공식적인 조건을 결정하는 초월론적인 장champ transcendantal이 발견된다. … 다른 하나의 새로운 사유 형태는 재현들에서 재현되는 것으로 발견되는 존재 자체를 염두에 두고서 재현들이 관계를 맺는 조건들을 탐색한다. 현행적인 모든 재현의 지평에서 재현들이 통일을 이루는 기초로서 저 스스로 고지되는 것이 있는데, 그것은 결코 객관화될 수 없는 대상들, 결코 전적으로 재현될 수 없는 재현들, 명시적이면서도 동시에 비가시적인 가시성들, 우리에게 주어져 나가오는 것의 기초가 되는 한에서 스스로에게로 물러나는 현실들이다. 즉 그것들은 노동, 생명력, 말함parler의 능력이다. 사물들의 가치, 생명체들의 조직, 체계 언어들의 문법적 구조와 역사적인 근친성 등이 우리의 재현에까지 다가와 우리에게 거의 무한한 인식 과제를 요청하는 것은, 우리의 경험을 넘어선 외부의 한계 지대들을 떠돌아다니는 이러한 형태들에 따라서이다. … 생명, 언어 및 경제에 관한 과학들의 새로운 실증성은 초월론 철학philosophie transcendantale의 설립에 상응한다. (256-257, 290-291)

푸코의 탁월한 관점이 발휘되고 있습니다. 노동, 생명, 언어에 대한 실증적인 학문들이 칸트에게서 비롯되는 초월론 철학에 상응한다고 하는 것은, 예컨대 마르크스의 정치경제학이 칸트의 초월론 철학과 맥락을 같이한다고 해석하는 것은, 흔히 관념론과 유물론을 대립적으로 보는 관점에서는 기상천외한 것이 아닐 수 없습니다.

푸코의 이러한 관점은 19세기가 재현의 지배권을 박탈하고 재현을 둘러쌴 재현 바깥의 양쪽, 즉 재현의 주체 쪽으로의 바깥과 재현되는 것의 존재 자체로의 바깥을 제시하면서 이 둘이 재현을 가운데 두고서 서로 대응하는 것으로 보는 겁니다. 대단히 그럴듯한 놀라운 발상이 아닐 수 없죠.

이러한 푸코적인 발상을 원용한 것으로 가라타니 고진의 『트랜스크리틱』[41]을 들 수 있습니다. 고진은 이 책 서문의 제목을 '칸트로부터 마르크스를 읽고, 마르크스로부터 칸트를 읽는다'로 쓰고 있는데, 비록 그가 밝히고 있지는 않지만, 푸코의 이러한 관점에서 시사점을 얻은 게 아닌가 하는 추측을 하게 됩니다. 그는 이렇게 말합니다.

> 『자본론』은 헤겔과의 관계에서 읽히는 것이 보통이지만 나는 이 책에 비견될 수 있는 책은 하나밖에 없다고 생각한다. 그것은 칸트의 『순수이성비판』이다. 바로 이것이 내가 마르크스와 칸트를 결부시키게 된 이유 가운데 하나이다. (위 국역본, 18쪽)

고진의 이 책은 일독을 권하지 않을 수 없는 상당히 내공이 강한 책입니다. 이 책이 푸코가 개진하고 있는바 재현을 염두에 둔 방식의 분석은 물론 아닙니다. 하지만, 그 바탕에 그런 측면이 암암리에 깔려 있음을 감지할 수는 있습니다.

자, 아무튼 푸코는 생명체에 대한 객관적인 인식, 생산의 법칙들에 대한 인식, 언어의 형식들에 대한 인식이 가능하게 된 것은 칸트가 발견한 초월론적인 장 덕분임을 명시합니다. 그러면서 앞의 인식 작업과 칸트의 초월론적인 작업은 서로 다르다고 말합니다. 첫 번째는 초월론적인 것들 les transcendantales이 대상 쪽에 역점을 둠으로써 19세기 형이상학들의 탄생

---

41   송태욱 옮김, 한길사, 2005.

을 설명해 준다는 것, 두 번째는 초월론적인 것들이 후험적인a posteriori 종
합들에 관련되므로 '실증주의positivisme'의 출현을 설명한다는 점에서 다르
다는 겁니다. 이에 관한 여러 복잡한 논의 끝에 푸코는 이렇게 말합니다.

> '비판—실증주의—형이상학'이라는 대상에 대한 삼각형은 19세기 초
> 부터 베르그송에 이르기까지 유럽의 사상을 구성한다.
> 이러한 조성organisation은 그 고고학적인 가능성에 있어서 재현에 대한
> 순수하고 단순한 내적 분석으로는 더 이상 고려할 수 없는 경험적인
> 장들champs empiriques과 연결된다. 그러므로 그 조성은 근대의 **에피스테
> 메**에 고유한 다수의 배치와 [밀접하게] 상관적이다. (258, 292)

결국 근대의 에피스테메는 칸트의 비판 철학에서부터 시발한다는 겁니
다. 비판에서부터 형이상학과 실증주의가 갈래지어 나와 대상을 둘러싼
인식론적인 삼각형을 형성하는데, 이 삼각형이 재현으로부터 독립된 경
험적인 장들과 연결되고, 바로 그것이 근대의 에피스테메와 직결된다는
것입니다. 그 구체적인 내용은 대단히 복잡할 것으로 보입니다. 아무튼
푸코는 이러한 여건을 바탕으로 해서 근대의 에피스테메가 어떻게 고전
주의 시대의 에피스테메와 다른가를 복잡하게 논의한 다음, 결론적으로
다음과 같이 말합니다.

> 18세기 말경 서양의 **에피스테메**에 들이닥친 근본적인 사건이 낳은 귀
> 결들은 그 윤곽을 포착하기에 너무 멀리 있고 매우 어렵지만 이렇게
> 요약될 수 있다. 부정적으로는, 인식의 순수한 형식들의 영역이 고립
> 된다는 점이다. 순수한 형식들의 영역이 모든 경험적인 지식에 관련하
> 여 자율성과 주권을 동시에 행사함으로써, 그리고 구체적인 것을 형식
> 화하고 모든 순수 과학과 대립하면서 그 이면에서 구성 작업을 하고자

하는 기획을 끊임없이 생겨나고 또 생겨나도록 함으로써 그러한 고립
이 이루어진다. 긍정적으로는, 경험적인 영역들이 주체성과 인간 존재
및 유한성에 대한 반성들과 결합한다는 점이다. 이는 경험적인 영역들
이 철학적인 가치와 기능을 지니면서 동시에 철학 내지는 반(反)철학의
축소라고 하는 가치와 기능을 지님으로써 이루어진다. (261, 295)

순수한 형식들의 영역은 우선 칸트적인 선험적인 형식들을 지칭합니
다. 그런데 푸코는 칸트를 이은 피히테Johann Gottlieb Fichte(1762-1814)가 사유
의 순수하고 보편적이며 공허한 법칙들로부터 모든 초월론적인 영역을
추출하고자 한 것을 형식주의formalisme라 지칭합니다. 순수한 선험적 형
식의 영역으로 물러나 경험적인 지식을 무시하면서 지배하고자 하는 이
러한 형식주의를 푸코는 부정적인 귀결로 보고 있습니다. 당연한 평가가
아닐 수 없습니다. 여기에는 경험적인 영역의 총체를, 자신을 정신으로
드러내는 의식의 내부에서 포착하고자 한 헤겔의 현상학도 포함됩니다.
한마디로, 푸코는 재현을 넘어 주체 쪽으로 한없이 밀고 들어간 관념론을
18세기 말 에피스테메의 대전환에 따른 부정적인 귀결로 보는 겁니다.

그 반면, 재현을 넘어 대상 쪽으로 한없이 밀고 들어감으로써 이른바
실증적인 경험의 영역들이 부각되어 인간 존재의 유한성을 반성하도록
하고 사유의 한계를 반성하도록 함으로써 철학을 축소하게 된 것을 긍정
적인 귀결로 보고 있습니다.

18세기 말 칸트의 비판으로부터 시작된 근대적 에피스테메로의 대전환
은 푸코가 말하는 것처럼 분명 두 가지 방향, 즉 형이상학적인 방향과 실
증주의적인 방향이 묘하게 뒤섞이면서 전개되도록 한다는 것을 염두에
둘 필요가 있습니다. 예컨대 베르그송은 철저히 과학적인 성과들을 원용
하면서도 결국에는 전 우주적인 생명이라고 하는 형이상학적인 존재를
근원적인 것으로 내세웁니다. 그런가 하면 후설은 자신이야말로 진정한

실증주의자라고 하면서도 결국에는 절대적이고 순수한 초월론적인 주체를 궁극적인 지반으로 내세우죠. 그렇다면, 마르크스와 니체와 프로이트는 어떨까요?

19세기, 새로운 경험영역들.
리카도

이제 『말과 사물』 제8장으로 돌입합니다. 장의 제목은 '노동, 생명, 언어'라고 되어 있습니다. 이 장은 제1절 '새로운 경험영역들', 제2절 '리카도', 제3절 '퀴비에', 제4절 '보프', 제5절 '대상이 된 언어'로 되어 있습니다. 오늘은 제1절, '새로운 경험영역들les nouvelles empiritcés'과 제2절 '리카도 Ricardo'를 살펴보려 합니다.

1. 새로운 경험영역들

이 절은 17-18세기 고전주의 시대에서 19세기 근대로 넘어오는 과정에서 서양 세계의 지식 판도가 어떻게 핵심적으로 달라지는가를 개괄하는 절입니다. 경험영역들을 인식하는 근대적인 방식을 구축하게 되는 에피스테메에서의 근본적인 파열을 염두에 두면서, 푸코는 이를 '역사적 사건'이라 부릅니다. 그리고 그 내용을 이렇게 말합니다.

그것은 좋든 싫든 우리와 동시대적이고 우리가 사유할 때 수반하지 않으면 안 되는 사념pensée이 다음의 사실들에 의해 여전히 폭넓게 지배되고 있다는 것이다. 즉 18세기 말경에 드러난바, 재현의 공간에서 종합의 기초를 찾는다는 것이 불가능하다는 사실에 의해, 그리고 재현 자체와 상관적이고 동시적이지만 동시에 재현 자체에 대립하여 분할되는 주체성의 초월론적인 장champ transcendantal de la subjectivité을 열어젖히고, 그와 반대로 우리에게 생명, 노동, 언어로서 주어지는 '준-초월론적인 것들quasi-transcendantaux'을 대상 너머에서 구성해야 할 의무가 있다는 사실에 의해 폭넓게 지배되고 있다. (262, 297)

학적인 지식을 구축하기 위해서는 종합이 필수적입니다. 그런데 이제 재현 자체에서는 이러한 종합의 기초를 찾을 수 없다는 걸 확신하게 되었고, 초월론적인 영역들에서 그 기초를 찾지 않으면 안 된다고 생각하게 된 거야말로 근대로 들어서게 되는 사유에서의 핵심 사건이라는 이야기입니다.

흥미로운 점은 푸코 나름으로 경험의 영역들을 크게 범주화해서 그 핵심 개념들로서, 생명·노동·언어를 포착하면서, 이것들을 '준-초월론적인 것들'이라고 규정하고 있다는 사실입니다. 칸트의 관점에서 보면, '준-초월론적인'과 같은 표현은 있을 수 없습니다. 그런데 푸코가 이런 표현을 사용한 것은 칸트가 말하는 '초월론적인'은 근본적으로 형식적인 것들인 데 반해, 푸코가 말하는 생명·노동·언어 등은 실질적인 내용을 담보하고 있기 때문이죠. 푸코가 이 세 가지를 준-초월론적인 것이라 하면서 대상 너머에서 찾아야 할 것으로 보는 것은, 이 세 가지가 근본 범주들로서 19세기에서부터 열리는 근대의 인식론적인 장을 틀 짓고 있다고 보기 때문입니다.

그런데 염두에 두어야 할 것은 이 세 가지에 대해 근대 이전의 인물들도 생각하지 않은 건 아니라는 사실입니다. 그들은 재현을 분석함으로써 일람표를 만들고 그 재현의 일람표 속에서 이 세 가지를 탐색했습니다. 푸코에 따르면, 심지어 1775년에서 1795년 사이에 애덤 스미스, 쥐시외, 윌킨스 등에 의해 고찰된 노동, 유기적 조직, 문법 체계 등도 여전히 재현의 일람표를 벗어나지 못하고 있었고, 그런 일람표를 구성하는 바탕이 되는 동일성과 차이에 따른 질적인 질서와 일정하게 관련을 맺고 있었습니다.

다만, 이들의 고찰에 있어서 노동, 유기적 조직, 문법 체계 등은 재현 분석의 작업에 의해 정의되지도 확증되지도 않고 있고, 따라서 재현 분석이 자율성을 갖지 못하며, 일람표가 가능한 질서의 장소가 되지 못한다는 것이 인식되면서, 결국은 재현의 일람표가 진정한 지식의 얇은 껍질에 불과하다는 것, 아울러 질적인 질서라는 게 알고 보면 심층을 따로 둔 표면의 번쩍임에 불과하다는 것을 알기 시작했다는 겁니다. 이를 푸코는 다음과 같이 말합니다.

> 일람표가 제시하는 근린 관계들, 일람표가 조율하여 그 반복을 드러내는 기초적인 동일성들, 일람표가 펼쳐 냄으로써 결론짓는 유사성들, 일람표를 통해 간파할 수 있는 항상적인 것들 등은, 실로 가시적인 것에 근거해 정돈할 수 있는 모든 분포를 넘어선 곳에 자리하고 있는 모종의 종합들, 또는 조직들, 또는 체계들의 결과일 뿐이다. 구분의 영속적인 좌표판quadrillage을 통해 시선에 주어진 질서는 심층profondeur을 아래에 두고 그 표면에서 번쩍이는 것에 불과하다. (263, 298)

중요한 점은 재현의 심층에 놓여 있는 뭔가가 재현을 그렇게 질서를 갖도록 한다는 겁니다. 심층의 그 무엇은 분명히 앞서 말한 초월론적인 주체의 장, 또는 준-초월론적인 생명·노동·언어 등입니다. 푸코는 이러한 각성이 이루어짐으로써 서양의 지식 공간이 크게 흔들리면서 수평적인 방식에서 수직적으로 파서 들어가는 방식으로 전환됨을 강조합니다.

> 그리하여 유럽의 문화는 하나의 심층을 구상하게 된다. 거기에서 문제는 동일성들, 구분되는 특성들, 그 가능한 길들과 경로를 갖춘 영구적인 표들이 아니다. 시원적이고 근접할 수 없는 중심핵에 근거해, 아울러 기원과 인과성 및 역사를 바탕으로 전개되는 숨겨진 거대한 힘들이 문제다. 이제 사물들은 스스로에게로en soi 물러나 있는 두툼한 두께를 지닌 바탕fond으로부터 재현에 주어지는 것들로 된다. 이에 사물들은 바탕이 지닌 불투명성obscurité에 의해 모르긴 해도 더욱 어두운plus sombres 것으로 혼란되어 있지만, 그 자신들에 강하게 결합해 있고 저 밑바탕에 숨겨진 활력에 의해 다른 버팀대가 없이 분포되고 군집을 이루는 것들로 된다. (263-264, 298-299)

이 대목에서 우리는 다시 한번 푸코가 발휘하는 사유의 시선이 얼마나 날카로우면서도 특이한가를 실감하게 됩니다. 저 바탕은 재현 체계를 넘어서 있는 초월론적인 주체의 장이었습니다. 그런데 이 장을 '발명함으로써' 사물들에 관한 생각이 전혀 다르게 되었음을 날카롭게 지적하고 있습니다. 즉 사물들이 이제 인식을 통해 결코 도달할 수 없는 저 스스로의, 이른바 즉자적인 위력을 가진 것으로 여겨지기 시작했다는 겁니다.

푸코가 지적하지는 않지만, 여기에서 우리는 그가 칸트가 말한 '사물 자체Ding an sich' 개념의 제시를 크게 중요하게 여기는 것 아닌가 하는 생각을 하지 않을 수 없습니다. 우리가 보기에, 칸트의 사물 자체라는 개념은 적어도 근대의 사상에 있어서 사물이 지닌 근원적인 불투명성과 그에 따른 어두움에 대해 생각하게 만든 출발점이 되기 때문입니다. 이는 결국 하이데거가 말한 '존재Sein', 사르트르가 말한 '순수 즉자en-soi pur', 메를로퐁티가 말한 '살la chair', 들뢰즈가 말한 '기관들 없는 몸le corps sans organes' 등으로 발전한다고 볼 수 있습니다. 그 바탕에는 사물의 불투명성과 어두움이 관철되고 있다 할 것인데, 이를 푸코가 여실하게 드러내는 겁니다.

이같이 중요한 이야기를 한 뒤, 푸코는 19세기 근대로 들어서서 등장하기 시작한 여러 학문을 17-18세기 고전주의 시대의 학문들이 바뀌어 변형된 것으로 보아서는 안 된다고 경고합니다. 즉 일반 문법이 바뀌어 문헌학이 되고, 자연사가 바뀌어 생물학이 되며, 부의 분석이 바뀌어 정치경제학이 되었다고 여겨서는 안 된다는 거죠. 그러면서 다음과 같이 말합니다.

> 세기의 전환을 통해 바뀐 것, 즉 돌이킬 수 없이 변환을 겪은 것은 지식 자체, 즉 인식하는 주체와 인식 대상 간에 미리 준비된 불가분의 존재 양식이다. (264, 299)

인식 주체와 인식 대상 간의 불가분의 존재 양식으로서의 지식 자체가 돌변했다는 것인데, 인식 주체와 인식 대상이 재현 체계에 편입되어 있던 상태에서, 이를 벗어나 인식 주체는 초월론적인 주체가 되고, 인식 대상은 근본적으로 불투명하고 어두운 것으로 되었다는 것일 터입니다. 대변환이 아닐 수 없습니다.

2. 리카도

이제 생명, 노동, 언어라는 준-초월론적인 것 중에서 노동이 어떻게 새로운 에피스테메로 이관하게 되는가를 살핍니다. 이를 위해 푸코는 '리카도'라는 제목을 단 절을 따로 마련합니다. 그렇게 해서 푸코는 애덤 스미스와 리카도가 노동을 어떻게 다르게 다루었는가를 고찰합니다.

애덤 스미스의 분석에서 노동이 항상적인 척도, 즉 욕구 대상들의 교환에서 등가성을 가능케 하는 역할을 하게 된다는 것을 말한 뒤, 푸코는 생산을 위해 투입된 노동량과 노동을 구입할 때 치러야 하는 대가로서의 노동량을 구분합니다. 그런 뒤, 후자의 노동은 일종의 상품으로서의 노동인데, 이 노동은 다른 재화들과의 교환 과정에 편입되기 때문에 항상적인 척도로서 작동하지 못한다는 것을 지적합니다. 그런데 애덤 스미스의 경우, 이 둘을 혼동함으로써 문제가 발생한다고 말합니다. 그리고 그렇게 혼동이 일어나는 이유가 재현 때문임을 지적하면서 이를 넘어서는 데서 리카도의 분석이 결정적인 의미를 갖는다고 말합니다.

> 애덤 스미스에게서 이러한 혼동은 재현에 주어진 우선권에서 비롯되었다. 즉 모든 상품은 어떤 노동을 재현했고, 모든 노동은 어떤 양의 상품을 재현할 수 있었다. 인간들의 활동과 사물들의 가치가 재현의 투명한 요소 속에서 소통했다. 리카도의 분석이 결정적으로 중요성을 획득하는 지점과 이유가 바로 여기에 있다. (265, 300-301)

노동이 교환되는 모든 재화가 일정한 비율로 교환되도록 하는 항상적인 척도가 되어야 한다면, 논리적으로 보아 노동이 교환되는 재화처럼 상품이 되어서는 안 됩니다. 그러나 현실적으로 노동이 상품인 것은 분명하죠. 정확하게 말하면, 노동이 아니라 노동력이 상품입니다. 어떤 상품이 노동을 재현한다는 것은 그 상품을 생산하기 위해 투입된 노동이 그 상품의 가치를 통해 드러난다는 것을 의미합니다. 그런데 노동이 상품인 한에 있어서 모든 노동은 임금이라고 하는 대가를 지불해야만 구입할 수 있습니다. 이럴 때 임금은 다른 재화들을 구입할 수 있는바, 다른 상품들을 재현하게 되죠. 후자의 경우, 노동의 가치를 측정하는 데 있어서 다른 상품들이 기준으로 작동하는 것이라 할 수 있으니, 전체적으로 혼동이 일어난 다는 겁니다. 그리고 이렇게 노동과 상품이 상호 재현의 관계에 놓임으로써 애덤 스미스에게서 혼동이 발생했다는 거죠. 그런데 이러한 혼동을 불식시키고자 한 게 바로 리카도의 분석이라는 이야기입니다. 과연 리카도가 이를 어떻게 극복했는지가 궁금해집니다. 푸코의 말을 들어 봅시다. 다소 길게 인용해 보기로 합니다.

리카도의 분석은 개념의 통일성을 파열시킨다. 그리고 사고팔리는 노동자의 힘과 고통 및 시간을 물품들의 가치의 기원이 되는 [노동자의] 활동과 최초로 아주 급진적인 방식으로 구분한다. 그럼으로써 한편으로는 기업가들이 요구하고 받아들이면서 임금을 지불하는바 노동자들이 제공하는 노동을 갖게 될 것이고, 다른 한편으로 광물을 채굴하고 제품을 생산하며 물품을 가공하고 상품을 수송하는 등 해서 노동이 있기 전에는 현존하지 않고 노동이 없이는 생겨날 수 없는바 교환 가능한 가치들을 형성하는 노동을 갖게 될 것이다. … 스미스와 리카도의 차이는 다음과 같은 데 있다. 첫 번째로, 노동이란 생존 날들로 분석될 수 있기 때문에, 모든 다른 상품들에 공통된 단위로서 기능할 수 있다. 두 번째로, 노동량은 한 물품의 가치를 고정할 수 있도록 한다. 그런데 그 이유는 한 물품이 노동의 단위들로 재현될 수 있기 때문이라기보다는 우선, 그리고 근본적으로 생산 활동으로서의 노동이 '모든 가치의 원천'이기 때문이다. 이 '모든 가치의 원천'은 고전주의 시대처럼 등가성의 전반적인 체계에 근거해서는, 즉 상품들이 서로를 상호 교환적으로 재현할 수 있다는 점에 근거해서는 더는 정의될 수 없다. [말하자면] 가치가 하나의 기호^{un signe}이기를 그치고 하나의 생산물^{un produit}이 된 것이다. 만약 물품들이 거기에 투여된 노동과 동일한 가치를 갖는다면, 또는 적어도 물품들의 가치가 이러한 노동에 비례해서 성립한다면, 그것은 노동이 모든 나라와 모든 시대에서 고정되고 항상 적이며 교환 가능한 것이기 때문이 아니라, 어떤 종류이건 모든 가치 가 노동에 그 기원을 두기 때문이다. 이에 관한 최상의 증거는 물품들 의 가치가 그것들을 생산하고자 할 때 투입되지 않으면 안 되는 노동 의 양에 따라 증가한다는 것이다. 그러나 노동이 다른 모든 상품처럼 임금에 따라 교환됨에도, 노동의 양은 그 임금의 높고 낮음에 따라 변 하지 않는다. (266, 301)

요컨대 리카도는 애덤 스미스가 생각하지 못했던 핵심적인 사실을 구 축해 냈다는 것인데, 이는 노동가치설로, 즉 모든 상품의 가치는 노동에 서부터 생겨난다는 것을 밝혀냈다는 겁니다. 상품의 가치를 상품들끼리 서로 교환되면서 상대적인 비율에 따라 결정된다고 보는 것은 가치를 서 로에 대한 재현적인 기호 관계로 보는 것인데, 리카도는 이를 확실하게 넘어서서 가치란 근본적으로 노동에 근거해 생산되는 것임을 분명하게 밝혔다는 것입니다.

이는 리카도가, 상품으로서의 노동이 갖는 가치, 즉 임금으로 표현되는 가치를 다른 상품들과의 교환관계 속에서 볼 수밖에 없음으로써 항상적 인 가치 척도로서의 노동과 혼동을 일으켰던 애덤 스미스와 전혀 다른 입 장을 취하게 된다는 것을 의미합니다. 항상적인 가치 척도로서의 노동을 염두에 둘 때조차도 애덤 스미스는 노동이 언제 어디에서든 항상적이고 교환 가능한 것이기 때문에 노동이 그렇게 항상적인 가치 척도로서 작동 한다고 본 것에 반해, 리카도는 가치 자체가 노동을 통해 생산되는 것이 기 때문에, 노동이 가치의 척도가 된다고 보았다는 겁니다. 이러한 노동 가치설을 마르크스가 그대로 이어받고 있다는 점을 염두에 둘 때, 이른바 19세기 정치경제학의 설립에 있어서 리카도의 이러한 공헌은 그 의미가 크다고 할 겁니다. 이에 푸코는 이렇게 결론짓습니다.

리카도 이후, 교환의 가능성은 노동에 근거한 것이 되었다. 그리고 이
제부터 생산 이론이 유통 이론보다 항상 앞설 수밖에 없는 것이 된다.
(267, 302)

교환에 의거한 가치의 결정을 염두에 두는 것은 유통 이론에 해당할
것이고, 노동을 통해 가치가 생산된다고 하는 점을 염두에 두는 것은 생
산 이론에 해당할 겁니다. 경제 활동을 생산의 관점에 따라 보는가, 아니
면 유통 내지는 소비의 관점에 따라 보는가는 전혀 다른 입장임을 알게
되죠.

푸코는 이렇게 리카도를 통해 노동에 의한 가치 생산의 이론이 구축됨
으로써 향후 세 가지의 귀결이 나타난다고 말합니다. 첫 귀결은 노동이
재현 영역으로부터 빠져나옴으로써 새로운 근본적인 형식을 띤 인과 계
열이 설립된다는 것이고, 두 번째 귀결은 희소성 개념이 가지지 않은 것
을 원하는 데서 비롯된다는 주관적인 차원을 벗어나 죽을 수밖에 없고 늘
죽음에 직면해 있는 한 노동을 하지 않을 수 없도록 하는 필연적이고 근
본적인 객관적인 차원의 문제임을 알게 되었다는 것이며, 세 번째 귀결은
경제의 진화에 관한 것인데, 인간의 유한성에 근거해서 역사가 전개된다
는 것을 포착하게 되었다는 겁니다. 이를 하나하나 순차적으로 살펴봐야
할 것입니다.

1) 새로운 [생산 활동의] 인과성의 계열의 등장

푸코에 따르면, 18세기까지만 하더라도 화폐량의 증감, 가격의 증감,
생산량의 증감 사이의 관계를 가치들이 서로를 재현할 가능성에 근거해
설명했습니다. 예컨대 가격이 상승하는 것은 상품을 재현하는 화폐가 재
현되는 상품보다 더 빨리 증가할 때 생겨나고, 재현하고자 하는 물품들에
대해 재현하는 도구인 화폐들이 감소할 때 생산량도 줄어든다는 식입니

다. 그런데 리카도가 등장함으로써 이러한 인과 계열은 그저 표면적인 것
에 불과한 것으로 되고 말았다는 겁니다. 이에 푸코는 이렇게 말합니다.

리카도에게서부터, 노동이 재현 관계로부터 빠져나와 재현이 더 이상
포착할 수 없는 영역에 자리 잡게 된다. 그럼으로써 이제 노동은 노동
자체에 고유한 인과성에 따라 조직된다. 하나의 물품을 가공하는 데(또
는 그 물품을 수확하는 데, 또는 그 물품을 수송하는 데) 필요한 노동량, 즉 그 물
품의 가치를 결정하는 노동량의 정도는 생산 형식들formes de production
에 달려 있다. 노동에서의 분업의 정도에 따라, 도구들의 양과 본성에
따라, 기업가가 자신의 공장을 꾸리는 데 투입하고 또 계속 운용할 수
있는 자본의 양에 따라, 생산의 양식은 달라질 것이다. … 그러나 모든
경우에서 그 비용(임금, 자본, 소득, 이윤)은 그 새로운 생산을 위해 투입되
어 이미 완료된 노동을 통해 결정된다. [이제] 생산의 거대한 계열인 선
형적이면서 동질적인 하나의 거대한 계열을 목격하게 된다. 모든 노동
은 결과를 갖는다. 그리고 그 결과는 어떤, 또는 다른 형식 아래 새로
운 노동에 투입되면서 그 새로운 노동의 비용을 결정한다. 이 새로운
노동은 그 나름대로 가치의 형성에 개입해 들어간다. 이러한 계열적인
축적은 맨 먼저 부에 대한 고전주의적인 분석에서만 작동했던 상호 규
정들과 단절한다. 바로 이 사실에 의해, 새롭게 포착된 생산의 거대한
계열은 연속적인 역사적 시대의 가능성을 도입한다. (267-268, 302)

경제를 이해하고 역사를 이해하는 데 대단히 중요한 내용이 소개되고
있습니다. 노동가치설에 근거해서 이제 생산의 비밀을 알게 되는 겁니
다. 그것은 다름이 아니라, 사회에 따라 생산 형식들이 어떤 방식으로 달
라진다고 할지라도, 그래서 생산성이 어떻게 다르게 나타난다고 할지라
도, 그 근본적인 바탕에는 앞선 노동과 뒤이은 노동 간의 생산적인 인과

적 계열이 작동하고 있다는 것을 알게 되었다는 겁니다.

어느 기업가가 하나의 공장을 만들어 사업을 하려 한다고 해 보죠. 공장을 짓기 위한 모든 건축 자재와 공장의 설비는 모두 다 공산품들입니다. 그 공산품들을 만든 것은 앞선 노동자들의 노동이죠. 이제 그 공장에 신입 사원들을 모집해서 공장을 돌려 제품을 생산할 겁니다. 그럴 때 새로운 노동이 투입되죠. 이 새로운 노동은 이전에 있었던 노동의 결과에 힘입어서 투입됩니다. 노동이 투입되지 않고서는 그 어떤 제품도 생산될 수 없습니다. 공장의 지붕도, 공장의 기계도, 공장에 쓰이는 원료도 있을 수 없죠. 모든 노동은 가치를 생산하고, 새로운 가치를 생산할 때 그 노동은 항상 앞서 있었던 다른 노동의 결과를 바탕으로 해서 이루어지는 겁니다. 이에 노동에 의한 생산에 있어서 선형적이면서도 동질적인 거대한 인과 계열이 포착되는 것입니다.

그리고 이를 역사 전체에 적용해서 보게 되면, 계열적이면서 연속적인 거대한 생산의 역사가 성립할 수 있는 겁니다. 기본적으로는 역사가 경제의 존재 양식을 관통해 온 것으로 파악될 겁니다. 그리고 모든 문명과 문화를 노동이라고 하는 근본적인 바탕 위에 건립한 것으로 보면서, 그러한 노동들 사이의 거대한 인과 계열을 온 인류의 거대한 근원적인 활동으로 보게 될 것입니다. 아울러 이렇게 되면, 부의 정체나 자본의 정체를 제대로 밝힐 가능성이 주어질 겁니다. 이에 관련된 푸코의 이야기를 들어 봅시다.

> 경제적인 반성이 뚜렷한 담론을 통해 사건들의 역사 또는 사회들의 역사와 연결되기도 전에, 역사성historicité은 두말할 것 없이 오랫동안 경제의 존재 양식을 관통해 왔다. 경제는 그 실제에 있어서 차이와 동일성의 동시적인 공간과 연결된 것이 아니라 연속적인 생산의 시간과 연결된 것이다. (268, 303)

차이와 동일성의 동시적인 공간은 인식 차원의 문제이고, 생산의 시간은 실천적인 차원의 문제입니다. 이제 역사성 자체가 그저 인식 차원에서 구축될 수 있는 것이 아니라, 실천적인 차원에서 구축되는 것임을 바로 가치를 생산하는 노동의 선형적이고 동질적인 거대한 인과적 계열을 포착함으로써 정확하게 포착하게 되었다는 겁니다. 이에 관해 푸코가 언급은 하지 않지만, 마르크스가 역사를 생산력의 향상을 기준으로 삼아 본 것과 직결되는 부분이 아닐 수 없습니다.

2) 희소성 개념의 변환

이제 리카도의 노동가치설에 따른 두 번째 귀결로서 희소성rareté 개념이 어떻게 변화하게 되는가를 살펴볼 차례입니다.

푸코에 따르면, 18세기 때까지만 하더라도 희소성은 욕구에 관계해서 정의되었습니다. 예컨대 배고픈 자에게는 밀의 희소성이, 부유한 자들에게는 다이아몬드의 희소성이 성립한다는 겁니다. 그리고 중농주의자건 아니건 간에, 희소성을 극복할 수 있는 것은 토지가 주는 풍요함의 덕택이라고 여기고, 따라서 모든 부는 기본적으로 토지가 풍부하게 생산하는 데서 성립하는 것이라 여겼죠. 그런데 리카도는 이를 전반적으로 뒤집어 버렸다는 것이 푸코의 설명입니다.

> 리카도는 이러한 분석의 항들을 거꾸로 뒤집었다. 겉으로 드러나는 토지의 관대함은 사실상 점증하는 토지의 인색함에 근거한 것이라고 본 것이다. 그리고 [희소성을 일으키는] 첫 번째 사안은 인간들의 정신 속에 들어 있는 욕구와 욕구에 대한 재현이 아니라, 순전히, 그리고 간단하게 [토지와 관련해서 드러나는] 근원적인 결핍carence originaire이라는 것이다. (268, 303)

노동에서부터 모든 가치가 생겨난다고 보는 리카도로서는 토지에서부터 모든 가치가 생겨난다고 하는 기존의 통념을 인정할 수 없었을 겁니다. 그 반대로 리카도는 오히려 토지와 관련해서 드러나는 근원적인 결핍을 중시하고 있습니다. 이어지는 푸코의 설명에 의하면, 리카도는 이 근원적인 결핍이 근본적으로는 죽음과 연결되어 있고, 죽음을 벗어나고자 하는 인간의 근원적인 욕망을 통해 노동이 생겨났다고 주장하는 겁니다. 이에 관한 푸코의 이야기를 들어 보죠.

유지하지 않으면 안 되는 생존이 성취하기에 어려워지는 정도에 따라 죽음의 돌발은 더욱더 무서운 일이 되는 데 반해, 노동은 그 강도를 더욱 높여야만 하고 모든 수단을 동원해서 더욱더 생산적이게끔 해야 한다. 그러니까, 경제économie를 가능하고 필요한 것으로 만드는 요소는 영구적이고 근본적인 희소성의 상황이다. 그 자체 타성적이고 미소한 일정 부분을 제외하고는 황폐한 자연에 맞서서 인간은 자신의 생명을 건다. 경제가 그 원리를 발견하는 것은 이제 더 이상 재현의 활동 속에서가 아니라, 생명이 죽음으로부터 해방되고자 하는 위험하기 짝이 없는 영역에서부터 이루어진다. 그러므로 경제학économie은 이른바 인간학적anthropologique인 아주 애매한 고찰의 질서로 넘겨진다. … 결국 경제는 노동에서, 그리고 노동의 지속 자체에서 근본적인 결핍을 부정하고 죽음의 순간을 극복하는 유일한 수단으로 그려진다. 경제의 실증성은 이러한 인간학적인 골에 자리를 잡는다. **호모 에코노미쿠스**homo oeconomicus(**경제인**)는 그 고유한 욕구들과 그 욕구들을 채울 수 있는 대상들로 재현되는 자가 아니라, 죽음의 임박함을 벗어나기 위해 자신의 생명을 유지하고 활용하며 잃어버리는 자다. 그는 유한한 자다. … 리카도 이후, 경제학은 다소 명백한 방식으로 유한성finitude에 구체적인 형태들을 부여하고자 하는 인간학에 근거한다. 18세기의 경제학은 모든 가능한 질서에 대한 일반 과학인 **보편학**_mathesis_과의 관계에 있었다. 19세기의 경제학은 인간의 자연적인 유한성에 대한 담론인 인간학을 참조하게 된다. (269, 304)

19세기에 접어들면서 경제 또는 경제학에 대한 관점이 얼마나 크게 뒤집어져 바뀌는가를 알게 됩니다. 그리고 그 바탕에서 희소성 개념에 관한 전환이 있었다는 것을 알게 되죠. 땅 위에서 생존을 유지해야 하는 인간, 그런데 그 땅이 드러내는 불모성, 그 불모성을 맞이하면서 직감하지 않을 수 없는 죽음의 임박함, 그 죽음의 임박함을 벗어나기 위해 땅을 개간하지 않으면 안 되는 인간의 노동, 함께 생존을 유지하지 않으면 안 되는 사람들이 늘어남으로써 더욱더 박차를 가해 생산성을 높이지 않으면 안 되는 인간의 노동 양식의 개선 등의 실제 상황을 반영하는 논리가 경제를 가능케 한다는 것을 알고 나면서부터 경제학적인 관점이 달라집니다.

리카도의 희소성 개념에서 노동과 죽음의 맞대결을 찾아내어 부각하는 푸코의 솜씨가 과연 일품입니다. 물론 실제 경제생활에 있어서, 더욱이 현대의 발달한 자본주의 경제생활에 있어서 죽음이 노동을 불러일으켜 경제 활동을 이끄는 인간학적인 바탕이 된다고 생각하기는 어려울지 모릅니다. 하지만, 우리나라의 경우, 한때 사회적으로 큰 문제가 되었던 쌍용자동차의 대대적인 해고와 회사 쪽의 헛된 약속, 그로 인한 해고 노동자들의 극단적인 한계 상황과 속출하는 자살 등을 염두에 두게 되면, 이를 쉽게 인정할 수 있습니다.

언제든지 죽음을 맞이할 수 있는 인간의 유한성과 그러한 죽음을 강요한 자연의 불모성, 이 둘을 넘어서고자 하는 데서 노동, 노동을 통한 생산, 생산에 따른 경제가 성립한다는 겁니다.

3) 경제의 진화 과정

리카도가 내세운 노동가치설을 근거로 생겨나는 세 번째 귀결로 푸코는 경제의 진화évolution de l'économie를 검토합니다. 이는 구체적인 경제 과정이 실제의 논리에 있어서 어떻게 변화해 가는가를 염두에 두고 분석할 수 있게 되었다는 것을 의미합니다.

푸코에 따르면, 우선 애덤 스미스마저도 지대를 토지가 제공하는 생산성에 대한 대가로 여겼는데, 리카도는 지대란 농업 노동이 점점 더 가혹해지고 점점 더 이익이 될 수 없는 방향으로 치닫는 한에 있어서 존립한다고 보았습니다. 이에 관한 리카도의 분석에 대한 푸코의 설명을 요약하면 이렇습니다. '먹고살아야 할 인구가 증가하면 할수록 더 많은 토지를 개간해서 농사를 지어야 한다. 새롭게 개간한 토지에서 농사를 짓기 위한 노동은 힘들어지고, 그만큼 비옥한 이전의 토지에서 생산되는 수확물에 비해 새롭게 개간한 땅에서 나는 수확물은 생산 비용이 훨씬 더 올라간다. 하지만, 예컨대 양쪽에서 수확된 밀의 값은 동일하다. 경작하기 쉬운 토지는 그만큼 더 많은 이익을 얻게 된다. 이를 아는 토지 소유주는 토지를 빌려 경작하는 사람에게 더 많은 소작료를 요구한다. 그것이 지대의 원천임을 내세우는 주장이다.' 그래서 전체적으로 보면, 이렇게 된다고 푸코는 말합니다.

> 지대는 생산력이 높은 자연의 결과가 아니라, 인색한 토지의 결과이다. (270, 305)

아주 중요하고 기묘한 대목입니다. 지대가 일종의 착취에서 비롯되는 것임을 간접적으로 밝히고 있기 때문이죠. 모든 토지가 워낙 비옥하여 노동을 얼마 투입하지 않아도 엄청난 양의 곡물을 수확할 수 있다고 해 봅시다. 그 모든 곡물은 히브리 민족에게 공짜로 하늘에서 떨어진 만나처럼 거의 교환가치 내지는 가치를 가지지 못할 것이고, 가격은 형편없을 겁니다. 따라서 토지 소유자는 결코 토지를 빌려 경작하는 자에게 많은 지대를 요구할 수 없을 것입니다. 그런데 반대로 아주 척박한 토지를 개간해서 곡물을 생산할 수밖에 없는 상황이 함께 곁들여지면, 거기에서 생산된 곡물은 가치를 많이 가질 것이고, 높은 가격을 책정할 수밖에 없을 겁니다. 하지만 높은 가격을 책정한다고 해서 이윤이 많이 나는 것은 결단코 아닙니다. 따라서 그 척박한 토지의 소유자는 경작자에게 높은 지대를 요구할 수 없습니다. 그런데 단일화한 시장에 의해 척박한 땅에서 수확된 곡물이건, 비옥한 땅에서 수확된 곡물이건 다 같은 값을 갖고서 거래된다면, 이에 비옥한 땅에서 수확한 곡물을 경작한 농업 기업가들은 그만큼 더 많은 이윤을 얻게 되고, 이를 바탕으로 비옥한 땅을 빌려 준 토지 소유자는 더 높은 지대를 요구하게 되는 겁니다. 요컨대 지대란 척박한 땅과 비옥한 땅의 차이에 따른 결과물이고, 그 바탕은 척박한 땅에 투입된 가혹한 농업 노동입니다. 결국, 지대란 척박한 땅에서 힘들게 농사를 지은 노동자들의 노동을 착취한 결과임을 강조하는 주장입니다. 대단히 놀라운 분석이 아닐 수 없습니다. 왜냐하면, 이는 일반 산업 생산에도 얼마든지 적용 가능한 일반적인 원리로 자리 잡을 수 있기 때문이죠.

그런데 푸코가 소개하는 리카도의 이어지는 분석은 더욱 신랄합니다. 그 결과는 역사가 정지하게 되는 지경에 이르게 됩니다.

대략 정돈해서 이야기하면 이렇습니다. 인구가 늘어나면 늘어날수록 척박한 땅을 더 많이 개간해서 농사를 짓지 않으면 안 되고, 그 생산 비용은 증가하게 되며, 증가한 농산물 가격과 더불어 지대가 더욱더 올라가게 되고, 이러한 압박에 따라 노동자들의 명목임금은 올라가지만 노동자의 실질임금은 그의 의식주를 유지하는 데 최소한으로 필요한 정도 이상으로 올라가지는 않는다. 한편 지대가 올라가고 노동자의 보수가 고정된 그만큼 기업가의 이윤은 감소하게 될 것이다. 심지어 이윤은 아예 제로가 되어 소멸할 때까지 감소할 것이다. 아울러 어느 순간부터 산업의 이윤이 너무 낮아져 새로운 노동자들에게 일자리를 제공하지 못하게 될 것이고, 추가 임금의 결핍으로 인해 노동 인구는 더 이상 증가할 수 없을 것이며, 인구는 정체 상태가 될 것이고, 새로운 토지를 개간할 필요가 없어질 것이며, 지대는 최고도로 올라간 상태가 되어 더 이상 산업 소득에 대해 늘해 오던 압박을 더 이상 가하지 않게 될 것이고, 그럼으로써 산업의 소득은 [다시] 안정될 것이다.

리카도가 제시하는바 이러한 경제의 진화 과정을 소개한 뒤, 푸코는 이를 역사에 적용해 이렇게 말합니다.

> 결국 역사는 정지 상태가 될 것이다. 인간의 **유한성***finitude*은 결정적으로, 즉 **무한정한***indéfini* 시간에 상대적으로 **규정될***définie* 것이다. (271, 306)

이 언명은 이해하기에 상당히 어렵습니다. 역사가 정지 상태가 된다는 것부터 이해하기가 쉽지 않습니다. 인간의 유한성에서부터 경제가 생겨나 그 유한성을 메우는 과정이 곧 경제의 진화 과정인 건 알겠습니다. 그리고 그러한 인간의 유한성이 시간이 계속 이어지면서 달리 규정된다는 것도 알겠습니다. 그런데 역사가 정지 상태에 이른다는 게 어렵습니다. 잘 생각해 보기 바랍니다.

4) 생산을 둘러싼 역사의 인간학적 한계, 그 해결들

지난 시간에 리카도 부분, 그러니까 제8장 '노동, 생명, 언어'의 제2절 '리카도'를 다 마치지 못했습니다. 따라서 이번 시간에 그것을 마저 살펴보고, 제3절 '퀴비에'로 넘어가고자 합니다.

리카도가 정치경제학에서 이룬 대단히 중요한 업적은 흔히 '노동가치론'으로 이야기되는바 모든 상품의 가치가 노동에서 비롯된다는 것이었습니다. 그리고 그 노동은 당연히 생산 현장에서 이루어지는 겁니다. 그전에는 시장에서의 상품 가치가 상품들 서로 간의 교환 비율에 따라 결정되는 것으로 보았습니다. 즉 하나의 상품이 다른 상품들과의 동일성과 차이에 따른 재현 관계(기호 관계)에서 그 가치가 결정되는 것으로 보았죠. 이를 벗어나, 이제 상품의 가치는 유통이나 소비의 영역이 아니라, 노동을 중심으로 한 생산 영역에서 결정된다고 하는 대단히 중요한 주장이 리카도로부터 제시된 겁니다.

그런데 생산 영역이란 당연히 생산 형식들을 포함해 여러 관련 조건을 망라하는 생산양식에 따를 수밖에 없습니다. 그런데 생산양식이란 본래 단번에 이루어지는 것이 아니라, 역사적인 축적 과정을 통해 성립하죠. 이에 생산에 역사 문제가 개입되어 들어옵니다. 푸코는 이를 대단히 중시하면서 논의를 전개합니다. 그 시작 대목을 이렇게 열었습니다.

> 결국 역사는 정지 상태가 될 것이다. 인간의 **유한성**은 결정적으로, 즉 **무한정한** 시간에 상대적으로 **규정될** 것이다.
> 역설적으로 이러한 역사의 부동 상태immobilisation를 생각하도록 한 것은 리카도에 의해 경제 속에 도입된 역사성historicité이다. (271, 306)

지난 시간에는 19세기부터 인간에게 죽음이라고 하는 유한성을 염두에 두지 않을 수 없도록 하는 자연의 인색함, 그 자연의 인색함에 따른 희소성을 생각했습니다. 그리고 지대의 원천은 노동 강도가 심한 새로운 토지의 개간을 위한 노동의 착취에서 비롯된다는 사실을 생각했죠. 또한 이러한 사실들을 바탕으로 다음과 같은 경제의 진화 과정을 생각했습니다. 즉 '생산량 증가 → 인구 증가 → 새로운 토지 개간의 필요성 → 노동 강도의 심화 → 새로운 토지 개간에 의한 지대의 상승 → 노동자의 명목임금 상승 ―그러나 노동자의 실질임금의 고정화― → 이윤의 무제한한 감소 → 일자리 감소 → 인구의 정체停滯 → 새로운 토지 개간의 필요성 상실 → 지대의 하락 → 이윤의 안정 → …' 등의 순환을 생각했죠.

그러면서 역사가 정지 상태가 된다고 했었는데, 그러고 보면 지난 시간에 우리가 이해하기 힘들다고 했던바, 역사의 정지 상태란 이러한 무한정한 순환을 지칭하는 것으로 보아야 하고, 그 속에서 인간이 자연을 근본적으로 넘어설 수 없는 것으로, 즉 인간이 자연으로부터의 해방을 이룰 수 없는 것으로 규정된다는 것으로 읽어야 할 것 같습니다.

그런데 이제 푸코는 역사의 정지 상태를 '역사의 부동 상태'라 일컫습니다. 그리고 이를 생각할 수 있게 된 것은 리카도가 경제에 역사성을 도입했기 때문이라고 말합니다. 방금 앞서 이야기한 것처럼 생산 형식 또는 생산양식의 문제를 경제의 주안점으로 삼게 되면, 경제를 분석하기 위해 역사성을 도입하지 않을 수 없습니다.

그러니까 푸코는 리카도가 경제에 역사성을 도입했다고 하는 점을 그 나름대로 상당히 강조하는 셈입니다. 이는 제7장 '재현의 한계들'의 제1절 '역사의 시대'라는 절에서 19세기부터 열리는 지식의 장에서 역사가 경험적인 영역들을 규정하게 된다는 이야기를 한 것과 연결됩니다. 그 대목을 다시 불러와 보죠.

> 19세기로부터, 역사l'Histoire는, 서로 구분되는 조직들이 근접되게끔 하는 유추들을 시간적인 계열 속에서 전개하게 된다. 생산의 분석, 유기체들의 분석, 그리고 언어적 집단들의 분석에 점진적으로 그 법칙들을 부과하게 되는 것은 바로 이러한 역사다. …
> 그러나 여기에서 역사는, 구성될 수 있었던 바 그대로의 사실적인 계기들을 수집하는 것이 아니다. 여기에서 역사는 경험적인 영역들의 근본적인 존재 양식mode d'être fondamental이다. 경험적인 영역들은 그 근본적인 존재 양식인 이러한 역사에 근거해 지식의 공간 속에서 확인되고, 정립되며, 배치되고, 그럼으로써 여러 가능한 인식과 학문 들에 쓰이게 된다. … 역사는 존재하는 모든 것이 그 현존을 확보하고 그 일시적인 빛남을 획득하는 토대다. 역사는 경험 속에서 우리에게 주어진 모든 것의 존재 양식이다. 그래서 역사는 우리의 사유에서 벗어날 수 없는 것이다. (231, 263-264)

19세기부터 역사가 경험적인 영역들의 근본적인 존재 양식으로 자리 잡으면서 그 토대로서 작동한다는 겁니다. 그런데 경제에 있어서 이러한 역사성을 도입한 인물이 바로 리카도라는 것입니다. 이 정도쯤 되면 역사가 무엇인가를 근본 구도에서부터 파악하는 것은 대단히 중요합니다. 우선 푸코는 이렇게 말합니다. 여기에는 역사에 대한 푸코의 생각이 배어 있습니다.

> 자연적 존재로서의 인간이 유한한 한에서만 역사(노동, 생산, 축적, 그리고 실제 비용의 증가)가 있다. 이 유한성은 [인간] 종의 시원적인 한계들과 [인간] 신체의 직접적인 필요를 넘어서서 확장되는 가운데, 모든 문명의 발달을 적어도 알게 모르게 계속 수반한다. 인간이 세계의 중심에 뿌리를 깊게 내릴수록, 그래서 인간이 더욱더 자연을 소유하는 쪽으로 나아가게 될수록, 인간은 또한 유한성에 의해 더 강하게 억압되고, 또한 인간은 그 자신의 고유한 죽음에 더 가까이 접근하게 된다. 한계를 그저 표면적으로만 이해해서 겉으로 보면 그렇지 않을지 모르지만, 역사는 인간이 그 자신의 시초적인 한계들을 벗어나는 것을 허용하지 않는다. 만약 인간의 근본적인 유한성을 고려한다면, 인간이 처한 인간학적인 상황은 그의 역사를 극화劇化하기를 그치지 않고, 역사를 가장 위태로운 것으로 가져가기를 그치지 않으며, 역사를 이른바 그 고유한 불가능성으로 나아가게 하기를 그치지 않는다는 것을 알게 될 것이다. 역사가 그러한 한계 지점에 이르는 순간, **역사**_Histoire_는 멈추어 서서 자신의 축 위에서 일순간 진동하다가 결국 부동의 상태에 빠질 것이다. (271-272, 306-307)

필연적인 죽음, 즉 근원적인 유한성에 대한 인간들의 자각이 문명과 역사를 형성하는 근본 동인이 된다는 것은 어쩌면 상식입니다. 죽음 또는 죽음의 자각이 없다면, 인간 특유의 것이라고 부를 수 있는 그 어떤 것들도 현존할 수 없습니다. 죽음과 거기에서 발원하는 한계를 바탕으로 해서 근본적으로 성립하는 인간 현존의 상황을, 푸코는 '인간학적인 상황'이라 부릅니다.

이 인간학적인 근본 상황에 의해 형성되는 역사는 극적일 수밖에 없습니다. 근본적으로 죽음과 대결할 수밖에 없는 인간학적인 상황을 통해서 역사가 열리기 때문이죠. 인간종이 죽음에서 벗어나고자 발버둥을 치면 칠수록, 그래서 생산성을 높이고 인간종이 세계의 중심에 서서 자연을 지배하는 것처럼 보이면 보일수록, 그 바탕에서 인간학적인 상황은 더욱 급박해지고 거기에서 죽음이 더욱 강력하게 얼굴을 내미는 겁니다. 분명 역설적입니다. 그렇게 죽음이 강력하게 얼굴을 내밀게 되면, 인간종은 내외적으로 위기에 처할 가능성이 더 높아지는 위험을 안게 됩니다. 아울러 역사 역시 그렇게 되죠. 위험할 지경에 처한 역사는 인간종이 더 이상 죽음과의 대결을 기할 수 없는 막다른 골목에 다다른다는 것을 의미합니다. 역사 속에서 인간종들은, 또는 인간종들의 활동 속에서 역사는 바로 이러한 자신의 운명을 눈치채게 된다는 것이고, 이에 대한 해결책을 모색하지 않을 수 없다는 것이 푸코의 생각입니다.

푸코는 19세기부터 이러한 역사를 알게 되었고, 이에 대한 해결책을 모색하게 된 것으로 봅니다. 그 해결책을 푸코는 두 가지로 봅니다. 하나는 리카도에 의해 대표되는 비관주의적인 해결이고, 다른 하나는 마르크스에 의해 대표되는 혁명적 해결입니다.

첫 번째, 리카도에 의한 비관주의적 해결에 대해 푸코는 이렇게 설명합니다.

인간학적인 결정 사항들을 맞이한 가운데, **역사**는 일종의 거대한 보상 메커니즘으로서 기능한다. … 역사는 인간이 거기에 결박된 희소성을 넘어설 수 있게 한다. 그 결핍이 매일 더욱 가혹해질수록, 노동은 더욱 강도가 높아진다. 절대적인 생산 총액은 증가한다. 그러나 동시에 그 동일한 운동을 통해 생산 비용들, 즉 동일한 물품을 생산하는 데 필요한 노동의 양이 늘어난다. 그 결과, 노동이 자신이 생산하는 재화들로써 유지될 수 없는 순간이 불가피하게 다가온다. 생산은 더 이상 결핍을 메우지 못한다. … 이제 추가되는 노동자들이 불필요하게 될 것이고, 과잉의 인구들이 사멸하게 될 것이다. 이에 생명과 죽음은 그 적대적인 강압에 따라 서로를 강화하면서 부동의 상태로 서로에게 겹치는 것으로 정확하게 정립될 것이다. 역사는 인간의 유한성을, 급기야 그 순전함에서 노출되는 한계 지점까지 몰아붙일 것이다. 역사는 인간이 유한성을 벗어날 수 있는 여지를 더 이상 허용치 않을 것이고, 미래를 향해 치고 나갈 수 있는 노력을 인간에게 허용치 않을 것이며, 미래의 인간들에게 열려 있는 새로운 땅을 허용치 않을 것이다. … 역사는 인간을 그 자신에게 사로잡히게 하는 진실로 데려갈 것이다. (272, 307)

앞서 말한 '경제의 진화'의 내용을 바탕으로 해서 리카도가 제시한바 왜 역사가 인간을 최종 한계에까지 밀어붙이는가를 끌어와 설명하는 대목입니다. 생산의 과정이 진행되면 될수록 하나의 물품을 생산하는 데 들어가는 노동의 강도가 점점 더 높아진다는 것이 핵심이죠. 리카도는 기술의 발전을 염두에 두고 있지 않은 것 아닌가 하는 생각을 하게 됩니다. 그뿐만 아니라, 알게 모르게 농업 노동을 주로 염두에 두고 있는 것 아닌가 하는 생각을 하게 되죠.

그러나 리카도의 이러한 생각에는 공황에 관한 이론이 암암리에 스며들어 있다고 생각하게 되면서 거기에 대단히 중요한 주장이 함축되어 있다고 판단하게 됩니다. 만약 생산이 많이 되긴 하지만, 주 소비 계층인 노동자들이 자신이 생산한 물품들을 자신들이 받는 임금으로 구매하지 못하는 일이 보편적으로 확대되면, 더 이상 팔리지 않는 물품을 생산할 필요도 없게 되고, 그 때문에 일자리가 줄어들면서 노동자들의 구매력은 더욱더 하강하게 됩니다. 이런 일이 축적되면서 결국에는 생산 일체가 멈추게 되는 대대적인 불상사가 바로 공황입니다. 하지만 푸코는 이러한 리카도의 역사에 관한 이야기를 설명하면서 공황을 끌어들이지 않습니다. 그런 까닭에 리카도가 경제 중심의 역사 인식을 설명하면서 생과 사의 적대적인 겹침, 즉 인간의 유한성을 중요하게 여기면서도, 마르크스가 표현한 용어로 말하면 생산관계, 즉 생산을 둘러싼 계급 사이의 관계를 끝내 끌어들이지 않은 겁니다.

이제 두 번째로, 푸코는 마르크스의 해결책을 살핍니다. 일단 푸코의 이야기를 들어 보기로 하죠.

(마르크스에 의해 대표되는) 두 번째 해결에 있어서, 역사와 인간학적인 유한성 간의 관계는 반대 방향으로 해독된다. 그래서 역사는 부정적인 역할을 한다. 즉 필요의 압박을 강조하고, 결핍을 증대시키며, 인간들이 일을 해서 생산하지 않으면 안 되도록 강압하면서도 생존에 불가피한 정도 이상의 것 또는 그보다 조금 더 넘어서는 최소한의 것마저 받지 못하도록 하는 것이 바로 역사라는 것이다. … 노동자들은 임금의 형태로 그들에게 되돌아오는 가치 부분보다 더 많은 부분을 무한정 생산한다. 그럼으로써 노동자들은 새로운 노동을 구매할 가능성을 자본에 부여한다. 그래서 역사가 노동자들을 생존 조건들의 한계에까지 밀어붙여 유지하게 되는 노동자들의 수는 끊임없이 증가한다. 이로써 [노동자들의] 조건들은 끊임없이 더욱 불안정해지고 또 생존 자체를 불가능하게 만드는 지경에 이르도록 쉬지 않고 나아간다. 자본의 축적, 기업들과 그 역량의 신장, 임금에 대한 영속적인 압박, 생산의 과잉 등은 노동의 분배를 감소시키고 실직을 강화함으로써 노동 시장을 위축시킨다. 비참함이 죽음의 경계 지점까지 이르게 됨으로써 한 계급에 속한 모든 인간은 욕구와 기근 및 노동이 무엇인가를 적나라하게 경험하게 된다. 다른 계급에 속한 사람들이 자연적이고 자생적인 질서

에 의한 것이라고 여기는 것을 이 계급의 사람들은 역사의 결과로 여기며, 거기에서 자연적인 형태를 띠지 않은 유한성이 소외된다는 것을 인지하게 된다. 이러한 이유로 그들은 인간 본질의 진실을 ―이들만이 유일하게― 파악할 수 있고, 그 인간의 본질을 회복하고자 노력할 수 있다. 그러한 인간 본질의 회복은 오로지 이제까지 전개된 바 그대로의 역사를 강력하게 기습하여 적어도 전복할 때만 가능할 것이다. 그런 뒤라야만 이제까지와는 다른 형식과 다른 법칙 그리고 다른 전개 방식을 지닌 시대가 시작될 것이다. (273, 308)

대단히 길게 인용했습니다. 전체적으로 볼 때 리카도가 파악하고 있는 경제의 진화와 엇비슷합니다. 다만, 리카도에게서는 역사를 규정하는 것이 인간학적인 유한성이라면, 마르크스에게 있어서는 오히려 역사가 인간학적인 유한성을 극단적으로 드러내는 역할을 합니다. 따라서 이 인간학적인 유한성을 리카도는 자연적인 것으로 본 데 반해, 마르크스는 역사를 통해 규정되는 새로운 종류로 보죠. 그런 점에서 마르크스는 리카도와 반대 방향으로 경제에 의한 역사를 보는 겁니다.

여기에는 리카도에게서는 전혀 볼 수 없는 마르크스만의 혁명 이론이 들어 있습니다. 자본주의 생산양식의 역사가 극단에 이르면서 자본에 의한 노동의 착취가 극단적인 지경에 이르게 되고, 그런 가운데 노동자계급만이 인간 본질을 파악하게 되며, 그 인간 본질을 회복하기 위해 역사를 뒤집어엎는다는 겁니다. 그러한 계급 혁명을 통해 전대미문의 형식과 법칙 및 전개 방식을 지닌 새로운 시대가 시작된다는 것이 마르크스의 입장입니다.

5) 마르크스도 니체도 어쩔 수 없는 강고한 인식론적인 배치

그러나 푸코는 리카도의 비관주의와 마르크스의 혁명의 약속 중 어느 것을 택할 것인가 하는 것은 그다지 중요하지 않다고 말합니다. 둘 다 인간학과 역사 간의 관계들, 그러니까 희소성과 노동이라는 두 개념을 관통하면서 설립되는 그런 관계들을 다루는 방식에 불과하다는 것입니다. 푸코에 따르면, 리카도는 역사가 인간학적인 유한성에 의해 생겨나는 결핍의 함몰 지점을 규정적인 정체 지점에 이르기까지 메운다고 본 것이고, 마르크스는 역사가 인간에게서 그 노동을 탈취해 감으로써 인간 유한성의 긍정적인 형태, 즉 해방된 인간의 물질적 진실을 드러나게 한다고 본 겁니다. 그러면서 마르크스주의에 대해 다음과 같은 심중한 말을 합니다.

> 서구 지식의 심층 수준에 있어서, 마르크스주의는 그 어떤 현실적인 단절도 도입하지 않았다. 마르크스주의는, (마르크스주의에 자리를 배당한 것은 바로 [당시의] 인식론적인 배치였기 때문에) 그것에 호의를 갖고서 환대한 [당시의] 인식론적인 배치 내에, 어렵지 않게 완벽하고 평온하며 안락하고 충족된 형상으로서 안착했다. 마르크스주의는 [당시의] 인식론적인 배치를 뒤흔드는 것을 본령으로 삼지도 않았고, 더욱이 그저 조금 그랬을 수는 있었겠지만 [당시의] 인식론적인 배치를 바꿀 수도 없었다. 19세기의 사유에 있어서 마르크스주의는 물속의 물고기와 같았다. 말하자면, 그때가 아니었더라면 마르크스주의는 질식했을 것이다. 만약 마르크스주의가 '부르주아' 경제학 이론들과 대립하고, 또 그렇게 대립하는 가운데 역사를 급진적으로 전복하기를 기획했다면, 그러한 충돌과 기획의 가능 조건은 역사를 전적으로 손에 거머쥔 것에 있지 않다. 그 가능 조건은 하나의 사건un événement, 즉 모든 고고학이 정확하게 위치 지을 수 있고, 19세기 부르주아 경제학과 혁명적 경제학을 동일한 양식으로 동시에 예표豫表했던 그 사건인 것이다. (274, 309)

심하게 말하면, 19세기적인 지식의 상황이 아니었더라면 마르크스는 그 나름의 강력한 이론들을 제시할 엄두도 낼 수 없었고, 설사 그런 이론들을 제시한다고 할지라도 전혀 효력을 발휘하지 못했을 것이라는 이야기입니다. 어디까지나 그 당시의 인식론적인 배치 관계를 바탕으로 해서만, 마르크스주의가 성립할 수 있었다는 이야기죠. 이 인식론적인 배치 관계가 푸코가 말하는 에피스테메와 직결된다는 건 물론입니다.

푸코의 이러한 진단은 19세기에 들어서면서 영국의 산업혁명이 일어나고, 그런 까닭에 노동자들의 삶이 엄청난 질곡을 겪으면서 비참함을 견디다 못해 1848년에 프랑스와 영국에서 노동자들을 중심으로 한 대대적인 혁명이 일어나며, 그 이후 계속되는 유럽 전체의 노동 해방 운동을 마르크스가 진두지휘하다시피 하면서 그 운동을 뒷받침하기 위한 이론적인 작업의 일환으로 자본주의 분석에 심혈을 기울였다는 사실 등에서 드러나는바, 마르크스주의가 지닌 현실 역사에서의 실천적인 측면을 전혀 고려하지 않고 있습니다. 그것은 푸코가 이 책에서 역점을 두고 있는 주안점이 인식론적인 장 내지는 배치에 대한 고고학적인 발굴이기 때문이지, 그러한 역사적인 사실들에 대해 무감해서가 결단코 아닐 것입니다. 마르크스주의를 해석하는 데 있어서 푸코의 관점이 어떠한지, 그에 따른 특장과 한계가 무엇인지를 심중하게 살펴야 할 겁니다. 아무튼 푸코는 다음과 같은 이야기를 계속 이어 갑니다.

> 본질적인 것은 19세기가 시발할 즈음 하나의 지식의 배치une disposition du savoir가 구성되었다는 것인데, (생산 형식들과의 관계 속에서) 경제의 역사성이, (희소성과 노동과의 관계 속에서) 인간 현존의 유한성이, 그리고 (무규정적인 지연이건 급진적인 전복이건 간에) 역사의 종말이 다가옴이 바로 이 지식의 배치 속에서 모양을 갖추게 되었다. (274, 309)

　푸코는 역사, 인간학 그리고 생성의 중지가 19세기에 형성되기 시작한 지식의 배치 속에서 서로 맞물리며 그물을 형성하게 되었다고 말합니다. 그런가 하면, 유토피아 사상도 그 형태가 달라진다고 하면서 이렇게 말합니다.

> 19세기에 유토피아는 시대의 여명보다 시대의 낙조와 관련된다. 그것은 지식이 더 이상 일람표의 양식 위에서 구성되지 않고 계열과 연쇄 그리고 생성의 양식 위에서 구성된다는 것이다. 저녁이 오리라는 약속과 함께 대단원의 그림자가 드리우게 될 때, 역사의 더딘 붕괴 또는 폭력으로 인해 바위 같은 역사의 부동성 속에서 인간에 대한 인간학적인 진리가 부상하리라는 것이다. 그런데도 달력의 시간은 잘도 지속될 수 있을 것이지만 역사성이란 것이 인간 본질과 정확하게 겹칠 것이기에 그 시간은 텅 빈 것이 되리라는 것이다. … **유한성**은, 그 진리와 더불어 시간 속에서 주어지고, 시간은 **유한하다**. 기원들에 대한 꿈이 분류 체계적인 사유의 유토피아였듯이, 역사의 종점에 대한 거대한 몽상은 바로 인과적 사유의 유토피아이다. (274-275, 309-310)

　마지막 대목, 조금 달리 요약해, '기원에 대한 꿈은 분류 체계적인 사유의 유토피아이고, 역사의 종말에 대한 몽상은 인과적 사유의 유토피아다'라는 말이 매우 그럴듯하게 다가옵니다. 이처럼 자신의 사유를 멋지게, 그리고 자신 있게 하나의 명제로 제시할 수 있으면 얼마나 좋겠습니까.

　아무튼, 인간이란 근본적으로 유한할 수밖에 없고 그 유한성으로 인해 역사 역시 대단원의 막을 내릴 수밖에 없으리라는 각오, 그러한 각오 속에 인간의 진실이 여지없이 드러나리라는 마지막 인식, 그러한 인식 속에서 뭉게뭉게 일어나는 지금까지의 역사가 마무리되고 전혀 새로운 시대가 다가오리라는 불안하기 이를 데 없는 열망, 그것이 바로 19세기의 유토피아라는 이야기입니다.

푸코의 말처럼, 푸코가 이 글을 쓸 당시의 시대를 사는 사람들이 19세기에서 비롯한 근대를 연이어서 살고 있다면, 그들 역시 그러한 파국적인 유토피아를 그리고 있었을 테죠. 언필칭 '세기말 증세'라고 하는 것이 바로 이러한 일종의 파국적 유토피아에 따른 절정 의식이 사회적으로 널리 확산한 것이 아닐까라고 생각해 봅니다. 아울러 "신이 없다면, 못 할 짓이 없다"라는 『카라마조프의 형제들』에서 둘째 아들 이반의 말, 실제로는 도스토옙스키의 말이 떠오릅니다.

이런 와중에 푸코는 1844년에서 1900년 사이의 삶을 살았던 니체를 불러들입니다. 니체가 바로 이러한 파국적 유토피아를 적실하게 표현한 인물이라는 이야기입니다.

이러한 배치는 오랫동안 강압적으로 작동했다. 19세기 말, 니체는 이 배치에 불을 댕김으로써 최종적으로 이 배치를 불타오르게 했다. 그는 시간의 종말을 파악했다. 그럼으로써 시간의 종말을 신의 죽음과 최후의 인간이 겪는 방황으로 바꾸었다. 그는 인간학적인 유한성을 파악했다. 그러나 그것은 초인surhomme의 놀라운 도약을 솟구치게 하기 위한 것이었다. 그는 역사의 거대한 연속적인 연쇄를 파악했다. 그러나 그것은 무한한 회귀 속으로 역사를 굽어지게 하기 위한 것이었다. 신의 죽음, 초인의 임박함, 위대한 해(年)의 약속과 공포 등을 내세워 19세기 사유 속에 배치되어 고고학적인 그물을 형성하는 요소들을 포착하려 한들 아무런 소용이 없다. 하지만 니체가 내세운 그것들이 안정된 모든 형식을 불태우고, 그 불타고 남은 것들에서 낯선, 그리고 어쩌면 불가능한 표정들을 그려 냈다는 것은 여전하다. 우리로서는, 어떤 빛이 있어 최후의 폭발을 되살리는지, 아니면 여명을 지목하는지에 관해 아직 잘 알지 못하지만, 그 빛 속에서 현대적인 사유의 공간이랄 수 있는 것이 열린다는 것만은 안다. 어쨌든 우리를 위해, 그리고 심지어 우리가 태어나기도 전에, 변증법과 인간학이 뒤섞인 약속들을 불태워 버린 인물이 바로 니체다. (275, 310)

마르크스에 이어 니체마저도 푸코의 고고학적인 관점 앞에서는 그 나름의 특별한 입지를 차지할 수 없습니다. 니체가 19세기 유토피아적인 지식의 배치에 특이한 방식으로 불을 댕겨 변증법과 인간학으로 뒤얽힌 유토피아적인 약속들을 파기해 버리는 업적을 남긴 것은 사실이지만, 그러나 19세기 사유 속에 배치되어 고고학적인 그물을 형성하는 요소들을 제대로 표현한 것은 아니었다는 이야기입니다. 하지만, 니체를 말하는 데서 마르크스주의를 말할 때와는 사뭇 다른 푸코의 음성을 감지하게 됩니다. 즉 니체에 대한 푸코의 존중이 마르크스주의에 대한 푸코의 존중보다 더 강하다는 인상을 받게 됩니다. 푸코의 사상적 지향이 어디로 향하는가를 어느 정도 감지할 수 있지 싶습니다.

3. 퀴비에

1) 퀴비에의 생물학적 사유의 혁신

이제 제3절 '퀴비에'로 접어듭니다. 푸코에 따르면, 퀴비에Georges Cuvier (1769-1832)는 생물학에서 정치경제학에서의 리카도의 위치를 점하는 인물입니다. 그리고 생물학에서 정치경제학에서의 애덤 스미스의 위치를 점하는 인물인 쥐시외Antoine Laurent de Jussieu(1748-1836)와 비교됩니다. 이에 관한 푸코의 간단한 이야기를 들어 봅시다.

리카도가 노동을 척도의 역할로부터 해방해 모든 교환을 넘어서 생산

　　의 일반적인 형식들로 편입되게끔 한 것과 꼭 마찬가지로, 퀴비에는 특성들의 종속 관계를 그 분류법적인 기능으로부터 해방해 모든 임시적인 분류를 넘어서 생물체들의 다양한 조직의 판면들로 편입되게끔 했다. (275, 310-311)

　　리카도에게서 노동과 생산이 주안점으로 등장하게 된 것처럼, 이제 퀴비에를 통해 생물체들의 종속 관계를 나누는 분류법이 외적인 특성들을 기준으로 하는 데서 생물체들의 조직을 기준으로 하는 데로 나아갔다는 설명입니다. 말하자면, 하나의 생물체가 어떠한 특성을 나타내는 것은 그 생물체의 조직이 갖는 '내적인 연결lien interne'과 관련해서 성립한다는 것이 새로운 사유의 핵심입니다. 푸코에 따르면, 이 '내적인 연결'은 퀴비에의 연구를 통해 기관들이 서로 연관될 때 그 바탕이 되고, 이 개념을 중심으로 생물체들의 공간이 형성되어 선회합니다. 그럼으로써 유, 종, 개체, 구조, 기관 등의 개념들이 새로운 존재 양식을 띠게 되죠.

　　이러한 푸코의 설명이 구체적으로 어떤 의미를 갖는가를 알기 위해서는 그가 고전주의적인 생물 분석과 퀴비에의 생물 분석을 비교해서 설명하는 대목들을 뒤따라 살펴야 합니다.

　　대략 요약해서 말하자면 이렇습니다. 고전주의 분석에서는 기관을 구조와 기능에 따라 정의합니다. 이때 구조에 근거한다는 것은 형태론적인 변양, 예컨대 형태, 크기, 배치 및 수 등에 근거한다는 것이고, 기능에 근거한다는 것은 예컨대 생식 기능과 같은 것에 근거한다는 겁니다. 그런데 고전주의 분석에서 기능과 형태는 겹치기는 하지만 상호 독립적인 것으로 취급됩니다.

　　한편 퀴비에는 철저히 기능에 근거해서 기관을 정의합니다. 그러면서 형태적인 변수들을 거의 부차적인 것으로 돌려 버리죠. 퀴비에는 생물체의 기능이란 호흡, 소화, 순환, 운동 등 그 수가 비교적 얼마 되지 않는다는 점에 착안하여 형태로 보아 복잡다단한 생물체들의 기관들을 간명하게 비교 분석한 겁니다. 중요한 것은 기능이란 것이 가시적인 방식으로 드러나는 것이 아니라, 비교 해부학을 통해 드러나는 일종의 내적인 원리라는 것입니다. 이에 관해 푸코는 이렇게 말합니다.

> 기관을 기능과의 관계에서 고찰함으로써, 그 어떤 '동일한identique' 요소도 등장하지 않지만 '유사성들ressemblances'이 나타나는 것을 보게 된다. 이때 유사성은 기능을 분명히 눈에 보이지 않는 쪽으로 이관함으로써 구성되는 것이다. 아가미와 허파가 형태나 크기 또는 수와 같은 변수들에 있어서 공통된 바가 있는가는 결국 거의 문제가 되지 않는다. 아가미와 허파는 서로 닮았는데, 그것은 아가미와 허파가 **일반적으로 호흡을 돕는** 기관의 두 변양체이기 때문이다. 이 **일반적인 호흡 기관**은 현존하지 않고 추상적이며 비실재적이고 지목할 수 없는, 기술할 수 있는 모든 종에 부재하지만 동물 영역 전체에 걸쳐 현전하는 기관이다. (277, 312)

아마도 중학교 시절에 배운 것 같은데, 상사기관이니 상동기관이니 하는 말을 기억할 겁니다. 상사기관은 새의 날개와 곤충의 날개처럼 겉보기에 그 형태와 기능이 비슷한 기관을 가리킵니다. 그리고 상동기관은 그것들이 발달해 나온 원천이 같은 겁니다. 예컨대 새의 날개는 앞다리가 변해서 된 것이고, 곤충의 날개는 피부가 변해서 된 것이기 때문에 서로 상사기관이긴 하지만 상동기관은 아닙니다. 그렇다면 아가미와 허파는 상사기관일까요 상동기관일까요? 글쎄, 호흡을 중심으로 해서 보면 상사기관이라 해야 할 것 같고, 이것들이 갈라져 나온 일반적인 호흡 기관을 염두에 두면 상동기관이라 해야 할 것 같습니다. 아무튼 중요한 것은 지금 우리가 알고 있는 많은 생물학적인 지식 체계가 퀴비에로부터 비롯되었다는 사실입니다.

　가시적인 형태나 구조로 볼라치면 아가미와 허파는 닮은 점이 전혀 없습니다. 하지만 닮았다고 할 수밖에 없는데 그 이유는 호흡 일반의 기능 때문이죠. 그런데 여기 푸코의 설명에 의하면, 퀴비에는 아가미와 허파 모두가 생겨난 원천이 되는 모종의 원초적인 기관을 염두에 두고 있습니다. 이 기관은 현존하지 않고 추상적이며 비실재적이고 지목할 수 없다는 것으로 보아 일종의 논리적인 사념에 의한 기관이라고 볼 수 있습니다. 동물이라면 그 어떤 개체라 할지라도 도대체 호흡하지 않는 것은 없습니다. 여기에서 말하는 부재하는 기관은 바로 그러한 동물 전체의 호흡을 아울러 지목하면서 제시하는 이른바 '일반적인 호흡 기관'인 겁니다. 위 인용문에 이어 푸코는 이렇게 말합니다.

> 퀴비에로부터 기능은, 도달하게 되는 결과를 보고서도 지각되지 않는 형식에 의해 정의된다. 이 기능은 항구적인 매개 항으로 작동하며, 최소한의 가시적인 동일성조차 가지고 있지 않은 요소들의 집합들을 서로 관련되도록 한다. … 동일자와 타자le Même et l'Autre가 단 하나의 공간에만 속할 때 **자연사**가 성립한다면, 이러한 판면의 통일성unité de plan이 무너지기 시작할 때, 그리고 그런 판면의 통일성보다 더 견실하고 더욱 심층적인 동일성identité의 바탕 위에서 여러 차이가 솟아오를 때 **생물학**이라 일컬을 수 있는 것이 가능해진다. (277, 312)

　앞에서 잠시 언급하고 지나간 생물체들의 기능은 호흡, 소화, 순환, 운동 등이었습니다. 이 기능들은 모두 다 생물체가 생존하는 데 없어서는 안 되는 근본적인 것들이죠. 하나의 생물체에서 이러한 기능들은 서로 유기적으로 연결되어 작동할 겁니다. 그리고 그에 따라 기관의 실제적인 형태들이나 크기 및 수 등이 결정된다고 할 수 있을 것입니다.

퀴비에가 취하는 이러한 입장은 고전주의의 자연사와는 그 입장이 전혀 다릅니다. 자연사에서는 생물체들에게서 눈으로 확인할 수 있는 여러 기관의 특성들이 어떤 방식으로 같으며 어떤 방식으로 다른가 하는 문제에 집중해서 분류의 일람표를 만들고자 했습니다. 푸코는 그동안 이를 재현에 근거한 동일성들과 차이들의 문제에 집중한 것으로 말해 왔습니다. 그런데 이 인용문에서는 이를 더욱 일반화해서 '동일자와 타자'라는 말로 표현하고 있습니다. 그러면서 동일자와 타자에 의거한 생물체들의 특성들에 대한 구분과 정돈은 단 하나의 통일된 공간 속에서 이루어진다고 말하고 있습니다. 이 단 하나의 통일된 공간은 분류법적인 일람표의 공간이라 달리 말할 수도 있을 겁니다.

그런데 퀴비에는 눈으로 확인되지 않는, 즉 재현에 근거하지 않은 내적이면서도 본질적인 기능을 중심으로 생물체들의 기관들을 비교 분석합니다. 중요한 것은 이 주요 기능들의 발휘가 어떻게 각기 생물체들에게서 다른 방식으로 구현되는가를 살피는 것인데, 그때 생물체들 사이의 차이들이 확연히 드러나 보일 것이라고 여기는 겁니다. 그러니까 기관들 사이의 차이들이 드러나는 차원과 그 기관들이 동일한 기능을 수행하는 차원은 전혀 다른 것입니다. 기관들 사이의 차이들이 표층적이라면, 기능의 동일성은 심층적이죠. 기능에 따른 이 심층적인 동일성을 통해 고전주의 시대 자연사의 통일된 판면이 깨지고, 그 바탕 위에서 근대의 생물학이 탄생하게 된다는 겁니다.

언뜻 보기에도 벌써 푸코가 고고학적으로 두 시대를 구분할 수밖에 없는 이유를 알게 됩니다. 리카도가 노동을 생산에 편입시켜 정치경제학이라는 전혀 새로운 지식의 영역을 구축했듯이, 퀴비에는 생물의 특성들을 기능과 기능을 수행하기 위한 내부적인 조직에 편입시켜 생물학이라는 전혀 새로운 지식의 영역을 구축한 겁니다.

5학기

퀴비에가 본 생명.
생물학의 탄생

2) 기관들 간의 유기적인 공현존 원리

지금 우리는 전체로 보아 열 개의 장으로 되어 있는 『말과 사물』의 제 8장 '노동, 생명, 언어'의 제3절 '퀴비에'를 살피는 중입니다. 지난 시간에 이 절에 접어들었는데, 그때 드러난 핵심은 퀴비에로부터 생물체들에 대한 관점이 그 이전의 17-18세기 고전주의 시대의 관점과 전혀 다르게 일변함으로써 비로소 생물학이 성립할 수 있게 되었다는 거였죠. 그리고 그것은 마치 리카도가 노동을 상품들 사이의 교환에 따른 가치 척도의 역할로부터 생산 과정을 통한 가치의 생산 역할로 전적으로 바꾸어 고찰함으로써 새로운 정치경제학의 시대를 연 것에 비견할 정도로 혁신적이었다는 겁니다.

중요한 사실은 퀴비에가 생물체들의 기관을 겉으로 드러난 구조를 통해 비교 분석하지 않고, 기관이 수행하는 기능과 그에 따라 생물체의 기관들이 맺는 전체적으로 유기적인 공현존coexistence의 관계를 비교 분석했다는 겁니다. 이는 퀴비에가 한 개체의 생물체를 그 내적인 생명의 원리에 따라 본다는 것을 의미하죠. 일단 이에 관한 푸코의 말을 들어 봅시다.

소화 체계의 내부에서 이빨들의 형식(이빨들이 날카로운지 주로 씹기만 하는 것인지 하는 사실)은 '영양 흡수를 위한 기관들의 길이, 주름짐, 확장 정도'에 따라 다르다. 서로 다른 체계들 간에도 공현존이 발견된다. 예컨대 소화 기관은 손발의 형태(특히 손발톱의 형태)와 독립해서 변이될 수 없다. 손발톱이 갈퀴의 형태로 되었는지, 아니면 굽 형태로 되었는지에 따라, ―그러니까 음식을 움켜쥐는지, 아니면 깨부수는지에 따라― 소화 기관의 튜브와 '소화액' 그리고 이빨의 형태가 달라질 것이다. … 먹이의 본성과 그 먹이를 확보하는 양식樣式이 저작詛嚼(씹기)이나 소화의 장치들과 무관할 수 없기 때문이다. (277-278, 313)

생물체들을 조금만 주의 깊게 관찰·분석하면 쉽게 알 수 있는 내용들입니다. 초식동물과 육식동물 간의 차이가 대표적이죠. 질긴 풀을 먹는 초식동물들은 대체로 이빨이 약한 데 반해 소화 기관이 길고 위胃 구조도 복잡하며 확장의 정도가 높습니다. 그리고 발톱이 대체로 발굽 형태로 되어 있습니다. 그 반면, 육식동물은 발톱이 대단히 날카롭고 힘이 세며 이빨 역시 강력하고 날카롭습니다. 그리고 창자의 길이가 대체로 짧고 위 역시 간단하죠. 이를 두고서, 푸코는 퀴비에가 기관들의 공현존을 중시한다고 말하는 겁니다.

3) 기관들 사이의 위계

푸코에 따르면, 퀴비에는 여러 종류의 동물들이 갖추고 있는 기관들이 수행하는 기능들은 대체로 호흡, 소화, 순환, 운동 등의 네 가지로 분류될 수 있다고 했습니다. 그런데 퀴비에는 이 기능들은 모두 다 생존 기능에 집중된다고 보았습니다. 이 생존 기능을 바탕으로 해서 일종의 기관들 사이에 위계가 성립한다는 겁니다.

퀴비에는 먼저 생존existence 기능들이 관계 맺기relations의 기능보다 앞 선다고 생각했다("왜냐하면 동물이 먼저 **존재하고**est, 그다음에 **느끼며**sent **또 행동하 기**agi **때문이다**"). 그러므로 그는 생식génération과 순환circulation이 먼저 여 러 기관을 규정하고, 다른 기관들이 이 기관들에 종속해서 배치된다고 생각했다. 전자의 기관들은 일차적인 특성들을, 후자의 종속적인 기관 들은 이차적인 특성들을 갖는다는 것이다. 그런 뒤, 그는 순환을 소화 에 종속시켰다. 왜냐하면 소화는 모든 동물에 현존하는 데 반해(폴립이 라는 동물은 몸 전체가 일종의 소화 장치일 뿐이다), 피와 혈관들은 "고등 동물 들에게만 나타나고 하등 동물로 내려갈수록 점차 사라지기" 때문이다. 이어서 퀴비에는 모든 유기적인 배치에 있어서 결정적인 인자가 신경 체계라는 사실을 인지하게 된다. "신경 체계는 모든 동물의 기초다. 다 른 체계들은 신경 체계를 돕고 유지하기 위해 존재할 뿐이다."

이처럼 한 기능이 다른 기능들에 대해 우선성을 갖는다는 것은 유기체 가 그 가시적인 배치에 있어서 하나의 근본 지침을 따른다는 것을 함 축한다. 그 근본 지침은 본질적인 기능들의 지배를 보장한다. 덜 중요 한 기능을 발휘하는 기관들은 크게 자유롭긴 하나 이 지배에 얽매인 다. (278-279, 313-314)

살기 위해 먹느냐, 아니면 먹기 위해 사느냐 하는 우스갯소리가 있긴 하지만, 역시 모든 동물에게서 생존 본능이 얼마나 근본적이고 치열한가 를 파악하는 것은 전혀 어렵지 않습니다. 그런데 퀴비에는 생존 기능을 위한 일차적인 것으로 소화 기능을 채택했고, 순환 기능은 이차적인 것으 로 보았다는 이야기입니다. 흥미를 자아내는 분석이죠. 그러면서 특이한 점은 신경 체계를 모든 동물이 생존하는 데 기초로 보았다는 겁니다. 그 렇다면 소화 기능과 신경 기능 간의 위계가 문제가 될 것 같습니다. 이에 관한 이야기는 없습니다. 소화가 이루어지려면 어떻게든 신경 기능이 발휘되어야 합니다. 원리상 신경 기능이 잘 발휘되기만 한다면, 그 동물은 살아 있다고 해야 하지 않겠습니까(예컨대 순환 기능이 멈추는 심장사 이전에 인간 또는 동물로 생존하는 데 필요한 주요한 신경 기능이 멈추는 뇌사를 중시하는 것도 이를 반영한 것이라 할 수 있을 겁니다). 그러고 보면, 소화 기능보다 신경 기능이 원리상 더 근본적입니다.

물론 조금만 생각해 보아도 이러한 기능 간의, 또는 체계들 간의, 또는 기관들 간의 위계를 정확하게 결정짓는다는 것은 쉽지 않다는 것을 알 수 있습니다. 워낙 서로 의존하는 방식으로 서로 얽혀 영향을 주고받기 때문이죠. 그래서 유기적 조직의 배치를 지녔다고 하죠. 중요한 것은 하나의 유기체에서 겉으로 드러나는 기관들의 형태나 움직임, 또는 몸속에서 미세하게 작동하는 모든 기관의 형태나 움직임 등이 파편적으로 따로따로 현존하지 않고, 그것들에 마치 전체적으로 통일된 하나의 근본 지침이 있기라도 한 듯이 현존한다는 겁니다. 기능들 사이의 위계가 바로 유기체의 존재에 있어서 이러한 통일된 근본 지침이 있다는 것을 생각하게 한다는 것입니다.

소화 기능이 일차적인 기능이라면, 운동 기능은 이차적이라 할 수 있습니다. 그래서 운동하는 데 쓰이는 팔다리는 동물종에 따라 다르게 변이되죠. 예컨대 다 같이 포유동물인데도 쥐와 달리 박쥐는 앞발을 날개 속에 감추어 버리고, 개와 달리 물개에게서 다리들은 지느러미로 바뀌며, 고래 역시 코끼리와는 달리 지느러미를 갖습니다. 움직이는 방식이 다른 것은 근본적인 것이 아니라는 겁니다. 근본적이고 본질적인 기능을 발휘하는 기관들은 심층적으로 숨어 있으면서 좀처럼 바뀌지 않고, 이차적이고 부수적인 기능들을 발휘하는 기관들은 주변에 포진하면서 진화를 통해 종에 따라 상당히 다른 모습을 보인다는 겁니다. 이에 관한 푸코의 이야기는 퀴비에의 생물학을 이해하는 데 상당히 중요합니다.

동물종들은 주변적으로는 다르고, 그 중심에 있어서는 유사하다. 접근할 수 없는 것은 동물종들을 연결하고, 겉으로 드러나는 것은 동물종들을 분산되게 한다. 동물들은 그들 생명에 있어서 본질적인 측면에 따라 일반화되고, 더욱 부차적인 측면에 의해 특성화된다. 더 넓은 외연의 집단들을 끌어모으려 할수록, 유기체의 거의 보이지 않는 어두운 영역으로, 그러니까 지각을 벗어나는 차원으로 깊이 파고들어야 한다. 개별성을 명확히 구분하고자 하면 할수록, 표면으로 올라와 그 가시적인 모습에서 형태들이 드러나도록 해야 한다. 왜냐하면, 다양성은 보이는 것이고, 통일성은 숨는 것이기 때문이다. (280, 315)

17-18세기 고전주의 시대의 자연사가 생물체를 다루는 방식은 그저 겉으로 드러난 형태들을 차이와 동일성에 의거해 미세하게 분류해 일람표를 만드는 것이었습니다. 그런데 이제 퀴비에가 이같이 심층적인 차원과 표층적인 차원을 나누고, 표층적인 것보다 심층적인 것에 따라 유기체를 보고자 함으로써 생물종들의 분류를 넘어서서 모든 생물에게서 근본이 되는 것이 무엇인가를 향해 나아갈 수 있는 길을 연 겁니다.

4) 생명으로의 접근

이처럼 퀴비에가 기능들 또는 기관들 사이의 위계를 제시함으로써 대단히 중요한 변화가 일어나는데, 그중 중요한 건 특히 자연 개념과 생명 개념에서입니다. 푸코는 이렇게 말합니다.

퀴비에 이후로 분류의 외적 가능성에 기초를 제공하는 것은 비지각적이고 순전히 기능적인 차원의 생명이다. 살아 있는 것의 분류는 이제 거대한 질서의 평면에 근거하지 않고, 생명의 깊이에 근거해 성립된다. 말하자면, 시선으로부터 가장 멀리 떨어져 있는 것에 근거해 분류의 가능성이 성립한다. 살아 있는 존재는 자연적인 분류의 한 국소적인 경우였다. 그런데 이제 분류될 수 있다는 사실은 생명체의 한 속성이다. 그래서 일반 분류법의 기획이 사라진다. 또한 그래서 가장 단순하고 가장 타성적인 것에서부터 가장 생동적이고 가장 복합적인 것으로 불연속성이 없이 나아가는 자연의 거대한 질서를 전개할 가능성이 사라진다. 또한 그래서 자연에 대한 일반 과학이 성립하는 토양이자 기초로 작동하던 질서에 대한 탐구가 사라진다. 아울러, ―고전주의 시대 내내 이해되고 있었던― '자연'이 사라진다. 당시 자연은 우선 '주제'로서, '이념'으로서, 지식의 무한정한 원천으로서 존립하지 않았고, 그저 질서 정연하게 정돈할 수 있는 동일성들과 차이들로 된 동질적인 공간으로만 존립했다.

[고전주의적인] 이 공간은 이제 와해되고 그 두께를 열어 보인다. (280-281, 315-316)

여러 동일성과 차이 들을 겉으로 내보이긴 하지만, 동질적이면서 연속적인 하나의 공간으로서의 자연, 이것이 고전주의 시대의 자연관이었다고 말하고 있습니다. 그런데 퀴비에가 표층에서 드러나는 가시적이고 이차적인 기관들과 중심에 숨겨져 있는 본질적이고 일차적인 기관들을 정확하게 구분하고, 그 심층에서부터 생명이라고 하는 모든 생명체의 일반적인 원리를 발견해 냄으로써, 생명체와 비생명체 간의 연속성이 깨지고, 자연 자체가 동질적이고 단일한 공간이 아니라, 오히려 이중적이고 대립적인 공간이 되었다고 푸코는 말합니다. 그러면서 생명에 관해 이런 이야기를 합니다.

생명은 이미 많건 적건 일정한 방식에 의해 기계적인 것과 구분될 수 있는 것이 아니다. 생명은 생명체들 간에 가능한 모든 구분을 가능케 하는 토대로서의 그 무엇이다. 이는 분류법적인 개념으로로부터 19세기 초의 생기론적인*vitalistes* 주제들로 표시되는 종합적인 생명 개념으로의 이동을 나타낸다. 고고학적인 관점에서 보면, 바로 이때 **생물학***biologie*을 가능케 하는 조건들이 설립된 것이다. (281, 316)

하나의 분과 학문이 성립하기 위해서는 그 대상 영역이 뚜렷하게 구분되어야 합니다. 예컨대 여기에서 말하는 생물학이 성립하기 위해서는 이른바 생명이라는 원리가 기계적인 원리와 뚜렷이 구분되고, 아울러 생명체가 기계적인 존재자와 뚜렷하게 구분되어야 하죠. 퀴비에가 생명종들의 심층에서 그 일반적인 원리로서 생명을 발견했다는 것은 기계론적으로 환원될 수 없는, 기능들과 기관들 및 그 체계들 사이에서 독특한 배치와 구성의 원리를 발견했다는 것을 의미합니다. 이에 비로소 생물학이라는 학문이 설립될 수 있는 기초 조건들이 마련되었다는 거죠.

아닌 게 아니라, 생명이란 개념을 제대로 정립한다는 건 참으로 어렵습니다. 원자들이 모여 분자가 되고, 분자들이 모여 하나의 세포가 되었다고 할 때, 세포의 핵심 특징은 무엇일까요? 『이기적 유전자*The Selfish Gene*』[42]를 쓴 도킨스는 '자기 복제'를 행하는 분자가 생명의 기초라고 보고서 "자기 복제자는 기나긴 길을 지나 여기까지 왔다. 이제 그들은 유전자라는 이름으로 계속 나아갈 것이며, 우리는 그들의 생존 기계다"(위 국역본, 65쪽)라고 말합니다. 생명과 기계라는 말을 뒤섞어 쓰고 있습니다. 철학적 생물학자인 마투라나는 『있음에서 함으로*The Origins of the Biology of Cogniton*』[43]에서 "DNA는 단백질들의 합성에 참여하고, 단백질들은 DNA 합성에 효소로 참여한다. 이 과정의 순환성이 생명 체계를 자율적이고 경계 지어진,

---

[42]　홍영남·이상임 옮김, 을유문화사, 2010.

[43]　서창현 옮김, 갈무리, 2006.

독립적인 존재들로 만드는 동학이다. 이는 자기생산autopoiesis이다"(위 국역본, 154쪽)라고 말합니다. 20세기를 넘어 21세기로 접어들면서 생명은 점점 더 기계와 구분할 수 없는 개념으로 자리를 잡아 가고 있습니다. 디지털-컴퓨터 프로그래머들은 '세포-자동자'라는 자기 복제와 변이를 자동으로 수행하는 인위적인 유사-생명체를 만들기도 했죠. 지나가면서 하는 이야기들인데, 참고해 봐야 하겠습니다.

5) 비교 해부학의 출현

푸코가 퀴비에의 생물학을 다루면서 그 실천적인 기법에서 가장 중요하게 여기는 것이 바로 비교 해부학anatomie comparée입니다. 푸코가 제시하는 그 몇몇 중요한 귀결을 생각해 보기로 합시다. 우선 비교 해부학이 수행한 일이 무엇인가를 보죠.

> 비교 해부학은 저 아래에 있는 것을 더 잘, 더 자세히 보고자 하는 것에 만족하지 않는다. 비교 해부학은 가시적인 특성들의 공간도 아니고 현미경적인 미세한 원소들의 공간도 아닌 하나의 공간을 설립한다. 거기에서 비교 해부학은 주된 기능적인 계기들이 서로 어떻게 배치되고, 서로 어떤 연관을 맺으며, 서로 어떻게 분해되고 또 서로 어떻게 공간화되며 정돈되는가 하는 방식이 드러나도록 한다. (282, 316-317)

신체 내부를 낱낱이 분해하여 들여다봄으로써 생명체의 주된 기능들이 어떤 기관들을 통해 어떻게 성립하는가 하는 전체적인 유기적 연관 관계를 파악할 수 있게 한 것이 바로 비교 해부학이라는 이야기입니다. 예컨대 짐승인 고래의 지느러미와 관계하는 뼈와 근육이 사자의 다리와 관계하는 뼈와 근육과 비교했을 때 어떤 유사한 방식으로 배치되었는가를, 다른 한편으로 물고기의 지느러미를 움직이는 뼈와 근육과 비교해 봄으로써 그 차이와 유사성을 알 수 있다는 식입니다.

이제 이러한 해부학을 바탕으로 할 때 새로운 기법이 탄생하게 되는데, 그것은 겉으로 드러난 기능적인 요소들과 숨겨진 기능적인 요소들 사이의 관계를 파악하는 기법입니다. 이에 관해 푸코는 이렇게 설명합니다.

> (해부학의 결과이기 때문에) 해부학에 근거하면서도 (해부학이 없어도 가능하기에) 해부학과 대립하는 두 번째 기법은 표층적이며, 따라서 가시적인 요소들과 신체 깊숙이 숨겨져 있는 요소들 사이의 관계들을 확립한다. … "저작 기관들은 영양 기관들과 관계를 맺을 수밖에 없고, 따라서 모든 종류의 생명과 모든 유기적 구성과 관계를 맺을 수밖에 없다." 실제로 이 표식標識, indice의 기법은 반드시 가시적인 주변부에서 유기적인 내부의 흐릿한 형태들로만 나아가는 것이 아니다. 이 기법을 통해 신체의 어떤 지점에서부터 어떤 다른 지점으로 나아가건 간에, 그 필연성의 그물을 확립할 수 있다. 그 결과, 경우에 따라서는 단 하나의 요소만으로도 한 유기체의 일반적인 구축 상태를 암시하는 데 충분할 수 있다. 말하자면, "단 하나의 뼈, 단 하나의 뼛조각에 의해서" 한 동물의 전체를 재인식할 수 있게 될 것인데, "이는 화석을 남긴 동물들에 대해 너무나 기묘한 결과들을 가져다주는 방법"이다. 그래서 18세기의 사유에 있어서 화석은 현행의 형태들에 대한 일종의 예비적 형상으로 취급되었고, 그래서 화석은 시간의 거대한 연속성을 알려 주는 것이었다. 그런데 이제 화석은 그 화석이 실제로 속해 있었던 당시의 [전체] 형상을 지시해 주는 것이 될 것이다. 해부학은 동일성에 입각한 동질적이고 일람표적인 공간을 깰 뿐만 아니라, 그동안 전제된 시간의 연속성을 파기했다. (282-283, 317-318)

텔레비전을 통해 고생물학자들의 탐구 방식이 종종 방영됩니다. 이들은 이미 멸종되고 만 옛날의 생물들이 과연 어떤 크기로, 어떤 모습으로, 또 어떤 방식으로 운동을 하고, 또 어떤 먹이를 주로 먹었는지 등을 재구성해 내죠. 그 근거는 바로 퀴비에로부터 발달해 온 비교 생물학에 따른 겁니다. 이 정도로 크고 날카로운 이빨을 갖기 위해서는 턱뼈가 어떠해야 하고, 또 그러한 턱뼈를 유지하기 위해서는 대가리의 크기나 모양이 어떠해야 하는지, 그리고 이러한 이빨을 보아 주로 어떤 먹이를 먹었는지 등을 추론할 수 있는 근거가 바로 오늘날 살아 있는 생물체들을 해부학적으로 비교 분석하여 탐구한 내용들입니다.

이를 바탕으로 푸코가 지적하는 내용에서 중요한 것은 비교 해부학을 통해 동질적이고 동일한 차원의 공간 개념이 파기되고, 동시에 연속적인 시간관이 파기되었다는 겁니다. 시간의 연속성이 특히 중요한 문제인데, 이는 진화론과 직결되는 문제이기 때문이죠. 진화를 연속적인 것으로 볼 것인가, 아니면 불연속적인 것으로 볼 것인가 하는 문제가 긴요하기 때문입니다.

6) 퀴비에 이후, 생명 조건의 공간 형성과 새로운 차이 개념

이에 관해서는 나중에 고찰하게 될 겁니다. 먼저 살필 것은 차이 개념의 변화입니다. 푸코는 퀴비에의 등장으로 생물들을 분류하는 데 바탕이 되는 차이 개념이 변한다고 말합니다.

> 17-18세기에 통용되었던 차이는 종들을 서로 연결해서 존재의 극단들 사이의 균열을 메우는 기능을 했다. … 그 반대로, 퀴비에 이후 차이는 스스로 여럿으로 분기되면서 다양한 형태들을 더하고, 한 유기체를 다양한 동시적인 방식으로 여타의 모든 유기체로부터 고립시키는 가운데 그 유기체를 통해 확산하면서 유지된다. 그래서 이제 차이는 존재자들을 결합하기 위해 존재자들 사이에 존재하는 것이 아니다. 차

이는 유기체와의 관계에서 기능한다. 그럼으로써 유기체가 그 스스로와 한 몸을 이루어 생명 속에서 자신을 유지할 수 있도록 한다. 차이는 계속해서 생겨나는 미묘한 뉘앙스로써 두 존재 사이를 메우는 게 아니다. 차이는 저 자신을 더욱 심화함으로써 두 존재의 사이를 움푹 패게 한다. 그럼으로써 두 존재자가 서로 고립된 가운데 거대한 두 유형의 양립 가능성을 정의하도록 한다. 19세기의 자연은 그 자연이 살아 있는 것인 한 불연속적이다. (285, 320)

이 인용문이 중요한 것만은 분명한데, 그 정확한 뜻을 알기가 쉽지 않습니다. 이와 관련해서 푸코가 제시하는 중요한 내용이 있습니다. 앞서 잠시 언급되기도 했는데, 그것은 데카르트의 전통에 따른 17-18세기 고전주의 시대에는 생명마저도 기계론적으로 해명되지 않으면 안 된다고 여긴 데 반해, 퀴비에 이후 19세기에는 생명은 기계와는 전혀 다른 그 나름의 독특한 존재 구조를 갖는다고 본 겁니다. 생명을 기계론적으로 해명한다는 것은 자연 존재 전체를 관통하는 연속성을 바탕으로 한다는 것이고, 그렇게 되면 차이라는 것은 원리적인 것이 아니라 외형적인 것이 되고 맙니다. 달리 말하면, 이는 차이를 오로지 재현 차원에서만 보고 존재 자체에서의 차이를 인정하지 않는다는 겁니다.

그런데 이제 퀴비에 이후 19세기를 통해 원리상 생명이 기계와는 전혀 다르다고 하는 근본적인 차이가 등장하고, 따라서 생물 개체들 사이의 차이도 원리상의 차이일 수밖에 없는 것으로서 취급되지 않을 수 없다는 것입니다. 그것은 생물체가 자신의 생존을 유지·강화하기 위해 저 스스로 다른 생물체들과의 차이를 가질 수밖에 없게 되었다는 것을 의미합니다. 이와 관련된 푸코의 이야기를 들어 봅시다.

생물체는 자신을 둘러싸고 있는 것과 연속적인 관계 아래에 있어야 한다. 그런데 이를 위해 생물체는 자기 자신과의 불연속성을 연출하면서 자신을 유지하는 힘의 활동과 주권을 활용한다. 생물체가 살아 있으려면 서로 환원 불가능한 여러 조직이 있어야 한다. 그뿐만 아니라 각 조직 사이에 서로를 방해하지 않는 운동이 있어야 하고, 각 조직이 숨 쉬는 공기, 각 조직이 마시는 물, 각 조직이 흡수하는 영양분이 있어야 한다. 존재자와 자연 사이에 설정되었던 고전적인 오래된 연속성을 파괴함으로써, 생명의 분할되는 힘은 분산되면서도 전적으로 생존의 조건들에 연결된 여러 형태가 등장하게 할 것이다. … 퀴비에 이후, 생물체는 저 자신을 감싸면서 분류법적인 이웃 관계들을 파기한다. 그러면서 연속성들을 강제하는 광대한 기획에서 벗어난다. 이에 새로운 공간이 구성된다. 엄격히 말하면, 이 새로운 공간은 이중적이다. 왜냐하면, 내부적으로는 해부학적인 정합성과 생리학적인 정합성이 양립할 수 있는 공간이고, 외부적으로는 생물체가 자기의 신체를 만들어 내기 위해 머무는 원소들의 공간이기 때문이다. 그러나 이 두 공간은 하나의 통일된 명령을 받는다. 그것은 더 이상 존재 가능성들의 공간이 아니다. 그것은 생명 조건들의 공간이다. (286-287, 321-322)

외부적으로 볼 때, 생물체의 몸통을 형성하는 것은 원소들입니다. 이 원소들은 아마도 기계적으로 존재한다고 할 수 있을 것입니다. 그러나 이 원소들이 조직되는 원리는 기계적인 것이 아닙니다. 이 원소들로 형성되는 생물체의 각 기관은, 예컨대 허파는 허파대로, 심장은 심장대로, 산소가 필요하고 물이 필요하며 영양분이 필요합니다. 각각의 조직 기관은 서로에게로 환원될 수 없는 방식으로 각기 나름대로 활동합니다. 폐로 소화 작용을 할 수는 없습니다. 이를 푸코는 생물체가 자기 자신과의 불연속을 연출한다고 말합니다. 그러나 그 활동의 목표는 유일합니다. 생물체의 생존이 그 목표죠. 각 조직 기관이 계속 분화되어 나온다는 건 그만큼 차이가 많이 생성된다는 것이고, 아울러 여러 형태가 부가된다는 겁니다. 생물체는 이 전체의 결과들이 자신의 생존을 향한 통일된 명령을 수행하도록 합니다. 생존을 향한 명령은 생물체가 자신의 주변과 어떻게든 연속적인 관계를 맺지 않으면 안 된다는 것을 전제로 해서 주어지죠.

이렇게 해서 생물체를 중심으로 해서 형성되는 공간은 물리적·기계적인 공간과는 전혀 종류가 다른 공간, 즉 생명의 공간입니다. 푸코는 이를 '생명 조건들의 공간'이라고 말하고 있습니다. 이에 자연과 살아 있는 존재자 간에 근원적인 차이가 생겨납니다.

7) 라마르크와 퀴비에, 그리고 진화론

푸코에 따르면, 흔히 라마르크를 '변이론자transformiste'라고 하고, 퀴비에를 창조론적인 고정론자fixiste로 보아 두 인물을 대비시키면서, 라마르크는 혁명적인 이론을 제기했고 퀴비에는 반동적인 사유에 침윤되어 있다고 함부로 말하는데, 그래서는 안 됩니다. 푸코는 이렇게 말합니다.

라마르크가 종들의 변이를 생각한 것은 고전주의적인 자연사의 존재론적인 연속성에 따라서일 뿐이다. 그는 점진적인 단계, 방해받지 않는 완성 과정, 서로에게 입각해서 형성될 수 있을 뿐인 존재자들 간의 끊임없는 거대한 평면 등을 전제로 해서 종들의 변이를 생각했다. 라마르크의 사유를 가능하게 한 것은 나중에 있을 진화론에 대한 앞선 파악이 아니라, 자연사적인 '방법들'이 발견했다고는 하나 전제했다고 할 수밖에 없는 이른바 존재자들의 연속성이었다. 라마르크는 퀴비에가 아니라, 쥐시외와 동시대인이었다. 퀴비에는 존재자들에 대한 고전주의적인 가늠자 속에 급진적인 불연속성을 도입했다. 그럼으로써 퀴비에는 생물학적인 양립 불가능성, 외부 원소들과의 관계, 생존 조건과 같은 개념들을 등장시켰다. 또한 그는 생명을 유지해야 하는 어떤 힘과 생명에게 죽음을 허용할 수밖에 없는 어떤 위협을 개념으로 등장시켰다. 퀴비에의 이러한 작업에는, 진화에 관한 사상을 가능케 하는 여러 조건이 개재되어 있다. 생물 형태들 사이의 불연속성은 거대한 시간의 흐름을 인식할 수 있도록 한다. 이 시간의 거대한 흐름은, 겉으로 드러나는 유비에도 불구하고, 구조와 특성들의 연속성으로 정당화할 수 없다. 공간적으로 불연속적인 것 덕분에, 일람표의 파열 덕분에, 모든 자연적인 존재가 질서 정연하게 자리를 잡고 있다고 여겼던 평면이 파편화된 덕분에, 사람들은 자연사(자연스러운 역사histoire naturelle) 대신에 자연의 '역사'《histoire》 de la nature를 생각할 수 있게 되었다. … 고전주의적 공간의 파열은 생명에 고유한 역사성, 즉 생명이 생존 조건 속에서 자신을 유지해 나가는 역사성을 발견할 수 있도록 했다. 퀴비에의 '고정론'은 그렇게 생명이 자신을 유지하는 것에 대한 분석으로서, 서구의 지식에 처음으로 역사성historicité이 등장할 바로 그때, [생명 차원에서] 그러한 역사성을 반성한 최초의 방식이었다. (288, 322-323)

진화론에 관해 라마르크가 아닌 퀴비에를 옹호하는 푸코의 논변이 꽤 까다롭습니다. 요지는 이렇습니다. 라마르크는 어디까지나 고전주의적인 연속성을 바탕으로 해서 종들의 변이를 제시할 수 있었을 뿐인 데 반해, 퀴비에는 종들 사이의 불연속성을 도입함으로써 인간의 재현적인 작용을 넘어선 자연 자체의 강력한 역사를 생각할 수 있게 했고, 그로써 제대로 된 진화론이 탄생할 수 있는 기초를 형성했다는 겁니다.

퀴비에의 고정론은 생명 자체를 내적으로 파고들어 가 그 고유한 역사성을 반성적으로 분석한 것이라는 푸코의 이야기는 어쩌면 기묘하다 할 수 있습니다. 핵심은 불연속적인 역사성입니다. 푸코는 역사를 결코 법칙적인 과정으로 보지 않고, 사건들 사이의 불연속적인 우발적 계기繼起라고 봅니다. 그가 제시하는 각 시대 에피스테메의 독자성과 우연성이 이를

웅변하죠. 그래서 그는 역사를 제대로 볼 수 있기 위해서는 그것을 사건
화eventualization해야 한다고 말합니다. 이 사건화는 하나의 사건에서 여러
다양한 의미를 포착할 수 있어야 한다는 일종의 비판을 위한 방법이기도
하지만, 근본적으로 불연속성을 바탕으로 한 역사성을 바탕으로 할 때 성
립하는 방법입니다. 퀴비에의 불연속성 속에 진화론적인 사유를 가능케
하는 조건들이 내재해 있다고 할 때, 푸코가 특히 다윈에게서 본격화되는
돌연변이에 관한 생각이 거기에 들어 있다고 생각한 것이 아닌가 싶습니
다. 어떻게 보면 에피스테메들 사이의 변동이야말로 돌연변이가 아닐 수
없습니다.

8) 리카도와 퀴비에

이제 푸코는 생물학에서 퀴비에가 수행한 새로운 모색을 정치경제학에
서 리카도가 수행한 역할과 비교합니다. 물론 이는 19세기 근대âge moderne
의 에피스테메를 일관되게 추출하고자 하는 푸코 자신의 기획에 따른 거
죠. 우선 푸코는 역사성에 관련해 두 인물을 이렇게 비교합니다.

> 물론 퀴비에의 시대에는 아직 생물체의 역사, 즉 진화론에서 기술하게
> 되는 그런 생물체의 역사는 없었다. 그러나 [퀴비에에게] 생물체는 처음
> 부터 역사를 갖는 것을 허용하는 조건들과 함께 생각되었다. 이는 리
> 카도의 시대에 부가 아직 경제사로서 정식화되지 않은 역사성의 상태
> 를 부여받게 된 것과 동일한 방식이다. … 리카도와 퀴비에는 18세기
> 에 생각되었던 연대기적인 지속성의 양상들을 비난했을 뿐이다. 그들
> 은 재현의 위계적인, 또는 분류법적인 질서 속에 시간이 종속되는 그
> 러한 종속 관계를 해체했다. 그 반대로, 그들은 현행적인, 또는 미래적
> 인 부동성immobilité을 기술 내지는 제출했다. 그런데 그들은 이 부동성
> 을 오로지 하나의 역사une histoire의 가능성에 근거함으로써만 고안할

수 있었다. 이 하나의 역사는 [퀴비에의 경우] 생물체의 생존 조건들에 의해, [리카도의 경우] 가치의 생산 조건들에 의해 주어졌다. 역설적으로, 리카도의 비관주의와 퀴비에의 고정론은 역사를 바탕으로 해서만 성립한다. [말하자면] 그들은 존재자들의 안정성stabilité을 정의하되, 이제 존재자들이 그 심오한 양상의 차원에서 하나의 역사를 지닐 수 있는 권리를 지니는 한에서의 존재자들의 안정성을 정의한 것이다. (288-289, 323)

리카도가 가치가 노동을 통해 생산 단계에서 구성된다고 했을 때에는 생산 조건들이 대단히 중요한 것이었습니다. 그리고 그 생산 조건들은 역사를 통해 그 나름으로 규정되는 거였죠. 꼭 그렇다고 단정할 수는 없지만, 마르크스가 생산양식에 근거한 역사를 제시할 수 있었던 것도 그러한 리카도의 선구적인 작업이 있었기 때문이 아닐까 하고서 생각할 수 있습니다.

안정성을 특히 고정성으로 바꾸어 생각하게 되면, 안정성은 역사성과 모순됩니다. 이러한 모순을 풀기 위해서는 안정성과 역사성이 성립하는 차원이 다르다는 것을 보여 주어야 합니다. 퀴비에가 말한 생물체의 목표인 생존을 생각해 보면, 안정성은 개별 생물체가 그 자체로 최대한 생명을 유지하고자 기관들과 기능들을 총동원하는 체계에서 비롯되는 것이라 할 수 있습니다. 그리고 역사성은 개별 생물체가 그러한 체계를 갖추게 된 종적縱的인 과정이라 할 수 있죠. 둘이 모순될 이유가 전혀 없는 겁니다.

9) 퀴비에에 따른 유럽적 사유에서의 귀결들

푸코는 퀴비에에 의한 '생물 역사성historicité vivante'의 구성과 리카도에 의한 '경제 역사성'의 구성이 유럽의 사유에 광범위한 영향을 미친다고 말합니다.

먼저 이전에는 식물 중심으로 생명을 생각하던 데서 벗어나, 이제는 동물성을 바탕으로 생명을 생각하게 된다고 말합니다. 그 핵심은 동물이야말로 생명과 죽음의 순환 체계를 잘 보여 준다는 거죠.

식물은 운동과 부동, 감각적인 것과 비감각적인 것의 경계에 군림한다. 동물은 생명과 죽음의 경계에서 자신을 유지한다. 모든 측면에서 죽음은 동물을 포위·공격한다. 더군다나 죽음은 동물의 내부에서부터 동물을 위협한다. 왜냐하면 오로지 유기체만이 죽을 수 있기 때문이다. 죽음이 생명체들에게 들이닥칠 수 있는 것은 그들의 생명을 바탕으로 해서이다. 이에 18세기 말에 이르러 동물성에 대해 양가의 생각을 하게 된다. 즉 짐승은 죽음에 종속되어 있으면서 동시에 죽음을 운반하는 자가 된다. 짐승은 자신의 생명을 계속해서 뜯어먹는 존재가 된다. 짐승은 자신 속에 반反-본성(반-자연contre-nature)의 핵을 지님으로써만 자연(본성nature)에 속한다. 생명의 더욱 비밀스러운 본질이 식물에서 동물에게 이관됨으로써, 생명은 질서의 공간을 벗어나 야생적sauvage인 것으로 되돌아간다. 생명을 죽음으로 연결하는 바로 그 운동 속에서 생명은 저 자신이 살해자임이 드러난다. 생명은 살아 있기에 죽인다. 자연은 더 이상 선하지 않다. 생명이 살해와 더 이상 분리될 수 없다는 사실, 자연이 악과 더 이상 분리될 수 없다는 사실, 욕망이 더 이상 반-자연과 분리될 수 없다는 사실, 바로 이러한 사실들을 18세기에 알렸던 인물은 사드다. 그는 18세기의 언어를 고갈시켰다. 그리고 그는 그러한 사실들을 근대에 알렸는데, [그러나] 근대는 오랫동안 그가 침묵 속에 빠져 있기를 바랐다. 그 불손함을(누구에 대한?) 용서하시라. 『120일간의 여행』[44]은 『비교 해부학 강의』의 벨벳처럼 부드러운 놀라운 이면裏面이다. 어쨌건 간에, 우리의 고고학적인 일력에서 이 두 저서

는 동일한 시대에 속한다. (290, 325)

워낙 흥미로운 대목이라 길게 인용했지만, 그 핵심은 비교적 간단합니다. 간단하다고 해서 충격적이지 않다는 것은 아닙니다. 왠지 갑자기 들뢰즈가 말한 '동물 되기devenir animal'가 생각납니다. 동물성에서 터져 나오는 생명과 죽음의 동시성, 살림과 죽임의 동시성, 선과 악의 동시성, 자연과 반-자연의 동시성 등, 도대체 흔히 알고 있는 이분법적인 가치관을 근본에서부터 무너뜨리는 일이 퀴비에의 비교 해부학에서부터 이미 발생하고 있었다는 것, 그리고 그 정확한 공명이 사드에게서 일어나고 있었다는 것. 퀴비에와 사드의 결합, 놀랍게도 어지간한 사유로는 결코 짚어 낼 수 없는 내용을 푸코가 제시하고 있습니다.

저 앞 제1부의 마지막 장인 제6장을 마무리하면서 푸코는 사드가 고전주의적 사유를 마감하고 근대적 사유를 여는 인물임을 다음과 같이 말한 적이 있습니다.

> 사드는 고전주의의 담론 및 사유의 끝에 도달한다. 그는 정확하게 그 한계에서 존재한다. 사드로부터 폭력, 삶과 죽음, 욕망, 성 따위가 재현의 하부에서 거대한 그림자의 층을 확장해 나간다. 지금 우리가 할 수 있는 한, 우리의 담론으로써, 우리의 자유로써, 우리의 사유로써 포착하고자 꾀하는 것은 바로 이 그림자 층이다. 그러나 우리의 사유는 너무나 짧고, 우리의 자유는 너무나 유순하며, 우리의 담론은 너무나 조심스럽기에, 근본적으로 하부의 이 그림자야말로 우리가 마셔야 할 바다임을 분명하게 고려해야 한다. 『쥘리에트』의 풍부함은 언제까지나 더욱 적막하다. 그리고 그 풍부함은 끝이 없다. (224, 257)

---

44 사드의 저작인 『소돔의 120일』을 말한다.

사드 책을 한 권도 제대로 읽어 보지 못했기에 뭐라 토를 달 수가 없습니다. 중요한 점은 근대에 들어서면서 동물 내지는 짐승 또는 동물성을 생명의 근원적인 형태로 보게 됨으로써 인간 삶을 포함한 자연 전체에 대해 심층에서 끓어오르는 내용을 격렬하게 사유할 수 있게 되었다는 겁니다.

그런 가운데 생명이 심지어 존재론적인 근본 원리로서 부상하게 된다는 것이 푸코의 지적입니다. 이는 아마도, 그가 지적하지는 않지만, 베르그송의 생명의 형이상학 내지는 존재론을 염두에 둔 것일 터입니다. 아무튼 푸코는 이렇게 말합니다.

생명에 대한 경험은 존재자들에 대한 가장 일반적인 법칙으로서 주어진다. 즉 생명은 존재자들이 입각하지 않으면 안 되는 시원적인 힘이라는 사실이 백일하에 드러난다. 생명에 대한 경험은 야생적 존재론 ontologie sauvage, 즉 모든 존재자에게서 존재와 비존재가 분리 불가능하다는 것을 추적하는 존재론으로 기능한다. 그러나 이 존재론은 존재자들을 정초하는 것이 무엇인가를 드러내기보다는 존재자들을 일순간 불안정한 형태로 이끌면서 이미 비밀스럽게 내부에서부터 존재자들을 파고들어 가 파괴해 버리는 게 무엇인가를 드러낸다. 생명과 비교해 볼 때, 존재자들les êtres은 그저 일시적인 형상形狀들figures에 불과하다. 이 형상들을 통해 유지되는 존재l'être는 존재자들이 현존하는 동안 이루어지는바, 존재자들의 자만에 불과하고, 존립하고자 하는 존재자들의 의지에 불과하다. 그래서 인식에 있어서 사물들의 존재는 하나의 착각이다. 그뿐만 아니라 사물들의 존재란, 밤중에 그 사물들을 뜯어먹는 보이지 않고 아무 소리도 내지 않는 폭력을 들추어내기 위해 해독해야만 하는 베일이다. 그러므로 존재자들의 파기anéantissement des êtres에 대한 존재론은 인식에 대한 비판으로서 가치를 갖는다. (291, 326)

생명이 곧 살해자이기도 하다는 것을 알게 된 유럽의 근대적 사유, 그 표현뿐만 아니라 사유 자체가 기묘합니다. 이럴 때 흔히 사물이라는 이름으로 통칭되는 존재하는 일체는 그 속으로 생명이 관통함으로써 때로는 생명체로 때로는 물체로 드러나기도 하는 것으로 되고 맙니다. 이에 '사물들의 존재'라고 해서 '존재'라는 말에 익숙해 있던 그동안의 존재론은 생명이 지닌 죽임과 살림의 동시성을 전혀 염두에 두지 않았던 까닭에 대단히 평면적인 것으로 될 겁니다. 밤중에 사물들을 그 내부에서부터 아무 소리도 내지 않고 뜯어먹는 생명의 위력을 염두에 두게 된다는 것이고, 사물들이란 생명이 여러모로 드러나는 형상들에 불과하다는 것입니다. 그러므로 이를 염두에 둔 '존재자들의 파기에 관한 존재론', '야생적 존재론', '생명의 존재론'이 득세하게 된다는 거죠.

독특하기 이를 데 없는 사상사가思想史家로서의 푸코의 면모가 여지없이 드러나고 있습니다. 가히 쉽게 넘볼 수 없는 그의 천재성이 번뜩입니다. 감히 견줄 순 없지만, 부럽기 짝이 없습니다.

보프의 언어에 관한 새로운 분석

이제 제8장 '노동, 생명, 언어'의 제4절인 '보프'입니다. 그런데 그 내용이 대단히 전문적이고 이해하기 힘듭니다. 너무 전문적으로 들어가 논의하면서 구체적인 예들을 정확하게 제시하지 않고 설명하기 때문에, 특히 비교 언어학에 전혀 익숙지 않은 우리로서는 푸코가 제시하는 주장에 대해 그 정확한 논거를 정돈해 내기가 쉽지 않습니다. 푸코가 이 절을 통해 밝히고자 하는 것은 문헌학적인 실증성인데, 이에 관한 이야기는 대략 이렇게 정돈됩니다.

서양의 의식에 있어서 문헌학의 탄생은 생물학과 정치경제학의 탄생에 비해 거의 부각하지 못했다. 하지만 문헌학은 [19세기에 이룬] 고고학적인 동일한 전복의 부분을 형성한다. 그리고 그 귀결들은 우리의 문화에 있어서 훨씬 더 멀리 영향을 미치고 있다. 적어도 우리의 문화를 꿰뚫고 지지하는 하부의 층들에 있어서만큼은 그러하다.
이러한 문헌학적인 실증성positivté philologique은 과연 어떻게 형성되었는가? 19세기 초에 슐레겔은 『인도인들의 언어와 철학』(1808)을, 그림은 『독일 문법학』(1818)을, 그리고 보프는 『산스크리트어의 동사 활용 체계』라는 논설을 썼다. 이 논설들을 통해 문헌학적인 실증성이 구성되었다는 것을 알 수 있는데, 여기에서 네 가지의 이론적인 대목이 드러난다.

1. 첫 번째 이론적 대목은 하나의 체계 언어*une langue*가 내부적으로 특징지어지면서 다른 체계 언어들과 구분된다는 것이다. (294-295, 329-330)

2. 두 번째 중요한 이론적 대목은 **내적 변이들***variations internes*에 대한 탐구이다. (298, 333)

3. 자음이나 모음의 변이들에 관한 법칙을 정의함으로써 **어간에 관한 새로운 이론***une théorie nouvelle du radical*을 확립하게 된다. (300, 335)

4. 어근들에 대한 분석은 체계 언어들 간의 **친족 체계들***des système de parenté*을 새롭게 정의할 수 있도록 한다. 또한 이것이 문헌학의 출현을 특징짓는 거대한 네 번째 이론적 대목이다. (304, 338-339)

푸코는 19세기 언어 연구의 특징을 문헌학이 탄생하는 것으로 보면서, 이 문헌학이 어떻게 실증성을 획득하면서 그 나름의 독자적인 영역을 구축하는가를 위 네 가지 이론적인 대목을 들어 자세하게 설명합니다. 그런데 이 중 세 번째 것을 제외하고는 너무나 전문적이고 그러면서도 구체적인 예들을 제시하지 않고 있어 문외한인 우리가 해독하기에는 대단히 어렵습니다. 그래서 네 가지 중 다른 세 가지는 제외하고 그나마 접근할 수 있겠다 싶은 세 번째 것만을 살펴보고 이 절에 관한 설명을 마치고자 합니다. 세 번째 이론적 대목을 설명하면서 푸코는 다음과 같은 내용을 소개·설명합니다.

부가 형용사une épithète를 동사로 변형시키는 것은 être의 부가가 아니다. 어간le radical 자체가 동사적인 의의를 간직한다. être의 동사 변화에서 파생되는 격변화들désinences은 이 동사적인 의의signification verbale에 그저 인칭과 시제의 변양을 덧붙일 뿐이다. 그러므로 동사의 어근들racines des verbes은 '사물들'에 기원을 둔 것임을 지칭하지 않고, 행동, 과정, 욕망, 의지 들에 기원을 둔 것임을 지시한다. 이 동사의 어근들이 être 동사와 인칭 대명사들에서 발원하는 어떤 격어미를 받아들이게 되면, 동사 변화conjugaition를 받아들이는 것으로 된다. 그 반면에 이 동사의 어근들이 그 자체 변양 가능한 다른 접미사들을 받아들이게 되면, 어미변화déclination를 받아들이는 명사가 될 것이다. 따라서 고전적 분석을 특징지었던 '명사 — être 동사'의 양극성 대신에, 더욱 복잡한 배치가 자리를 잡을 수밖에 없다. 말하자면, 동사적인 의의를 띤 어근들이 대신 들어서게 된 것인데, 이 어근들은 여러 다른 유형의 격변화를 받아들일 수 있고 그래서 동사 변화를 일으키는 동사들 또는 실사實辭들substantifs을 생겨나게 한다. 그래서 동사들(과 인칭 대명사들)은 언어langage의 원초적인 요소가 되고, 이 원초적인 요소에 입각하지 않고서는 언어가 발달할 수 없는 것으로 된다. "동사와 인칭 대명사들은 언어의 진정한 지렛대인 것 같다."[45] (302, 337)

우선 부가 형용사라는 말이 나옵니다. 이는 우리말에서의 관형어에 해당합니다. 예컨대 "une grande maison"에서 'grande'가 부가 형용사죠. 이는 "Cette maison est grande"라고 할 때 'est grande'에서의 'grande'가 속성을 나타내는 형용사인 것과 사뭇 대비됩니다.

부가 형용사를 동사로 변형시킨다는 말은 뭘까요? 불어에서 'grandir'는

---

45   원주. J. Grimm, *L'Origine du langage*, p. 39.

'커지다, 성장하다, 자라게 하다, 크게 하다' 등의 뜻을 갖습니다. 이렇게 되면 형용사 'grand'이 동사 'grandir'의 어근이 되는 셈이죠. 그런데 푸코가 고전주의 시대를 넘어 근대로 들어올 때 언어를 근대적인 방식으로 연구한 보프와 그림의 비교 언어학의 연구 결과, 이 부가 형용사 자체에 동사적인 의의가 들어 있다고 주장하게 된다는 겁니다. 이는 고전주의적인 언어 분석과는 사뭇 다른 것이기에 대단히 중요하다는 것이 푸코의 생각입니다.

푸코의 분석에 따르면, 고전주의 시대의 동사에 관한 이론에서는 말하는 주체보다는 계사인 'être'에 집중했던 것 같습니다. 말하자면, 고전주의 언어 분석에서는 être 동사가 그야말로 언어의 바탕이 되는 것으로 여긴 거죠. 이를 이해하기 위해 저 앞에서 했던 강의의 내용을 다시 대량으로 끌고 와 살펴볼 필요가 있습니다.

> 모든 종류의 동사는 의미작용을 하는 유일한 것, 즉 être로 환원된다. 모든 다른 동사는 비밀리에 이 유일무이한 기능에 봉사한다. 그러나 다른 모든 동사는 이 기능을 숨기고 있는 규정들로써 이 기능을 다시 덮는다. 예컨대 사람들은 그 기능에 속성을 덧붙인다. 그래서 "나는 노래 부르는 자다"라고 말하는 대신에 "나는 노래 부른다"라고 말한다. 사람들은 그 기능에 시간의 지시를 덧붙인다. 그래서 "나는 노래 불렀던 자다"라고 말하는 대신에 "나는 노래 불렀다"라고 말한다. … 이 유일한 낱말이 없으면, 모든 낱말이 침묵에 머물게 된다. 그리고 다른 어떤 동물들처럼 인간들은 그들의 목소리를 잘 사용할 수 있게 될 뿐이다. 숲속에서 내지른 그 어떤 외침도 결코 언어의 거대한 고리에 연결되지 않을 것이다. (109, 130)

고전주의 시대 사람들은 왜 이렇게 'être' 동사에 집중했을까요? 우리로서는 "나는 노래 부른다"가 더 근원적인 것이고, 이를 억지로 명제의 기본 형식으로 환원하려 함으로써 "나는 노래 부르는 자다"라고 말하게 된 것 같지 않습니까. 굳이 모든 동사를 이렇게 "S는 P이다"라는 형식으로 환원하고자 한 까닭이 무엇인가가 궁금합니다. 이에 관해 푸코는 이렇게 말합니다.

> 고전주의 시대에 언어의 야생적 존재는 삭제된다. 그러나 언어는 새로운 관계들에 따라 존재와 연결된다. 이 새로운 관계들은 파악하기 쉽지 않다. 왜냐하면 언어가 존재를 언표하고 존재와 결합하는 것은 하나의 낱말 [즉 être]에 의해서이기 때문이다. 언어 자체의 내부에서, 언어는 긍정한다. 그러나 만약 이 낱말이 오로지 그 자신이 홀로 미리 모든 가능한 담론을 지탱하지 않는다면, 언어는 언어로서 현존할 수 없을 것이다. 존재를 지시하는 방식이 없다면 언어도 없다. 그러나 언어가 없이는 être 동사도 없다. être 동사는 언어의 부분일 따름이기 때문이다. 이 간단한 낱말, 그것은 언어 속에서 재현되는 존재다. 그러나 또한 이 간단한 낱말은 실로 언어에 대한 재현적인 존재이기도 하다. … 기호들의 체계를 기호화되는 것의 존재 쪽으로 다리를 놓는 바로 이 한 낱말의 특이한 권능에 의해, 언어는 온통 **담론**이 된다. (109-110, 130-131)

être 동사가 언어 내부에 속하면서도 언어를 벗어나 언어 바깥의 존재와 관계를 맺는 묘한 역할을 한다는 겁니다. 언어가 언어 바깥의 존재를 지시함으로써 기호 작용을 해서 의미를 갖는다고 할 때, 그렇게 지시하는 방식으로긴 하지만 존재와 연결된다는 것은 실로 신비한 일이 아닐 수 없습니다. 그 핵심 고리로서 être 동사를 지목하는 거죠.

être 동사는 "S는 P이다"라는 기본 형식에 따라 언어 속에서 재현됩니

다. 그런데 언어를 통해 존재를 재현한다고 할 때, 재현되는 것도 역시 'être', 즉 '존재'죠. 한편으로 보면, être라고 하는 것이 '존재'를 지칭하기도 하지만, 지칭되는 '존재'이기도 하기에 이를 이용해서 일종의 유희를 일삼는 것 같기도 합니다. 과연 그럴까요? 이어지는 푸코의 논의는 결코 그런 것은 아니라고 역설하는 것으로 보입니다. 이를 위해 푸코는 저 앞에서 보제와 콩디야크의 연구를 끌어들이면서 이렇게 말했습니다.

> 보제는 동사의 형식 속에 시제 변화들이 집중되어 온 한 가지 이유를 발견했다. 즉 사물들의 본질essence은 변화하지 않고 오로지 사물들의 현존existence만 나타났다가 사라진다는 것, 사물들의 현존만이 과거와 미래를 갖는다는 것이었다. 이에 대해 콩디야크는 다음과 같은 점을 지적할 수 있었다. 즉 만약 현존이 사물들로부터 물러날 수 있다면, 그것은 사물들의 현존이 하나의 속성에 지나지 않는다는 것, 그리고 동사는 현존뿐만 아니라 사멸도 긍정할 수 있다는 것을 의미한다는 것이다. 동사가 긍정하는 유일한 것은 다름이 아니라 두 재현의 공현존 coexistence이다. 예를 들면, 초록의 재현과 나무의 재현의 공현존이 그러하다. … 실로 공현존은 사물 자체의 속성이 아니다. 공현존은 재현의 한 형식에 불과하다. 초록과 나무가 공현존한다고 말하는 것은 그것들이 모든 재현 또는 내가 받아들이는 대부분의 인상 속에서 연결되어 있다고 말하는 것이다.
>
> 그 결과 être 동사는 본질적으로 모든 언어를 언어가 지시하는 재현과 관계를 맺도록 하는 기능을 갖는다. [그런데] 언어가 기호들 너머로 향하는 그 존재는 사유의 존재 그 이상도 그 이하도 아니다. (110, 131-132)

être 동사가 언어를 언어 바깥의 존재와 연결되도록 하는 기능을 발휘한다고 생각했는데, 알고 보면 그 언어 바깥의 존재란 결국 사유의 존재,

즉 재현 내의 존재에 불과하다는 겁니다. 동사가 시제 변화를 받아들인다는 것은 동사가 변하지 않는 사물들의 본질로 연결되는 것이 아니라 사물들의 변화무쌍한 현존들에만 연결된다는 것이고, 이때 사물들의 현존이란 재현 체계 내의 일에 불과하다는 것이 그 근거죠. 보제와 콩디야크는 사물의 본질과 현존을 구분함으로써 동사의 시제 변화를 설명할 수 있었다는 것인데, 푸코는 이를 자기 나름으로 활용해서 고전주의 시대가 얼마나 재현의 틀에 얽매었는가를 드러내는 겁니다.

이렇게 되면 être 동사가 언어와 언어 바깥을 지시적인 방식으로 연결하는 기능을 수행한 것은 그저 재현 내부에서의 일일 뿐인 것이 됩니다. 그래서 저 앞에서 이렇게 이야기했죠.

> 동사가 지시하는 것은 결국 언어의 재현적인 성격이다. 즉 동사가 지시하는 것은 언어가 사유 속에 자리를 잡고 있다는 사실이다. 기호들의 한계를 넘어서서 기호들에 진실로 기초를 세워 줄 수 있는 그 유일한 낱말 [즉 être 동사]는 오로지 재현 자체에만 다가갈 뿐이다. 그러므로 동사의 기능은 언어의 현존 양식과 일치된 것으로 드러난다. 그리고 동사의 기능은 언어의 범위 전체에 미치는 것이다. 말한다는 것은 기호들에 의해 재현한다는 것이고 동시에 동사에 의해 지배되는 종합적인 형식을 기호들에 부여하는 것이다. (110-111, 132)

언어가 언어일 수 있는 것, 즉 언어가 기호들로써 기호들을 넘어선 사유의 재현들을 재현할 수 있게 된다는 것은 바로 동사, 특히 être 동사에 근거한 것이라는 결론을 맺고 있습니다. 요컨대 언어가 얼마나 본질적으로 재현적인 것인가를 나타내 주는 것이 바로 동사라는 것이고, 고전주의 시대의 인물들이 바로 이 점을 워낙 중요하게 여겼다는 거죠. 이렇게 되면 동사는 담론으로서의 모든 명제가 지니지 않으면 안 되는 일반적이고 공통된 속성으로 자리 잡게 됩니다.

그러나 19세기가 되면서 동사에 대한 이러한 생각, 즉 동사가 모든 명제에 대해 일반적이고 공통된 속성이라는 생각이 사라지기 시작한다는 것을 푸코는 저 앞에서 이렇게 지적했습니다.

> 19세기 전체에 걸쳐 언어가 지닌 **동사에 따른**_de verbe_ 수수께끼 같은 본성을 중심으로 언어가 탐문의 대상이 된다. 언어가 존재에 가장 가까이 갈 수 있는 이유는? 언어가 존재를 지칭하는 데 가장 역량이 뛰어난 이유는? 언어가 존재의 근본적인 의미를 전달하고 반짝이도록 해서 존재를 절대적으로 현시되도록 한다는 이유는? 헤겔에게서 말라르메에 이르기까지, 존재와 언어의 관계들에 대해 이들이 놀라워한 나머지 문법적인 기능들의 동질적인 질서 속에 동사를 재편입하는 것을 신중히 검토하게 된다. (111, 132-133)

저 앞에서 읽어 본 내용으로 돌아가 보면, 부가 형용사 자체가 être 동사와 연결되어 속성을 나타내는 형용사로 쓰이기 전부터 이미 동사적인 의의를 지닌 것으로 본 것은 여기 이 인용문에서 말하는바 "19세기 전체에 걸쳐 언어가 지닌 **동사에 따른** 수수께끼 같은 본성을 중심으로 언어가 탐문의 대상이 된다"라는 것의 중심적인 예에 해당한다고 할 수 있습니다.

그런데 부가 형용사가 동사적인 의의를 띤다는 것이 정확하게 무슨 뜻인지가 무척 궁금합니다. 예컨대 '큰 집'에서 '큰'이라는 부가 형용사는 '활동 영역이 넓다', '움직이기에 편하다' 등의 뜻을 이미 함축하고 있다는 것을 뜻하는 걸까요? 그래서 '큰 집'이라고 할 때 '큰'에는 이미 인간의 행동과 과정, 그리고 욕망과 의지가 이미 반영되어 있다고 하는 걸까요?

아무튼 중요한 것은 고전주의 시대에는 모든 언어의 중심이 être였다는 사실입니다. 그러나 이제 19세기에 들어서면서 고전주의 시대를 풍미했던 'être + 속성 형용사', 즉 "S는 P이다"라고 하는 담론적인 명제를 가능하게 하는 근본 형식은 부가 형용사가 지닌 동사적인 의의를 인칭과 시제에 근거해서 변양한 것에 다름 아닌 것이 됩니다. 고전주의 시대에 être는 재현과 재현을 연결하는 것이었습니다. 그래서 언어가 재현적인 기호로서 이해된 거죠. 언어가 재현적인 기호 체계에 얽매인 것은 언어 자체가 인간의 사유를 비롯한 의식 활동을 벗어나 객관적인 위력을 지닐 수 없다는 것을 의미합니다.

그런데 이제 언어를 동사적인 의의에 기원을 둔 것으로 파악함으로써, 사물들을 재현해 그 재현을 지칭하는 데서 언어가 발생했다고 하는 데서 벗어나게 된다는 겁니다. 푸코는 이렇게 말합니다.

보프의 분석은 한 체계 언어^{une langue}의 내적인 분석(분해^{décomposition})에 대해서뿐만 아니라, 본질적으로 언어^{langage}를 언어이게끔 하는 것이 무엇인가를 정의하는 데에 결정적으로 중요하다. 언어는 이제 더 이상 다른 재현을 잘라 내고 재구성할 수 있는 역량을 갖춘 하나의 재현 체계가 아니다. 언어는 그 뿌리들[어근들]에 있어서 행동들과 상태들과 의지들에 있어서 가장 항상적恒常的인 것^{le plus constantes}을 가리킨다. 언어가 본래 말하고자 하는 것은 사람들이 눈으로 보는 것이 아니라 사람들이 뭔가를 하거나 무슨 일을 당할 때의 그 상황이다. 그래서 만약 언어가 손가락으로 가리키듯이 사물들을 드러내는 것으로 마무리된다면, 그것은 그 사물들이 행동의 결과이거나 행동의 대상이거나 행동의 도구인 한에서다. 따라서 명사들은 복합적인 재현의 일람표를 작성하는 데 필요한 잘라 내는 역할을 하는 것이 아니다. 명사들은 하나의 행동을 이루는 과정을 잘라 내고 멈추게 하며 고정하는 것이다. 언어는 지각되는 사물들 쪽에 '뿌리를 내리고' 있는 것이 아니라, 활동하는 주체 쪽에 '뿌리를 내리고' 있는 것이다. 그래서 틀림없이 언어는 재현을 배가시키는 기억으로부터 생겨나는 것이 아니라, 바람vouloir과 위력force에서부터 생겨난다. 사람들이 말하는 것은 그가 재인함으로써 인식하기 때문이 아니라 행동하기 때문이다. 행동과 마찬가지로, 언어는 심오한 의지를 표현한다. (302-303, 337)

푸코의 고등학교 철학 교수였던 메를로퐁티가 한 말, "언어는 미세한 동작이다"라는 말이 떠오릅니다. 우리는 워낙 많은 글을 읽고 또 워낙 복잡하기 이를 데 없는 강의와 연설 등을 듣습니다. 그래서 언어란 항상 주로 사유를 표현하는 것으로 여기기 쉽습니다. 사유란 기본적으로 인식을 바탕으로 한 것이고, 인식이란 근본적으로 재인함으로써 재현을 형성하는 것이라고 여기기 때문에, 언어를 재현적인 인식에 따른 산물이라 여기는 버릇이 있습니다. 푸코에 따르면, 이러한 언어관은 17-18세기의 고전주의적인 사유에 따른 것이고, 19세기 근대에 들어서면서부터는 언어를 철저히 행동에 따른 것으로 보기 시작했다는 것입니다.

언어를 인식의 판면에 입각한 것이 아니라 행동의 판면에 입각한 것으로 본다는 것은 언어를 일종의 행동으로 본다는 것을 의미합니다. 다만, 그 행동으로서의 언어는 온갖 종류의 행동들을 관통하는바 가장 항상적인 것, 즉 어떤 행동을 할지라도 그 행동과 행동 과정 및 의지들의 발현에 있어서 견지하지 않으면 안 되는 기본적인 항들을 담고 있습니다. 그런 점에서 언어는 추상화된 행동이라 할 수 있죠. 하나의 구체적인 행동을 언어로 표현한다는 것은 그 구체적인 행동을 인식하고 개념적으로 재가공하여 명제로 표현하는 것이 아닙니다. 그게 아니라, 하나의 구체적인 행동을 수렴·응축시켜 그 구체적인 행동이 주어진 상황에서 나름의 정교한 위력을 발휘하도록 하는 거죠. 그런 점에서 언어활동(언어langage)은 주어진 상황을 수렴·응축시켜 표현하는 또 하나의 특수한 행동이라 할 수 있는 겁니다.

이러한 언어관이 19세기 근대로 들어서면서 등장하기 시작했다는 것인데, 그로 말미암아 생겨나는 중요한 귀결을 푸코는 다음과 같이 크게 두 가지로 나누어 제시합니다.

첫 번째 귀결은 성급한 사람들에게는 역설적으로 보일 것이다. 그것은 순수 문법의 차원을 발견함으로써 문헌학philologie이 형성되는 바로 그 순간에, 언어langage에 심대한 표현의 역량을 다시 부여하게 되었다는 것이다. 고전주의 시대에 언어의 표현적인 기능은 그 기원의 시점에서 오로지 하나의 음音이 하나의 사물을 재현한다는 것을 설명하기 위해서만 요구되었다. 그 반면, 19세기에 언어는 그 모든 전개 과정에서, 그리고 그 각각의 가장 복합적인 형태들에서 환원 불가능한 표현적인 가치를 갖는 것이 되었다. 제아무리 자의적이라 할지라도, 또는 그 어떤 문법적인 협약을 활용한다고 할지라도, 이러한 언어의 표현적인 가치를 왜곡할 수는 없는 것으로 여겨졌다. 왜냐하면, 언어가 표현한다고 할 때, 그것은 언어가 사물들을 모방하고 이중화하는 한에서 그럴 수 있는 것이 아니라, 언어가 말하는 사람들의 근본적인 바람을 증시證示하고 번역하는 한에서 그럴 수 있기 때문이다.

두 번째 귀결은 언어가 문명들과 연결될 때, 그 문명들이 도달한 인식적인 수준(재현적인 그물의 세밀함, 요소들 사이에서 확립될 수 있는 연결들의 복합성)에 의해서 언어가 문명에 연결되는 것이 아니라, 그 문명들을 일으키고 그 문명들을 살아 움직이게 하며 그 문명들 안에서 스스로를 인정할 수 있는바 인민들의 정신에 의해서 언어가 문명에 연결된다는 것이다. … 갑자기 언어의 역사성에 대한 조건들이 변하게 된다. 언어의 변환들은 상층에서부터 연원하는 것이 아니라 하층에서부터 은근하게 연원하는 것으로 된다. 왜냐하면 언어란 하나의 도구이거나 산물─훔볼트가 말한 하나의 에르곤ergon─ 이 아니라, 끊임없는 활동 ─하

나의 **에네르게이아***energeïa*— 이기 때문이다. (303, 337-338)

순수 문법적인 차원을 발견했다는 것이 구체적으로 어떤 내용을 가리키는지 잘 모르겠습니다. 그러니 이를 통해 문헌학이 형성되었다는 것이 구체적으로 어떤 내용을 가리키는지 역시 알 수가 없습니다. 다만, 언어가 갖는 표현적인 기능이 19세기로 들어와 대단히 중시되면서 매 상황에서 이루어지는 언어활동마다 다른 언어들로 환원할 수 없는 그 나름의 독자적인 표현 가치를 지니는 것으로 여기게 되었다는 것, 그리고 이렇게 된 데에는 언어란 게 제아무리 복잡하게 표현된다고 할지라도 결국에는 중심 대상이 되는 본질적인 사물을 재현해서 기호적으로 나타내는 것에 불과한 것 아니냐 하는 고전주의적인 생각을 벗어나 언어란 근본적으로 그 말을 하는 사람의 깊고 심오한 바람을 나타내는 데서 성립한다고 여기게 되었기 때문이라는 겁니다. 이것만큼은 이해하기에 그다지 어렵지 않은 것 같습니다. 아무튼 중요한 점은 이렇게 되면, 언어, 즉 낱말 하나하나가 그 나름의 특유한 표현적인 기능을 발휘한다고 여겨 언어 자체의 존재에 크게 관심을 두게 된다는 겁니다.

그리고 두 번째로 이제 언어란 게 살아 움직이는 인민들의 삶과 정신을 바탕으로 해서 변화해 나가는 것이고, 따라서 문명이란 그 문명을 일으키고 살아 움직이게 하면서 그 문명을 통해 스스로를 확인하고자 했던 전체 인민에 의한 것이기에 언어를 통해 문명을 파악할 수 있다고 여기게 되었다는 겁니다. 그래서 이제 19세기 사람들은 "문법의 내적인 법칙들을 정의하는 바로 그 순간에 언어와 인간들의 자유로운 운명 사이에 깊은 근친 관계를 설정하게 되고, 19세기 내내 문헌학은 심오한 정치적인 반향을 일으키게 되는 것"(303-304, 338)입니다.

이 두 번째 귀결은 너무나도 중요하다 하겠습니다. 예컨대 오늘날 우리 사회에서 순수한 우리말들은 거의 다 사라지고 그 대신 영어식 외래어가 범람한다는 사실은 오늘날 세계 전체가 영어 문명권에 흡수되었기도 하지만, 특히 우리 한국 사회의 문명이 어떤 정치·외교적인 영향을 받아 왜곡되고 있는가를 확연하게 알려 줍니다.

이제 이 정도로 해서 이 절을 마무리하고자 합니다. 다만, 푸코가 이 절의 마지막 대목에서 소쉬르에 관해 이야기하고 있어 이를 소개하고자 합니다.

> 새로운 문법은 직접적으로 통시적通時的, diacronique이다. 그렇지 않았다면 이 새로운 문법이 어떻게 되었을지 모른다. 새로운 문법의 실증성은 오로지 언어와 재현 간의 단절에 의해서만 설립될 수 있었기 때문이다. 체계 언어들의 내부적인 구성, 즉 체계 언어들이 기능할 수 있기 위해 인정하는 것과 배제하는 것은 낱말들의 형태에서만 파악될 수 있었다. 그러나 이 낱말들의 형태 자체는 그 나름의 법칙을 표명할 수 있었는데, 그것은 오로지 그 이전 형태의 상태들, 그 이전의 형태가 받아들이기 쉬운 변화들, 그리고 전혀 산출되지 않은 변양들 등과 지금의 형태를 비교함으로써만 가능한 일이다. 언어를 언어가 재현하는 것과 단절시킴으로써, 처음으로 언어가 확실하게 드러나도록 했다. 그리고 동시에 오로지 역사 내에서만 언어를 파악하는 데 진력할 수 있었다. [그런데] 만약 잘 알다시피, 소쉬르가 [고전주의 시대의] 일반 문법의 방식으로 기호를 두 관념 사이의 결합으로 정의하는 하나의 '기호론'une 《sémiologie》을 재구성할 각오로 언어가 재현에 대해 갖는 관계를 복원했다면 그가 문헌학의 이러한 통시적인 소명으로부터 벗어날 수 있었던 것은 오로지 이를 통해서다. (306-307, 341-342)

정확하게 파악할 수는 없지만, 푸코는 19세기 들어 새롭게 등장한 문법이 하나의 특정한 체계 언어에서 사용되는 낱말들이 어떻게 어간과 어근을 중심으로 그 형태를 변형시켜 왔는가를 통시적으로 비교 분석함으로써 심층적으로 성립하는 것으로 여긴 듯합니다. 그런데 소쉬르는 그의 『일반언어학 강의』에서 언어 연구에 있어서 통시적인 측면을 폄하하며 오로지 공시적共時的인synchronique 측면만을 강조해서 이른바 '공시적 언어학'을 제안하고, 이를 통해 그 유명한 파롤parole(발화)과 랑그langue(체계언어)의 구분이라든가, 기표signifiant와 기의signifié의 구분이라든가, 통합체syntagmes와 계열체paradigmes의 구분이라든가 하는 주요한 작업을 했습니다. "언어는 하나의 체계로서 이 체계의 모든 부분은 공시적인 유대 속에서 고찰될 수 있고, 또 그렇게 고찰되어야 한다"[46]라는 소쉬르의 언명은 이를 나타내는 대표적인 언명이죠.

그리고 보면, 푸코가 소쉬르에 대해 고전주의적인 방식으로 언어와 재현의 연결을 복원함으로써만 기호론을 구축할 수 있었다고 말하는 것은 소쉬르가 19세기 근대의 에피스테메라 할 수 있는 역사성을 무시하고서 전근대적인 방식으로 사유를 펼쳤다고 말하는 셈이 됩니다. 그렇다면, 그런 점에서 소쉬르가 대단하다는 걸까요, 아니면 시대착오적이라는 걸까요? 이에 관해서 푸코는 아직 정확한 진단을 하고 있지 않습니다. 하지만, 소쉬르의 기호학에 관한 푸코의 관점을 파악하는 데 일정한 실마리를 제공하고 있기에 이와 관련해서 좀 더 세심하게 고찰할 필요가 있을 것 같습니다. 제5절 '대상이 된 언어'를 통해 이에 관한 어느 정도의 실마리를 찾을 수 있지 않을까 생각합니다.

---

46   소쉬르, 『일반언어학 강의』(최승언 옮김, 민음사, 2006), 106쪽.

3강

19세기, 대상이 된 언어

이제 푸코는 제8장 '노동, 생명, 언어'를 마무리하면서 제5절 '대상이 된 언어le langage devenu objet'를 제시합니다.

1. 언어의 대상으로의 평준화

이를 위해 푸코는 우선 17-18세기 고전주의 시대에서의 언어와 19세기 근대가 시작될 때의 언어가 어떻게 다른가를 다음과 같이 비교해서 말합니다.

이제 언어에 대한 고전적 질서는 폐쇄된다. 이제 지식의 영역에서 고전적 질서의 언어는 지식의 영역에서 그 투명성과 그 주된 기능을 상실했다. 17세기와 18세기에 언어는 재현들에 대한 직접적이고 자발적인 전개였다. 재현들이 최초의 기호들을 부여받고, 그 공통된 특질들을 재단해서 재편하며, 동일성 또는 속성 부가의 관계들을 설립했

던 것은 우선 언어 안에서였다. 당시 언어는 하나의 인식이었고, 인식
은 당연히 하나의 담론이었다. 그러므로 당시 언어는 모든 인식에 관
련하여 근본적인 상황에 놓여 있었다. 언어를 거치지 않고서는 세계의
사물들을 인식할 수 없었다. 그것은 (르네상스 때처럼) 언어가 세계의 부
분을 형성하면서 존재론적인 착종을 형성했기 때문이 아니라, 언어가
세계에 대한 재현들에 있어서 질서를 이루는 제1의 밑그림이었기 때
문이다. 즉 언어가 재현을 재현하는 데에 최초의 불가피한 방식이었
기 때문이다. 모든 일반성이 형성되는 것도 언어 속에서였다. [말하자
면] 고전주의적인 인식은 근본적으로 명목론적이었다. 19세기부터 언
어는 자신을 성찰의 대상으로 삼으면서 그 고유한 두께를 확보하고,
그 자신에게만 속하는 나름의 역사와 법칙들과 객관성을 전개한다. 언
어는 다른 모든 인식 대상, 말하자면 생물체들이라든지, 부와 가치라
든지, 사건들과 인간들의 역사라든지 하는 것들과 마찬가지로, 하나의
인식 대상이 된다. [이제] 언어는 그 고유한 개념들을 길어 올리게 된다.
그러나 언어에 대한 분석들은 경험적인 인식들이 이루어지는 다른 모
든 것과 동일한 수준에 뿌리를 내리게 된다. [고전주의 시대의] **일반 문법**
이 **논리학**임과 동시에 논리학과 교차하는 것일 수 있도록 했던 [언어의]
그 탁월함은 꺾이고 말았다. 언어를 인식한다는 것은 이제 더는 인식
자체에 한층 더 가까이 다가가는 것이 아닌 것으로 된다. 이제 언어를
인식한다는 것은 지식 일반의 방법들을 하나의 특수한 객관 영역에 적
용하는 것에 불과하다. (308-309, 343-344)

상당히 길게 인용했습니다. 요약하면, 17-18세기 고전주의 시대에는
언어가 하나의 인식 작용으로서 심지어 모든 인식의 근본 토대로서 작동
한 것에 반해, 19세기 근대에서 언어는 하나의 인식 대상의 영역으로서
다른 인식 대상들과 마찬가지로 지식 영역에서의 그 위상이 평준화되었

다는 겁니다.

고전주의 시대에 모든 인식은 인식 주체의 의식에 재현되는 재현(표상)을 바탕으로 한 것이었고, 그 재현(표상)을 재현하는 데 일반적인 형식으로 쓰인 것이 바로 언어였습니다. 그런 점에서 도대체 언어를 벗어난 인식이란 근본적으로 불가능한 거였죠. 그래서 언어를 체계적으로 다룬 일반 문법은 그 자체로 하나의 논리학이자, 논리학과 교차되는 지위를 누렸습니다.

그런데 19세기 근대에 접어들면서 언어가 경험적인 인식 대상의 한 영역으로, 다른 경험적인 인식 대상의 영역들과 마찬가지로 그 위상이 전락하게 되었다는 것입니다. 그래서 이제 지식(인식) 일반의 방법을 형성하는 데 있어서 언어는 탁월한 지위를 누릴 수 없는 것으로 되고, 지식(인식) 일반의 방법과 분리되어, 지식(인식)의 근본적인 토대가 아니라 지식(인식) 일반의 방법들을 따로 고안해서 적용해야만 분석될 수 있는 한낱 특수한 인식 대상이 되고 말았다는 거죠. 푸코는 이러한 언어의 지위 변화를 '언어의 평준화ivellement du langage'라고 말합니다.

푸코의 이러한 설명에 따르면, 19세기부터 인식은 언어의 지배에서 벗어나게 되었고, 인식 자체가 언어보다 더 근본적인 지위를 확보하게 되었습니다. 이렇게 되면, 인식이 과연 어떻게 가능한 것인가를 언어와는 별개로 탐구하지 않을 수 없고, 심지어 언어 자체가 어떻게 가능한가를 근본에서부터 탐구하지 않을 수 없게 됩니다. 그뿐만 아니라, 언어의 형태로 드러난 담론이 그 바탕에 언어적이지 않은 모종의 근원적인 원천을 따로 두고 있는 것으로 되고, 그에 따라 언어적인 담론에서 그 근원적인 원천을 해독해 내고자 하는 노력을 하게 될 겁니다.

2. 언어의 대상으로의 평준화에 따른 보완

그런데 푸코는 언어가 이렇게 순전히 하나의 대상으로 평준화되긴 했지만, 세 가지 방식으로 그 보완적인 대가를 얻어 내게 된다고 말합니다. 그 핵심 대목들을 인용하면 다음과 같습니다.

> 언어를 순전한 대상의 지위로 가져가는바 언어의 평준화는 세 가지 방식으로 보완된다. 우선 담론으로 드러나고자 하는 과학적인scientifique 모든 인식에 언어가 필수적인 매개가 된다는 사실에 의해 보완된다. 언어 자체는 하나의 과학une science의 관점하에 배치된다거나 전개된다거나 분석된다고 해도 전혀 소용이 없다. 언어는 —인식하는 주체가 아는 것을 언명하는 것이 그 주체에게 주요 사안이 되자마자— 항상 인식하는 주체 쪽에서 다시 부상하기 때문이다. (309, 344)

> 언어의 평준화에 대한 두 번째 보완은 언어를 탐구함에서 미리 마련하고 있는 비판적 가치valeur ciritique를 통해 이루어진다. 언어는 두툼하고 일관된 역사적인 실재realité historique가 된다. 그럼으로써, 언어는 전통, 사유의 묵언적인 습관, 인민들의 암암리의 정신 등을 담아내는 장소가 된다. 말하자면 언어는, 자신이 기억이라는 사실마저 인식하지 못하는 일종의 숙명적인 기억une mémoire fatale을 축적한다. (310, 345)

> 언어의 평준화에 대한 마지막 보완은 그야말로 예기치 않은 것이지만 가장 중요한 것인데, 그것은 바로 문학littérature, 말 그대로의 문학littérature comme telle의 출현이다. 말 그대로의 문학이라 일컫는 것은 호메로스 또는 단테 이래로 서양에는 지금 우리가 '문학'이라 부르는 언어의 형태가 존립해 왔기 때문이다. 또한 그러나 그 고유한 양상으로

보아 '문학'이 될 수밖에 없는 특이한 하나의 언어가 고립됨으로써 '문학'이 성립하는데, 그러한 고립이 [현재의] 우리 문화에 있어서조차 최근에 이루어졌고, 그만큼 '문학'이라는 낱말은 최신의 것이기 때문이다. (312-313, 347)

  언뜻 보아도 알 수 있지만, 푸코가 제시하는 세 가지 보완 모두 그 내용이 이해하기에 결코 만만찮아 보입니다. 각각의 보완 내용을 요약해서 제목을 붙이자면, 1) 과학적·실증적 언어의 확립, 2) 언어 심층의 발견과 해석, 3) 문학으로서의 언어의 개발 등으로 제시될 수 있습니다. 이제 이것들을 차례대로 살펴봅시다.

1) 과학적·실증적 언어의 확립

  과학적인 연구를 해서 그 결과를 언어적인 담론으로 표현하고자 할 때, 적어도 그것이 언어적인 담론인 한에 있어서 연구자인 주체로부터 연원하는 각종 인간적인 문제들이 개입될 수밖에 없습니다. 이러한 점을 벗어나고자 19세기로부터 이루어지기 시작한 순전히 객관적이고 실증적인, 그럼으로써 과학적인 중립적 언어를 개발해야 한다는 요망이 생겨나기 시작했다는 것이 푸코의 설명입니다. 푸코는 이를 일컬어 '언어에 대한 실증주의적인 꿈'이라고 일컫습니다. 이에 관해 이렇게 말합니다.

  이에, 19세기에 지속해서 두 가지 배려가 이루어진다. 하나는 과학적인 언어를 중립화하여 세련되게 하려는 것이다. 각기 나름의 특이성을 벗어 버리고 우연이나 적절치 못한 것들을 과학적인 언어의 본질에 속하지 않는 것인 양 씻어 냄으로써, 언어가 그 자체 언술적verbal이지 않은 인식에 대한 정확한 반영, 세심한 분신double, 김이 서리지 않은 거울이었으면 하는 것이다. 이는 언어에 대한 실증주의적인 꿈rêve positiviste d'un langage이다. (309, 344)

　'인간 재현의 본성으로부터 완전히 순화된 과학적 언어'에 대한 요청이 있었고, 이를 실현하고자 했다는 이야기입니다. 푸코에 따르면, 이는 과학이 어떻게 하면 최대한 자연의 '복제'가 될 수 있도록 할 것인가 하는 소망에 따른 것입니다. 달리 말하면, 이는 인간의 재현(표상)에 따른 오염을 벗어나 있는 언어를 개발하지 않으면 자연을 그대로 옮겨 온 지식을 표현할 수 없다는 생각에서 비롯된 겁니다. 이는 오늘날 이른바 '인공언어artificial language'라는 개념으로 확립되었다고 할 수 있습니다. 그런데 푸코는 이러한 과학적 언어의 개발은 퀴비에에게서 출발했다고 말하고, 그것은 '그림tableau'(17-18세기에 대해서는 이 낱말을 '일람표'로 번역했습니다)으로서의 언어가 등장한 것이라고 말합니다.

　이제 언어는 그림tableau(일람표)이다. 일람표tableau(그림)라고는 하지만, 이제 언어는 자신에게 직접적인 분류자의 역할을 부여하는 복잡한 사태에서 벗어나 자신의 고유한 유순함에 의해 자연을 불러 올리고 결국에는 자연의 충실한 초상을 끌어모으기 위해 자연으로부터 모종의 거리를 유지한다는 의미에서 이제 언어는 그림(일람표)이다. (310, 344)

　푸코의 이 말을 듣는 순간, 갑자기 비트겐슈타인의 '언어 그림 이론picture theory of language'이 떠오릅니다. 비트겐슈타인은 그의 전기 사상을 담은 『논리-철학 논고』47에서 "1. 세계는 경우인 것들 전부이다." "2. 경우인 것, 즉 사실은 원자 사실들의 현존이다." "3. 사실들의 논리적 그림이 생각이다." "4. 생각은 의미 있는 문장이다. 4.001 문장들의 총체가 언어이

47　이영철 옮김, 책세상, 2006.

다"라고 말합니다. 비트겐슈타인이 말하는 이 넷 또는 다섯의 명제들을 결합해서 보면, "언어는 세계에 대한 논리적인 그림이다"로 압축되죠.

만약 이러한 비트겐슈타인의 입장을 지금 이 푸코의 말에 적용하게 되면 어떻게 될까요? 우선, 비트겐슈타인이 말하는 세계는 푸코가 말하는 자연에 해당할 겁니다. 그리고 언어가 자연으로부터 모종의 거리를 유지한다는 것은 언어 자체의 규정력이 아니라, 비트겐슈타인이 '논리적 그림'이라고 할 때, 그 '논리성'에 해당할 것입니다.

이제 언어는 자신의 구조에 의해 자연을 '임의대로' 분류하는 것이 아닙니다. 언어는 그저 유순하게 자연에 순종하면서 자연의 초상을 있는 그대로 충실하게 그려 내는 것입니다. 그래서 이제 'tableau'라는 불어는 분류를 바탕으로 한 '일람표'가 아니라, '그림'이라 번역해야 하는 겁니다. 그리고 퀴비에가 그런 그림으로서의 언어를 구상함으로써 재현으로부터 중립화된 과학적 언어를 개발하기 시작했다는 거죠.

그런데 언어의 중립화에 관련하여 푸코는 계속해 비트겐슈타인을 염두에 두지 않으면 안 되는 사안을 제시합니다. 그것은 불이 『논리에 대한 수학적 해석*The mathematical Analysis of Logic*』(1847)을 통해 제시한 형식논리학을 거론하고 있다는 겁니다.

> 문법, 어휘, 통사적 형식들 및 낱말들로부터 독립된 논리학을 구축하고자 하는 관심이 생겨난다. 이 논리학은 사유의 보편적인 함축들이 언어의 특이성에 의해 가려지지 않도록 해서 그 사유의 보편적인 함축을 완연히 드러나도록 하여 활용할 수 있도록 하는 그런 논리학이다. 언어들이 문헌학의 대상들이 되는 바로 그 시대에 불을 통해 기호논리학*une logique symbolique*이 탄생한 것은 필연적인 일이었다. (310, 344-345)

불은 오늘날 논리학이나 논리 철학에서 기본적으로 받아들이고 있는 기호논리학을 맨 처음 만들어 낸 인물입니다. 기호논리학은 논리학을 명제들로 된 함수로 여깁니다. 예컨대 이를 받아들인 비트겐슈타인은 『논리-철학 논고』에서 "5. 문장은 요소 문장들의 진리함수이다"라고 말하고, 이와 관련해서 이렇게 말합니다.

> 6. 진리함수의 일반 형식은 [-p, -q, N(-q)]이다. 이것은 문장의 일반 형식이다.
>
> 6.1 논리학의 문장들은 동어반복들이다.
>
> 6.11 그러므로 논리학의 문장들은 아무것도 말하지 않는다(그것들은 분석 문장들이다).
>
> 6.12 논리학의 문장들이 동어반복이라는 것, 이것은 언어의, 세계의 형식적-논리적-속성들을 보여 준다.
>
> 6.13 논리학은 교설이 아니라 세계가 반영된 상이다. 논리학은 초월적이다.
>
> 6.2 수학은 하나의 논리적 방법이다. 수학의 문장들은 등식이며, 따라서 가짜 문장이다.

비트겐슈타인의 이 언명들은 푸코가 말하는 '문법, 어휘, 통사적 형식들 및 낱말들로부터 독립된 논리학'이 의미하는 바를 정확하게 말해 줍니다. 결국에는 논리학의 문장들이 '동어반복'에 불과하고 '아무것도 말하지 않는다'는 것이야말로 논리학이 비언술적인non verbal 것임을 확연하게 드러내죠.

그런데 푸코는 비트겐슈타인에 관한 이야기는 전혀 하지 않은 채 다음과 같은 자기 입장을 드러내는 말을 합니다.

고고학적인 차원에서 보자면, 비언술적인non verbal 논리학의 가능성 조

건들과 역사적 문법grammaire historique의 가능성 조건은 동일하다. 그 실
증성의 토양은 동일하다. (310, 345)

'역사적 문법'이 무엇인가를 아직 정확하게 일러 주는 바가 없기에, 이
를 이해하는 것은 지금으로서는 불가능합니다. 그런데 이는 두 번째 보완
사항, 즉 '언어 심층의 발견과 해석'과 연결됨에 틀림없습니다.

2) 언어 심층의 발견과 해석

언어가 한낱 인식 대상으로 평준화됨으로써 그 지위가 하락했지만, 그
대신 세 가지 보완을 하게 된다고 했죠. 그 두 번째 보완이 바로 언어가
지닌 심층적인 차원이 발견되었다는 것과 그 해석의 영역이 개발되었다
는 겁니다. 이는 언어가 '역사적인 실재'임을 알게 되었다는 것, 그럼으로
써 일종의 '숙명적인 기억'으로 되었다는 거였습니다. 저 위 인용문(310,
345)에 이어 푸코는 이렇게 말합니다.

> 낱말들의 본령이 자신들에게 복종하는 것이라고 믿는 인간들, 그들은
> 자신들이 낱말들의 요구에 예속되어 있음을 알지 못한다. 그들은 자신
> 들의 사고를 자신들이 주재主宰하지 못하는 낱말들로 표현한다. 그들은
> 낱말들을 언술적인 형태 속에 쟁여 넣는데, 이 언술적인 형태들이 지
> 닌 역사적인 차원들은 그들을 벗어난다. 한 체계 언어의 문법적인 배
> 치들은 그 체계 언어에서 언명될 수 있는 것에 대한 선험l'a priori이다.
> 담론의 진실은 문헌학에 사로잡혀 있다. (310-311, 345)

언어를 사용하는 사람들은 그 언어에 예속되어 휘둘리는데, 그것은 언
어가 지닌 역사적인 심층의 위력 때문이라는 이야기입니다. 그 역사적인
심층은 체계 언어의 문법적인 배치 속에 축적·반영되어 오는 것이고, 거

기에는 이른바 인민들의 정신이 암암리에 아로새겨져 있다는 거죠. 그래서, 체계 언어의 문법적인 배치에 따라 담론이 이루어질 때, 그 담론은 그저 표층적으로 드러난 것만으로는 그 진실을 제대로 파악할 수 없는 것이 됩니다. 이를 푸코는 담론의 진실이 문헌학에 사로잡혀 있다고 말합니다. 여기에서 문헌학이 무엇인가를 어느 정도 짐작할 수 있는데, 그 정의를 미리 가져오면 이렇습니다.

> 담론의 심층profondeur du discours에서 언명되는 것을 분석하는 것인 문헌학은 비평critique의 근대적인 형태가 되었다. (311, 346)

담론의 심층은 곧 언어의 심층이라 달리 새길 수 있는 겁니다. 그리고 문헌학이 이 언어의 심층을 드러내어 비판하는 것임을 말하고 있습니다. 그리고 보면, 푸코가 말하는바, 19세기 근대로부터 언어 연구의 대명사 격인 문헌학은 그 뜻이 대단히 광범위하다는 것을 알 수 있습니다. 이는 바로 위 인용문 앞에 제시되고 있는 푸코의 다음과 같은 말에서 분명하게 파악할 수 있습니다.

> 그래서 19세기에 주석註釋, exégèse의 모든 기법이 확연하게 갱신된다. … 이제 중요한 것은 우리가 말하는 것을 불안정하게 하고, 우리의 관념들이 지닌 문법적인 주름들을 폭로하며, 우리의 낱말들을 생기 있게 하는 신화들을 제거하고, 모든 담론이 언명될 때 수반하는 침묵의 몫을 새롭게 웅웅대면서 들릴 수 있도록 하는 것이다. [마르크스의]『자본』 제1권은 '가치'에 대한 주석이다. 니체의 모든 작업은 그리스 말들mots에 대한 주석이다. 그리고 프로이트의 작업은 우리의 드러난 담론들, 우리의 환상들, 우리의 꿈들, 우리의 몸들 등 모두를 동시에 떠받치면서 움푹 패게 하는 그 모든 침묵의 어구들에 대한 주석이다. 담론의 심

층profondeur du discours에서 언명되는 것을 분석하는 것인 문헌학은 비평 critique의 근대적인 형태가 되었다. (311, 346)

그러니까 푸코에 따르면, 마르크스, 니체, 프로이트 세 사람 모두 일컫자면 문헌학자입니다. 푸코는 어디에선가 이 세 사람을 일컬어 현대 사상의 진정한 원저자라고 했습니다. 그리고 20세기의 모든 사상가는 이들을 원저자로 한 파생적인 저자들이라고 했습니다. 이 세 사람의 사상을 알지 못하고서는 20세기 현대 사상을 제대로 알 수 없다는 이야기겠죠.

어쨌든 중요한 것은 언어가 인식의 대상이 되긴 했지만, 그 자체 대단히 신비한 심층을 지닌 것으로 탐구되기 시작했기에 충분히 보상받아 오히려 격상되었다고 할 수 있을 정도라는 이야기입니다. 언어의 심층으로부터 늘 준비되어 있고 늘 암암리에 솟구쳐 오르고 있는 침묵의 지대, 이를 드러내어 발설하도록 하는 것이야말로 19세기 문헌학적인 주석 작업이라는 거죠. 그야말로 중요한 지적이 아닐 수 없습니다. 결국에는 이렇게 됩니다.

19세기에 해석interprétation은 세계(동시에 사물들과 텍스트들)로부터 세계 속에서 해독되지 않으면 안 되는 신성한 말Parole divine로 나아갔다. 우리의 해석, 어쨌든 19세기에 형성된 이 우리의 해석은 인간들, 신, 인식들 또는 몽상들 등으로부터 그것들을 가능케 하는 낱말들로 나아간다. 그런데 이 우리의 해석을 통해 발견하는 것은 태초의 담론이 지닌 지상권至上權이 아니다. 그것은 우리가 한마디의 말도 하기 전에 우리가 언어에 의해 이미 지배되고 또 두려움에 떤다는 사실이다. (311, 346)

이 정도쯤 되면 언어가 인식 대상이 되었다고 해서 결코 그 지위가 추락한 것은 아닙니다. 이제 언어는 우리 인간의 사유와 언어 행위는 물론이고 심지어 우리의 행동에 있어서조차 그 바탕에서 작동하고 있는 위력이기 때문입니다. 푸코는 특히 근대의 비평에서 이러한 위력이 전제된다는 것을 강조합니다. 다만, 이때 언어가 발휘하는 위력은 17-18세기 고전주의 시대처럼 일종의 초월론적인 방식으로 발휘되는 것이 아니라 어디까지나 경험적·실질적·역사적으로 발휘되는 겁니다. 그런 점에서 어쩌면 내재적 초월의 영역에서 비롯되는 인식 대상이라 할 것입니다.

그런데 푸코에 따르면, 이러한 19세기적인 방식의 해석은 근대의 사유에 있어서 형식화formalisation를 수반합니다. 대단히 묘한 이야기인데, 결국에는 '언어 이전의 언어'라고 지칭될 수밖에 없는 심층의 영역을 해석하되, 가능한 한 정돈된 형식들에 따라서 해야 한다고 생각하게 되었다는 겁니다. 이와 관련된 푸코의 이야기를 일단 들어 봅시다.

근대로 넘어서면서 언어가 구성된다고 할 때, 그 언어의 존재에 의해 서로 상관된 두 기법이 성립할 수 있는 공통된 토대가 형성된다. 이 두 기법이 실제로 어떠한가가 문제이다. 언어가 대상으로 평준화된 것을 비평에 있어서 언어[의 지위]를 고양함으로써 보완했다는 것은 언어가 모든 발화parole에 대한 순수한 인식 작용에 가까이 다가가면서 동시에 각각의 담론에서 인식되지 않는 것에 가까이 다가간다는 것을 함축했다. [이에] 언어를 인식의 형식들에 대해 투명하게 만들거나, 또는 언어를 무의식의 내용들에 매설하거나 해야 했다. 이는 19세기에 이루어진 이중적인 행보, 즉 사유의 형식주의를 향한 행보 ─러셀을 향한 행보─ 와 무의식의 발견을 향한 행보 ─프로이트를 향한 행보─ 를 설명해 준다. (312, 347)

여기에서 말하는 두 기법은 해석의 기법과 형식화의 기법을 지칭합니다. 그런데 형식화의 기법에 관해서는 결국 러셀을 들고 있는데, 그 구체적인 내용을 파악하기가 힘듭니다. 사유에 있어서 가장 순수한 것은 수학적 사유입니다. 수학적인 사유 역시 어쨌든 언어로 표현되지 않으면 안 되죠. 수학의 성립 가능성에 대해 수학이 순전히 형식 체계에 불과하느냐(형식주의), 아니면 뭔가를 직관하는 데서 출발하느냐(직관주의)에 대한 논란이 있습니다. 그 와중에 저 유명한 괴델의 불완전성 정리, 즉 수학이 증명 불가능한 명제를 지니지 않고서는 증명 체계일 수 없다는 정리에 이르기까지 무수히 많은 논란이 덧붙습니다.

완전한 수학 체계가 성립하려면 수학적 언어가 수학적 언어 이외의 출구를 바탕으로 해서는 안 됩니다. 이때 수학적 언어는 수학적 사유에 대해 그 형식에 있어서 완전히 투명한 언어라고 할 수 있죠. 그러한 수학적 언어가 가능하다고 하면 수학 체계의 가능성에 대해 형식주의적 태도를 보이는 셈입니다. 그런데 러셀은 그러한 형식주의를 취한 것이 아니라 논리주의를 취한 것으로 알려져 있습니다. 논리주의는 모든 수학적 명제들과 그 함수적 관계를 논리적 명제들과의 관계로 환원할 수 있음을 주장합니다. 이래저래 제대로 이해하기가 어렵습니다. 프로이트를 향한 행보는 그다지 어려운 것이 아닌 것 같습니다. 넘어가기로 하죠.

3) 문학으로서의 언어의 개발

언어의 인식 대상으로의 평준화를 보완하게 되는 마지막 사안으로 푸코는 문학의 출현을 듭니다. 이때 문학은 그의 말대로 흔히 호메로스로부터 내려오는 문학을 지칭합니다. 그러나 오늘날 우리가 흔히 문학이라고 지칭하는 인류 전체의 보고寶庫를 일컬어 이른바 '문학'이라고 제대로 지칭하게 된 것은 19세기부터라는 겁니다. 그렇다면 도대체 19세기에 언어에서 어떤 일이 벌어졌기에 이런 일이 가능하게 된 걸까요? 푸코는 이렇게 말합니다. 그냥 길게 인용해 보기로 하죠.

19세기 초, 그러니까 언어가 그 대상적인 두께를 지니고서 그 속으로 침잠하면서 하나의 지식에 의해 관통되고 있던 그 시대에, 언어는 다른 곳에서 독립된 형식하에서 재구성되었다. 그 독립된 형식은 접근하기 힘들고, 탄생조차 불가사의하며, 글쓰기 작용에 전적으로 의존한 것이었다. 문학은 (문헌학의 쌍둥이 같은 모습을 취하지만) 문헌학에 이의를 제기한다. 문학은 언어를 문법에서부터 말함의 벌거벗은 능력으로 데려간다. 거기에서 문학은 낱말들의 야생적이면서 거부할 수 없는 존재l'être sauvage et impérieux des mots를 만난다. 의식儀式 속에 얼어붙은 담론에 대항하는 낭만주의로부터 [그 자체] 무능한 낱말을 발견한 말라르메에 이르기까지, 19세기에 언어의 근대적인 존재 양식과 관련하여 문학이 어떤 기능을 발휘했는가가 잘 드러난다. 이 같은 본질적인 활동에 근거해서 보면, 나머지 일들은 결과에 불과하다. 문학은 점점 더 관념에 따른 담론과 구분되고, 근본적인 자기 완결성intransitivité radicale에 들어앉는다. 문학은 고전주의 시대에 선회했던 모든 가치(취미, 쾌락, 자연스러움, 진실함)와 결별하고서, 문학 자신의 고유한 공간 속에서, 유희적인 거부를 담보할 수 있는 모든 것(파렴치한 것, 추한 것, 불가능한 것)이 태어나게 한다. 문학은 재현의 질서에 적합한 형식들에 해당하는바 '장르'에 대한 모든 정의를 파기하고, ―다른 모든 담론에 대항하면서― 깎아지른 듯 날카로운 자신의 현존을 긍정하는 것만을 법칙으로 삼는 바로 그러한 언어를 순수하고 단순하게 증시하는 것으로 된다. 그래서 문학은 자신을 향한 영원회귀를 향해 움츠린다. 이때 문학의 담론은 자신의 고유한 형식을 발설하는 것을 유일한 내용으로 삼을 수 있을 뿐이라는 태세를 취한다. 문학은 글을 쓰는 주체성으로서 자신에게 말을 건다. 또는 문학은 자신을 태어나도록 하는 운동 속에서 모든 문학의 본질을 되잡고자 한다. 그래서 문학의 모든 흐름fil은 ―특이하고, 순간적이며, 하지만 절대적으로 보편적인― 가장 미세한 지점, 즉 글쓰기 행위 자체le simple acte d'écire로 수렴된다. 널리 유포된 발화인 언어는 인식의 대상이 되는 바로 그 순간, 그와 엄격하게 대립하는 양상으로 다시 등장한다. 하얀 종이 위에 낱말이 고요하게, 그리고 세심하게 배치된다. 거기에서 언어는 음성도 대화자도 지니지 않는다. 거기에서 언어는 자신 외에 말할 아무런 소재도 갖지 않고, 자신의 존재가 폭발하는 가운데 섬광을 발하는 것 외에 다른 아무 일도 하지 않는다. (313, 347-348)

19세기 후반을 치달으면서 인간 초월적인 언어의 독자적 존재를 파고 들어 열어 나감으로써 비로소 제대로 '문학'이라고 일컫는 게 탄생했음을 알립니다.

언어가 언어 자신을 붙들고서, 언어 자신의 존재를 선회하면서, 오로지 자신에게 말을 걸고, 그럼으로써 최대한 자신의 현존을 적극적으로 긍정하며, 자신 외에 그 어떤 다른 것들에 대해서도 시선을 보내지 아니하고, 따라서 오로지 글쓰기 행위 자체로 몰두하는 사태. 이야말로 19세기로부터 발원한 문학이 지닌 본질적인 모습이라고 말합니다. 이를 설명하기 위해 푸코가 과연 얼마나 멋진 문채文彩를 동원하나요? 이 대목에서 푸코 자신이 19세기적인 문학인으로서의 모습을 보여 주고자 한 것은 아닐까요?

만약 이러한 시를 만나고 이러한 소설을 만난다면, 거기에서 우리 인간의 존재를 찾는다는 것은 불가능할 겁니다. 객관화된 언어 자체의 세계, 그러니까 언어가 인식 대상이 되면서도 언어가 언어 자신을 스스로 인식하는 경지에서 이른바 정확한 의미를 지닌 근대의 문학이 탄생한다는 겁니다.

푸코가 말하는 '문학' 개념을 접하다 보니,
괜스레 본인이 쓴 시 한 편이 생각납니다.
여흥 삼아 제공하기로 합니다.
오늘 강의 마지막 선물입니다.

털이무성한시

털이무성한시를쓰기로작정한그날 · 고슴도치가시털을탐색하기위해 ·
인터넷파도타기를수십차례 · 아뿔싸인터넷그물이그렇게털을매끈하
게깎아버린액정화면백색피부를가진줄미처예감치못한것은절체절명
의실수였음을눈치채고말아 · 에잇아예털을짙게깊숙이핥아털의본성
을연구하지않고서는 · 민감한혀를간지럽히는가싶으면시큼한냄새가
혀뿌리를감돌아목구멍으로넘어가면서비릿하게변이하는순간을수백
만배확대하지않고서는 · 그속에서미세하게드러나는드러누우면서일
어서고일어서면서엎어지는털의무한탄력이거치는시간의내부를곧이
곧대로직설의시선으로확인하지않고서는 · 그런뒤일요일오후나른한
시간이무성한털로물결치는것을목격하지않고서는 · 열린창호틈사이
로털이수북하게비집고자라나는것을부드러운손길로쓰다듬어보지않
고서는 · 그런까닭인가마주보이는구청건물유리창에털복숭이곰한마
리가함부로쓰러져잠들어있는것을관찰하지않고서는 · 털들이마구뿌
리를내리고있는대지의표피가끝없이간지러운까닭을연구하지않고서
는 · 절곡이이루어지는곳이면어김없이털들이자라나암내를분비하게
되는메커니즘을알아내지않고서는 · 칠흑의밤검은공간이극단적으로
털들이빼곡이무성한나머지생겨난것이기에실제로는충분히백주대낮

일수도있음을눈치채지않고서는·죽음이무덤속가득시신의단백질을
먹고뚱뚱하게자란두툼한털들의먹이임을깨닫지않고서는·언어가구
부러지고비틀려자아내는주름마다시라는이름으로낱말들이파행으로
마찰의유희를일삼는적나라한광경을의식에담아내지않고서는·낱말
과낱말사이에서출렁이는액체의소리가신음하다못해비명으로들리는
지경에머물러보지않고서는·목청에딱들러붙어떨어지지않는한가닥
낱말의털의안타까움에끊임없이캑캑기침을하다급기야온몸이뒤집어
지고마는구토증에시달리지않고서는

인간의 탄생 1

이제 제9장 '인간과 그 분신들l'homme et ses doubles'입니다. 이 장은 제1절 '언어의 귀환le retour du langage', 제2절 '왕의 위치la place du Roi', 제3절 '유한성의 분석l'analyque de la finitude', 제4절 '경험적인 것과 초월론적인 것l'emprique et le transcendantal', 제5절 '코기토와 비사유le cogito et l'impensée', 제6절 '기원의 후퇴와 회귀le recul et retour de l'origine', 제7절 '담론과 인간 존재le discour et l'être de l'homme', 제8절 '인간학적인 잠le sommeil anthropologique' 등 8개의 절로 되어 있습니다.

이 8개의 절 중 오늘은 제1-3절을 다루고자 합니다. 이 세 절을 아우를 수 있는 제목으로 '인간의 탄생'을 잡아 보았습니다. 이 제목에 적절히 해당하는 대목은 제3절의 첫머리에서 찾을 수 있습니다.

자연사가 생물학이 될 때, 부의 분석이 경제학이 될 때, 특히 언어에 대한 반성이 문헌학이 될 때, 그와 아울러 존재와 재현이 공통된 장소를 발견했던 그 고전적 담론이 삭제될 바로 그때, 그러한 고고학적인 변환의 심오한 운동을 통해, 지식에 대해서는 대상이면서 동시에 인식하는 주체라고 하는 중의적重義的, ambiguë인 지위를 지닌 인간l'homme이 나타난다. (323, 358)

17-18세기 고전주의 시대에는 적어도 지식의 장에 있어서 '인간'이 없었고, 19세기가 되면서 학문에 근대적인 에피스테메가 대대적으로 작동하면서 비로소 '인간'이 등장했다는 겁니다. 참 묘한 주장입니다. 이를 과연 어떻게 이해해야 할까요? 이를 위해 우선 앞선 제1절과 제2절을 살펴야 합니다.

1. 언어의 귀환

19세기 근대가 열리면서 언어는 다른 여느 인식 대상들과 마찬가지로 하나의 인식 대상으로 평준화되었다고 했습니다. 그리고 그 평준화를 보완하기 위한 일종의 조처들로서, ① 과학적·실증적 언어의 확립, ② 언어 심층의 발견과 해석, ③ 문학으로서의 언어의 개발 등이 이루어졌다고 했습니다. 이로써 고전주의적인 사유의 질서가 어둠 속에 사라진다고 했습니다.

그런데 푸코의 설명에 따르면, 고전주의적인 사유의 질서는 최대한 기계론적인 합리성을 바탕으로 한 거였습니다. 그리고 중요한 점은 고전주의적인 사유의 질서가 구비하고 있는 모든 지성적인 개념에도 불구하고 오히려 그 개념들을 통해 "생명의 운동, 역사의 두께, 그리고 주재하기 어려운 자연의 무질서를 억압했다"(314, 349)는 사실입니다. 고전주의 시대에 억압되었던 이 주제들이 고전주의적 사유의 질서가 말소됨에 따라 나름의 위력을 띠고서 등장하게 된다는 것이 푸코의 생각입니다.

1) 고전주의의 재현과 존재의 일치

그동안 우리는 푸코에게 의존해서 고전주의 시대 사유의 틀이 재현이었다고 계속 읊조려 왔습니다. 하지만 그 내용의 진면목이 무엇인가에 대해서는 정확한 이해를 갖지 못했다고 해도 과언이 아닙니다. 이를 파악할 수 있는 이야기가 이 장의 제2절 끝부분에 나옵니다. 그것은 데카르트에 대한 푸코의 해석에 연결되어 있습니다.

> 본질적인 귀결은 다음과 같다. 고전주의적 언어는 재현과 사물들의 공통 담론discours commun이었고, 그 내부에서 [외부의] 자연과 인간적 자연이 교차하는 장소였다. 이 고전주의적 언어는 '인간 과학science de l'homme'이 될 수 있는 그 무엇을 절대적으로 배제했다. 서양 문화에서 고전주의적인 언어가 발휘되는 한, 인간 현존l'existence humaine을 그 자체로 탐문하는 것은 불가능했다. 고전주의적 언어를 통해 결합된 것은 바로 재현représentation과 존재l'être였기 때문이다. 17세기의 담론은, 그 담론을 떠맡은 사람[즉 데카르트와 같은 사람]에게서 '나는 생각한다'와 '나는 존재한다'가 결합했다. 이러한 담론은 명백하게 고전주의적 언어의 본질 자체였다. 왜냐하면 그 담론에 당당하게 결합해 있었던 것이 바로 재현과 존재였기 때문이다. '나는 생각한다'에서 '나는 존재한다'로 넘어가는 과정은 명증성의 빛을 받으면서, 재현되는 것과 존재하는 것을 분절하는 데서 그 모든 영역과 그 모든 기능이 발휘되는 담론의 내부에서 완료되었다. 따라서 사유에 존재 일반이 포함된 것은 아니라거나 '나는 존재한다'에 의해 지시되는바 특정한 존재가 그 자체로 탐문된 것도 아니고 분석된 것도 아니라고 하여 이 과정에 이의를 제기할 수는 없다. (322-323, 358)

"나는 생각한다. 그러므로 나는 존재한다"라는 그 유명한 데카르트의 언명이 푸코가 17-18세기 고전주의적인 사유 방식을 특징짓는 데에 핵심으로 작동한 겁니다. '나는 생각한다'는 모든 재현의 근본이자 토대입니다. 명증하게, 즉 명석판명하게 생각되기만 하면 그것은 곧 존재한다고 생각했던 데카르트의 담론에는 재현과 존재를 하나로 결합하는 기묘한 위력이 담겨 있었다는 겁니다. 그리고 그것이야말로 고전주의적인 언어의 본질이라는 거죠.

이럴 때 문제는 '생각하는 나' 그리고 '존재하는 나'가 과연 인간이 아닌가 하는 겁니다. 푸코는 인간이 아니라고 단언하고 있습니다. 푸코가 생각하는바 19세기 근대를 통해 등장하기 시작한 인간은 결코 그렇게 재현 또는 사유로 마름질된 인간이 전혀 아닙니다. 그야말로 구체적으로 살아 움직이는 인간입니다. 그는 이렇게 말합니다.

> 한편으로는, 인간은 노동, 생명 그리고 언어에 의해 지배된다. 인간의 구체적인 현존은 이것들에서 자신을 규정하는 힘들을 발견한다. 인간의 구체적인 현존은, 오로지 인간이 쓰는 낱말들과 인간이 지닌 유기체, 그리고 인간이 제조해 내는 대상들 —우선(아마도 오로지) 이것들이 진리를 담보하는 것 같다— 을 통해서만 접근할 수 있다. 인간이 생각하자마자, 그의 눈에 드러나는 것은 오로지 이미 있어 온 존재의 형태를 띤 자기 자신이다. [말하자면] 필시 깊이 숨겨져 있는 두께를 지니고 있고 환원 불가능한 선재성先在性, antériorité을 띤 상태에서 하나의 생명체이자, 하나의 생산 도구이며, 자신에 앞서 현존하는 낱말들을 실어 나르는 하나의 운반 장치로서의 자기 자신이 생각의 대상으로 눈앞에 나타나는 것이다. (324, 360)

이러한 의미의 인간은 17-18세기 고전주의적인 재현(사유)과 존재의 결합과 일치 속에서는 도대체 드러날 수도 없고 자리를 잡을 수 없었다는 것이 푸코의 주장입니다. 그런데 이러한 17-18세기 고전주의적인 사유의 질서가 무너지게 되었다는 겁니다.

2) 근대 언어의 다양한 존재 양식들

이럴 때 언어가 과연 어떤 변환을 겪는 것인가를 푸코는 이렇게 말합니다.

> 고전주의에서 근대성으로 넘어가는 역치^{閾值}(문지방seuil)를 결정적으로 넘어서게 되는 것은 낱말들이 재현들과 교직하기를 멈추고 사물들에 대한 인식을 자발적으로 구획 짓는 일을 멈출 때이다. 19세기 초에, 낱말들은 자신들의 오래된 수수께끼 같은 두께를 재발견했다. … 재현으로부터 분리되자, 그때부터 아직 언어는 우리에게서조차 산포된 양식un mode dispersé으로 현존한다. 문헌학자들에게 낱말들은 역사를 통해 구성되고 처리된 대상들이었다. 형식화하기를 원하는 자들에게 언어는 그 구체적인 내용을 벗어 버리고 그저 보편적으로 타당한, 담론의 형식들만을 드러내는 것이었다. … 결국 언어는 자기 자신을 지시할 뿐인 글쓰기 행위를 통해 스스로에 대해 솟아오르게 된다. (315, 350)

근대를 통해 등장한 인간과 마찬가지로 언어 역시 두툼한 두께를 지니고서 여러모로 산포된 방식으로 다양하게 흩어져 현존하는 것으로 드러나게 된다는 이야기입니다. 재현으로부터 분리된다는 것은 이렇게 한편으로 문헌학자에게는 역사성을 띤 언어로, 다른 한편으로 형식주의자들에게는 순전한 담론의 형식으로서의 언어로 나타나고, 급기야 문학에서는 언어 자체의 세계를 구축하는 언어로 나타나게 되었다는 것입니다. 이에 언어는 고전주의 시대와 같은 일반 문법에 따른 통일성이 유지될 수 없게 되고, 다양한 존재 양식들modes d'être multiples에 따라 드러나게 되었다는 겁니다.

그런데 이에 따라 근대에서 철학적인 반성이 한동안 언어와 유리된 채 이루어졌다는 것이 푸코의 설명입니다. 근대에서 철학적인 반성은 끊임 없이 생명 또는 노동의 측면에서 그 대상 영역이나 개념적인 모형들 또는 실재적이면서도 근본적인 그 토양을 모색했을 뿐, 언어에 대해서는 측면 적인 관심을 가졌을 뿐이라고 말합니다(316, 351 참조).

3) 니체와 말라르메

푸코에 따르면, 철학적 반성을 통해 언어에 대해 측면적인 관심을 기울 였다는 건 크게 두 가지 결과로 나타나게 됩니다. 하나는 낱말들을 물리 쳤던 침묵에 싸인 내용들로부터 낱말들을 자유롭게 하는 것이고, 다른 하 나는 언어를 유연하게 만들어 그 내부에서부터 유체流體 형태로 만들어 지 성적인 틀에서 벗어나게 함으로써 언어를 통해 생명의 운동과 생명 고유 의 지속을 가능케 한 겁니다.

이런 이야기를 한 뒤, 푸코는 언어가 수수께끼와 같은 다양성을 획득하 게 된 것은 철학자 니체Friedrich Nietzsche(1844-1900)의 문헌학적인 철학 덕분 이고, 모든 가능한 담론을 낱말의 연약한 두께 속에 가두어 넣음으로써 말 자체가 말하는 자로서 독자적인 그 자체의 세계를 구축하게 된 것은 시인 말라르메 덕분이라고 말합니다.

니체의 물음은 "누가 말하는가?"이다. 말라르메는 이 물음에 대답한다. 그리고 자신의 대답을 되잡기를 그치지 않는다. 말라르메는 말하는 자 란 자신의 고독에 처한, 자신의 연약한 진동을 일으키는, 자신의 무無 가운데 있는 낱말 자체라고 말한다. 낱말의 의미가 말하는 것이 아니 라, 수수께끼 같은 불안정한 낱말의 존재가 말한다고 말라르메는 말한 다. 니체는 말하는 자가 누구인가에 대한 물음을 끝까지 유지하면서,

그 물음을 자기 자신에게, 즉 말하고 묻는 주체에게 근거한 것으로 만들기 위해, 아예 그 물음의 내부로 자기 스스로 침입해 들어가기를 마다하지 않는다. 그런데 말라르메는 자기 자신의 언어에서 자기 자신을 삭제하고자 하는 일을 그치지 않는다. 그리하여 담론이 저 스스로 구성되는 곳인바 그 책le Livre이 벌이는 순수한 의식儀式에서 말라르메 자신이 집행자의 자격으로만 자신의 언어를 형상화하고자 하는 지점에 이르고자 한다. … 그렇다고 아무것도 말하지 않으면서 말하지 않는 것이라 할 수는 전혀 없는바 '문학'이라 불리는 이 언어는 도대체 무엇인가? 오늘날에도 이 모든 물음은 니체의 물음과 말라르메가 제시한 대답 사이에서 제기된다. 그러나 둘 사이의 거리는 여전히 전혀 메워지지 않고 있다. (316-317, 351-352)

하이데거Martin Heidegger(1889-1976)는 "말이 말한다Die Sprache spricht"라고 말한 적이 있습니다. 지금 푸코가 설명하는 바에 따르면, 하이데거의 이 언명은 말라르메를 정확하게 이어받고 있습니다. 다만, 하이데거는 이때의 '말'을 '존재의 부름Seinsruf'과 동일한 차원으로 놓으면서, 반드시 그렇다고는 할 수 없지만, 푸코가 설명하고 있는 르네상스 때까지의 '신적인 말'의 분위기를 풍깁니다. 그에 반해 말라르메는 그러한 신성한 영역을 제거하고 있죠. 말라르메가 "낱말의 의미가 말하는 것이 아니고, 심지어 언어가 그 자신의 무 가운데서 스스로를 드러내는 것"이라고 한 점에서 이를 알 수 있습니다. 그러니까 말라르메가 염두에 두고 있다고 하는 '그 책'은 어디까지나 세계 내에서 세계의 끝에 머무는 존재라 할 수 있을 겁니다.

니체가 "누가 말하는가?"라는 물음을 끝끝내 붙들고 있었다는 것은 그런 물음을 던지는 자가 과연 누구인가를 묻는 셈입니다. 니체는 자기 자신을 물음 속에 집어넣어 물음이 물음을 던지도록 하는 지경에 이른 셈이죠. 굳이 부조리하게 말한다면, "누가 말하는가?"라는 물음 자체가 "누가 말하는가?"를 묻는 지경에 이른 셈입니다.

니체가 물음에 물음을 거듭하는 물음의 자율적인 체계 속에 들어 있다면, 말라르메는 말이 말한다고 하는 말의 자율적인 체계 속에 들어 있는 셈입니다. 푸코의 시선에 걸려든 말라르메는 '문학'의 경지를 열어젖힌 인물이었습니다. 아무것도 말하지 않으면서 그렇다고 아무런 말도 하지 않는 것이 아닌 이 기묘한 말라르메적인 언어, 즉 문학인 언어는 그야말로 기묘하다 하지 않을 수 없습니다. 말라르메의 〈이지튀르Igitur〉라는 기묘한 극시劇詩가 있습니다. 'igitur'는 라틴어로 '그러므로'라는 뜻입니다. 그런데 이 시에서 활동의 주체는 바로 이 '그러므로'라는 낱말입니다. 첫 구절만 소개하면 이렇습니다.

자정이 울린다. ― 주사위들이 던져져야 할 자정. 이지튀르가 계단을 내려온다. 인간 정신에서 사물들의 바닥으로 간다.

Minuit sonne ― le Minuit où doivent être jetés les dés. Igitur descend les escaliers, de l'esprit humain, va au fond des choses.

존재론적인 촉감이 탁월하게 주어지는 시라고만 해 두고, 해설은 생략하도록 하겠습니다. 각자가 시적 직관력과 감수성을 살려 해석해 보기 바랍니다. 이 정도로 전혀 새로운 경지를 열어젖힌 19세기로부터 오늘날에 이르는 언어의 위력은 과연 근본적으로 어디에서 연원할까요? 그 외 19세기 언어에 관한 여러 질문을 한 뒤, 푸코는 이에 대해 대답할 자신이 없다고 하면서 이렇게 말합니다.

이 물음들에 대해 실은 내가 대답할 수도 없고 그 대안 중에서 어느 것을 선택하는 것이 적절한지도 나는 모른다. 내가 과연 앞으로 대답할 수 있게 될지조차, 또는 그 근거들을 규정하게 될 날이 도래할지조차

나는 가늠할 수 없다. 하지만 지금 나는 다른 모든 사람과 마찬가지로 내가 왜 그런 물음들을 제기할 수 있는지, 그리고 왜 그런 물음들을 제기하지 않을 수 없는지는 안다. 이 점에 대해 나는 칸트나 헤겔보다 퀴비에와 보프 그리고 리카도로부터 더욱 선명하게 배웠다. 이러한 나의 고백을 듣고서 놀라는 자들은 그저 무식할 따름이다. (318, 353)

여기에서 '물음'은 저 앞에서 말한, "아무것도 말하지 않으면서 말하지 않는 것이라 할 수는 전혀 없는바 '문학'이라 불리는 이 언어는 도대체 무엇인가?"라는 물음입니다. 푸코의 고고학적인 입장에 따르면, 19세기 근대의 언어를 탄생시킨 건 재현을 통한 담론의 소멸이라고 하는 이른바 고고학적인 사건을 바탕으로 한 것이었습니다. 그렇다고 해서 왜 언어가 하필이면 그러한 사건을 따라 니체적인, 나아가 말라르메적인 방식으로 저 자신을 변환시킬 수밖에 없었는가는 도무지 알 수가 없다는 겁니다. 이 언어의 대변환은 곧 저 기묘한 '문학'이라는 언어가 생겨난 변환입니다.

칸트나 헤겔을 통해서는 19세기의 이 기묘한 '문학'인 언어가 무엇인가라는 물음을 가질 수 없다는 건 이해하겠습니다. 하지만, 퀴비에와 보프 그리고 리카도 덕분에 이 물음을 던질 수 있게 되었다는 건 쉽게 이해하기 어렵습니다. 퀴비에는 생물학에서 겉으로 드러나는 생물의 특성이 심층의 조직 구조에 따른 것임을 보였고, 보프는 문헌학에서 언어를 언어이게끔 하는 것이 구체적인 상황에서의 행동임을 보였으며, 리카도는 정치경제학에서 생산 현장에서의 노동에서 가치가 발생한다고 했습니다. 그런데 이러한 세 인물을 통해 '문학'이라는 언어가 무엇인가 하는 물음을 던지는 법을 배웠다는 건 무슨 맥락에서일까요? 그들에게서 사태의 심층을 파고들어 그 근본 조직적인 원리를 찾아내는 학문적 시선을 발견했다는 것이고, 그래서 니체와 말라르메에게서 언어의 심층을 파고들어 '아무것도 말하지 않으면서 말하지 않는 것이라 도무지 말할 수 없는 문학이라는 언어'를 발견할 수 있었으며, 하지만 그 언어가 과연 무엇인가? 하는 물음을 던질 수 있을 뿐, 그에 대한 대답을 알 수는 없다는 것이라 짐작됩니다. 그건 지식 내지는 담론의 영역들을 넘나들면서 그 공통의 역사적인 선험, 즉 에피스테메를 찾아내는 푸코의 지식에 대한 고고학적인 작업이 갖는 위력을 고려해서입니다.

2. 왕의 위치

언어에 관련된 물음들에 대해 우회적으로나마 그 대답을 찾아보려는 듯 자세를 취하면서, 푸코는 '인간의 탄생'이라는 새로운 문제에 접근해 갑니다. 이를 위해 푸코는 제1장에서 다루었던 벨라스케스의 그림 〈시녀들Las Meninas〉(1656)을 다시 검토합니다.

푸코는 우리가 살펴보느라 사유의 땀을 흘리고 있는 이 『말과 사물』의 첫 장에서 이 그림을 그야말로 천재적으로 분석함으로써 책의 서두에서부터 신비감을 자아냈습니다. 그는 이 그림을 '재현에 대한 재현'을 극적으로 표현한 것이라 했죠. 저 앞에서 푸코는 이렇게 말했습니다.

> 벨라스케스의 이 그림에는 고전적 재현에 대한 재현이라 할 수 있는 바 고전적 재현이 열고 있는 공간에 대한 정의가 들어 있다고 할 것이다. 고전적 재현의 공간은 그 모든 요소와 그 모든 이미지를 통해, 재현 스스로 자신에게 제공하는 시선들, 재현 자체를 가시적이게끔 하는 얼굴들, 재현 자체를 태어나게 하는 동작들 등을 저 자신에게서 재현하고자 한다. 그러나 거기, 재현이 전체를 끌어들여 펼쳐 놓는 그 확산cette dispersion 속에, 본질적인 공童이 있어서 모든 곳으로부터 어쩔 수 없이 지목되고 있다. 말하자면 재현의 기초 역할을 하는 게 필연적

으로 사라진다는 점, 즉 재현 공간이 닮고자 하는 자이자 재현이 유사 resmblance에 불과하다고 여기는 자가 필연적으로 사라진다는 점이 어쩔 수 없이 지목되고 있다. ─동일자인─ 그 주체 자체가 생략된 것이다. 결국에 가서 재현을 얽어매고 있는 이 관계로부터 자유로운 재현만이 순수 재현pure représentation으로서 주어질 수 있는 것이다. (31, 40. 밑

다시 이 그림을 언급하는 상황에 비추어 볼 때, 첫 장의 이 인용문에서 가장 중요한 대목은 밑줄 친 부분입니다. 여기에서 말하는 '본질적인 공'은 바로 그림에서 저 멀리 희미한 거울을 통해 겨우 반사되고 있을 뿐인 모델 역할을 하는 왕입니다. 이와 직접 관련된 내용을 이제 이 제9장 제2절에서 이렇게 제시합니다.

> **여전히 이 결핍**ce manque**은, 애써 그림을 해체하는 담론에 대해서가 아니라면 하나의 공백**une lacune**이 아니겠는가. 재현되고 있는 화가의 조심스러움, 그림이 그려 내고 있는 인물들이 보내는 존경, 우리가 보기에 뒷모습만 드러내고 있는 큰 화판**(이 그림은 우리에게만 현존하는 것이며 저 시간의 바닥에서부터 우리에 대해서 배치되어 있다)**의 현전 등이 입증해 보이는 바, 그 결핍은 실재로서 거기에 있기를 결단코 멈추지 않기 때문이다.**
> (319, 354)

그림에 재현되어 나타나지 않으면서, 그림에 재현되고 있는 내용 일체를 그 자신에게로 수렴시키는 그 무엇. 이를 일컬어 푸코는 '결핍' 내지는 '공백'이라고 말하고 있습니다. 그건 다름이 아니라 재현 체계에 구멍을 뚫어 내고 있는 무엇인가가 있다는 겁니다. 그렇다면 벨라스케스가 이 그림을 통해 재현에 대한 재현을 수행했다고 할 때, 그것은 곧 벨라스케스가 재현 너머의 세계를 이미 마련하고 있었다는 이야기가 됩니다. 그러고 보면, 제1장의 저 인용문에서 말한 '순수 재현'이란 '재현되지 않으면서 재현되고 있는 것'이라 풀 수밖에 없습니다. 그런데 푸코는 '재현으로부터 자유로운 재현'이라고 말함으로써, 벨라스케스가 고전주의 시대의 재현 체계가 실효성을 완전히 상실하고서 근대로 넘어오게 되는 그 길목을 미리 마련하고 있었던 것처럼 말하고 있습니다.

아무튼 벨라스케스의 이 그림에서 왕과 왕비의 존재는 기기묘묘한 위치, 즉 결핍 내지는 공백을 차지하고 있습니다. 이를 어떻게 해석할 것인가가 문제죠. 이와 관련해서 푸코는 곧이어 다음과 같은 묘한 말을 합니다.

> 고전주의적 사고에서, 그에 대해서 재현이 현존하는 자, 재현 속에서 이미지 내지는 반영으로 인식됨으로써 스스로가 재현 속에서 재현되는 자, 즉 '그림에서의 재현'에서 교차하고 있는 모든 선을 연결하는 자, 그자는 그림에서 그 자신을 전혀 현전해 보이지 않는다. 18세기 말 이전에 **인간**l'homme은 현존하지 않았다. 인간은 생명의 위력, 노동의 다산성, 또는 언어의 역사적인 두께 이상의 것이 아니다. 인간이란 지식의 제작자가 길어도 200년 전에 그의 손으로 만든 그야말로 최근의 창조물이다. … 18세기 말 이전에 자연과학들이 인간을 종 내지는 유로 취급한 것은 분명하다. 18세기에 인종 문제에 대한 논란이 있었다는 사실이 이를 입증한다. 다른 한편으로 일반 문법과 경제학이 욕구와 욕망 또는 기억과 상상력 같은 개념들을 사용했다. 그러나 있는 그대로의 인간l'homme comme tel에 대한 인식론적인 의식은 없었다. 고전주의적인 **에피스테메**는, 그 어떤 방식으로도 인간에게 고유하고 특수한 영역을 따로 고립시킨 적이 없는 노선들에 따라 분절된다. (319-320, 354-355)

이 인용문에 대해 묘하다고 한 것은 18세기 말 이전에 이른바 '인간'이 존재하지 않았다고 말할 수 있는 이유를, 마치 벨라스케스의 그림 〈시녀들〉에서 실재를 지닌 모델이 그림 바깥에 있다는 것을 알려 주면서도 그 모델이 결코 그림 속에 재현의 형태로 현전하지 않는 것으로 보아 알 수 있다는 식의 뉘앙스를 풍기기 때문입니다. 말하자면, 〈시녀들〉은 18세기 말 이전의 재현 체계가 얼마나 강고하고 빈틈이 없는가를 보여 주는 것인데, 한편으로 재현의 체계 바깥에 그 실재를 지닌 모델을 두지 않고서는 재현의 체계가 성립할 수 없다는 것을 보여 주고 있다는 것, 그런데 재현의 체계 바깥에 있는 모델을 끌어내어 지식의 영역에 제대로 보여 주었을 때 비로소 인간에 대한 과학 내지는 지식이 성립하고 아울러 인간이 탄생하게 되었다는 것입니다. 한 단계 더 들어가 되치기하듯 사유의 직관적인 논리를 자유자재로 구사하는 푸코의 사유 방식을 여실히 보게 됩니다.

이는 제3절 '유한성의 분석'에서 제시하고 있는, 저 앞에서 미리 인용한 바 있는 다음과 같은 대목에서 선연하게 나타납니다.

> **자연사가 생물학이 될 때, 부의 분석이 경제학이 될 때, 특히 언어에 대한 반성이 문헌학이 될 때, 그와 아울러 존재와 재현이 공통된 장소를 발견했던 그 고전적 담론이 삭제될 바로 그때, 그러한 고고학적인 변환의 심오한 운동을 통해, 지식에 대해서는 대상이면서 동시에 인식하는 주체라고 하는 중의적重義的, ambiguë인 지위를 지닌 인간l'homme이 나타난다. 말하자면, 〈시녀들〉에서 미리 할당되었지만 오랫동안 그 실재의 현전이 배제되어 왔던 곳, 즉 왕의 자리 바로 거기에서, 순종하면서도 지고한, 바라보이면서도 관객인 존재로서 인간이 솟아오른 것이다. (323, 358)**

이 인용문에서 말하는 '순종하면서도 지고한, 바라보이면서도 관객인 존재'를 이해하기 위해서는 그림 〈시녀들〉을 다시 생각해 보아야 합니다. 왕이기에 지고하지만, 그림의 모델이기에 화가에 순종하지 않으면 안 됩니다. 그런데 그 왕의 위치에 바로 이 그림을 보고 있는 관객인 우리가 서 있습니다. 왕이 있는 실재의 자리와 관객이 있는 실재의 자리가 동일한 겁니다. 그래서 관객은 화가에 의해 바라보이는 위치에 있습니다. 그런데 재현의 체계인 그림에는 보이지 않는 실재의 바로 그 자리에서 인간이 탄생했다는 것입니다. 고고학적인 에피스테메 이론에 비추어 볼 때, 심층의 구조가 드러남으로써 비로소 인간이 탄생했다는 이야기인 셈이죠.

중요한 점은 푸코가 18세기 말에 탄생하기 시작했다는 인간에 대해 '생명의 위력, 노동의 다산성, 또는 언어의 역사적인 두께'라고 정의한다는 사실입니다. 재현 체계 속에 들어앉고 말면, 이러한 의미의 인간이 성립할 수 없다는 것은 데카르트가 말한 "나는 생각한다. 그러므로 나는 존재한다"라는 말을 보아서도 상당 정도 가늠할 수 있는 일입니다. 17-18세기 고전주의 시대에 인간을 다루지 않은 것은 아니지만, 어디까지나 생물학적으로 보아 추상적이고 일반적인 종적 또는 유적인 인간을 다루었을 뿐 '있는 그대로의 인간'을 다루지 않았다는 것은 대단히 중요합니다.

'있는 그대로의 인간'이란 생명의 위력을 지니고서 노동을 통해 엄청난 가치들을 생산해 내며 특히 언어의 역사적인 두께를 축적·전달하는 존재입니다. 이러한 존재는 그 어떤 다른 존재자들에게서도 찾을 수 없습니다. 그런 점에서 이 존재는 이중적입니다. 한편으로는 고전주의 시대처럼 재현 체계를 포섭하는 근원이 아니라는 점에서는 유한하고, 다른 한편으로는 생명과 노동 및 언어를 자신 속에 안팎으로 관철되도록 하고 있다는 점에서 유일무이한 탁월한 존재이기 때문이죠.

이와 관련해서 푸코는 자연nature과 인간적 자연nature humaine의 관계를 분석해서 그 내용이 어떤가를 제시하고 있습니다. 푸코에 따르면, 고전주의 시대에, 자연은 실재적이고 무질서한 병치라고 하는 활동을 통해 미세한 차이différence를 드러내는 데 반해, 인간적 자연은 이미지의 전개라고 하는 활동을 통해 재현의 무질서한 연쇄에서 동일한 것l'identique을 드러내기 때문에, 이 둘은 서로 대립합니다. 그러면서도 이 둘은 다른 쪽 없이는 홀로 성립할 수 없는 거였습니다. 그러고는 결국 이렇게 말합니다.

고전주의적 사유에 있어서, 인간은 영역에 있어서 한정된 특수한 '자연'(이 '자연'은 다른 모든 존재에 대해서와 마찬가지로 인간에게도 그 생득적인 권리로서 할당되어 마땅한 것이다)을 매개로 해서 자연 속에 거주하지 않는다. 인간적 자연이 자연과 얽힌다면, 그것은 지식의 메커니즘들이 발휘하는 기능들에 의해서다. 또는 차라리 고전주의적 **에피스테메**의 거대한 배치 속에서, 자연과 인간적 자연 그리고 그 둘의 관계는 기능적(함수적)이어서 한정되어 있으며 예측이 가능한 요소들이라고 해야 할 것이다. 그렇기에 원초적이면서 두께를 지니고 있고 다루기 힘든 대상이면서 동시에 가능한 모든 인식의 지고한 주체인 인간은 그 어디에도 자리를 잡을 수 없었던 것이다. (321, 356)

인간을 자연 속에 속한 것으로 볼지라도, 그저 지식의 메커니즘에 의해 기능적(함수적)인 존재로만 보았기 때문에, 이른바 '생명의 위력이자 노동의 다산성을 발휘하면서 언어의 역사적인 두께를 짊어진' 그런 인간은 고전주의 시대에 나타날 수 없었다는 겁니다. 결국에는 19세기 근대에 들어섬으로써 생물학과 경제학 그리고 문헌학 등의 법칙들을 통해 비로소 살아 있는 개체로서의 인간, 말하고 노동하는 인간이 등장할 수 있었다는 거죠.

자연과 관련해서 이렇게 새롭게 탄생한 인간이 어떤 위치를 갖는가에 대해 푸코는 이렇게 간접적으로 말합니다.

저 고전주의 시대에는, 자연을 인식하고 따라서 자기 자신을 자연적인 존재로서 인식하는 것을 본성으로 하는 그 기이한 지위를 지닌 존재가 세계의 한계선에서 설립된다는 것은 불가능했다.

그 반면에, 재현과 존재가 만나는 그 지점에, 자연과 인간적 자연이 교차하는 그 자리에, 오늘날 우리가 인간이라고 하는 원초적이고 부인

할 수 없으며 수수께끼 같은 현존을 인식한다고 믿는 그 자리에, 고전주의적인 사유가 끌어올렸던 건 바로 담론의 위력pouvoir du discours, 즉 인간이 재현하는 언어의 위력이었다. — 이 언어는 사물들을 명명하고 재단하며 결합하기도 하고 떼어 놓기도 함으로써 사물들을 투명한 낱말들을 통해 볼 수 있도록 하는 그런 언어다. 이러한 역할을 통해, 이 언어는 계속 이어지는 지각들을 일람표로 변형시키고 존재들의 연속체를 특성들로 잘라 낸다. (321-322, 357. 밑줄은 인용자)

밑줄 친 대목이 19세기 근대에 들어서면서 등장한 인간을 지시합니다. 이 인간은 재현 전체를 가능케 하는 바탕으로서 원초적인 존재이지, 재현 체계 속에 편입되는 그런 존재가 아닙니다. 말하자면 이 인간은 존재가 재현으로 바뀌는 그 핵심 지점에 놓인 것이고, 그래서 재현에서 존재로 나아갈 수 있는 근원적인 출구에 해당합니다. 이 인간은 존재 영역과 재현 영역으로 드나드는 일종의 회전문인 셈이죠. 이러한 인간이야말로 수수께끼 같은 현존을 지닌 자가 아닐 수 없습니다.

그런데 고전주의적 사유에 있어서 이 인간의 위치를 대신 차지하고 있었던 것은 투명한 낱말들을 통해 사물들을 특성화해서 일람표 속에 배치시키는 언어, 즉 담론이라고 말하고 있습니다. 이 담론으로서의 언어야말로 재현과 사물들을 하나의 체계 속에 집어넣은 거푸집이었던 거죠. 결국에는 담론에서부터 인간으로의 전환이 바로 17-18세기 고전주의적 에피스테메에서 19세기 근대적 에피스테메로의 대전환의 본질인 셈입니다. 그래서 저 앞에서 인용한 것처럼 이렇게 이야기되죠.

본질적인 귀결은 다음과 같다. 고전주의적 언어는 재현과 사물들의 공통 담론discours commun이었고, 그 내부에서 [외부의] 자연과 인간적 자연이 교차하는 장소였다. 이 고전주의적 언어는 '인간 과학science de l'homme'이 될 수 있는 그 무엇을 절대적으로 배제했다. 서양 문화에서 고전주의적인 언어가 발휘되는 한, 인간 현존l'existence humaine을 그 자체로 탐문하는 것은 불가능했다. 고전주의적 언어를 통해 결합된 것은 바로 재현représentation과 존재l'être였기 때문이다. 17세기의 담론은, 그 담론을 떠맡은 사람[즉 데카르트와 같은 사람]에게서 '나는 생각한다'와 '나는 존재한다'가 결합했다. 이러한 담론은 명백하게 고전주의적 언어의 본질 자체였다. 왜냐하면 그 담론에 당당하게 결합해 있었던 것이 바로 재현과 존재였기 때문이다. '나는 생각한다'에서 '나는 존재한다'로 넘어가는 과정은 명증성의 빛을 받으면서, 재현되는 것과 존재하는 것을 분절하는 데서 그 모든 영역과 그 모든 기능이 발휘되는 담론의 내부에서 완료되었다. 따라서 사유에 존재 일반이 포함된 것은 아니라거나 '나는 존재한다'에 의해 지시되는바 특정한 존재가 그 자체로 탐문된 것도 아니고 분석된 것도 아니라고 하여 이 과정에 이의를 제기할 수는 없다. (322-323, 358)

결국에는 데카르트가 고전주의적 사유를 구축하는 데 핵심 바탕이자 모델이었던 셈입니다. 생각한다는 데서 존재한다는 데로 한 점의 의혹도 없이 그대로 넘어가는 데카르트적 사유가 재현에 따른 담론을 바탕으로 하는 고전주의적 사유의 기초로 작동한 거죠.

푸코에게서 담론discours은 과학science과 구분됩니다. 담론이 인간이 수행하는 재현 내부에서 성립한다면, 과학은 인간이 행하는 재현 활동을 넘어선 영역으로 발을 뻗침으로써 성립하죠. 데카르트가 자기 자신이 지닌 재현 내용 일체를 헤집고 들어가 분석함으로써 재현과 존재를 한통속으로 엮어 낸 것은 결코 과학이 아닌 겁니다. 따라서 거기에서 인간에 대한 과학이 나올 수는 없습니다. 푸코가 말하는 '인간 과학'에서 인간은 재현을 넘어선 존재 영역에 속한 유한자로서의 지위와 동시에 재현 전체에 대한 지고한 인식 주체로서의 지위를 동시에 지닌 겁니다.

3. 유한성의 분석

푸코는 19세기에 접어들면서 인간이 탄생했다고 하면서 그 인간에 대해 벨라스케스의 그림 〈시녀들〉에 기기묘묘하게 숨겨져 있으면서 현전하고 있는 왕의 위치에서 탄생한다고 말했습니다. 그리고 그 위치를 '공le vide' 또는 '결핍le manque' 또는 '공백la lacune'이라고 말했죠. 그런데 이제 이렇게 말합니다.

> 벨라스케스의 그림 전체가 이 텅 빈 공간espace vacant을 향해 수렴한다. 그러나 마치 가택 침입에 의한 것인 양 한 개의 거울이라는 우연에 의해 그렇게 되고 있다. 모든 인물(모델, 화가, 왕, 관객), 서로 교체되기도 하고 배제하기도 하며 서로 얽혀 있으면서 눈부시게 드러나는 그 모든 인물이 이 텅 빈 공간을 맞이하여 암암리에 추고 있던 춤을 갑자기 멈추고서 완전한 한 인물로 고정되고, 결국에는 모든 재현의 공간에 살로 된 한 시선un regard de chair과 관계하기를 요구했다.

이 새로운 현전의 동기, 이 새로운 현전에 고유한 양상, 이 고유한 현전을 정당화하는 **에피스테메**의 특이한 배열, 이 새로운 현전을 통해 낱말들과 사물들과 그 질서들 사이에 확립되는 새로운 관계 등, 이 모든 것이 이제 빛을 받을 수 있게 된다. 퀴비에와 그의 동시대인들은 생명이 그 자체로 정의되기를 요구했다. 그 존재의 깊이에서부터 생명체가 가능할 수 있는 조건들을 정의하고자 했다. 마찬가지로 리카도는 노동에 대해 교환과 이윤 및 생산이 가능할 수 있는 조건들을 요구했다. 최초의 문헌학자들 역시 체계 언어들의 역사적인 깊이 속에서 담론과 문법의 가능성을 탐색했다. 바로 그 사실에 의해 재현은 생물체들에 대해, 욕구들과 낱말들에 대해 그 기원의 장소이자 그 진리의 시원적인 본거지로서 가치를 발휘하던 일을 멈추고 말았다. (323-324, 358-359)

벨라스케스의 그림 〈시녀들〉에서 19세기 인간의 탄생을 향한 실마리를 찾아내는 푸코의 시선은 한편으로는 다소 우화적이긴 하지만, 날카롭다고 하지 않을 수 없습니다. 퀴비에와 리카도 그리고 보프에서 시작해서 니체나 프로이트와 같은 문헌학자들에 의해 발견된 것이, 바로 〈시녀들〉에 포진되어 있었지만, 고전주의 시대를 거치면서 오랫동안 무시되어 온 그 '텅 빈 공간'이었다는 식의 이야기입니다. 이 '텅 빈 공간'은 '살로 된 시선'인바, 19세기를 연 학자들이 이 '텅 빈 공간'의 현전을 정확하게 인식함으로써 재현들 일체가 엮어 내는 군무群舞를 일시에 멈추게 되고, 그럼으로써 낱말들과 사물들 그리고 그것들이 엮어 내는 질서에 있어서 전혀 새로운 일들이 벌어지게 되었다는 겁니다. 그 핵심은 재현이 기원과 진리의 지위로부터 내려앉고 말았다는 것입니다. 푸코의 고고학적인 사유는 벨라스케스의 〈시녀들〉에 이래저래 빚지고 있는 셈입니다. 거꾸로 말할 수도 있습니다. 벨리스케스의 〈시녀들〉은 푸코의 고고학적 사유를 통해 한껏 빛을 발하고 있습니다.

인간의 탄생 2

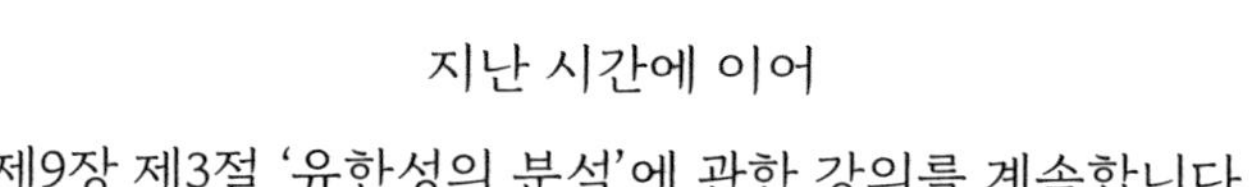

지난 시간에 이어
제9장 제3절 '유한성의 분석'에 관한 강의를 계속합니다.

벨라스케스의 그림 〈시녀들〉에서 19세기 인간의 탄생을 향한 실마리를 묘하게 찾아내는 푸코의 시선을 보았습니다. 그 실마리는 고전주의 시대까지 무시되어 온 '텅 빈 공간' 내지는 '살로 된 시선'이었죠. 이를 통해 재현들 일체가 엮어 내는 군무群舞를 일시에 멈추게 되고, 그럼으로써 낱말들과 사물들 그리고 그것들이 엮어 내는 질서에 있어서 전혀 새로운 일들이 벌어지게 되었다는 것이었습니다. 그 핵심은 재현이 기원과 진리의 지위로부터 내려앉고 말았다는 겁니다.

그렇다고 해서 재현 자체가 아예 없어지는 건 전혀 아닙니다. 다만 그 지위와 역할이 부차적인 것으로 변할 뿐이죠. 재현 대신에 전격적으로 지식의 전면에 등장한 것이 바로 존재들, 즉 생물체들, 교환 대상들, 그리고 낱말들입니다. 푸코는 이렇게 말합니다.

[이제] 재현에서 존재들은 더 이상 동일성을 드러내지 않는다. 그 대신 존재들이 인간 존재l'être humain에 대해 확립한 외적인 관계를 드러낸다. 이 인간 존재는 그 나름의 존재를 갖추고 있고, 자신에게 재현을 부여할 수 있는 능력을 갖추고 있다. 한편 생물체들과 교환 대상들 그리고 낱말들 등은 이제까지 그들의 자연적인 지형地形, site으로 여겨졌던 재현을 포기하고 사물들의 심층으로 물러나면서 생명, 생산 그리고 언어 등의 법칙들에 따라 그들 나름의 영역을 확보하게 된다. 그런데 인간 존재가 바로 이러한 존재들에 의해 일구어진 한 공동空洞, un creux에서부터 솟아오른다. 이 존재들은 원환을 형성하는데, 인간은 그 존재들의 원환에 의해 둘러싸임으로써 그 존재들 속에서 그 존재들에 의해 고안 —더 심하게 말하면, 요청— 된다. (324, 359)

19세기 근대적 지식이 재현이라는 외피를 벗어 버린 존재들을 그 자체로 지식의 대상으로 삼게 되었다는 것은 재현이라는 일관되고 포괄적인 원리 대신에 생명, 생산 그리고 언어라고 하는 새로운 원리를 발견했기 때문입니다. 그 원천에 있어서 마지막의 언어는 재현과 깊이 연루되어 있지 않겠나 싶지만, 생명과 생산은 그 원리상 결코 재현적일 수가 없습니다. 재현을 통한 생명 활동과 생산 활동이란 근본적으로 성립할 수가 없기 때문입니다. 관념을 재료로 삼아 실제로 쓸 수 있는 신발을 만드는 것은 불가능합니다. 그와 마찬가지로, 언어 역시 근본적으로 재현적일 수 없다는 사실을 발견한 것이 이른바 언어의 대상으로의 평준화였습니다.

그런데 본래부터 원리상 재현을 벗어나 있는 생명, 생산 그리고 언어를 바탕으로 해서 생물체들, 교환 대상들 그리고 낱말들이 이른바 존재론적인 원환을 이루면서 그 빈틈으로부터 인간 존재가 솟아오르기를 압박한다는 겁니다. 선뜻 이해하기에 쉽지는 않은 이야기입니다. 푸코에 따르면, 그 이유는 인간이 말하는 데다, 동물들과 견주어 볼 때 장구한 세월에 걸친 진화의 극점에 있는 것으로 여겨지고, 결국에는 모든 생산의 원리이자 수단으로서 필수적이라고 여겨지기 때문입니다. 그렇다고 이렇게 해서 탄생한 인간 존재를 여느 존재들과 다른 초월적인 존재로만 볼 수 있을까요? 그렇지는 않다는 것이 푸코의 설명입니다.

그러나 이러한 강압적인 요구는 중의적이다. 한편으로는, 인간은 노동, 생명 그리고 언어에 의해 지배된다. 인간의 구체적인 현존은 이것들에서 자신을 규정하는 힘들을 발견한다. 인간의 구체적인 현존은, 오로지 인간이 쓰는 낱말들과 인간이 지닌 유기체, 그리고 인간이 제조해 내는 대상들 ─우선(아마도 오로지) 이것들이 진리를 담보하는 것 같다─ 을 통해서만 접근할 수 있다. 인간이 생각하자마자, 그의 눈에 드러나는 것은 오로지 이미 있어 온 존재의 형태를 띤 자기 자신이다. [말하자면] 필시 깊이 숨겨져 있는 두께를 지니고 있고 환원 불가능한 선재성^{先在性}, antériorité을 띤 상태에서 하나의 생명체이자, 하나의 생산 도구이며, 자신에 앞서 현존하는 낱말들을 실어 나르는 하나의 운반 장치로서의 자기 자신이 생각의 대상으로 눈앞에 나타나는 것이다. 이 모든 내용은 자신의 지식을 통해 외부로부터 자신에게 드러난 것이고, 자신보다 더 오래된 것으로 자신에게 드러난 것들이다. 이 모든 내용은 인간이 이 모든 내용으로부터 불쑥 튀어나온 것임을 미리 알리고, 그러면서 인간을 역사 속에서 지워질 수밖에 없는 하나의 자연적인 대상 내지는 하나의 풍경에 불과한 것인 양 여기면서 인간을 관통해 버린다. [말하자면] 지식의 실증성 속에서 인간의 유한성la finitude de l'homme이 ─강압적인 방식으로─ 알려진다. (324, 360)

그다지 어려운 이야기는 아닙니다. 다만, 유의할 것은 여기에서 말하는 인간의 유한성이 무슨 신적인 무한성에 대비되어 제시되는 개념이 아니라는 점입니다. 이미 존재해 온 역사에 비견한 인간의 유한성입니다. 어쩌면 상식적이라 할 정도의 유한성이죠. 인간이란 그저 하나의 생명체에 불과하며, 따라서 태어나고 죽고 하기 마련입니다. 또한 인간이란 자신보다 앞서 있는 생산 체계를 위한 도구임에 틀림없고, 따라서 생산 체계를 벗어나서는 현존할 수 없죠. 그뿐만 아니라, 인간이 말한다고는 하지만, 그 낱말들을 자신이 만들어 낸 것은 아니며, 미리부터 있던 것들을 활용할 뿐입니다. 여기에서 특히 유념해야 할 것은, 이때 인간이란 결코 인류 전체를 일컫는 종 내지는 유類에 따른 보편자로서의 인간에 중점을 두고서 논의되는 것이 아니라, 어디까지나 개별적인 인간에 중점을 두고서 논의되는 것이라는 사실입니다.

이러한 인간의 유한성을 철저하게 염두에 둘 때, 실증적인 지식이 성립합니다. 설사 지금 당장 살아가는 모든 인간의 현존을 포괄적으로 대상으로 삼아 그에 관한 지식을 일구어 낸다고 할지라도, 이러한 인간의 유한성은 필연적입니다. 그러므로 실증적인 지식의 위력이 강조될 것이고, 이에 뇌 해부학, 생산 비용의 메커니즘, 인도 유럽어의 굴절 체계 등에 관한 연구가 발달하게 되는 겁니다.

하지만, 인간에 대한 포괄적인 지식을 추구하는 지식인들은 과연 이러한 인간의 유한성에 머물기만 할까요? 그렇지는 않을 겁니다. 왜냐하면, 이렇게 자기 자신의 유한성을 정확하게 파악한다고 할 때, 그러한 유한성을 파악하는 인간 존재의 정체에 대해 의문을 가지지 않을 수 없기 때문입니다. 그래서 푸코는 이런 질문을 던집니다.

사람들은 인간의 유한성이 현행성의 체계에 근거해, 그 스스로 거부한 바로 그 무한함을 허용한다고 생각하지 않을까? 종의 진화는 아마도 완성되지 않았을 것이다. 생산과 노동의 형식들은 수정되기를 그치지 않고 있고, 언젠가 인간이 자신의 노동에서 소외의 원칙이나 자신의 욕구에서 항구적으로 회상되는 한계를 발견하지 않게 될 날이 올 수도 있다. 그리고 역사적인 언어들의 오래된 불투명성을 해소할 수 있을 정도로 충분히 순수한 상징 체계들을 발견하지 못하리라는 법도 없다. 그 실증성에서 알려진 인간의 유한성은 무한정자l'indéfini라는 역설적인 형식을 반영하고 있다. (325, 360)

푸코의 사유는 계속해서 생명, 생산, 언어를 선회합니다. 인간의 유한성에 관해서도 그러하고, 이를 넘어서는 인간의 무한성에 관해서도 그렇죠. 굳이 따지자면, 아닌 게 아니라 인간 존재가 굳이 과거부터 미리 있어 온 형식들에 의해서 완전히 닫혀 버린 그런 존재로만 한정되어 있으라는 법은 없습니다. 얼마든지 미래를 향해 열려 있는 것이 인간 존재라고 한다고 해서 그 누구도 그 주장을 함부로 부정할 수는 없습니다. 그리고 그렇게 미래를 향해 열려 있음이라고 하는 건 굳이 역사적인 선재성에 따른 인간의 유한성과 비교해 볼 때 인간의 무한성을 지목한다고 할 수 있습니다. 그런 점에서 19세기에 탄생한 인간이란 중의적이라는 것입니다.

그런데 푸코는 인간의 유한성에 은근히 역설적으로 끼어들어 온 인간의 무한성에 대한 사념이란 근본적으로 유한성에 입각한 것에 불과하다는 것을 강조합니다. 그런 가운데, 푸코가 지적해 내는 중요한 대목이 있습니다. 그것은 인간의 유한성은 실증적인 지식을 통한 것이지만, 그와 동시에 실증적인 지식을 이루는 경험적인 실증성 자체가 이러한 인간의 유한성에 의해 유한성을 띤다는 겁니다. 푸코의 말을 들어 보죠.

생명의 존재 양식은, 그러니까 그 형식들을 나에게 미리 새기지 않고서는 생명이 현존할 수 없다고 하는 그 사실 자체는 근본적으로 나의 몸에 의해 나에게 주어진다. 생산의 존재 양식은, 생산이 나의 현존을 규정하는 그 무게는 나의 욕망을 통해 나에게 주어진다. 그리고 언어의 존재 양식은, 사람들이 낱말들을 발음하는 순간 아마도 그보다 더욱 인지 불가능한 바로 그때, 낱말들이 빛을 발하게 만드는 역사의 모든 흔적이 말하는 나의 사유를 이루는 미세한 연쇄를 뒤따르는 한에서만 나에게 주어진다. 모든 경험적인 실증성의 바탕에는, 그리고 인간의 현존에 근거해 그 구체적인 한계들이 지적될 수 있는 것의 바탕에는, 하나의 유한성이 있다. ―어떤 측면에서 보면, 이 유한성은 인간의 유한성과 동일하다― 이 유한성은 몸의 공간성, 욕망의 크게 벌린 입, 그리고 언어의 시간 등에 의해 표시된다. 그러나 이 유한성은 [다른 측면에서 보자면] 근본적으로 다른 유한성이다. 이 유한성에서 한계는 외부로부터 인간에게 주어진 규정들로 증시되지 않는다(그것은 인간이 하나의 본성 또는 하나의 역사를 갖기 때문이다). 이 유한성은 근본적인 유한성으로서, 인간 고유의 사실에만 의거하며 모든 구체적인 한계를 지닌 실증성에서만 열리는 유한성이다. (325-326, 361)

19세기에 실증성의 영역이 확립됨과 더불어 유한성이 설립된다는 것인데, 인간의 실증성과 그에 따른 유한성의 설립뿐만 아니라, 이러한 인간의 실증성에 근거해서 경험 일반의 실증성과 유한성이 함께 설립된다는 겁니다. 이렇게 되면, 인간의 실증성과 유한성이 경험 일반의 실증성과 유한성의 기초가 되죠. 여기에서 인간이 경험의 기초가 된다는 사실은 인간의 실증성과 유한성에 대해 특별한 의미를 갖게 합니다. 인간의 유한성을 정확하게 분석하지 않고서는 경험 일반에 대한 지식을 제대로 구축한다는 것이 불가능하게 되는 거죠. 이러한 유한성에 대한 분석과 관련해서 푸코는 다음과 같은 중요한 이야기를 합니다.

경험의 이쪽 끝에서 저쪽 끝까지 유한성은 스스로 자신에게 응답한다. **동일자***le Même*의 형상形狀, figure에서, 유한성은 실증성과 그 기초 사이에서 이루어지는 동일성과 차이이다. 이러한 분석이 첫 포성을 울리자마자, 어떻게 근대의 반성이 동일자에 대한 모종의 사유 —여기에서 **차이***la Différence*는 **동일성***l'Identité*과 같다— 를 향하면서, 고전주의적인 지식이 정돈해 놓은바 거대한 일람표를 통해 이루어지는 재현의 전개를 비틀어 놓는가는 다들 알고 있다. 유한성에 대한 이 모든 분석 —근대적 사유의 운명과 아주 밀접하게 연결되어 있다— 이 전개되는 것은 기초적인 것*le fondamentale* 안에서 실증적인 것*le positive*이 반복됨으로써 열리는 미세하면서도 거대한 바로 이 공간에서이다. 말하자면, 초월론적인 것*le transcendental*이 경험적인 것*l'empirique*을 반복하고, 코기토가 비사유적인 것*l'impencé*을 반복하며, 기원의 회귀가 후퇴를 반복하는 등을 계속해서 목격하게 되는 것은 바로 그 공간에서이다. 다시 말하자면, 고전주의적인 철학으로 환원될 수 없는 동일자의 사유가 그 자체에 근거해 자신을 확정하게 되는 것은 바로 그 공간에서이다. (326, 362)

인간이 역사성의 두께를 지닌 생명, 생산, 언어의 지배를 벗어날 수 없는 존재라면, 그 인간이 경험하는 내용들이나 그 내용들을 바탕으로 삼아 엮어 낸 지식 역시 그러한 역사성의 두께를 벗어날 수 없는 것으로 됩니다. 그래서 역사성의 두께에 의해 인간에게 부과된 실증적인 유한성은 그 외의 인간이 경험하는 생명체나 노동 또는 언어들 등에 관해 경험적인 것이 지니는 실증적 유한성에 기초 역할을 한다고 했습니다. 여기에서 푸코는 인간의 실증적 유한성을 '기초적인 것' 또는 '초월론적인 것'이라 지칭하고 있고, 그 외의 실증적 유한성을 갖는 것을 '실증적인 것' 또는 '경험적인 것'이라 지칭하고 있습니다.

다만, 여기에서 푸코가 말하는 '기초적인 것' 또는 '초월론적인 것'은 칸트가 말하는 순수 선험*das reine Apriori*으로서의 '초월론적인 것'이 아님을 유념해야 합니다. 칸트가 말하는 초월론적인 것은 순전히 선험적인 것으로서 경험 일반을 가능케 하는 것인데, 여기에서 푸코가 말하는 '초월론적인 것'은 어디까지나 역사성의 두께에 의해 미리 그 규정들이 부과된 인간의 실증적 유한성이기 때문이죠. 이는 오히려 메를로퐁티가 말한 '실질적 선험성a priori matériel', 즉 경험을 통해 획득된 것이 이후의 경험을 규정하는 역할을 할 때 성립하는 '초월론적인 것'과 통합니다.

문제는 이 두 실증적 유한성 사이의 관계입니다. 일단 푸코는 이 실증적 유한성의 두 영역을 통해 그 사이에서 열리는 미세하면서도 거대한 공간에 역점을 두고 있습니다. 이 공간에서 근대적 사유의 운명을 가름하는 '동일자의 사유la pensée du Même'가 탄생한다는 것이 이해하기에 상당히 어렵습니다. 더군다나 그 사유의 장에서는 차이와 동일성이 같은 것으로 나타난다고 말하니 이해하기에 더욱 어렵습니다.

이를 이해하기 위한 실마리로 주어진 것이 '반복la répétition'입니다. 그런데 이 말도 쉽게 이해되는 게 아닙니다. 초월론적인 것이 경험적인 것을 반복하고, 코기토가 비사유적인 것을 반복하며, 기원의 회귀가 기원의 후퇴를 반복한다고 하니, 그 실내용을 제대로 이해하기가 쉽지 않은 것입니다. 초월론적인 것에 경험적인 것이 이미 나타나고, 코기토에 비사유적인 것이 이미 나타나며, 기원의 회귀에 기원의 후퇴가 이미 나타난다고 말하는 것으로 일단 이해해 보죠.

그렇다면, 17-18세기까지 예사로 근본적으로 구분하고자 한 것이 뒤섞이는 셈입니다. 그러고 보면, 차이와 동일성이 같아진다는 것이 어느 정도 이해가 됩니다. 초월론적인 것에 경험적인 것이 반복해서 나타난다고 하는데, 칸트의 관점에서 보면 그 반대입니다. 경험적인 것에 초월론적인 것이 반복해서 나타나는 거죠. 이는 본질이 현존하는 것에 반복해 나타나듯이, 예컨대 플라톤의 경우 책상의 이데아는 책상의 본질로서 개별의 모든 책상 하나하나에 분여分與됨으로써 반복합니다. 칸트 이후 초월론적인 것과 경험적인 것 사이의 관계가 그러합니다.

그런데 초월적인 것에 경험적인 것이 반복해서 나타난다고 말함으로써, 두 영역의 차이가 결코 근본적인 게 아니며, 그래서 두 영역이 한편으로 동일성의 관계를 맺게 되며, 결국에는 차이와 동일성이 같은 것으로 귀결된다는 겁니다. 참으로 기묘한 푸코의 분석이고 해석입니다.

그러고 보면, 푸코가 19세기 근대의 사유를 '동일자의 사유'라고 했을 때, 그 동일자는 결코 고대 그리스의 파르메니데스가 말한 일자 또는 플라톤이 말한 선의 이데아로서의 일자, 또는 신플라톤주의를 연 플로티노스가 말한 일자 등과는 아무런 상관이 없습니다. 오히려 이것들과 철저하게 대립하는 것이라 해야 할 겁니다. 19세기 '동일자의 사유'는 순환을 바탕으로 한 것이기 때문이죠. 다음의 푸코 이야기를 들어 봅시다.

[17-18세기의 사유에 있어서] 무한자에 대한 부정적인 관계는, … 인간의 경험성에 대해, 그리고 그 경험성에 대해 인간이 파악할 수 있는 인식에 대해 앞선 것으로서 주어졌다. 이에 몸과 욕망과 낱말의 현존은 물론이고 이것들을 절대적인 인식을 통해 관장한다는 것이 불가능하다는 사실을 아무런 상호 참조나 순환도 없이 단번에 결정지었다. 19세기 초에 형성된 경험은 무한자에 대한 사유 내부에서 유한성을 발견한 것이 아니라, 유한한 지식에 의해 유한한 현존의 구체적인 형식들로 주어진 그 내용들의 중심 자체에서 유한성을 발견했다. 이에 끝없이 이어지는 이중 참조^{référence redoublée}의 놀이가 생겨난다. 인간의 지식이 유한하다면, 그것은 인간이 가능적인 자유와는 무관하게 언어와 노동 및 생명이라고 하는 실증적인 내용들 내에서 파악되기 때문이다. 그 반대로 생명과 노동 그리고 언어가 그 실증성 속에서 주어진다면, 그것은 인식이 유한한 형식들을 지니고 있기 때문이다. (327, 363)

요컨대 19세기로부터 열리는 근대의 사유가 획기적인 것은 무한자에 대한 형이상학적인 사유를 아예 제거해 버렸다는 데 있다는 겁니다. 그리고 그럴 수 있었던 것은 경험을 재현 체계로부터 분리했기 때문이라는 게 푸코의 주장입니다. 재현 체계 내에서는 논리적이고 개념적인 방식으로 이루어지긴 하지만 무한자에 대한 재현이 얼마든지 가능합니다. 따라서 경험적인 것을 재현 체계 내부에서 파악하게 되면, 항상 유한한 것으로서 무한한 것과 대립하면서 소극적이고 부정적인 지위를 지닐 수밖에 없습니다.

그런데 경험적인 것을 재현 체계로부터 독립시킴으로써 이른바 생명과 노동 그리고 언어의 실증성의 영역이 확보된 것이고, 그때 경험적·실증적인 것은 그 자체로 유한한 것일 수밖에 없는데, 이때 유한성은 무한한 것에 빗댄 유한성이 아니라, 그것이 스스로 갖춘 역사적인 두께와 관련해서 성립하는 유한성입니다. 이에 유한성은 그 자체로 상호 참조적인 이중화의 순환, 즉 둘 모두 유한한 것이긴 하나 기초적인 것과 실증적인 것, 초월론적인 것과 경험적인 것, 코기토와 비사유적인 것 등 간의 이중적인 상호 참조가 불가피해지는 겁니다.

이에 설사 형이상학을 추구한다고 할지라도 무한성을 염두에 둔 형이상학이 아니라, 유한성에 대한 분석에 입각한 형이상학, 즉 생명의 형이상학, 노동의 형이상학, 언어의 형이상학 등이 가능하게 된다는 것이 푸코의 설명입니다. 그리고 그 결과 19세기의 근대적 사유에서는 형이상학을 다음과 같이 비난하게 된다고 말합니다.

> 생명 철학은 형이상학을 착각의 베일이라고 비난하고, 노동 철학은 형이상학을 소외된 사유 및 이데올로기라고 비난하며, 언어 철학은 형이상학을 문화적인 일화에 불과하다고 비난한다. (328, 364)

어떻게 해서 형이상학의 시대가 끝나고 말았는가는 오늘날 우리 자신의 존재를 살피는 데 있어서 대단히 중요합니다. 푸코는 형이상학의 시대가 종언을 고한 것은 바로 인간의 탄생이라고 하는 대단히 복합적인 사건 때문이라고 말합니다(328, 364 참조). 그 사건이 대단히 복합적인 만큼 결코 갑자기 하늘에서 뚝 떨어지듯 이루어진 것이 아님은 물론입니다.

그런 복합적인 여러 실증적인 작업이 이루어지는 가운데 가장 중요한 점은 역시 유한성이 끝없이 저 자신을 참조하게 된 데에 근대 문화의 토대가 마련되기 시작했다는 사실이라는 게 푸코의 결론입니다. 그렇다면, 결국 푸코가 19세기 근대가 시작되면서 탄생했다고 하는 인간은 무한성 또는 무한성에 대한 재현을 삭제한 가운데 오로지 유한성을 토대이자 실증성의 근거로 정확하게 받아들이는 인간인 겁니다.

> 근대의 인간 —이 인간은 신체적이고 노동하며 말하는 그의 현존에서 지시될 수 있는 인간이다— 은 유한성의 형상을 띤 자로서만 가능하다. 근대 문화가 인간을 생각할 수 있는 것은 유한한 것을 유한한 것 자체에 근거해서 생각하기 때문이다. (329, 365)

이 인용문을 통해 푸코가 19세기 근대에 접어들면서 인간이 탄생했다고 한 것의 의미가 어떤 것인가를 정확하게 알 수 있습니다. 푸코의 '지식의 고고학'이 지닌 위력을 가늠할 수 있는 중요한 대목입니다. 하지만 어디까지나 지식의 차원에서 이러한 근대적 인간이 구축되었다는 것이어서, 실제의 현실과 지식이 어느 정도로 일치 또는 불일치하는가에 대한 문제는 여전히 남아 있습니다.

예컨대 근대를 통해 확립되는바 총괄적인 성격을 띠면서 자기 조정의 능력을 발휘하기 시작하는 시장이라거나 시장을 통해 성격상 무한한 자기 확대 재생산의 과정을 거치는 자본의 경우, 분명 이러한 유한성을 바탕으로 한 근대적인 인간의 노력을 통해 생겨나는데도 그 자체 보편화 과정을 통해 무한성을 향해 있다는 점을 어떻게 해석할 것인가 하는 문제가 여실합니다. 그뿐만 아니라, 자본에 입각한 시장과 길항 관계를 맺는 국가의 문제 역시 유한성에 입각한 인간을 바탕으로 할지라도 그 내부에 절대적인 무한성을 향한 파시즘적인 성격을 언제든지 발휘할 수 있다는 사실 또한 무시할 수 없습니다.

이런 점에 있어서 푸코의 '지식의 고고학'이 갖는 한계를 일정하게 염두에 두게 됩니다. 그런데도 우리는 그의 '지식의 고고학'이 갖는 혁신적인 성격, 즉 예사로 받아들이게 되는 통념을 파기하는 점을 높이 평가할 수밖에 없습니다. 이는 이 제9장 제3절의 마지막 대목에서 확인하게 됩니다.

> 르네상스의 '인문주의humanisme', 고전주의 시대의 '합리주의rationalisme'는 세계의 질서 속에서 인간들에게 특권적인 지위를 충분히 부여할 수 있었다. [하지만] 그것들이 인간을 생각할 수는 없었다. (329, 365)

우리는 인문주의가 고대 그리스에서 힘을 발휘하다가 기독교에 의해 약화된 후 르네상스에서 재활함으로써 신 중심의 사유 체계에서 인간 중심의 사유 체계로 넘어오기 시작했다는 사실을 예사로 여깁니다. 그리고 17-18세기 합리주의와 이에 입각한 계몽주의를 통해 인간의 자율성을 최대한 구축한 것으로 생각하죠. 그런데 푸코는 그 시기에 아직 정확하게 '인간'을 생각할 수 없었다는 점을 강조하고 있습니다. 그 핵심은 그 시기에 유한한 것을 유한한 것 자체에 빗대어 생각하는 에피스테메가 아직 성립하지 않았고, 그 결과 여전히 무한한 것에 빗대어 인간의 유한성을 염두에 둘 수밖에 없었으며, 그렇게 무한성을 염두에 두는 한 진정한 의미의 근대적 인간, 즉 유한성의 형상을 바탕으로 한 인간이 탄생하지 않았다는 겁니다.

사실상 인간이 갖는 무한성을 향한 욕망은 끈질깁니다. 그래서 예컨대 사르트르의 경우, 신이 되고자 하는 욕망을 인간의 근본 욕망이라 일컫고, 이를 그의 존재론에 근거해서 '즉자 대자적인 존재'를 실현하고자 하는 욕망이라고 했습니다. 푸코가 사르트르 철학을 충분히 숙지하고 있었을 것임은 분명한데, 그가 이렇게 근대적 인간을 발견해서 정의했다고 할 때, 그는 그에 비해 한 세대 앞선 사르트르가 일군 거대한 사상적 구축을 그 저변에서부터 부정하고 있다고 해야 합니다.

독일의 하이데거를 통해 프랑스 지식인에게 영향을 미친 후설의 현상학, 그 현상학을 자유의 철학으로 바꾸어 놓은 인물이 사르트르입니다. 사르트르는 존재를 최대한 유물론적으로 해석하면서도, '자유로울 수밖에 없는' ―"우리는 자유롭지 않을 자유가 없다"― 대자적인 인간을 내세우죠. 그러면서 그는 인간에게서 작동하는 역사적인 두께의 층을 즉자적인 것으로 해석하고, 이 즉자적인 것에서 성립해서 주어지는 인간의 이른바 현사실성facticité을 인정하지 않을 수 없다는 점을 강조합니다. 그런데도 그는 이 즉자적인 현사실성에 끝없이 저항하는 대자적인 인간의 모습을 그려 냈습니다.

그런데 푸코가 유한성에 근거해서 유한성을 추구하는 근대의 인간을 제시했을 때, 근대의 인간이 입각하고 있는 유한성은 바로 '역사적인 두께l'épaisseur de l'histoire'에 따른 유한성입니다. 그리고 이를 벗어날 수 없다고 주장한 것은 사르트르의 대자적인 인간관이 불가능하다는 것을 근본적으로 제시한 것이라 할 수 있죠. 현상학적인 구도를 벗어나는 푸코의 사상적인 기점이 어디인가를 알게 됩니다.

4. 경험적인 것과 초월론적인 것

이 대목에서 우리로서는 현상학의 창시자인 후설이 '발생적 현상학genetische Phänomenologie'을 강조하면서 이른바 '초월론적인 역사die transzendentale Geschichte' 또는 '발생적 역사die genetische Geschichte'를 제시한 사실을 떠올리게 됩니다. 물론 후설이 말하는 역사성은 개별 인간의 의식 체험의 발생과 축적의 과정으로서의 역사입니다. 이러한 발생적인 역사를 축적해 나가는 자아를 특별히 '모나드로서의 자아'라고 부릅니다. '초월론적인 역사'라는 개념은 칸트에게서는 불가능합니다. 칸트에게서 초월론적인 것은 발생과 축적의 과정을 통해 성립하는 역사성을 결코 띨 수 없는 순수 선험적인 형식일 뿐이기 때문이죠. 하지만, 후설에게서는 설사 경험적인 것이라 할지라도 그 경험적인 것이 나중에 주어지는 경험적인 것에 대해 지평적으로 규정 역할을 발휘한다면, 얼마든지 초월론적인 것이 될 수 있습니다. 이는 후설이 어떻게 칸트를 벗어나는가를 일러 주는 대단히 중요한 대목이죠.

그런데, 후설의 이러한 '발생적이고 초월론적인 역사' 개념을 그 자체로 보면, 푸코가 말하는 '역사적인 두께'와 상통합니다. 더군다나 푸코 역시 초월론적이면서 경험적인 것을 말하고 있기에 더욱 그러하죠. 다만, 후설은 푸코가 말하는 생명, 노동, 언어에 따른 인간성의 실질적인 유한성을 염두에 두지 않고 있기에 둘은 크게 차이가 납니다. 아무튼 전반적으로 보면, 푸코가 제시하는 지식의 고고학과 후설에게서 비롯하는 현상학이 아예 근본적으로 대립하지 않는다고 말할 수 있습니다.

이를 염두에 두면서, 이제 제4절로 들어가 살펴봅시다. 푸코는 이 절을 시작하면서 이렇게 말합니다.

> 유한성의 분석에 있어서 인간은 경험적-초월론적인 기묘한 이중체un étrange doublet empirico-transcendantal이다. 왜냐하면 그때 인간은 자신에게서 모든 인식을 가능케 하는 것에 대한 인식을 파악하게 되는 그런 존재이기 때문이다. (329, 365)

이렇게 말해 놓고서 푸코는 18세기, 특히 경험론자들이 본 인간 본성 역시 이러한 역할을 한 것이 아닌가 하고서 자문합니다. 당시에는 재현의 속성들과 형식들이야말로 인식 일반을 가능케 하는 것이었기에, 그럴 수 있다는 것을 인정하죠.

그러나 이제 인식의 조건들을 드러내는 자리는 재현이 아니라 유한성을 바탕으로 한 인간임을 강조하면서, 푸코는 인식 안에서 주어진 경험적인 내용들에 근거해서 인식의 조건들을 드러내는 것이 고갱이임을 역설합니다. 인식 가능성에 관해서 볼 때, 근대적 사유에 있어서 요점은 재현을 바탕으로 한 내성內省, introspection이라든지 그와 유사한 형식의 분석을 통해 인식의 조건들을 추구하는 것이 아니고, 흔히 인간이라고 불렀던 경험적-초월론적인 이중체가 구성되는 지점에서 인식의 조건들을 다루는 것이라고 말합니다(329-330, 365 참조). 그러면서 이렇게 말합니다.

그래서 우리는 두 종류의 분석이 태어나는 것을 목격하게 되었다. 이 [첫 번째 종류의] 분석들은 몸의 공간에 놓인 것이고, 지각과 감각적 메커니즘들 그리고 신경-운동적 도식들과 사물들과 유기체에 공통된 분절 등에 관한 연구를 통해 일종의 초월론적인 감각학une sorte d'esthétique transcendantale으로서 기능한 분석들이다. 거기에서 우리는 다음과 같은 것을 발견하고자 한다. 즉 인식은 해부학적-생리학적인 조건들을 갖춘다는 것, 인식은 몸의 얼개nervure du corps 속에서 차근차근 형성된다는 것, 거기에서 인식은 아마도 특권적 지위를 갖는다는 것, 어쨌든 인식의 형식들은 그 기능의 특이성들로 분화될 수 없다는 것 등을 발견하고자 한다. 요컨대 인간적 인식의 **한 본성**(자연une nature)이 있어 인간 인식의 형식들을 결정하고 동시에 인간적 인식의 고유한 경험적인 내용들을 통해 명시된다는 것을 발견하고자 한다. 또한 그 [두 번째] 분석들은 다소 고대적이고 인간으로서 다소 극복하기 어려운 착각들에 관한 연구를 통해 일종의 초월론적 변증법une sorte de dialectique transcendantale 으로서 기능을 발휘한다. 여기에서는 인식이 역사적, 사회적 또는 경 제적 조건들을 갖춘 것임을 드러내고자 하고, 인식이 인간들이 맺는 관계들 내부에서 형성된다는 것을 드러내고자 하며, 아울러 인식이 인 간들이 여기저기에서 파악할 수 있는 특정한 형상形狀으로부터 독립 된 것이 아님을 드러내고자 한다. 요컨대 인간 인식에 **하나의 역사**une histoire가 있어 경험적 지식에 주어질 수 있을 뿐만 아니라 경험적 지식 에서 그 형식들을 미리 지정한다는 것이다. (330, 365-366)

하나는 인간 인식이 적어도 뇌의 신경 체계를 중심으로 하는 몸을 벗어 나서는 성립할 수 없다는 태도에 따른 분석입니다. 따라서 인간 인식에는 어쩔 수 없는 본성(자연)이 있기 마련이고, 그에 따라 모든 인간의 경험적 인 인식은 그 형식에 있어서 이러한 본성을 따르지 않을 수 없다는 것(초 월론적인 측면), 그러면서도 경험적인 인식을 통해 그 본성이 잘 드러난다는 거죠(경험적인 측면). 이를 일컬어, 푸코는 '일종의 초월론적인 감각학'이라 고 일컫습니다.

다른 하나는 인간 인식이 도대체 현실적인 조건들을 벗어날 수 없다는 태 도에 따른 분석입니다. 하나의 역사가 있어, 역사적으로 어떻게 살아왔는 가에 따라 경험적인 인식의 형식들이 결정될 뿐만 아니라(초월론적인 측면), 그러한 역사가 경험적인 인식을 통해 증시된다는 것입니다(경험적인 측면).

두 분석 모두 인간의 유한성에 입각한 분석임이 틀림없습니다. 다만, 전자의 분석이 공시적인 분석이라면, 후자의 분석은 통시적입니다. 푸코 가 그 예를 들고 있진 않지만, 예컨대 전자의 분석에서 가장 탁월한 것으 로 메를로퐁티의 몸 철학적인 입장을 들 수 있고, 후자의 분석에서 두드 러진 것으로는 에밀 뒤르켐Émile Durkheim(1858-1917)과 그의 조카인 마르셀 모스Marcel Mauss(1872-1950)에 의한 지식 사회학적인 입장을 들 수 있을 겁니다.

메를로퐁티는 특히 '운동-감각적 선험a priori sensori-moteur'이나 '몸틀le schema corporel'(신체도식) 등의 개념을 중심으로 인간 인식이 근본적으로 몸과 세계 간의 상호 교환적인 관계에 근거해서 이루어짐을 증명해 보이고자 했습니다. 그리고 뒤르켐이나 모스는 '사회적인 범주'와 이를 바탕으로 한 '분류 체계' 간의 관계를 보임으로써, 개념적인 사유와 언어 및 논리가 어떻게 사회적인 환경에 의해 생겨나고 영향을 받는가를 보이고자 했습니다.

그런데 푸코는 이 두 분석이 서로 상대가 필요하지 않다고 여긴다는 점에서, 더욱이 주체의 이론이라 할 수 있는 분석을 하지 않고서도 작동한다고 믿는 특이한 구석이 있음을 지적합니다. 그러면서 인식에서의 하나의 본성(자연)과 하나의 역사를 탐구하고자 하는 이러한 분석들이 그 자체 어떤 비판의 활용을 전제하고 있음을 중시하죠. 그리고 이 비판이 순수한 반성을 통한 것이 아니라, 다소 모호한 일련의 분할의 결과로 이루어지는 비판임을 말합니다. 그것은 주변적이거나 불완전한 인식과 완성된 상태로서 안정적이고 규정된 인식 간의 분할, 그리고 착각과 진리에 대한 분할이라든가 이데올로기적인 환상과 과학적인 이론 간의 분할 등이라고 말합니다. 이 분할을 통해 인식에 대한 본성적인 조건들 또는 인식에 대한 역사적인 조건들을 탐구할 수 있었다는 겁니다.

그런데 푸코는 이러한 분할들에 비해 더욱 모호하긴 하지만 더욱 근본적인 분할이 있다고 합니다. 물론 이는 위 분석들에 비해 이러한 근본적인 분할을 바탕으로 하는 분석이 더 근본적이라는 사실을 함축합니다. 푸코는 이렇게 말합니다.

더욱 모호하면서 더욱 근본적인 분할이 있다. 그것은 진리 자체의 분할이다. 사실 대상의 질서l'ordre de l'objet인 진리가 현존함은 틀림없다.

이 진리는 몸과 지각의 기초 지식들을 통해 점진적으로 묘사되고 형성되며 증시되는 진리이다. 또한 이 진리는 착각들이 제거되고 역사가 질곡에서 벗어난 상태로 설립되는 한에서 조성된다. 그러나 이러한 대상의 진리 외에 담론의 질서l'ordre du discours인 진리가 있음이 틀림없다. 이 진리는 인식의 본성 또는 역사에 대해 참된 언어를 갖도록 하는 진리이다. 이 참된 담론의 지위가 애매하다. (331, 366)

19세기 말에서 20세기 초에 이르러 새롭게 제시되는 이른바 인간의 유한성에 입각한 인식론적인 분석들을 소개한 뒤, 이 분석들의 바탕에 근본적인 측면이 가로놓여 있다는 점을 푸코 자신이 발견할 수 있었다는 것을 말하고 있습니다. 이 책의 제목 '말과 사물'에 딱 들어맞는 두 가지 진리, 즉 '대상의 질서인 진리'와 '담론의 질서인 진리'가 그러한 분석들의 바탕에 깔려 있다는 이야기입니다. 이 두 가지 질서에 대해 푸코 자신이 특별한 관심을 두고서 그의 탐구를 지속할 것임을 예상할 수 있습니다. 예컨대 그가 1970년 12월에 행한 '콜레주 드 프랑스'의 교수 취임 강연의 제목이 바로 '담론의 질서'[48]였습니다.

그런데 그가 참된 담론의 지위가 애매하다고 한 까닭은 무엇일까요? 푸코에 따르면, 그것은 다음과 같은 정황 때문입니다. 한편으로는 참된 담론이 자신의 기초와 모델을 경험적인 진리 속에서 발견하고자 하는데, 경험적인 진리, 즉 대상적인 진리가 자연과 역사에 발생의 기원을 두고 있다는 겁니다. 이렇게 되면, 참된 담론은 자연과 역사에서 자신의 기초와 모델을 발견하고자 할 수밖에 없습니다. 이는 대상의 진리가 담론의 진리를 예규豫規, prescrit한다는 것을 의미합니다. 그런데 다른 한편으로 참된 담

---

48 이는 1971년 갈리마르출판사에서 단행본으로 출간되었다. 그리고 이정우 선생이 번역하여 역자의 푸코 사상 소개와 함께 묶어 국내에 『담론의 질서』(새길, 1993)로 출판되었다. 이후 이 책은 2020년 세창출판사에서 허경 선생이 번역해 정식으로 출판되었다.

론은 대상의 진리가 갖는 자연과 역사를 정의하면서 대상의 진리를 앞서서 간다는 겁니다. 참된 담론이 대상의 진리를 미리 예시豫示하면서 멀리서 선동한다는 거죠. 이렇게 되면, 대상의 진리와 참된 담론 사이에 일종의 이론적인 악순환이 등장하게 됩니다. 그래서 참된 담론의 지위가 애매하다는 것입니다. 말하자면, 한편으로는 참된 담론이 경험적인 역할을 하면서 다른 한편으로는 초월론적인 역할을 한다는 겁니다. 그러나 푸코는 이 둘 중 어느 하나를 선택할 문제는 아니라고 못 박습니다. 그러면서 대상의 진리가 담론의 진리를 예규하면서 담론을 대상으로 환원하는 콩트적인 실증주의가 성립하고, 그 반대로 참된 담론이 대상의 진리를 예규하는 데서 마르크스적인 종말론적인 약속이 성립한다고 말합니다. 워낙 큰 이야기라 대략 그렇구나 하고서 넘어갈 수밖에 없습니다. 아무튼 그럼에도 푸코는 고고학적인 관점에서 볼 때 이 둘은 분리될 수 없다고 말합니다(331, 366-367 참조). 그러면서 결국 이렇게 말합니다.

거기에서 인간은 환원되면서도 동시에 약속된 하나의 진리로서 나타난다. 거기에서는 선비판적인 소박함la naïvité précritique이 분할 없이 지배한다.
이는 근대적 사유가 왜 환원의 질서도 아니고 약속의 질서도 아닌 담론의 장소를 ―바로 소박한 담론에 근거해서― 모색하지 않을 수 없었는가 하는 이유를 일러 준다. (331, 367)

콩트적인 실증주의 일변도의 사유도, 마르크스주의적인 종말론적인 사유도 근대적 사유를 제대로 지배하지 못했고, 결국에는 근대적 사유가 이 둘을 넘어선 담론을 향해 치닫게 된다는 것을 은근히 말하고 있습니다. 그렇다면, 푸코가 제시하는바 근대적 사유가 결국에 가서 모색하고자 한 담론은 어떤 담론일까요? 이에 관해 푸코는 이렇게 말합니다.

경험적인 것과 초월론적인 것을 분리해서 유지하되, 양쪽을 동시에 겨
냥할 수 있도록 함으로써 양쪽을 긴장 속에서 유지하고자 하는 담론;
인간을 주체로서, 즉 경험적이면서 경험적인 인식을 가능케 하는 것에
더욱 가까이 다가가 있는 그런 경험적인 인식의 장소이자 또한 이러
한 경험적인 내용에서 직접 주어지는 형식으로서 인간을 분석할 수 있
도록 하는 담론; 요컨대 준-감각학과 준-변증법에 관련하여 그것들을
주체의 이론 속에서 정초할 수 있고 그와 동시에 아마도 제3의 매개적
인 용어(이 용어는 몸의 경험과 동시에 문화의 경험에 뿌리를 내리고 있을 것이다)로
그것들이 분절될 수 있도록 하는 하나의 분석학une analytique의 역할을
할 수 있을 담론. 이 역할은 너무나 복잡하고 너무나 중층 결정적이며
너무나 필수적이어서, 근대적 사유에서 체험된 것le vécu에 대한 분석을
통해 파악되어야만 했다. (331-332, 367)

그 내용으로 보아, 여기에서 푸코는 경험적인 것과 초월론적인 것을 동
시에 거머쥐고서 인식의 장소로서 작동하는 주체로서의 인간, 그리고 이
인간을 분석하는 담론을 설명하고 있습니다. 이러한 '인간'도 복잡하지
만, 이 '인간'에 관한 분석적인 담론 역시 복잡합니다.

17-18세기 재현의 체계에서는 경험적인 것과 초월론적인 것을 분명히
구분되는 것으로 취급했고, 그런 점에서 인간 존재가 궁극적으로 경험을
넘어서서 성립하는 것처럼 여겨졌지만, 이제 19세기에는 둘의 경계를 나
누면서도 둘이 긴장 관계 속에서 서로 넘나든다는 것을 보장할 수 있는
주체 이론을 위해 몸과 문화의 경험이 토대로 작동한다는 사실을 체험하
면서 그 체험을 분석하는 담론의 시대가 열렸다는 겁니다. "너무나 복잡
하고 너무나 중층 결정적이며 너무나 필수적"이라고 하니 이 정도로 이해
하는 것으로 만족할 수밖에 다른 도리가 없습니다.

6강

근대적 코기토,
사유와 비사유의 결합 1

지난 시간에 제4절 '경험적인 것과 초월론적인 것'을 마무리하지 못했습니다. 19세기에 실증적 유한성에 입각한 인간이 탄생했을 때, 그 인간은 경험적인 것과 초월론적인 것을 비록 다른 차원에서이긴 하나, 동일한 대상 영역에서 확보하게 됩니다. 이에 의거한 19세기 담론에 대한 분석의 대상 영역으로서 푸코는 '체험된 것le vécu'을 제시했습니다. 이 체험된 것이 무엇인가에 관해 그는 이렇게 말합니다.

> 실제로, 체험된 것은 모든 경험적인 내용이 경험에 주어지는 공간이자, 또한 그 경험적인 내용들 일반을 가능케 하고 그것들의 제1의 근거를 그리는 근원적인 형식이다. 체험된 것은 몸 공간과 문화의 시간이 소통하도록 하고 자연의 규정들과 역사의 무게가 소통하도록 한다. (332, 367)

체험적인 것은 분명 경험을 통해 주어집니다. 그런데 그렇게 경험을 통해 주어지는 것이 경험적인 내용들 일반을 가능케 하면서 그 제1의 근거를 드러내는 근원적인 형식이 된다는 것은 달리 말하면, 초월론적인 것이 체험적인 것, 즉 경험적인 것 속에 이미 함축되어 있다는 겁니다. 이는 칸트가 말하는 '초월론적인 것das Transzedentale'이라는 개념으로 볼 때는 결코 있을 수 없는 분석입니다. 푸코가 말하는바 근대적 반성이 아니고서는 성립 불가능한 사태입니다. 그런 점에서 '체험된 것에 대한 분석'이 등장했다는 것은 전혀 새로운 것이 아닐 수 없습니다. 푸코는 이어서 이렇게 말합니다.

> 우리는 다음과 같은 사실들을 잘 이해할 수 있다. 근대의 반성에서 체험된 것에 대한 분석은 실증주의와 종말론이 제시하는 급진적인 이의 제기로서 설립되었다는 것, 체험된 것에 대한 분석이 초월론적인 것의 망각된 차원을 복구하고자 한다는 것, 체험된 것에 대한 분석은 경험적인 것으로 환원되는 진리에 대한 소박한 담론과 더불어 결국 인간에 대한 경험에로의 회귀를 소박하게 허용하는 예견적인 담론을 도모하려 한다는 것, 체험된 것에 대한 분석은 혼합된 본성을 지닌 담론이라는 것. (332, 368)

여기에서 가장 중요한 것은 '초월론적인 것의 망각된 차원을 복구한다는 것'입니다. 19세기 근대의 반성이 체험된 것을 분석함으로써 그동안 초월론적인 것을 그저 선험적이고 형식적인 것으로만 생각함으로써 빠뜨린 부분을 되살려 내고자 한다는 것입니다. 그렇게 망각된 부분이 바로 푸코가 앞서 '인간 자연'과 '역사의 두께'라고 이야기해 왔던 것에 직결됨은 틀림없습니다. 예컨대 들뢰즈의 철학을 흔히 '초월론적인 경험론'이라고 하는데, 그 구체적인 내용을 차치하고서 용어를 그대로 받아 새기면, 들뢰즈의 '초월론적인 경험론'은 지금 푸코가 말하고 있는 체험된 것에 대한 분석이라 할 수 있습니다. 이를 염두에 두면서 서동욱 선생이 『들뢰즈의 철학』(민음사, 2002)에서 말하는 대목을 그대로 인용해서 살펴봅시다.

> 들뢰즈의 유명한 개념인 〈잠재적인 것le virtuel〉은 바로 현실태actualité로
> 서의 경험을 가능케 하는 이런 선험적 요소들을 일컫는 말이다. 결국
> 들뢰즈의 〈경험론은 … 체험된 경험에 단순히 호소하지 않는다〉(DR,
> 3). 복합체로서 경험 대상을 가능케 하는 잠재적 요소들, 즉 경험되지
> 않는 근거를 묻는 것이 초월적 경험론의 과제이며, 이런 점에서 그것
> 은 영국 경험론과 구별된다(PLI, 126 참조). (위 국역본, 29쪽)

푸코의 입장에서 보면, 여기에서 들뢰즈가 말하는 '잠재적인 것'(잠정적인 것le virtuel)은 경험하는 자인 인간에게 작동하는 '인간 자연'과 '역사의 두께'에 해당합니다. 그리고 '현실태로서의 경험'(현행태로서의 경험l'expérience comme actualité)은 그때그때 경험되는 것에 해당하죠. 이 둘을 결합한 것이 '체험된 것'이라는 이야기입니다. 그리고 '체험된 것'에는 경험적인 층과 초월론적인 층이 얽혀 있다는 것이고, 이를 분석해 내는 것이 바로 체험된 것에 대한 분석이라는 거죠. 두 사람 간의 접근 방식은 거의 같습니다. 이 대목에 있어서 푸코와 들뢰즈, 두 사람이 정확하게 어디에서 일치하고 어디에서 다른가를 다루는 것은 또 다른 문제입니다. 아무튼 푸코는 '체험된 것에 대한 분석'에 대해 계속해서 이렇게 말합니다.

> 체험에 대한 분석은 몸을 통해 얼개를 잡는 근원적인 경험l'expérience originaire을 바탕으로 자연에 대한 인식의 가능적인 객관성을 분절해 내고자 하고, 또한 체험된 경험l'expérience vécue에 숨겨져 있으면서 동시에 드러나는 의미론적인 두께를 바탕으로 하나의 문화가 갖는 가능적인 역사를 분절해 내고자 한다. (332, 368)

여기에서 '근원적인 경험'과 '체험된 경험'은 사실 거의 동일한 겁니다. 중요한 것은 전자가 몸을 통해 얼개를 잡는다는 사실이죠. 이는 19세기 근대적 반성에서 이루어지는 체험에 대한 분석이 철저하게 신경 해부학적인, 또는 몸 현상학적인 관점을 바탕으로 해서 자연에 대한 인식이 어떻게 가능한가를 따지게 되었다는 것을 뜻합니다. 달리 말하면, 인간 자연을 벗어난, 이른바 순수 객관적인 자연에 대한 지식이 불가능하다고 여겼다는 것을 뜻하죠. 그럴 때 성립하는 근원적인 경험은 들뢰즈식으로 말하면 '잠정적인 것'에 해당한다고 할 수 있고, 푸코식으로 말하면 '인간 자연에 대한 체험'에 해당한다고 할 수 있습니다. 그런가 하면, '체험된 경험'은 하나의 문화가 갖는 역사가 의미론적인 두께를 지니고서 그 의미론적인 두께를 숨기면서 드러내는 근원적인 경험입니다. 이 역시 들뢰즈식으로 말하면 '잠정적인 것'에 해당합니다.

중요한 것은 '가능적인 객관성' 또는 '가능적인 역사'라는 식으로 '가능적인'이라는 수식어를 붙이고 있는데, 이 '가능적인'이 바로 인식에 있어서 '초월론적인 기능'을 지칭하는 것이라는 사실입니다. 그런데 푸코는 이러한 체험적인 것에 대한 분석의 일환으로 현상학을 들먹입니다.

> 겉으로 드러나는 현출들apparences에도 불구하고, 실증주의적, 또는 종말론적인(마르크스주의는 그 첫 번째 급이다) 유형의 사유와 현상학의 영감에 넘친 반성들les réflexions inspirées이 꽉 짜인 그물로 결합해 있음을 다들 알고 있다. … 인간학적인 공준公準이 구성되자마자, 즉 인간이 경험적-초월론적인 이중체로 등장하자마자, 이 둘 모두 필요할 뿐만 아니라 서로를 필요로 하는 것으로 되었다. (332, 368)

현상학적인 반성과 실증주의적인 내지는 종말론적인 사유가 '경험적-초월론적인 이중체'로서의 인간이 등장하자마자 서로 없어서는 안 되는 것으로 관계를 맺게 되었다는 설명입니다. 현상학의 창시자인 후설은 자신이야말로 진정한 실증주의자라고 말합니다. 그런가 하면, 후설의 현상학과 마르크스주의를 결합해서 통일적으로 보고자 하는 연구도 워낙 많이 이루어졌습니다. 그 대표적인 예로 1977년 독일의 주어캄프Suhrkamp출판사에서 발덴펠즈Bernhard Waldenfels(1934- . 당시 독일 보쿰대학의 철학 교수)와 브뢰크만Jan. M. Broekman(1931- . 당시 벨기에 루뱅대학의 법철학 교수)과 파자닌Ante Pažanin(1930- . 당시 크로아티아 자그레브대학의 철학 및 정치학 교수)이 공동 편집한 《현상학과 마르크스주의Phänomenlogie und Marxismus》라는 제목으로 된 4권의 책을 들 수 있습니다. 어쨌든, 푸코가 이 인용문에서 주목하고 있는 학문적인 흐름이 푸코가 이 책을 쓰고 난 뒤 10여 년 뒤에 출간되었다고 하는 것은 대단히 흥미롭습니다. 그만큼 푸코의 지식 동향에 대한 관찰과 그 자리매김에 대한 예지력이 뛰어나다는 증거라 할 것입니다. 현상학에 관련된 대목은 제5절 '코기토와 비사유'에서 구체적으로 다루게 될 겁니다.

푸코는 실증적 유한성을 지닌 인간이 이렇듯 경험적-초월론적인 이중체로서 결국에는 체험된 것에 대한 분석을 통해 더 잘 드러난다는 것을 밝힌 뒤, 이 절의 마지막에서 이렇게 말합니다.

우리는 인식함, 즉 세계의 진리에 의해, 우리에게 속할 뿐이고 우리를 열어젖히는 유한성에 묶여 있다고 믿는다. 그런 우리는 호랑이의 등에 올라타 있는 것임을 되새겨야 하지 않을까? (333, 369)

'호랑이의 등'은 올라타기에는 너무나 위험하기 짝이 없는 곳입니다. 푸코는 경험적-초월론적인 이중체인 인간이 바로 그 이중성에 의해 언젠가는 잡아먹힌다는 것을 예감하고 있는 걸까요? 아닌 게 아니라, 경험적이면서 초월론적이라는 이중성은 칸트의 위업을 근본적으로 해체하는 핵심 개념으로 작동하기에 근대 철학의 지형에서 보면 워낙 위험한 건 사실입니다.

이 경험적-초월론적인 이중체로서의 인간을 가장 잘 드러낸 철학자는 바로 푸코의 고등학교 시절 철학 교수였고 몸 현상학을 구축한 메를로퐁티입니다. 그가 제시한 몸 현상학의 핵심 개념인 '몸틀le schema corporel'(신체 도식)은 경험을 통해 획득되면서 동시에 향후의 경험에 대해 하나의 '선험a priori'으로서 초월론적인 기능을 발휘합니다. 그러니까, 푸코가 저 앞에서 "현상학적인 영감" 운운했을 때, 그 현상학은 후설의 순수 현상학에 기반을 둔 것이기도 하지만, 메를로퐁티의 몸 현상학을 크게 염두에 두고 있다고 할 것입니다.

5. 코기토와 비사유

이제 제5절 '코기토와 비사유le cogito et l'impensé'를 살피고자 합니다. 이 절은 철학을 공부하는 입장에서는 워낙 중요한 절이기 때문에 어쩔 수 없이 대목 하나하나를 점검해 나갈 수밖에 없습니다.

논의의 출발점은 역시 '경험적-초월론적 이중체'로서의 인간입니다. 만약 그러하다면, 도대체 인간이란 존재는 코기토(생각함)가 갖는 직접적이고 지고한 투명성 속에서는 주어질 수 없다는 것, 그러나 그렇다고 해서 인간이 자기의식을 지닐 수 없는 객관적인 타성에 머물 수도 없다는 것이 푸코의 기본 입장입니다. 다만, 인간에게서 자기의식의 차원은 항상 열려 있는 것이긴 하지만 코기토에서 반성되지 않는 자기 자신의 부분을 지니고 있다는 겁니다. 결국 인간의 자기의식에 있어서 숨겨져 있다가 갑자기 돌출되기도 하는 부분이 있다는 것입니다. 이에 관해 푸코는 이렇게 말합니다.

이 자기의식의 차원은 항상 열려 있으면서 결단코 한정되지 않으나, 무한히 왔다 갔다 한다. 이 자기의식의 차원은 코기토 속에서 인간이 반성하지 않은 자기 자신의 부분에서부터 그 부분을 다시 파악하는 사유의 작용으로 나아가고, 그 반대로 이 순수한 파악에서부터 경험적인 혼잡으로, 무질서하게 솟아오르는 내용들로, 경험들 자체를 벗어나는 경험들의 돌출로, 비사유non-pensée의 모래 같은 너비 속에서 주어지는 것의 그 모든 침묵의 지평으로 나아간다. 인간은 경험적-초월론적인 이중체이다. 그래서 또한 인간은 오인méconnaissance의 장소이다. — 이 오인이야말로 인간의 사유를 항상 그 자신의 고유한 존재에 의해 자신을 넘어선 상태로 노출시키고, 동시에 인간의 사유가 자기를 벗어나는 것에 따라 자신을 환기하도록 한다. (333, 369)

인간의 사유가 지닌 역설적인 존재를 묘사하고 있습니다. 명시적인 사유의 작용과 그러한 작용을 통해 좀처럼 붙들리지 않는, 혼잡하고 무질서한 어떤 비사유에 따른 돌출을 왔다 갔다 하는 것이 바로 인간의 사유라는 겁니다. 조금 쉽게 풀어 말하면, 내가 생각할 때, 정작 생각하고자 하는 것만 생각하는 것이 아니고, 생각하려고 하지 않은 것, 즉 비사유가 내가 생각하는 것 속에 이미 어느새 섞여 들어와 있다는 것, 그리고 알고 보면 그렇게 내가 생각하지 않는 것, 즉 비사유를 통해 내 생각이 그 나름의 존재를 확보한다는 것입니다.

내가 생각하는 것이 경험적인 것에 해당한다면, 내가 생각하지 않는 것은 초월론적인 것에 해당한다고 할 수 있습니다. 그런데 내가 생각하지 않는 것이 없이는 내가 생각할 수 없기에 내가 생각한다고 한들 그것은 원리상 오인일 수밖에 없습니다.

그런데 내가 생각하지 않는 것으로서 나도 모르게 이미 생각하고 있는 것에 대해 푸코는 '비사유'라고 부를 뿐만 아니라, '침묵의 지평', '경험을 벗어난 경험' 등으로 달리 부르기도 합니다. 핵심은 이것들이 없이는 도대체 사유 자체가 성립할 수 없다는 것입니다. 칸트의 초월론 철학에서는 이러한 문제의식이 전혀 없었다는 사실을 지적하면서, 푸코는 이렇게 말합니다.

> 그래서 근대적 형태를 띤 초월론적인 반성은 그 필연성의 지점을, 칸트처럼 자연과학의 현존l'existence d'une science de la nature에서 찾지 않는다. 근대적 형태를 띤 초월론적인 반성은 무언의 현존l'existence muette, 하지만 언제든지 말할 준비가 되어 있는 현존, 인간이 자기 인식을 통해 소환될 때 끊임없이 끌어들이는 지점인바 잠정적인 담론discours virtuel, 즉 그 비인식적인 것ce non-connu에 따라 비밀스럽게 관통되는 현존에서 필연성의 지점을 찾는다. (334, 369-370)

칸트를 운위하고 있기에 이 인용문은 대단히 중요합니다. 초월론 철학이라고 하면 맨 먼저 칸트의 철학을 꼽습니다. 그런데 흔히 알려져 있기로는, 칸트가 『순수이성비판』을 통해 입증해 보이고자 한 것은 이른바 '선험적 종합판단der a priori synthetische Urteil'의 인식론적인 가능성이고, 선험적 종합판단으로 된 것이 바로 뉴턴Isaac Newton(1642-1727)의 물리학입니다. 그래서 여기에서 푸코는 칸트가 초월론적인 반성을 하지 않을 수 없는 이유를 자연과학의 현존에서 찾았다고 하는 겁니다.

그 반면에, 근대적 형태의 초월론적인 반성은 그렇게 초월론적인 반성을 하지 않을 수 없는 이유를 '무언의 현존', 즉 '잠정적인 담론과 비인식적인 것에 따른 현존'에서 찾는다는 겁니다. 이러한 현존에 관해서는 칸트가 특별히 유념한 바가 없다고 해야 합니다. 굳이 칸트에게서 이런 성격을 띤 현존의 영역을 찾는다면, 그가 만년에 이르러 쓴 『판단력비판』에 나오는바 개념적인 인식을 벗어난 미감적 판단der ästhetische Urteil의 영역일 것입니다. 그러나 칸트가 말하는 이 미감적 판단의 영역은 적어도 판단의 주체에게 명시적으로 주어진 영역이기 때문에 푸코가 근대적 형태의 초월론적인 반성에서 말하는 '무언의 현존', 즉 '잠정적인 담론과 비인식적인 것에 따른 현존'과는 궤가 다릅니다.

근대 철학에서 핵심적인 문제는 칸트가 모색했던바 자연에 대한 경험이 어떻게 필연적인 판단으로 이어질 것인가 하는 것이 아니라는 겁니다. 근대적 형태의 초월론적인 경험에서 핵심적인 문제는 다음과 같다고 푸코는 말합니다.

> 인간이 자신이 생각하지 않는 것을 생각하고, 무언의 점령 양식에 따라 자신을 벗어나는 곳에 거주하며, 일종의 고정된 운동으로써 완고한 외부성의 형식하에 자신에게 자신을 현전케 하는 그러한 인간 자신의 형상形狀에 활력을 불어넣는 것이 어떻게 이루어지는가? 어떻게 인간은 하나의 생명, 즉 조직과 맥박과 매설된 힘이 있어 그와 관련해 인간에게 직접 주어지는 경험을 무한히 넘어서는 바로 그러한 생명이 될 수 있는가? 어떻게 인간은 하나의 노동, 즉 그 요구사항들과 법칙들이 하나의 낯선 엄중한 것으로서 인간에게 부과되는 그러한 노동이 될 수 있는가? 어떻게 인간은 한 언어의 주체, 즉 수천 년 전부터 인간 자신이 없이 형성되었고, 그 체계가 인간 자신을 벗어나며, 그 의미가 인간이 수행하는 담론을 통해 일순간 빛나게 되는 낱말들 속에 거의 어찌할 수 없이 잠들어 있고, 인간이 자기의 말과 사유를 처음부터 그 내부에 두지 않을 수 없는 바로 그러한 언어의 주체가 될 수 있는가? … 칸트적인 물음과 비교해서 이렇게 비켜난 네 가지 물음에서 고갱이는 진리la vérité가 아니라, 존재l'être다. 즉 자연이 아니라 인간이고, 인식의 가능성이 아니라 원초적인 오인의 가능성이 바로 고갱이다. [달리 말하면] 철학적인 이론들에 근거하지 않은바 과학에 직면한 성격이 고갱이가

아니라, 그 속에서 인간이 자신을 인정하지 않는바, 기초 지어지지 않
은 경험들의 모든 영역을 명료한 철학적인 의식으로써 파악하는 것이
고갱이다. (334, 370)

19세기부터 열리는 근대적 사유에서 핵심이 되는 물음의 주제로 인간
의 사유를 넘어서는 사유되지 않는 사유, 인간의 경험을 넘어서는 생명,
인간에게 낯설게 엄중히 다가서는 노동, 인간을 벗어난 언어의 주체 등
네 가지를 제시하고 있습니다. 그리고 어떻게 인간이 바로 이러한 네 가
지 주제와 동격인 존재로 등장할 수 있는가가 이 네 가지 물음에 함축되
어 있다고 말하고 있습니다. 요컨대, 새롭게 열리는 근대적 사유에서, 실
증적 유한성을 바탕으로 한 인간이 바로 이러한 주제들을 통해 초월론적
인 반성을 하게 되었다는 겁니다.

말하자면 초월론적인 문제 틀이 바뀌었다는 것입니다. 그야말로 사유
의 대혁신이 아닐 수 없습니다. 푸코는 이러한 19세기의 근대적 사유가
칸트와는 전혀 다르다는 걸 힘주어 역설합니다. 그 가장 중요한 변화로서
진리 대신에 존재가 핵심 사안으로 자리 잡게 되었음을 지적합니다. 흔히
데카르트로부터 열리는 근대 철학의 변환을 이 중세의 형이상학적인 존
재론을 벗어나 인식론으로 크게 전환한 것이라고 진단합니다. 이에 비견
하면, 19세기 근대적 사유에 대한 푸코의 이러한 진단은 그것이 인식론에
서 다시 존재론으로 선회하는 것임을 지적한 것이라 할 수 있습니다.

이는 객관적이고 필연적인 인식 대신에 도대체 존재가 근본적으로 어
떻게 이중적인 방식으로 자기의 얼굴을 숨기면서 내미는가가 문제의 사
안으로 등장했다는 겁니다. 그 중심에서 인식과 존재에 양다리를 걸치고
있는 인간이 문제의 사안으로 등장하고, 따라서 객관적인 자연에 입각한
과학적인 성격에 철학이 뒤따라가는 것이 중요한 것이 아니라 오히려 명
료한 철학적인 의식을 전방에 내세워 인간으로서 어찌할 수 없는 오인을

불러일으키는 심층적인 경험의 영역을 파악하는 것이 중요하게 되었다는 것입니다.

　다시 요약해서 말하면, 근대적 사유에서 인간이 너무나도 풍부하게, 자신조차 어찌할 수 없는 무언의, 비인식적인, 비사유의, 초월론적인, 심오한 지평을 지닌 존재로서 등장하게 되었다는 겁니다. 즉 앞서 요약한바 인간의 사유를 넘어서는 사유되지 않는 사유, 인간의 경험을 넘어서는 생명, 인간에게 낯설게 엄중히 다가서는 노동, 인간을 벗어난 언어의 주체 등의 존재로 등장하게 되었다는 거죠. 그리고 보면, 굳이 현대 철학의 담론들을 빌리지 않더라도 이미 우리는 늘 어디에서부터 어디까지 뿌리를 내리고 있는 존재인지 알 수 없는 지경에 이르렀습니다. 기댈 언덕이 없는 기묘한 존재이면서, 동시에 바로 그렇기에 끝없이 삶을 긍정할 수밖에 없는 지경에 이른 거죠.

　이렇게 되면, 코기토의 성격도 바뀔 수밖에 없습니다. 이에 관해 푸코가 지적하는 바는 가히 우리를 당황스럽게 합니다.

데카르트는 오류, 착각, 꿈, 광기 등 이른바 근거가 없는 것으로 본 모든 경험에서 생각될 수 없음의 그 불가능성을 찾지 않았던가? 그럼으로써 오히려 잘못 생각된 것, 진실하지 못한 것, 기괴한 것, 순전히 상상적인 것 등에 관한 생각이 그 근거가 없다고 하는 그 모든 경험의 가능성의 장소이자 반박 불가능한 일차적인 증거로서 등장한 것이 아니었던가? 우리의 초월론적인 반성이 칸트적인 분석으로부터 멀리 떨어져 있는 것과 마찬가지로, 근대적인 코기토는 데카르트적인 코기토와는 다르다. 말하자면, 데카르트에게서 고갱이는 오류 또는 착각인 그 모든 사유에 대한 가장 일반적인 형식으로서의 사유를 백일하에 드러냄으로써 오류 또는 착각인 그 모든 사유로부터 오는 위험을 제거하는 것이었다. 그랬기 때문에 그는 오류 또는 착각인 그 모든 사유를 들추어내어 그 행보의 종착점을 드러내 보이고자 했고, 그것들을 설명하고 그것들을 피할 방법을 제공했던 것이다. 그 반면에, 근대의 코기토에서 고갱이는 [한편으로] 자기에게 현전하는 사유와 [다른 한편으로] 사유에 관련해서 비사유에 뿌리를 내리고 있는 것을 분리하면서 동시에 결합하는 거리를 그 최대한의 범위에 따라 가치를 갖도록 하는 것이다. 근대적 코기토는, 사유에서, 사유의 주변에서, 사유의 아래에서 사유되지 않는 것, 하지만 환원 불가능하고 벗어날 수 없는 외부성에 바탕해서 볼 때 사유에 그다지 낯설지 않은 그 사유되지 않는 것에 대한 사유의 분절을, 명백한 형식을 통해 주파하고 이중화하며 재활성화해야 한다. 따라서 이러한 형식하에서 [근대적] 코기토는 "모든 사유는 사유다"라는 사실을 조명해 내는 갑작스러운 발견일 수는 없을 것이다. 그게 아니라, 이러한 형식하에서 [근대적] 코기토는, 어떻게 사유가 여기를 벗어난 곳에, 그러나 사유 자체에 아주 가까운 곳에 머무는가를 알기 위해, 그리고 어떻게 사유가 비사유자non-pensant의 종種들에 **속할 수** 있는가를 알기 위해 늘 새롭게 시작하는 탐문이 된다. 이러한 형식하에서 [근대적] 코기토는, 사유의 존재를 사유하지 않는 것의 타성적인 이음새에 이르기까지 뻗치는 작업이 없이는 모든 사물의 존재를 사유에로 가져가지 않는다. (334-335, 370-371)

대단히 길게 인용했습니다. 데카르트적인 코기토와 근대적 코기토를 대단히 세밀하게 비교하고 있습니다. 간단히 말하면, 데카르트적인 코기토는 지식의 확실성을 확보하기 위한 코기토로서, 도대체 확실하다고 할 수 없는 사유들을 제거하기 위한 겁니다. 그러기 위해 데카르트는 온갖 잘못된 형태의 지식들을 찾아내어 열거하고, 그것들이 왜 확실성을 결여하고 있는가를 설명하며, 나아가 그 지식들이 지닌 위험을 제거하는 방법까지 제시했습니다.

그런데 푸코는 그러한 데카르트적인 작업에서 데카르트가 근거가 없는 것으로 여긴 사유의 내용들이 그 자체로 근거가 없는 것에 근거를 두고 있는 것임을 밝혀 주고 있는 것 아닌가 하고서 이 인용문의 첫머리에서 역공을 가합니다. 기발한 푸코의 관점이 아닐 수 없습니다.

그에 반해, 근대적 코기토는 오히려 데카르트가 근거가 없다고 해서 제거해 버린 바로 그 사유들을 되살리는 품새를 취하면서, 사유와 사유되지 않는 것을 동시에 거머쥐고서, 특히 사유되지 않는 것이 어떻게 해서 사유에 아주 가까운 곳에서 계속 머물 수밖에 없는가를 묻는다는 겁니다. 그래서 근대적 코기토는 사유된 것과 사유되지 않는 것 사이의 거리에 가치를 두고서 한껏 집중한다는 것입니다. 이 거리는 결국 경험적인 것과 초월론적인 것 사이의 거리일 뿐입니다. 평상적인 우리의 사유는 늘 사유되지 않는 것과 떨어질 수 없고, 그렇게 떨어지지 않음으로써 바로 사유로서 작동할 수 있다는 거죠.

문제는 사유되지 않는 것의 영역입니다. 그 영역은 결국 사물의 존재에 뿌리를 내리고 있을 겁니다. 따라서 근대적 코기토는 사물의 존재를 함부로 사유로 이관시키지 않고, 또 그럴 수도 없는 것입니다. 사유와 존재를 분명하게 구분하고자 하는 데서 근대의 코기토가 갖는 특성이 드러난다는 이야기입니다. 그래서 이렇게 이야기됩니다.

근대적 코기토에 고유한 이 이중 운동은 근대적 코기토에서 "나는 생각한다"가 왜 "나는 존재한다"에 대한 명백한 증거로 연결되지 않는가를 설명해 준다. 실제로 "나는 생각한다"는 모든 두께를 활성화하되, 잠든 상태에서 깨어 있는 애매한 방식으로 활성화해서 거기에 준-현전準-現前하는 식으로 가담해 있다. 그래서 거기에서 "나는 존재한다"라는 확언을 추출한다는 것은 불가능하다. 내가 말하는 언어는 나의 사유가 결코 전적으로 현행화actualiser할 수 없는 침전된 것들의 무게 속에서만 현존한다. 그런데 내가 말하고 그래서 나의 사유가 그 언어의 모든 고유한 가능성의 체계를 발견하는 지점에까지 미끄러져 들어간 다고 해서, 내가 바로 내가 말하는 그 언어라고 말할 수 있을까? 내가 하는 노동은 내가 그 노동을 끝냈을 때뿐만 아니라 내가 그 노동을 시 작하기 전부터도 나를 벗어나 있다. 그런데 내가 내 손으로 노동한다 고 해서 내 자신이 바로 내가 하는 그 노동이라고 말할 수 있을까? 내 가 내 자신의 바탕에서 느끼는 생명은 저 자신을 밀어붙여 나를 일순 간 생명의 꼭대기에 앉히는 엄청난 시간에 의해, 그리고 동시에 나에 게 나의 죽음을 예고하는 절박한 시간에 의해 나를 에워싼다. 그런데 내가 내 자신의 바탕에서 그 생명을 느낀다고 해서 내가 바로 그 생명 이라고 말할 수 있을까? 실로 나는, 내가 그렇다고도 말할 수 있고 또 한 그렇지 않다고도 말할 수 있다. (335, 371)

계속해서 언어, 노동, 생명이 기본 주제로서 등장합니다. 이것들은 근 대의 실증적 유한성을 지닌 인간이 탄생하는 근본 통로들이었습니다. 과 연 근대적 인간의 코기토가 이 근본 통로들을 다 담아낼 수 있는 역할을 할까요?

언어와 노동과 생명은 그 나름의 침전된 역사적인 두께를 지니고 있고 개인으로서의 인간을 항상 넘어서 있습니다. 그런데도 푸코는 개인으로 서의 인간인 내가 그러한 언어이자 노동이자 생명이라고 말할 수도 있고, 또 그것들이 아니라고 말할 수도 있다고 합니다. 푸코는 역시 경험적-초 월론적인 이중체로서의 근대적 인간의 특성을 활용해서 말하고 있습니 다. 경험적인 측면으로 보면, 개별 인간은 이러한 근본 통로들이 될 수 있 지만, 초월론적인 측면으로 보면, 개별 인간이 이러한 근본 통로들이 될 수 없다는 겁니다.

경험적인 측면은 어느 정도 이해할 수 있는데, 초월론적인 측면은 제대로 이해하기가 전혀 쉽지 않습니다. 공시적인 차원에서 이루어지는 개별 인간 간의 복합 다층적인 관계 때문이 아닙니다. 그것은 차원이 다른 문제입니다. 여기에서 문제가 되는 근대적 인간은 개별 인간의 대표라 할 수 있습니다. 임의의 한 근대 인간이 있는데, 그가 과연 초월론적으로 보면 그가 사용하는 언어이기도 하고, 그가 하는 노동이기도 하며, 그가 누리는 생명이기도 한 것인가 하는 것이 문제인 셈입니다. 지금 푸코가 말하는바 근대적 인간에서 초월론적인 성격은 바로 역사적인 두께를 지닌 언어와 노동 그리고 생명을 잠정적인 것들, 비사유적인 것들, 무언의 지평적인 것들 등으로 봄으로써, 그리고 그것들을 통하지 않고서는 인간이 그 자신으로서 현존할 수 없다는 점을 염두에 둠으로써 성립하는 거였습니다. 말하자면, 근대적 인간은 초월론적인 것들에 뿌리를 내리고 있음으로써 성립·현존할 수 있는 존재였습니다. 그런 점에서 개별 인간인 내 자신은 내가 말하는 언어도 아니고, 내가 수행하는 노동도 아니며, 내가 누리는 생명도 아니라는 겁니다.

이를 코기토와 관련지어 생각하게 되면, 인간이라는 존재는 더욱 기묘한 것으로 노출됩니다. 코기토가 분명히 존재를 확정하는 데까지 위력을 발휘할 수는 없습니다. 존재를 확정하기 위해서는 반드시 비코기토적인 것, 비사유적인 것, 비인식적인 것으로까지 나아가야 하기 때문이죠. 말하자면, 나라는 존재는 내가 생각하지 않는 바로 그것에 뿌리를 내리고 있습니다. 그래서 푸코는 여러모로 물음을 던집니다.

코기토의 열림 속에서 빛나는, 말하자면 눈을 깜빡거리는 이 존재, 그러나 코기토 속에서는, 그리고 코기토에 의해서는 주권적인 방식으로 주어지지 않는 이 존재는 도대체 무엇인가? 따라서 존재와 사유의 관계와 그 난해한 공속共屬은 어떤 것인가? 인간의 존재는 무엇인가? 또 "인간은 사유를 갖는다"라는 사실, 그리고 아마도 오로지 인간만이 사유를 갖는다는 사실에 의해 쉽게 특징지을 수 있는 그 [인간의] 존재가 비사유l'impensé와 제거할 수 없는 근본적인 관계를 맺는 일은 어떻게 가능한가? (336, 372)

대답하기 힘든 이러한 질문들을 던지고 난 뒤, 푸코는 다음의 말을 덧붙입니다.

데카르트주의와 칸트의 분석과는 아주 거리가 먼 데서 한 형태의 반성이 설립된다. 거기에서 가장 먼저 문제 되는 것은, 사유가 비사유에 말을 걸고 사유가 비사유에 입각해서 분절되는 그러한 차원에서 과연 인간 존재가 어떤가 하는 것이다. (336, 372)

인간 존재가 사유와 비사유 간의 접점에서 사유와 비사유가 서로 소통하고 그런 가운데 비사유에 바탕해서 사유가 분할 배치되도록 하는 매개 역할을 한다고 할 때, 바로 그때 인간 존재는 단적으로 어떤 존재인가 하고서 묻고 있습니다. 그리고 이러한 물음은 데카르트 철학이나 칸트 철학에서는 결코 등장할 수 없다는 점을 못 박듯 말하고 있습니다. 요컨대 19세기 근대에서 열리는 초월론적 사유는 칸트적인 것과는 아예 다른 차원의 것이고, 그렇기 때문에 사유의 영토를 넘어서서 인간 존재 및 존재 일반을 제대로 물을 수 있다는 것입니다. 이러한 푸코의 이른바 고고학적인 분석이 놀라울 따름입니다.

근대적 코기토,
사유와 비사유의 결합 2

지난 시간에 미처 마무리하지 못한 제5절 '코기토와 비사유'를 이어서 살펴보고자 합니다. 이 절이 속한 제9장의 제목은 '인간과 그 분신들'이었습니다. 푸코는 이 장에서 계속 19세기 근대의 지식의 장에서 부각된, 이른바 '인간l'homme'에 집중하고 있습니다. 이에 관해 푸코가 정리하는 대목이 제6절 '기원의 후퇴와 회귀'의 끝부분에 있습니다. 그는 이렇게 말합니다.

> 인간에게 있어서 기원적인 것l'originaire은 동일성identité의 정점 —실재적이건 잠정적이건— 에로 되돌아가거나 향하는 것과도 무관하고, 타자l'Autre의 분산이 아직 작동하기도 전의 동일자le Même의 계기를 지시하는 것과도 무관하다. 인간에게서 기원적인 것은 처음부터 인간을 그 자신과는 다른 것에 바탕해서 분절하는 것이다. 그것은 인간의 경험 속에 인간보다 더 오래되고 인간이 장악할 수 없는 내용들과 형식들을 끌어들인다. 그것은 다양한 상태로 교차하면서 서로 환원 불가능한 연대기적인 것들에 인간을 결합함으로써 인간을 시간을 통해 분산시

키는 것이고 사물들의 지속 한가운데서 인간이 빛나게끔 하는 것이다.
(342, 379)

여기에서 우리로서는 17-18세기 고전주의 시대의 에피스테메가 '재현 représentation'인 것과 달리 19세기 근대의 에피스테메는 '인간l'homme'임을 일단 파악하게 됩니다. 이 말을 하는 것은 푸코가 서론에서 자기 나름의 지식의 고고학에 입각한 '역사적 선험a priori historique'으로서의 '에피스테메 épistéme' 개념을 구축해서 제시하면서도 각 시대의 에피스테메가 어떤 것 인가를 정확하게 적시하지 않고 있기 때문입니다. 르네상스 때까지의 에 피스테메는 분명히 '유사성ressemblance'이고, 17-18세기 고전주의 시대의 에피스테메는 분명히 '재현'입니다. 이에 관해서는 푸코가 명시적으로 제 시하고 있습니다. 그런데 19세기 근대의 에피스테메에 관해서는 명시적 으로 제시하지 않습니다. 이 대목을 바탕으로 우리는 푸코가 19세기 근대 의 에피스테메를 '인간'으로 제시한다고 말하게 됩니다.

푸코는 이 '인간'이 네 가지 차원에서 정의된다는 사실을 제시하고 있 습니다. 이 네 가지는 제9장의 제3-6절을 통해 하나하나 분석되고 설명 되고 있죠. 지금 우리는 이 중 세 번째 것인 '코기토와 비사유의 영구적인 관계'를 다루고 있습니다. 이어서 다음 시간에는 네 번째 것인 '기원의 후 퇴와 회귀'를 다루게 될 것입니다.

지난 시간에 우리는 푸코가 '비사유l'impensé'라고 하는 기상천외한 개념 을 도입하는 것을 보았습니다. 그러면서 19세기 새로운 형태의 반성이 데 카르트주의와 칸트적인 분석과는 거리가 먼 곳에서 이루어진다는 것, 그 럼으로써 처음으로 인간이 탐구 대상이 된다는 것, 그 탐구는 사유가 비 사유에 말을 걸고 사유가 비사유를 바탕으로 해서 분절되는 차원에서 이 루어진다는 것 등을 살폈죠. 이때 '비사유'는 노동, 생명, 언어가 지닌 역 사적인 두께, 즉 전혀 새로운 의미를 띤 초월론적인 것에 해당합니다. 우리가 사유를 할 때, 그 아래에서 노동, 생명, 언어 등 비사유의 영역이 이미 늘 두툼한 두께를 지니고서 지평적으로 작동한다는 것입니다. 그렇게 됨으로써 과연 어떤 일이 벌어질까요?

이에 관해 푸코는 두 가지 귀결이 성립한다고 말합니다. 하나는 현상학phénoménolgie이 등장해서 코기토라고 하는 데카르트적인 주제와 칸트가 흄을 비판하면서 끄집어내게 된 초월론적인 동기를 결합한 것이고, 다른 하나는 반성적 인식의 그 오래된 특권이 틀림없이 사라짐으로써 무의식적인 것l'inconscient이 등장하게 되었다는 겁니다. 이에 관해 푸코가 어떻게 설명하는가를 차례대로 살펴보기로 하죠.

1) 후설의 현상학에 대한 푸코의 해석

푸코는 후설의 현상학이 등장하여 이른바 초월론적인 주체성을 어떻게 달리 규정하게 되는가를 다음과 같이 말하고 있습니다.

후설은 순수한 철학을 근본적으로 가져가는 것이자 그 순수한 철학이 나름의 역사를 지닐 가능성에 대한 토대 역할을 하는 반성을 제시했다. 그러고는 서구의 **이성**ratio이 그 반성 속에서 저 자신을 살피도록 했다. 그럼으로써 서구 이성이 지닌 가장 심오한 소명을 활성화하고자 했다. 진정으로 말하면, 후설이 이러한 결합이 작동하도록 할 수 있었던 것은 초월론적인 분석이 그 적용 지대를 변경하고, 또 코기토가 그 기능을 변경하는 한에서다. 그러므로 현상학은 서구의 오래된 이성에 따른 방향 설정을 되잡은 것이 아니라, 18세기에서 19세기로 바뀌면서 근대적 **에피스테메**에서 산출되는 거대한 파열la grande rupture을 아주 실감 나게, 그리고 아주 적절하게 입증한 것이다. 만약 현상학이 생명과 노동 및 언어의 발견과 연결된 대목을 지닌다면, 그 대목은 또한 인간이라는 오래된 이름 아래 이제 불과 두 세기 전에 솟아오른 새로운 형성과 연결된 대목이다. 현상학의 그 대목은 인간의 존재 양식에 대한 탐문과 연결된 것이고, 인간이 비사유와 맺는 관계에 대한 탐문과 연결된 것이다. 그래서 현상학은 인간에 대한 경험적인 분석을 받아들이는 데 따른 그 위태로운 친근 관계와 쉽게 성과를 기약하게 하지만 위협적이기까지 한 근린 관계를 결코 도모할 수 없었던 거다. 또한 그래서 코기토로의 환원을 통해 설립되었는데도 불구하고 현상학은 항상 물음들로, 존재론적인 그 물음*la* question ontologique으로 이어질 수밖에 없었던 거다. 우리가 보기에, 현상학적인 기획은 끊임없이 둘로 나뉜다. 즉 경험적인바 체험된 것에 대한 기술記述과 '나는 생각한다'가 갖는 원초성primauté을 탈락시키는 저 비사유에 대한 존재론으로 언제나 나뉜다. (336-337, 372-373)

푸코가 후설의 현상학을 비롯한 현상학 전반에 관해 어떤 태도를 견지하는가를 알 수 있는 대목입니다. 현상학을 전공한 필자로서는 가능한 한 남김없이 이를 소개하고 싶었기 때문일까요. 대단히 길게 인용했습니다.

후설의 현상학은 이성의 현상학이라고 해도 과언이 아닐 정도여서 흔히들 후설을 서구의 마지막 합리주의자라고 말하기도 합니다. 그런데 푸코는 후설이 문제 삼은 서구의 이성은 어디까지나 그 이전의 데카르트나 칸트의 순수 코기토에 따른 재현 중심의 초월론적인 지대를 벗어나는 한에서 새롭게 조명될 수밖에 없는 것임을 강조합니다. 푸코에 따르면, 후설의 현상학은 자연과학의 가능성을 탐문하기 위한 초월론적인 지대로부터 생각하는 인간의 가능성을 탐문하기 위한 초월론적인 지대로 옮겼습니다. 그리고 코기토의 기능을, 사유에 입각해서 필증적인 현존을 도출하고자 하는 기능으로부터 사유가 저 자신을 벗어나 존재를 둘러싸고 sur l'être 다양하게 증식되는 탐문을 수행할 수 있는 까닭을 드러내는 기능으로 바꾸었습니다(336, 372 참조). 후설이 코기토에 입각한 초월론적인 반성으로서의 철학을 수행하되, 전자의 측면은 칸트와 다른 점이고, 후자의 측면은 데카르트와 다른 점입니다.

이 정도쯤 되면, 언뜻 보기에 후설의 현상학이 데카르트가 말하는 명증성의 원리를 추구하고자 하는 철학 정신을 그대로 이어받으며(후설이 데카르트의 '나는 생각한다'라는 원리를 중시하고, 그 유명한 '에포케'를 통해 데카르트가 제시한 명증성을 지식의 기준으로 삼은 것은 유명합니다), 또 칸트의 초월론적인 반성에 입각한 방법론을 이어받는다고 할지라도(후설은 예사로 '초월론적인 환원' 또는 '초월론적인 주체성', '초월론적인 반성' 등을 이야기합니다), 그 내용에 있어서는 전혀 다른 것이 됩니다.

후설 현상학에 대한 푸코의 이러한 진단은 그 나름의 지식의 고고학에 바탕해서 이루어진바 대단히 포괄적입니다. 그래서 평소 필자가 후설의 현상학을 연구하면서 포착하지 못한 독특한 측면을 지니고 있습니다. 그것은 바로 후설의 현상학이 '근대적 에피스테메에서 산출되는 거대한 파열'을 입증해 보였다고 하는 것입니다. 추측건대 이는 후설이 『유럽 학문의 위기와 초월론적 현상학*Die Krisis der europäischen Wissenschaften und die transzendentale Phänomenologie*』(1935-1937)을 통해 유럽 학문이 자연과학주의로 치달아 인간 삶의 초월론적인 토대이자 모든 학문의 초월론적인 토대인 생활세계를 위기로 몰아넣음으로써 인간성을 위기로 몰아넣고 있음을 주장한 것을 바탕으로 한 것으로 보입니다. 후설이 말하는 생활세계를 푸코는 일종의 비사유의 지대로 보고 있는 셈이죠. 그리고 그 비사유의 지대인 생활세계가 생명과 노동 그리고 언어가 지닌 역사적인 두께와 연결된 것으로 보고 있는 것입니다.

후설은 생활세계 이론을 펼치면서 생활세계가 가능한 바탕 위에서 초월론적인 주체성이 작동하고 있다고 말합니다. 만약 푸코의 분석적인 진단이 맞는다면, 여기에서 후설이 말하는 초월론적인 주체성은 곧 생명과 노동과 언어가 지닌 역사적인 두께를 지시하는 것이 됩니다. 과연 그렇게 해석할 수 있을까요? 만약 그렇게 해석될 수 있다고 한다면, 후설이 말하는 초월론적인 주체성은 그야말로 획기적이라 하지 않을 수 없습니다. 아닌 게 아니라, 후설의 생활세계 이론에 대해 이른바 실재론적인 해석을 펼치는 인물들은 초월론적인 주체성이 오히려 생활세계를 바탕으로 해서 성립한다는 주장을 폅니다. 후설의 조교 일을 했던 란트그레베Ludwig Landgrebe(1902-1991)와 그의 입장을 이어받아 더 강한 실재론적인 입장을 보이는 와일드J. W. Wild(1902-1972) 및 오버랜더G. E. Oberlander와 같은 인물들이 그들이죠.

예컨대 오버랜더는 「후설 현상학에서의 초월론적인 자아: 몇 가지 함축적인 수정들」49이라는 논문에서, 자신의 이 논문이 란트그레베가 쓴 『현상학의 길Der Weg der Phänomenologie』(1969)에 부분적으로 부응하기 위한 것임을 밝히면서, 다음과 같은 주장을 펼칩니다. ① 조월론적인 주체성은 경험 작용noesis과 경험된 것noema인 객체 간의 지향적인 상호성의 관계에서 나온 구상체具象體, concretion로 여겨야 하며, 경험의 노에시적인 측면과 동일시해서는 안 된다. ② 후설의 초월론적인 관념론이 지닌 자아론적인 정향은 이 같은 상호성을 근본적인 차원에서 주제화하는 데 필요한 해석학적인 장치 외에 그 어떤 것이어서도 안 된다. ③ 후설이 말하는 보편 지평으로서의 세계는 삶 전체에 대한 지평이며 초월론적인 주체성에 의해 담지되는 지향적인 대상이 아니다. 오히려 보편 지평으로서의 세계는 초월론적인 주체성의 지평이다. ④ 지평이란 상황에 처한 주체에 연관하지 않고서는 지평일 수가 없다. 그러므로 보편 지평으로서의 세계를 지평으로 하는 초월론적인 주체성은 상황에 처한 주체성이다.50 요컨대, 오버랜더

---

49   "The Transcendental Self in Husserl's Phenomenology: Some Suggested Revisions"(*Research In Phenomenlogy*, Vol. III. 1973에 수록).

50   이 내용은 필자의 박사학위 논문 「현상학적 신체론: E. 후설에서 M. 메를로퐁티에로의 길」(1993)의 32쪽, 각주 36에서 밝힌 것이다.

에 따르면, 후설이 말하는 초월론적인 주체성은 '나는 생각한다'라는 데서 성립하는 순수한 코기토와 그에 따른 근원적인 원초성과는 전혀 궤를 달리하는 셈입니다.[51]

후설 현상학에 대한 푸코의 입장 역시 이러한 실재론적인 해석의 입장에 속한다고 할 수 있습니다. 이러한 입장에서 보면, 후설의 초월론적인 주체성은 역사와 문화라고 하는 발생적인 침전을 담지하고 있는 생활세계를 바탕으로 한 것이므로, 칸트가 말하는 초월론적인 주체성과는 전혀 다른 겁니다. 그렇다고 해서 지금 당장 경험을 수행하는 경험적인 주체성과도 그 성격을 같이하는 것은 아닙니다. 푸코가 후설의 현상학에 대해 이렇게 해석할 수 있었던 것은 한 세대 위의 프랑스 현상학자들, 특히 사르트르와 메를로퐁티의 현상학에 크게 영향을 받았기 때문이라 할 수 있을 겁니다.

2) 무의식적인 것의 등장

이어서 푸코는 무의식적인 것이 등장한 것에 대해 이렇게 말합니다.

> 인간이 반성의 형식 속에서 자신을 사유하기를 그침으로써 인간이 자기 자신에게 적용하게 된 과학적 사유에서 필연적으로 무의식적인 것

---

[51] 하지만, 필자는 후설의 초월론적인 주체성에 대해 이렇게만 보지 않는다. 이렇게도 볼 수 있지만, 후설의 현상학에서 순수의식으로서의 초월론적인 주체성을 얼마든지 주장할 수 있다고 본다. 그래서 박사 논문에서 필자는 이렇게 말한 바 있다(33쪽). "우리는 이 두 해석의 각각에서 후설 현상학의 부정합적인 두 축을 포착하고자 한다. 관념론적인 해석에서 우리는 후설이 신체를 포함한 세계에 대해 초월론적인 순수의식이 절대성을 갖는다고 주장함을 받아들인다. 한편 실재론적인 해석에서 우리는 후설이 신체가 세계를 선구성(先構成)하는 기능을 수행하는 것으로 주장함을 받아들인다. 이에 우리는 후설 현상학에서 초월론적인 순수의식의 절대성과 신체의 초월론적인 기능 간에 서로 부정합적인 균열이 있음을 확인하게 된다. 이는 신체가 어떻게 초월론적인 순수의식의 초월론적인 세계 구성에 가담하게 되는가를 살펴봄으로써 더욱 구체화될 것이다."

l'inconscient이 주어지는 것이 아니겠는가? 사실이지, 무의식적인 것, 그리고 일반적으로 보아 비사유l'impensé의 형식들은 인간에 대한 실증적인 지식에 제공된 보충물이 아니었다. 고고학적인 차원에서 볼 때, 인간과 비사유는 동시대적인contemporains 것이다. 사유가 자신에게서, 그리고 동시에 자신을 벗어나 자기 자신과 함께 얽혀 짜여 있는 자신의 여백들에서, 어떤 밤의 몫, 사유 자신이 가담하고 있는 겉보기에 타성적인 어떤 두께, 사유가 처음부터 끝까지 거머쥐고 있지만 사유 자신 또한 그것에 의해 거머쥐어진 채 있는 어떤 비사유를 발견하지 않고서는, 인간은 **에피스테메**에서의 하나의 편성물로 간주될 수 없는 노릇이었다. 비사유(사람들이 이에 대해 어떤 이름을 붙이건 간에)는 축소된 자연으로서의 인간 또는 자연 속에 지층화되어 있는 역사로서의 인간에 놓여 있지 않다. 인간에 관련해서 볼 때, 비사유는 타자l'Autre다. 이 타자는 인간에 대해 형제와 같고 쌍둥이와 같아서, 인간에게서 태어나는 것이 아니라, 인간 곁에서 동일한 신생nouveauté을 띠고서, 그리고 서로 의지하지 않는 이중성을 띠고서, 인간과 함께 동시에 태어난다. 인간의 자연(본성)에 있어서 심연의 영역이라고, 또는 인간의 역사에 특이하게 자물쇠로 채워져 있는 성채城砦라고 흔히들 기꺼이 해석하는 이 어두운 지대cette plage obscure는 전혀 다른 양식으로 인간에 연결되어 있다. 이 어두운 지대는 인간에 대해 외부적이면서도 필수 불가결하다. 어찌 보면, 지식에서 인간이 솟아오를 때 인간으로부터 드리워진 그림자이고, 또 어찌 보면 그것에 바탕해 인간을 인식할 수 있는 맹목적인 얼룩tache aveugle이기도 하다. 어쨌든 19세기 이래 이 비사유는 음험하게, 그리고 끊임없이 인간에게 들러붙어 있는 동반자 역할을 해 왔다. 요컨대 비사유는 고집스러운 분신un double insistant에 다름 아니기 때문에, 그 자체 자동적인 방식으로는 결코 반성되지 않는 것이었다. 비사유는 타자l'Autre이자 그림자l'ombre였다. 비사유는 보충적인 형식과 뒤

집힌 이름을 부여받았다. 말하자면, 비사유는 헤겔 현상학에서는 **대자**Für sich와 대면한 **즉자**An sich였고, 쇼펜하우어에게서는 **비의식적인 것**l'Unbewusste이었으며, 마르크스에게서는 소외된 인간l'homme aliéné이었고, 후설의 분석에서는 암시적인 것l'implicite, 비현행적인 것l'inactuel, 침전된 것le sédimenté, 비실효적인 것le non-effectué이었다. 그 모든 방식에 있어서, 결코 다 퍼낼 수 없는 무진장한 이 분신doublure은 반성된 지식에 진리 내의 인간인 것의 혼잡한 투사로서 제공되지만, 또한 실로 이 무진장한 분신은 인간이 그 자신과 결합해 진리에 이르기까지 자신을 환기할 수밖에 없도록 하는 선결적인 토대의 역할을 한다. 그 때문에 이 분신은 아주 가까이 있지만 낯선 것이고, 그래서 사유의 역할, 즉 사유의 고유한 창발성은 이 분신을 최대한 자신 가까이에 끌어당기는 것으로 된다. 근대의 모든 사유에는 비사유를 사유한다는 법칙이 관통하고 있다. 즉 대자의 형식 속에서 즉자의 내용들을 반성해야 한다거나, 인간을 그 고유한 본질과 화해시킴으로써 인간을 해방해야 한다거나, 경험에 직접적이면서 강압적이지 않은 명증성의 배후 토대를 제공하는 지평을 밝혀야 한다거나, 무의식적인 것l'Inconscient의 베일을 벗겨내야 한다거나, 그 자신의 침묵에 젖어 들어야 한다거나, 또는 무한정하게 이루어지는 자신의 중얼거림에 귀를 쫑긋 세워야 한다거나 하는 등의 법칙들이 근대적 사유를 관통하는 것이다. (337-338, 373-374)

　이제까지 인용한 대목 중 아마도 인용된 분량이 가장 많은 대목이 아닐까 싶습니다. 너무나 많이 인용해서 미안하기도 하지만, 내용상 워낙 중요한 대목이라 어쩔 수 없었습니다. 하나하나 차분하게 들여다보도록 하죠. 그러기 전에 먼저 염두에 두어야 할 사안은 여기에서 푸코가 말하는 '무의식적인 것'이라는 말의 의미가 워낙 폭이 넓다는 겁니다. 그리고 사실 이 인용문에서 주제가 되는 것은 '무의식적인 것'이라기보다 오히려

'비사유'라는 것입니다.

우선 무의식적인 것을 푸코는 반성을 통해 반성되지 않는 것으로 규정합니다. 그러면서 무의식적인 것을 계속 논의해 온 비사유의 형식 중 하나로 여기죠. 이는 '무의식적인 것, 그리고 일반적으로 보아 비사유의 형식들'이라는 말에서 알 수 있습니다. 그러니까 푸코는 많은 사람에게 알려진 '무의식적인 것'을 실마리로 삼아 정작 '비사유'를 논의하고자 하는 셈입니다.

그런데, "고고학적인 차원에서 볼 때, 인간과 비사유는 동시대적인 것이다"라는 다소 어려운 말을 하고 있습니다. 푸코의 고고학은 주어진 시대에 과연 어떤 에피스테메, 즉 역사적인 인식 틀에 의해 어떻게 여러 형태의 지식이 동일한 방식으로 형성되는가를 밝히는 작업입니다. 19세기 근대를 통해 인간이 탄생했다고 했을 때, 그 인간은 실증적 유한성을 지닌 인간이었습니다. 그런데 이 인간과 더불어 동시에 탄생한 게 비사유라고 말하고 있습니다. 이를 적실하게 표현한 대목이 "인간에 대해 형제와 같고 쌍둥이와 같아서"라는 대목입니다. 인간이 먼저 태어나 그 인간에게서 비사유가 태어난 것이 아니고, 그야말로 둘이 동시에 태어난 것이라는 이야기입니다. 달리 말하면 실증적 유한성에 따른 인간을 정확하게 눈치채고서 이를 중시하여 드러내고자 할 뿐만 아니라, 동시에 비사유 지대의 현존을 정확하게 눈치채고서 이를 중시하여 드러내고자 하는 데서 19세기 이래의 근대적 사유 방식이 성립한다는 겁니다.

그런데 이 인용문에서 푸코는 비사유에 대해 여러 다른 이름들을 붙이고 있습니다. '사유의 여백', '밤의 몫', '타성적인 어떤 두께', '사유에 의해 파악되면서 오히려 사유를 거머쥐고 있는 것', '인간의 타자', '인간 자연(본성)의 심연', '인간의 역사에 특이하게 자물쇠로 채워져 있는 성채', '어두운 지대', '인간으로부터 드리워진 그림자', '인간을 인식할 수 있게 하는 맹목적인 얼룩', '끊임없이 들러붙는 인간의 동반자', '고집스러운 분신' 등의 이름이 그것이죠. 이 중에서 푸코가 결국 중요하게 여기는 것은 인간에 대한 '타자'Autre'와 인간으로부터 드리워진 '그림자'ombre'입니다.

19세기 이래의 근대적 사유에서 인간은 적어도 사유를 통해서는 결코 자신에게 귀속시킬 수 없는 타자 또는 그림자를 이미 늘 수반하면서 그것과 결합해 있는 것으로 파악되고 있다는 이야기입니다. 우리 나름으로는 불투명성'opacité을 제시할 수 있습니다. 이 불투명성에 관해서는 2005년 '한국프랑스철학회' 창립총회 때 필자가 '불투명성으로 본 프랑스의 현상학'이라는 발표에서 개진한 바 있고, 또 '철학아카데미' 2007년 여름 학기에 개설했던 **심연의 존재론**에서 더욱 구체적으로 밝힌 바 있습니다. '어두운 지대'가 어둡다고 할 때, 그것은 어디까지나 사유, 특히 반성적 사유에 어둡다는 겁니다. 도무지 불투명하기 짝이 없는 심연이 인식적인 사유에 늘 치명적인 한계로서 작동하고 있다는 것을 정확하게 인정하지 않고서는 도대체 존재 영역으로 한 발짝도 들어설 수 없다고 해서 우리 나름으로 제시한 개념이 바로 불투명성이었습니다.

푸코는 이러한 사태를 오로지 19세기 이래의 근대적 사유에만 해당하는 것으로 보고 있습니다. 그러면서 헤겔의 '대자와 대면한 즉자', 쇼펜하우어의 '비의식적인 것', 마르크스의 '소외된 인간', 후설의 '암시적인 것'·'비현행적인 것'·'침전된 것'·'비실효적인 것' 등을 그 예로 제시하고 있습니다.

그러나 우리로서는 이러한 비사유의 영역이 고대에서부터 일찍이 예비되어 와서 특히 현대의 철학적 사유에서 주제화되었다고 생각합니다. 예컨대 플라톤의 '게네시스', 아리스토텔레스의 '순수 질료', 칸트의 '사물 자체' 등은 바로 이러한 불투명성을 알리는 중요한 예비적인 개념들이라고 생각하죠. 그리고 여기에서 푸코가 지적하고 있지 않은 하이데거의 '존재', 가브리엘 마르셀의 '몸', 사르트르의 '순수 즉자', 메를로퐁티의 '살', 레비나스의 '일리야', 리쾨르의 '자율적인 텍스트', 들뢰즈의 '기관들 없는 몸’, 데리다의 ‘근원 문자’ 등이 그러한 불투명성을 알리는 개념들이라고 생각해서 이를 **‘심연의 존재론’**에서 일일이 분석한 바 있습니다.[52]

이러한 우리의 진단으로 볼 때, 푸코의 ‘비사유’에 대한 고고학적인 논의는 대단히 유용하다고 할 수밖에 없습니다. 그동안 우리가 생각해 온 ‘불투명성의 존재론’ 내지는 ‘심연의 존재론’을 구축하는 데 크게 도움이 되기 때문입니다. 푸코가 말하는 이 ‘어두운 지대’, 우리가 말하는 ‘불투명성의 영역’ 등은 결코 초자연적이라는 의미에서 초월적인 것들이 아닙니다. 어디까지나 인간인 우리들의 존재 ‘아래에’·‘뒤에’·‘주변에’ 함께 들러붙어 있는 겁니다. 그러면서 인간을 넘어서 있죠. 그런 점에서 인간 존재에 대해 ‘내재적인 초월’이라는 존재 양식을 띤 것이라 할 수 있습니다.

푸코는 이를 특별히 ‘인간의 타자’라고 하면서 그 타자를 대문자로 표기하여 ‘l’Autre’라고 말하고 있습니다. 굳이 대문자를 써서 표기하는 푸코의 의도를 어떻게 읽어야 할까요? 소문자로 써서 ‘l’autre’라고 하는 것과 무엇이 다른 걸까요? 직관적으로 떠오르는 첫 번째 생각은 대문자로 쓴 타자는 인간에게 결코 내면화될 수 없다는 의미를 갖는다는 겁니다. 만약 소문자로 쓴다면, 한 인간이 타자들과의 관계를 통해 내면화한 부분을 지칭하는 것으로 볼 수 있기 때문이죠. 그리하여 푸코는 이 ‘타자로서의 비사유’를 ‘결코 다 퍼낼 수 없는 무진장한 분신’이라고 말하고 있습니다.

중요한 것은 이제 인간이 자기 자신의 참된 존재를 생각할 때, 이 무진장한 분신을 염두에 두지 않을 수 없게 되었다는 겁니다. 이렇게 되면, 인간은 결코 그 자신의 진리와 통일될 수 없는 존재가 되고, 그럼으로써 인간은 항상 자신의 존재 자체에서 이미 늘 ‘어두움’, ‘심연’, ‘간극’, ‘부재’, ‘차

---

52   이러한 내용을 밝히는 필자의 작업은 여러 수정의 경로를 거쳐 마침내 『불투명성의 현상학』(그린비, 2023)으로 출판되었다. 이 책은 한국연구재단의 지원에 따른 연구의 결과물이었고, 한국학술원에서 우수학술도서로 지정되기도 했다. 강의 당시인 2012년에는 이렇게 책으로 꾸미게 될 줄은 몰랐다.

이' 등이 작동하고 있다는 것을 인정하지 않을 수 없게 되죠. 그래서, 아울러 그런데도, 19세기 이래에 근대적 사유는 이 비사유를 사유해서 최대한 자신의 품에 끌어들여 가능한 한 밝히고자 하는 노력을 기울이게 된다는 겁니다. 한계를 정확하게 인식하고 있으면서도 그 한계를 넘어서고자 하는 노력을 하지 않을 수 없는 근대적 사유의 '운명적인 비극'을 목도하게 되죠.

그런 '운명적인 비극' 때문에 근대적 사유의 지형 내에서는 도대체 근원적으로 윤리학적인 정초 작업이 자리를 잡을 수 없다는 점을 푸코는 강조합니다.

[근대적 경험에 있어서] 본질적인 것은 사유가 그 자신에 대해, 그리고 그 자신이 하는 작업의 두께(깊이)에 있어서, 자신이 알고 있는 것에 대한 지식이자 변양이고, 자신이 반성하는 것의 존재 양식에 대한 반성이자 변형이라는 사실이다. … 거기에는 우리의 근대성에 결합해 있는 심오한 무언가가 있다. 종교적인 도덕을 벗어나서, 틀림없이 서구는 오로지 윤리적인 것의 두 형식만을 인식했다. … 근대인은 그 어떤 도덕morale도 정식화하지 않는다. 모든 명령이 비사유를 파악하기 위한 사유와 그 사유의 운동 내부에 머물러 있는 한, 그럴 수밖에 없다. 반성, 의식의 파악, 침묵하는 것의 해명, 묵언의 것에 회복된 말, 인간을 그 자신에게서 물러서게 하는 그림자 부분의 밝힘, 타성적인 것의 재활성화 등, 이것들이야말로 오로지 근대인에게 윤리학의 내용과 형식을 구성해 주는 모든 것이다. (338-339, 374-375)

비사유의 영역을 최대한 끌어올려 저 자신의 존재 조건을 밝히는 것이야말로 근대인의 윤리학의 요체라는 겁니다. 이것은 흔히 말하는 행동에 관련된 도덕과는 전혀 무관한 일입니다. 인간에게 의무가 있다면, 비사유에 의거한 저 자신의 은폐되고 가라앉는 존재 조건들을 끄집어 올려 드러내는 것일 뿐, 정언명법식의 의무로서의 그 어떤 도덕도 근본적으로 성립할 수 없다는 거죠. 아닌 게 아니라, 인간 존재 자체가 불투명하고 어두운 심연에 의거해 있는데, 무슨 규정된 도덕이 근본적으로 성립할 수 있겠습니까. 비사유를 도덕의 불가능성과 연결해서 논의하는 푸코의 이러한 논변이야말로 현대인의 삶이 지닌 근원적인 형식을 지목한 것이라 하지 않을 수 없습니다. 이에 관한 푸코의 논변은 계속됩니다.

사실을 말하자면, 근대적 사유는 결코 도덕을 제시할 수 없다. 그러나 [그것은] 근대적 사유가 순수한 사변이어서가 아니다. 완전히 반대로, 근대적 사유가 처음부터, 그리고 그 고유한 두께에 있어서 어떤 한 행동의 양식이기 때문이다. 사유가 그 은신처에서 나오도록 부추기고 선택지들을 정식화하도록 부추기는 자들이 있다면, 그들이 말하도록 내버려둘 일이다. 모든 약속을 벗어나서 덕성의 부재 속에서 하나의 도덕을 구성하고 싶어 하는 자들이 있다면, 그들이 행동하도록 내버려둘 일이다. 근대의 사유에서 가능한 도덕은 없다. 왜냐하면, 19세기 이래 사유는 이미 그 자신의 본령에 있어서 자기 자신을 '벗어나' 버렸고, 더 이상 이론이 아니기 때문이다. 근대적 사유가 사유하자마자, 그 근대적 사유는 공격하거나 화해하고, 다가가거나 밀치며, 파괴하고, 해체하며, 결합하거나 재결합한다. 근대적 사유는 [인간을] 자유롭게 하고 동시에 노예로 만드는 데 있어서 방해를 받을 수 없다. 심지어 예규豫規하고, 미래를 그리며, 해야 할 것을 말하기 이전에, 심지어 권고하거나 그저 경고하거나 하기 전에, [근대적] 사유는 그 현존에 막 당도하려는 지경에서 가장 먼저 이루어지는 형식을 취하자마자, 그 자체로 하나의 행동, 위험하기 짝이 없는 하나의 행동이다. 사드, 니체, 아르토, 바타유는 이러한 사실을 무시하고자 하는 모든 자를 대신해서 이 사실을

알았다. 그러나 또한 헤겔, 마르크스, 프로이트 역시 이를 알았다는 것은 분명하다. (339, 375)

사유 자체가 하나의 행동일 수밖에 없는 사태가 근대적 사유를 지배하고 있다는 이야기입니다. 푸코의 지적은 정확합니다. 사드의 사유와 그 결과물인 그의 소설들, 니체의 망치로 인간을 내려치는 반인간주의적 사유와 그 결과인 그의 철학들, 아르토Antonin Artaud(1896-1948)의 잔혹성을 통해 영혼의 치유를 노리는 연극적 사유와 그 결과인 잔혹극들, 바타유Georges Bataille(1897-1962)의 위반 일변도의 사유와 그에 의한 그의 철학과 소설들 등은 그 자체로 강력한 행동이 아닐 수 없기 때문입니다. 모종의 방식으로 사유하는 것 자체가 바로 위험하기 짝이 없는 강력한 행동이라고 할 때, 그것은 비사유의 어두운 영역을 끌어올리는 것만으로도 충분히 위험하기 짝이 없는 강력한 행동이라는 것을 의미합니다.

그런데 이러한 푸코의 사유 자체는 일종의 이들에 대한 메타적인 사유이기 때문에 그 자체로 행동이라고 할 수는 없을 것입니다. 예컨대 철학적 사유가 곧 행동으로서 위력을 발휘할 수 있는 판이 인간과 비사유가 결합함으로써 가능하게 되었다고 알려 줄 뿐이죠. 그렇다면, 푸코의 이러한 고고학적인 사유는 비유컨대 총의 안전장치를 푸는 것에 해당한다고 할 수 있습니다. 그렇다면 그가 거론하는 여러 사상가의 사유는 총의 방아쇠를 당기는 것에 해당할 것입니다. 심지어 인간을 살해할 수도 있는 총구에서 튀어나오는 그 자체 강력한 행동인 철학적 사유를 일삼는 근현대 철학자들의 면모가 파노라마처럼 사유의 망막을 스칩니다.

이렇듯 우리에게 강력한 사유의 장면을 보여 준 뒤, 푸코는 이제 정돈하듯이 이 제5절 '코기토와 비사유'를 다음의 글귀로써 마무리합니다.

표면적으로는, 인간에 대한 인식은 자연과학들과는 달리, 심지어 가장 모호한 형식에서조차 항상 윤리적인 것 또는 정치적인 것에 연결되어 있다고 말할 수 있다. [그러나] 더 근본적으로는, 근대적 사유는 인간의 타자l'Autre de l'homme가 인간과 동일한 자(인간의 동일자le Même que lui ← l'homme)가 되어야 하는 그 방향으로 나아간다. (339, 376)

우리는 일상적인 사회생활에서 윤리적인 사태 또는 정치적인 사태 등을 결코 무시하거나 나아가 좌시하지 않습니다. 사회적인 삶을 영위하는 근대적인 시민이라면 윤리의식 또는 정치의식 등은 결코 저버릴 수 없죠. 이는 어쩌면 어떤 시대의 사회에서건 통용되는 사안입니다. 그런데 푸코는 특히 19세기 이래 근대에 이르러 근본적인 판이 바뀌었다고 말하고 있습니다. 이제 그러한 윤리의식과 정치의식을 요청하는 그 밑바탕에는 '인간의 타자'와 '인간의 동일자'를 통일하고자 하는 전혀 새로운 사유가 위력을 발휘하고 있다는 겁니다.

문제는 여기에서 말하는 '인간의 동일자'가 도대체 무엇을 지칭하는가 하는 점입니다. 인간의 타자를 드러내는 각종 형태가 다양하게 포진되어 있는 존재의 지형에서 도대체 인간의 동일자라고 하는 것이 근본적으로 성립할 수 있다는 말일까요? 이와 관련해서 전개되는 절이 바로 제6절 '기원의 후퇴와 회귀'입니다. 다음 시간에 본격적으로 살펴보겠지만, 이번 강의 첫머리에서 미리 인용했던 아래의 이야기를 다시 인용하고자 합니다.

인간에게 있어서 기원적인 것l'originaire은 동일성identité의 정점 —실재적이건 잠정적이건— 에로 되돌아가거나 향하는 것과도 무관하고, 타자l'Autre의 분산이 아직 작동하기도 전의 동일자le Même의 계기를 지시하는 것과도 무관하다. 인간에게서 기원적인 것은 처음부터 인간을 그 자신과는 다른 것에 바탕해서 분절하는 것이다. 그것은 인간의 경험 속에 인간보다 더 오래되고 인간이 장악할 수 없는 내용들과 형식들을 끌어들인다. 그것은 다양한 상태로 교차하면서 서로 환원 불가능한 연대기적인 것들에 인간을 결합함으로써 인간을 시간을 통해 분산시키는 것이고 사물들의 지속 한가운데서 인간이 빛나게끔 하는 것이다. (342, 379)

인간을 그 기원에서 본다고 할지라도 인간은 인간 자신보다 더 오랜 시간을 통해 존재론적인 위력을 발휘하는 타자의 분산을 바탕으로 하지 않을 수 없다는 겁니다. 그렇다고 해서 인간이 그저 사물들처럼 맹목적인 타성체로서 존재하는 것은 전혀 아닙니다. 타자의 분산에 의해 시간적으로 함께 분산됨으로써 오히려 사물들의 지속 한가운데서 빛나는 것이 바로 인간이라는 겁니다. 이때 이 '빛남'을 위 제5절 마지막에서 말하는 '인간의 동일자'와 관련시킬 수는 없을까요? 인간의 타자가 결코 인간의 동일자로 귀속될 수는 없지만, 그런 인간의 타자를 통해 오히려 인간이 탁월하게 빛나게 된다는 사실에서 인간의 동일자가 되어야 하는 인간의 타자를 생각할 수 있지 않느냐 하는 겁니다.

기원의 후퇴와 회귀

지난 시간에 우리는 푸코가 19세기 에피스테메라 할 수 있는 인간의 탄생과 관련하여 인간의 존재 양식le mode d'être de l'homme을 ① 실증적인 것들과 유한성의 연결, ② 초월론적인 것에서의 경험적인 것의 중복, ③ 코기토와 비사유의 영구적인 관계, ④ 기원의 후퇴와 회귀(우리에게 있어서) 등 네 가지로 정의한다는 것을 지적했습니다. 오늘은 이 중에서 맨 마지막의 것을 살펴보고자 합니다.

인간의 존재 양식을 문제 삼는 차원에서 기원origine을 분석하는 것이기 때문에, 여기에서 기원은 결국 '인간의 기원'입니다. 그런데 어떤 것에 대해 그 '기원'을 따진다는 것은 크게 두 방향으로 나뉩니다. 하나는 발생론적인genetische 것이고, 다른 하나는 초월론적인transzendentale 겁니다. 예컨대 진화론적인 사유에서 종적縱的인 생명체의 기원을 문제 삼는 것은 원시 생물에까지 올라가 그 원시 생물에서 각종 생물종이 어떻게 분화되어 나왔는가를 따지는 겁니다. 이때 기원은 발생론적인 기원입니다. 발생론적으로 기원에 접근할 때, 가장 중요한 것은 현재의 상태가 그 기원에서부터 어떤 역사적인 과정을 거쳐 성립하게 되었는가를 분석하는 거죠.

그와 달리, 예컨대 인간의 경험적인, 또는 학문적인 인식의 기원을 따진다고 할 때에는 주로 그러한 인식이 근본적으로, 그리고 원리상 어떻게 가능한가를 따지는 겁니다. 칸트의 경우, 감성의 두 선험적인 형식인 시간과 공간, 상상력의 선험적인 형식인 선험적인 도식들, 그리고 지성의 선험적인 형식인 12가지 범주, 그리고 이것들을 망라해서 관장하는 초월론적인 통각의 위력 등을 인간 인식의 기원으로 잡습니다. 이때 기원은 초월론적인 기원입니다. 기원에 대한 초월론적인 접근에서는, 예컨대 이 여러 선험적인 형식이 실제로 어떤 역사적인 과정을 거쳐 생겨나는가를 따지지 않습니다.

그렇다면, 19세기 근대에 탄생한 인간에 대해 기원을 분석한다는 것은 복잡할 수밖에 없습니다. 우선 실증적 유한성을 띤 인간을 염두에 둘 때에는 발생론적인 방식으로 접근하지 않고서는 인간의 기원을 분석한다는 것은 불가능해 보입니다. 그런데 초월론적인 것과 경험적인 것이 중복된 인간을 염두에 둘 때에는 역사적인 기원을 가지는 경험적인 것에서 역사적인 기원과는 무관해 보이는 초월론적인 기원을 추적하지 않으면 안 되는 것처럼 보입니다. 게다가 인간에게서 코기토라는 동일자가 비사유라고 하는 타자와의 결합을 통하지 않고서는 저 자신을 설립할 수 없다는 점을 염두에 두게 되면, 예컨대 무의식적인 것의 발생론적인 기원뿐만 아니라 초월론적인 기원을 추적하지 않으면 안 되는 것처럼 보입니다.

이런 중의적인 방향으로 기원에 관한 사유를 펼칠 수밖에 없는 상황에서 푸코는 과연 어떤 방식으로 인간의 기원을 분석해 들어가는가가 궁금해집니다. 맨 먼저 푸코는 17-18세기 고전주의적 사유에서 기원에 관한 분석이 어떤 특성을 갖고서 어떤 영역에서 어떻게 전개되었는가를 말합니다. 그 요점은 이렇습니다. "18세기에 기원을 재발견한다는 것은 재현의 순수하고 단순한 이중적 재생redoublement에 가장 가까이 접근하는 것이었다."(340, 376)

푸코는 이를 설명하기 위한 예들을 듭니다. 첫째, [그들은] 경제를 물물교환에 바탕을 두고 생각했는데, 그것은 교환 당사자들이 교환하고자 하는 자신들의 재화가 서로의 욕망을 등가적으로 만족시킬 수 있다는 상호 재현에 입각해 있음을 보여 준다는 겁니다. 둘째, [그들은] 자연의 질서를 일람표에 따른 것으로 생각했는데, 그것은 존재들이 연속적으로 빽빽한 질서 속에서 서로를 유사한 방식으로 재현하는 데서 성립한다는 것을 바탕으로 한다는 것입니다. 셋째, [그들은] 언어의 기원을 사물의 재현과 행동 언어적인 재현 간의 투명성에서 찾는다는 겁니다. 넷째, [그들은] 인식의 기원을 순수한 재현의 계기繼起에서 찾는다는 거죠. 이들 여러 분야에서 드러나듯이, 18세기의 사유에서 중요한 것은 인식의 기원이 가상적인가 아니면 실재적인가도 아니고, 설명적인 가설인가 아니면 역사적인 사건인가도 아니었습니다.

그런데 19세기 근대의 사유가 진행되면서 이 같은 재현 중심의 기원은 더 이상 유지될 수 없게 된다고 푸코는 말합니다. 노동, 생명, 언어가 어떻게 그 나름의 역사성을 확보해서 그 속에 뿌리를 내리고 있는가를 알게 되었고, 그래서 도대체 기원에 대해 확실하게 발언할 수 없게 되었다는 것입니다. 그러면서 이렇게 말합니다.

> 역사성historicité을 일으키는 것은 더 이상 기원origine이 아니다. [그 반대로] 내적이면서도 낯설 수밖에 없는 기원의 필연성이 그 나름 그림자라도 드리울 수 있도록 하는 것은 역사성이다. 기원은 모든 차이, 모든 분산, 모든 불연속성이 압축되는 원뿔의 잠정적인 정점과 같다. 거기에서 동일점, 즉 만질 수 없는 동일자의 형상을 형성하지만, 그 원뿔의 정점은 저 스스로 파열되어 타자가 되고 만다. (340-341, 377)

기원을 찾고자 하는 사유의 본능은 과연 어디에서 기인하는 걸까요? 부

모가 어떤 사람인지 모르고 사는 사람이 자신을 낳은 부모가 과연 누구일
까를 평생토록 잊지 못하는 것은 그야말로 본능적인 것이라 할 수 있습니
다. 자신의 존재에 대한 기원을 찾고자 하는 본능이 사유에까지 옮아 가
있는 거죠. 기원을 알지 못하면 왠지 현행의 사태를 근본적으로 안다고
할 수 없을 것 같은 압박감이 사유의 본능처럼 자리 잡은 셈입니다.

그런데 기원을 찾았다고 생각했는데, 그 기원이 차이, 분산, 불연속 등
으로 점철되어 있다는 것을 알게 되면 어떻게 될까요? 분명 동일자의 형
상을 띠고 있는데, 기실 파열되어 타자가 되고 마는 기원을 과연 기원이
라고 할 수 있을까요? 푸코에 따르면, 19세기 근대의 사유에서는 역사성
이 오히려 기원의 기원이 되는 지경을 눈치채고 만 겁니다. 참으로 기이
한 상황이 아닐 수 없습니다. 그래도 기원이라고 해야 하는 까닭은 기원
에 대한 사유의 본능을 벗어날 수 없기 때문입니다.

역사성과 기원에 관련해서 이같이 전개되는 난감한 상황을 염두에 두
면서, 이제 푸코는 인간의 기원에 대해 이렇게 말합니다.

19세기가 시작되면서 인간은 역사성과의 연관, 저 자신을 싸고도는 사
물들과의 연관을 통해 구성된다. 이때 사물들은 법칙에 의해 전개되
고, 그러한 전개를 통해 사물들의 기원의 접근 불가능한 동일성을 지
시한다. 그러나 인간이 자신의 기원에 관계하는 양식은 사물이 자신
의 기원과 맺는 양식과는 다르다. 인간은 이미 형성된 역사성에 자신
이 얽매여 있다는 것을 발견한다. 인간은 사물들의 시간을 관통하면서
은폐되는 가운데 어렴풋이 드러나는 사물들의 기원과 결코 동시대적
이지 않다. 인간이 자신을 살아 있는 존재로서 정의하고자 할 때, 인간
은 생명을 기반으로 해서만 그 자신의 시작을 발견한다. 이 생명이라
는 기반은 그 자체 인간보다 훨씬 앞서서 시작된 것이다. 인간이 자신
을 노동에의 존재로서 파악하고자 할 때, 인간은 사회에 의해 이미 장

악되고 이미 제도화된 인간적인 시간과 공간의 내부에서만 그 가장 기초적인 형식들을 드러낸다. 인간이 효과적으로 구성된 모든 체계 언어langue에 앞서서 자신의 본질을 말하는 주체로 정의하고자 할 때, 그는 그저 이미 전개된 활동 언어langage의 가능성을 발견할 수밖에 없다. … 인간이 자신에게 기원으로서의 가치를 갖는 것을 생각할 수 있는 것은 항상 이미 시작된 하나의 기반un fond de déjà commencé 위에서다. 따라서 인간에게서 기원의 자격을 갖는 것은 도대체 시작commencement —그 이후의 모든 일이 그것에 입각해 축적되는 일종의 역사의 첫날과 같은 것— 이 아니다. 기원은, 존재할 법한 모든 인간이 노동, 생명, 그리고 언어 등에서 이미 시작된 것을 기반으로 그 위에서 아주 이른 시점에서 이루어지는 분절 방식이다. (341, 377-378)

실증적 유한성을 제공하는 역사성을 띤 인간의 기원은 모든 사물이 법칙에 따라 전개되면서 전반적으로 지시하는바 사물들의 기원과는 다르다고 말하고 있습니다. 모든 사물에 대한 기원은 글쎄 현대 물리학으로 보자면 빅뱅이라 해야 할 것입니다. 이 빅뱅은 '처음으로 드디어 시작되는' 종류의 기원입니다. 그런데 푸코는 인간의 기원이 그와 같이 '처음으로 드디어 시작되는' 종류의 기원이 아니라고 말하고 있습니다. 그 대신 '이미 시작된 기반으로서의' 기원입니다. 이미 시작된 것들로서 역사성을 띠는 판면으로 생명, 노동, 언어를 들고 있습니다. 말하자면, 19세기 사유에 있어서 인간의 기원은 오히려 이미 시작된 생명, 노동, 언어 등이 역사성을 통해 인간에게 작용을 가해 인간을 분절하는 방식 그 자체이지, 생명의 첫 시작이나 노동의 첫 시작 또는 언어의 첫 시작이 아니라는 겁니다.

이는 초월론적인 것에 경험적인 것이 중복되어 나타나는 것과 동일한 구조를 띠고 있습니다. 기원적인 것에 후속적인 것이 중복되어 나타나는 것입니다. 이렇게 되면, 인간의 기원은 발생론적으로 저 멀리 맨 처음의 시작점에 있는 것이 아니라, 실제 인간에게 너무나도 가까이 다가와 있는 셈입니다. 아닌 게 아니라, 푸코는 이렇게 말합니다.

> 그런 점에서, 인간에게 있어서 기원적인 것l'originaire의 차원은 틀림없이 인간에게 가장 가까이 있다. … 기원적인 것의 이 미세한 표면은 우리의 모든 현존을 따라다니고 우리의 현존에서 결코 빠질 수 없다(심지어 우리의 현존이 발가벗은 채 발견되는 죽음의 순간에서조차 따라다닌다). 기원적인 것의 이 미세한 표면은 직접 탄생하는 것이 아니다. 기원적인 것의 이 미세한 표면은, 그 나름의 역사 속에서 노동, 생명 그리고 언어를 형성하고 해체하는 모든 복잡한 매개의 군집이다. 그래서 처음으로 대상을 조작하고 가장 단순한 욕구를 표출하자마자 가장 중립적인 낱말의 솟아오름에 간단하게 접촉하게 되는데, 인간은 그러한 접촉을 알지도 못한 채 그 접촉에 활기를 북돋운다. 이때 그 접촉에 활기를 북돋우는 것은 거의 무한한 정도로 그 접촉을 지배하는바 하나의 시간에서 작동하는 모든 매개이다. (341-342, 378)

상당히 복잡한 것 같습니다. 간략하게 말하면, 인간이 인간으로서 현존하게 되는 기원은 이미 시작되어 역사성을 띤 노동, 생명, 언어 속에서 바로 그것들과 만남으로써 형성하게 되는 접촉면이라는 이야기입니다. 이 접촉면을 푸코는 '기원적인 것의 미세한 표면'이라고 표현하고 있습니다. 이 접촉면, 즉 인간을 한편으로 하고 생명, 노동, 언어를 다른 편으로 하는 이 접촉면은 분명히 역사성을 띱니다. 그리고 그 접촉면은 양자를 시간이라는 양상 속에서 매개하죠. 그러니까 인간에게서 기원은 바로 (인간을 생명, 노동, 언어와 접촉하도록 하는) 매개입니다. 기원을 매개라고 말하는 것은 '기원'이라는 말뜻에 좀처럼 부합하지 않습니다. 그러니까 근대의 사유에서 기원은 특이할 수밖에 없습니다. 그것은 타자적인 분산이 일절 생겨나기 이전, 그 원천으로서의 동일자가 전혀 아닙니다. 근대의 사유에 있어서 인간의 기원은 인간 일반의 탄생 시점을 말해 주는 것도 아니고, 인간이 경험을 이어 나가는 데 있어서 가장 오래된 핵심을 말하는 것도 아닙니다. 말하자면, 인간의 기원은 차이와 다양성 그리고 분산과 불연속성으로 '무장하고서' 인간을 시간 속에 집어넣어 분산시킴으로써 인간에게서 본원적이고 본질적이며 통일된 동일성을 파기하는 겁니다. 그런데 푸코는 인간의 기원이 그러함으로써 오히려 인간을 다른 사물들의 지속 속에서 빛나도록 한다고 말합니다(342, 379 참조).

푸코가 말하는바 인간에게서 기원이 수행하는 역할은 왠지 사르트르의 현존 철학을 떠올리게 합니다. 사르트르에게서 인간은 '자기임으로써 자기가 아니고, 자기가 아님으로써 자기인' 현존을 지닙니다. 도대체 근본적으로 자기동일성을 유지할 수 없는 게 인간의 현존이죠. 오히려 사물들의 존재를 지칭하는 즉자에게 자기동일성을 할당합니다. 그러니까 사르트르에게 있어서 인간과 사물은 동일한 시간대의 기원을 가질 수 없습니다. 물론 사르트르는 본질을 연상케 하는 기원 자체를 전혀 들먹이지 않습니다.

그런데 푸코는 이러한 사르트르를 아예 거론하지 않으면서 사르트르의 현존 철학 냄새를 물씬 풍기는 다음과 같은 말을 합니다.

그러므로 기원적인 것에서 직접 알려지는 것은 인간이, 인간을 그 고유한 현존과 동시제적^{同時制的}인contemporain 것으로 만드는 기원으로부터 분리되어 있다는 것이다. 인간은 모든 기원과 분리된 채, 시간 속에서 태어나고 시간 속에서 소멸할 수밖에 없는 모든 사물이 존재하는 바로 거기에 이미 있다. 사물들(인간을 돌출되게 하는 사물들 자체)이 그들의 시작을 발견하는 것은 인간에게서다. 달리 말하면, 인간은 지속 중에

돌출하는 모종의 순간에 새겨지는 흉터로서의 열림이다. 그 열림에 입각해서 시간 일반이 재구성되고 지속이 전개되는가 하면, 사물들이 그 나름의 순간에 현출하는 것이다. 만약 경험적인 질서 속에서 사물들이 인간에 대해 항상 물러서는 영점零點, point zéro으로서 [그 자체] 파악할 수 없는 것이라면, 이러한 사물들의 물러섬과 관계함으로써 인간 [역시] 근본적으로 자기를 물러나 있는 존재임을 알게 된다. 기원적인 경험의 직접성에 있어서 사물들이 그 견고한 선재성先在性, antériorité의 무게를 갖도록 만드는 건 이 때문이다. (343, 379-380)

사르트르는 인간이 사물들과 더불어 있다는 것을 여지없이 인정합니다. 그것은 그가 말하는바 즉자적인 사물의 계기를 통해 성립하는 인간의 현사실성現事實性, facticité을 통해 입증되죠. 그런데 사르트르는 그와 동시에 인간이 자기에게 현전하는 대자對自, le pour-soi로서 사물들과 더불어 주어지는 현사실성을 부정, 초월, 무화無化한다고 말합니다.

여기에서 푸코가 말하는 사물들의 지속에 대한 '흉터로서의 열림 l'ouverture comme cicatrice'은 사르트르가 말하는 대자에 해당한다고 할 수 있습니다. 사르트르는 시간성temporalité이 대자가 자신의 존재를 확보하고자 할 수밖에 없도록 하는 결핍으로부터 열린다고 말하기 때문이죠. 무엇보다 인간이 자기로부터 물러섬에 있어서 성립한다고 여기는 것이야말로 바로 사르트르가 말하는 대자로서의 인간, 즉 현사실성을 부정, 초월, 무화하는 데서 성립하는 인간과 아주 닮았습니다.

그런데 푸코가 사물들이 경험적인 질서 속에서 영점으로 여겨진다고 말하는 것은 후설의 현상학에 따른 것이라 할 겁니다. 후설은 인간이 의식으로써 대상을 대할 때 인간의 관심에 따라 대상이 여러 노에마적인 방식으로 드러난다고 하면서 대상 자체는 하나의 영점Nul Punkt으로서 주어진다고 말합니다. 이는 칸트가 사물 자체를 알 수 없는 예지적인 무엇으로 설정한 것과 사뭇 다릅니다. 이렇듯 사물이 영점을 향해 물러서기 때문에 인간 역시 물러나는 데서 성립한다는 겁니다. 후설은 이때 물러나는 인간 역시 하나의 영점이라고 봅니다.[53]

다소 껄끄러운 것은 인간이 그 기원에 있어서 물러서는 자신을 발견하는 데서 사물들이 견고함의 무게를 미리 갖는 것으로 경험된다고 말하는 대목입니다. 인간이 물러섬으로써 사물들이 존재의 무게를 지닌 것으로 나타난다는 것입니다. 왜 껄끄러운가 하면, 이럴 때 자칫, 재현 중심은 아니라 할지라도, 실증성을 벗어난 관념론으로 회귀할 가능성이 있기 때문입니다. 물론 푸코가 의미하는 바는 그런 것은 아닙니다. 그것은 사물들의 '선재성'을 강조하고 있기 때문이죠. 인간이 물러섬으로써 사물들이 지닌 선재성의 견고한 무게가 드러난다는 것은 사물들의 존재론적인 선차성을 인정하지 않을 수 없다는 것을 말하는 것이기 때문입니다. 다만, 인간의 기원적인 물러섬에 입각하지 않고서는 그렇다고 인정할 수 없다는 데서, 관념론적이지는 않다고 할지라도, 인간 중심주의적인 관점이 관철되고 있는 것만은 사실입니다.

아무튼 이렇게 되면 사물의 기원과 인간의 기원을 교차적으로 비교해서 분석하지 않을 수 없습니다. 그런데 푸코는 사물의 기원과 사유의 기원 간의 관계를 분석합니다. 그러면서 사유의 기원과 인간의 기원을 거의 동일시합니다. 그는 우선 기원에 관해 기본적으로 이렇게 말합니다.

기원은 되돌아오는 행보에 있어서 사유가 거기로 나아가는 반복이자, 항상 이미 시작된 것의 회귀이며, 모든 시간이 밝혀지는 빛으로의 근접이다. (343, 380)

---

53 이는 정적 현상학의 관점에서 본 것이고, 발생적 현상학의 관점에서 보면 습관들을 갖춘 모나드로서의 자아가 중시된다.

사유는 자신도 모르게 기원을 반복하지 않을 수 없습니다. 그런데 그 사유는 노동, 생명, 언어의 역사성을 관통하지 않으면 안 됩니다. 그런 점에서 사유에서 기원은 이미 늘, 시작된 것이 되돌아오는 것일 수밖에 없습니다. 그리고 그 기원에서부터 구체적인 시간성이 어떤 것인가가 밝혀질 것입니다. 그래서, 그 아래에서 모든 시간의 정체가 밝혀지는 빛을 향해 나아가는 데서 기원이 성립하는 겁니다.

이렇게 해 놓고서 푸코는 이러한 19세기 근대적 사유에서의 기원 문제가 실증주의적인 노력과 어떻게 연관되는가를 논의합니다. 실증주의는 아무래도 사물들의 기원을 바탕으로 해서 설립되는 것이기에 이를 통해 사물의 기원과 사유의 기원 간의 관계를 분석할 수 있기 때문이죠.

실증주의는 인간의 연대기를 사물의 연대기 내부에 삽입시키고자 노력한다. 그러면서 시간의 통일성을 복구하고자 하고, 인간의 기원이 존재들의 계속 이어지는 계열에서 하나의 시점 내지는 하나의 주름에 불과한 것임을 보이고자 한다. … 또한 실증주의는 이와 반대되면서 보충적인 노력을 하는데, 그것은 인간의 연대기에 따라 인간이 사물들에 대해 갖는 경험, 인간이 사물들에 대해 갖는 인식들, 인간이 구축할 수 있는 과학들을 일렬로 정돈하고자 한 것이다. … 실증주의의 이 두 노력 각각에서, 사물의 기원과 인간의 기원은 서로 종속된다. 그러나 서로 화해할 수 없는 이 두 가지 노력이 있었다는 사실만으로도 기원에 관한 근대적 사유를 특징짓는 근본적인 비대칭을 알 수 있다. (344, 381)

푸코의 설명에 따라 실증주의의 두 노력을 볼 때, 전자의 노력에서는 인간의 기원이 사물의 기원에 종속되고, 후자의 노력에서는 사물의 기원이 인간의 기원에 종속됩니다. 그래서 두 노력 각각에서 두 기원이 서로 종속된다고 한 푸코의 이야기는 잘못된 것입니다. 이 두 노력을 교차해서 볼 때라야만 두 기원이 서로 종속되기 때문이죠. 그러나 그 차원은 다른 것이고, 이 둘을 한꺼번에 놓고 볼 때 비대칭이 성립합니다.

이와 별도로 푸코는 심리학에서 만나는 기원의 문제를 다룹니다. 푸코는 하나의 기원적인 층, 거기에서 실로 그 어떤 기원도 발견할 수 없지만, 사물과는 무관하게 오로지 기억을 통한 인간의 시간이 힘을 발휘하는 그런 기원적인 층이 있다고 말합니다. 그러면서 이 층에서 심리학에 관련된 두 가지 유혹이 생겨난다고 말합니다.

> 하나는 그 어떤 인식이든 간에 심리화해서 심리학을 모든 과학에 대한 일종의 일반 과학으로 만들고자 하는 유혹이다. 다른 하나는 그 반대로, 이 기원적인 층을 기술하되, 모든 실증주의를 벗어나는 방식으로, 이 기원적인 층에 바탕을 두고 모든 과학의 실증성을 뒤흔들어 그 실증성에 반하는바 경험이 지닌 쉽게 윤곽 지을 수 없는 근본적인 성격을 정당하게 요구하는 방식으로 기술하고자 하는 유혹이다. (344, 381)

인간의 기원을 파고들어 가면 당연히 심리학적인 차원으로 빨려 들어가기 쉽습니다. 후설에 따르면, 19세기 말에는 이른바 '심리학주의Psychologismus'라고 하는 경향이 나타나 모든 논리 법칙마저 심리적인 강압에 따른 것으로 환원해서 설명하고자 했습니다. 이렇게 되면, 논리 법칙을 바탕으로 하지 않을 수 없는 모든 과학은 심리학에 근거하지 않으면 안 되는 것으로 되죠. 이것이 지금 푸코가 말하고 있는 전자의 유혹입니다.

그런데 후자의 유혹은 후설이 말하는 생활세계 현상학에 입각한 것처럼 보입니다. 생활세계 현상학에 의하면, 모든 과학의 실증성은 여러 의식 방식 중에서 특별히 자연주의적-물리주의적 의식을 통해 성립하는 겁니다. 그러니까 과학적 실증성은 생활세계에 대한 근본적인 경험을 통해 성립하는 것이기에 그 자체 파생적이고 일정하게 양적으로 추상된 것에 불과한 것이 되고 맙니다.

푸코가 설명을 하지는 않지만, 심리학에 관련된 내용은 바로 이러한 학문적인 흐름을 보고서 말하는 것이 아닌가 추정하게 됩니다. 중요한 것은 푸코가 이를 말하면서 결국에는 '기원의 후퇴le recul de l'origine'를 강조한다는 사실입니다.

> 그래서 헤겔에게서 마르크스와 슈펭글러에게 이르기까지 한 가지 사유의 주제가 전개된다. 그것은 사유가 완성되는 운동을 통해 사유가 자기 자신에게로 몸을 굽혀 자신 나름의 충만함을 조명하고, 자신의 원환을 완성하며, 자신의 긴 여정에서 만난 모든 낯선 형상에서 자신을 발견하고, 자신이 솟구쳐 올라온 바로 그 대양에서 사라지는 것을 받아들이는 것이다. 비록 행복한 것은 아니지만 이러한 완전한 회귀와 대립하여, 횔덜린과 니체 그리고 하이데거의 경험이 구상된다. 이들에게서 회귀는 기원의 극단적인 후퇴에서만 주어진다. 신들이 멀어지고, 사막이 증가하며, 테크네가 그 의지에 따른 지배력을 설립한다. 그 결과 완성이라든가 완결된 곡선은 전혀 문제가 되지 않는다. 오히려 [그들의] 기원을 그 물러남의 척도 자체로 데려가는 끊임없는 파열을 문제로 삼는다. 그래서 극단적인 것이 가장 가까이 와 있는 것으로 된다.
> (345, 382)

이 인용문에서 거론되는 사상가들 중 한 사람에 관해서라도, 특히 기원에 관한 그들의 사상에 대해 제대로 알지 못하고서는 참으로 이해하기가 어렵습니다. 다만, 헤겔과 마르크스 그리고 슈펭글러Oswald Spengler(1880-1936)는 사유가 자신을 총체적으로 완성하고자 하는 회귀의 운동을 중시한 데 반해, 횔덜린Johann Christian Friedrich Hölderlin(1770-1843)과 니체 그리고 하이데거는 설사 기원의 회귀를 제시한다고 할지라도 근본적으로는 기원의 후퇴에 입각하고 있다는 것입니다. 이들의 생몰 연도를 보아 알 수 있지만, 이들은 그야말로 동시대인들입니다. 그런데도 푸코가 정돈하는 바 한쪽은 사유의 총체성에, 다른 쪽은 사유의 근본적인 파열에 사유를 집중하게 되었다는 것은 놀라운 일이 아닐 수 없습니다.

여기에서 말하는 사유의 긴 여정을 가장 잘 나타내는 것은 헤겔의 변증법적인 과정일 겁니다. 마르크스의 역사적 유물론의 토대로서의 경제 관계에 따른 상부구조에 속한 이데올로기로서의 사유의 기나긴 역사, 그리고 슈펭글러가 사회진화론적인 문명의 흥망성쇠를 논하는 데서 나타난 사유의 역사 역시 그러할 겁니다. 이들은 이미 있던 기원이 모든 역사적인 과정을 통해 반복함으로써 회귀한다는 것을 강조합니다.

반면에 횔덜린은 '궁핍한 시대'가 근원적으로 도래했음을 알리면서 기원의 후퇴를 제시한 셈이고, 니체는 영원회귀를 말하면서도 '정오의 시각'이 일러 주듯이 그 어떤 기원에도 의존하지 않는 시간 전체가 수렴 응축되어 감각적으로 폭발하는 것을 말했으며, 하이데거는 '존재의 망각'을 역설하면서 결국에는 테크놀로지의 역운歷運, Geschick을 설파했습니다. 푸코는 이들의 공통점을 기원을 후퇴시키는 영속적인 파열에 집중한 것으로 보고 있습니다.

자, 아무튼 기원의 문제가 결코 만만찮은 문제인 것만은 분명합니다. 그저 유대-기독교적인 기원의 문제만으로는 풀 수 없는, 인간 존재의 심연에서부터 열리는 문제인 셈입니다. 푸코가 이를 어떻게 정돈하는가를 보기로 하죠.

기원을 자신에게 가장 가까이 있으면서 가장 멀리 있는 것으로 사유하려는 이 무한정한 과제 앞에서, 사유는 인간이, 인간을 존재케 하는 것 또는 그것에 바탕을 두고서 인간이 존재하는 것과 동시제적同時制的,

contemporain이지 않다는 것을 발견한다. 그와 더불어 인간은, 인간을 분산시키고, 그 자신의 기원으로부터 멀리 떨어진 곳에서 인간을 되찾게 하는, 그러면서도 아마도 항상 숨겨져 있을 임박함 속에서 인간에게 그 자신의 기원을 허용하는 바로 그러한 어떤 위력un pouvoire의 내부에서 자신이 포착된다는 사실을 발견한다. 그런데 이 위력은 인간에게 낯설지 않다. 이 위력은 끊임없이 다시 시작하는 영원한 기원들의 청명함 속에 있지만 인간 바깥에 자리한 것이 아니다. 왜냐하면 그럴 때라야 기원이 효과적으로 주어질 것이기 때문이다. 이 위력은 인간이 그 고유한 존재로서 지닌 위력이다. 시간 —그러나 인간 자체인 그 시간— 은 인간이 생겨난 여명으로부터도 인간을 떼어 놓지만, 인간에게 알려지는 것으로부터도 인간을 떼어 놓는다. (345-346, 382-383)

인간은 분명히 실증적 유한성을 지닙니다. 그런데 그럼으로써 오히려 인간은 그 존재 자체로 볼 때 이미 기원에서부터 저 자신을 돌볼 수 있는 위력을 갖추었다고 말합니다. 요컨대, 근대의 인간은 바로 스스로 기원을 만들어 내는 존재라는 겁니다. 다만, 그 기원으로부터 동떨어지지 않을 수 없습니다. 인간 그 자신이 바로 시간이기 때문이죠. 시간은 항상 앞서 가면서 인간을 자신으로부터 떼어 놓습니다. 그래서 인간은 자신의 존재 자체로부터도 동떨어지죠. 결국 푸코는 이렇게 말합니다.

근대적 경험에서, 기원의 물러남은 다른 모든 경험보다 더 근본적이다. 경험이 빛나고 그 실증성을 노현露顯하는 것은 기원 내에서이기 때문이다. 사물들이 그들에 고유한 시간과 함께 주어졌던 것은 바로 인간이 자신의 존재와 동시제적이지 않기 때문이다. 여기에서 우리는 유한성이라고 하는 처음의 주제를 재발견하게 된다. 그러나 처음에 —인간이 생명에 의해, 역사에 의해, 언어에 의해 지배된다는 사실에 의해—

인간 위로 사물들이 돌출함으로써 알려졌던 이 유한성은 이제 더욱 근본적인 수준에서 드러난다. 이제 유한성은 인간 존재가 시간에 대해 갖는바 극복할 수 없는 관계가 된다. (346, 383)

마치 무슨 변증법적인 과정을 보는 것 같습니다. 우리가 그토록 강조했던 실증적 유한성을 띤 인간이 글쎄, 경험적인 것으로써 초월론적인 것을 담보해 내고, 비사유에 근거해서 코기토를 설립하더니, 급기야는 그 기원에 있어서 인간이 시간 구성상 사물의 기원을 앞서가는 것이 되고, 그럼으로써 그야말로 존재론적인 고뇌의 한복판에 처해 있는 인간으로 변신합니다.

존재론적인 고뇌는 다름 아니라, 인간이 파열을 일삼는 자신의 기원에 의해 그 자체로 분산되고 낯설게 된다는 데 있습니다. 그리고 그 비밀은 바로 인간 자신이기도 한 시간이 인간을 앞서가는 데 있습니다. 그래서 이제 인간의 유한성은 실증적 유한성을 실마리로 해서 시간 연관적인 유한성으로 전환된 겁니다.

근대적 사유의 근본

6. 담론과 인간 존재

  푸코는 이제 제9장 '인간과 그 분신들'을 마무리하는 비교적 짧은 두 개의 절, 제7절 '담론과 인간 존재'와 제8절 '인간학적인 잠'을 제시합니다.

  먼저 제7절을 시작하면서, 고전주의 시대의 '언어의 사변형'을 구성하는 네 선분과 근대의 '인간학적인 사변형'을 구성하는 네 이론적 선분을 일대일 대응으로 비교해서 논합니다. 고전주의 시대의 '언어의 사변형'은 '동사 이론을 중심으로 한 속성 부가', '명사를 중심으로 한 분절', '개별과 보편을 중심으로 한 지시', '비유를 중심으로 한 파생' 등 네 가지 선분으로 되어 있었습니다. 이를 19세기 근대의 선분들과 비교하는데, 속성 부가의 동사 이론은 유한성 분석에, 분절 이론은 경험적-초월론적 중복의 분석에, 지시 이론은 사유-비사유의 결합에 대한 분석에, 그리고 파생 이론은 기원에 대한 분석에 각각 대응시켜 논합니다. 우선 맨 처음에 대해 푸코는 이렇게 말합니다.

동사 이론은 언어가 어떻게 그 자신을 넘어 존재를 확언할 수 있는가
—이것은 언어의 존재 자체를 보증하는 운동 안에서 이루어진다— 를
설명했다. … 그와 마찬가지 방식으로, **유한성**에 대한 분석은 인간 바
깥에 있으면서 인간을 사물들의 두께에 결합하는 실증적인 것들에 의
해 인간 존재가 규정된다는 것을 어떻게 발견하게 되는가를, 그러나
그 반대로 그 모든 규정이 실증적인 진리 속에서 출현할 수 있는 가능
성을 부여하는 것은 유한한 [인간의] 존재임을 설명한다. (347, 384)

고전주의 시대에 전개된 사유의 구조가 근대에도 반복되어 나타난다는
것을 말하고 있습니다. 고전주의 시대의 일반 문법에서 전개된 동사 이론
에서 동사 être는 언어 내부에 속하면서도 언어를 벗어나 언어 바깥의 존
재와 관계를 맺는 묘한 역할을 하는 것이었습니다. 언어가 언어 바깥의
존재를 지시함으로써 기호 작용을 해서 의미를 갖는다고 할 때, 지시하
는 방식으로긴 하지만 그렇게 존재와 연결된다는 것은 실로 신비한 일이
아닐 수 없습니다. 그 핵심 고리가 바로 동사 être였죠. 그러니까 이 동사
être 덕분에 언어가 자신의 존재를 획득할 수 있는 거였습니다.

이와 마찬가지로 19세기 근대에 인간은 분명 자신을 넘어서 있는 실증
적인 것들에 의해 규정되지만, 동시에 그러한 실증적인 규정이 성립할 수
있는 근거가 한편으로 유한한 인간 존재라는 겁니다. 동사 être가 언어 내
부에 속하면서도 언어의 존재를 가능케 하는 근거가 되는 것처럼, 인간은
실증적인 세계 속에 속해 있으면서도 그 실증적 세계가 성립할 수 있는
근거가 된다는 거죠. 동일한 구도입니다.

기묘하게도 시대를 관통하여 비록 분석 주제는 다르지만, 분석 결과 드
러나는 내용의 구도가 동일하다는 것을 지목해 내는 푸코의 통찰이 대단
합니다. 이제 두 번째 대응에 대해 이렇게 말합니다.

분절 이론이 낱말들의 재단과 낱말들이 재현하는 사물들의 재단이 어떤 방식으로 인접해서 수행될 수 있는가를 드러낸 반면에, **경험적–초월론적 중복**에 대한 분석은 경험에서 주어진 것과 경험을 가능케 하는 것이 무한정한 진동 속에서 어떻게 상응하는가를 드러낸다. (347, 384)

고전주의 시대에 추구했던 낱말들과 사물들의 관계가 있고, 근대에 추구했던 경험적인 것과 초월론적인 것 간의 관계가 있는데, 그 둘 사이에 동일한 구도가 반복되고 있다는 겁니다. 그리고 세 번째 대응에 대해 이렇게 말합니다.

언어의 첫 **지시**들에 대한 탐구는 낱말들, 음절들, 소리들 자체 등의 가장 고요한 중심에서 그것들의 망각된 영혼을 형성하는바, 잠든 재현을 솟구치게 한다. … 이는 근대의 반성에 있어서 **비사유**의 타성적인 두께가 어떤 방식으로건 코기토에 항상 스며들어 있다는 것, 그리고 사유되지 않고 있는 것에 잠들어 있는 이 사유[즉 코기토]가 새롭게 각성되어 '나는 생각한다'의 주권 속에서 유지되어야 한다는 것과 유비적이다. (347, 384)

고전주의 시대에 언어가 재현을 솟구치게 해야만 언어로서 작동할 수 있다고 생각한 것이, 근대에 들어 비사유에서 사유를 각성시켜야만 사유가 작동할 수 있다고 생각한 것과 유비적이라는 이야기입니다. 이를 견주면서 '망각된', '잠든', 또는 '잠들어 있는'이라는 말을 쓰고 있습니다. 이제 마지막 대응에 대해 이렇게 말합니다.

마지막으로 언어에 대한 고전적인 반성에 **파생** 이론이 있었다. 이 이론은 언어의 역사가 시작된 이후, 아마도 그 기원적인 순간 이후, 말하자면 언어가 발화되는 바로 그 시점에, 어떻게 언어가 그 나름의 공간 속으로 잠입해 들어가는지, 어떻게 언어가 최초의 재현으로부터 몸을 돌림으로써 저 자신으로 향하고 그럼으로써 심지어 가장 오래된 낱말들조차 수사학적인 형상에 따라서만 정립할 수밖에 없는지를 보여 준다. 이 파생 이론의 분석에, 이미 늘 박탈되어 있는 **기원**을 사유하기 위한 노력이 상응한다. 이 노력은 인간 존재가 이미 늘 자신과의 관계, 그러니까 인간을 구성하는 격리와 거리 속에서 유지되고 있는 곳을 향해 수행된다. (347, 384)

고전주의 시대 파생 이론은 여러 체계 언어langues가 발생하는 것과 더불어 언어가 수사학적인 장을 열어젖히는 것에 대한 거였습니다. 푸코는 여기에서 고전주의 시대에 언어는 근본적으로 재현을 통한 것인데도 언어가 재현을 벗어나 자신의 수사학적인 공간을 형성한다는 사실을 강조하고 있습니다. 그런데 근대에서 기원은 곧 인간의 기원이었고, 이때 기원은 오히려 인간의 역사성과 유한성에 근거하는 것이었습니다. 그런데 분명 유한성을 지닌 인간인데도, 오히려 인간 존재 자체가 이미 자신을 돌볼 수 있는 위력을 갖춘 존재임을, 즉 자신의 기원을 만들어 내는 존재임을 생각한 것이 근대의 사유였습니다. 요컨대 기원과 발생 간의 관계에서, 발생한 것이 자신의 기원적인 공간을 만들어 낸다는 점에서 양쪽이 서로 상응한다는 겁니다.

이렇게 네 가지로 고전주의적인 담론과 근대적인 담론의 상응을 말한 뒤, 그렇다고 모종의 역사적인 중력과 같은 것이 작동해 그 동일한 상응 관계를 유지하는 것으로 보아서는 안 된다고 경고합니다. 푸코는 일관된 역사의 법칙을 부정하고 있습니다. 그러면서 이렇게 말합니다.

사실, 일반 문법의 공간을 형성했던 네 가지 이론적인 선분segments이 보존된 것은 아니다. 18세기 말에 재현 이론이 사라지자, 그 네 가지 선분은 서로 분리되었고, 그 기능과 차원이 변경되었다. 그리고 그것들이 적용되던 타당성의 모든 권역이 바뀌고 말았다. … 19세기부터 발달한 인간 존재의 양식에 대한 분석은 재현 이론의 내부에 자리 잡지 않는다. 그와는 정반대로, 그 분석의 과제는 사물들 일반이 어떻게 재현에 주어질 수 있는가를 밝히는 것이고, 사물들 일반이 어떤 조건에서, 어떤 기반 위에서, 어떤 한계를 갖고서, 지각의 다양한 양식들 아래에서 성립하는 실증성 속에서 나타날 수 있는가를 밝히는 것이었다. 그 분석은 인간과 사물의 공현존共現存, coexistence을 염두에 두고서, 재현을 열어젖히는 거대한 공간의 전개를 관통했다. 그렇게 해서 발견된 것이 바로 인간의 근본적인 유한성finitude이었고, 인간을 기원으로부터 분리함과 동시에 인간에게 기원을 보장하는 분산dispersion이었다. 말하자면, 그것에서 에돌 수 없는 시간의 거리distance incontournable du temps를 발견한 것이다. (347-348, 385)

비록 고전주의 시대 일반 문법의 공간을 형성한 속성 부가, 분절, 지시, 파생 등의 네 가지 선분과 근대의 인간 존재 분석에서 등장한 인간의 유한성, 경험적-초월론적인 중복, 비사유, 인간의 기원 등의 네 가지 선분이 서로 그 구도에 있어서 상응한다고 할지라도, 그 전환은 대대적인 셈이었습니다.

19세기부터 열리는 근대적 사유의 공간은 지각을 중심으로 한 재현을 넘어서서 그 심층으로 파고 내려가는 것이었고, 그 바탕에서 인간과 사물의 공현존을 확인함으로써 인간의 근본적인 유한성을 발견한 겁니다. 중요한 것은 인간의 이 근본적인 유한성을 통해 한편으로는 인간이 사물들의 기원이 될 수 없다는 것을 발견하면서 동시에 인간에 대해서만큼은 인간 스스로가 기원이 될 수 있다는 것을 보장하는 기묘한 분산을 발견하게 되었다는 것입니다.

여기에서 왜 '분산'이라는 말을 쓰는지가 모호합니다. 이는 인간 존재란 것이 도대체 중심을 향해 수렴될 수 없는 것임을 말하기도 하고, 사물들이 도대체 중심으로 향해 수렴될 수 없는 것임을 말하기도 합니다. 이는 이제 인간이 자신의 중심을 만들어 가야 하는 존재로서 부각한다는 것을 의미하지 않을지요. '에돌 수 없는 시간의 거리'란 잇따르는 시간의 경과를 거치지 않고서는 인간 존재가 성립할 수 없다는 것을 정확하게 파악하게 되었다는 것을 의미합니다. 그렇다면, 그 시간의 거리를 주파하면서 메우는 인간의 노력은 자기 자신의 기원을 만들어 내는 노력이 아닐 수 없습니다. 하지만, 그렇게 노력할 수밖에 없다는 사태 자체가 바로 인간 존재뿐만 아니라 인간과 사물들의 공현존이 근본적으로 분산에 따라 이루어지고 있음을 말하는 것일 텁니다. 이런 등속의 이야기를 한 뒤, 이제 푸코는 이 절의 주제인 담론으로 넘어갑니다.

재현의 일차성이 사라지자마자, 담론 이론théorie du discours은 해체된다. 그러면서 두 수준에서 비실체적이고 변태적인 담론 이론의 형태를 맞닥뜨리게 된다. 경험적인 수준에서 보자면, [담론에 대해] 구성적인 역할을 하는 네 가지 선분이 재발견되긴 하지만, 그 선분들이 수행하는 기능은 완전히 뒤집힌다. 동사의 특권, 즉 담론을 담론 자체에서 벗어나게 하고 담론을 재현의 존재 속에 뿌리를 내리도록 하는 동사의 위력을 분석하는 대신, 각 체계 언어에 내재해 있으면서 각 체계 언어를 자율적인 존재로서 그 자신에게서 구성되도록 하는 문법적인 내적 구조가 무엇인가를 분석한다. … 근본적인 수준에서 보자면, 담론 이론의 네 선분은 여전히 [유효한 것으로서] 발견된다. 고전주의 시대와 마찬가지로, [그것은] 인간 존재에 대한 새로운 분석에서 사물들에 대한 관계를 증시하는 데 기여한다. 그러나 이때 변양은 고전주의 시대와는 반대로 이루어진다. 즉 네 선분을 언어의 내부 공간에 위치시키는 것을 관건으로 여기지 않고, 네 선분을 재현의 영역으로부터 해방하는 것, 그리고 네 선분을 외부성의 차원(여기에서 인간이 나타나는데, 그때 인간은 자신이 생각하지 않고 있으며 그 존재 자체에 있어서 시간의 분산에 종속되는 것이 지닌 두께 속에 유한하고, 규정되며, 개입된 모습으로 나타난다)에서 작동하도록 하는 것을 관건으로 여긴다. (349, 385-386)

『말과 사물』 전체에서 볼 때, 푸코가 쓰는 '담론'이란 말은 언어적으로 제시된 체계적인 언표로 보면 됩니다. 철학적인 주장들은 물론이고 모든 학문적인 언표가 바로 담론인 셈이죠. 담론 이론이란, 결국 담론이 근본적으로 성립할 수 있는 근거를 따지는 것입니다. 흔히 말하는 어떤 담론적인 주장을 놓고서 그 주장의 내용이 성립할 수 있는 경험적이고 구체적인 근거를 따지는 것이 아니라, 그러한 주장 자체가 어떻게 가능한가를 이른바 초월론적으로 따지는 거죠. 흔히 정초定礎, Begründung 작업이라 부르는 것이 바로 푸코가 말하는 담론 이론에 속합니다. 이러한 정초 작업을 위해서, 합리론자건 경험론자건 또는 칸트건 재현에 의존할 수밖에 없었습니다. 그런데 재현의 일차성이 사라지자, 이러한 정초 작업으로서의 담론 이론이 해체될 수밖에 없다는 겁니다.

다만, 푸코는 이러한 담론 이론의 해체를 철학 쪽에서 찾지 않고 고전주의 시대의 일반 문법에서 찾았습니다. 일반 문법에서부터 속성 부가, 분절, 지시, 파생이라고 하는 네 가지 근본적인 형식들이 있음을 밝혀내고, 이 형식들을 일컬어 '선분segment'이라고 한 것입니다.

그런데 19세기 근대가 열리면서부터 재현 중심의 사유가 붕괴합니다. 그 결과, 이 네 가지 선분, 즉 담론 이론을 위한 근본적인 형식들이 일정하게 무효한 것으로 될 수밖에 없습니다. 그러면서 17-18세기 고전주의 시대와는 다른 형태의 담론 이론들이 등장하게 된다는 겁니다. 가장 중요하게는 동사 être가 수행했던 담론과 재현 간의 인식론에 따른 정초 관계가 깨지면서, 오히려 각 체계 언어를 자율적이게끔 하는 문법적인 내적 구조를 문제 삼기 시작했다는 것입니다. 이는 담론에 대한 인식론적인 일반적인 정초 관계를 무시 내지는 포기하는 것을 의미합니다. 그 대신 담론 형성에 있어서 도무지 벗어날 수 없는 각 체계 언어에 의한 제약을 염두에 두면서, 결국에는 담론이 개별 체계 언어가 갖는 문법에 상대적이고, 그런 까닭에 그 나름 유한할 수밖에 없음을 고려하게 되었다는 것입니다. 그래서 푸코는 이렇게 말합니다.

> 달리 말하면, (재현된 바 그대로의) 사물들과 (재현적인 가치를 지닌) 낱말들 간의 관계라는 차원에서 기능을 발휘했던 모든 것은 언어의 내부에서 파악되고, 그러면서 언어 내적인 법칙성을 확고하게 가져갈 부담을 진 것이 된다. (349, 386)

말하자면, 언어가 재현을 벗어나 언어 나름의 세계 속으로 후퇴하게 되면서, 결국 새로운 담론 이론은, 적어도 언어에 관해서만큼은, 언어 내부의 문법적인 법칙성을 확립하는 쪽으로 선회하게 되었다는 겁니다.

이는 경험적인 수준에서 보아 하는 이야기고, 이를 다시 근본적인 수준에서 보면, 결국 담론이란 것이 인간의 삶에 뿌리내리고 있는 것임을 발견하게 되는 겁니다. 또한 인간의 삶이란 결국 재현을 넘어서 있는 사물들 자체의 영역, 즉 인간 외부의 영역에 뿌리내리고 있는 것이 아니겠습니까. 거기에는 인간이 미처 생각하지 않고 있는 외부 사물들의 두께가 포진하고 있을 겁니다. 이에 담론을 구성하는 역할을 하던 네 선분은 그저 언어의 내부에만 머물 수 없는 노릇이고, 결국 인간 너머의 외부 사물들의 차원에서 작동하는 것으로 여길 수밖에 없는 겁니다. 그래서 담론을 구성하는 네 선분이 '외부성의 차원'에서 작동하도록 하는 그런 담론 이론이 나오게 되었다고 말하는 것입니다.

이렇게 되면, 언어적일 수밖에 없는 담론의 뿌리 역시 외부성에 자리를 잡고 있고, 인간 존재 역시 외부성에 뿌리내린 것으로 되는 탓에, 언어의 존재와 인간의 존재 간의 관계가 크게 문제로 부각합니다. 그래서 푸코는 다음과 같이 심중하게 말합니다.

> 언어의 존재와 인간의 존재를 동시에 생각할 수 있는 권리가 영원히 배제될 수도 있다. 말하자면, 두 존재 사이에 우리가 (그 속에 현존하면서 말하는) 지울 수 없는 하나의 간극une ineffaçable béance이 있을 수도 있다. 그러므로 언어의 존재를 문제 삼는 모든 인간학을, 즉 인간의 고유한 존재에 다가가 그것을 명백하게 하고 해방하고자 하는 언어 또는 의미에 관한 모든 사념을 망상으로 치부할 수밖에 없는지도 모른다. 우리들 시대에서 가장 중요한 철학적 선택(미래의 반성에서 주어지는 증거 자체를 통해서만 결정될 수 있는 선택)의 뿌리가 여기에 있다고 여겨진다. 왜냐하면 어느 쪽에서부터 길이 열릴지 미리 말할 수 있는 것은 아무것도 없기 때문이다. 일단 우리가 확실하게 알고 있는 유일한 사항은 서양 문화의 맥락에서는 도대체 인간의 존재와 언어의 존재가 공현존할 수 없었고, 서로에게서 분절될 수도 없었다는 사실이다. 양자의 양립 불가능성은 우리 사유의 근본적인 특질 중 하나다. (350, 387)

19세기 근대의 사유에서는 언어 자체가 역사성을 띠고 있다는 것을 강조한 바 있습니다. 이제 그 언어의 역사성은 근본적으로 인간을 넘어선 외부성의 차원에 근거한 것으로 되고 있습니다. 유한성에 입각한 인간 역시 역사성을 띠고 있고, 인간을 넘어선 외부성의 차원에 근거하고 있습니다. 그렇다면, 언어와 인간이라는 두 존재는 경쟁적일 수밖에 없습니다. 둘 중 어느 것이 더 선차적이고 어느 것이 더 후속적인가, 둘 중 어느 것이 더 심층적이고 어느 것이 더 표층적인가 하는 문제가 도사리고 있음입니다. 푸코는 현재로서는, 더욱이 서양 문화의 맥락에서는 도대체 이 문제를 결정할 수 있는 길이 없다고 말하고 있습니다. 오히려 둘 사이에 지울 수 없는 간극이 있음을 예상합니다.

'언어의 존재와 인간의 존재 간의 지울 수 없는 하나의 간극'을 염두에 두면서, 푸코는 오늘날 철학의 가장 근본적인 선택을 운위하고 있습니다. 과연 그럴까요? 간극은 차이와 동시에 동일자를 염두에 두게 만듭니다. 인간의 존재에 접근해 갈 수 있는 근본 수단이 언어라면, 그런데 언어의 존재가 근본적으로 인간의 존재와 양립 불가능한 것이라면, 인간은 자신의 존재로부터 늘 분리되어 있을 수밖에 없고 자신의 존재와 차이를 지닐 수밖에 없을 겁니다. 그런데도 인간은 그 나름의 동일자임을 포기할 수 없을 것입니다. 동일하다고 여기는 내 자신에 차이에 따른 타자적인 것들이 우글거리는 셈이죠. 이에 관한 푸코의 이야기를 몇 가지 들어 보기로 합시다.

> 간단히 말해, 유한성의 분석에 있어서 항상 문제가 되는 것은 어떻게 타자l'Autre, 곧 멀리 있는 것le Lointain이 동시에 그야말로 가장 가까이 있는 것le plus Proche이고 동일자le Même인가를 드러내는 일이다. (350, 388)

> 변증법적인 활동과 형이상학 없는 존재론은 근대의 사유를 관통하면서, 그리고 근대적 사유의 전체 역사를 통해 서로를 소환하고 서로에게 응답한다. 왜냐하면, 근대적 사유는 결코 완성되지 않는 차이la Différence의 형성을 위해 나아가지 않고, 언젠가는 완결될 동일자le Même의 노현dévoilement을 향해 나아가기 때문이다. 그러나 그러한 동일자의 노현의 과정에는 분신le Double의 출현이 수반되지 않을 수 없다. 그뿐만 아니라, 후퇴와 회귀, 사유와 비사유, 경험적인 것과 초월론적

인 것, 실증성의 질서를 지닌 것과 근본성의 질서를 지닌 것 등의 '와/과^{et}'에 들어 있는 미세하지만 넘어설 수 없는 간극^{écart}을 수반하지 않을 수 없다. (351, 388)

동일성^{l'identité}은, 어떤 의미에서는 자기 내부에 있고, 다른 의미에서는 자기를 구성하는 어떤 거리^{une distance}를 통해 자기 자신과 분리되어 있다. 반복^{la répétition}은 동일성을 제공하되 간격^{l'éloignement}을 두고서 제공한다. 근대적 사유는 시간을 성급하게 발견하고 만 탓에 이러한 동일성과 반복을 중심으로 선회한다. (351, 388)

근대적 사유에서, 사물들의 역사와 인간에게 고유한 역사성의 바탕에서부터 드러나는 것은 바로 동일자를 움푹 패게 하는 거리^{la distance creusant le Même}, 즉 동일자를 그 양 끝으로 분산되게 하고 동시에 동일자를 양 끝에서부터 끌어모으는 간극^{l'écart}이다. 근대적 사유가 언제든지 시간을 사유할 수 있게끔 하는 것, 즉 시간을 잇따름^{succession}으로서 사유하고, 시간이 자신을 완성, 기원 또는 회귀임을 약속하도록 하는 것은 바로 이 심오한 공간성^{cette profonde spatialité}이다. (351, 388-389)

언뜻 보아도, 근대적 사유에 대한 이러한 푸코의 근본적인 진단이 이후 프랑스 현대 철학자들, 특히 들뢰즈와 데리다에게 얼마나 큰 영향을 미쳤는지를 가늠하게 됩니다. 들뢰즈가 그의 주저 제목을 '차이와 반복'으로 내세운 것, 데리다가 그의 해체 이론의 핵심 개념으로 '차연'이나 '흔적' 등을 제시한 것만 생각하더라도 이를 쉽게 알 수 있습니다.

저 '심오한 공간성'은 바로 동일자가 수반하지 않을 수 없는 '거리', '간격', '간극' 등입니다. 달리 말하면, '구멍이 나 있는 동일자'에서 그 '구멍^{le creux}'이 바로 근대적 사유를 가능케 하는 심오한 공간성입니다. 중요한 점은 이 '구멍'은 결코 메워질 수 없는데도, 메우기를 포기하지 않는다는 사실입니다. 그것은 시간이 그러기를 약속하는 것처럼 태세를 취하기 때문입니다.

7. 인간학적인 잠

근대적 사유의 근본이 바로 이러한 '심오한 공간', 즉 '구멍이 나 있는 동일자'를 중심으로 선회한다면, 근대적 사유는 인간의 유한성이 갖는 근원성을 전혀 새로운 방식으로 제시하는 셈입니다. 그런데 과연 어떤 방식에서 누가 그와 같은 근대적 사유를 처음으로 제대로 밀어붙였을까요? 푸코에 따르면, 그는 바로 니체입니다.

제9장의 마지막 절에서 푸코는 자신이 그야말로 니체주의자임을 여지없이 드러냅니다. 우선 그는 재현 중심의 사유가 깨지면서 "나는 생각한다"가 지닌 주권이 한계에 달하게 되고, 인간의 유한성이 드러날 때, "인간은 무엇인가?"라고 하는 물음이 생겨나지 않을 수 없음을 지적합니다. 예컨대 칸트가 제시한 유명한 세 가지 물음, "나는 무엇을 알 수 있는가?", "나는 무엇을 해야 하는가?", "나는 무엇을 바랄 수 있는가?" 등이 역시 칸트가 제시하는 네 번째 물음, 즉 "인간은 무엇인가?*Was ist der Mensch*"에 수렴된다고 말합니다.

그런데 이 물음이 경험적인 것과 초월론적인 것 간의 혼동에 의해 근대 철학을 특징짓는 반성을 혼돈에 빠뜨렸다고 말하면서, 푸코는 이렇게 말합니다.

문제는 경험적-비판적 중복이다. 사람들은 이를 통해 자연적이고 교환적이며 담론적인 인간을 인간 고유의 유한성이 기반하고 있는 바탕으로 삼고자 한다. 이 주름^{ce Pli}에서, 초월론적인 기능은 그 위풍당당한 그물로써 타성적이고 무미건조한 경험 공간을 다시 뒤덮게 된다. 그 반대로, 경험적인 내용들은 활기를 얻어 조금씩 몸을 일으켜 곧추서게 되자마자 곧바로, 초월론적인 전제를 담고 있는 담론에 포섭되고 만다. 갑자기 이 주름에서 철학은 새로운 잠에 빠져든다. 이 잠은 독단론의 잠이 아니라, 인간학의 잠이다. 모든 경험적인 인식이 인간에 대해 관련되기만 하면, 그 인식은 곧 가능한 철학의 장으로서 가치를 갖는다. 말하자면, 그 장에서 인식의 바탕이 발견되어야만 하고, 인식의 한계에 대한 정의가 발견되어야만 하며, 결국에는 모든 진리에 대한 진리를 발견해야만 하는 것으로 여겨지게 된 것이다. [이러한] 근대 철학의 인간학적인 편성은 독단론을 둘로 나누고, 독단론을 서로 맞닿아 있으면서 지지하는 두 수준에 할당하는 데서 성립한다. 즉 인간이 본질상 무엇인가에 대한 선^先비판적인 분석은 인간에 대한 경험에 일반적으로 주어질 수 있는 모든 것에 대한 분석론이 된다. (352, 389-390)

이야기가 상당히 복잡합니다. 비록 그 발생 시기가 여기에서 푸코가 말하는 시기와 제대로 일치하지는 않지만, 예컨대 지식 사회학의 경우를 생각해 봅시다. 지식 사회학은 사회적인 맥락이 인간의 지식 형성에 어떤 영향을 미치는가를 중시합니다. 말하자면, 개념적인 사유, 언어 및 논리 등이 사회적인 맥락을 바탕으로 해서 생겨난다고 여기고, 따라서 근본적으로 사회적인 맥락에 영향을 받아 생겨나는 것으로 여기죠. 그럴 경우, 사회적인 맥락에 관한 연구는 곧 초월론적인 연구로서의 자격을 갖습니다. 그런데 사회적인 맥락이란 근본적으로 인간의 여러 구체적이고 경험적인 활동을 통해 성립할 수밖에 없고, 그래서 넓게 보면 인간학적인 관점을 취하는 겁니다. 이렇게 되면, 경험적인 것과 초월론적인 것 간의 경계가 거의 무너지면서 인간에 관한 것이면 그 어떤 지식이든지 간에 초월론적인 것으로 자리 잡게 되죠. 그렇게 해서 그 경험적인 지식들은 곧바로 철학적인 장場에 들어설 권리를 갖는 것으로 됩니다.

다소 이상한 표현이긴 한데, 푸코는 이러한 상황을 '인간학적인 잠', 말하자면 사유가 인간학적인 잠 속에 빠져들어 독단론을 되풀이하는 것으로 봅니다. 그는 초월론적인 정초 작업을 독단론과 연결해서 파악하고, 인간의 경험 일반을 분석하기 위한 장치를 인간 경험에서 찾는 작업을 인간학적이라고 지칭합니다. 그러면서 근대적 사유에서 이런 일이 강화되는 경향에 '인간학적인 잠'이라는 부정적인 어감을 지닌 어구를 갖다 붙이죠. 인간을 넘어선 순수 형식적인 것에서 초월론적인 기반을 찾는 작업에 비해 이러한 '인간학적인' 영역에서 초월론적인 기반을 찾는 게 더 바람직하다고 할 수도 있기에 이러한 푸코의 설명에 고개를 갸우뚱하게 됩니다.

아무튼 푸코는 이러한 인간학적인 잠을 깨우는 작업을 아울러 파악하여 지적하고자 합니다. 그는 이렇게 말합니다.

> 사유를 그러한 잠에서 깨우기 위해서는…, 사유에 가장 이른 아침의 가능성들을 환기시키기 위해서는, 인간학적인 '사변형'le 〈quadrilatère〉 anthropologique을 그 바탕에서부터 파괴하는 것 외에 다른 방법이 없다. 어쨌건, 새롭게 사유하고자 하는 노력은 이 인간학적인 사변형을 비난하는 것에 직결된다는 것을 다들 잘 안다. 이는 인간학적인 장을 횡단하면서 인간학적인 사변형이 발언하는 것에 기반해서 그 사변형에서 벗어남으로써 순화된 존재론이나 존재에 대한 근본적인 사유를 다시 발견하는 것이 문제일 경우에도 그러하고, 심리학주의와 역사주의 외에 모든 구체적인 형태의 인간학적인 통념을 중지시킴으로써 사유의 한계들을 재탐색하고 이성에 대한 일반적인 비판의 기획과 결합하려고 할 경우에도 그러하다. (352-353, 390)

저 앞에서 본 것처럼, '인간학적인 사변형'은 '인간의 유한성', '경험적-초월론적인 중복', '사유-비사유의 결합', '인간의 기원과 후퇴' 등의 선분으로 구성되어 있습니다. 이제까지 푸코는 이 사변형이야말로 근대적 사유를 특징짓는 근본적인 얼개임을 애써 강조하고 분석해 왔습니다. 그런데 결국에는 이것을 사유가 빠져 버린 '인간학적인 잠'이라고 비난하고 있습니다. 대단히 혼란스럽습니다.

여기에서 말하는 사유는 분명히 근대적 사유입니다. 그렇다면 근대적 사유가 근본적으로 인간학적인 구도 속에 침몰한 상태로 있다는 이야기가 되죠. 이는 푸코가 인간 자체가 사유, 즉 지식의 형성에 있어서 바탕이 되어서는 안 된다는 것을 은근히 주장하는 겁니다. 이 대목에서 갑자기 『말과 사물』의 맨 마지막 문장이 미리 떠오릅니다.

> 만약 그 배치들이 나타날 때처럼 사라지게 된다면, [그러니까] 만약에 우리로서는 기껏해야 그 가능성을 예감할 뿐인, 그러나 아직 현재로서는 그 형식과 그 약속을 알지 못하는 어떤 사건에 의해, 18세기를 마감할 즈음 고전주의적 사유의 토양이 그랬던 것처럼, 그 배치들이 흔들려 무너진다면, 그때 우리는 인간이, 마치 해변에 모래로 새긴 얼굴이 [파도에 씻겨] 지워지는 것처럼, 지워질 것이라 장담할 수 있을 것이다. (398, 440)

이 말이 미리 떠오르는 까닭은 푸코가 인간학적인 배치들을 파괴하지 않고서는 인간학적인 잠에 빠져 있는 사유를 일깨울 수 없다고 주장하면서 일체의 인간학적인 근거에 따른 지식의 분석을 거부하고자 하기 때문입니다. 사실 심리학주의나 역사주의를 비롯한 일체의 인간학적인 통념을 거부한 것은 현상학의 비조 후설이었습니다. 한 대목 위에서 인용하고 있는 푸코의 언명에서 우리는 후설의 음성이 울려 퍼지는 것을 느낍니다.

푸코가 후설의 현상학적인 기획에 크게 영향을 받고 있음에 틀림이 없습니다. 그런데 정작 푸코는 후설은 전혀 언급하지 않고 니체를 크게 부각해 내세웁니다.

아마도 니체의 경험에서 당대의 사유가 결합해 있던 인간학을 뿌리에서부터 뒤집어엎고자 하는 최초의 노력을 보아야 할 것이다. 문헌학적인 비판을 거쳐, 일종의 생물학주의를 거쳐, 니체는 인간과 신이 공속共屬하는 지점을 발견했다. 거기에서 신의 죽음은 인간의 소멸과 동의어이다. 그리고 초인에 대한 약속은 무엇보다도 인간의 죽음이 임박함을 의미한다. 니체는 미래를 효력 만기이자 동시에 목표로서 제시한다. 그럼으로써 니체는 당대의 철학이 다시 사유를 시작할 수 있는 문지방le seuil(역치)을 지목한다. 그것으로부터 철학이 나아갈 길이 불쑥 솟아올라 오랫동안 지속될 것이라고 말한다. 만약 회귀le Retour의 발견이 실로 철학의 종말이라면, 인간의 종말은 철학의 시작으로 회귀하는 것이다. 오늘날 우리는 인간이 사라진 텅 빈 곳le vide de l'homme disparu에서만 사유할 수 있을 뿐이다. 왜냐하면, 이 텅 빈 곳은 결핍으로 움푹 팬 것도 아니고, 채워야 할 공백을 예시하는 것도 아니기 때문이다. 그 텅 빈 곳은 새롭게 사유하는 일이 가능한 공간이 펼쳐져 있는 것일 뿐, 그 이상도 그 이하도 아니다. (353, 390-391)

푸코는 니체가 당대의 철학이 인간학에 침윤되어 깊은 잠에 빠져 있는 것을 질타했음을 강조합니다. 니체가 제시한 신의 죽음은 곧 인간의 죽음(소멸)인 것으로 해석합니다. 니체에게서 신과 짝을 이루는 인간은 인간 자신에게 속한 신적 위력을 망각하고 저 스스로 신에 예속된 하찮은 존재임을 자임한 왜곡된 인간이었습니다. 니체는 이렇게 말합니다.

차라투스트라는 말했다. 대지는 하나의 살갗을 갖고 있다. 그리고 그 살갗은 여러 병에 걸려 있다. 그런 병 중의 하나는 예를 들자면, '인간'이라 불린다.[54]

대지의 살갗에 생겨난 흉측한 질병 중 하나가 인간이라고 한다면, 그 인간은 죽지 않으면 안 됩니다. 인간의 죽음은 곧 대지의 쾌유인 셈이죠. 이 '대지의 쾌유'는 초인의 탄생과 궤를 같이할 겁니다. 이를 위해서는 신의 죽음과 더불어 필연적으로 인간의 죽음이 이루어져야 합니다. 초인은 오랜 세월 신과 인간에 의해 억눌려 잠들어 있는 상태에서 드디어 깨어나는 새로운 인간입니다. 그런데 니체는 다시 이렇게 말합니다.

아직 밟아 보지 않은 천 개의 길이 있다. 천 개의 건강과 천 개의 숨겨진 삶의 섬들이. 인간과 인간의 대지는 아직도 변함없이 무진장하며 발견되지 않은 채로 있다. … 진실로, 이제라도 대지는 치유의 장소가 되어야만 한다.[55]

푸코가 말하는 '인간이 사라지고 난 텅 빈 곳'은 니체가 말하는바 아직 발견되지 않은 채 그저 미래에 숨겨져 있는 '천 개의 건강과 천 개의 숨겨진 삶의 섬들'이라 해야 할 것 같습니다. 푸코는 니체가 말하는 그곳을 발견해야만, 그 치유의 장소를 발견해야만, 인간학의 수면제에 취해 잠들어 있는 철학을 다시 일깨워 치유할 수 있고 다시 시작할 수 있다고 말하는 셈입니다. 근대적 사유는 인간이 병들어 있음을 확인하긴 했으나 아직 그 치유의 길들을 제대로 확보하지 못한 채, 그 사이의 길목에 서 있는 셈입

---

54 니체, 『짜라투스트라는 이렇게 말했다』(최승자 옮김, 청하, 1997, 18쇄), 172쪽.

55 같은 책, 117쪽.

니다. 이를 푸코는 이렇게 말합니다.

> 인간학은 칸트 이후 우리에 이르기까지 철학적 사유를 지휘하고 인도하는 근본적인 배치를 구성한다고 해도 무방할 것이다. 이 배치는 우리 역사의 부분을 형성하고 있다는 점에서 본질적이다. 그러나 이 배치는 우리의 눈앞에서 해체되는 중이다. 오늘날 우리는 이 배치를 인식하기 시작했고, 이 배치를 가능하게 했던 망각과 열림을 비판적으로 폭로하며, 그와 동시에 임박한 사유를 끈덕지게 반대하는 고집스런 장애물을 비판적으로 폭로하기 시작했기 때문이다. (353, 391)

니체가 일러 준 새로운 철학의 길을 우리 시대에 우리 나름으로 열어 나가고 있음을 말하고 있습니다. 과연 그와 같은 새로운 철학의 길이 열리면, 아마도 근대의 종언이 실현될 겁니다. 그러나 그 이후 과연, 철학은 말할 것도 없고, 인간의 삶 자체가 어떻게 될 것인가에 대해서는 누구도 쉽게 단언할 수 없습니다.

2강

인간 과학의 탄생

2강. 인간 과학의 탄생

이제 『말과 사물』의 마지막 장인 '인간 과학들les sciences humaines'에 진입합니다. 이 장은 제1절 '지식의 삼면체le trièdre des savoirs', 제2절 '인간 과학의 형식la forme des sciences humaines', 제3절 '세 모델les trois modèles', 제4절 '역사l'histoire', 제5절 '정신분석학, 민속학psychanalyse, ethnologie', 제6절 '398쪽' 등으로 되어 있습니다. 오늘은 제1절과 제2절을 다루고자 합니다.

1. 지식의 삼면체

푸코는 이 절에서 맨 먼저 근대의 사유에서 인간의 존재 양식이 어떻게 발현되었는가를 말합니다. 그러면서 인간이 모든 실증성의 기초이자 동시에 경험적인 사물들의 권역에 별다른 특권 없이 현전한다고 하는 이중성을 제시하고, 이 사실이야말로 '인간 과학들'[56]에 나름의 지위를 부여하

---

56 'sciences humaines'를 어떻게 새길 것인가는 어려운 문제다. 언뜻 보기에는 '인문학' 또는 '인

는 결정적인 요인이라고 말합니다. 이러한 여건은 18세기까지 전혀 마련되어 있지 않았던 인식론적인 사건임을 다음과 같이 말합니다.

> 인간 과학들이 주유周遊하는 인식론적인 장은 이전에 예표된 것이 아니다. 17-18세기에 있어서는, 어떤 철학도, 어떤 정치적, 또는 도덕적 선택과목도, 그 어떤 종류의 경험 과학도, 인간 몸에 관한 그 어떤 관찰도, 감각이나 상상 또는 정념에 관한 그 어떤 분석도 인간이라 할 수 있는 그 무엇과 조우하지 않았다. 왜냐하면 인간은 (생명, 언어 및 노동과 마찬가지로) 현존하지 않았기 때문이다. (355, 393-394)

인간이 현존한다는 사실이 도대체 어떤 의미를 갖는가가 핵심입니다. 적어도 17-18세기까지는 인간이 현존하지 않았는데, 19세기 근대에 이르러 인간이 탄생하게 되었다는 것입니다. 이제야 인간이 탄생했다고 말하는 게 생물학적인 수준에서의 언명이 아니라, 인식론적인 수준에서의 언명이라는 점은 미리 지적해 두어야겠습니다. 이 '인간의 탄생'이라는 문제는 제9장 전체의 주제라 할 수 있습니다. 그러니까 제9장의 제8절에서 '인간학적인 사변형la quadrilatère anthroplogique'이라고 했던 '유한한 인간', '경험적-초월론적인 중복', '사유-비사유의 결합', '인간의 기원과 후퇴' 등이야말로 인간의 탄생을 규정짓는 거였습니다.

그러니까 이 인용문에서 17-18세기에 이루어졌던 여러 인식 활동이 인간이라는 존재와 조우한 적이 없었다고 말할 때, 그 인간은 푸코가 19세기 근대적 사유에서 그 나름으로 밝혀낸 대단히 특유한 개념의 인간입

문과학'으로 새기면 될 것 같기도 하다. 그러나 이렇게 되면, 중세에서부터 15세기 르네상스에 이르러 교양교육으로 제시되었던 'humanitas(후마니타스)'와 혼동될 가능성이 높다. 푸코가 특별히 이 학문들이 19세기 근대에서부터 비로소 형성된다고 하는 것을 중시해서 번역할 필요가 있다. 그래서 곧이곧대로 '인간 과학들'이라 번역하는 것이다.

니다. 그렇다고 할 때, 이러한 푸코의 주장은 한편으로 동어반복 내지는 선결문제 요구의 오류를 범하고 있는 것이라고 할 수 있습니다. 인간을 17-18세기의 사유와는 아주 무관하게 규정하고서, 그런 인간이 17-18세기에 현존하지 않았다고 말하고 있기 때문이죠.

그러니까 푸코가 보기에 인간이 현존하기 시작하고, 바로 그 인간을 특별히 학적인 대상으로 삼게 된 것은 하나의 특이한 사건입니다. 그는 이렇게 말합니다.

> 인간 과학들의 본연적인 가능성, 즉 고립된 인간이건 집단적인 인간이건 사회 속에 살고 있는 인간 존재들이 현존한 이래 최초로 학문의 대상이 되었다고 하는 그 적나라한 사실. ― 이는 그저 의견을 제출하는 하나의 현상으로 간주되거나 취급될 수 없다. 이는 지식의 질서에 있어서 바로 하나의 사건이다.
> 게다가 이 사건은 그 자체 **에피스테메**^{épistémè}의 일반적인 배분 속에서 발생했다. (356, 394)

푸코 자신이 주조해 낸 핵심 개념인 '에피스테메'가 등장합니다. 에피스테메는 '인식론적인 틀'로서 일종의 지식사적^{知識史的}인 범주였습니다. 재현의 공간을 벗어나게 되면서 에피스테메의 배분 방식이 전혀 달라졌다는 겁니다. 생물체들은 생명이라고 하는 특수한 심층에 근거한 것으로 되고, 부는 생산양식들이 부과하는 진보적인 강압의 과정에 근거한 것으로 되며, 낱말들은 언어들의 생성 속에 근거한 것으로 된다고 푸코는 말합니다. 그리고 이에 따라 인간에 대한 인식 역시 생물학이나 경제학 그리고 문헌학과 동일한 방식으로, 그리고 동시대적인 것으로 등장하지 않을 수 없었다고 말합니다.

그러나 정작 중요한 것은 인간에 대한 인식이 다른 개별 학문에 관련해서 묘한 불균형을 연출할 수밖에 없다는 점인데, 이에 관해 푸코는 이렇게 말합니다.

> 그러나 재현에 대한 일반 이론이 사라짐과 동시에 인간 존재를 모든 실증성의 토대로서 탐문하지 않으면 안 되는 필연성이 부과되었다. 그 때문에 불균형déséquilibre이 생겨나지 않을 수 없었다. 말하자면, 인간은 모든 인식을 직접적이면서 문제가 없는 명증성을 띤 것으로 구성하는 데 출발점이 될 뿐만 아니라, 인간 [자신]에 대한 모든 인식을 문제 삼을 수 있는 자격을 가진 존재로 되었다는 것이다. 이에 이중적인 방식의 논쟁이 불가피하게 되었다. 그것은 인간에 대한 과학들과 단적인 과학들les sciences tout court 간의 영구적인 논쟁이라는 형식을 띤다. 단적인 과학들은 끊임없이 그 고유한 토대, 그 방법의 정당화 및 그 역사로부터의 순화 등을 모색하지 않을 수 없는 강압 아래에 있다. 이는 '심리주의'나 '사회학주의' 또는 '역사주의' 등에 대항해서 이루어지는 모색이다. 그런데 인간에 대한 과학들이 단적인 과학들의 이러한 모색에 토대를 제공하겠다는 가차 없는 주장을 한다. 이것이 이중적 논쟁의 한 측면이다. 다른 측면은 철학과 인간 과학들 사이의 논쟁이다. 철학은 인간 과학들이 저 자신에게 토대를 제공하고자 하는데, 그것은 소박한 생각이라고 반대하고 나선다. 그런가 하면, 인간 과학들은 오래전부터 형성되었을 철학의 영역을 그들 자신의 대상으로 삼겠다고 주장한다. (356-357, 394-395)

19세기 근대에서부터 인간 과학들이 등장해, 요컨대 단적인 일반 과학들과 인간 과학들 사이의 지위 다툼, 그리고 철학과 인간 과학들 사이의 지위 다툼이 치열하게 벌어지게 되었다는 겁니다. 심리학주의나 사회학주의 또는 역사주의 등은 인간 과학들의 변종이라 할 수 있습니다. 이 세 가지 학문적인 '주의'는 푸코가 바로 앞 장의 마지막 절에서 제시한 '인간학적인 잠'과 깊게 연결되어 있습니다. 그때 푸코는 사유가 인간학적인 잠 속에 빠져들어 독단론을 되풀이한다고 보았고, 이 인간학적인 잠에서부터 사유를 깨우기 위해서는 인간학적인 사변형을 그 바탕에서부터 파괴해야 한다고 했습니다. 그때 푸코는 이렇게 말했습니다.

> 사유를 그러한 잠에서 깨우기 위해서는…, 사유에 가장 이른 아침의 가능성들을 환기시키기 위해서는, 인간학적인 '사변형'le ⟨quadrilatère⟩ anthropologique을 그 바탕에서부터 파괴하는 것 외에 다른 방법이 없다. 어쨌건, 새롭게 사유하고자 하는 노력은 이 인간학적인 사변형을 비난하는 것에 직결된다는 것을 다들 잘 안다. 이는 인간학적인 장을 횡단하면서 인간학적인 사변형이 발언하는 것에 기반해서 그 사변형에서 벗어남으로써 순화된 존재론이나 존재에 대한 근본적인 사유를 다시 발견하는 것이 문제일 경우에도 그러하고, 심리학주의와 역사주의 외에 모든 구체적인 형태의 인간학적인 통념을 중지시킴으로써 사유의 한계들을 재탐색하고 이성에 대한 일반적인 비판의 기획과 결합하려고 할 경우에도 그러하다. (352-353, 390)

다시 한번 인용하는 이 대목에서는 심리학주의와 역사주의만을 들먹였는데, 이제 사회학주의라고 하는 것도 첨가하고 있습니다. 이 세 가지 학문적인 '주의'는 파괴되어야 마땅한 것들이었습니다. 말하자면, 단적인 과학들이 그 나름의 정초 작업을 요구하고 모색한다고 할 때, 이 세 가지 인간학주의에 빠져들어서는 안 된다는 겁니다. 그런데도 이 세 가지 인간학주의는 그 나름의 초월론적인 기능을 결단코 포기하지 않으려 합니다. 그래서 인간 과학들과 단적인 과학들 사이의 영구적인 논쟁이 생겨나죠. 그리고 그 사이, 단적인 과학들에 대한 초월론적인 정초 작업을 자임해 온 철학은 그 자체 인간 현존에 대한 지식을 결하고 있어서, 인간의 유한성에서부터 생겨나는 생명에 관한 생물학, 노동에 관한 경제학, 언어에 관한 문헌학과 같은 단적인 과학들로부터 비켜나 있습니다. 이른바 인간 과학들이 그 틈 사이를 뚫고서 철학의 자리를 대신하고자 한다는 거죠. 이에 철학과 인간 과학들 사이의 논쟁이 일어납니다.

후자의 이 논쟁에서 인간 과학들은 종전의 철학이 하던 방식과는 다른 방식으로 초월론적인 정초 작업을 자임합니다. 일컫자면 특별히 '과학'이라는 명칭을 붙여도 되는 방식으로 정초 작업을 자임합니다. 철학은 근본적으로 인간을 괘념치 않는, 인간의 존재로부터 주어지는 사유의 실증적인 한계를 넘어서는 영역을 본령으로 삼고자 합니다. 그런 점에서 철학은 형이상학적인 면모를 지닐 수밖에 없습니다. 그런데 인간 과학은 적어도 인간 존재의 유한성을 근본 조건으로 삼습니다. 그러면서도 생물학이나 경제학 또는 문헌학과는 다른 지위를 갖는다는 것입니다. 말하자면, 인간 과학은 여러 단적인 과학과 종전의 철학 사이에서 양쪽과 논쟁을 벌입니다.

이 정도쯤 되니, 도대체 인간 과학의 정체가 무엇인가가 대단히 궁금해집니다. 지금 이 대목에서 진행되고 있는 인간 과학에 대한 푸코의 논의에 있어서, 우리에게 주어진 것은 인간에 대한 인식과 과학이 단적인 과학들과 철학의 틈새를 꿰뚫고서 그 나름 독자적인 새로운 과학의 지위를 획득한다는 것뿐입니다. 진정 인간 과학에 속한 학문으로 무엇을 들 수 있는가에 대한 예는 물론이고, 아직 인간 과학에 관한 적극적인 정의조차 주어진 바 없습니다. 그래서 우리로서는 답답할 수밖에 없습니다. 이를 풀 수 있는 맥락을 미리 가져오지 않으면 안 되는 형국입니다. 이에 제2절의 일단을 미리 보기로 합니다.

사실 인간 과학들은 인간에게 말을 건다. 그 인간은 살아 있으며 말하고 생산하는 한에서의 인간이다. 인간은 생명적 존재이되, 성장하고, 기능들과 욕구들을 지니고 있으며, 공간의 유동적인 편성을 인간 스스로에게 결합하는 가운데 그 공간이 열린다는 사실을 아는 그런 생명적 존재이다. 일반적으로 말하면, 인간은 물건들과 도구들을 생산하고, 필요한 것을 교환하며, 순환의 모든 그물을 만들어 그것에 따라 자신이 소비할 수 있는 것들이 흐르도록 하면서 거기에서 그 자신이 중계자로 드러나도록 한다. 그럼으로써 인간은 다른 현존들과 직접 얽혀 있는 현존을 띠고서 나타난다. 인간은 언어를 가지고 있어서, 상징적인 전 영토를 구축할 수 있고, 그 속에서 자신의 과거뿐만 아니라 사물들과 타인들과의 관계를 유지한다. 그런가 하면, 그런 상징적인 영토에 근거해서 지식과 같은 것을 구축한다(특히 이 지식은 인간이 자기 자신에 대해 갖는 지식이고, 거기에서부터 인간 과학들이 여러 가능한 형식 중 하나를 획득하게 되는 지식이다). 그러므로, 생명과 노동과 언어가 문제시되는 과학들을 이웃하여 그 과학들과의 경계선상에서, 그리고 그 과학들의 모든 범위에 근거해서 인간에 대한 과학들이 위치한 장소를 정할 수 있다. 이 과학들은, 인간이 최초로 긍정적인 지식의 가능성에 자신을 제공하는 시대에 비로소 형성된 것이 아니겠는가? 그러나 생물학, 경제학, 문헌학 등은 인간 과학들에 대해 일차적인 과학들로 여겨져서도 안 되고, 더 근본적인 과학들로 여겨져서도 안 된다. (362-363, 400-401)

여전히 크게 도움이 되지 않습니다. 인간 과학이란 것이 학문 전반의 지형에 있어서 근본적으로 대단히 애매한 특성과 지위를 갖는다는 것을 예감케 할 뿐이죠. 계속해서 생명, 노동, 언어가 주된 범주로 등장하고 있습니다. 이를 다루는 생물학이나 경제학 또는 문헌학은 이들 세 범주 각각을 따로 연구하는, 이른바 개별 과학입니다. 이 개별 과학들은 적어도 인간 과학이 아닙니다. 그런데 푸코는 계속해서 '인간 과학들'이라고 해서 복수형을 쓰고 있습니다. 이는 이들 개별 과학처럼 여러 종류의, 또는 여러 영역의 인간 과학들이 있다는 점을 지시하죠. 그렇다면, 예컨대 생물학에 관련된 인간 과학이 있을 수 있고, 경제학에 관련된 인간 과학이 있을 수 있으며, 또는 문헌학에 관련된 인간 과학이 있을 수 있다는 걸까요? 말하자면, 그 옆에, 그 경계선을 따라, 그리고 그 범위를 에워싸면서 하나하나의 특정한 인간 과학이 있을 수 있다는 걸까요? 인간 과학의 정체를 둘러싼 이러한 의문을 지닌 채, 다시 제1절로 돌아갑시다.

저 앞에서 우리는 단적인 과학들(말하자면 개별 과학들), 인간 과학들, 그리고 철학이라고 하는 서로 대결하는 세 가지 학문 영역을 보았습니다. 그런데 푸코는 여기에서 더 나아가 19세기 근대에 열리는 지식의 에피스테메의 구도에서 세 가지 큰 차원을 제시합니다. 첫째, 수학적·물리학적 과학들의 차원, 둘째, 언어·생명·부의 생산과 분배에 관한 과학들의 차원, 셋째, 동일자의 사유로 발달하는 철학적인 반성의 차원을 제시합니다. 그러면서 첫째와 둘째 간의 공통 판면, 즉 경험 과학들에 대한 수학의 적용, 둘째와 셋째의 공통 판면, 즉 생명이나 소외된 인간 및 상징적 형식들에 대한 다양한 철학, 그리고 첫째와 셋째의 공통 판면, 즉 사유의 공식화 등 각각의 공통 판면이 있다고 말합니다(358, 396 참조).

그러면서 세 차원의 학문과 그것들의 공통 판면들을 합쳐서 '인식론적인 삼면체le trièdre épistémologique'라고 말합니다. 이해하기에 그다지 어려운 이야기는 아닙니다. 그런데 푸코는 이 '인식론적인 삼면체'에서 인간 과학들이 빠져 있다고 말합니다. 삼면체를 이루는 각각의 학문들에서도 인간 과학들이 발견되지 않으며, 각각의 공통 판면에서도 인간 과학들이 발견되지 않는다고 말합니다. 그런 다음 즉시 다음과 같은 반대의 말을 합니다.

그러나 또한 인간 과학들이 이 인식론적인 삼면체에 포함된다고 얼마든지 말할 수도 있다. 왜냐하면, 인간 과학들이 자리를 잡는 곳은 바로 이러한 지식들 사이의 간극l'interstice, 더 정확하게 말하면 이 세 차원에 따라 규정되는 덩어리volume이기 때문이다. (358, 396)

인간 과학들은 인식론적인 삼면체를 벗어나서는 존립할 수 없지만, 그렇다고 해서 인식론적인 삼면체를 형성하는 요소로서 적극적으로 거기에 포함되는 것은 아니라는 이야기입니다. 그래서 인식론적인 삼면체 내의 틈 사이에서 성립한다고 말할 수 있다는 겁니다. 하지만, 더 정확하게는 인식론적인 삼면체를 형성하는 세 차원과 세 공통 판면의 각각을 넘어서서, 그것들이 전반적으로 형성하는 덩어리 자체에서 성립한다고 해야 한다고 말합니다.

이렇게 되면, 인간 과학은 인식론적인 구도에서 볼 때 불안정한 것임이 틀림없습니다. 도대체 그 인식론적인 좌표를 정할 수 없는 정체불명의 과학이기 때문입니다. 하지만 인식론적인 편재에 있어서 그렇게 불안정하기에 오히려 나름의 기묘한 위력을 지니는 것일 텁니다.

논리적으로 접근해서 조금 쉽게 말해 보죠. 인식론적인 삼면체를 형성하는 세 학문은 기실 인간이 수행합니다. 그렇다면, 인간이 지닌 근본적인 유한성이 이 세 학문을 수행하는 데 근본적인 한계로 작동할 것입니다. 하지만 이 근본적인 한계는 명시적이지는 않을 겁니다. 왜냐하면, 명시적으로 드러나게 되면 아예 철학적 반성의 영역 속으로 함입되고 말기 때문이죠. 그 근본적인 한계는 뭔가 암시적으로 저 심층에서부터 작동하고 있다고 해야 합니다. 푸코가 인간 과학들이 인식론적인 삼면체의 간극에서, 또는 전반적인 덩어리에서 성립한다고 말하는 것이 바로 그런 뜻이라 할 것입니다. 그래서 기묘한 위력을 발휘하는 것이라 할 수 있습니다. 그래서일까요? 푸코는 이렇게 말합니다.

인간 과학들은 위험하다. 왜냐하면 인간 과학들이 [도리어] 다른 모든 지식을 하나의 영구적인 위험이라고 말하기 때문이다. 분명한 사실은 연역적인 과학들, 경험적인 과학들, 철학적인 반성 등이 각기 그 나름의 차원에 머물러 있을 경우, 위험을 무릅쓰고서 인간 과학들로 '이행한다'거나 인간 과학들의 불순함을 책임지려 하지 않는다는 것이다. 그러나 인식론적 공간의 세 차원을 연결하는 매개적인 그 [공통] 판면들을 확립하고자 할 때에는 상당한 어려움이 뒤따른다. 엄격하게 배치된 이 [공통] 판면들과의 관계로부터 조금이라도 이탈하게 되면, 사유가 인간 과학들에 포위된 영역으로 추락하기 때문이다. 여기에서 ―한마디로 '인간학주의'라고 부를 수 있을― '심리학주의'나 '사회학주의'의 위험이 생겨난다. … 오늘날 우리 시대에서 '인간학화 anthropologisation'는 지식 내부의 아주 큰 위험이다. (359, 397)

굳이 분류하자면, 지금 푸코가 펼치고 있는 논의는 이른바 학문론입니다. 쉽게 말하면, 개별 학문 및 철학이 그 나름의 고유한 영역에 머물러 있을 경우에는 제법 체계적이고 일관된 면모를 확립하는 것처럼 보이기 때문에 그 자체로 보면 불안정하거나 위험한 구석이 없다고 할 수 있습니다. 그런데 적어도 이 각각의 개별 학문이건 철학이건 그것은 알고 보면 결국 인간이 하는 일이고 그런 점에서 어쨌건 인간 존재로 수렴되지 않으면 안 될 것 같은 강압이 분명히 있습니다. 그래서 서로가 연결되어 공통된 판면을 형성하는 측면들을 염두에 두지 않을 수 없습니다. 그리고 그 공통 판면들 사이에 엄격한 인식론적인 배치가 이루어져야 합니다. 말하자면, '인식론적인 삼면체'가 그 나름 엄격한 형태를 갖추어야 합니다.

이렇게 엄격한 형태를 지닌 '인식론적인 삼면체'를 갖추고자 하는 건 이른바 보편학문을 향한 열망을 담은 것이라 할 수 있는데, 문제는 그 열망을 실현한다는 것이 결코 쉬운 일이 아니라는 점, 자칫 그 엄격한 관계망의 얼개에서 벗어나게 되면 지식을 내부에서부터 위험에 빠뜨리는, 이른바 '인간학주의' 내지는 '인간학화'에 둘러 빠지게 된다는 겁니다.

아무튼 이 대목에서 푸코는 '인간 과학'이란 것이 암암리에 오늘날 우리의 지식을 위험에 빠뜨리는, 또는 위험에 빠뜨릴 수밖에 없는 근본적인 문제를 안고 있다고 말하는 것 같습니다. 말하자면, 푸코는 자기 스스로 인간 과학을 추구하고자 하는 것이 아니라, 19세기 근대에서부터 생겨난 인간 과학들이 근본적으로 문제를 지닐 수밖에 없다고 하는 사실을 이른바 고고학적으로 폭로하는 것을 자신의 과제로 삼고 있는 것 같습니다. 이는 제1절을 마감하는 다음의 말에서 상당 정도 감지됩니다.

> '인간 과학들'의 난점, 그 불안정함, 과학으로서의 그 불확실성, 철학과의 위험한 근친성, 다른 지식이 영역들을 잘못 끌어들이는 것, 항상 이차적이고 파생적인 성격, 그런데도 보편성을 주장하는 것 등을 설명해주는 것은 흔히 말하는 것과는 달리 그 대상의 극단적인 밀도도 아니고, 그 형이상학적인 지위도 아니며, 또는 인간 과학들이 말하는바 지울 수 없는 인간의 초월론성도 아니다. 그게 아니라, 인간 과학들이 위치한 인식론적인 편성의 복잡성, 즉 인간 과학들에 공간을 제공하는 세 차원에 대해 인간 과학들이 맺는 관계이다. (359, 397-398)

수학적-물리학적인 과학, 언어·생명·생산에 관한 과학들, 그리고 철학적인 반성이 여기에서 말하는 세 차원입니다. 이 세 차원의 과학 및 철학은 각기 그 나름 학문으로서의 자격을 갖추고 있습니다. 그런데 인간 과학들은 이들 학문에 대해 이른바 인간학적으로 그 근거를 검토하지 않으면 안 된다고 주장합니다. 그러니까 인간학적으로 제반 학문의 근거를 제공하고자 하는 '인간 과학들'은 이들 학문을 떠나서는 성립할 수 없는 것입니다. 문제는 이들 학문에 곁다리로 붙어 있는 상태에서는 이 '인간 과학들'이 갖는 학문으로서의 지위가 대단히 위험할 수밖에 없다는 겁니다. 이를 일컬어 푸코는 '인간 과학들'이 위치한 인식론적인 편성 자체가 복잡해서 생겨나는 문제라고 진단합니다. 푸코가 근대적 사유의 '인간학적인 잠'이라고 한 것과 인간 과학의 인식론적인 편성에서의 애매하고 복잡한 위치 관계가 과연 무관할 수는 없을 겁니다.

2. 인간 과학의 형식

이제 푸코는 이렇듯 문제가 되는 인간 과학들, 과연 그것들이 실증성을 지니고 있는가, 지니고 있다면 그 형식은 과연 어떠한가를 따지고자 합니다. 그러면서 실증성의 형식을 정의할 때는 흔히 수학적인 것들les mathématiques에 관련하여 정의하고자 하지만, 그와 같은 분석은 진부하고 지루하며 적절성을 지니지 못한다고 말합니다. 그리고 인간에게 적용되는 경험적인 지식 역시 수학적인 것들과 관계하고 있다는 점을 인정하면서, 예컨대 계몽주의자였던 콩도르세Nicolas de Condorcet(1743-1794)가 확률론을 정치에 적용할 수 있었다거나, 실험심리학자였던 페히너Gustav Theodor Fechner(1801-1887)가 감각의 증가와 흥분의 증가 사이의 대수학적인 관계를 정리해 냈다거나, 현대의 심리학자들이 학습의 현상을 설명하기 위해 정보 이론을 활용한다거나 하는 것은 그러한 측면이 있기 때문이라고 말합니다. 그렇지만, 인간 과학들에 특유한 실증성을 구성하는 데 있어서 수학적인 관계는 거의 역할을 하지 못한다고 푸코는 말합니다. 그러면서 그 이유를 이렇게 제시합니다.

여기에는 두 가지 이유가 있다. 우선 본질적으로 이 문제들은 비록 똑같지는 않다고 하더라도 인간 과학들이 (생물학, 유전학과 같은) 다른 분과

학문과 공유하는 것이기 때문이다. 무엇보다 중요한 이유는 고고학적인 분석의 결과 인간에 대한 과학들의 역사적인 선험에 있어서 수학적인 것들의 새로운 형식이라든가 인간 영역에 있어서 수학적인 것들이 갑작스럽게 돌출된다거나 하는 사실이 발견되지 않았다는 사실이다. 오히려 일종의 마테시스mathesis의 후퇴, 그 보편적 장의 해체, 그리고 가장 미세한 가능적 차이들의 선형적 질서와 관련한 생명, 언어 및 노동과 같은 경험적인 유기적 조직들의 해방 등이 발견되었던 것이다. 이런 의미에서 볼 때, 인간의 출현과 인간 과학들의 구성(이는 그저 기획의 형태를 띨 뿐이지만)은 일종의 '탈수학화dé-mathématisation'의 상관자가 아니겠는가 싶다. (360-361, 399)

현상학의 설립자인 후설은 생전에 출산된 그의 마지막 저서인 『유럽 학문들의 위기와 초월론적 현상학』이라는 책에서 일상적으로 경험되는 직관적인 참된 자연과 수학적으로 이념화된 인위적인 자연을 구분하면서 후자가 전자를 대체함으로써 인간성이 실종의 위기 상태에 빠졌다고 했습니다. 그런데 푸코는 인간 과학들의 구성이 아직 기획 단계에 있는 것임을 지적하면서, 자신의 고고학적인 분석의 결과를 종합해서 보면, 인간 과학들이 탈수학화와 긴밀히 연결된 것으로 보인다고 말합니다. 그리고 그 이유를 인간 과학들이 대상으로 삼는 인간이 어떠한가를 다시 이렇게 정돈해 말합니다.

더욱 일반적인 방식으로 말하면, 인간 과학들에서 인간은 (대단히 특수한 생리적 구조를 지니고 있고 거의 유일무이한 자율성을 띠고 있다는 점에서) 그야말로 특수한 형태를 지닌 그런 생명체가 아니다. 인간 과학들에서 인간은 완전히 생명에 속해 있으며, 생명이 그의 존재 전체를 관통하는데, 이때 생명의 내부로부터 재현들을 구성하는 그런 생명체이다. 그리고 그 재현들 덕분에 삶을 유지하고 그 재현들을 통해 생명을 재현할 수 있는 기묘한 역량을 유지하는 그런 생명체이다. … 인간 과학들의 대상은, 세상이 열린 이후로 노동에 붙박여 있는 그런 인간이 아니다. 인간 과학들의 대상은, 자신의 모든 현존이 걸려 있는 생산의 형태들 내부로부터 사회에 의해 사회와 더불어, 또는 사회에 대항하여 만족하고자 하는 욕구들에 대한 재현과 그런 사회에 대한 재현을 형성하는 그런 존재이다. 이에 입각해서 인간은 결국 경제 자체에 대한 재현을 얻을 수 있다. 언어에 관해서도 사정은 마찬가지다. … 그러므로 인간 과학들의 대상은 (오로지 인간들에 의해서만 발화되는) 언어가 아니다. 인간 과학들의 대상은 인간을 둘러싸고 있는 언어 내부에서 말하고, 그가 언표하는 낱말들이나 명제들의 의미를 재현함으로써 결국 언어 자체에 대한 재현을 얻는 그런 존재이다. (363-364, 402-403)

생명, 생산, 언어에 관해서 인간 과학들의 대상인 인간이 어떤 존재인가를 말하고 있습니다. 그런데 이 인간 과학적으로 문제가 되는 인간은 세 영역 모두에서 재현하는 활동을 한다는 점에서 공통점을 나타냅니다. 자신의 삶을 유지하는 생명을 재현하는 인간, 욕구들과 그 욕구들이 충족되는 터인 사회를 재현하는 인간, 언어 자체를 재현하는 인간 등이 그것입니다. 이는 인간 과학들이 기본적으로 '재현하는 인간 존재'와 긴밀하게 연결되어 있다는 것을 암시합니다. 하지만, 푸코는 이를 다음과 같이 부연해서 설명합니다.

사실 인간 과학들은 생물학, 경제학, 문헌학 등의 내부에 있지 않다. 그렇다고 해서 인간 과학들이 이 과학들을 인간의 주체성 쪽으로 굴절시킴으로써 내부화하지도 않는다. 만약 인간 과학들이 이 과학들을 재현의 차원에서 되찾는다면, 그것은 그 과학들의 외부 경사면에서 그 과학들을 다시 파악함으로써, 그 과학들을 불투명한 상태로 그대로 놓아둠으로써, 그 과학들이 분립해 내는 메커니즘과 기능 들을 [객관적인] 사물로 받아들임으로써, 그 메커니즘과 기능 들이 무엇이냐 하는 것보다 재현의 공간이 열릴 때 그 메커니즘과 기능 들이 중지되는 지점에서 그것들을 탐문함으로써 수행될 것이다. 그리고 이에 입각해 인간 과학들은 그 메커니즘과 기능 들에 대한 재현이 어떻게 생겨날 수 있고 전개될 수 있는가를 드러내게 될 것이다. (365, 403)

인간 과학들이 대상으로 삼는 인간이 '재현하는 존재'라고 해서, 그리고 인간 과학이 생명과 노동(또는 생산) 그리고 언어에 관한 학문들에 대한 초월론적인 정초 작업을 자임한다고 해서, 인간 과학들이 개별 과학들을 다시 재현 내부적인 것으로 가져기는 것은 아니라고 하는데, 이는 당연하다 할 수 있습니다. 왜냐하면, 인간 과학이 대상으로 삼는 인간이 제아무리 재현하는 존재라고 할지라도, 그가 그 자체 생명, 노동, 언어 등의 역사성에 의해 제약되고 있는 유한한 존재임을 벗어날 수는 없기 때문이죠.

그러나 아무튼 재현하는 인간 존재가 인간 과학들에서 주된 대상의 계기라면, 생물학·경제학·문헌학 등의 학문에 근접하면서도 비켜나 있을 수밖에 없습니다. 적어도 이들 학문은 재현하는 인간을 바탕으로 한 생명·노동·언어를 대상으로 삼지 않기 때문이죠. 결국 인간 과학들은 이들 학문이 없이는 성립할 수 없지만, 그 학문들을 비켜나 있으면서 들러붙어 있는 형세를 취하는데, 그 핵심 계기는 '재현하는 인간 존재'인 겁니다. 그래서 푸코는 이렇게 말합니다.

인간 과학들의 본령은 어떤 내용(즉 인간 존재인 특이한 대상)을 겨냥하지 않는다. 오히려 순수하게 형식적인 특성을 본령으로 한다. 말하자면, 인간 존재를 대상으로 삼는 과학들(특히 경제학과 문헌학이 그러하고, 생물학은 부분적으로 그러한데)과의 관계에 따라 이중적인 입장을 취한다는 단순한 사실, 그리고 이 이중성redoublement은 인간 과학들 자체에 있어서 **항상적으로**a fortiori 가치를 가질 수 있다는 단순한 사실을 본령으로 한다. (365, 404)

푸코는 인간 과학이란 투명하게 드러나는 생명, 노동, 언어를 대상으로 하는 것이 아닐 뿐만 아니라, 또 그러한 활동을 하는바 투명하게 드러나는 구체적인 인간을 대상으로 하는 것도 아니라고 말합니다. 그러면서 그것들을 대상으로 하는 과학들에 빌붙어 들락거리는 이중적인 입지를 취하는 데서 인간 과학들이 성립한다고 말하고 있습니다.

이때 이중성이 도대체 구체적으로 무엇인가가 문제입니다. 푸코가 암시하는 바에 의하면, 인간 과학들은 일종의 무의식적인 심층을 파고들어 생명, 노동, 언어뿐만 아니라 그러한 유한성을 띤 인간 존재를 바닥에서부터 파악해 들어가는 작업을 합니다. 이렇게 되면, 인간 과학들과 단적인 일반 과학들의 관계가 어느 정도 가늠이 되죠. 그것은 인간 과학들 역시 그 나름으로 고유한 대상 영역을 갖고서 작업에 임하는데, 그 작업의 결과가 단적인 일반 과학들에 대해 일정하게 초월론적인 기능을 수행하는 게 된다는 겁니다. 이에 관해 푸코는 이렇게 말합니다.

생물학, 경제학, 언어 과학과 관련해서 볼 때, 인간 과학들이 정확성이나 엄격함을 결여하고 있는 것은 아니다. 오히려 인간 과학들은 이중성의 과학들로서comme sciences du redoublement '메타인식론적인meta-épistémologique' 위치에 있다. 아직 이 접두사 'meta'가 잘 선택된 것 같지는 않다. 왜냐하면, 일차적인 언어를 해석하는 규칙들을 정의하는 것이 문제가 될 때만 메타언어라는 말을 하기 때문이다. 인간 과학들이 언어와 노동 및 생명에 관한 과학들을 이중화할 때, 더욱 날카롭게 말하자면, 인간 과학들이 저 자신을 이중화할 때, 인간 과학들은 형식화된 담론을 확립하고자 하지 않는다. 그 반대로, 인간 과학들은 자신들이 유한성과 상대성 그리고 일정한 관점 등의 측면에서 —시간의 무한정한 침식의 측면에서— 대상으로 삼는 인간을 깊숙한 곳으로 빠뜨린다. [그리고 보면] 아마도 '아나인식론적인ana-épistémologique', 또는 '휘포인식론적인hypo-épistémologique' 입장을 운위하는 게 더 좋을 것이다. (366, 405)

'ana-'는 '위, 뒤, 반대의' 등의 뜻을 갖는 접두사이고, 'hypo-'는 '아래, 하위의' 등의 뜻을 갖는 접두사입니다. 그리고 'meta-'는 '다음의, 함께' 등의 뜻을 갖는 접두사죠. 어느 것이 되었건 간에, 인간 과학들은 여느 단적인 과학들과는 그 인식론적인 성격이나 입지가 달라, 그 과학들과 동일 선상에 놓고서 정확성이 없다거나 엄격함이 없다고 해서는 안 된다는 겁니다. 그 과학들에서 숨겨진 부분들, 그 배후에, 또는 그 아래에 놓여 있는 대상의 영역을 향해 내려가는 것이 인간 과학들이라는 것입니다. 그래서 인간 과학들은 인간을 깊은 곳에 빠뜨린다고 말하고 있습니다. 깊은 곳에 빠뜨려진 인간은 과연 어떤 인식론적인 모습을 드러낼지가 궁금해집니다. 특히 그때 '재현하는 인간 존재'가 과연 어떤 심층적인 방식으로 드러나게 될지가 자못 궁금해집니다.

인간 과학의 세 모델 1

지난 시간에도 그랬지만, 우리는 푸코가 말하는 인간 과학에 해당하는 것이 도대체 무엇인가를 궁금해했습니다. 그 면모의 일단이 이번 시간에 다루고자 하는 제3절 '세 모델'에서 드러나는 것 같습니다. 푸코는 이렇게 말합니다.

일단 인간 과학들의 권역domaine은 세 '과학'에 의해 — 또는 더 정확히 말하면 세 인식론적인 영역régions에 의해 채워진다고 말할 수 있다. 이 영역들은 내부적으로 세분되어 있으면서 서로 교차한다. 그리고 이 영역들은 인간 과학 일반이 생물학, 경제학, 문헌학과 맺는 삼중의 관계에 따라 정의된다. 그래서 이렇게 말할 수 있을 것 같다. 즉 '심리학적인 영역'은 생명체가 재현의 가능성으로 열리는 그 지점에서 성립한다. 여기에서 생명체가 재현의 가능성으로 열리는 것은 생물의 기능들과 신경운동의 도식들 그리고 생리 조절들이 확장되면서도 방해받고 한정되는 한에서이다. 이와 꼭 마찬가지로, '사회학적인 영역'은 노동하고 생산하며 소비하는 개인이 그 활동을 수행하는 장소인 사회에 대해, 그 활동이 배분되는 집단과 개인들에 대해, 그 활동을 뒷받침하거나 조절하는 명령과 제재 및 의례와 축제 그리고 신앙들에 대해 재현을 가지는 데서 성립한다. 마지막으로, 언어의 법칙들과 형식들이 지배하지만 그것들이 그 자신의 한계에 머물러 있고 인간으로 하여금 재현의 작용을 거기로 끌어들일 수 있게 해 주는 영역에서, 문학들과 신화들에 관한 연구, 모든 구전의 표명들과 모든 문서에 대한 분석, 간단히 말해 하나의 문화 또는 한 개인이 남길 수 있는 언어적 흔적들에 대한 분석이 탄생한다. (366-367, 405-406)

인간 과학의 권역은 크게 세 인식론적인 영역, 즉 심리학적인 영역, 사회학적인 영역, 언어적 흔적들에 대한 분석의 영역으로 나뉜다고 말하고 있습니다. 그러니까 푸코가 말하는바 19세기 근대에서부터 열리는 인간 과학들은 바로 심리학, 사회학, 그리고 문학과 신화의 분석인 것입니다. 이제야 인간 과학에 해당하는 게 무엇들인가를 밝히는 셈입니다.

그런데 이 세 가지 인간 과학이 성립한다거나 탄생하는 데 있어서 공통으로 지목되고 있는 것이 바로 재현입니다. 그 재현은 이들 인간 과학의 탄생에서 바탕의 역할을 하는바, 생물학, 경제학, 문헌학에서 이루어집니다.

심리학적인 영역은 생물학에서 이루어지는 생명체에 대한 재현이 가능한 지대에서 열립니다. 그래서 이제 심리학은 특히 뇌신경학적인 연구를 중심으로 한 생물학적인 고려를 함으로써 실증주의적인 방식으로 물꼬를 틉니다. 그리고 사회학적인 영역은 경제학에서 이루어지는 노동하고 생산하며 소비하는 개인의 활동이 이루어지는 사회 내에서의 명령과 제재에 관계하는 각종 이데올로기적인 재현들을 바탕으로 해서 이루어집니다. 그리하여 사회학은 이른바 사회경제학적인 형태로 자리를 잡게 되죠. 마지막으로 문학과 신화의 분석은 문헌학에서 이루어지는 언어 법칙과 형식들의 한계 내에서 이루어지는 재현을 근거로 각종 문화적 구전이나 개인적으로나 집단적으로 남긴 문서 등에 대한 분석으로 이루어집니다. 그리하여 문학과 신화의 분석은 언어학적인 연구, 예컨대 기호학적이거나 언어 문법적인 규정을 반영한 분석으로 이어집니다.

이렇게 되면, 지난 시간에도 말한 것처럼, 인간 과학들이 17-18세기 재현 중심의 사유 체계로 되돌아가는 게 아닌가 하는 의문을 지니지 않을 수 없습니다. 아니나 다를까 푸코는 이에 관한 문제를 제기합니다. 그것은 인간 과학의 권역을 이렇게 세 영역으로 나누는 것에 관계해서입니다. 인간 과학의 세 영역 각각이 과연 그 나름의 실증성의 형식을 확보할 수 있는가, 그리고 이 세 영역이 재현과 맺는 관계가 과연 어떠한가 하는 문제가 있다는 것입니다. 특히 재현 관련의 문제를 이렇게 말합니다.

> 이는 역설적인 사실이다. 인간 과학의 이 세 영역은 재현이 존재하는 곳에서만 자리를 잡으면서도, 그것들이 지향하는 것은 무의식적인 메커니즘과 형식 그리고 과정 들, 어쨌든 의식 바깥의 경계들이다. (367, 406)

17-18세기에 에피스테메로 작동했던 재현은 의식에 대한 의식, 즉 반성적 의식에 근거한 것인 데 반해, 인간 과학이 성립하는 데 작동하는 재현은 '선先의식적, 비非의식적, 또는 무의식적인 재현'이라는 겁니다.

'인간학적인 사변형'을 형성하는 선분 중에는 '사유-비사유의 결합'이 있었습니다. 인간 과학이 인간에 대한 과학이라고 할 때, 이를 무시할 수는 없을 것입니다. '사유-비사유의 결합'과 '선의식적, 또는 비의식적 재현'은 상당히 닮았습니다. 이렇게 되면, 인간 과학의 본령은, 연구의 대상이 생명체건 노동하는 개인이건 또는 언어적인 흔적이건 간에, 그것들에 관한 무의식적인 비사유에 따른 재현의 영역을 들추어내는 데 있는 것이겠습니다. 과연 인간 과학들이 이러하다면, 그 연구 방법이나 결과가

17-18세기의 재현 체계적인 것과는 크게 다를 수밖에 없습니다.

문제는 인간 과학들 각각이 과연 실증성의 형식을 확보할 수 있는가 하는 점입니다. 이와 관련해서 푸코는 인간 과학들을 둘러싸고서 발생이냐 구조냐, 설명이냐 이해냐, '하부 구조'의 원용이냐 독서의 수준을 벗어나지 않는 해독이냐 하는 등의 논쟁이 있었음을 지적합니다. 그런 뒤, 정작 중요한 점은 세 영역의 인간 과학, 즉 심리학, 사회학, 문학과 신화의 분석이 갖는 실증성이 생물학, 경제학, 문헌학이라고 하는 세 경험 과학에서 각기 구분되는 나름의 모델을 빌려옴으로써 성립하는 것임을 강조합니다. 푸코는 이를 '구분되는 세 가지 모델의 전이'라고 말하면서, 이 전이가 인간 과학에서 주변적인 현상이거나 그저 제한된 국면이 아니라, 결코 지울 수 없는 하나의 사실이라고 역설합니다. 말하자면, 세 경험 과학이 없었다면 인간 과학들이 성립할 수 없었다는 겁니다. 그 모델 중에는 그저 이미지 역할을 할 뿐이어서 크게 유효하지 못한 모델들도 있지만, 인간 과학에 대해 바탕으로서 구성적인 역할을 한 모델들도 있다고 하면서 이렇게 말합니다.

> 또한 구성적인 모델들les modèles constituants이 있다. 이 모델들은 인간 과학들이 최소한의 비용으로 [연구] 과정들을 고안할 수 있는 형식화의 기법들이나 단순한 수단들이 아니다. 이 모델들은 가능한 하나의 지식을 위해 '대상들'의 수와 일치하는 현상들의 집합들을 형성할 수 있도록 한다. 그리고 그 현상들의 결합을 경험적으로dans l'empiricité 보장할 뿐만 아니라, 현상들을 이미 모조리 결합한 것으로 경험에 제공한다. 이 모델들은 인간 과학들 나름의 특이한 지식에 있어서 '범주catégories' 역할을 한다. (368, 407)

글쎄, 이 구성적인 모델들의 정체가 과연 무엇인지는 알 수 없지만, 어쨌든 이 정도라면 그 학적인 모델들은 인간 과학이 성립하는 데 있어서 필수적인 장치들이 아닐 수 없습니다. 이어서 푸코는 이 구성적인 모델들은 생물학, 경제학, 언어 연구라고 하는 세 경험 과학의 영역에서 빌려온 것임을 지적한 뒤, 구성적인 모델들의 차용을 다음과 같이 설명합니다.

> 인간이 **기능들**^{fonctions}을 갖는 존재로서 —(생리적인, 사회적인, 상호 인간적인, 문화적인) 자극들을 받아들여 그것에 반응하고 적응하며 발달하고 환경의 요구에 순응하며 … 요컨대 현존 조건들을 확보하고 인간으로 하여금 기능들을 수행할 수 있도록 하는 통상적인 적응 **규범들**^{normes}을 발견할 가능성을 확보하는 존재로서— 등장하는 건 생물학이 투영된 표면 위에서다. 경제학이 투영된 표면 위에서 인간은 요구와 욕망을 가진 자로 나타난다. … 요컨대 이때 인간은 축소 불가능한 **갈등**^{conflit} 상황에서 나타난다. 인간은 이 갈등들을 모면하고 피하거나 지배하기에 이르거나 적어도 하나의 차원에서 당분간 갈등의 모순을 진정시킬 수 있는 해결책을 찾게 되거나 한다. 여기에서 인간은 갈등의 제한이자 재연인 **규칙들**^{règles}의 집합을 설립한다. 마지막으로 언어가 투영되는 표면 위에서 인간의 처신은 무언가를 의미하고자 하는 것으로 나타난다. 별것 아닌 동작이나 저절로 이루어진 동작이나 그 좌절마저도 하나의 **의미**^{sens}를 띤다. 인간이 물건, 의례, 습관, 담론 등에 관련하여 자신의 주위에 배치하게 되는 모든 것, 말하자면 인간이 자신 뒤에 남기는 흔적들의 흐름은 하나의 일관된 전체 및 **기호들**^{signes}로 된 하나의 **체계**^{système}를 구성한다. 이에 **기능**과 **규범**, **갈등**과 **규칙**, **의미화**와 **체계**라고 하는 세 켤레는 인간에 대한 인식의 전체 영역을 남김없이 포섭한다. (368-369, 407-408)

세 경험 과학이 인간에 대한 인간 과학적 인식에 투영됨으로써 세 켤레의 대립 범주, 즉 기능과 규범, 갈등과 규칙, 의미화와 기호 체계가 성립한다고 말하고 있습니다. 그렇다면 이 세 켤레의 대립 범주는 각기 인간 과학의 세 영역, 즉 심리학, 사회학, 문학과 신화의 분석이 성립하는 데 주도적인 역할을 할 수밖에 없다는 이야기입니다. 그런데 푸코는 그렇다고 해서 이 세 켤레의 대립 범주가 각기 따로 작동하는 것은 아니며, 경계를 넘나드는 방식으로 작동한다는 점에 주의를 줍니다.

> 이 모든 개념은 인간 과학들의 공통된 부피 속에서 활용되고 그 공통된 부피 속에 포괄되는 각 영역에서 힘을 발휘한다. 그래서 심리학, 사회학, 문학과 신화의 분석에 있어서 각기 나름의 대상들뿐만 아니라 각기 나름의 방법들 사이에 경계를 짓는 일이 예사로 난관에 봉착하게 된다. (369, 408)

그래서 푸코는 심리학은 근본적으로 인간을 그 기능과 규범에 관련해서 탐구하는 것이지만 이차적으로는 갈등과 의미화 및 규칙과 체계에 따라 해석 작업을 하고, 사회학은 근본적으로 인간을 갈등과 규칙에 관련해서 탐구하는 것이지만 이차적으로는 기능에 입각하거나 의미화에 입각해서 해석 작업을 하며, 문학과 신화의 분석은 본질적으로 의미화와 의미 체계에 속하지만 기능적인 일관성이나 갈등과 규칙에 관련해서 이루어질 수 있다고 말합니다. 그래서 결국 인간 과학들 사이에 이루어지는 관계가 어떻게 되는가를 이렇게 말합니다.

> 모든 인간 과학은 서로 교차하고, 언제나 상호적으로 해석될 수 있으며, 그 경계들이 지워지고, 그 사이에서 매개적이고 혼합된 분과들이 무한정 늘어나며, 각각에 고유한 대상은 마침내 소멸한다. 그러나 분석의 본성과 분석의 영역이 어떠하건 간에, 심리학, 사회학, 또는 언어

분석의 수준에 놓여 있는 것이 무엇인가를 알기 위해서는 하나의 형
식적인 기준이 필요하다. 그것은 근본적인 모델의 선택, 그리고 문학
과 신화의 연구에서 어느 순간에 '심리학화' 또는 '사회학화'가 수행되
는지, 또 심리학에 있어서 어느 순간에 텍스트의 해독이나 사회학적인
분석이 수행되는지 등을 알게 해 주는 이차 모델들의 정립이다. (369,
408-409)

아닌 게 아니라, 심리학을 하는 데 있어서 사회학적이거나 문학 내지는
신화학적인 고찰을 하지 않을 수 없고, 사회학을 하는 데에도 심리학적인
해석을 배제할 수 없습니다. 사회적인 갈등을 연구하는 데 욕망에 따른
여러 감정적인 형태를 어찌 무시하겠습니까. 그리고 문학 연구를 하는 데
심리학이나 사회학적인 상상력이나 분석은 어쩌면 필수적이라고 해도
과언이 아닙니다. 이 세 가지 인간 과학의 중심은 물론 인간입니다. 이른
바 19세기 근대에 이르러 인간이 탄생했다고 할 때, 그 인간은 '인간학적
인 사변형'에 의거한 인간이기도 하지만, 이같이 인간 과학들을 탄생시키
면서 동시에 인간 과학들의 중심과 바탕을 형성하는 인간이기도 한 겁니
다. 만약 인간이 어떻게든 통일된 존재라면, 이 통일된 인간을 탐구하는
인간 과학들은 비록 접근하는 관점들이 다르다고 할지라도 서로 연결·
결합할 수밖에 없는 것입니다.

다만, 푸코의 고고학적인 지식 분석을 따를 때 염두에 두어야 할 것은
심리학, 사회학, 문학과 신화의 분석 등 세 인간 과학의 기본 영역이 그
나름 일차적으로 주목하는 근본 범주들이 다르다는 겁니다. 앞에서 말한
것처럼, 심리학은 기능과 규범, 사회학은 갈등과 규칙, 문학과 신화의 분
석은 의미화와 기호 체계라고 하는 근본 범주들을 각기 주도적으로 선택
해서 주목합니다. 이를 전제로 해서 이차적으로 다른 범주들을 끌어들여
원용해야 할 것입니다.

이제 푸코가 말하는 인간 과학의 기본적인 면모가 어떤가를 어느 정도 알게 되었습니다. 남은 것은 과연 인간 과학들이 구체적으로 어떻게 전개되었는가, 그 근본적인 사유의 혁신은 어디에 있는가, 그리고 그 결과 현대를 사는 우리는 어떤 에피스테메의 사유 방식에 침윤되어 있는가 하는 등을 파악하는 일입니다.

그런데 푸코는 이에 앞서 방금 이야기한 인간 과학의 근본 범주들을 저 앞에서 말한 인간 과학들의 실증성 확보를 둘러싼 논쟁과 결부해 설명합니다. 저 앞에서 우리는 푸코가 인간 과학들을 둘러싸고서 발생이냐 구조냐, 설명이냐 이해냐, '하부 구조'의 원용이냐 독서의 수준을 벗어나지 않는 해독이냐 하는 등의 논쟁이 있었음을 지적한 것을 보았습니다. 이제 푸코는 이를 인간 과학의 근본 범주들이 어떻게 서로 연결돼서 작동하는가에 연관해서 이렇게 말합니다.

> 발생을 구조와 대립시키는 것은 기능을 … 갈등과 규칙 및 의미화와 체계의 동시성과 대립시키는 것이다. '하부 구조'에 의한 분석을 대상 수준에서 유지되는 분석과 대립시키는 것은 갈등을 … 그 나름 성취되면서 전개되는 그대로의 기능과 의미화와 대립시키는 것이다. 이해를 설명과 대립시키는 것은 의미 체계에 근거해 의미를 해독할 수 있도록 하는 기법을 갈등의 귀결들로 갈등을 설명하거나 기능이 기관들에 따라 띨 수 있는 형태 및 겪을 수 있는 변형을 설명할 수 있게끔 하는 기법과 대립시키는 것이다. (370, 409)

글쎄, 이 내용을 이해하려면 많은 설명이 필요할 것 같은데, 푸코는 원문으로 겨우 반쪽 정도만 할애하고 있습니다. 그러니 그 구체적인 논의 내용을 가늠하기는 쉽지 않습니다.

하지만 여기에서 미루어 짐작할 수 있는 것은 푸코 특유의 고고학적인 연구가 있기 전에 인간 과학을 둘러싸고서 벌어졌던 논쟁은 알고 보면 생물학, 경제학, 문헌학이라고 하는 경험 과학들에 준해서 이루어진 논쟁이라는 겁니다. 그러니까 이전의 논쟁은 세 경험 과학을 모델로 해서 정확하게 찾아낸 근본적이고 서로 대립하는 범주들을 통해 다시 정돈될 필요가 있다는 거죠.

그러면서 이 범주들이 어떻게 경계를 넘나들면서 작동하는가를 눈여겨볼 필요가 있다는 겁니다. 말하자면, 생물학에서의 발생 문제가 심리학으로 이관되어 오면서 기능의 문제로 전환되고, 구조 문제가 갈등과 규칙 및 의미화와 체계의 동시성 문제로 전환된다는 것, 경제학에서 하부 구조에 의한 분석은 사회학으로 이관되면서 갈등의 문제로 전환되며, 대상 수준에 머문 분석이 기능과 의미화의 문제로 전환된다는 것, 그리고 문헌학에서 이해는 문학과 신화의 분석으로 이관되면서 의미 체계를 통해 의미를 해독하는 기법으로 전환되고, 설명은 갈등과 그 귀결 간의 관계 그리고 기능과 기관 간의 관계 등에 따른 변형을 설명하는 기법들로 전환된다는 것입니다.

요컨대 푸코 자신이 인간 과학의 근본 범주들을 개설하기 이전에 인간 과학을 둘러싸고 있었던 논쟁의 주제들은 이제 자신이 제시하는 인간 과학의 근본 범주들에 따라 다시 정돈되어야 한다는 겁니다. 이는 일종의 학문 방법론을 그 나름으로 제시한 것입니다. 그런데 푸코는 대립의 구도에 있어서 이들 대립보다 더욱 근본적인 것이 있다는 식으로 다음과 같이 말합니다.

그러나 더 멀리 나아갈 필요가 있다. (자연과 문화 사이의 문지방, 각 사회나 각 개인에 의해 발견되는 균형들 또는 해결책들 사이의 환원 불가능성, 매개적인 형태들의 부재, 공간 또는 시간에 주어지는 연속체의 비현존 등) 불연속성에 입각한 관점은 연속성에 입각한 관점과 대립한다. 이 대립의 현존은 모델들의 양극성에 의해 설명된다. 연속성에 주안점을 두는 분석은 (연속적인 적응을 보장하고 뿌리내리게 하는 동일성 속에서 생명의 심층으로부터 발견되는) 기능들의 영속성, (아무리 다양한 형태를 띠어도 그 바탕에서 잡음이 끊이지 않는) 갈등들의 연쇄, (서로 속하면서 담론의 평면과 같은 것을 구성하는) 의미화의 얼개 등에 의거한다. 그 반대로, 불연속성들에 대한 분석은 의미 체계들의 내적인 일관성, 규칙들의 집합들이 갖는 특수성과 규칙들이 규칙들로써 통제해야 하는 것과 갖는 관계에 따라 규칙들이 내리는 결정의 성격, 기능적인 불안정성을 뚫고서 이루어지는 규범의 출현 등을 부각하려고 한다. (370-371, 409-410)

연속성의 관점은 인간 과학의 근본 범주들이 어떻게 경계를 넘나들면서 작동하는가에 따라 성립하고, 불연속성의 관점은 이들 근본 범주가 독자적으로 작동함으로써 각기 그 나름의 내적인 일관성을 유지하면서 특수성을 갖는다는 점을 중시하는 데서 성립합니다. 그런데 푸코가 제시하고 있는 두 관점에 대한 설명만 보아서는 두 관점이 정확하게 어떻게 구분되는지를 파악하기가 전혀 쉽지 않습니다.

앞부분의 첫 괄호 속에 있는 불연속성에 관한 내용들은 이해하기가 어렵지 않습니다. 그런데 이를 뒷부분에서 말하는, 예컨대 '의미 체계들의 내적인 일관성la cohérence interne des systèmes signifiants'과 결부시켜 이해하기는 쉽지 않습니다. 이 '의미 체계들의 내적인 일관성'은 말 그대로 풀면 여러 의미 체계가 서로 결합해서 내적인 일관성을 갖는 것으로 해석될 수밖에 없는데, 이렇게 되면 예컨대 자연에서의 의미 체계와 문화에서의 의미 체계가 서로 내적인 일관성을 갖는 것으로 되고, 불연속성보다 연속성을 떠올리게 되기 때문입니다. 그래서 그저 이런 식으로 인용만 해 놓고서 넘어가는 수밖에 없습니다.

이제 푸코는 인간 과학들의 짧은 역사를 추적합니다. 그러면서 처음에는 생물학적인 모델이 인간 과학을 지배했고, 그다음에는 경제학적인 모델이 인간 과학을 지배했으며, 끝으로 맨 마지막에는 문헌학적이고 언어학적인 모델이 인간 과학을 지배했다고 말합니다. 이 인간 과학들이 동시에 등장한 것이 아니라 모종의 발전 단계를 밟으면서 이루어졌다는 겁니다.

푸코는 생물학적인 모델이 지배한 경우로, 낭만주의 시대 연구자들이 인간, 인간의 영혼, 인간 집단, 사회와 인간이 말하는 언어 등을 일종의 생물체처럼 현존하는 것, 실제로 그것들이 살아 있는 한에서 현존하는 것으로 여긴 것을 듭니다. 그때 이것들의 존재 양식은 유기체적인 것이었고, 그래서 기능에 연관해서 이것들을 분석했다는 것입니다. 또한 경제학적인 모델이 지배한 경우로, 인간과 그 모든 활동이 이루어지는 사회가 갈등의 장소로, 그리고 인간과 그 모든 활동이 갈등의 다소 명백한 표현이자 동시에 갈등의 다소 성공한 해결책으로 여겨졌던 것을 꼽습니다. 이 시기는 콩트와 마르크스가 활동한 시기인 것 같습니다. 그리고 마지막으로 문헌학적이고 언어학적인 모델이 지배한 경우로, 콩트와 마르크스 이후에 프로이트가 등장한 것과 꼭 마찬가지로 숨겨진 의미를 해석하고 발견한다거나 의미 체계를 구조화해서 드러내는 것이 관건이었던 시기를 듭니다.

이어서 푸코는 인간 과학들의 광범위한 흐름을 기본적으로 생물학 모델이 더 강하게 힘을 발휘하던 형태에서 더욱 포화한 언어학 모델로 이동하는 것으로 보면서도, 이를 정돈하여 기능·갈등·의미화를 물러나게 하고 규범·규칙·체계를 강도 높게 부각하는 쪽으로 인간 과학의 역점이 반전되었다고 말합니다. 그러면서 인간 과학에서 이러한 반전을 가져온 대표적인 인물들로 심리학에서는 골드슈타인Kurt Goldstein(1878-1965. 형태주의적 신경심리학자), 사회학에서는 모스(사회 인류학자), 문학과 신화의 분석에서는 뒤메질Georges Dumézil(1898-1986. 비교 신화학자)을 듭니다(371, 410-411 참조). 하지만, 필자로서는 이들의 연구에 대해 대략 그 윤곽만을 알 뿐 그 구체적인 내용을 모르기 때문에, 더욱이 지금 푸코가 말하는 인간 과학의 근본 범주들에 관해서는 더욱 그러하므로, 푸코가 과연 이것들의 어떤 점을 보고서 이렇게 말하는지 '무지한' 필자로서는 답답할 뿐입니다.

그런데 푸코는 이러한 답답함을 어느 정도 풀 수 있는 실마리를 제시합니다. 그것은 이러한 인간 과학에서의 반전이 어떤 결과를 낳았는가를 설명하는 것입니다.

이러한 반전은 두 계열의 주목할 만한 결과를 가져왔다. 기능에 입각한 관점을 규범에 입각한 관점보다 중시함으로써(즉 기능의 완수를 이해하고자 할 때, 규범과 규범 정립적인 활동의 내부에 입각하지 않는 한), 정상적인 기능 발휘와 정상적이지 못한 기능 발휘를 실제로 나눌 수밖에 없었다. 따라서 정상 상태에 근거해서 병리심리학을 허용했지만, 병리심리학은 결과적으로 정상 상태와 반대되는 이미지 같은 것이 되었다(이에 리보 또는 자네가 해리解離, désintégration를 설명하면서 잭슨의 도식을 중시하게 된다). 아울러 사회 병리학(뒤르켐)과 비합리적이고 거의 병적인 신앙의 형태들(레비브륄, 블롱델)을 허용하게 된다. 이와 꼭 마찬가지로, 갈등에 입각한 관점을 규칙에 입각한 관점보다 중시함으로써, 어떤 갈등들은 극복할 수 없는 것들로 여기게 되었고, 개인들과 사회들이 갈등에 빠져들 위험이 있는 것으로 여기게 되었다. 마지막으로 또한 의미화에 입각한 관점을 체계에 입각한 관점보다 오랫동안 중시함으로써, 유의미한 것과 무의미한 것을 분할했고, 인간 행동이나 사회 공간의 어떤 영역들에는 의미가 있는 데 반해 다른 영역들에는 의미가 없음을 인정했다. 그래서 인간 과학들은 그 나름의 장에서 본질적인 분할을 실행하면서 긍정의 극과 부정의 극 사이에서 늘 전개되었고, 언제나 타이성他異性, altérité을 (게다가 인간 과학을 통해 분석되는 연속성에 근거해서) 드러냈다.

그 반면에, 규범, 규칙, 체계의 관점에서 분석이 이루어질 때, 각 집합은 그 나름의 일관성과 타당성을 부여받았고, 환자들에 관해 '병적 의식'이라고 하는 것도, 역사를 통해 버림받은 사회에 관해 '원시 심성'이라고 하는 것도, 부조리한 이야기나 명백히 일관성이 없는 전설에 관해 '무의미한 담론'이라고 하는 것도 더는 가능하지 않았다. 체계, 규칙, 규범의 영역 안에서는 모든 것이 사유될 수 있다. 체계들이 고립되어 있으므로, 규칙들이 닫힌 전체를 형성하므로, 규범들이 자율적인 것으로 제시되므로, 인간 과학의 장은 다원화되면서도 통일된 것으로 되었다. 인간 과학의 장은 갑자기 가치의 이분법에 따라 분할 작업을 하지 않게 되었다. 그리고 프로이트가 무엇보다도 인간에 대한 인식을 그의 문헌학적이고 언어학적인 모델을 통해 접근했다는 것, 그러나 그가 긍정적인 것과 부정적인 것(정상적인 것과 병리적인 것, 이해할 수 있는 것과 소통 불가능한 것, 유의미한 것과 무의미한 것) 간의 분할을 근본적으로 말소하고자 한 첫 인물이라는 것을 생각한다면, 기능, 갈등, 의미화에 입각한 분석으로부터 규범, 규칙, 체계에 입각한 분석으로 이행한 것을 어떻게 그가 알려 주는가를 이해하게 된다. 바로 그래서, 서양 문화가 한 세기 동안 인간에 대한 이미지를 제시해 온 그 모든 지식이, 그 근본적인 입장에서 벗어나지 않지만, 프로이트의 작업을 중심으로 크게 전회한 것이다. (371-372, 411-412)

19세기 후반에 여러 인간 과학이 등장하면서 지식의 장이 요동친 것을 짐작할 수 있습니다. 요약하자면, 초기에는 기능, 갈등, 의미화 등을 근본 범주로 삼음으로써 이분법적인 선악의 관점이 지배적이었던 데 반해, 후기에는 규범, 규칙, 체계에 바탕을 두고서 해당 영역들에 대한 분석 작업이 이루어짐으로써 이분법적인 선악의 분할을 근본적으로 말소하는 쪽으로 작동하기 시작했다는 겁니다. 대표적인 것이 프로이트의 정신분석학적인 작업이라 할 것입니다. 프로이트는 히스테리 연구에서부터 시작해 종국에는 문명 전반에 대한 분석을 수행합니다. 그 과정에서 흔히 신경증적이거나 정신병적인 현상을 그 나름의, 이른바 무의식적인 정당성이 있는 것임을 밝힙니다. 이를 통해 이분법적인 분할을 넘어서게 된 겁니다. 푸코는 이러한 작업을 한 프로이트를 이분법적인 분할을 말소한 최초의 인물이라고 소개합니다.

4강

인간 과학의 세 모델 2

[지난 시간 강의 정리하기]

지난 시간에 이어서 제10장의 제3절 '세 모델'을 계속 살펴보기로 하죠. 지난 시간에 우리는 푸코가 인간 과학에 속하는 학문으로 심리학, 사회학, 문학과 신화에 관한 분석 등을 제시한다는 것을 보았고, 이들 세 인간 과학이 각기 생물학, 경제학, 문헌학을 모델로 삼아 그 나름의 근본 범주들을 바탕으로 하게 된다는 것을 살폈습니다. 그런가 하면, 인간 과학의 모델이 생물학 모델의 지배로부터 경제학 모델의 지배로, 그리고 경제학 모델의 지배로부터 문헌학 모델의 지배로 이동해 왔다는 것을 살폈죠.

그리고 여기에서 인간 과학의 근본 범주들이란, 기능-규범, 갈등-규칙, 의미화-체계 등의 세 켤레의 개념이었는데, 전체적으로 볼 때 인간 과학이 기능, 갈등, 의미화로부터 규범, 규칙, 체계 중심으로 이동함으로써 뚜렷한 가치 이분법적인 경계의 설정이 불가능하게 되었고 그 결과 프로이트의 정신분석학이 크게 영향력을 행사하게 된다는 것을 보았습니다. 즉 프로이트는 인간에 대한 인식을 문헌학적이고 언어학적인 모델에 접근시키면서 긍정적인 것과 부정적인 것, 정상적인 것과 비정상적인 것, 이해가 가능한 것과 소통 불가능한 것, 유의미한 것과 무의미한 것 등의 이중적인 분할을 철저하게 없애고자 시도한 최초의 인물이라는 푸코의 지적을 살폈습니다.

1. 재현과 무의식의 결합

이런 논의를 한 뒤, 푸코는 인간 과학에서 재현이 어떻게 무의식 내지는 비非의식과 결합하는가를 적극적으로 풀어 나가고자 합니다. 그는 우선 이렇게 말합니다.

> 명료한 의식의 계기를 거치지 않고서도, 기능이 실행될 수 있고, 갈등이 그 결과들을 전개할 수 있으며, 의미화가 이해 가능성을 강요할 수 있다는 것을 당연하게 여겨야 하는 것이 아닐까? 기능을 결정하는 규범의 본령, 갈등을 규제하는 규칙의 본령, 의미화를 가능케 하는 체계의 본령 등이 그야말로 의식에 주어지는 것이 아님을 이제 인정해야 하지 않는가? … 19세기 이후 인간 과학들이 끊임없이, 재현의 심급이 미결인 채로 유지되는 이 무의식의 영역에 다가서고자 했다는 사실을 이제 말해야 하지 않을까? (372-373, 412)

기능, 갈등, 의미화가 표층의 의식 차원에서 이루어진다고 여기는 경향이 있는데, 이 현상들이 이제 심층의 무의식 차원에서 이루어지는 규범, 규칙, 체계를 바탕으로 가능하게 된다는 게 드러난 이상, 이 현상들 역시 근본적으로 명료한 의식을 벗어나 드러나는 것으로 보아야 하지 않겠는가 하고서 역설하고 있습니다. 그리고 이런 점을 염두에 둠으로써 19세기 이후 인간 과학들이 재현의 심급에서 확실한 판정을 내리지 않고 미결 상태로 유지되는 무의식의 영역에 다가서고자 했음을 역설하고 있습니다. 재현의 위상과 그 성격이 크게 바뀌었다는 겁니다.

푸코는 17-18세기의 에피스테메를 재현이라고 했습니다. 이때 재현은 어디까지나 의식에 있는 그대로 주어지는 것을 의미했습니다. 게다가 데카르트의 합리주의적인 학문 방법론뿐만 아니라 관찰과 실험을 중시하는 베이컨 전통의 경험주의적 학문 방법론을 보아서도 알 수 있듯이, 재현은 의식에 있는 그대로 주어지되 최대한 명석판명하게 주어지는 것을 의미했습니다. 그런데 이제 19세기 후반에 들면서 이른바 무의식의 영역이라고 하는 광범한 영역이 발견되었죠. 이러한 발견에도 불구하고 명석판명함, 즉 명증성을 중심으로 한 학문 건립이 과연 가능할 걸까요? 재현을 바탕으로 한 17-18세기의 학문 방법으로는 재현의 영역이 재현 불가능한 무의식의 영역을 바탕으로 이루어진다는 사실을 감당할 수 없습니다. 새로운 학문 방법론이 나와야 합니다.

푸코는 기능, 갈등, 의미화의 심층에 도사리고 있는 규범, 규칙, 체계의 영역을 제시합니다. 그러면서 이 영역은 의식에 결코 있는 그대로 주어지지 않는 것이며, 인간 과학이란 바로 이 영역을 밝혀내는 데서 성립한다고 말하고 있습니다. 그렇다면, 그야말로 전혀 새로운 학문의 길이 열리는 셈입니다. 요컨대, 19세기에 등장한 인간 과학은 기본적으로 재현 불가능한 무의식의 영역이 현존한다는 사실을 전제로 해서 성립합니다.

2. 인간 과학의 세 거대 범주

1) 의미화와 체계

이렇게 되면, 그 심층에 무의식적인 영역을 깔고 있는 규범, 규칙, 체계

뿐만 아니라 기능, 갈등, 의미화도 그 역할이 단순할 수 없습니다. 양쪽의 오르내림의 관계를 염두에 두지 않을 수 없는 것입니다. 푸코는 우선 의미화와 체계라는 두 켤레 개념의 역할에 대해 이렇게 말합니다.

> 사실 의미화signification(의미작용) 개념의 역할은 언어와 같은 것이, 비록 의식에 대해 전개되는 명료한 담론이 문제가 아니라 할지라도, 어떻게 일반적으로 재현에 주어질 수 있는가를 드러내는 것이다. 보충적인 체계système 개념의 역할은 의미화가 어떻게 체계와 동시제적同時制的인 것이 결단코 아니며, 체계에 비해 일차적이지 않고 항상 이차적이며 파생적인가를 보여 주는 것이다. … 의미화의 의식에 관계해서 보면, 체계는 그야말로 늘 무의식적이다. 왜냐하면, 체계가 이미 의미화에 앞서 있는 반면에, 의미화는 체계에 자리 잡고 있고, 체계에 기반해서 실행되기 때문이다. … 달리 말하면, 의미화-체계의 켤레는 (문헌학과 언어학을 통해 분석되는 텍스트 또는 구조로서의) 언어의 재현 가능성에 충분히 가까이 있으면서도 뒤로 물러나는 (유한성의 분석을 통해 인간의 존재 양식으로 드러나는 그대로의) 기원의 현전을 보장하는 것이다. (373, 413)

이 대목에 관해서는 롤랑 바르트를 예로 드는 것이 좋을 것 같습니다. 그는 『텍스트의 즐거움』(1973. 국역본: 김희영 옮김, 동문선, 2002)에서 '텍스트'를 아주 특이한 방식으로 규정합니다. 롤랑 바르트는 독자가 책 또는 작품을 읽을 때 비로소 텍스트가 발생한다고 말합니다. 그리고 그 텍스트는 기본적으로 상호 텍스트적이라고 말합니다. 이렇게 되면, 텍스트는 결코 완결될 수도 없고 그 자체 계속 의식의 하부를 통해 끊임없이 생성·관통될 수밖에 없습니다. 그렇다고 해서 재현이 안 된다고 말할 수는 없죠. 그러니까 한편으로 보면 텍스트는 무의식적인 흐름이라고 할 수 있습니다. 롤랑 바르트가 푸코가 말하는 이러한 대목을 염두에 두고서 자기 나름의 텍스트 개념을 설정했다고 확증할 수는 없지만, 그렇지 않다고 말하기도 쉽지 않습니다. 다른 한편으로 바르트는 이를 바탕으로 저자의 죽음을 제시하면서 저자 역시 하나의 텍스트로 '전락하면서' 계속 그 존재 방식이 연기된다고 말합니다. 저자로서의 인간, 즉 기원으로서의 인간이 충분히 가까이 다가와 있으면서도 계속 뒤로 물러나는 거죠.

이러한 예의 정황을 바탕에서부터 범주적으로 규정하는 것이 바로 의미화-체계라는 켤레 개념이라 할 수 있습니다. 그런데 기원의 회귀와 후퇴는 인간학적인 사변형을 형성하는 선분 중 하나였습니다. 유한한 인간성 역시 그러하죠. 의미화와 체계라는 켤레에서 이 두 선분을 특별히 제시하고 있음을 유념해 두기로 합시다. 그 귀결을 간단히 말하면, 의미의 결정은 애당초 불가능한 것입니다.

2) 갈등과 규칙

이어서 푸코는 이제 갈등과 규칙이라는 두 개념에 대해 이렇게 말합니다.

> 마찬가지로 갈등conflit 개념은 욕구와 욕망 또는 이해利害가, 설사 그것들을 경험하는 의식에 주어지지 않는다고 할지라도, 어떻게 재현에서 형식을 갖추는가를 보여 준다. 그리고 전도된 규칙règle 개념의 역할은 갈등의 폭력성, 대체로 우발적인 욕구의 고집, 법칙 없는 욕망의 무한함 등이 자신들에게 규칙을 미리 부과할 뿐만 아니라 그 규칙에 근거해서 그것들을 가능케 하는 비사유impensé에 의해 사실상 어떻게 이미 조직되는가를 보여 주는 것이다. 갈등-규칙의 켤레는 욕구(경제학이 노동과 생산의 객관적인 과정으로 여겨 탐구하는 욕구)의 재현 가능성과 유한성의 분석을 통해 드러나는 이러한 비사유의 재현 가능성을 보장한다. (373, 413)

사회경제적으로 갈등을 일으키는 사람들이 무의식의 차원에서 갈등을 규제하는 규칙을 의식해서 그 갈등을 겪고 사유하는 게 아님은 분명합니다. 사람들이 갖는 욕구와 욕망 또는 이해관계들은 그야말로 복잡하기 이를 데 없는 무한정한 그물을 형성할 것이고, 그 그물을 관통하면서 각종 욕구와 욕망 그리고 이해관계를 조절하는 것이야말로 규칙이기 때문이죠. 말하자면 갈등을 암암리에 조정하는 규칙은 인간이 타인들과의 관계를 자의적으로 처리할 수 없는, 이른바 인간의 유한성을 더욱 노출하는 셈입니다.

그런데 푸코는 갈등을 둘러싼 폭력성이나 우발적인 집요함 그리고 욕망의 무한함 등이 비사유에 의해 이미 조직된다고 말하고 있습니다. 이때 비사유는 규칙과 동일한 차원에서 작동하는 겁니다. 그런데 사유-비사유와 인간의 유한성은 인간학적인 사변형을 형성하는 선분들이죠. 앞의 의미화-체계의 켤레에서는 인간의 유한성과 더불어 기원의 회귀와 후퇴가 적용되었는데, 여기에서는 인간의 유한성과 더불어 사유-비사유의 선분이 적용되고 있습니다.

3) 기능과 규범

이제 푸코는 마지막 기능-규범의 켤레를 다룹니다.

> 마지막으로 기능fonction 개념은 생명의 구조들이 어떻게 (의식되지 않을지언정) 재현을 유발할 수 있는가를 보이는 역할을 하고, 규범norme 개념은 기능이 어떻게 그 실행의 가능성 조건들과 한계들을 스스로에게 부여하는가를 보여 주는 역할을 한다. (373-374, 413)

글쎄, 푸코는 이 마지막 기능-규범의 켤레에 대해서는 켤레도 들먹이지 않고 인간학적인 사변형의 선분들도 들먹이지 않습니다. 의미화-체계와 갈등-규칙의 켤레는 특별히 인간에게 적중하는 범주들입니다. 그런데 기능-규범의 켤레는 인간에게만 작동하는 것이 아니라 생물 일반에서 작동하기 때문일 겁니다. 하지만, 이 마지막 켤레 개념은 심리학에 관계해서 충분히 활용되는 생물학적인 모델에 입각한 내용일진대, 그냥 이렇게 넘어가는 것은 다소 싱겁습니다.

4) 거대 범주들을 통한 무의식의 장

어쨌든 푸코는 이를 통해 세 가지 켤레로 묶이는 이 범주들을 '거대 범주들grandes catégories'이라 명명하면서, 이 거대 범주들이 인간 과학들의 장 전체를 구성한다는 것을 잘 이해할 수 있다고 말합니다. 그리고 마지막 켤레에 관해서는 정확하게 언급도 하지 않고서, 이 거대 범주들은 생명과 노동 그리고 언어의 경험적인 실증성을 인간의 존재 양식을 특징짓는 유한성의 형식들에 결합하는 역할을 한다고 말합니다.

학문을 제대로 건립하기 위해서는 범주의 획정이 필수적입니다. 그런데 이제 푸코는 19세기 인간 과학들을 검토하면서 거기에 '거대 범주들', 즉 '기능-규범', '갈등-규칙', '의미화-체계'라는 세 켤레의 범주적 개념이 작동하고 있음을 밝힙니다. 그야말로 천재적인 분석이 아닐 수 없습니다. 아무튼 그러면서 푸코는 이렇게 말합니다.

따라서 이 범주들은 충분히 넓은 일반성을 띤 단순한 경험적인 개념들이 아니다. 이 범주들은 실로 인간을 가능한 지식에 가져올 수 있는 근거이다. …

그러나 이게 전부가 아니다. 이 범주들은 인간에 대한 오늘날의 지식 전체를 특징짓는 분리, 즉 의식과 재현의 분리를 가능케 한다. 이 범주들은 경험적 영역들les empiricités이 의식에 현전하지 않는 형식을 띠면서 재현에 주어질 수 있는 방식을 규정한다. … 다른 한편으로 이 범주들은 근본적인 유한성이 소박한 의식에는 투명하지 않은 실증적이고 경험적인 형식을 띠고서 재현에 주어질 수 있는 방식을 규정한다. … 그래서 인간 과학들은 재현이 가능한 것의 계기 내에서만, 그러나 의식적-무의식적인 차원 그러니까 체계들과 규칙들과 규범들의 질서를 밝히고자 하는 만큼 더욱 두드러지는 차원에 따라서만 발언한다. (374, 414)

칸트가 12가지 지성의 범주를 연역해 냈을 때, 그 범주들은 인간이 판단을 내릴 때 각기 다양하게 적용되는 것들이었습니다. 말하자면 판단 일반의 전체 영역을 관통하는 범주들이었죠. 이와 유사하게 푸코는 서로 짝지어 세 켤레로 나뉘는 여섯 가지 범주를 '거대한 범주들'이라 명명하면서 인간 과학들이 17-18세기의 명증성을 바탕으로 한 재현 대신에 '무의식적인 재현'을 통해 그 나름의 실증적인 경험의 영역들을 확보하는 방식들을 규정한다고 말하고 있습니다. 한껏 대비되죠.

그런데 마지막 문장에서 '의식적-무의식적인consciente-inconsciente' 차원을 거론합니다. 그러면서 저 앞에서 무의식의 영역들이 열리는 세 범주의 차원과 동일시하고 있습니다. 왜 갑자기 '의식적-무의식적'이라는 병렬 수식어를 붙이는 걸까요? 푸코는 이에 관해 말이 없습니다. 그러면서 이 인용문에 바로 이어서 "마치 정상과 병리의 이분법이 의식과 무의식의 양극성에 자리를 내주고 사라지는 양 모든 일이 진행된다"라는 말을 합니다. 무의식의 장이 열리면 의식의 장조차 순수한 의식만의 장으로 존립할 수 없습니다. 의식과 무의식이 마치 양극으로 나뉜 하나의 스펙트럼처럼 연쇄적인 결합을 이룰 수밖에 없죠. 아마도 푸코는 이런 정황을 염두에 두고 있는 것 같습니다.

3. 인간 과학에서의 재현과 무의식

1) 인간 과학에서 재현의 토대 역할

인간 과학의 범주들에 대해서는 이 정도로 해 놓고서 푸코는 무의식과 재현의 관계를 집중적으로 거론하기 시작합니다. 워낙 무의식이 중요하다고 여기는 것입니다.

> 무의식의 중요성이 점점 더 두드러진다고 해서 결코 재현의 우위가 위협받는 것이 아니라는 것을 잊어서는 안 된다. 그러나 재현의 우위성은 중요한 문제를 유발한다. … 재현은 그저 인간 과학들의 대상이 아니다. 방금 살펴본 것처럼, 재현은 인간 과학들의 범위 전체에 걸쳐 있는 인간 과학들의 장 자체다. 재현은 인간 과학이라는 지식의 형태에 대한 일반적인 주춧돌이자 출발 근거다. (374-375, 414)

인간 과학들, 즉 인간에 관한 지식은 비록 인간이 유한하다고는 하나 그 인간이 무의식의 차원을 통해 총괄적인 재현의 장을 펼쳐 낸다는 것을 전제로 하고 있습니다. 비록 무의식적이라고는 하나 이 정도쯤 되면 19세기 이후 근대의 학문 지형을 규정하는 핵심이 되는 인간 과학들은 암암리에 재현적인 사유의 심층을 기반으로 하는 것이 아닐 수 없습니다.

'재현'은 17-18세기 고전주의 시대의 에피스테메였습니다. 그런데 푸코는 19세기 모더니즘 시대의 인간 과학들도 이 재현을 장으로 해서 성립한다고 말하고 있습니다. 그렇다면, 고전주의 시대와 모더니즘 시대가 '재현'을 중심으로 연속성을 이룬다고 해야 하는가 하는 의문을 가지지 않을 수 없습니다. 푸코는 과연 인간 과학들의 장 전체이자 그 주춧돌이며 출발 근거가 된다고 하는 재현을 어떻게 해명할까요?

2) 인간 과학에서 재현 토대의 귀결

푸코는 재현이 인간 과학에 대해 토대로 작동하는 데 따른 두 가지 귀결을 말합니다. 첫 번째 귀결은 역사적인 것으로서, 17세기 이후 경험 과학들이나 근대적 사유처럼 인간 과학이 재현의 우위를 우회하지 못한다는 사실을 듭니다. 그러니까 19세기 인간 과학이 고전적인 모든 지식과 마찬가지로 재현에 놓여 있다는 이야기입니다. 하지만, 그렇다고 해서 인간 과학이 고전적인 지식을 연속해서 이어받는 것은 아니라고 말합니다. 그 이유로 인간 과학은 인간과 더불어 에피스테메의 장에 현존하지 않았던 하나의 존재가 나타나는 한에서만 탄생하면서 이전의 모든 지식의 편성을 변경했다는 사실을 듭니다. 그런데도 19세기의 철학이 고전주의 시대의 철학을 흉내 내듯이 하게 되는 이유는 재현의 우위를 인정하기 때문이라고 푸코는 말합니다. 지식의 역사적인 발달과 전개를 탐색하는 푸코의 고고학적인 구도가 연속성과 비연속성을 둘러싸고 복잡하게 설립·작동하는 셈이죠.

아닌 게 아니라, 후설의 경우, 특히 명증성의 원리를 중심으로 데카르트적인 사유를 그대로 이어받는 대목이 상당합니다. 물론 후설이 선^先의식적으로 작동하는 선^先구성의 차원이라든가 습관의 주체로서의 모나드로서의 의식 주체를 끌어들인 것에서 푸코의 주장처럼 무의식적인 재현의 영역을 염두에 두었다고도 할 수 있습니다. 그러나 결국 의식적이건 무의식적이건 재현의 우위에서 벗어나지 못한 건 사실이죠.

두 번째 귀결은 재현이 인간 과학의 전체 장을 구성함으로써, 재현되는 것을 취급한다는 것 자체가 일종의 초월론적인 유동성une sorte de mobilité transcendantale에 의해 활기를 얻게 된다는 겁니다. 이는 인간 과학이 끊임없이 자기비판적인 점검을 수행한다는 점을 지적합니다. 다만 17-18세기의 작업이 의식 판면에서 이루어진 것과는 달리, 이 자기비판적인 점검은 무의식적인 판면에서 이루어집니다. 그래서 이전에 비해 비록 덜 투명하지만, 오히려 더 근본적인 형식을 취한다는 게 푸코의 설명입니다.

3) 무의식적인 초월론적 상승

어차피 인간 과학들도 일반화의 길을 걸을 수밖에 없을 뿐만 아니라 개별 현상을 다룰 수 있을 정도로 정교해질 필요가 있습니다. 푸코는 인간 과학이 스스로 자신의 베일을 벗김으로써 그럴 수 있다고 말합니다. 이 작업은 바로 일종의 초월론적인 비판 작업이 아닐 수 없습니다. 인간에 대한 의식을 벗어나 하부의 무의식적인 층에서 작동하는바 인간이 현존할 수 있는 실재적인 조건들을 문제 삼고, 그럼으로써 인간에 대한 의식을 복구하려는 기획을 실행하는 것이 인간 과학이라고 말합니다. 그래서 인간 과학에서 무의식이 워낙 중요해진다고 하면서 이렇게 말합니다.

> 그래서 무의식적인 것의 문제 ―이를테면 무의식적인 것의 가능성, 무의식적인 것의 지위, 무의식적인 것의 현존 양식, 무의식적인 것을 인식하고 밝혀낼 수 있는 수단들― 는 그저 인간 과학들에 내재하는 하나의 문제라든가 인간 과학이 진행되다 보니 우연히 맞닥뜨린 것에 불과한 것이 아니라, 궁극적으로 인간 과학들의 현존 자체와 공존하는 문제이다. 비의식적인 것le non-conscient의 베일을 벗기는 쪽으로 돌아선 초월론적 상승은 인간에 관한 모든 과학을 구성한다. (375-376, 415-416)

인간 존재의 심층에 숨겨져 있는 것, 무의식적인 것 내지는 비의식적인 것의 정체를 드러내어 그로 인해 생겨나는 인간에 대한, 또는 인간의 의식을 근본적으로 재검토하는 것이야말로 인간 과학의 본령에 속한다고 말하고 있습니다. 그리고 그것을 일종의 초월론적 상승이라고 말합니다.

어떻게 경험이 가능한가, 그 근본 조건을 발견 또는 구축해서 인간과 세계의 관계를 근원적으로 밝히고자 하는 학문적인 의도와 수행을 흔히 초월론적transcendental이라고 말합니다. 그런데 이제 의식적인 경험이 어떻게 무의식적인 영역이 발휘하는 위력에 근거해서 성립하는가를 밝히게 되었으니 이를 초월론적이라고 불러 마땅하다는 것입니다. 다만, 그 출발점이 무의식의 현존에 따른 것이니 그 작업은 아예 다를 수밖에 없습니다.

푸코는 무의식을 고려한 초월론적인 작업이야말로 인간 과학을 본질적으로 규정하는 수단이 된다고 하면서, 이러한 인간 과학의 본질적인 측면이 유난히 복잡하기 이를 데 없는 인간 때문은 아님을 강조합니다. 그러면서 이렇게 말합니다.

> 인간 과학들을 구성하고 인간 과학들에 특수한 영역을 제공하는 것은 인간이 아니라는 것, 그리고 인간 과학들에 자리를 만들어 주고 인간 과학들을 불러내어 설립하는 것 —즉 인간 과학들이 인간을 대상으로 구성할 수 있도록 하는 것— 은 **에피스테메**의 일반적인 배치la disposition générale de l'*épistémé*라는 것은 충분한 이유가 있다. 그러므로 인간이 문제시되는 곳이면 어디든지가 아니라, 무의식적인 것에 고유한 차원에서 규범들, 규칙들, 의미화의 체계들이 그 형식들과 내용들의 조건들을 의식에게 드러냄으로써 분석되는 곳이면 어디에서든지 '인간 과학'이 있다고 말하게 된다. (376, 416)

인간 과학을 가능케 하는 것이 '에피스테메의 일반적인 배치'라고 할 때, 그 배치는 바로 무의식적인 규범들과 규칙들 그리고 의미화 체계들을 분석하게 되는, 또는 분석할 수밖에 없는 에피스테메에 따른 압박으로 보아야 한다는 겁니다. 에피스테메는 역사적 선험으로서 인식론적인 틀입니다. 인간 과학이 출현할 수 있는 독특한 인식론적인 틀이 형성되었기 때문에 인간 과학이 가능했던 것이지, 그 대상인 인간 자체가 특이한 존재이기 때문은 아니라는 겁니다. 하지만, 그렇게 새로운 에피스테메의 배치를 통해 인간이, 특히 그 바탕에 무의식이라고 하는 거대한 심층을 깔고서 삶을 유지할 수밖에 없는 유한한 인간이 지식의 대상이 되었으며, 그럼으로써 인간 과학이 성립하게 되었다는 겁니다.

4. 인간 과학은 과학이 아니다.

그런데 묘하게도 푸코는 인간 과학은 분명히 과학이 아니라고 단언합니다. "그러나 이것이 곧 인간 과학들이 과학임을 의미하지는 않는다."(376, 416) 이에 과학이 아닌 인간 과학은 과연 어떤 형태의 지식인가를 논의하지 않을 수 없게 되죠.

1) 인간 과학 나름의 실증성

푸코는 모든 과학이 자신을 가능케 하는 인식론적인 지형configuration(편성)을 항상 드러내기 마련이고 그럼으로써 그 나름의 실증성의 영역을 확보하고 있음을 드러내지만, 그 반대로 인식론적인 지형을 갖추고 실증성의 영역을 확보했다고 해서 반드시 과학인 것은 아님을 강조합니다. 인간 과학은 분명히 그 나름의 인식론적인 지형을 갖추긴 했으나 과학이 아니라는 것입니다. 그렇다고 함부로 사기詐欺로 귀착되는 것은 아니라고 말합니다. 인식론적인 지형과 실증성의 영역을 확보하고 있으면서도 과학이 아닌 것들에 대해 푸코는 이렇게 말합니다.

[인식론적인 형상形狀들figures은 서로 다른 두 가지 방식으로 조직될 수 있다.]

하나는 과학으로 정의할 수 있도록 하는 객관성과 체계성이라는 특성들을 내보이는 것들이다. 다른 하나는 이러한 과학으로서의 기준들에 부응하지 않는 것들이다. 이 후자의 것들은 정합성의 형식과 그 대상과의 관계가 오로지 그것들 나름의 유일한 실증성leur seule positivité에 의해서만 결정된다. 이것들은 과학적인 인식이 지닌 형식적인 기준들을 소유해 본들 소용이 없다. 그러나 이것들은 지식의 실증적 영역에 속한다. … 이 후자의 인식론적인 형상들은 그것들을 가능하게 하고 필연적으로 그것들의 형식을 결정하는 실증성의 수준으로 되돌려 놓아야 한다. (377, 417)

아닌 게 아니라, 흔히 우리가 자연과학이라 부르는 엄밀한 의미에서의 과학은 그 나름 객관성과 체계를 갖추지 않으면 안 됩니다. 그런데 푸코는 이러한 기준을 만족하지 않으면서도 그 정합성의 형식과 그 대상과의 관계가 오로지 실증성에 의해서만 결정되는 지식의 형태가 있다고 말합니다. 과연 다른 걸까요? 정합성의 형식과 대상과의 관계가 실증성에 의해서 결정된다면, 그것은 객관성과 체계성을 확보하는 것 아닐까요? 그런데도 푸코는 서로 다르다고 말합니다. 어렵습니다. 푸코는 객관성과 정합성의 차이에 주목하는 것 같습니다.

이러한 푸코의 논변을 이해하기 위해서는 '그것들 나름의 유일한 실증성'이라는 말에 주목해야 합니다. 인간 과학들을 구성하는 인식론적인 형상들은 그 자체 보편적인 객관성을 염두에 둔 실증성이 아니라 그 나름의 특이한 실증성에 입각한 것이기 때문에 과학과는 다르다는 것입니다. 일반적으로 과학 연구를 하면서 예컨대 물리학이나 생물학을 하면서 무의식적인 재현을 거론하는 것은 본 적이 없지 않습니까. 결국 '인간 과학들만의 유일한 실증성'의 영역은 앞서 말한 것처럼 무의식적인 규범들, 규칙들, 의미화 체계들 등이 분석되는 영역이 아닐 수 없을 겁니다. 그러니까 인간 과학을 이 영역으로 되돌려 놓아야 한다고 말하는 것입니다.

2) 고고학에 따른 인간 과학의 에피스테메

그러면서 푸코는 자신이 내세우는 고고학이 인간 과학적인 인식론적인 형상들에 관계해서 갖는 과제를 다음과 같이 제시합니다.

> 그러므로 이들에 관련하여 고고학은 두 가지 과제를 갖는다. 그것들이 뿌리를 내리고 있는 에피스테메 내에 그것들이 배치되는 방식을 결정하는 것, 그리고 그것들의 지형이 엄격한 의미로 본 과학들의 지형과 근본적으로 어떻게 다른가를 드러내는 것이다. … 이것들은 그 고유한 형상에서 고고학적으로 동일한 토양 위에 과학들과 나란히 서서 지식의 **다른** 지형들을 구성한다. (377, 417)

인간 과학들이 과학이 아니라고 해서 그것을 예컨대 '이데올로기'라든지 '사이비 과학'이라든지 '속견에 불과한 것'이라든지 하는 말로 폄하해서는 결코 안 된다고 푸코는 말합니다. 말하자면, 인간 과학들은 과학이 되고자 했으나 장애가 나타나 그 문턱에서 좌초하고만 부정적인 지식이 결코 아니라는 것입니다. 말하자면, 과학과 대등하게 어깨를 겨루면서 당당하게 지식의 대열에 들어서 있는, 하지만 이른바 전대미문의 지식 형태라는 겁니다. 이러한 정황에 대해 푸코는 이렇게 부연합니다.

> 인간 과학들이 근대의 **에피스테메** 내에 배치되면서 드러내는 그 지형과 방식을 결정하자마자, 그것들이 왜 과학이 될 수 없는가를 이해하게 된다. 실로 인간 과학들을 가능하게 하는 것은 생물학, 경제학, 문헌학(또는 언어학)에 관련해서 성립하는 어떤 '인접' 상황situation de 'voisinage'이다. 인간 과학들은 이 과학들 곁에 놓여 있는 한에서만 ―또

는 차라리 이 과학들의 아래에서, 즉 이 과학들이 투영되는 공간에 놓여 있는 한에서만─ 현존한다. 그렇지만 이 과학들과 인간 과학들이 맺는 관계는 두 가지의 '유관' 또는 '인접' 과학들 사이에 확립될 수 있는 관계와는 근본적으로 다르다. 다시 말해, 이 과학들과 인간 과학들 사이의 관계는 실제로 외부의 모델들이 무의식과 의식의 차원으로 이관되고 이 모델들이 발원하는 장소 자체를 향해 비판적인 반성이 역류하는 것을 전제로 한다. 그러므로 '인간 과학들'이 틀린 과학이라고 말하는 것은 아무 소용이 없다. 아예 과학이 아니기 때문이다. 인간 과학들의 실증성을 정의하고 인간 과학들을 근대의 에피스테메에 뿌리내리게 하는 지형은 그렇게 함과 동시에 인간 과학들을 과학일 수 있는 상태 바깥으로 내몬다. (378, 417-418)

저 앞에서 말했던 부분이 '에피스테메 내의 배치'라고 하는 새로운 정황에 근거해 반복적으로 언명되고 있습니다. 생물학적인 모델이 투영된 공간에서 심리학이, 경제학적인 모델이 투영된 공간에서 사회학이, 그리고 문헌학적(또는 언어학적)인 모델이 투영된 공간에서 문학-신화의 분석이 각각 성립되었습니다. 후자의 각각의 학문이 인간 과학에 속하는 것들임은 물론입니다.

그런 까닭에 인간 과학들은 이들 경험 과학과 그 성격이 근본적으로 다른데, 그것은 인간 과학들을 구성하는 인식론적인 형상들이 한편으로는 객관적인 외부 모델들의 형상들을 의식 또는 무의식의 차원으로 끌고 오기 때문에, 다른 한편으로는 이 외부 모델들이 발원하는 근본 장소인 생명, 노동, 언어를 향해 초월론적이라고 할 수 있는 비판적인 반성을 끊임없이 수행하기 때문에 성립한다는 데 있습니다. 말하자면 인간 과학들이 과학이 아닌 것은 그것이 과학들이 투영된 공간에서 성립하기 때문에, 그리고 동시에 과학들이 성립하는 생명, 노동, 언어 자체를 근거로 초월론적인 반성을 하기 때문입니다.

3) 인간 과학의 고유 대상인 인간

이런 정도로 근대의 에피스테메 내에서 대별되는 두 인식론적인 형상을 구분한 뒤, 푸코는 다음과 같은 말로 이 절을 끝맺습니다.

> 그러므로 인간이 과학의 대상이 되는 것을 방해하는 것은 인간의 환원 불가능성도 아니고, 인간의 어찌할 수 없는 초월론적인 성격도 아니며, 더군다나 너무나도 막대한 인간의 복잡성도 아니다. 서양 문화가 인간이라는 이름으로, 단 한 가지 근거 지음의 활동을 통해 **지식**savoir의 실증적인 영역이 될 수밖에 없음에도 **과학**science의 대상일 수는 없는 하나의 존재를 구성해 낸 것이다. (378, 418)

인간은 인간 과학의 대상은 될 수 있어도, 과학의 대상은 될 수 없다는 사실을 명시하고 있습니다. 오늘날 로봇 공학자들은 인간을 기계로 봅니다. 이는 인간이 과학의 대상이 될 수 있다고 주장하는 거죠. 뇌 과학이 발달하고, 사이보그 공학 기술과 더불어 뇌의 활동과 호환될 수 있는 새로운 컴퓨터-디지털의 메커니즘 내지는 프로그램을 만들어 내고자 하는 사이버네틱스를 위시한 인지공학이 발달하고 있습니다(이 글을 수정하고 있는 2025년에는 AI가 범용인공지능인 AGI로 발돋움하고 있습니다). 하지만, 푸코의 관점에서 볼 때, 이러한 일은 새로운 에피스테메의 지형이 마련되지 않는 한, 즉 지식의 지형이 근본적으로 변경되지 않는 한 불가능한 일입니다.

그런데, 이러한 새로운 고도 과학 기술들이 발달해 근대적 에피스테메를 벗어나 전혀 새로운 에피스테메가 형성된다면 어떻게 될까요? 푸코의 고고학에 따른 에피스테메 이론은 시대의 거대한 전환에 따라 전혀 새로운 방식의 지식 틀이 가능하다는 것을 보여 주었고, 그 방향이 어떻게 될 것인가에 대해서는 함부로 예단할 수 없다는, 이른바 불연속성의 논리를 포함하고 있기에 머지않은 미래에 과연 어떤 새로운 인간이 탄생할 것인가에 대해서는 그 장이 열려 있음에 틀림없습니다.

5강

인간 과학과 역사.
역사와 유한성

[지난 시간 강의 정리하기]

오늘은 제4절 '역사'를 살펴보려 합니다. 그동안 푸코는 인간 과학이 기본적으로 어떤 모델을 앞세워 어떤 범주들을 확보했는지, 그 범주들 사이의 관계는 어떠했는지를 설명했습니다. 생물학 모델에서 기능-규범 켤레 범주를, 경제학 모델에서 갈등-규칙 켤레 범주를, 언어학 모델에서 의미화-체계 켤레 범주를 각각 확보했죠. 여기에서 규범·규칙·체계라는 범주 그룹이 무의식적인 차원에서 작동한다는 사실을 강조함으로써 인간 과학의 영역, 예컨대 심리학, 사회학, 문학 및 신화 분석 등의 영역들이 기본적으로 무의식적인 재현 영역들을 훑게 된다는 사실을 이야기했습니다. 그러면서 이를 통해 서양 문화가 지식의 실증적인 영역이 될 수밖에 없지만, 그렇다고 해서 과학의 대상일 수는 없는 존재를 인간이라는 이름으로 구성하게 되었다는 결론을 내렸습니다.

1. 인간 과학에서 역사의 특수성

1) 인간 과학과 역사의 근본적인 관계

이제 역사가 인간 과학과 어떤 관계를 맺고, 그럼으로써 근대 지식의 지형에 어떤 영향을 미치는가를 다룹니다. 푸코는 역사가 인간에 대한 모든 과학의 모태이며 첫 번째 것일 수 있음을 지적하고, 오히려 그래서 지금까지 역사를 다루지 않고 지나갔다고도 할 수 있지 않겠는가 하고서 넌지시 핑계를 댑니다. 그러면서 역사와 인간 과학에 대해 이렇게 말합니다.

> 어쩌면 역사Histoire는 실제로 인간 과학들 내에 자리를 잡지도 않고 그 옆에 자리를 잡는 것도 아닐 것이다. 역사는 모든 인간 과학과 낯선, 무규정적인, 지울 수 없는, 그러면서 공통 공간에서의 인접 관계보다 더욱 근본적인 관계를 맺는다고 할 수 있다. (378, 418)

역사와 인간 과학들의 관계가 인간 과학이 다른 과학들, 예컨대 생물학, 경제학 및 문헌학과 맺는 관계와 사뭇 다르다는 점을 우선 지적합니다. 지금 우리로서는 과연 그 관계가 어떠하기에 이렇게 특별하게 말하는가에 호기심을 갖고서 예의 주시할 뿐입니다.

푸코는 인간 과학들이 있기도 훨씬 이전에 역사가 현존했다고 말하는데, 글쎄, 만약 '역사'를 가장 넓은 의미로 보아 자연과 인간의 상호작용과 그 결과를 전체적으로 아울러 일컫는다면, 이는 너무나 당연합니다. 그러나 그게 아니라, '역사'가 실제의 역사에 대한 인식과 그 인식의 관점 및 그 결과인 기록들을 총체적으로 표현한 것이라면, 그 현존의 방식을 따지지 않을 수 없습니다.

2) 거대 역사

푸코는 스토아학파의 인물들이 일종의 거대한 우주적 연대기를 염두에 두고서 인간의 시간을 세계의 생성에 맞추어 정돈한다거나, 다소 기독교적인 섭리의 방식으로 자연의 미세한 부분들에 이르기까지 인간 운명에 따른 원리와 운동을 확장한다거나 해서 '매끄럽고 그 각 지점에 있어서 한결같은 거대한 역사une grand histoire lisse, uniforme en chacun de ses points'를 생각했다고 말합니다. 그러면서 이러한 역사에 대해 이렇게 말합니다.

> 인간들을 포함하여 사물들, 동물들, 살아 있거나 타성적인 개개 존재, 심지어 대지의 가장 고요한 풍경마저도 동일한 흐름, 동일한 전락 또는 동일한 상승, 동일한 주기 속으로 끌어들였을 것이다. 그런데 서양의 **에피스테메가** 크게 뒤집히는 가운데 19세기 초에 이러한 통일성이 파괴된 것이다. (379, 419)

심지어 자연의 모든 존재와 사태를 포괄하기도 하면서 역사의 전반적인 흐름을 생각하는 방식은 너무나 오래되었습니다. 예컨대 존재하는 모든 것이 신 내지는 순수 이성을 향해 발전해 간다는 아리스토텔레스의 목적론적인 사유 방식에 따라 전체 존재의 발전을 볼 경우, 쉽게 그러한 통일된 총괄적인 형태의 역사를 생각할 수 있습니다. 이러한 목적론이 기독교적인 신의 섭리, 예컨대 타락한 인간을 한 사람도 빠뜨리지 않고 모두다 구원하고자 하고, 이와 더불어 만물이 온통 신의 은총을 노래하면서 완전한 평화를 이루게 될 것이라는 유토피아적·종말론적인 사유와 결합한다고 여길 때 손쉽게 통일된 총괄적인 형태의 역사를 생각할 수 있습니다. 운명에 관한 생각이라든가 전 우주적인 필연성에 관한 생각 역시 마찬가지입니다. 현대인들에게도 이러한 생각들이 완전히 세척되지 못하고 암암리에 깃들어 있는 것 또한 사실입니다.

3) 인간 과학과 파편화된 역사

그런데 만약 하이데거나 사르트르처럼 존재 자체가 처음부터 본질적으로 우연에 입각한 것이라고 선언할 경우, 이러한 통일된 총괄적인 역사관은 깨질 수밖에 없습니다. 그런데 푸코는 그와 같이 역사를 파기하는 방식의 사유가 19세기 초에 이미 등장하기 시작했다고 말하고 있습니다. 이에 관해 푸코는 이렇게 말합니다.

> 자연에 고유한 역사성이 발견되었고, 생물의 폭넓은 유형들 각각에 대해 그것들이 환경에 적응하는 형태를 규정함으로써 각각의 진화의 윤곽을 규정할 수 있게 되기도 했다. 더 나아가 노동이나 언어만큼이나 특유한 인간의 활동들이 그 자체 내에서, 사물과 인간에게 공통된 거대서사 안에서 그 자리를 찾을 수 없는 역사성을 규정하기도 했다. 예컨대, 생산은 발달 양식들을 갖고, 자본은 축적의 양식들을 가지며, 가격은 자연법칙을 따를 수도 없고 인류의 일반적인 거취로도 환원될 수 없는 변동과 변화의 법칙을 갖는다. 마찬가지로, 언어는 이주, 거래 및 전쟁들과 더불어서, 그리고 인간에게 일어날 수 있는 것 또는 인간이 창안할 수 있는 것의 환영에 따라 변모하지 않는다. 언어는 언어 그것이 구성될 때 따르는 음성적이고 문법적인 형태들에 고유하게 속하는 조건들에 따라 변모한다. (379, 419)

일단 생물과 인간이 각기 나름의 고유한 역사성을 띠게 되었다는 겁니다. 그러면서 심지어 인간 고유의 활동들마저도 각기 그 나름의 역사성을 띠게 되었다는 것입니다. 예컨대 노동, 생산, 자본, 가격, 언어 등이 각기 나름의 역사성을 지니게 되었다는 겁니다.

앞서 푸코가 개진한 논의에 따르면, 인간 활동들이 각기 그 나름의 역사적인 양식들을 갖추고 있다는 것을 알게 되었다는 것은 한편으로 그만큼 개개 인간 활동에 대한 실증성이 확보되었다는 것을 말하는 것이고, 아울러 인간의 유한성을 더욱 분명하게 입증해 보인다는 것을 말하는 겁니다. 이를 염두에 두면서, 계속 푸코의 논의를 따라가 봅시다.

왜 19세기가 되면서 이렇게 통일된 총괄적 역사에 관한 생각이 사라지고 이른바 '파편화된 역사성들'로 재편되었을까요? 푸코는 많은 사람이 19세기의 다분히 정치적이고 사회적인 이유로 각 계급이 나름의 역사에 관심을 많이 갖게 되었다고 말하지만, 사실은 그 반대라고 하면서 이렇게 말합니다.

> 그러나 사실은 정반대로 일이 벌어졌다. 먼저 사물들이 나름의 역사성을 받아들이게 되었는데, 이를 통해 인간들과 동일한 연대기를 사물들에 부과했던 연속적인 공간으로부터 사물들이 벗어나게 되었다. 그래서 인간은 자신의 역사son Histoire에서 가장 명백한 내용을 구성하는 것을 상실하게 되었다. 말하자면, 자연은 인간에게 세계의 창조니, 종말이니, 또는 인간의 종속이니, 임박한 인간에 대한 심판이니 하는 말을 더는 하지 않게 되었고, 그저 자연적인 시간에 대해서만 말할 뿐이다. 또 인간의 부는 인간에게 황금시대가 오래전부터 있었다거나 곧 회귀할 것임을 지목하지 않고, 그저 역사 속에서 변모하는 생산 조건들만을 말할 뿐이다. 언어는 이제 바벨탑 이전의 표식들을 지닌 것이 아니고 숲속에서 울려 퍼졌을 수도 있는 최초의 외침들을 담고 있는 것도 아니며, 그 나름의 계통을 표시하는 문장紋章을 간직하고 있을 뿐이다. 인간 존재l'être humain는 더는 역사를 갖지 않는다. 또는 더 정확히 말하면, 말하고 노동하며 생을 유지하기 때문에, 인간은 그 존재에 있어서, 자신에게 속한 것도 아니고 자신과 동질적이지 않은 여러 역사와 온통 얽혀 있는 것이다. 그 속에서 고전주의적인 지식이 계속해서 확장되어 온 공간이 파편화됨으로써, 그 나름의 생성을 바탕으로 해방되어 나온

각 영역의 감김l'enroulement을 통해, 19세기 초에 등장한 인간은 '탈역사
화déshistocisé'했다. (380, 420)

19세기로부터 전개되는 근대의 에피스테메를 말하면서 푸코는 '인간의
탄생'과 더불어 '역사'를 중시했습니다. 그런데 이 대목을 보면, 인간이 탈
역사화하는 결과를 낳는 것이 바로 역사라고 하는 기묘한 사태를 읽게 됩
니다. 그것은 다름 아니라 사물 자체가 그 나름의 역사성을 획득하고, 생
물이 그 나름의 역사성을 획득하며, 인간의 제반 활동들이 각기 그 나름
의 역사성을 획득하는 등, 이른바 파편화된 역사성에 따른 겁니다. 19세
기가 되면서 인간이 탈역사화하고, 그럼으로써 흔히 신의 섭리를 비롯한,
이른바 역사의 통괄적인 지배 원리와 그에 따른 여러 망상을 제거하게 되
었다는 겁니다. 대단히 흥미로운 지적이 아닐 수 없습니다. 오늘날 흔히
포스트모더니즘적이라고 불리는 파편화된 사유의 원형이 19세기가 열리
면서 이미 등장하기 시작했다고 말하기 때문입니다.

4) 인간의 탈역사화, 사건화를 통해 분산되는 인간 역사

이렇게 되면, 당연히 이전에 흔히 생각해 왔던 통일된 총괄적인 역사
에 관한 생각을 하기가 어려워집니다. 그 대신 각기 파편화된 영역들에서
벌어지는 사건들 자체에 집중하지 않을 수 없게 되죠. 이에 우리는 푸코
가 세계를 이해하는 데서 기본적으로 '사건화éventuelisation'를 중시하는 태
도를 보이는 이유를 알게 됩니다. 말하자면, 역사 전체를 통괄하는 보편
적인 원리에 따라 그 속에 사건들을 포섭시키듯이 해석하는 것이 아니라,
사건 자체가 지닌 그 나름의 불연속적인 사회적 효과를 분석해 내야 한다
는 것입니다.

아무튼 우리로서는 푸코가 말하는 '인간의 탈역사화'의 그 실내용이 궁
금해집니다. 그는 여러 설의법적인 주장을 하면서 인간의 탈역사화를 여

러모로 기술합니다.

> 말하고 노동하며 살아감에 따라서만 인간이 실증적인 지식의 대상으로 주어지기 때문에, 인간의 역사는 서로 낯설고 이질적인 여러 시간이 풀 수 없이 엉겨 있는 매듭에 불과하지 않겠는가? 인간의 역사는 생활 조건들(기호, 토지의 비옥도, 문화의 양상, 자원 개발)의 변화와 경제의 (따라서 사회와 제도들의) 변형들 그리고 체계 언어의 형식들과 용법들의 계승 등에 공통된 일종의 변조modulation commune 이상의 것이 되려고 하겠는가? 그런데 이 경우에 인간은 그 자체 역사적이지 않다. 말하자면, 시간은 인간 자신이 아닌 다른 곳에서부터 그에게 오고, 인간이 역사의 주체sujet d'Histoire로 구성되는 건 오로지 존재들êtres(생물들)의 역사와 사물들의 역사와 낱말들의 역사가 중첩됨으로써만 가능하다. 인간은 이것들이 빚어내는 순수한 사건들에 종속되어 있다. (380-381, 421)

여러 방식의 존재들이 각기 그 나름 역사성을 구비하고 있다고 할 때, 그 역사성들이 완전히 서로 다른 곳에서 구현되는 것은 아닙니다. 어떻게든 서로 엇갈리기도 하고 서로 겹치기도 할 뿐입니다. 그러한 역사성들에 의해 영향을 받는 한, 인간은 유한할 수밖에 없습니다. 그렇다면, 그런 유한한 인간에게는 그 자신의 활동 영역들이 고유하게 지닌 역사성들이나 자신 외의 존재들에서 관철되는 역사성들 말고, 말 그대로 인간 자체로서 지니는 역사성은 없는 걸까요? 각종 역사성이 중첩됨으로써만 인간이 역사의 주체로서 존립한다고 할지라도, 결국 인간은 역사성을 지닌 그 활동들의 주체가 아닌가요? 그렇다면 인간에게 고유한 역사성이 있다고 해야 하지 않을까요? 우리로서는 이러한 생각을 할 수밖에 없는데, 이와 관련해서 푸코는 다음과 같이 말합니다.

언어에서 말하는 것, 경제에서 노동하고 소비하는 것, 인간적인 삶을 사는 것, 바로 그것은 인간 자신이다. 그러한 자격으로 인간은 생물들과 사물들에 못지않게 실증적이고 자율적이며 어쩌면 훨씬 더 근본적인 생성에의 권리를 지닌다. 그것은 인간에게 고유한, 인간의 존재에 깊이 기입된 역사성이 아니겠는가. … 그래서 실증성들의 역사 배후에서 더욱 근본적인 인간 자신의 역사성이 나타난다. 이는 인간의 존재 자체를 둘러싼 역사라 할 수 있는데, 그것은 인간이 자신의 둘레에 '역사'를 가질 뿐만 아니라, 그 자신이 그의 고유한 역사성 속에서 인간 생명의 역사, 경제의 역사, 언어들의 역사가 조성되는 축이기 때문이다. 그러므로 아주 깊은 차원에 인간의 역사성이 있다고 해야 할 것이다. 이 역사성은 그 자체로 인간 고유의 역사이면서 또한 모든 다른 역사를 떠받치면서 근본적으로 분산되는 역사일 것이다. (381, 421)

역사성의 두 차원을 제시하는 셈입니다. 생명, 노동, 언어 등의 영역들이 갖는 각각의 역사성을 이른바 실증적-경험적인 역사성이라 한다면, 인간의 존재 자체에서 작동하고 있는 역사성은 이들 역사성을 떠받치는, 이른바 심층적-초월론적인 역사성이라 할 수 있을 겁니다.

이렇게 되면 인간과 역사성의 관계는 이중적이지 않을 수 없습니다. 인간이 한편으로는 인간 활동의 각 영역이 지닌 개개의 역사성에 의해 규정되고, 다른 한편으로는 그러한 역사성들을 가능케 하는 근거가 되는 겁니다. 그런데 푸코는 후자의 역사성에 대해 그다지 심혈을 기울여 설명하지 않습니다. 그 대신 이를 배경으로 해서 19세기에 이르러 역사에 관한 인식에서 어떤 변화가 일어나는가를 제시한 뒤, 이렇게 말합니다.

19세기에서부터 밝혀지는 것은 인간 역사성의 노골적인 형식, 즉 인간 그 자체가 사건에 노출된다는 사실이다. 이에 그러한 순수한 형식에서 법칙들을 발견하고자 하거나(슈펭글러의 철학과 같은 여러 철학), 인간이 생명을 유지하고, 노동하며, 말하고, 생각한다는 사실에 따라 순수 형식을 정의하고자 하는 관심이 생겨난다. 이러한 관심은 생물종으로 파악된 인간, 또는 경제 법칙들, 또는 문화 집합들에 입각한 역사의 해석들로 이어진다. (382, 422)

19세기에 성행한 역사에 대한 해석이 심층적-초월론적 차원에서 작동하는 인간 자체의 역사성을 중심으로 한 것이 아니라, 실증적-경험적 차원에서 작동하면서 인간 존재를 실증적으로 규정하는 역사성에 입각하고 있음을 말하고 있습니다. 실증적이고 구체적인 사건들에 근거해서 그 사건들에 의해 인간이 어떻게 생명, 노동, 언어에 있어서 규정되고 있는가를 밝혀내는 것이야말로 역사에 대한 해석이었다는 이야기입니다.

5) 인간 과학과 역사의 길항 관계

하지만, 이러한 방식의 역사 해석은 심층적-초월론적인 차원의 인간 존재 자체에서 작동하는 역사성과 무관할 수는 없습니다. 왜냐하면, 실증적-경험적 차원의 역사성이란 다름 아니라 심층적-초월론적인 차원의 역사성이 여러모로 분산되어 나타난 것이기 때문입니다. 결국에는 역사에 대한 해석이 인간에 대한 인식으로 연결되지 않을 수 없는 거죠. 그래서인지 푸코는 이렇게 말하면서 논의의 맥락을 크게 바꿉니다.

어쨌건, 인식론적인 공간에서 역사가 이렇게 배치된다는 것은 역사가 인간 과학들과 갖는 관계에서 대단히 중요하다. 역사적인 인간이란 다름 아니라 살아 숨 쉬고 노동하며 말하는 인간이기 때문에, 역사의 내용은 어떤 것이건 간에 모두 심리학, 사회학, 또는 언어 과학들의 소관이다. 그러나 그 반대로 인간 존재는 처음부터 끝까지 역사적으로 되기 때문에, 인간 과학들을 통해 분석되는 모든 내용은 그 자체로 안정적일 수 없고 역사의 운동을 벗어날 수 없다. (382, 422)

생명, 노동, 언어에서 역사성을 찾고 그러한 역사를 통해 인간 존재가 규정될 수밖에 없다면, 생물학 모델에 입각한 심리학이나 경제학 모델에 입각한 사회학, 또는 언어학 모델에 입각한 언어 과학들(즉 문학 및 신화 분석)에서 다루는 인간에 관한 인식 내용들, 즉 인간 과학들의 내용들은 당연히 역사와 밀접하게 결합할 수밖에 없습니다.

그런데 인간 과학의 작업과 역사 해석의 작업이 결코 그대로 일치할 수는 없습니다. 아무래도 인간 과학은 공시적인 성격이 강한 작업이고, 역사 해석은 통시적인 성격이 강한 작업이기 때문이죠. 하지만 인간 과학은 연구 대상들에 관련된 데이터들을 역사로부터 확보하지 않으면 안 됩니다. 또 그 반대로 역사 해석을 일관되게 하기 위해서는 인간 과학들이 밝혀 놓은 내용들을 넘어서서 보편화의 경향을 띠지 않을 수 없죠. 말하자면, 역사와 인간 과학 사이에서 길항 작용이 일어나는 겁니다. 이를 염두에 두고서 푸코는 이렇게 정돈하듯이 말합니다.

역사는 인간 과학들에 대해 특권적이면서도 위험한 수용의 장을 형성한다. 역사는 각 인간 과학에 확립의 배경을 제공하고 일종의 본향과 같은 토양을 할당해 준다. 말하자면 역사는 인간 과학의 지식에서 그 타당성을 인식할 수 있는 문화적인 지대 — 연대기적인 단계, 지리적인 편입 — 를 결정한다. 그러나 역사는 인간 과학들을 한정하는 경계선으로 인간 과학들을 에워싸, 보편성이라는 계기에서 가치를 갖고자 하는 인간 과학들의 포부를 처음부터 망가뜨린다. 역사는 그런 방식으로, 만약 인간이 —미처 알기도 전에— 심리학, 사회학, 언어들의 분석이 명시될 수 있는 규정들에 늘 종속되어 있다면, 그런 만큼 인간은, 적어

도 그 권리 차원에서나마 영원할 수 있을 지식의 비시간적인 대상이
아니라는 것을 드러낸다. 심지어 인간 과학들이 역사에의 모든 참조를
회피할 때조차, 인간 과학들은 한 문화적인 단계와 다른 문화적인 단
계 간의 관계를 드러낼 뿐이며, 설사 인간 과학들이 그것들 고유의 공
시성에 매달릴지라도, 그 공시성 자체에서 인간 과학들의 연원이 되는
문화적 단계와 관계를 맺는다. 그러므로 인간이 그 실증성에서 드러날
때, 그 실증성은 곧장 역사의 무한정함l'illimité de l'Histoire에 의해 한정되
기 마련이다. (382-383, 423)

이야기가 상당히 복잡한 것 같지만, 전체적으로 보면 간단합니다. 핵심
은 인간 과학과 역사의 근본적인 얽힘입니다. 더욱이 역사가 인간 과학의
타당성의 장을 구성하는 것이기에 인간 과학은 역사를 벗어날 수가 없고,
그런 한에서 인간 과학은 보편적인 지식이고자 하는 의도를 포기할 수밖
에 없다는 겁니다. 그러나 그와 더불어 인간 과학이 대상으로 삼는 인간
이 인간 과학을 통해 규정되는 한, 인간 역시 비시간적인 보편적인 존재
로 정립될 수 없다는 것입니다. 인간 과학을 통해 밝혀지는 인간의 실증
성은 결국 역사, 즉 문화적인 단계들 사이의 관계를 벗어나서는 성립할
수 없고, 바로 그런 점에서 역사에 대해 유한하다는 겁니다.

6) 인간 주체와 역사 사이의 동요

그리고 보면, 19세기 근대의 에피스테메에서 중심을 이루는 주제가 인
간의 탄생이라고 할 때, 그 인간은 다름 아니라 역사를 통해 규정됨으로
써 유한하고 또 실증적인 존재이며, 따라서 결국에는 19세기 근대의 에피
스테메에서 토대를 이루는 건 다름 아니라 역사인 겁니다.

이 정도쯤 되면 결국 인간과 역사 간의 복잡 미묘한 관계가 문제로 등
장하지 않을 수 없습니다. 왜냐하면, 이제 어디까지나 역사의 주체는 인

간이기 때문이죠. 이에 푸코는 다음과 같은 문젯거리를 제시합니다.

> 그런데 이제 역사와 더불어 엇비슷한 동요oscillation가 시작된다. 그러
> 나 이번에는 그 동요가 대상으로 파악된(노동, 생명, 언어에 의해 경험적으로
> 명시된) 인간의 실증성과 인간 존재의 근본적인 한계들 사이에서 일어
> 나지 않고, 노동, 생명, 언어의 특유한 형식들을 규정하는 시간적인 한
> 계들과, 인식을 통해 그 형식들에까지 다가간 주체의 역사적 실증성
> 사이에서 일어난다. (383, 423-424)

이전에 있었던 동요는 의식과 무의식 간의 동요라고 말한 바 있습니다.
이와 비슷한 동요가 역사 때문에 일어난다고 말하고 있습니다. 이전의 동
요는 인간 존재를 규정하는 실증성들과 그 실증성들 자체가 드러나도록
하는 인간의 유한성을 왔다 갔다 하는 것이었습니다. 어느 쪽이 더 먼저
인가를 결정하기가 전혀 쉽지 않았죠.

그런데 이제 역사와 인간 사이에서 이처럼 왔다 갔다 하는 동요가 일
어난다고 말하고 있습니다. 노동, 생명, 언어가 문화적인 단계마다 그 형
식들을 달리한다고 할 때, 이는 역사에 의한 것입니다. 그런데 바로 그러
한 형식들에 의해 인간 존재가 결정됩니다. 그렇다면, 인간 존재는 역사
를 통해 결정되는 셈이죠. 그런데 인간은 인식의 주체로서 그러한 형식
들, 즉 자신의 존재를 결정하는바 역사에 의거한 노동, 생명, 언어의 형식
들을 인식합니다. 이렇게 되면, 인간은 역사에 의거한 실증성을 바탕으로
하되 그 실증성의 형식들을 인식함으로써 마치 그 형식들을 넘어서는 것
과 같은 위상에 놓입니다. 이렇게 해서 결국에는 인간 존재를 결정하는
역사와 역사에 대한 인식 주체인 인간 사이에 어느 것이 먼저인지를 결정
하는 일을 불가능하게 하는, 왔다 갔다 하는 동요가 일어나는 겁니다.

7) 이미 늘 새롭게 사유되는 역사

결국은 인간과 역사 사이에, 상호 규정적인 관계 속에서 주체와 대상이 결합한 그런 구도가 성립하는 겁니다. 이를 푸코는 이렇게 달리 표현합니다.

> 대상과 주체 간의 외부적인 경계들에서 동요가 일어난다. 이 동요는 대상과 주체 둘 다가 종속되는 침식érosion, 대상과 주체를 서로 벌어지도록 하는 분산dispersion을 가리킨다. 이로써 대상과 주체 모두가 고요하고 잘 뿌리내린 결정적인 실증성에서부터 벗어나게 된다. 무의식이 인간 과학들의 가장 근본적인 대상임을 밝혀냄으로써, 인간 과학들은 이미 명백한 차원에서 사유된 것 속에 언제든지 아직 [드러나지 않은 채] 사유할 것이 있다는 것을 드러냈다. 그런데 시간의 법칙이 인간 과학들의 외부적인 한계임을 드러냄으로써, 역사는 사유되는 모든 것이 아직 밝혀지지 않은 사유에 의해 여전히 [새롭게] 사유되리라는 걸 보여준다. (383, 424)

의식과 무의식의 관계에서는 명백하게 사유하는 것이 불가능하다고 하는, 이른바 공시적인 차원에서 지식의 한계가 드러나는 데 반해, 인간과 역사의 관계에서는 사유란 계속 새롭게 될 수밖에 없다고 하는, 이른바 통시적인 차원에서 지식의 한계가 드러납니다.

이렇게 되면 지식 자체의 실증성이 언제든지 한계를 지닐 수밖에 없는 것으로 됩니다. 실증성을 바탕으로 해서 인간 과학적인 지식을 형성한다는 것 자체가 근본적으로 태생적인 한계를 지닌 것이어서 결코 보편과학적인 입장을 내세울 수 없게 되죠. 말하자면, 실증성은 근본적으로 유한한 것일 수밖에 없지만, 그 유한성에서 유한함의 끝이 보이지 않는다는 겁니다. 결국 이렇게 됩니다.

무한정하지 않은 유한성une finitude sans infini, 그것은 틀림없이 결단코 한
정되지 않는 유한성une finitude qui n'a jamais fini으로서 그 자신과의 관계에
서 항상 물러나는 것이다. 거기에는 유한성[을 띤 인간]이 생각하는 바
로 그 순간에 생각해야 할 무언가가 아직 남아 있고, 유한성[을 띤 인간]
이 생각한 것을 새롭게 생각할 시간이 항상 남아 있는 것이다. (384, 424)

유한하다고 할 때, 그 유한함의 경계가 있어야 할 것 아니겠습니까. 그
런데 그 경계가 보이지 않는 겁니다. 무의식과의 관계에서 보아도 그렇
고, 역사와의 관계에서 보아도 그렇습니다. 경계가 애매한 가운데 계속
확장되는 종류의 유한성이 인간 존재뿐만 아니라, 묘하게도 인간 과학들
이 대상으로 삼는 실증성의 영역 자체에서 작동하는 것입니다.

8) 역사주의와 '유한성의 분석'의 대립

이제 푸코는 이와 같은 근본적인 사태와 관련하여 19세기에 등장하여
위세를 떨친 역사주의l'historicisme와 그가 보기에 이와 대립하는 방향으로
진행된 유한성의 분석l'analytique de la finitude을 다음과 같이 제시하고 절을
끝맺습니다.

역사주의는 그 자신을 위해 역사와 인간 과학들 사이에서 벌어지는 영
구적인 비판적 관계를 드높이는 하나의 방식이다. 그러나 역사주의는
그 관계를 오로지 실증성들의 차원에서만 설립한다. 말하자면, 인간에
대한 실증적인 인식은 인식하는 주체의 역사적인 실증성에 의해 한정
되고, 그 결과 유한성의 계기를 벗어날 수 없을뿐더러 그 자체 절대적
인 것으로 취급되는 상대성의 놀이 속에서 해소된다. 유한하다는 것은
아주 간단하게 조망perspective의 법칙들에 따라 파악될 뿐이다. … 모든
인식은 역사를 지닌 하나의 생활, 하나의 사회, 하나의 언어 속에 뿌리

를 내리고, 다른 형태들의 생활, 다른 유형의 사회, 다른 의미화들과 소통하도록 하는 요소를 역사 자체에서 발견한다. … 따라서 역사를 통해 형성되고 역사 속에 배치되는 여러 실증성들은 서로 접촉할 수 있게 되며, 인식의 양상을 띠고서 서로를 감쌀 수 있게 되고, 자신들 속에 잠들어 있는 내용들을 끄집어낼 수 있게 된다. 그때 실증성들의 강압적인 엄밀성을 통해 나타나는 것은 한계들 자체가 아니라, 부분적인 총체성들, 사실상 한계를 지닌 총체성들, 어떤 지점에 이르기까지 그 경계선들을 뒤흔들 수 있지만 최종적인 분석의 공간으로는 결단코 확장되지 않으며 절대적인 총체성에 이르기까지는 결단코 상승하지 않는 총체성들이다. 바로 이 때문에, 유한성의 분석l'analyse de la finitude 은 역사주의에 대항하여 역사주의가 무시한 부분을 끊임없이 요구한다. 말하자면, 유한성의 분석은 모든 실증성의 바탕에서, 그리고 그에 앞서서 그 실증성들을 가능케 하는 유한성이 솟아오르도록 하려고 기획한다. 역사주의가 생명 또는 사회적인 형태들 또는 언어의 의미화들에 의해 사전에 그 존재 양식이 주어지는 한정된 총체성들 사이에 이루어지는 구체적인 관계들의 가능성과 정당화를 모색하는 바로 그 지점에서, 유한성의 분석은, 유한성을 지적함으로써 실증성들을 그 구체적인 존재 양식에서 가능케 하는바 존재에 대한 인간적 존재의 관계를 탐문하고자 한다. (384-385, 424-425)

역사주의는 독일의 랑케Leopold von Ranke(1795-1886)로 대표되는 역사 연구의 방법입니다. 이는 역사를 연구할 때 철저히 사료史料를 중심으로 해야 하며 연구자의 이념적인 관점은 배제해야 한다는, 이른바 실증주의적인 작업 방식입니다. 역사주의는 기본적으로 역사적으로 부분적인 총체로서 한계를 지닐 수밖에 없는 실증적인 내용 및 관계를 중시합니다. 그런 점에서 역사주의는 흔히 이야기되듯이 상대주의적인 성격을 띱니다.

푸코도 이러한 랑케의 역사 연구 방법론을 염두에 두고서 역사주의를 언급하는 것 같습니다.

그런데 푸코는 이른바 '유한성의 분석'을 이러한 역사주의와 대립 관계에 놓인 것으로 내세웁니다. 유한성이라는 개념이 이 둘을 아우르면서 관통합니다. 하지만 푸코의 이 글에 따르면, 유한성의 분석은 역사주의에 대항하여 역사주의가 무시한 부분, 즉 역사주의 바탕에서 작동하는 유한성의 발생과 원천을 겨냥합니다. 그런 점에서 유한성의 분석은 역사주의에 대해 하나의 심층적인 초월론적인 작업입니다.

무한성을 염두에 두지 않은 유한성은 의미가 없을 겁니다. 무한성은 인간 인식을 가장 오래전부터 가장 귀찮게 몰아붙인 문제입니다. 보편성이 당연히 유한할 수밖에 없는 개별적인 것들을 전제로 해서 그것들을 모조리 포괄하는 데서 성립한다면, 무한성은 유한한 것과 대립해서 생겨났으면서도 유한한 것들을 아예 초월해 아랑곳하지 않는 사태에 대한 개념입니다. 푸코는 19세기에 이르러 이러한 사유 방식이 송두리째 말소되고 말았다는 진단을 내리고 있습니다. 역사주의의 등장과 그런데도 그 기초를 묻는 유한성의 분석이 등장한 게 그 증거라는 이야기입니다. 그 내용에 관해서는 위 인용문을 읽으면 그 대략을 파악할 수 있을 것입니다.

정신분석학과 민족학 1.
주체적 의식 너머의 지식

　이제 제5절 '정신분석학, 민족학'을 살피게 되었습니다. 푸코가 제10장의 큰 제목을 '인간 과학들'로 정하고, 그 다섯 번째 탐구로서 이 정신분석학과 민족학의 문제를 다루고자 하는 이유에 대한 정확한 설명은 찾을 수 없습니다. 전체적인 내용을 보고서 짐작할 수밖에 없죠. 앞서 푸코는 인간 과학이 무의식과 인간의 유한성이라는 주제를 벗어날 수 없음을 역설했습니다. 무의식의 탐구라고 하면, 프로이트의 정신분석학이 가장 신선하게 폭넓고 깊이 있게 천착했다는 사실은 누구나 아는 일입니다. 그런데 민족학은 무의식 또는 인간의 유한성의 문제와 어떤 관계에 놓여 있는가는 그다지 많이 알려진 바가 아닙니다. 푸코의 설명을 통해 배울 수밖에 도리가 없습니다.

　프로이트Sigmund Freud(1856-1939)의 정신분석 이론이 등장하여 무의식의 영역을 개척함으로써 인간의 욕망과 감정 그리고 그에 따른 행동의 숨겨진 비밀을 밝히게 되었다는 건 너무나 잘 알려진 내용입니다.[57] 그런데

57　무의식의 영역을 프로이트가 독자적으로 개척한 건 아니다. 그보다 다소 이른 시기에 철학

다시 말하거니와 푸코는 무의식의 영역을 발견한 것을 인간 과학이 성립하는 핵심 계기로 지목하고 있습니다. 이는 저 앞에서 "무의식적인 것의 문제는 그저 인간 과학들에 내재하는 하나의 문제라든가 인간 과학이 진행되다 보니 우연히 맞닥뜨린 것에 불과한 것이 아니라, 궁극적으로 인간 과학들의 현존 자체와 공존하는 문제이다"(375-376, 415-416)라고 한 데서 정확하게 제시되죠. 말하자면, 무의식의 영역을 개척한 정신분석학이 인간 과학들에 대해 일종의 전범 역할을 한다는 것인데, '인간 과학', 즉 인간에 관한 과학이란 말에서 알 수 있듯이 인간의 심층을 파고듦으로써 일종의 초월론적인 작업을 한다는 겁니다.

그런데 이제 정신분석학과 함께 민족학ethnologie을 그와 같은 반열에 올려놓습니다. 이는 우리에게 다소 낯선 부문인데, 일단 그의 말을 들어 보죠.

정신분석학과 민족학은 우리의 지식에서 특권적 지위를 갖는다. 그 이유는 정신분석학과 민족학이 다른 모든 인간 과학보다 나름의 실증성을 더 잘 확보해서 과학적으로 입증될 수 있는 저 오래된 기획을 마침내 완성할 것이기 때문이 아니다. 그보다는 인간에 대한 모든 인식의 끝 지점에서 고갈될 수 없는 경험과 개념의 보고寶庫를 확실하게 마련하고, 특히 불안, 의문 제기, 비판, 그 밖에 획득될 수 있을 것처럼 여겨지는 것에 대한 이의 제기 등에 대한 영구적인 원리를 형성하기 때문이다. 그런데 정신분석학과 민족학이 이럴 수 있는 데에는 한 가지 이유가 있다. 그 이유는 정신분석학과 민족학이 각기 지니는 대상(의 특성)

자 앙리 베르그송(Henri Bergson, 1859-1941) 역시 무의식에 관해 탐구했었다는 사실을 참고 삼아 알아 두기로 하자. 프로이트의 무의식 이론이 전개되기 시작한 『꿈의 해석』이 1899년에 출간되었는데, 베르그송이 꿈과 무의식을 다루는 『물질과 기억』은 1896년에 출간되었다. 하지만, 푸코는 무의식에 관한 논의를 하면서 프랑스 현대 철학의 아버지로 평가되는 베르그송을 들먹이지 않는다.

때문이기도 하지만, 그보다는 **에피스테메** 일반의 공간에서 이들 학문이 차지하는 위치와 이들 학문이 수행하는 기능 때문이다. (385, 425-426)

민족학은 여러모로 전개되기 때문에 쉽게 일의적으로 정의할 수는 없습니다. 알려지기로는 이 용어를 맨 처음 제시한 인물은 아담 프란츠 콜라르Adam Franz Kollár(1718-1783)입니다.[58] 하지만 민족학의 비조는 미국의 인류학자인 루이스 헨리 모건Lewis Henry Morgan(1818-1881)인 것으로 알려져 있고, 20세기 최고의 민족학자는 『슬픈 열대』와 『야생의 사고』의 저자로서 인류학적인 구조주의를 일으킨 레비스트로스Claude Lévi-Strauss(1908-2009)로 평가됩니다.[59]

한 가지 민족학적인 예로서, 레비스트로스가 제시하는 친족 관계의 원칙을 봅시다. 그는 모든 문화에 근친상간의 금기가 존재한다는 사실을 파악하고, 이를 친족 관계라는 좁은 테두리 밖에서 결혼하라는 명령에 연계해 있다고 봅니다. 이를 바탕으로 그는 결혼은 여자의 기부를 통한 교환임을 나름대로 규명해 내죠. 그리고 그 결론으로 금지, 명령, 교환은 서로 긴밀하게 연결되어 있으며, 자연과 문화 사이를 이어 줌으로써 자연 상태에서 문화의 출현을 가능하게 한다는 사실을 도출해 냅니다.[60]

이러한 민족학적인 탐구가 정신분석학과 동일한 판면에서 작동하는 까닭은 현실의 삶을 영위하는 개개 주체의 현행적인 사고와 행위의 바탕에 무의식적인, 또는 잠재적인 비사유의 영역이 작동하여 영향을 미친다는 데 있습니다. 이에 학제 간에도 그러한 표층과 심층의 구조가 작동하는 것으로 진단됩니다. 푸코는 이렇게 말합니다.

---

58   https://ko.wikipedia.org/wiki/민족학 참조.

59   뷔르기에르 외, 『가족의 역사』(정철웅 옮김, 이학사, 2001), 23쪽 참조.

60   같은 책, 26-27쪽 참조.

사실상 정신분석학은 모든 인간 과학 내부에 있다고 여기는 비판적인 기능에 매우 밀착해 있다. 정신분석학은 의식을 관통해서 무의식의 담론이 발설되게끔 하는 것을 과제로 삼는다. 그럼으로써 정신분석학은 재현의 관계들과 유한성의 관계들이 작동하는 근본적인 영역을 향해 나아간다. (385, 426)

정신분석학은 죽음에서 여실히 나타나듯이 인간이 근본적으로 유한한 존재라는 것, 그리고 그 유한성의 굴레와 한계는 의식의 재현을 통해 제대로 드러날 수 없고 무의식의 영역으로 치고 들어감으로써 비로소 그 정체를 드러낼 수 있다는 데서 성립한다고 할 수 있습니다. 그래서 푸코는 정신분석학이 재현의 관계와 유한성의 관계가 작동하는 근본적인 영역, 즉 무의식의 영역을 향해 나아간다고 말하고 있습니다.

여기에서 푸코는 정신분석학이 재현 문제와 유한성 문제를 근본적인 차원에서 건드린다는 것을 염두에 둡니다. 즉 정신분석학이 재현과 유한성을 문제 삼는 인간 과학에 대해 비판적인 기능을 수행하고, 그럼으로써 인간 과학을 새로운 깊이로 나아가게끔 한다는 것입니다. 인간 과학 역시 의식에 대한 분석을 통해 무의식으로 나아가지만, 프로이트의 정신분석은 아예 의식의 내용 자체가 인간의 유한성 위에서 분절되고 벌어지면서 통일성을 상실하고 모순 상태로 전개되는 시점時點을 향해 나아간다는 겁니다.

모든 인간 과학도 무의식을 향해 나아간다. 그러나 인간 과학은 무의식에 등을 돌림으로써만, 의식의 분석이 뒤로 물러서면서 수행되는 한에서 무의식이 드러나기를 기대함으로써만 무의식을 향해 나아간다. 그에 반해, 정신분석학은 무의식을 향해 의도적으로 직접 나아간다. 이때 [그것은] 암묵적인 것을 점진적으로 해명함으로써 조금씩 밝혀지는 것을 향해 나아가는 것이 아니다. [그것은] 거기에 있는, 숨어 있는, 그리고 사물 또는 스스로에 폐쇄된 텍스트 또는 눈에 보이는 텍스트 내의 하얀 공백들의 강고한 침묵과 더불어 현존하는 것을 향해 나아간다. 프로이트적인 방법이 의미의 해석을 구성하고 저항이나 방해에 대한 동학動學, dynamique을 구성하는 요소라고 여겨서는 안 된다. 정신분석학은 인간 과학과 동일한 경로를 따르면서도 시선을 반대 방향으로 돌려 —정의상 인간에 대한 모든 인식으로는 접근할 수 없는, 즉 의미작용, 갈등 또는 기능 등에 입각해 부단히 이루어지는 모든 파악으로는 접근할 수 없는— 의식의 모든 내용이 인간의 유한성 위에서 분절되는 그런 순간, 아니 오히려 의식의 모든 내용이 인간의 유한성 위에서 벌어진 채 머무는 그런 순간을 향해 나아간다. (385-386, 426)

인간의 유한성은 19세기 근대적 사유로써 발견한 대표적인 내용입니다. 정신분석학은 인간의 유한성에 근거해 의식의 내용 자체가 어떻게 원리상 균열을 일으킬 수밖에 없는가를 보이고자 한다는 것입니다. 인간의 유한성이 작동하는 한에서 의식이 균열을 일으킬 수밖에 없다면, 반성을 근거로 한 재현 역시 왜곡을 일으키면서 제대로 작동할 수 없게 됩니다. 재현이 불가능한 상태에서 정신분석학은 전혀 새로운 영역, 즉 죽음과 욕망과 법칙의 영역을 개척합니다.

재현이 중지된 상태로 그 자신의 경계 지점에 머물러 있으면서 닫혀 있다고 할 수 있는 유한성을 향해 열려 있는 그 지대에서 세 가지 형상 les trois figures이 모습을 드러낸다. 이 세 가지 형상에 의해 생명la vie은 죽음le Mort의 말 없는 반복에서 근거를 획득하고, 갈등과 규칙은 욕망le Désir이 벌거벗고서 열려 있음에서 근거를 획득하며, 의미작용과 체계는 법칙Loi이기도 한 언어에서 근거를 획득한다. (386, 426)

여기에서 푸코는 죽음, 욕망, 법칙이라는 세 형상을 마치 정신분석학을 가능케 하는 근본 범주인 양 말하고 있습니다. 이 셋은 정신분석학과의 관계에서 이렇게 언급됩니다.

> 심리학자들과 철학자들이 왜 이 모든 것을 프로이트적인 신화라고 부르는지 알 만하다. 재현이 가능한 것에 머물러 있는 지식을 추구하는 그들이 볼 때, 이러한 프로이트의 방법은 외부에서부터 재현의 가능성 자체를 한정하고 정의하는 것이고 이는 신화일 수밖에 없기 때문이다. 그러나 정신분석학적인 활기 속에서 정신분석학의 운동을 따르게 되면, … 이러한 형상들은 근대적 사유에서 분석되는 바 그대로의 유한성에 대한 형식들 자체이다. 죽음은 지식 일반을 가능하게 만드는 종류의 것이 아니다. 말하자면 정신분석학의 입장에서 보면, 죽음은 유한성 내에서 인간의 존재 양식을 특징짓는 경험적-초월론적인 **중복** *redoublement* empirico-transcendantal에 대한 형상이 아니겠는가? 욕망은 항상 사유의 중심에 놓여 있는 **비사유***impensé*에 대한 형상이 아니겠는가? 그리고 언어-법칙(말과 동시에 말의 체계)은 모든 의미작용이 그 자신보다 더 먼 곳에서 붙드는 하나의 기원*une origine*에 대한 형상이자, 또한 분석 작용 자체에서 약속된 기원의 회귀*le retour*에 대한 형상이 아니겠는가? 이 죽음, 이 욕망, 이 법칙은 실증성을 통해 인간에 대한 경험적인 영역을 돌아다니는 지식의 내부에서는 만날 수 없는 것들이다. 그 까닭은 이 세 가지 형상이 인간에 대한 모든 지식의 가능성 조건을 지정하기 때문이다. (386, 426-427)

푸코가 말하는 '인간학적인 사변형'을 이루는 네 선분 중 '인간의 유한성'은 정신분석학의 근본 판면으로 정의되고, 나머지 세 선분인 '경험적-초월론적인 중복', '사유-비사유의 결합', 그리고 '기원과 회귀'는 정신분석학의 세 형상인 죽음, 욕망, 언어-법칙에 각각 상응하는 것으로 풀이되고 있습니다. 그 구체적인 내용을 제대로 알기 위해서는 당연히 많은 연구가 수반되어야 할 겁니다.

> 그리고 이 언어가 벌거벗은 상태로 드러나 그와 동시에 마치 언어가 전제적專制的이면서도 텅 빈 거대한 체계인 양 모든 의미를 벗어 버리고, 욕망이 마치 그 규칙의 엄격함에 의해 모든 대립이 해소되기라도 하듯이 야생적인 상태로 군림하며, 죽음이 모든 정신 기능을 지배하고 그 정신 기능의 유일무이한 파괴적인 규범으로서 정신 기능 위에서 작동할 바로 그때, 우리는 현전하는 형태의 광기la folie, 즉 근대의 경험에 주어지는 바 그대로의 광기를 그 진실sa vérité과 그 타자성sa altérité으로 인정한다. 경험적이긴 하지만 우리가 실험할 수 있는 모든 것에(그리고 그 속에서) 낯선 이러한 형상에서, 우리의 의식은 16세기와는 달리 다른 세계un autre monde의 흔적을 더 이상 발견하지 않는다. (386-387, 427)

푸코가 광기에 대한 분석에서 타의 추종을 불허한다는 건 널리 알려진 사실입니다. 푸코는 탈의미적인 힘으로 발휘되는 벌거벗은 언어 상태, 대립 관계 일체를 무화하는 야생적인 욕망 상태, 정신을 지배하는 죽음 등 정신분석학의 재현 불가능한 세 형상이 여지없이 작동할 때 근대의 독특한 경험인 광기를 인정하지 않을 수 없다고 말합니다. 이 단락의 끝에서 말하는 '다른 세계'는 16세기 사유가 여전히 수반하고 있었던 신적인 악마의 세계를 지칭할 겁니다. 당시 광기는 언제나 악마를 통해 설명되었으나, 이제 정신분석학이 작동하면서 광기는 유한한 인간의 괴이한 형상의 언어와 욕망 그리고 죽음이 착종해 나타나는 것일 따름입니다. 그 구체적인 현상은 이렇습니다.

그와 달리, 이 낯선 형상에서 우리의 의식은 탈선한 이성의 방황을 알아보지 못하고, 우리 자신이 위험하게도 아주 가까이에서 ―마치 우리의 현존이 지닌 함몰 자체가 갑자기 부각되어 나타나듯이― 솟구치는 것을 보게 되며, 우리의 존재와 사유와 지식이 근거해 있는바 유한성이 갑자기 우리 앞에 존재하면서 실재적이면서도 불가능한 현존, 사유할 수 없는 사유, 언제나 지식을 벗어나 버리는 지식의 대상이 갑자기 우리 앞에 존재한다. 그렇기에 정신분석학은 정신의학자들이 정신 분열이라 부르는 이러한 광기에서 정신분석학 자신만의 내밀하면서도 가장 극복하기 힘든 고민거리를 발견한다. 왜냐하면 이 광기에서 절대적으로 명백하면서도 절대적으로 물러나는 형태로 유한성의 형식들이 주어지기 때문이다. (387, 427-428)

마침내 유한성을 광기와 연결하는 대목이 나오고 있습니다. 그러니까 유한성이란 바로 '인간학적인 사변형'에서 유한성을 제외한 세 가지 선분을 아우르는 것으로 볼 수 있습니다. 왜냐하면, 이 세 선분과 연결했던 죽음, 욕망, 법칙이야말로 인간을 광기라고 하는 유한성으로 몰아가는 것이기 때문이죠. 결국 정신분석의는 정신병 환자에게서 유한성이 설립되는 무의식의 영역으로 한껏 치고 들어가고자 하는 셈입니다. 그렇다면, 정신분석학과 인간 과학들의 관계는 어떻게 전개될까요?

그러나 인간 과학들의 질서 속에서 모든 지식 일반을 가능케 하는 것과 정신분석학의 관계는 또 다른 귀결을 낳는다. 그것은 정신분석학은 인간에 대한 순수한 사변적인 인식이나 일반적인 이론처럼 전개될 수 없다는 점이다. 정신분석학은 세심한 관찰을 통해 구축된 경험 과학의 형태로 재현의 전체 영역을 관통한다거나 재현의 경계들을 아우른다거나 가장 근본적인 것을 향해 나아간다거나 할 수 없다. 그 돌파구는 그저 인간에 대한 인식이 아니라, 인간 자신 ―고통 속에서 조성되는 그 죽음을 가진, 대상을 상실해 버린 그 욕망을 가진, 침묵 속에서 법칙이 조성되도록 하는 그 언어를 가진 인간― 에 대한 인식이 연루되어 있는 실천의 내부에서만 마련된다. [그것은 정신분석의와 피분석자인 주체] 두 사람 사이의 협소한 관계étranglement du rapport와 결합할 수밖에 없다. 그 관계에서 한 사람은 다른 사람의 말을 듣고 그렇게 해서 (그 다른 사람이 욕망의 대상을 잃어버렸다는 것을 이해시킴으로써) 그 다른 사람이 잃어버린 욕망의 대상으로부터 그 다른 사람의 욕망을 해방하고, (그 다른 사람에게 언젠가 죽게 된다는 것을 이해하도록 함으로써) 늘 반복되는 죽음의 임박함으로부터 그 다른 사람을 해방한다. 그래서 인간에 대한 일반 이론이라든지 인간학이라든지 하는 것만큼 정신분석학에 낯선 건 없다. (387-388, 428)

인간에 대한 일반적인 지식을 안다고 해서 정신분석에 도움이 되는 것은 전혀 아니라는 것을 말하고 있습니다. 정신분석학은 인간 과학들과 궤가 아예 다른 것입니다. 이어서 푸코는 인간 과학과 민족학의 관계를 문제 삼습니다.

사실상 민족학은 심리학, 사회학, 또는 문학 및 신화 분석이 드러내는 바 그대로의 경험적인 내용들을, 그 내용들을 지각하는 주체의 역사적인 실증성에 관련짓지 않는다. 민족학은 각 문화의 특이한 형식들, 각 문화를 다른 문화들과 대립시키는 차이들, 그리고 각 문화가 그 나름의 일관성을 바탕으로 정의되고 마무리되도록 하는 한계들을, 각 문화가 세 거대한 실증적인 것(생명, 욕구와 노동, 언어) 하나하나와 맺는 관계들이 서로 결합하는 차원에 위치시킨다. 그리하여 민족학은 하나의 문화에서, 생물학적인 거대 기능들의 규범화, 교환과 생산과 소비의 모든 형태를 가능하게 하는, 또는 의무적이게끔 하는 규칙들, 언어적인 구조들의 모델 위에서 또는 그 모델을 둘러싸고서 조직되는 체계들이 어떻게 형성되는가를 드러낸다. 그러므로 민족학은 [한 문화의] 생물학과 경제학 그리고 문헌학과 언어학을 검토하여 그것들이 어느 정도의 높이로 인간 과학들을 불쑥 솟아오르게 하는지를 살피면서 인간 과학들이 그러한 과학들에서 분절되는 지대를 향해 나아간다. 그렇기 때문에, 모든 민족학의 일반적인 문제는 바로 자연과 문화 간의 (연속적인, 또는 불연속적인) 관계들의 문제인 것이다. 그러나 이러한 탐문의 양식에서 역사 문제는 거꾸로 뒤집힌다. 왜냐하면 이 경우에 관건은, 유용한 상징 체계들에 따라, 미리 규정된 규칙들에 따라, 선택되고 정립되는 기능적인 규범들에 따라, 각 문화가 어떤 종류의 역사적 생성을 받아들일 수 있는가를 결정하는 것이기 때문이다. 민족학은 해당 문화에서 나타날 수 있는 역사성의 양식을 뿌리에서부터 다시 파악하고자 한다. 그런가 하면 민족학은 해당 문화에서 역사가 반드시 누적적일 수밖에 없는, 아니면 순환적일 수밖에 없는, 진보적일 수밖에 없는, 아니면 규칙적인 진동에 종속될 수밖에 없는, 위기에 자발적으로 적응할 수밖에 없는, 아니면 위기에 종속될 수밖에 없는 등에 관한 이유들을 다시 파악하고자 한다. 따라서 서로 다른 인간 과학들이 그 정당성을 확보하여 주어진 하나의 문화와 주어진 공시적인 판면에 적용될 수 있도록 하는 역사적인 충동의 기초가 확연히 드러나게 된다. (389, 429-430)

푸코가 제시하는 인간 과학은 심리학, 사회학, 그리고 문학 및 신화 분석으로 대표됩니다. 이들 학문이 경험하는 주체가 역사적으로 어떤 실증적인 기반 위에서 작동하는가를 염두에 두는 반면, 민족학은 그런 개별의 주체보다는 문화들이 생명과 욕구와 노동 및 언어와 관련해서 어떻게 체계적인 구조에서 차이를 보이는가를 탐구한다고 말하고 있습니다. 이에 민족학은 개개 문화에서 전개되는 생물학과 경제학 그리고 문헌학과 언어학을 검토합니다. 말하자면, 이들 학문에 대한 일종의 메타학문으로서 기능하죠. 그리하여 민족학은 개별 문화의 역사성의 양상을 드러내 비교함으로써 그 근거 위에서 인간 과학들이 어떻게 달리 공시적으로 구성되어 나오는가를, 일컫자면 경험론적이면서 초월론적인 작업을 내보인다는 겁니다.

그래서 푸코는 인간 과학들에 관하여 정신분석학과 민족학이 어떤 관계를 맺는가를 이렇게 분석합니다.

> 정신분석학과 마찬가지로 민족학은 인간 과학들을 통해 드러나는 인간 자체를 탐구하지 않고, 인간에 대한 지식을 일반적으로 가능케 하는 영역을 탐구한다. 정신분석학과 마찬가지로 민족학은 인간에 대한 지식의 전체 장을 관통하되, 그 지식을 한계에 이르도록 하는 경향을 지닌 운동 내에서 관통한다. 그러나 정신분석학은 전이라고 하는 특이한 관계를 활용하여, 언어와 분석 실행의 극점에서 유한성의 구체적인 형상들을 조성하는바 욕망과 법칙 및 죽음을 재현의 외부적인 끝 지점들에서 발견한다. 그에 반해, 민족학은 서양의 이성ratio이 모든 다른 문화와 더불어 확립하는 특이한 관계 내부에 자리하고, 이에 입각하여 하나의 문명에서 인간들이 자기 자신에 대해, 자신의 생명에 대해, 자신의 욕구들에 대해, 자신의 언어에 침전되어 있는 의미들에 대해 부여할 수 있는 재현들을 우회한다. 그럼으로써 민족학은 이러한 재현들 뒤에서 규범들, 규칙들, 체계들이 솟아오르는 걸 보는데, 인간들이 규범들에 따라 생명의 기능들을 완수하면서, 그러나 생명의 기능들이 직접 가하는 압력을 물리치는 것을, 규칙들에 따라 자신들의 욕구를 느끼고 유지하는 것을, 체계들에 따라 그들에게 모든 의미가 주어지는 것을 본다. 그러므로 민족학과 정신분석학의 특권과 이 둘이 서로 밀

접하게 대칭을 이루는 이유를, 이 두 학문이 심오한 수수께끼, 즉 인간 본성의 가장 비밀스러운 부분을 꿰뚫어 보려는 고심에서 찾으려 해서는 안 된다. 사실 민족학과 정신분석학의 담론 공간에서 어른거리는 것은 그야말로 인간에 대한 모든 과학이 지닌 역사적 선험, 이를테면, 서양의 에피스테메에서 인간의 윤곽을 구성하며 인간을 가능한 지식의 대상으로 배치하는바 거대한 휴지休止이자 고랑이고 분할이다. 그러므로 민족학과 정신분석학은 전적으로 무의식의 두 과학이다. 그것들이 인간에게서 의식 아래에 놓여 있는 것에 도달해서가 아니라, 인간 바깥에서 실증적인 지식에 따라 인간의 의식에 주어지거나 달아나는 것을 알도록 하는 것을 향해 나아가기 때문이다. (389-390, 430-431)

요컨대, 민족학과 정신분석학이 19세기에 열리는 근대적 사유의 역사적 선험, 즉 에피스테메의 기능을 발휘한다는 겁니다. 그 이유로 두 과학이 전적으로 무의식을 다루면서 이성에 따른 재현적인 인식을 벗어난, 이른바 바깥의 실증성을 향해 나아감을 제시하고 있습니다. 그러면서 두 과학이 주체 내부를 향해 내려가는 것이 아니라, 주체 바깥의 실증적인 영역을 붙들고자 한다는 점에 주의를 당부하고 있습니다. 워낙 광범위한 지식을 요구하기 때문에, 우리로서는 그저 푸코의 언명을 엉거주춤 뒤따라갈 뿐입니다.

정신분석학과 민족학 2.
제3의 반反과학인 언어학과 인간의 소멸

지난 강의에서 정리했듯이 푸코는 먼저 정신분석학과 민족학이 인간 존재에 대해 어떤 방식으로 접근하는가를 개괄한 뒤, 이를 바탕으로 계속 정신분석학과 민족학이 인간 과학들에 미치는 영향을 논의해 나갑니다.

이에 입각해 몇 가지 결정적인 사실을 이해할 수 있게 된다. 그중 가장 결정적인 사실은 다음과 같다. 정신분석학과 민족학은 인간 과학들과 나란히 놓이는 것이 전혀 아니다. 정신분석학과 민족학은 인간 과학들의 영역 전체에 관여하면서 그 전체 영역의 모든 면에서 인간 과학들을 활성화하고, 그 영역의 어디에건 자신들의 개념들을 확산시키며, 그 모든 곳에서 자신들의 해독 방법과 해석을 제안할 수 있다. (390, 431)

이른바 심리학, 사회학, 문학과 신화의 분석과 같은 인간 과학은 도대체 정신분석학과 민족학이 제공하는 개념들과 해독 및 해석의 방법을 활용하지 않을 수 없다고 말하고 있습니다. 예를 들어 설명해 주면 얼마나 좋을까마는 푸코는 전혀 그렇게 하지 않습니다. 암튼 이렇게 되면, 인간 과학이 철저하게 정신분석학과 민족학의 연구에 의존하지 않을 수 없는 종속적인 학문이 되는 셈이죠.

따라서 인간 과학이 인간에 대해 갖는 관계와 정신분석학과 민족학이 인간에 대해 갖는 관계는 같을 수 없습니다. 푸코는 이렇게 말합니다.

그러나 정신분석학과 민족학은 그 발전의 과정에서 특이한 점을 나타낸다. 그것은 정신분석학과 민족학이 이렇게 보편에 가까운 '포섭력'을 지닌다고 할지라도 인간에 대한 일반 개념에 접근하지 않는다는 점이다. 말하자면, 그 어떤 경우에도 정신분석학과 민족학은 인간에게서 특수하고 환원 불가능한 것이 있을 수 있다거나 인간이 경험에 주어질 때면 언제나 한결같이 타당한 것이 있을 수 있다는 것을 염두에 두지 않는다는 것이다. '정신분석학적인 인간학'의 이념이라든지 민족학에 의해 복구되는 '인간 본성'의 이념이라든지 하는 것은 그저 가져 보는 바람에 불과하다. … 레비스토로스가 민족학에 대해 말한 것을 정신분석학과 민족학 둘 모두에 적용할 수 있다. 즉 둘 모두 인간을 해체한다. 최대한 더욱 순수하고 자유로운 존재로서의 인간을 발견하는 것이 문제가 아니다. 정신분석학과 민족학은 인간의 실증성을 불러일으키는 것을 향해 거슬러 올라간다. '인간 과학들'과 관련해서 볼 때, 정신분석학과 민족학은 차라리 '반反-과학들contre-sciences'들이다. 이는 … 이 두 학문이 인간 과학들을 거스르는 방향에서 인간 과학들을 파악하고, 인간 과학들이 깔고 있는 인식론적인 초석이 놓여 있는 곳으로 인간 과학들을 데려가며, 그와 더불어 인간 과학들에서 실증성을 계속 확보해 나가는 그 인간을 끊임없이 '해체défaire'한다는 의미에서 하는 말이다. (390-391, 431-432)

참으로 기이한 일입니다. 정신분석학이 인간을 탐구하는 것이 아니면 무엇이란 말일까요? 민족학 역시 그렇지 않은가요? 그런데 푸코는 이 두 학문이 그 반대로 인간 개념을 해체하고 파기한다고 말하고 있습니다. 그런 점에서 인간 과학들과 같은 계열에 놓을 수 없고, 인간 과학들에 비견해서 보면 차라리 '반反-과학들'이라고 부를 수 있다고 말하고 있습니다.

이를 우리로서는 어떻게 이해해야 할까요? 레비스트로스를 들먹이는 것으로 보아 민족학이 인간을 해체한다는 말을, 결국 민족학은 문화적인 차원에서의 인간을 연구하는 것이 아니라 그러한 문화가 성립하는 근본 구조를 밝혀내는 것에 집중한다는 것으로 이해할 수 있지 않을지요. 인간이 아니라 인간의 문화적인 존재를 바탕에서부터 규정하는 구조를 파악한다는 것은 곧 인간 과학들이 집중하고 있는 인간의 유한성과 실증성에 관한 연구에 대해 그 인식론적인 초석을 제시하는 것이 된다는 것으로 이해할 수 있지 않을지요. 그렇다면 정신분석학의 경우, 개별적인 한 인간이 성립할 수 있는 정신적인 구조를 드러내는 것으로 보아야 합니다. 인간 대신에 구조, 이것이 정신분석학과 민족학이 공유하는바 인간 과학들에 대한 '반-과학'으로서의 핵심이라고 일단 진단해 보기로 합니다.

이러한 우리의 진단이 제법 그럴듯하다는 여기게끔 하는 다음과 같은 푸코의 말이 있습니다.

> 『토템과 터부』 이후, 정신분석학과 민족학의 공통의 장이 설립되고, 둘이 불연속성 없이 서로에게 나아갈 수 있는 담론이 가능해지며, 문화의 무의식에 근거해서 개인들의 역사를 분절하고 개인들의 무의식에 근거해서 문화들의 역사를 분절해 내는 이중적인 분절을 할 수 있게 되었다. 이를 통해 인간에 관해 제기될 수 있는 가장 일반적인 문제들이 나서게 된다. (391, 432)

불행히도 아직 제대로 읽지 못한 프로이트가 쓴 『토템과 터부』가 개인과 문화, 또는 문화와 개인을 무의식적인 차원에서 연결해서 읽어 낼 수 있는 길을 열고 있다는 푸코의 지적입니다.

물론 아직은 '구조' 이야기가 전혀 나오지 않고 있습니다. 하지만 문화와 개인에 있어서 무의식적인 것들이란 인간의 이성적인 의식에 재현되지 않는 것임에는 틀림이 없고, 그래서 인간이 인간 자신에 대해 유한할 수밖에 없으며, 그 유한성을 꿰뚫고서 인간의 근본적인 실증성이 드러날 것일진대, 그 유한성과 실증성의 근저에는 무의식이라고 하는 어두운 지대가 작동하고 있는 셈입니다. 저 앞에서 논의한 인간 과학의 거대 범주들에 연관해서 보면, 이 무의식의 지대는 규범·규칙· 체계 등에 해당하는 거였죠. 이 거대 범주들은 한편으로 '구조'라고 일괄할 수 있지 않은가 하는 것이 우리의 생각입니다. 그런데 푸코는 다음과 같은 언명을 통해 이러한 우리의 생각을 분명하게 응원해 줍니다.

> 신화적인 담론들을 의미 지향적인 것들로 만들고, 욕구를 규제하는 규칙들에 정합성과 필연성을 부여하며, 자연과는 달리, 말하자면 순수한 생물학적인 기능들을 벗어난 다른 곳에서 생명의 규범들에 기초를 제공하는 형식적인 구조들이 있을 것인데, 민족학은 이 형식적인 구조들 전체l'ensemble des structures formelles를 문화적인 무의식들의 체계système des inconscients culturels로 정의하게 될 것이다. 정신분석학은 그 나름으로 민족학의 차원에 맞닿게 되면서 민족학과 대칭되는 방식으로 중요하리라 짐작할 수 있는데, 그것은 정신분석학이 … 무의식 역시 어떤 형식적인 구조를 갖는다는 사실 또는 더 정확하게 말하면 무의식 그 자체가 어떤 형식적인 구조라는 사실을 발견하기 때문이다. (391, 432)

푸코에 따르면, 정신분석학을 통해 무의식 자체가 어떤 **형식적인 구조**라는 사실이 밝혀졌습니다. 이 형식적인 구조는 민족학에 있어서는 문화적 무의식의 체계를 형성하는 것으로서 담론과 욕구 그리고 생명을 근본적으로 규정합니다. 담론은 언어의 문제이고, 욕구는 노동 내지는 생산의 문제입니다. 여기에 생명을 보태게 되면, 19세기 근대가 열리면서 인간이 탄생하고 그에 따라 인간 과학들이 출발하게 되는 기초가 되는바 생명, 노동, 언어의 문제가 고스란히 무의식적인 형식적 구조에 의해 규정된다는 이야기가 됩니다. 결국 인간 과학들의 인식론적인 초석은 바로 이 무의식적인 형식적 구조인 셈입니다.

푸코는 이어서 정신분석학과 민족학이 서로 수직을 이루는 방향으로 교차한다는 점을 제법 길게 논의합니다. 그러면서 결국 이렇게 정돈해서 말합니다.

> 정확하게 말하면, 정신분석학과 민족학은 하나의 공통점un point commun만을 갖는다. 그러나 이 하나의 공통점은 본질적이고 불가피하다. 둘이 수직으로 서로를 자르는 지점이 바로 이 공통점이다. 개인의 독특한 경험은 의미화의 계열에 의해 구성되는데, 이 의미화의 계열은 한 문화의 의미들이 구성될 때 입각하지 않을 수 없는 형식적인 체계와 수직으로 교차하기 때문이다. 말하자면, 매 순간 개인적인 경험의 고유한 구조는 사회의 체계들 내에서 일정한 가능적인 선택지들(그리고 배제된 선택지들)을 발견하고, 그 반대로 사회적인 구조들은 그 선택 지점들 각각에서 일정한 수의 가능적인 개인들(그리고 가능하지 않은 다른 개인들)을 발견한다. ― 이는 언어에서 선형적인 구조가 주어진 순간에 (다른 모든 낱말이나 음소를 배제한 가운데) 여러 낱말 또는 여러 음소를 선택할 수 있는 것과 똑같다. (392, 433)

개인적 경험의 의미들과 문화적 의미들이 대조되고 있고, 개인적 경험을 구성하는 의미화의 구조와 문화적 의미를 구성하는 문화의 형식적인 체계가 대조되고 있습니다. 그런데 이 대조군은 서로 수직의 방향으로 교차하면서 단 하나의 지점을 공유한다는 것인데, 이를 선택choix의 문제로 설명하고 있습니다.

각 개인의 경험이 의미를 띠게 될 때, 그럴 수 있도록 하는 의미화의 구조는 해당 개인에게 있어서 무의식적인 차원의 형식적인 구조일 것이고, 각 문화의 사회적인 구조들 역시 해당 문화에 있어서 무의식적인 차원의 형식적인 구조일 겁니다. 이 두 차원의 형식적인 구조들 각각은 서로가 없이는 존립할 수 없습니다. 다만, 서로가 나란히 대응하는 것이 아니라 서로 수직으로 교차하면서 진행됩니다.

이를 이해하기 위해서는 지금 푸코가 마지막 문장에서 말하고 있는 것처럼, 언어에 관한 소쉬르의 생각을 원용할 필요가 있습니다. 지금 푸코가 말하는 언어의 선형적인 구조는 소쉬르가 말하는 연사체連辭體, syntagmes와 계사체系辭體, paradigmes에 관한 겁니다. 하나의 문장, 예컨대 "나는 학교에 간다"라는 문장이 있을 때, 이 문장을 현행적으로 구성하고 있는 '나', '학교', '간다' 등의 연결은 연사체의 계열입니다. 그런데 이러한 현행적인 연사체가 구성되기 위해서는 여러 가능한 잠정적인 다른 낱말이나 음소를 배제하고 하필이면 이 낱말들이나 음소들을 선택해야 하죠. 이때 선택된 것을 포함한 배제되는 선택지들 전체의 계열을 계사체라고 합니다. 예컨대 '나'는 '너', '그', '그녀', '우리', '너희들', '그들' 또는 '영희', '철수' 등의 선택지들과 함께 계사적 계열을 형성하고, '학교'는 '병원', '경찰서', '집', '가게' 등의 선택지들과 함께 계사적 계열을 형성합니다. '간다' 역시 마찬가지입니다. 그런데 이 계사적 계열은 연사적 계열과 수직으로 교차합니다. 이때 연사적 계열은 선형적인 여러 문장의 구조들에 따라 다르게 구성되고, 계사적 계열은 연사적 계열 중 어느 항에 해당하는가에 따른 다른 구조들에 의해 구성됩니다.

이와 유사하게 개인적인 경험은 문화적인 여러 구조의 계열 중 어느 하나(또는 여럿)를 선택해서 의미를 갖는 구조를 지니고 있으며(연사적 계열의 여러 구조와 유사), 문화적인 여러 구조는 개인적인 경험을 구성하는 여러 구조 중 어느 하나(또는 여럿)를 선택해서 그 바탕에서 작동한다는 겁니다(계사적 계열의 여러 구조와 유사). 그러니까 둘이 수직으로 교차하면서 단 하나의 공통점을 갖는다고 말하는 거죠.

그런데 푸코는 이제 정신분석학이나 민족학과 동일한 차원에 놓을 수 있는 새로운 학문을 제시합니다. 그것은 바로 언어학입니다. 마치 우리 나름으로 방금 거론한 소쉬르의 언어학을 염두에 두기라도 한 것처럼, 그러나 정확하게 말라르메의 언어론을 바탕으로 한 것임이 틀림없는 순수 언어에 관한 학문을 제시합니다. 그러면서 이 순수 언어 이론이 정신분석학과 민족학에 대해 형식적인 모델을 제공한다고 말합니다.

> 그래서 이렇게 파악된 민족학과 정신분석학에 그 형식적인 모델을 제공하게 될 언어에 대한 순수 이론이라는 주제가 형성된다. (392, 433)

언어에 관한 순수 이론이 과연 어떤 방식으로 언어에 접근하는 것인지는 아직 전혀 알 길이 없지만, 푸코는 이 언어학과 더불어 인간 외부에서 작동하는 여러 실증성의 질서에 완전히 토대를 두고 있으면서 유한성의 문제에 가닿는 과학을 갖게 된다고 말합니다. 그러면서 이렇게 말합니다.

> 민족학과 정신분석학 위에 있으면서, 더 정확하게 말하면 이들과 뒤얽혀 있는 제3의 '반反-과학'이 등장해 인간 과학들이 구성되는 장場 전체를 포괄하고 활성화하며 동요를 불러일으킨다. 그런가 하면 이 제3의 '반-과학'은 유한성의 측면과 실증성의 측면에서 인간 과학의 장을 넘어섬으로써 인간 과학의 장에 대해 가장 일반적인 이의 제기를

하게 된다. 다른 두 반-과학처럼, 이 반-과학은 인간 과학들의 한계-형식들les formes limites을 담론의 양식으로 나타나도록 할 것이다. 인간에 대한 지식은 여러 종류의 무의식과 역사성 아래 이 무의식과 역사성을 가능케 하는 것과 관계를 맺으면서 그 관계를 놀이할 것인데, 이러한 놀이는 밝게 드러나 있으면서 위험한 영역들에서 이루어진다. 이 제3의 반-과학은 이 밝게 드러난 위험한 영역들에 그 나름의 경험을 수행할 것이다. 이 세 가지 반-과학은 인간을 인식되게끔 하는 것 자체를 '밝혀냄으로써' 그것을 위험에 빠뜨린다. 그리하여 인간의 운명이 우리의 눈앞에서 실처럼, 그러나 반대 방향으로 뽑혀 나오는데, 실을 뽑아내는 이 기묘한 방추紡錘들에서 인간은 자신이 탄생한 형식들로, 자신을 가능케 한 출생지로 되돌아가게 된다. 그러나 이는 인간을 종국으로 이끄는 하나의 방식이 아닌가? 왜냐하면 언어학은 인간 자체에 대해 정신분석학이나 민족학보다 더 많이 말하지 않기 때문이다. (392-393, 433-434)

정신분석학과 민족학에 언어학이 덧붙여져 인간 과학들에 대한 기초 역할을 하게 된다는 것을 말하면서, 이른바 이 세 가지 반-과학이 인간 존재를 종국으로 이끄는 역할을 하게 된다고 역설하고 있습니다. 간단히 말하면, 결국 개인적, 사회문화적, 그리고 언어적인 차원에서 작동하는 무의식적인 구조들이 인간 존재의 유한성과 실증성에서의 한계를 여지없이 드러냄으로써 인간 자체를 공중에 붕 뜨게 만든다는 겁니다.

이런 정도로 인간 과학 내지는 인간에 대한 언어학의 역할을 조감한 뒤, 푸코는 본격적으로 언어학에 관한 논의를 전개합니다.

언어학은 여러 이유에 따라 아주 근본적인 역할을 과감하게 떠맡는다. 그 이유는 이렇다. 우선 언어학은 내용 자체의 구조화를 가능케 한다. ─ 어쨌든 그런 구조화를 가능케 하고자 노력한다. 따라서 언어학은 다른 데서 획득한 인식을 이론적으로 재검토하는 것도 아니고, 이미 이루어진 현상들에 대한 강의를 해석하는 것도 아니다. 말하자면, 언어학은 관찰된 사실들을 인간 과학으로 바꾸는 '언어학적인 변환'을 하는 것이 아니다. 언어학은 원초적인 해독의 원리다. 말하자면, 언어학으로 무장한 시선하에서는 사물들이 하나의 의미 체계un système signifiant를 이루는 요소들을 형성하는 한에서만, 그 현존을 확보하게 된다. 언어학적인 분석은 설명이라기보다 하나의 지각이다. 즉 언어학적인 분석은 자신의 대상 자체를 구성한다. (393, 434)

푸코의 이러한 설명에 따르면, 이 언어학은 인식을 이론적으로 재검토하는 것이 아니라는 것으로 보아 영미의 언어분석철학에서 말하는 것처럼 이미 이루어진 과학적인 언명들을 논리적으로 분석하는 작업을 하는 것도 아니고, 현상들에 대한 강의를 해석하는 것도 아니라는 것으로 보아 유럽 대륙에 성행하는 해석학적인 것도 아닙니다.

푸코는 이와는 전혀 다른 차원의 언어학임을 강조합니다. 그것은 이 언어학적인 분석이 하나의 지각이라고 말하는 데서, 그리고 사물들이 의미 체계를 형성하는 요소가 되는 한에서 그 현존을 확보하게 된다고 말하는 데서 한껏 드러납니다. 이는 16세기 르네상스 시대에 만물이 신의 뜻을 담은 표식으로서 그 자체로 언어라고 생각했던 것과 직결되죠. 다만, 그때에는 신적인 뜻이라고 하는, 이른바 초월적인 신성한 세계를 전제한 데 반해, 이제 그러한 초월 영역을 제거한 상태에서 사물들의 현존을 언어학의 대상으로 보는 겁니다. 사물들의 현존에 따른 언어학, 언어학에 따른 사물들의 현존. 이 두 상호 필연적인 관계야말로 전혀 새로운 언어학의 등장을 알리는 겁니다.

이어서 푸코는 이러한 언어학이 출현함으로써 과연 수학적인 구조가 인간 과학에 어떤 영향을 미치는가를 제법 길게 논의합니다. 그런 뒤, 이렇게 말합니다.

> 결국에는 언어학과 언어학을 인간에 대한 인식에 적용하는 일이 중요하게 부각되면서, 우리의 문화에서 근본적인 문제들과 결합해 있음을 너무나 잘 알고 있는 언어의 존재l'être du langage 문제가 언어학의 그 수수께끼 같은 주장을 통해 되살아나게 된다. 이제 그 자체 말도 담론도 아닌 것을 구조화해야 하고 순수한 형태의 인식에서 자신을 분절해 내야 하는 언어는 과연 어떠해야 하는가를 물어야 한다. 그리하여 언어학적인 범주들을 더욱 확대하여 사용해야 한다는 문제가 여전히 무게를 더한다. 훨씬 더 멀고 훨씬 더 불시에 닥친 길을 통해 니체가 "누가 말하는가?" 하고 묻고 말라르메가 말 자신le Mot lui-même에서 대답이 번뜩이는 것을 보았을 때, 우리는 그들이 지적했던 바로 그 장소에 되돌아오게 되었다. 언어가 그 존재에 있어서 과연 무엇인가라는 탐문은 다시 한번 그 명령법적인 어조를 높이고 있다. (394, 435)

말도 담론도 아닌 사물들을 구조화하는 언어, 그 어떤 다른 지식도 필요 없이 그 자신에 대한 순수한 인식을 통해 저 자신을 세워야 하는 언어, 말라르메가 "말 자체가 말한다"라고 말하게 만드는 언어, 마치 사물들 자체에서 스스로 몸을 일으켜 세우는 것과 같은 언어, 과연 이 언어는 어떤 존재일까요? 푸코는 이 물음이야말로 먼 길을 돌아 불시에 들이닥친 일종의 긴급한 명령으로 당대의 서양 문화를 독려하고 있다고 말하고 있습니다. 그러면서 그러한 상황을 심중한 어조로 이렇게 표현합니다.

> 언어 문제가 이토록 강력한 상부에 의한 결정력을 지니고서 다시 솟아오르고 언어 문제가 인간의 형상形狀(고전주의적 담론의 자리를 오래전부터 차

지하고 있는 그 형상)을 모든 방면에서 에워싸는 것 같은 이 시점에서, 오늘날의 문화는 그 현재뿐만 아니라 아마도 그 미래에서도 중요한 한 부분을 형성하고 있다. (394, 435)

새롭게 강력하게 부상한 언어 문제가 푸코가 이 글을 쓸 당시의 서구 문화에 대해 그 중요한 대목을 결정하게 되리라 예상합니다. 그러면서 이를 예시하기라도 하듯이 문학을 거론하면서 이렇게 말합니다.

우리 시대의 문학이 언어의 존재에 매혹되었다는 것. ─ 이것은 종말의 신호도 아니고 급진화의 증거도 아니다. 이것은 우리의 사유와 우리의 지식이 어울려 이루는 모든 꼴이 그려지는 아주 광범한 편재에 그 필연성의 뿌리를 내리고 있는 하나의 현상이다. 그러나 만약 형식 언어들의 문제가 실증적인 내용들을 구조화할 수 있다거나 구조화할 수 없다거나 하는 문제에 해당한다면, 언어에 충성을 맹세한 문학은 실증적인 내용들이 갖는 경험적인 생생함에서 유한성의 근본적인 형식들의 문제에 해당한다. 언어로서 체험되고 그 가능성의 극점에 이르기까지 자신의 가능성을 점치는 가운데 그 전체를 돌아다니게 되는 바로 그런 언어, 그 내부에서 알려지는 것은 인간이 '끝났다'는 점, 가능한 모든 말의 정점에 도달함으로써 인간이 도달한 곳은 인간 자체의 중심이 아니라 인간을 한정하는 것의 마지막 가장자리, 즉 죽음이 배회하며 사유의 불꽃이 꺼지고 기원의 약속이 무한정 뒤로 밀려나는 그 영역이다. 새로운 존재 양식을 띤 문학이 있다면, 그 문학은 아르토Artaud와 루셀Roussel의 것과 같은 작품들에서 ─그리고 그들과 같은 사람들에 의해─ 드러남이 마땅하다. 아르토에게서 언어는 담론으로 인정되지 않은 채 충격의 조형적 폭력에 사로잡혀 절규, 고문받는 몸, 사유의 물질성, 살로 넘겨진다. 루셀에게서 언어는 체계적으로 마련된 우연에 의해 가루로 바뀐 상태에서 죽음의 반복과 이중화되는 기원들의 수수께끼와 한없이 맞닥뜨린다. 그런데 마치 이렇게 언어 속에서 유한성의 형식들을 시험하는 일이 지탱될 수 없는 것인 양, 또는 그러한 시험이 충분하지 못한 것인 양(아마도 그 시험의 불충분성 자체가 지탱될 수 없는 것이었으리라), 그 시험은 광기folie의 내부에서 증시된다. 이때 유한성의 형상形狀이 언어 내에 (언어에서 밝혀지는 것으로서) 주어지지만, 동시에 언어에 앞서서 그 너머에서 오히려 그 속에서 언어가 해방될 수 있는 무정형의, 침묵의, 무의미한 영역으로서 주어진다. 실로 이같이 발견된 공간 속에서, 처음에는 초현실주의와 더불어 나중에는 점점 더 순수하게 카프카Kafka, 바타유Bataille, 블랑쇼Blanchot와 더불어 문학이 경험으로서 주어진다. 즉 죽음의 경험으로서(그리고 죽음의 요소 속에서), 사유할 수 없는 것에 대한 사유의 경험으로서(그리고 다가갈 수 없는 사유의 현전 속에서), 반복의 경험으로서(항상 언어에 가장 가까이 있으면서 가장 멀리 있는 언어의 한계 지점에 자리한 근원적인 순진무구), 다시 말하면, 유한성의 경험으로서(이 유한성이 열리면서 강압을 행사하는 가운데 포착되는) 주어진다. (394-395, 436)

결국은 심중하기 이를 데 없는 지경으로 들어섭니다. 오늘날의 문학이 언어에 매혹되었다는 것은 다름이 아니라, 인간 유한성의 근본적인 형식들에 집중하게 되었다는 것입니다. 유한성의 근본 형식들은 바로 지난 시간에 정신분석학과 관련해서 제시했던 죽음, 욕망, 법칙과 깊게 관련되어 있습니다. 저 앞에서 푸코는 이렇게 이야기했습니다.

정신분석학의 입장에서 보면, 죽음le mort은 유한성 내에서 인간의 존재 양식을 특징짓는 경험적-초월론적인 중복redoublement empirico-transcendantal에 대한 형상이 아니겠는가? 욕망le désir은 항상 사유의 중심에 놓여 있는 비사유impensé에 대한 형상이 아니겠는가? 그리고 언어-

법칙la Loi-Langage(말과 동시에 말의 체계)은 모든 의미작용이 그 자신보다 더 먼 곳에서 붙드는 하나의 기원une origine에 대한 형상이자, 또한 분석 작용 자체에서 약속된 기원의 회귀le retour에 대한 형상이 아니겠는가? 이 죽음, 이 욕망, 이 법칙은 실증성을 통해 인간에 대한 경험적인 영역을 돌아다니는 지식의 내부에서는 만날 수 없는 것들이다. 그 까닭은 이 세 가지 형상이 인간에 관한 모든 지식의 가능성 조건을 지정하기 때문이다. (386, 427)

그런데 죽음이 배회하며 사유의 불꽃이 꺼지고 기원의 약속이 무한정 뒤로 밀려나는 영역으로 들어섬으로써 오늘날의 문학이 그 나름의 영역을 확보한다고 말하고 있습니다. 그런 상황에서 문학은 그 자체로 죽음에 대한 경험이자, 사유할 수 없는 것에 대한 사유의 경험이며, 근원적인 순진무구가 반복되는 것에 대한 경험이라는 것입니다.

이러한 경험을 견뎌 낼 수 있는 자가 있을까요? 푸코가 이러한 경험을 곧 유한성의 경험이라고 했을 때, 이 경험은 결국 인간의 유한성에 대한 경험을 넘어서서 존재론적인 유한성이라 일컬을 만한 종류의 유한성이 아닐지요. 말하자면 신이 죽어 버린 상태에서 도래할 수밖에 없는 근원적 유한성이 아닐지요. 이 근원적 유한성 앞에서 인간이 소멸할 수밖에 없다고 하는 푸코의 진단은 그야말로 묵시록적이지 않을 수 없습니다.

그런데 그러한 묵시록적인 상황 속에서 전혀 새로운 존재 양식을 띤 문학, 그러니까 아르토와 루셀Raymond Roussel(1877-1933)의 작품들을 통해 심지어 언어를 앞서서 언어를 넘어서 버린 영역을 향한 나머지 결국은 광기의 문학이 탄생할 수밖에 없다는 겁니다.

그런데 이들을 이은 작가들, 카프카Franz Kafka(1883-1924), 바타유, 블랑쇼Maurice Blanchot(1907-2003)와 같은 인물들이 등장해 광기의 영역에서부터 열린 무정형의, 침묵의, 무의미의 영역에서 문학 자체가 근원적 유한성의 경험으로서 자리 잡게 된다는 것입니다.

이렇게 되면, 문학은 결코 추체험이 아닙니다. 작가 자신이 경험한 것을 모방하고 변형하며 조직하고 하는 게 전혀 아닙니다. 인간적인 삶 일체가 쫓겨나고 소멸함으로써 인간뿐만 아니라 심지어 언어마저도 근원적 유한성으로 인해 완전히 침묵에 빠져드는 지경에 다가가는 반反인간적인 또는 탈脫인간적인 고투야말로 문학인 겁니다. 예컨대 블랑쇼는 그의 대표적인 저서인 『문학의 공간』에서 **"죽을 수 있기 위해 글을 쓴다. — 글을 쓸 수 있기 위해 죽는다"**(115, 123)[61]라고 말합니다.

어떻게 이런 일이 가능하게 되었을까요? 푸코는 이를 '언어의 회귀le retour du langage'라고 부르면서 이렇게 말합니다.

> 오늘날의 이러한 경험이 그 가능성을 발견한 것은 근대 **에피스테메**의 아주 조밀하고 너무나 정합적인 구도에서다. 오늘날의 경험을 자체의 논리를 통해 유발해서 철저히 구성하고 현존하지 않을 수 없도록 한 것은 바로 근대 **에피스테메**의 구도이다. (395-396, 437)

인간 과학의 고고학이라는 부제를 붙인 『말과 사물』, 푸코의 고고학적인 근본 얼개는 여기에서도 여지없이 관철됩니다. 근대의 에피스테메가 바로 그러한 근본적인 유한성의 경험을 뼈저리게 하지 않을 수 없도록 했다는 것입니다. 마치 하이데거가 제시하는 역운歷運, Geschick, 즉 우리를 어디론가 데려가는 존재의 위력에 관한 언명과 그 논리가 비슷합니다. 아니나 다를까, 푸코는 다시 니체를 끌어들여 신의 죽음과 인간의 죽음을 견줍니다.

---

[61] 앞은 원전 *L'espace littéraire*(Éditions Gallimard, 1955)의 쪽수이고, 뒤는 국역본(이달승 옮김, 그린비, 2010)의 쪽수이다.

오늘날 우리가 그 약속을 두려워하고 그 위험을 환영하는 이 근접, 이 위태로운 임박함은 분명히 [횔덜린, 헤겔, 마르크스가 예감했던 또 다른 것의 도래와] 동일한 질서에 속한 것이 아니다. 이 예고가 사유에 엄명한 것은 신들이 멀어졌거나 사라진 이 땅에서 인간을 위한 안정된 체류를 확립하는 것이었다. 여기에서도 여전히 니체가 저 멀리서 변곡점을 지목하는데, 오늘날 확인되는 것은 신의 부재 내지는 죽음과 같은 것이 아니라 바로 인간의 종말(인간의 유한성이 인간의 종말이 되게 하는바, 미세하고 인지 불가능한 그 간극, 동일성의 형식으로의 그 후퇴)이다. 그래서 신의 죽음과 최후의 인간이 공동 운명체임이 드러난다. 자신의 언어와 사유와 웃음을 이미 죽은 신의 공간에 놓고, 그러나 또한 스스로 신을 죽인 자로 자처하며 그 현존에 있어서 살해자의 자유와 결단을 전개하는 인물임을 자임함으로써, 자신이야말로 신을 죽였다고 알리는 자는 바로 이 최후의 인간이 아니겠는가? 그래서 최후의 인간은 신의 죽음보다 더 늙었고 동시에 더 젊다. 그것은 그가 신을 죽였기 때문이고, 자신의 고유한 유한성에 책임을 질 수밖에 없는 자이기 때문이다. 그러나 그가 말하고 생각하며 현존하는 것이 신의 죽음 내에서이기 때문에, 그의 살해 자체는 죽을 수밖에 없는 것이다. 말하자면, 새로운 신들, 그 동일자들이 이미 미래의 대양을 부풀게 한다. 그런 까닭에 인간은 사라질 것이다. … 니체의 사유가 알리는 것은 신을 죽인 자의 종말이고, [신을 죽였다고] 웃고 있는 인간의 얼굴이 파열되는 것이며, 그 가면들이 회귀하는 것이다. 그리고 인간은 깊은 시간의 흐름에 의해 자신이 운반된다고 느끼며 사물들의 존재 자체에서 그 깊은 시간의 흐름이 주는 압박을 어렴풋이 감지하는데, 바로 그러한 깊은 시간의 흐름이 분산되는 것이고, 동일자의 회귀le Retour du Même와 인간의 절대적인 분산이 같다는 것이다. 19세기 전체에 걸쳐 철학의 종말과 임박한 문화의 약속은 분명히 유한성의 사유가 전개된 것과 인간이 지식 속에 출현한 것과 동일한 사태였다. 오늘날, 철학이 항상, 그리고 여전히 끝나가는 과정에 있다는 사실, 그리고 언어 문제가 아마도 철학에서일 테지만, 철학 밖에서 철학을 거슬러 형식적 반성에서처럼 문학에서 더 절실하게 정립된다는 사실은 분명히 인간이 사라지는 중임을 입증해 준다. (396-397, 437-438)

여러모로 수사적인 표현을 하면서 기묘한 논리로 니체를 재해석하고 있습니다. 하지만 요지는 신을 죽인 자가 바로 최후의 인간, 즉 인간의 종말을 이미 끌고 들어온 자라는 것입니다. 그리고 인간이 종말을 고하는 과정이 지금까지 계속되고 있다는 겁니다. 하지만, 마치 아서 단토가 예술의 종말을 제시하면서도 여전히 예술가들이 존재한다고 말한 것처럼, 푸코가 여기기에도 아예 인간이 사라지고 만 그 터 위에 여전히 '인간들'이 현존하고 있는 것인지도 모를 일입니다.

아무튼 푸코는 제목도 없는 마지막의 짧은 절을 결론 삼아 덧붙입니다. 그 마지막 문장은 이렇습니다.

우리의 사유 고고학이 최근에 잘 보여 주고 있듯이 인간은 하나의 창안물이다. 어쩌면 인간은 그 종말이 가까이 와 있는 존재일 것이다. 만약 그 배치들이 나타날 때처럼 사라지게 된다면, [그러니까] 만약에 우리로서는 기껏해야 그 가능성을 예감할 뿐인, 그러나 아직 현재로서는 그 형식과 그 약속을 알지 못하는 어떤 사건에 의해, 18세기를 마감할 즈음 고전주의적 사유의 토양이 그랬던 것처럼, 그 배치들이 흔들려 무너진다면, 그때 우리는 인간이, 마치 해변에 모래로 새긴 얼굴이 [파도에 씻겨] 지워지는 것처럼, 지워질 것이라 장담할 수 있을 것이다. (398, 440)

이것으로 푸코의『말과 사물』을 읽어 보기 위한
6학기 48강에 걸친 '대장정'을 마칩니다.
열심히 참여해 주셔서 너무나 감사합니다.

ㄱ

갈리아니, 페르디난도(Galiani, Ferdinando, 1728-1787) 이탈리아의 외교관이자 경제학자
이다.

그라슬랭, 장 조제프 루이(Graslin, Jean-Joseph-Louis, 1727-1790) 프랑스의 경제학자로 중
농주의 비판으로 유명하다.

그림, 야코프 루트비히 카를(Grimm, Jacob Ludwig Karl, 1785-1863) 독일의 언어학자이자
문헌학자로 '그림의 언어학 원칙'으로 유명하다. 《독일어 사전》의 공동 저자
이기도 하다. 슐레겔 형제처럼 그의 동생인 빌헬름 그림(Wilhelm Grimm)과 함
께 흔히 그림 형제로 불린다.

ㄷ

다반차티, 베르나르도(Davanzati, Bernardo, 1529-1606) 화폐의 가치가 상품의 구매력에
근거한다는 이론을 펼친 이탈리아의 경제학자이다.

달랑베르, 장 르 롱(d'Alembert, Jean le Rond, 1717-1783) 프랑스의 수학자이자 기계론자,
철학자, 음악 이론가이다.

도방통, 루이 장 마리(Daubenton, Louis-Jean-Marie, 1716-1799) 프랑스의 자연 연구가
이다.

뒤레, 클로드(Duret, Claude, 1570-1611) 프랑스의 판사, 식물학자이자 역사학자이며 언
어 이론가이다.

뒤르켐, 에밀(Durkheim, Émile, 1858-1917) 자살 분석으로 유명한 프랑스의 사회학자
이다.

뒤토, 니콜라(Dutot, Nicolas, 1684-1741) 경제 현상에 관한 양적 탐구의 아버지로 불리는
프랑스의 경제학자이다.

뒤페롱, 아브라함 시아신트 앙크틸(Duperron, Abraham Hyacinthe Anquetil, 1731-1805) 프랑
스의 고대 언어학자이다.

드 그라몽, 스키피온(De Gramont, Scipion, 16세기 탄생-1645) 화폐론에 관한 『드니어 로얄,
금과 돈에 관한 기묘한 논설(*Le Denier royal, traité curieux de l'or et de l'argent*)』(1620)의

저자이다.

드 사시, 앙투안(de Sacy, Antoine, 1758-1838) 프랑스의 귀족으로서 언어학자이자 동양
연구가이다.

드트라시, 앙토니 루이 클로드 데스튀트(de Tracy, Antoine Louis Claude Destutt, 1754-1836)
프랑스의 군인, 정치학자이자 계몽주의 철학자로 '이데올로기'라는 말을 만
든 인물이다. 관념론학회의 창설자이다.

디드로, 드니(Diderot, Denis, 1713-1794) 여러 분야에 다재다능한 계몽철학의 천재로 볼
테르, 루소, 콩디야크 등처럼 감각주의 인식론의 경향을 보였으며, 자연과학
이 항상 사회발전의 기초 역할을 한다고 확신했던 인물이다.

ㄹ

레리, 미셸(Leiris, Michel, 1901-1990) 조르주 바타유(Georges Bataille, 1897-1962)와 함께 프
랑스의 초현실주의 진영을 이끈 작가이다.

레비브륄, 뤼시앵(Lévy-Bruhl, Lucien, 1857-1839) '원시 심성'과 '근대 심성'의 차이에 관
해 성찰한 프랑스의 철학자, 사회학자이다.

로, 존(Law, John, 1671-1729) 스코틀랜드 출신의 프랑스 경제학자이다. 교환수단인 화
폐를 무역에 의존한 국부와 구분했다. 어린 루이 15세의 섭정 오를레앙공의
통치 때 재정 장관을 지냈다. 프랑스에서 사적인 일반은행을 설립했다. 이
은행은 1년 뒤에 그의 요청에 따라 국유화되고 왕립은행으로 개칭되었다.

루셀, 레몽(Roussel, Raymond, 1877-1933) 프랑스의 시인이자 소설가이자 음악가로서 프
랑스 현대 작가들에게 많은 영향을 미쳤다.

르메르시에, J.-B.(Lemercier, J.-B.) 1806년에 『문법을 하나의 학문 기예로 만들 가능
성에 대한 편지(*Lettre sur la possibilité de faire de la grammaire un Art-Science*)』를 발간
했다.

르 벨, 장 루이(Le Bel, Jean Louis) 1764년 『라틴어 해부(*L'Anatomie de la langue latine*)』를 출간
했다.

르 트로스네, 기욤 프랑수아(Le Trosne, Guillaume-François, 1728-1780) 프랑스의 법학자이
자 경제학자로 중농주의학파의 주요 인물에 속한다.

리보, 테오뒬 아르망(Ribot, Théodule-Armand, 1839-1916) 프랑스의 철학자이자 심리학자
이다.

리카도, 데이비드(Ricardo, David, 1772-1823) 워낙 유명한 영국의 정치경제학자이자 의
회 의원으로서 정치가이기도 했다. 맬서스, 애덤 스미스, 밀과 더불어 가장

영향력 있는 고전 경제학자로 평가된다. 특히 리카도의 가치 이론은 1820년
대의 사회주의자들을 매혹시켰다. 모든 생산은 노동을 통해 이루어지며, 자
본가의 이윤은 노동자들에 대한 착취를 통해 일구어진다는 걸 주장했기 때
문이다.

린네, 칼 폰(Linné, Carl von, 1707-1778) 스웨덴의 식물학자로서 생물 분류학의 기초를
놓는 데 결정적으로 기여하여 현대 '식물학의 시조'로 불린다. 『자연의 체
계』, 『식물의 종』 등을 저술, 약 4,000종의 동물, 5,000종의 식물을 다루었다.
속명 다음에 종명 형용사를 붙여서 두 말로 된 학명을 만드는 이명법을 확립
하였다. 그리고 변종에 대한 개념도 제시했다. 식물에서 수술과 암술의 중
요성을 강조했다.

ㅁ

마이예, 브누아 드(Maillet, Benoît de, 1656-1738) 이집트 주재 프랑스 영사관으로서, 『텔
리아메드(*Telliamed*)』라는 지구 역사에 관한 불법적인 비밀 저작을 써서, 라마
르크와 다윈 같은 계몽주의 진화론자들에게 영향을 미쳤다. 지구가 한순간
에 창조된 것이 아니라, 지표의 형태를 보아 자연적인 과정에 의해 오랜 세
월에 걸쳐 형성된 것임을 주장했다.

말라르메, 스테판(Mallarmé, Stéphane, 1842-1898) 프랑스가 자랑하는 최고의 상징주의
시인으로 프랑스의 현대 사상가들에 크게 영향을 미쳤다. 그의 작품으로
〈목신의 오후(*L'après-midi d'un faune*)〉가 유명하지만, 이보다 더 심오하게 언어
의 비밀을 읊은 일종의 극시인 〈이지튀르(*Igitur*)〉가 있다.

모페르튀이, 피에르 루이 모로 드(Maupertuis, Pierre Louis Moreau de, 1698-1759) 철학자이
자 수학자이며 물리학자이자 천문학자이고 동식물학자이기도 하다.

믈롱, 장 프랑수아(Melon, Jean-François, 1675-1738) 중농주의 운동의 선구자의 한 사람
으로 평가되는 프랑스의 정치경제학자이다. 그의 『상거래에 관한 정치 논설
(*Essai politique sur le Commerce*)』(1675)은 18세기 초 프랑스의 호화로움을 가장 유
력하게 옹호한 것으로 평가된다.

ㅂ

바르테즈, 폴 조제프(Barthez, Paul Joseph, 1734-1806) 생명현상의 근원을 '생명 원리
(principe vital)'로 상정해서 생기론의 시조가 되었다.

베르지에, 니콜라 실베스트르(Bergier, Nicolas-Sylvestre, 1718-1790) 프랑스의 가톨릭 신

학자인데, 18세기 무신론 철학과 연루된 걸로 알려져 있다. 푸코는 각주에서 베르지에가 말하는 내용이 그가 쓴 『그리스어, 라틴어 그리고 프랑스어의 어근들과 히브리 어근들을 비교함으로써 발견된 언어들의 원시 원소들(*Les elemens primitifs des langues découvertes par comparation des racines de l'Hébreu avec du Grec, du Latin & du François*)』(1764)에 들어 있다고 밝히고 있다.

벨롱, 피에르(Belon, Pierre, 1517-1564) 프랑스의 여행가, 박물학자, 작가, 외교관으로 르네상스 시대의 다른 많은 사람과 마찬가지로 어류학, 조류학, 식물학, 비교해부학, 건축 및 이집트학을 포함한 다양한 주제를 연구하고 저술했다.

보르도, 테오필 드(Bordeu, Théophile de, 1722-1776) 신체 내 기관들이나 세포들이 물질을 분비해 영향을 미친다는 오늘날의 내분비론과 비슷한 이론을 주장했다.

보제, 니콜라(Beauzée, Nicolas, 1717-1789) 프랑스 문법학자로 프랑스 아카데미의 회원이었다. 18세기 백과전서파에 의해 기획된 《백과사전》에 문법 항목을 맡아 143개의 조항을 담았다.

보프, 프란츠(Bopp, Franz, 1791-1867) 독일의 언어학자로 인도-유럽어들에 대해 광범위하면서 선구적인 작업을 한 인물로 알려져 있다. 특히 그 이전에 연구되지 않았던 비교 문법학을 성취했다.

본, 라이스(Vaughan, Rice, ?-1672경) 영국의 법률가이자 경제학자로 『화폐와 화폐 제도에 관한 논설(*A Discourse on Coins and Coinage*)』을 통해 경제와 통화에 관한 이론을 제시했다.

볼네이, 콩스탕틴 프랑수아(Volney, Constantin François, 1757-1820) 나폴레옹 때 제정된 레지옹도뇌르 훈장을 받은 사령관이었고, 왕정복고가 이루어진 뒤 루이 18세 때 세습 귀족으로 인정받은 정치가로서, 철학자이자 동방 아시아 사회 연구가이다. 그가 쓴 『폐허들』은 미국의 제퍼슨이 번역해 미국에 알렸다고 한다.

불, 조지(Boole, George, 1815-1864) 『사유의 법칙(*The Laws of Thought*)』(1854)이란 저서를 통해 제시한 '불 대수(Boolean algebra)'로 유명한 영국의 수학자이자 철학자이며 논리학자다. 특히 기호논리학의 창시자로 알려져 있다. 기호논리학이 오늘날 컴퓨터 프로그램 작성의 기초 원리임은 널리 알려져 있다. 그리고 '불 대수'는 논리적인 문제를 해결하기 위한 수학적인 방법으로, 0과 1의 조합으로 연산하는 걸 의미한다. 이 역시 컴퓨터 반도체가 5v의 전기가 통하느냐(on), 차단되느냐(off)를 기호적으로 표현하는 것과 연결된다.

뷔퐁 백작(Comte de Buffon, 1707-1788) 프랑스의 자연 연구가, 수학자, 우주론자로 그의 저작들은 장 바티스트 라마르크(Jean-Baptiste Lamarck)와 조르주 퀴비에(Georges Cuvier)에게 영향을 미쳤다.

블롱델, 모리스(Blondel, Maurice, 1861-1949) 프랑스의 철학자이다.

블루멘바흐, 요한 프리드리히(Blumenbach, Johann Friedrich, 1752-1840) 생리학을 의학의 기초로 간주하고 '형성력'이라고 하는 생명의 원리를 도입했다.

비샤, 마리 프랑수아 그자비에(Bichat, Marie François Xavier, 1771-1802) 프랑스의 해부학자, 생리학자로 근대 조직학 및 병리 조직학의 창시자로서 '조직'이라는 의학적 개념을 최초로 세운 인물이다. 죽음에 저항하는 기능의 총체로서 '생명의 특성'을 강조했다.

비크다지르, 펠릭스(Vicq d'Azyr, Félix, 1748-1795) 프랑스의 의사이자 해부학자이다.

비트겐슈타인, 루트비히(Wittgenstein, Ludwig, 1889-1951) '언어 그림 이론', '언어 용도 이론', '가족유사성', '생활형식' 그리고 저 유명한 '언어학적 전회'를 제시한 천재적인 언어 논리학자이다. "장미는 이빨이 없다"라는 문장은 난센스하다는 그의 유명한 주장은 여러 예술가에게 영감을 주었다.

ㅅ

세, 장 바티스트(Say, Jean-Baptiste, 1767-1832) 프랑스의 정치경제학자로 시장에 관한 '세의 법칙', 즉 생산물의 생산은 다른 생산물과 교환할 수 있는 가치를 제공함으로써 다른 생산물에 대한 수요를 창출한다고 주장한 것으로 유명하다.

소쉬르, 페르디낭 드(Saussure, Ferdinand de, 1857-1913) 기호학의 창시자로 널리 알려진 인물이다.

슐라이어마허, 프리드리히(Schleiermacher, Friedrich, 1768-1834) 독일의 개신교 신학자로서 흔히 자유주의 신학자의 선구이자 해석학의 선구자로 일컬어진다.

슐레겔, 카를 빌헬름 프리드리히 폰(Schlegel, Karl Wilhelm Friedrich von, 1772-1829) 독일의 시인이자 문학 비평가이고, 철학자이자 문헌학자이며 인도학 연구자다. 흔히 그의 형인 아우구스트 빌헬름 폰 슐레겔(August Wilhelm von Schlegel)과 더불어 낭만주의 사상가의 대표로 거론된다.

스미스, 애덤(Smith, Adam, 1723-1790) 『국부론』의 저자로 유명한 영국의 경제학자로 그가 쓴 『도덕 감정론』(박세일 옮김, 비봉출판사, 2009)도 유명하다.

ㅇ

아당송, 미셸(Adanson, Michel, 1727-1806) 프랑스의 자연 연구가이다.

아델룽, 요한 크리스토프(Adelung, Johann Christoph, 1732-1806) 독일의 문법학자이자 문헌학자이다.

알드로반디, 울리세(Aldrovandi, Ulisse, 1522-1605) 유럽 최초의 식물원 중 하나인 볼로냐의 식물원을 이끈 이탈리아의 자연주의자 및 곤충학자로 린네와 뷔퐁은 그를 자연사 연구의 아버지라고 생각했다.

ㅈ

자네, 피에르(Janet, Pierre, 1859-1947) 프랑스의 정신병리학자이다.

제블랭, 앙투안 쿠르 드(Gébelin, Antoine Court de, 1728-1784) 프랑스의 박식한 저술가로 1786년에 《근대 세계의 알레고리적인 정수(精髓)와 이러한 정수를 담은 알레고리들에서 본, 근대 세계와 비교한 원시 세계에 대한 분석, 1773-1782(*Le Monde primitif analysé et comparé avec le monde moderne considéré dans son génie allégorique et dans les allégories auxquelles conduisit ce génie, 1773-1782*)》 9권을 출간했다. 그중 3권은 『언어와 글쓰기의 기원(*Origine du langage et de l'écriture*)』이다.

존스, 윌리엄(Jones, William, 1746-1794) 영국의 비교 언어학자이자 동양학 연구가이다. 대법원 판사이기도 했다.

존스턴, 존(Jonston, John, 1603-1675) 네덜란드의 동물학자이다.

쥐시외, 앙투안 로랑 드(Jussieu, Antoine Laurent de, 1748-1836) 프랑스의 식물학자로 꽃 피는 식물들의 자연적인 분류에 관한 책을 처음 출간한 것으로 유명하다.

ㅋ

캉티용, 리처드(Cantillon, Richard, 1680-1734) 아일랜드 출신 프랑스 경제학자이자 성공한 은행가로서 화폐 이론을 전개하기도 했다. 그가 쓴 『상거래 일반의 본성에 관한 시론(*Essai Sur La Nature Du Commerce En Général*)』(1732)은 '정치경제학의 요람'이라 평가된다.

케네, 프랑수아(Quesnay, François, 1694-1774) 프랑스의 경제학자로 중농주의자로 잘 알려져 있으며 처음으로 경제를 분석적으로 연구한 걸로 평가된다. 흔히 그의 사상은 "농업은 국부의 원천"이라는 말로 요약된다. 또한 애덤 스미스 등과 함께 자유방임주의를 주장한 것으로 유명하다. 주요 저작으로는 『경제표(*Tableau économique*)』(1758)가 있다. 이후 여러 경제학자가 케네를 본떠 그들 나름의 경제 일람표들을 제시하게 된다.

콜베르, 장 바티스트(Colbert, Jean-Baptiste, 1619-1683) 프랑스 부르봉 왕조를 대표하는

탁월한 중상주의 재상이다.

콩디야크, 에티엔 보노 드(Condillac, Étienne Bonnot de, 1715-1780) 가톨릭 사제로서 심리학과 심리 철학의 분야를 연구한 인식론자로 인식의 원천을 감각에서 찾아야 한다고 주장했다. 대표적인 계몽주의자로 꼽히며 수도원장을 지내기도 했지만, 환속하여 백과전서파들과 교류했다. 그가 1754년에 출간한 『감각론(*Traité des sensations*)』은 감각 중심의 인식론에 대한 대표적인 저서이며 만년에 이르러 『상호 관계로 본 상업과 통치(*Le Commerce et le gouvernement considérés relativement l'un à l'autre*)』(1776)를 저술하여, 효용 가치론을 통해 중농주의를 비판했다.

쾨르두, 가스통 로랑(Cœurdoux, Gaston-Laurent, 1691-1779) 인도 남부에서 선교 활동을 한 프랑스계 인도인으로 비교 문헌학의 아버지로 평가되기도 한다.

ㅌ

터너, 윌리엄(Turner, William, 1510-1568) 영국의 목사, 의사, 박물학자이다.

투른포르, 조제프 피통 드(Tournefort, Joseph Pitton de, 1656-1708) 프랑스의 생물학자이다.

튀르고, 안 로베크 자크(Turgot, Anne-Robert-Jacques, 1727-1781) 프랑스의 경제학자이자 정치가이다. 진보적 중농주의자로서 곡물 거래에 대한 정부의 간섭 배제를 주장했다.

ㅍ

파라셀수스, 아우레올루스 필리푸스(Paracelsus, Aureolus Philippus, 1493-1541) 스위스의 의학자이자 화학자이다.

포르보네, 프랑수아 베롱 뒤베르제 드(Forbonnais, François Véron Duverger de, 1722-1800) 프랑스의 정치경제학자로 1752년부터 프랑스 화폐 주조의 일반 조사관으로 활동했다. 『상거래의 요소들(*Elémens du commerce*)』(1754) 외 많은 저작을 남겼다.

폴라니, 칼(Polanyi, Karl, 1886-1964) 1908년, 겨우 22세에 헝가리 지성사에서 중요한 운동이었던 '갈릴레이 서클'의 의장으로 선출되어 활발하게 활동했다. 빈에서 1924년부터 당시 서구의 가장 영향력 있는 경제지였던 《오스트리아 경제》의 국제 문제 담당 선임 편집자로 일했다. 1960년에는 러셀, 아인슈타인, 사하로프 등과 《공존(*Coexistence*)》이라는 잡지 창간을 위해 헌신했다. 필자가 특히 좋아하는 경제 이론가다. 그의 주저 『거대한 전환』은 도서출판 길에서 홍기빈 선생이 번역해 2009년에 출판되었다.

퐁주, 프랑시스 장 가스통 알프레드(Ponge, Francis Jean Gaston Alfred, 1899-1988) 초현실주의에 영향을 받은 수필가이자 시인으로 프랑스에서 현대적인 산문시를 개척한 인물로 평가된다.

ㅎ

하비, 윌리엄(Harvey, William, 1578-1657) 해부학과 생리학에 영향을 미친 영국의 의사, 생리학자로 데카르트의 인체 기계론에 착안하여 혈액 순환의 기제를 처음으로 밝힌 것으로 유명하다.

훔볼트, 프리드리히 빌헬름 하인리히 폰(Humboldt, Friedrich Wilhelm Heinrich von, 1769-1859) 독일의 언어학자, 지리학자, 자연과학자, 박물학자, 탐험가이다.

인명 색인

ㄱ

가라타니 고진[柄谷行人, 1941-] 444
가세트, 오르테가 이(Gasset, Ortega y, 1883-1955) 100
갈리아니, 페르디난도(Galiani, Ferdinando, 1728-1787) 370, 376
갈릴레이, 갈릴레오(Galilei, Galileo, 1564-1642) 59
골드슈타인, 쿠르트(Goldstein, Kurt, 1878-1965) 672
괴델, 쿠르트 프리드리히(Gödel, Kurt Friedrich, 1906-1978) 531
구텐베르크, 요하네스(Gutenberg, Johannes, 1400-1468) 233
그라슬랭, 장 조제프 루이(Graslin, Jean-Joseph-Louis, 1727-1790) 370, 376
그림, 야코프 루트비히 카를(Grimm, Jacob Ludwig Karl, 1785-1863) 508

ㄴ

뉴턴, 아이작(Newton, Isaac, 1643-1727) 187, 441, 583
니체, 프리드리히 빌헬름(Nietzsche, Friedrich Wilhelm, 1844-1900) 154, 407, 447, 476, 477, 528, 529, 541, 542, 544, 555, 605, 606, 620, 621, 638, 642, 731, 735, 736

ㄷ

다반차티, 베르나르도(Davanzati, Bernardo, 1529-1606) 337, 339
다윈, 찰스 로버트(Darwin, Charles Robert, 1809-1882) 254, 255, 301, 308, 399
단테 알리기에리(Dante Alighieri, 1265-1321) 522
단토, 아서(Danto, Arthur, 1924-2013) 737
달랑베르, 장 르 롱(d'Alembert, Jean le Rond, 1717-1783) 158, 177, 256
데리다, 자크(Derrida, Jacques, 1930-2004) 87, 89, 138, 167, 285, 603

데카르트, 르네(Descartes, René, 1596-1650) 112, 146, 154, 253, 256, 361, 538, 550, 553, 585, 586, 588, 595, 596, 678, 685
도레, 폴 귀스타브(Doré, Paul Gustave, 1832-1883) 100
도방통, 루이 장 마리(Daubenton, Louis-Jean-Marie, 1716-1799) 256
도스토옙스키, 표도르 미하일로비치(Dostoevsky, Fyodor Mikhailovich, 1821-1881) 476
도킨스, 클린턴 리처드(Dawkins, Clinton Richard, 1941-) 491
돈키호테(Don Quijote) 97, 396, 397
뒤레, 클로드(Duret, Claude, 1570-1611) 85, 89, 256
뒤르켐, 에밀(Durkheim, Émile, 1858-1917) 571, 673
뒤메질, 조르주(Dumézil, Georges, 1898-1986) 672
뒤토, 니콜라(Dutot, Nicolas, 1684-1741) 351
뒤페롱, 아브라함 시아신트 앙크틸(Duperron, Abraham Hyacinthe Anquetil, 1731-1805) 410
드 그라몽, 스키피온(De Grammont, Scipion, 16c-1645) 343
드 사시, 앙투안(de Sacy, Antoine, 1758-1838) 210
드트라시, 앙토니 루이 클로드 데스튀트(de Tracy, Antoine Louis Claude Destutt, 1754-1836) 157, 177, 219, 376, 429, 438-440
들뢰즈, 질(Deleuze, Gilles, 1925-1995) 55, 87, 88, 285, 452, 502, 577-579, 602
디드로, 드니(Diderot, Denis, 1713-1794) 158, 186, 253, 297, 298
딜타이, 빌헬름(Dilthey, Wilhelm, 1833-1911) 317, 393

ㄹ

라마르크, 장 바티스트(Lamarck, Jean-Baptiste, 1744-1829) 254, 255, 297, 301, 308, 417, 423-426, 435, 497, 498
라이프니츠, 고트프리트 빌헬름 폰(Leibniz, Gottfried

제블랭, 앙투안 쿠르 드(Gébelin, Antoine Court de, 1728-1784) 432

존스, 윌리엄(Jones, William, 1746-1794) 410, 431

존스턴, 존(Jonston, John, 1603-1675) 256, 258-260

쥐스틴(Justine) 397

쥐시외, 앙투안 로랑 드(Jussieu, Antoine Laurent de, 1748-1836) 278, 410, 417, 425, 435, 450, 477, 497

쥘리에트(Juliette) 397

ㅋ

카프카, 프란츠(Kafka, Franz, 1883-1924) 733, 734

칸트, 이마누엘(Kant, Immanuel, 1724-1804) 21, 138, 144, 146, 149, 154, 316, 317, 393, 405-407, 429, 438, 440-442, 444-446, 449, 451, 544, 562, 563, 569, 577, 580, 583, 585, 591, 594-596, 602, 610, 616, 633, 638, 683

캉티용, 리처드(Cantillon, Richard, 1680-1734) 325, 411, 412

케네, 프랑수아(Quesnay, François, 1694-1774) 157, 325, 370, 374, 412

케인스, 존 메이너드(Keynes, John Maynard, 1883-1946) 23

콜라르, 아담 프란츠(Kollár, Adam Franz, 1718-1783) 712

콜베르, 장 바티스트(Colbert, Jean-Baptiste, 1619-1683) 346

콩도르세, 니콜라 드(Condorcet, Nicolas de, 1743-1794) 656

콩디야크, 에티엔 보노 드(Condillac, Étienne Bonnot de, 1715-1780) 23, 126, 132, 145, 149, 157, 167, 196, 197, 219, 325, 370, 376, 412, 510, 511

콩트, 오귀스트(Comte, Auguste, 1798-1857) 574, 672

쾨르두, 가스통 로랑(Cœurdoux, Gaston-Laurent, 1691-1779) 431

퀴비에, 조르주(Cuvier, Georges, 1769-1832) 273, 274, 286, 287, 297, 420, 448, 465, 477-481, 485-487, 489, 490, 492, 494, 496-498, 500, 502, 524, 525, 544, 554, 555

크릭, 프랜시스(Crick, Francis, 1916-2004) 428

ㅌ

터너, 윌리엄(Turner, William, 1510-1568) 59

투르게네프, 이반 세르게예비치(Turgenev, Ivan Sergeevich, 1818-1883) 100

투른포르, 조제프 피통 드(Tournefort, Joseph Pitton de, 1656-1708) 256, 264

튀르고, 안 로베크 자크(Turgot, Anne-Robert-Jacques, 1727-1781) 157, 325, 411

ㅍ

파라셀수스, 아우레올루스 필리푸스(Paracelsus, Aureolus Philippus, 1493-1541) 65

파르메니데스(Parmenides) 564

파브르 돌리베(Fabre d'Olivet) 214

페히너, 구스타프 테오도어(Fechner, Gustav Theodor, 1801-1887) 656

포르보네, 프랑수아 베롱 뒤베르제 드(Forbonnais, François Véron Duverger de, 1722-1800) 351

포르타, 잠바티스타 델라(Porta, Giambattista della, 1540-1615) 62

포퍼, 칼(Popper, Karl, 1902-1994) 158

폴라니, 칼(Polanyi, Karl, 1886-1964) 350, 396, 399

퐁주, 프랑시스 장 가스통 알프레드(Ponge, Francis Jean Gaston Alfred, 1899-1988) 214

퐁트넬, 베르나르 르 보비에 시외르 드(Fontenelle, Bernard Le Bovier, Sieur de, 1657-1757) 187

프로이트, 지크문트(Freud, Sigmund, 1856-1939) 154, 447, 528-531, 555, 606, 672, 674-676, 710, 724

프루스트, 마르셀(Proust, Marcel, 1871-1922) 13

플라톤(Platon) 563, 564, 602

플로티노스(Plotinos) 564

피스톨레토, 미켈란젤로(Pistoleto, Michelangelo, 1933-) 43

피히테, 요한 고틀리프(Fichte, Johann Gottlieb, 1762-1814) 446

ㅎ

하버마스, 위르겐(Habermas, Jürgen, 1929-2026) 89

하비, 윌리엄(Harvey, William, 1578-1657) 254, 348

하이데거, 마르틴(Heidegger, Martin, 1889-1976) 164, 167, 237, 285, 451, 542, 568, 602, 620, 621, 697, 735

헤겔, 게오르크 빌헬름 프리드리히(Hegel, Georg Wilhelm Friedrich, 1770-1831) 28, 199, 405-407, 446, 512, 544, 600, 602, 606, 620, 736

헤르더, 요한 고트프리트 폰(Herder, Johann Gottfried von, 1744-1803) 167

호메로스(Homeros) 522, 531

홉스, 토머스(Hobbes, Thomas, 1588-1679) 132, 194

용어 색인

ㄱ